Excel
会计日常工作与财务管理

徐　涛　张　报　曹正松　编著

兵器工业出版社

内 容 简 介

本书以“零起点，百分百突破”为原则带领读者学习 Excel 2010 表格的制作与数据处理。

全书分 3 篇 26 章。基本知识解析篇介绍了 Excel 2010 在处理财务报表时的基本操作、财务数据输入与编辑、财务数据有效性与条件限定、财务数据分析与管理、公式与函数基础、数据透视表与图表在财务分析中的应用、高级分析工具在财务分析中的应用，以及财务报表的打印与保护等内容；行业范例解析篇介绍了财务单据的创建与使用、公司日常费用统计与管理、各项报销费用统计与管理、会计凭证记录查询与管理、公司往来账款管理、公司与银行间的日记账管理、公司员工加班/考勤与工资发放管理、资产负债表等多个案例；高效实践技巧篇介绍了单元格编辑技巧、财务数据编辑技巧、公式与函数在财务管理中的使用技巧、数据透视表与图表在财务管理中的使用技巧，以及财务函数与其他函数在财务计算中的应用技巧。

本书结构合理、图文并茂、实例丰富、可操作性强，能有效帮助用户提升 Excel 2010 在财务管理中的应用水平，适合不同层次的读者阅读。

图书在版编目（CIP）数据

Excel 会计日常工作与财务管理 / 徐涛，张报，曹正松编著. —北京：兵器工业出版社，2012.6

ISBN 978-7-80248-749-9

I. ①E… II. ①徐… ②张… ③曹… III. ①表处理软件－应用－会计 ②表处理软件－应用－财务管理 Ⅳ. ①F232 ②F275-39

中国版本图书馆 CIP 数据核字（2012）第 105769 号

出版发行：兵器工业出版社
发行电话：010-68962596，68962591
邮　　编：100089
社　　址：北京市海淀区车道沟 10 号
经　　销：各地新华书店
印　　刷：北京博图彩色印刷有限公司
版　　次：2012 年 7 月第 1 版第 1 次印刷
印　　数：1-4 000

责任编辑：宋丽华　刘秀青
封面设计：深度文化
责任校对：刘　伟
责任印制：王京华
开　　本：889mm×1194mm 1/32
印　　张：16.5
字　　数：543 千字
定　　价：45.00 元

前言

我们学习电脑是想掌握一些电脑实用技能，这样一方面可以谋求一份好的工作，另一方面是辅助自己的办公所需。但无论其学习电脑的目的是什么，都是为了提高自己的工作效率、操作能力、数据分析能力、数据表现能力，以及整体方案的综合把握能力。

本书从基础应用讲起，到行业应用的引导，再到实践技能，而且采用图解的方式，真正做到零起点，百分百突破。

夯实全面的基础

基础部分翔实介绍了Excel 2010在处理财务报表时的基本操作、财务数据输入与编辑、财务数据分析与管理、数据透视表与图表在财务分析中的应用、高级分析工具在财务分析中的应用，以及财务报表的打印与保护等内容。基础部分为新手量身打造，从零开始、由浅入深，使初学者能够真正掌握并熟练应用。

实用的行业案例

行业案例主要是结合会计日常工作与财务管理中常用的表格制作与数据分析案例，分别有财务单据的创建与使用、公司日常费用统计与管理、公司各项报销费用统计与管理、公司会计凭证记录查询与管理、公司往来账款管理、公司与银行间的日记账管理、公司员工工资发放管理、公司资产负债表等。这些精选的经典案例以实用为宗旨，真正做到学以致用。

精挑细选的技能

本书汇集了财务人员在使用Excel 2010时最常见的技能，分别有单元格编辑技巧、财务数据编辑中的技巧、公式与函数在财务管理中使用技巧、数据透视表与图表在财务管理中使用技巧，以及财务函数与其他函数在财务计算中的应用技巧等内容。这些技能的学习可以提高用户的工作效率，在工作中遇到问题时也可以通过本书找到正常的解决方法。

贴切的三步学习法

通过贴切的三个学习步骤的规划，可以让读者通过有目的性、分阶段的学习，真正做到零起点，百分百突破。

- “基础知识解析篇”：突出“基础”，强调“实用”，循序渐进地介绍最实用的行业应用，并以全图解的方式来讲解基础功能。
- “行业范例解析篇”：紧密结合行业应用实际问题，有针对性的讲解办公软件在行业应用中的相关大型案例制作。便于读者直接拿来应用或举一反三。
- “高效实践技巧篇”：精挑常用而又实用的操作技能，以提升办公人员的工作效率。

本书由诺立文化策划，徐涛、张报和曹正松编写。参与编写的还有陈媛、陶婷婷、汪洋慧、彭志霞、彭丽、管文蔚、马立涛、张万红、郭本兵、童飞、陈才喜、杨进晋、姜皓、陈超、刘健忠、高建平、龙建祥、张铁军、张发凌。本书从策划到出版，倾注了出版社编辑们的心血，特在此表示衷心感谢。

尽管作者对书中的案例精益求精，但疏漏之处仍然在所难免。如果您发现书中的错误或某个案例有更好的解决方案，敬请通过邮箱nuoli_2012@126.com向作者反馈。我们将尽快回复，且在本书再次印刷时予以修正。

再次感谢您的支持！

编著者

CONTENTS 目录

第1篇 基础知识解析

第1章 财务报表基本操作

第2章 财务数据输入与编辑

第3章 财务数据有效性与条件限定

第4章 财务数据分析与管理

第5章 公式与函数基础

第6章 数据透视表与图表在财务分析中的应用

第7章 高级分析工具在财务分析中的应用

第8章 财务报表的打印与保护

第2篇 行业范例解析

第9章 财务单据的创建与使用

第10章 公司日常费用统计与管理

第11章 公司各项报销费用统计与管理

第12章 会计凭证记录查询与管理

第13章 公司往来账款管理

第14章　公司与银行间的日记账管理

第15章　公司员工加班、考勤与工资发放管理

第16章　公司销售数据统计与分析

第17章　公司生产、运营成本管理与分析

第18章　公司资产负债表

第19章 公司利润分析表

第20章 公司现金流量管理表

第3篇 高效实践技巧

第21章 单元格编辑技巧

第22章 财务数据编辑中的技巧

第23章 公式与函数在财务管理中的使用技巧

第24章　数据透视表与图表在财务管理中的使用技巧

第25章 财务函数使用技巧

第26章 其他函数在财务计算中的应用技巧

第1篇 基础知识解析

第1章

财务报表基本操作

1.1 工作表基本操作

工作表是Excel工作簿中的主要处理数据对象，对工作表的基本操作通常包括工作表的插入、删除、复制和重命名等，这些都是Excel最基本、最常用的操作。

1.1.1 插入工作表

默认情况下，新建的Excel工作簿中包含3个工作表。如果想插入工作表，可以通过如下方法实现。

插入工作表可以通过单击工作表标签右侧的来实现，单击一次，可以添加一个工作表，如图1-1所示。

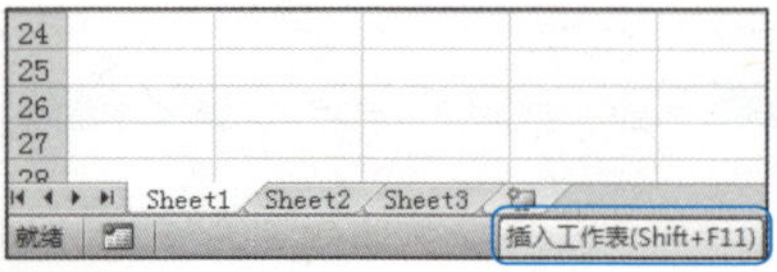

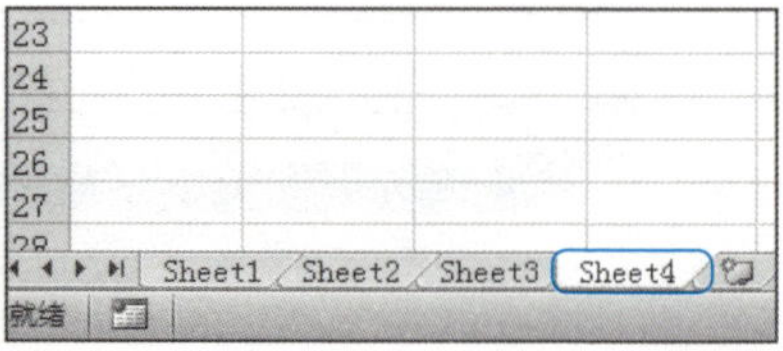

图1-1

专家提示

添加工作表还有一种更加快捷的方法，就是按Shift+F11组合键。

1.1.2 删除工作表

对于某个或者某些已经不再需要的工作表，可以将其删除，下面是操作方法。

选择要删除某个或者某些工作表，打开“开始”选项卡，在“编辑”选项组中单击“删除”按钮，在下拉菜单中选择“删除”命令，操作完成即删除工作表，如图1-2所示。

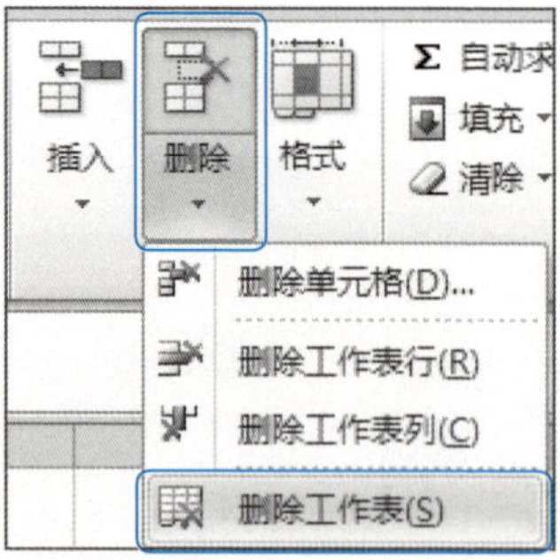

图1-2

1.1.3 重命名工作表

Excel默认的工作表名称是Sheet1、Sheet2、Sheet3等。将工作表名称改为更为直观的名称，可以帮助用户查看工作表。方法如下。

❶ 右键单击需要更改名称的工作表标签，在弹出的快捷菜单中选择“重命名”命令，如图1-3所示。

❷ 此时工作表标签名称变成了可编辑状态，键入合适的名称，按Enter键即可，如图1-4所示。

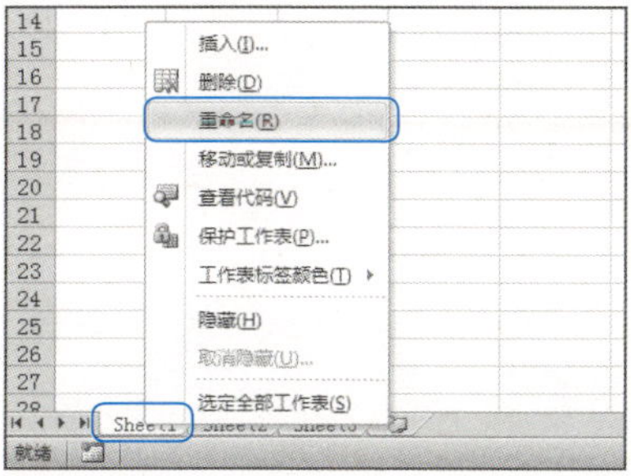

图1-3

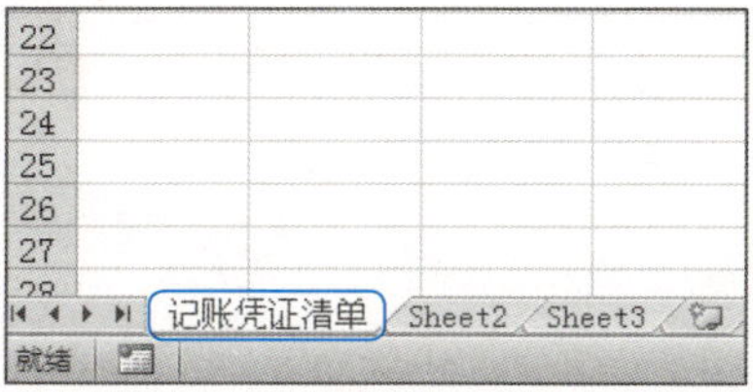

图1-4

动手练一练

如果几个工作簿中都只用到一个工作表，而且这些工作表的内容是相关的，可以将这几个工作表复制到一个工作簿中，再给各工作表分别命名，这样可以使查看数据更加方便。

1.1.4　设置工作表标签颜色

默认工作表标签的颜色都是一样的。如果需要更改工作表标签的颜色，可以使用如下方法。

❶ 右键单击需要更改颜色的工作表标签，在弹出的快捷菜单中打开“工作表标签颜色”子菜单，选择一种合适的颜色，如图1-5所示。

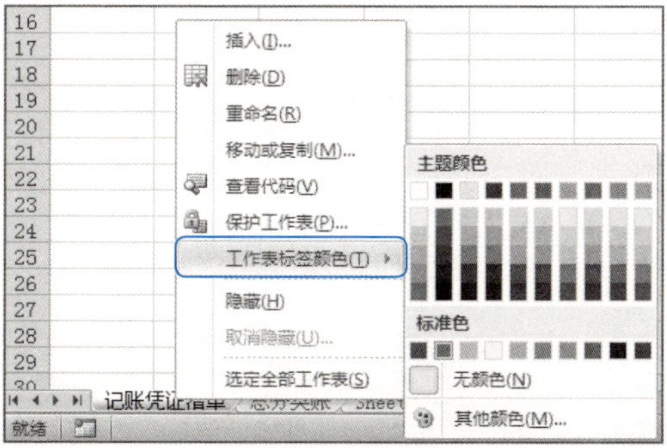

图1-5

2 设置完成后，工作表标签的颜色就变成了设置的颜色，如图1-6所示。

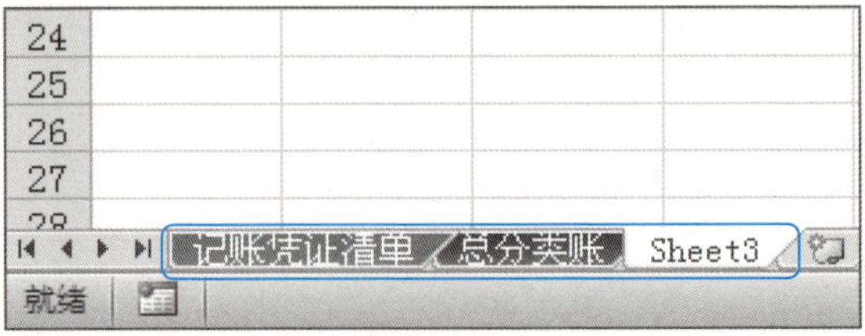

图1-6

动手练一练

如果用户需要还原工作表标签颜色，选中要还原的工作表标签，在右键快捷菜单中选中“工作表标签颜色”→“无颜色”命令即可。

1.1.5 设置工作表默认数量

在Excel 2010中，新建的工作表默认包含3个工作表，这个数量可以根据需要进行调整，方法如下。

1 打开“文件”选项卡，单击“选项”按钮，弹出“Excel选项”对话框，如图1-7所示。

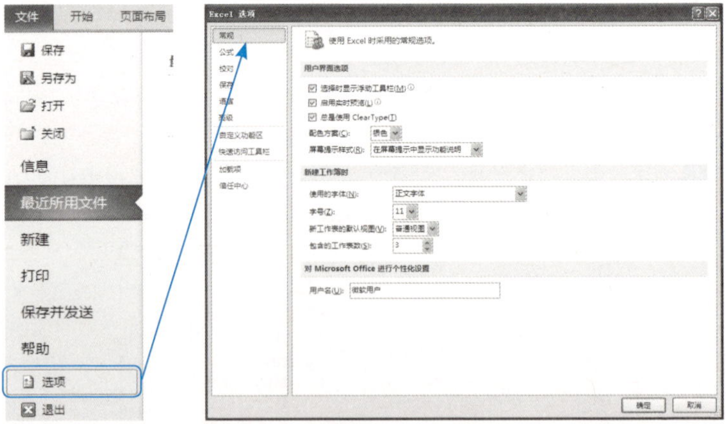

图1-7

2 在“Excel选项”对话框中选择“常规”选项，修改右侧的“包含的工作表数”文本框中的数字。

3 单击“确定”按钮即可，如图1-8所示。

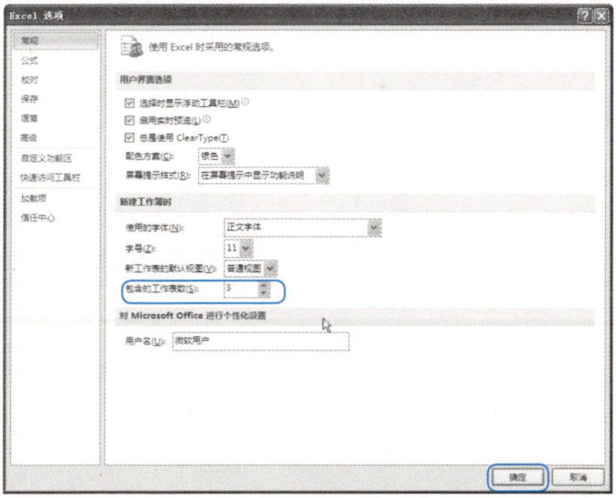

图1–8

1.1.6 设置工作表行、列的颜色

工作表网络线的设计使得各单元格间有了明显的界线，为用户的操作提供了很大的方便。若想更改工作表行、列的颜色设置，可以通过如下操作来实现。

❶ 打开“文件”选项卡，单击“选项”按钮，弹出“Excel选项”对话框，单击左侧窗格中的“高级”项。

❷ 在右侧窗格中，单击“此工作表的显示选项”下拉列表框，在弹出的下拉列表中选择一个需要设置网格线的工作表，并选中“显示网格线”复选框。

❸ 单击“网格线颜色”下拉按钮，在弹出的列表中选择一种合适的颜色，如图1-9所示。

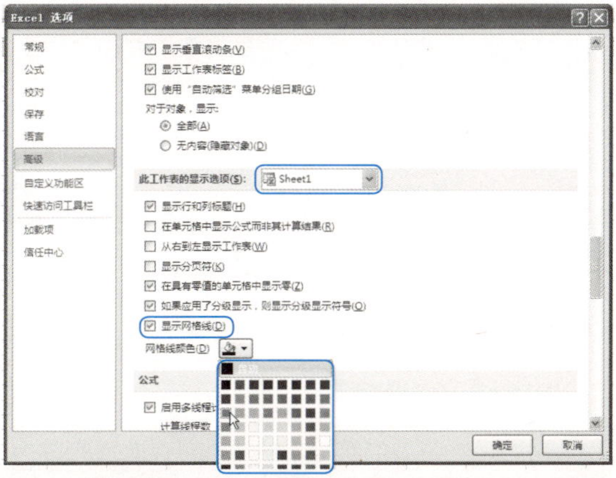

图1–9

❹ 设置完成后，工作表中行、列的颜色就变成了设置的颜色，如图1-10所示。

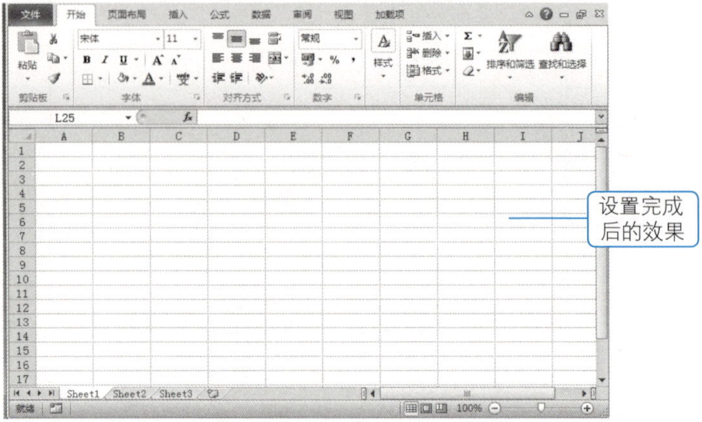

图1-10

1.1.7 设置工作表默认字体与字号

在Excel 2010工作表中，可以更改选定单元格或区域的字体或字号，还可以通过下面方法更改在新工作簿中使用的默认字体和字号。

❶ 打开“文件”选项卡，单击“选项”按钮，弹出“Excel选项”对话框。

❷ 在“常规”标签右侧的“新建工作簿时”栏下，单击“使用的字体”和“字号”右边的下拉列表框，设置新的字体和字号，如图1-11所示。

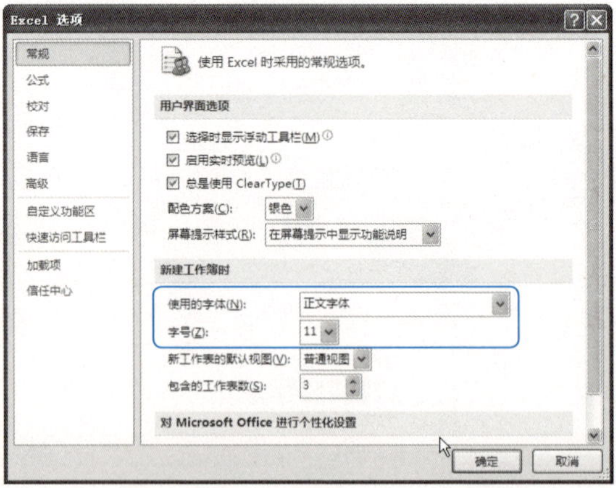

图1-11

3 单击“确定”按钮返回到工作表，即可看到工作表默认字体与字号被更改，如图1-12所示。

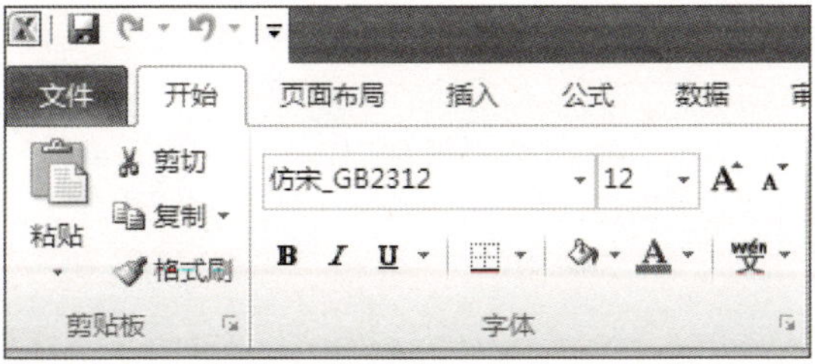

图1–12

专家提示

若使用新的默认字体和字号，必须重新启动 Excel。新的默认字体和字号只应用于重新启动 Excel后创建的新工作簿中，已有的工作簿不受影响。

1.1.8 调整工作表显示比例

在Excel 2010工作表中，用户编辑和查看文档时，可以根据需要改变显示屏幕的大小，调整的文档显示比例。

1 状态栏上的显示比例默认为100%，如图1-13所示。

图1–13

2 如果要缩小文档的页面显示比例，单击显示比例左侧的缩小按钮，单击一次缩小10%，如图1-14所示。

3 如果要放大文档的页面显示比例，单击显示比例右侧的放大按钮，单击一次放大10%，如图1-15所示。

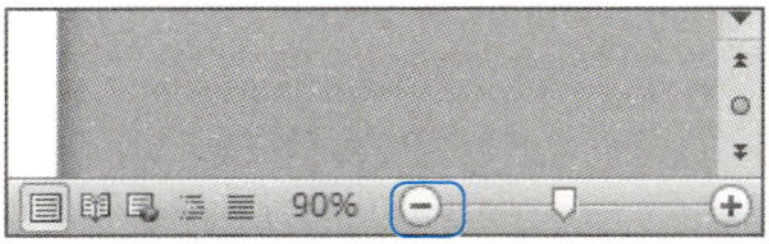

图1–14

图1–15

专家提示

在窗口的状态栏上单击缩放级别按钮100%，即可打开“显示比例”对话框。

1.1.9 移动与复制工作表

在Excel 2010中，有时需要将一个工作表从一个工作簿中移动或者复制到另一个工作簿（目标工作簿）中。为了快速地完成两张工作表的制作，可以移动或复制工作表，方法如下。

❶ 在工作簿的左下角选中要复制的工作表标签，单击鼠标右键，从弹出的快捷菜单中选择“移动或复制工作表”命令，如图1-16所示。

❷ 打开“移动或复制工作表”对话框，选择“建立副本”复选框，如图1-17所示。

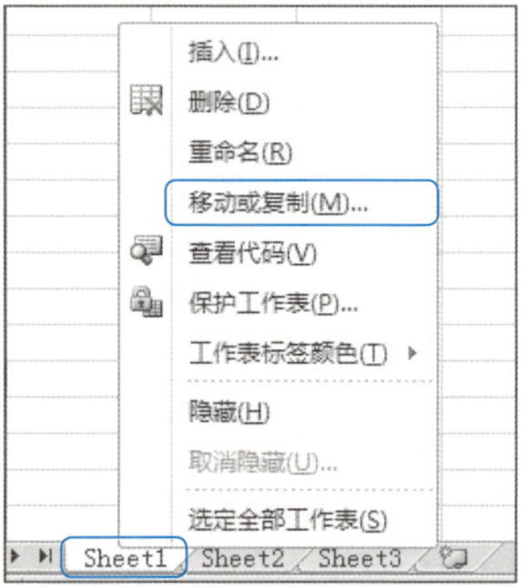

图1-16

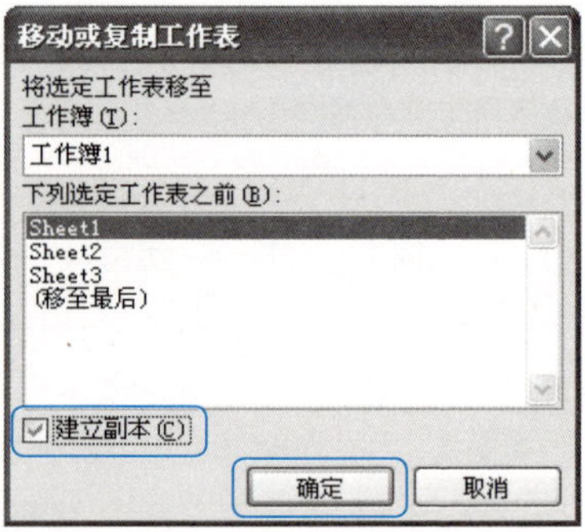

图1-17

❸ 单击“确定”按钮，副本工作表建立在指定的位置，如图1-18所示。

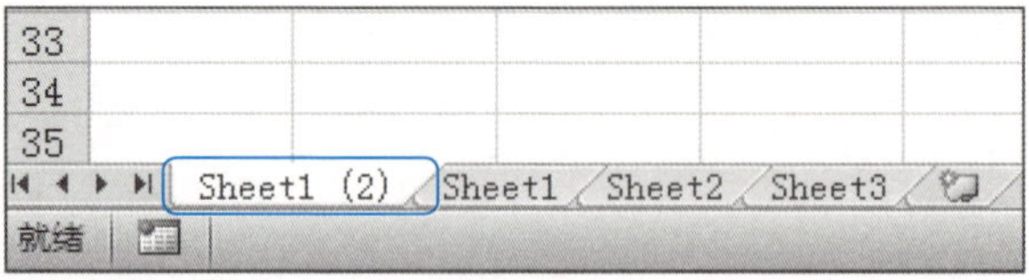

图1-18

动手练一练

在“移动或复制工作表”对话框中，不选中“建立副本”选项，表示只对工作表进行移动操作。

1.1.10 切换工作表

在使用Excel2010编辑表格的时候，有的时候需要打开很多个工作表，可以通过如下方法切换工作表。

- 按Ctrl+PageUp组合键激活上一张工作表，按Ctrl+PageDown组合键激活下一张工作表。
- 用鼠标去控制工作表底部的标签滚动按钮，然后单击工作表进行切换。

1.1.11　隐藏和显示工作表的行和列

通过 Excel 2010自带的隐藏行、列的方法隐藏重要的数据，可起到安全保护的作用。如果工作表中的某些行或列中包含有重要数据，若不希望让其他用户在浏览工作表时看到这些行或列，想将这些行或列隐藏，可以通过如下方法实现。

❶ 单击需要隐藏的行（列），打开“开始”选项卡，在“单元格”选项组中单击“格式”按钮。

❷ 在“格式”下拉列表中，选择“隐藏和取消隐藏”→“隐藏行”命令，如图1-19所示。

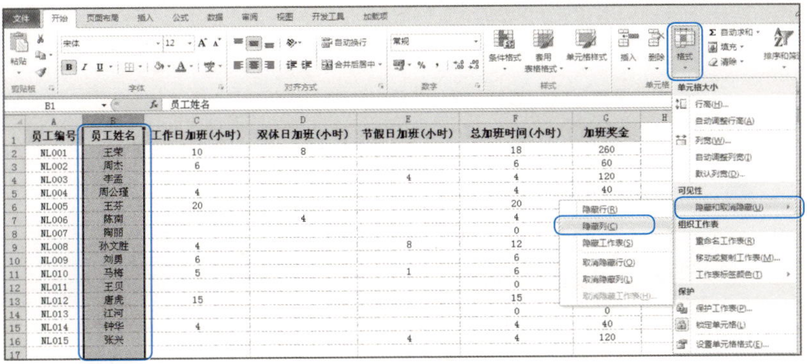

图1–19

❸ 即可隐藏选中的行（列），如图1-20所示。

	A	C	D	E	F	G
1	员工编号	工作日加班(小时)	双休日加班(小时)	节假日加班(小时)	总加班时间(小时)	加班奖金
2	NL001	10	8		18	260
3	NL002	6			6	60
4	NL003			4	4	120
5	NL004	4			4	40
6	NL005	20			20	200
7	NL006		4		4	80
8	NL007				0	0
9	NL008	4		8	12	280
10	NL009	6			6	60
11	NL010	5		1	6	80
12	NL011				0	0
13	NL012	15			15	150
14	NL013				0	0
15	NL014	4			4	40
16	NL015			4	4	120
17						

图1–20

1.1.12 同时显示多张工作表

在Excel 2010中，可以同时显示多张工作表，方法如下。

❶ 打开“视图”选项卡，在“窗口”选项组中单击“新建窗口”按钮，如图1-21所示。

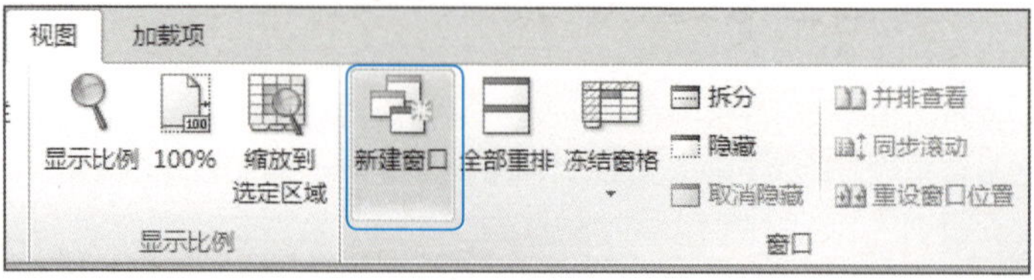

图1-21

❷ 切换至新的窗口，然后单击需要显示的工作表。对每张需要显示的工作表重复以上操作，如图1-22所示。

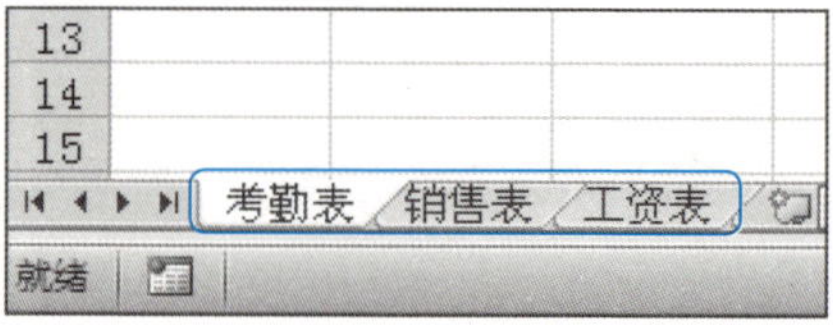

图1-22

❸ 打开“视图”选项卡，在“窗口”选项组中单击“重排窗口”按钮，如图1-23所示。

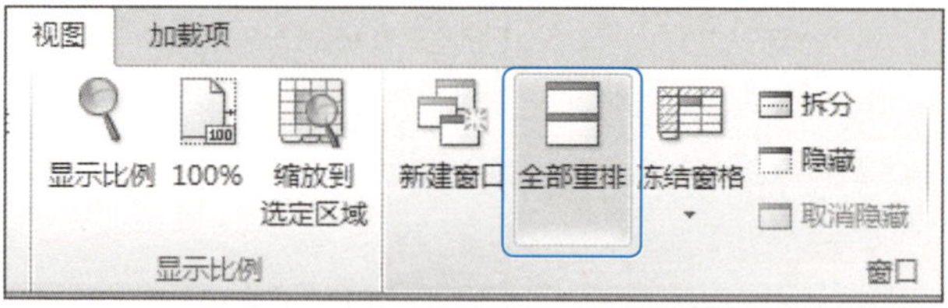

图1-23

❹ 打开“重排窗口”对话框，在“排列方式”栏下单击“平铺”单选按钮，如图1-24所示。

❺ 单击“确定”按钮，即可同时显示多张工作表，如图1-25所示。

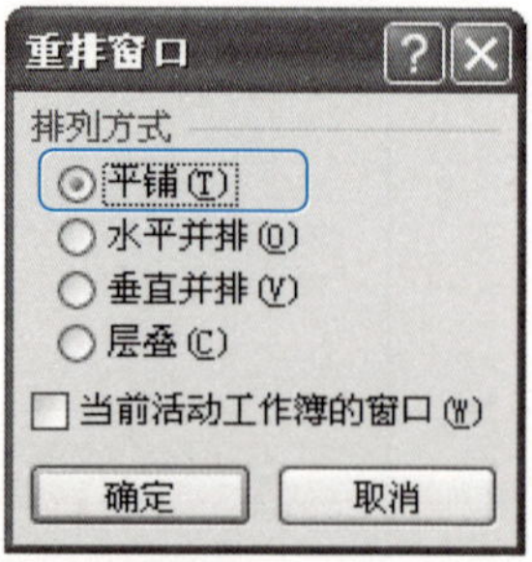

图1-24

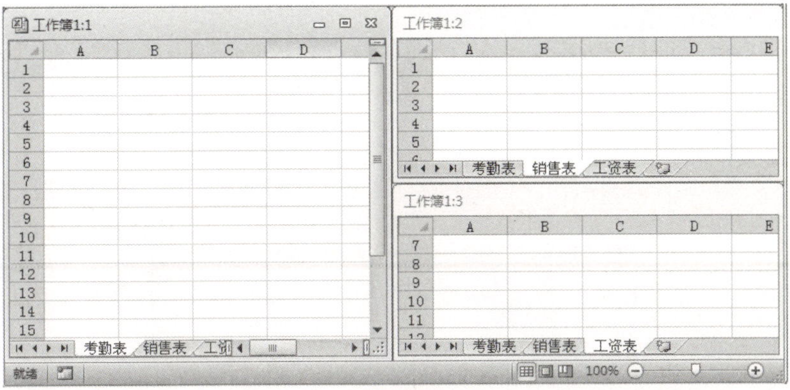

图1–25

1.1.13　设置工作表的左右显示方式

默认情况下，工作表的行号在工作表的左边，列标在工作表上方从左到右排列，工作表标签放在工作表的左下角。也可以将这个顺序反过来，即行号在工作表的右边，列标从右到左排列，工作表标签放在工作表的右下角。操作方法如下。

❶ 打开“文件”选项卡，单击“选项”按钮，弹出“Excel选项”对话框。

❷ 在“Excel选项”对话框的左侧选择“高级”选项，在右侧“显示”栏下单击“从右到左”单选按钮，如图1-26所示。

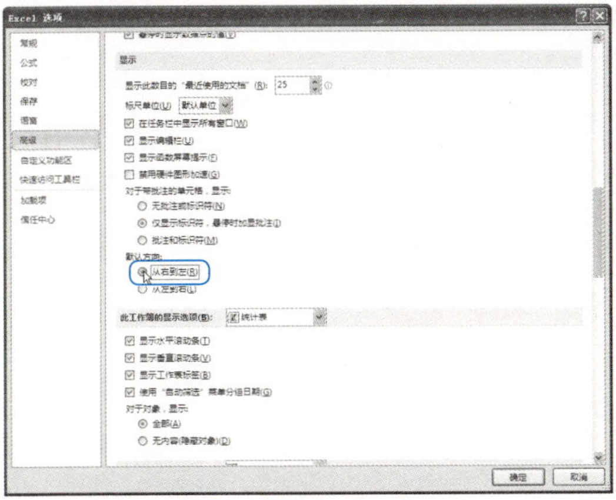

图1–26

❸ 单击“确定”按钮即可完成设置。

1.1.14 隐藏工作表标签

如果想使别人无法通过工作表标签来查看工作表，可以将工作表标签隐藏起来，下面是实现方法。

1 打开“文件”选项卡，单击“选项”按钮，弹出“Excel选项”对话框。

2 在“Excel选项”对话框的左侧选择“高级”选项，在右侧“此工作簿的显示选项”栏下取消选中“显示工作表标签”复选框，如图1-27所示。

图1–27

3 单击“确定”按钮即可完成设置。

动手练一练

如果要恢复工作表标签，则再选中“工作表标签”复选框就可以了。这个操作对当前工作簿的所有工作表都是有效的。

1.1.15 设置工作表背景

Excel 2010页面背景默认是白色，这种背景颜色让许多用户感觉太单调。如果想将背景更换成自己喜欢的图片，可以通过如下方法来实现。

1 打开“页面布局”选项卡，接着单击 “页面设置”选项组中的“背景”按钮，如图1-28所示。

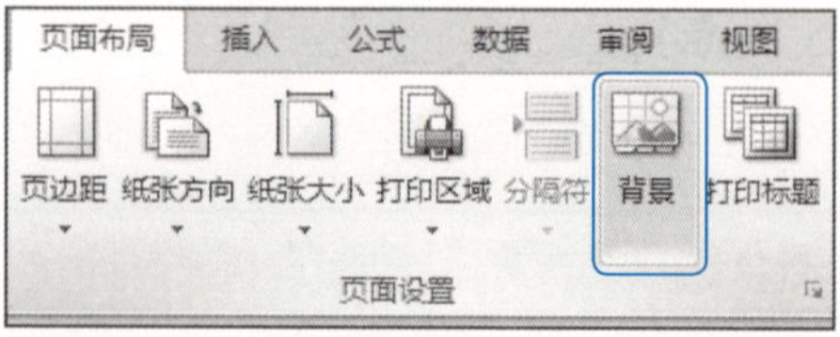

图1–28

2 在弹出的“工作表背景”对话框中找到并选中自己喜欢的图片，单击“插入”按钮，如图1-29所示。

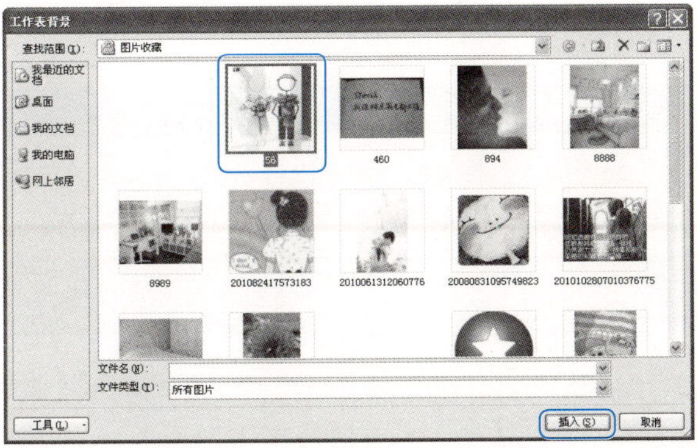

图1-29

3 即可将此图片设置为Excel页面背景，如图1-30所示。

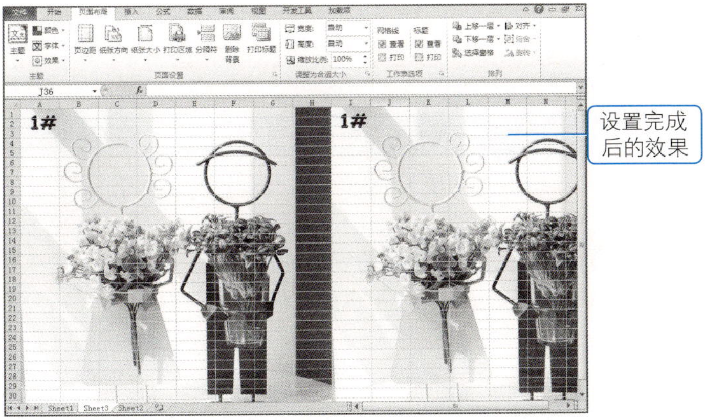

图1-30

动手练一练

打开“页面布局”选项卡，在“页面设置”选项组中单击“删除背景”按钮即可删除背景。

1.2　单元格的基本操作

单元格是表格中承载数据的最小单位，表格的主要操作也是在单元格中进行的，单元格的基本操作有插入、删除与合并等。

1.2.1 插入与删除单元格

为满足编辑要求需要，通常在表格中添加新的单元格，即插入单元格，可以通过下面的方法来实现。

1. 在行标签的位置插入新行

将光标定位到要插入行标签处，单击鼠标右键，在弹出的快捷菜单中选中“插入”命令，即可在表格中插入新的一行，如图1-31所示。

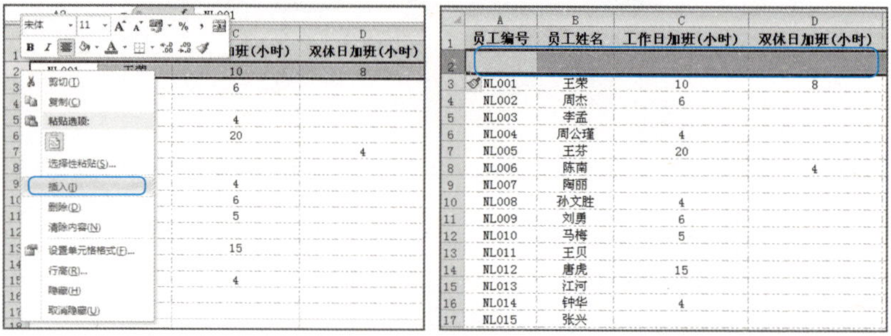

图1-31

2. 在单元格位置插入新行或指定条件的单元格

❶ 将光标定位到要插入单元格的目标位置处，单击鼠标右键，在弹出的快捷菜单中选择“插入”命令，如图1-32所示。

❷ 打开“插入”对话框，根据实际需要选择插入类型。选择“活动单元格右移”，可以在活动单元格（被选择的单元格）的左边插入一个单元格；选择“活动单元格下移”，可以在活动单元格上方插入一个单元格，如图1-33所示。

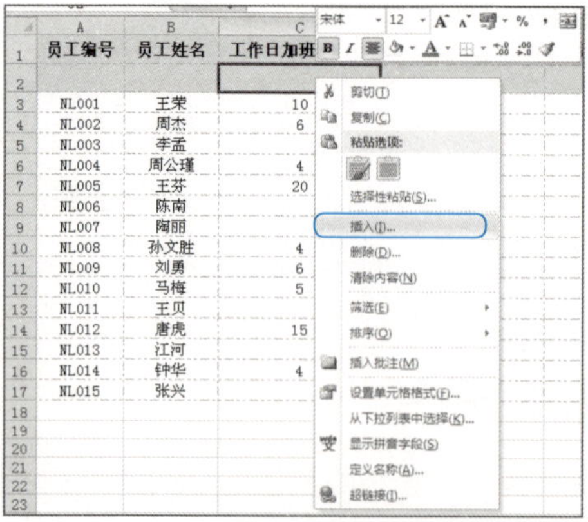

图1-32

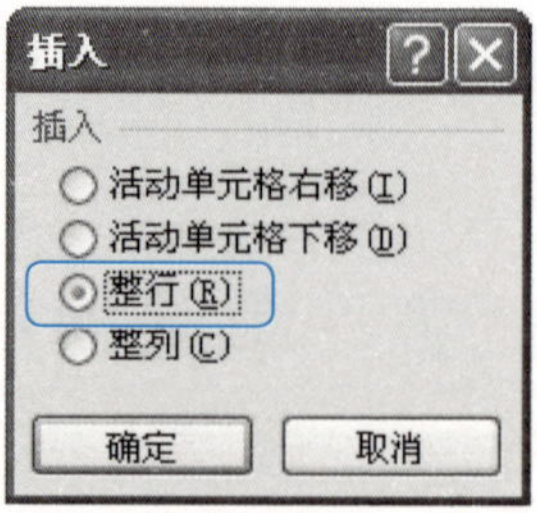

图1-33

③ 设置完成后，单击“确定”按钮，即可根据设置要求来插入新行，如图1-34所示。

	A	B	C	D	E	F	G
1	员工编号	员工姓名	工作日加班(小时)	双休日加班(小时)	节假日加班(小时)	总加班时间(小时)	加班奖金
2							
3							
4	NL001	王荣	10	8		18	260
5	NL002	周杰	6			6	60
6	NL003	李孟			4	4	120
7	NL004	周公瑾	4			4	40
8	NL005	王芬	20			20	200
9	NL006	陈南		4		4	80
10	NL007	陶丽				0	0
11	NL008	孙文胜	4		8	12	280
12	NL009	刘勇	6			6	60
13	NL010	马梅	5		1	6	80
14	NL011	王贝				0	0
15	NL012	唐虎	15			15	150
16	NL013	江河				0	0
17	NL014	钟华	4			4	40
18	NL015	张兴			4	4	120

图1-34

动手练一练

如果要删除单元格，先选中要删除的单元格，单击鼠标右键，在弹出的快捷菜单中选中“删除”命令即可。

1.2.2 合并单元格

在制作表格时，通常需要将表格标题居中显示在表格的上方。然而在编辑文档时，表格标题文字文本通常是输入在最左端的单元格中，这样就无法居中显示，可以通过下面的方法来实现。

① 选择表格标题所在行的单元格，打开“开始”选项卡，在“对齐方式”选项组中单击“合并单元格”按钮，如图1-35所示。

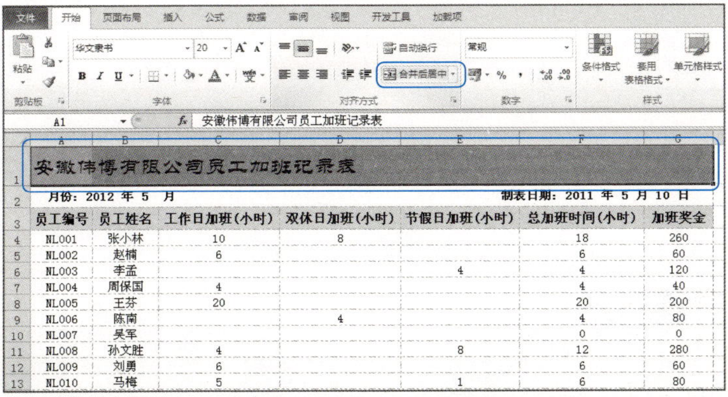

	A	B	C	D	E	F	G
1	安徽伟博有限公司员工加班记录表						
2	月份：2012 年 5 月					制表日期：2011 年 5 月 10 日	
3	员工编号	员工姓名	工作日加班(小时)	双休日加班(小时)	节假日加班(小时)	总加班时间(小时)	加班奖金
4	NL001	张小林	10	8		18	260
5	NL002	赵楠	6			6	60
6	NL003	李孟			4	4	120
7	NL004	周保国	4			4	40
8	NL005	王芬	20			20	200
9	NL006	陈南		4		4	80
10	NL007	吴军				0	0
11	NL008	孙文胜	4		8	12	280
12	NL009	刘勇	6			6	60
13	NL010	马梅	5		1	6	80

图1-35

❷ 即可完成合并操作。合并后，表格标题将居中显示，如图1-36所示。

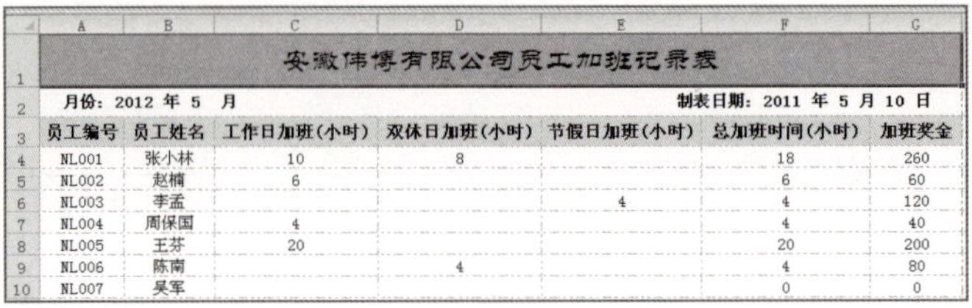

员工编号	员工姓名	工作日加班(小时)	双休日加班(小时)	节假日加班(小时)	总加班时间(小时)	加班奖金
安徽伟博有限公司员工加班记录表						
月份：2012 年 5 月					制表日期：2011 年 5 月 10 日	
NL001	张小林	10	8		18	260
NL002	赵楠	6			6	60
NL003	李孟			4	4	120
NL004	周保国	4			4	40
NL005	王芬	20			20	200
NL006	陈南		4		4	80
NL007	吴军				0	0

图1-36

1.2.3 自动调整单元格列宽

Excel表格中每个单元格的列宽通常是不变的，不能随着单元格内文字或数字内容的增加而自动变宽，也就是说超过单元格列宽的内容将被下一单元格的内容所覆盖，无法正确显示及打印出来。Excel可设置当某列单元格的宽度不足，进行自动调整，方法如下。

❶ 选中已经输入了数据且不能在单元格中完整显示的单元格。

❷ 打开“开始”选项卡，在“单元格”选项组中单击“格式”按钮，在打开的下拉菜单中选择“自动调整列宽”命令，如图1-37所示。

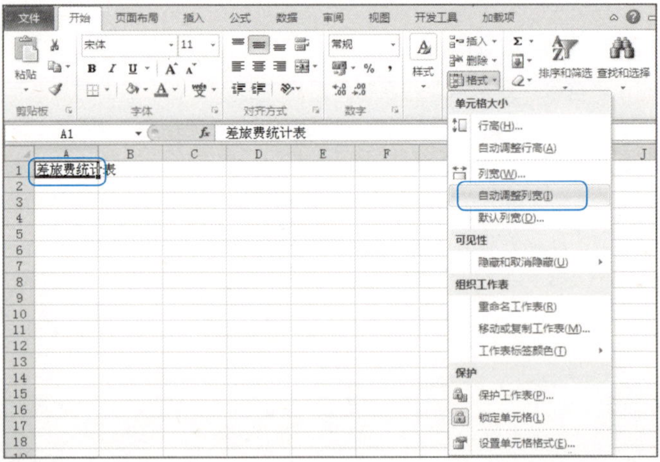

图1-37

❸ 即可让选中单元格根据填写的内容自动调整列宽，如图1-38所示。

动手练一练

可以手动调整单元格的宽度：将鼠标移至该列标识字母与下一列标识字母之间，指针变成双向箭头时，左右拖动鼠标即可调整该列单元格的宽度。

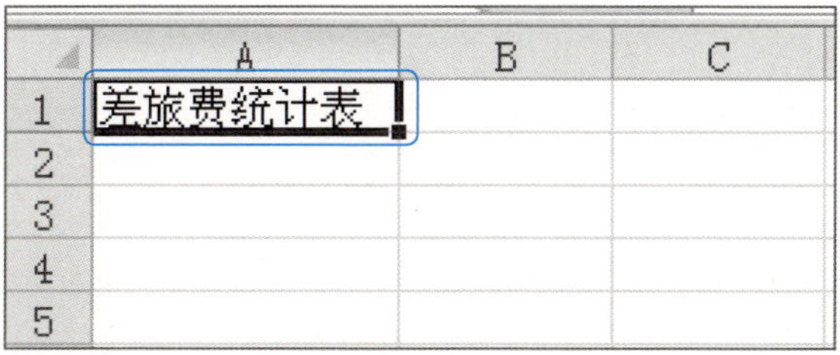

图1–38

1.2.4　设置单元格中数据对齐方式

Excel默认的对齐方式是文本左对齐，数字右对齐，但用户可以按照自己的需要进行设置。如果需要更改单元格对齐方式，可以使用如下方法实现。

❶ 选中需要设置对齐方式的单元格（区域），打开“开始”选项卡，在“对齐方式”选项组中单击右下角的 按钮，如图1-39所示。

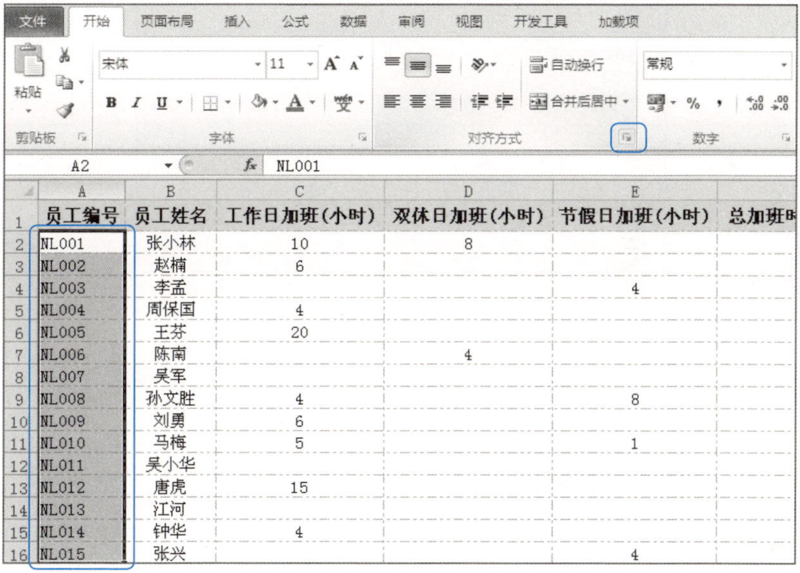

图1–39

❷ 打开“设置单元格格式”对话框，切换到“对齐”选项卡，在“文本对齐方式”栏中，单击“水平对齐”下拉按钮，在弹出的下拉列表中选择需要的对齐方式，如“居中”，如图1-40所示。

❸ 接着单击“垂直对齐”下拉按钮，在弹出的下拉列表中选择需要的对齐方式，如“居中”，如图1-41所示。

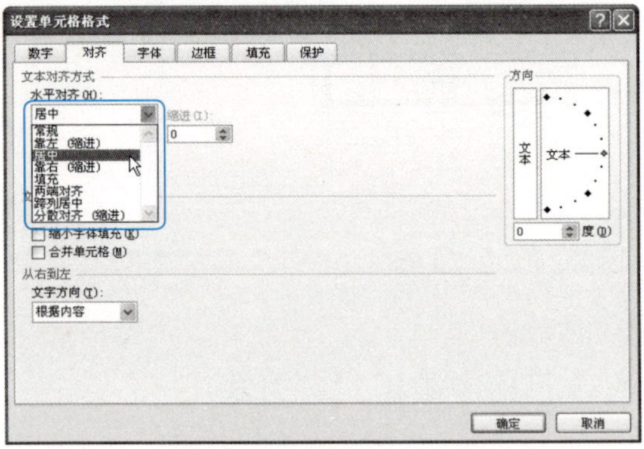

图1-40

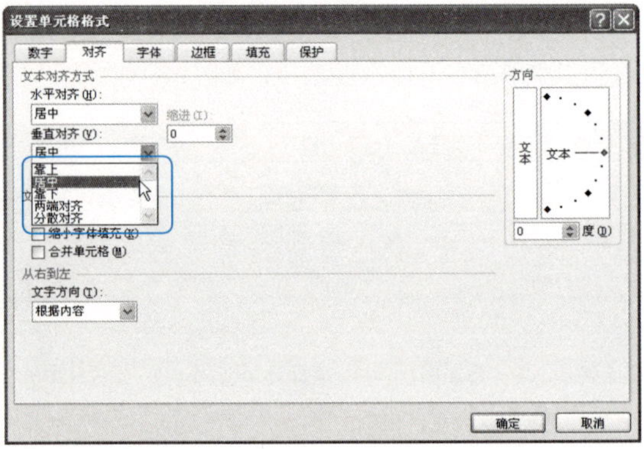

图1-41

4 单击“确定”按钮即可完成操作，如图1-42所示。

	A	B	C	D
1	员工编号	员工姓名	工作日加班(小时)	双休日加班(小时)
2	NL001	张小林	10	8
3	NL002	赵楠	6	
4	NL003	李孟		
5	NL004	周保国	4	
6	NL005	王芬	20	
7	NL006	陈南		4
8	NL007	吴军		
9	NL008	孙文胜	4	
10	NL009	刘勇	6	
11	NL010	马梅	5	
12	NL011	吴小华		
13	NL012	唐虎	15	
14	NL013	江河		
15	NL014	钟华	4	
16	NL015	张兴		

图1-42

举一反三

如果设置水平对齐方式为靠左、靠右或分散对齐，还可以设置这些对齐方式的缩进值。

1.2.5　绘制单元格的框线

在一些特殊的情况下，用户可能需要手动绘制单元格的框线。可以通过下面的方法来实现。

❶ 打开“开始”选项卡，在“字体”选项组中单击“边框”右侧的下拉按钮，如图1-43所示。

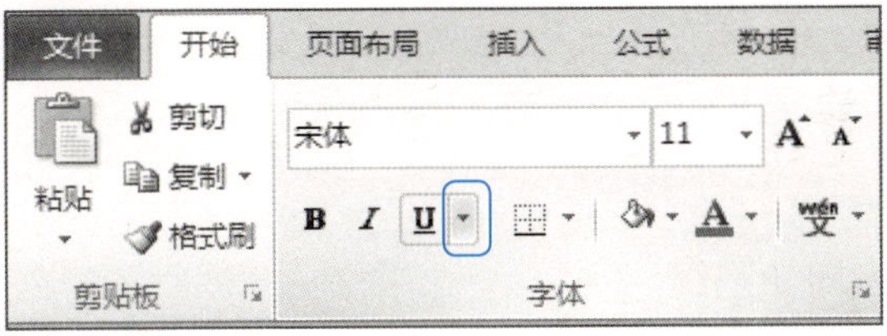

图1-43

❷ 在展开的下拉列表中，单击“绘制边框”下的“绘图边框”选项，如图1-44所示。

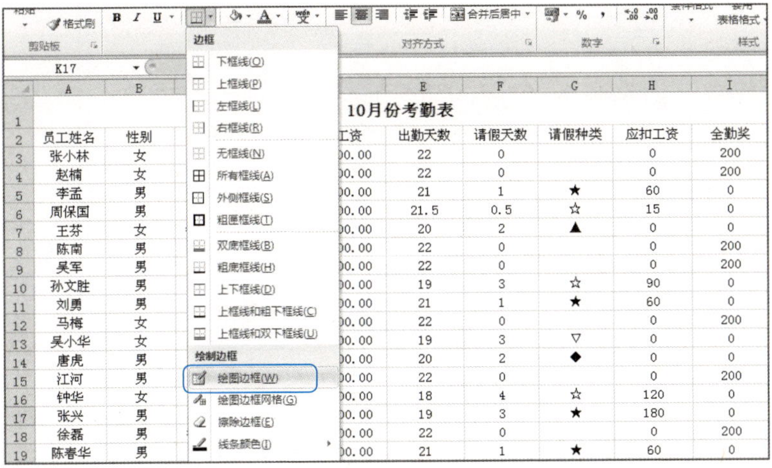

图1-44

❸ 返回表格中，当鼠标指针变成铅笔形状时，拖动鼠标，为要添加边框的单元格绘制边框。绘制完边框后，释放鼠标，就完成了为单元格添加边框的操作。

1.2.6 设置单元格中数据对齐方式

Excel默认的对齐方式是文本左对齐，数字右对齐，但是用户可以按照自己的需要进行设置。如果需要更改单元格对齐方式，可以使用如下方法实现。

❶ 选中需要设置对齐方式的单元格（区域），打开“开始”选项卡，在“对齐方式”选项组中单击右下角的按钮，如图1-45所示。

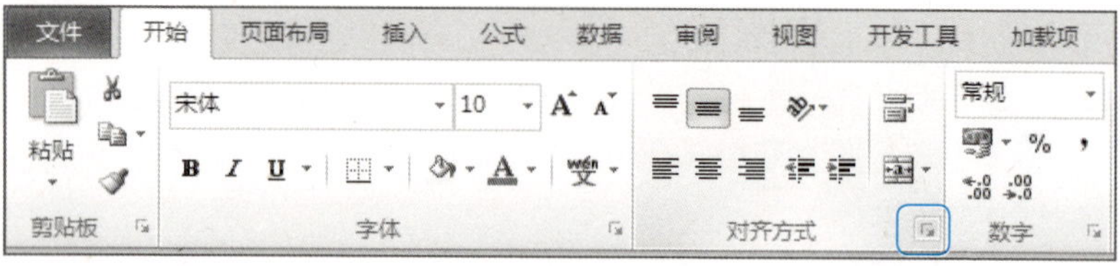

图1-45

❷ 打开“设置单元格格式”对话框，切换到“对齐”选项卡，在“文本对齐方式”栏中，单击“水平对齐”下拉按钮，在弹出的下拉列表中选择需要的对齐方式，如“居中”。

❸ 接着单击“垂直对齐”下拉按钮，在弹出的下拉列表中选择需要的对齐方式，如“居中”，如图1-46所示。

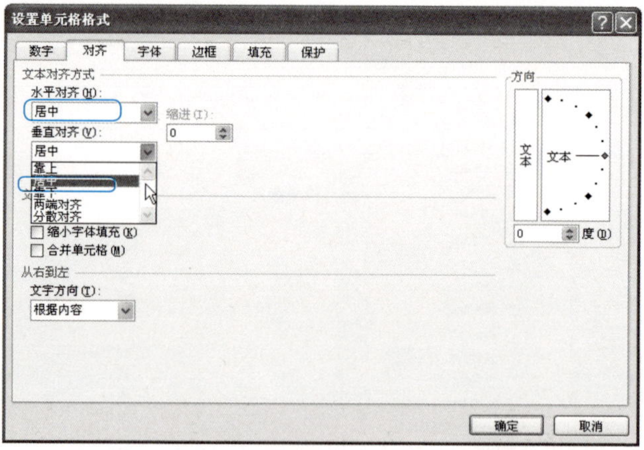

图1-46

❹ 单击“确定”按钮即可完成操作。

第2章

财务数据输入与编辑

2.1 表格数据输入

数据输入与单元格操作都是基础知识，学会该内容有助于读者进行复杂操作时提高工作效率。

2.1.1 输入普通数据

在表格中数据输入是最为普通的操作，下面介绍数据的输入方法。

将光标定位到要输入数据的单元格中，单击鼠标左键，此时单元格处于可编辑状态，接着就可以输入数据，如图2-1所示。

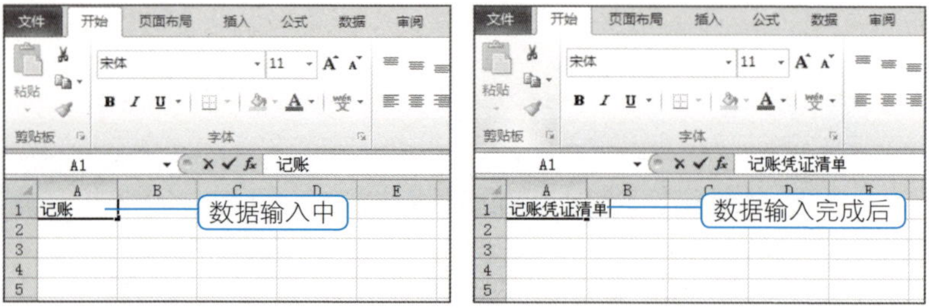

图2-1

2.1.2 输入数值型数据

财务人员经常需要输入大量含小数点数字。Excel 2010提供了小数点自动定位功能，可以让小数点自动定位，从而提高输入速度，方法如下。

❶ 打开“文件”选项卡，单击“选项”按钮，弹出“Excel选项”对话框，如图2-2所示。

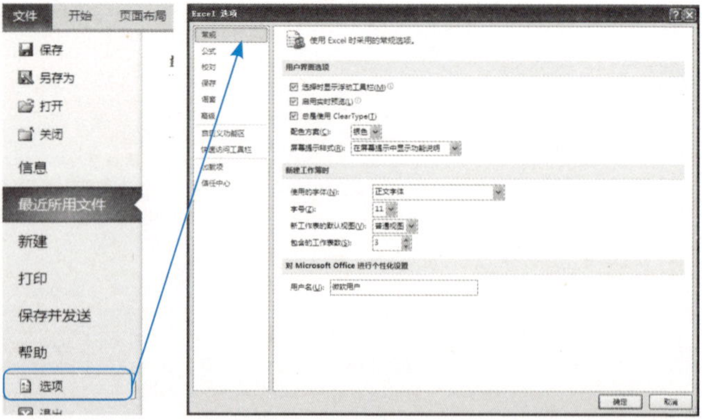

图2-2

② 在“Excel选项”对话框中单击左侧窗格中的“高级”项，在右侧窗格中选择“自动插入小数点”复选框，并在“位数”文本框中设置小数点位数。

③ 单击“确定”按钮，关闭“Excel选项”对话框，如图2-3所示。

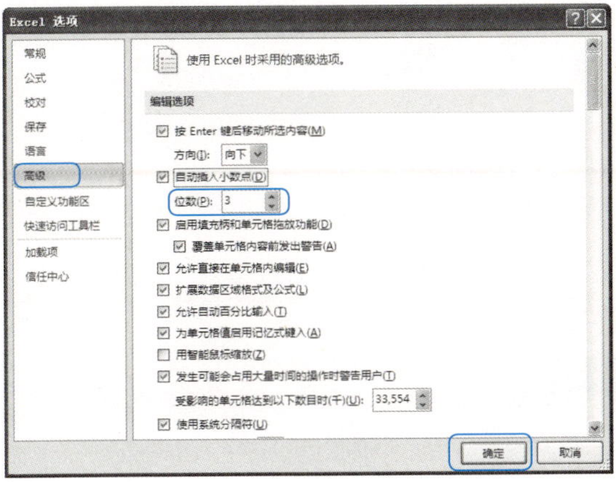

图2-3

2.1.3　输入分数型数据

在使用Excel制作数据表时，经常会输入分数。下面介绍输入分数的方法。

① 选择要输入分数的单元格，单击“开始”选项卡“数字”选项组右下方的按钮，如图2-4所示。

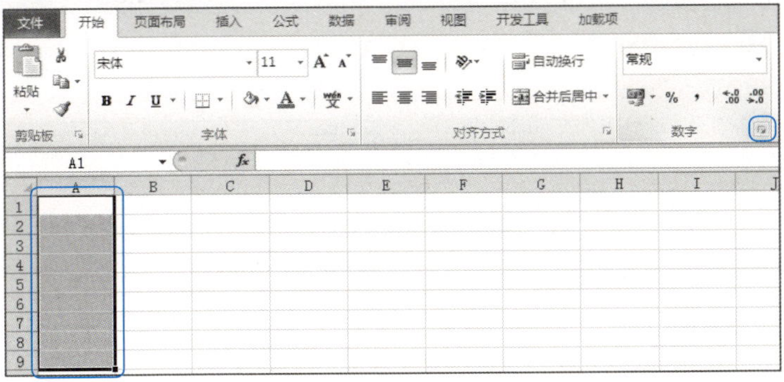

图2-4

② 打开“设置单元格格式”对话框，在“分类”列表框中选择“分数”选项，在右侧的“类型”下拉列表框中选择分数类型。

③ 单击“确定”按钮即可完成设置。此时在选中的单元格中输入小数，则会自动转换为分数形式，如图2-5所示。

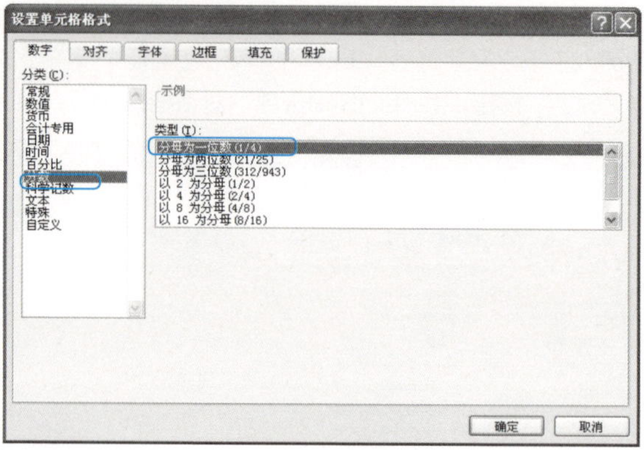

图2-5

动手练一练

也可以使用直接输入法：先在分数前输入“0”，并且在“0”和分子间用空格隔开，如输入4/5时，则输入“0 4/5”。

2.1.4 输入日期与时间型数据

在财务工作中，经常需要输入日期型和时间型数据。如果要在工作表中输入当前日期和当前时间，可以使用TODAY、NOW函数，以及快捷键来实现。

1. 通过公式输入当前日期和时间

❶ 在单元格中输入“=TODAY()”，按Enter键完成当前日期的输入，如图2-6所示。

❷ 在单元格中输入“=NOW ()”，按Enter键完成当前时间的输入，如图2-7所示。

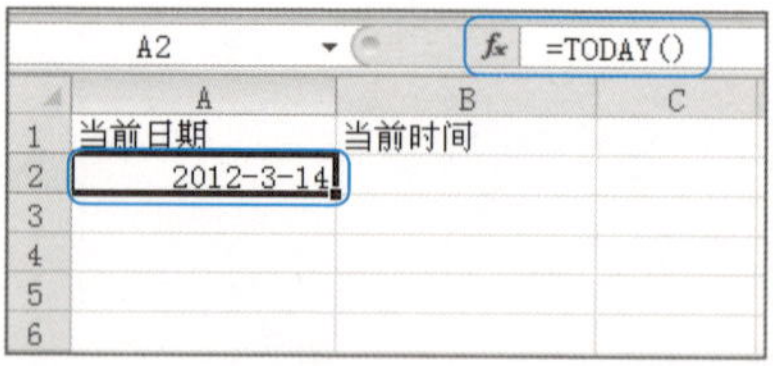

图2-6

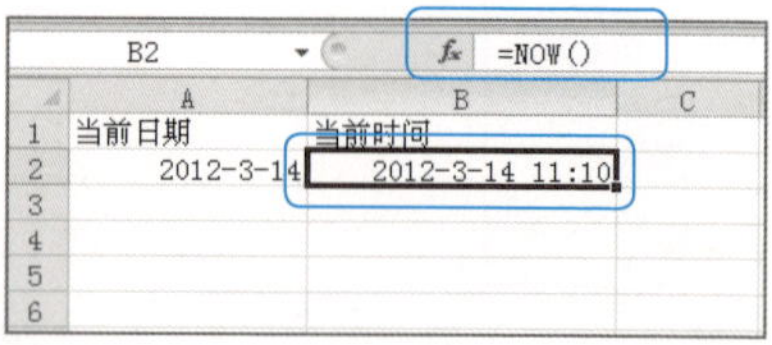

图2-7

2. 通过组合键输入当前日期和时间

❶ 输入系统当前的日期，只需选中相应的单元格，按Ctrl+；组合键即可，如图2-8所示。

2 输入系统当前的时间，只需选中相应的单元格，按Ctrl+Shift+；组合键即可，如图2-9所示。

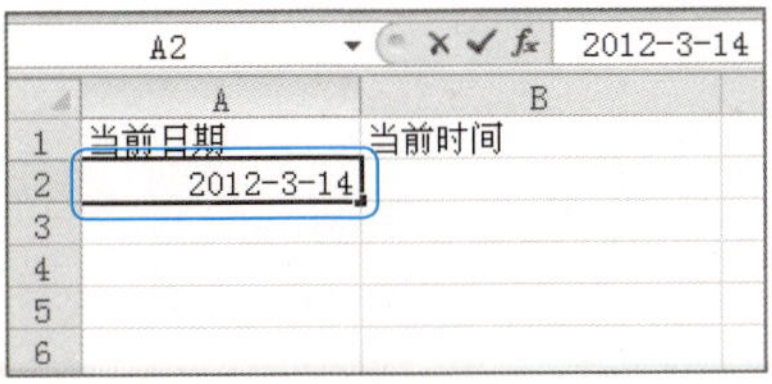

图2-8

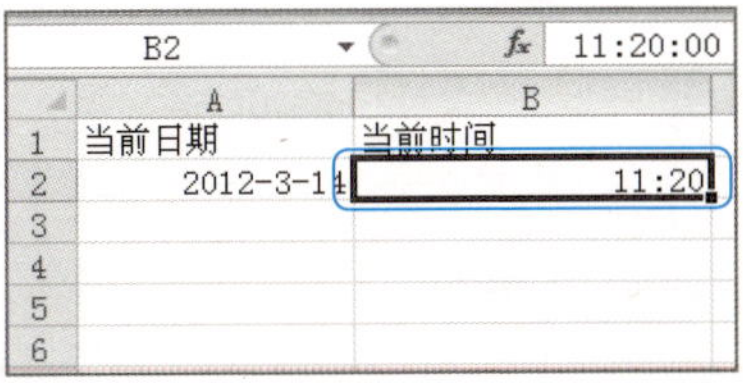

图2-9

2.1.5　输入百分比型数据

在统计销售数据时，经常需要输入百分数。如果要实现输入百分比，需要使用下面的方法来实现。

1 选中要输入百分比的单元格，单击“开始”选项卡下“数字”选项组下方的按钮，如图2-10所示。

2 打开“设置单元格格式”对话框，在“分类”列表框中选择“百分比”，并根据需要选择小数位数。

3 设置完成后，单击“确定”按钮即可，如图2-11所示。

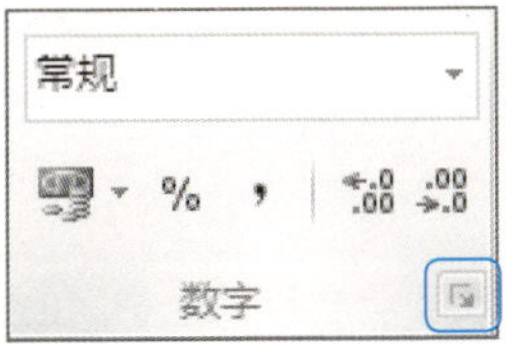

图2-10

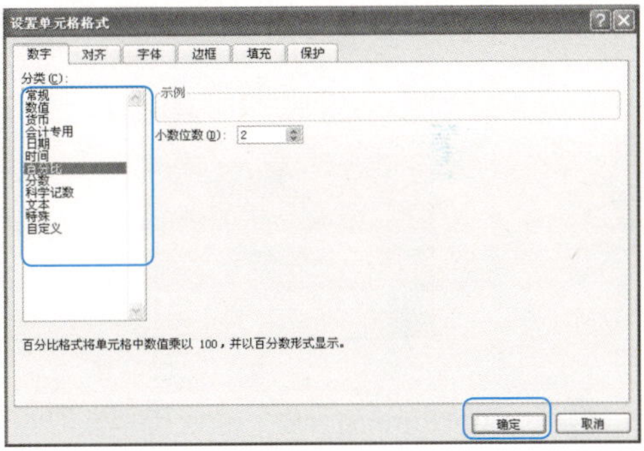

图2-11

2.1.6　输入文本型数据

在单元格中输入文本时，输入过程中有时需要移动光标的位置，但按键盘中的方向键会造成更换单元格的情况。通过下面介绍的方法可以在单元格中输入文本类型的数据并避免以上情况发生。

1 双击需要输入文本的单元格，将光标定位在其中，如图2-12所示。

2 定位好光标的位置后，直接输入需要的文本内容，然后单击任意一个单元格，即可完成文本的输入操作，如图2-13所示。

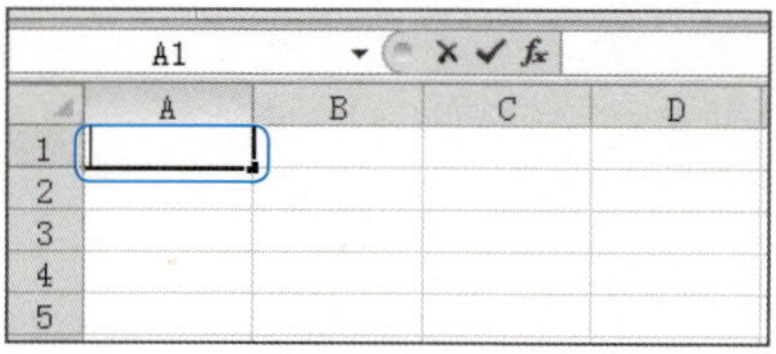

图2-12

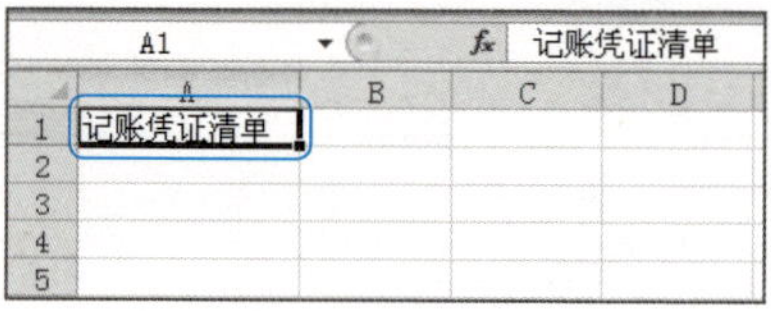

图2-13

动手练一练

选择要输入文本的单元格，单击表格上方的编辑区，将光标定位在内，输入需要的文本内容完毕后，单击任意一个单元格，即可完成文本的输入操作。其优点在于输入文本的过程中，方便查看内容。

2.1.7 在多个单元格中输入相同数据

在编辑工作表时，有时需要在多个单元格中输入相同的内容。使用复制、粘贴的方法可以快速解决，但如果单元格过多，并想一次在所有需要输入同一数据的单元格中输入相同数据，可以通过如下方法来实现。

1 按住Ctrl键，将需要输入相同数据的单元格依次选中，在最后一个选择的单元格中输入要输入的内容，如图2-14所示。

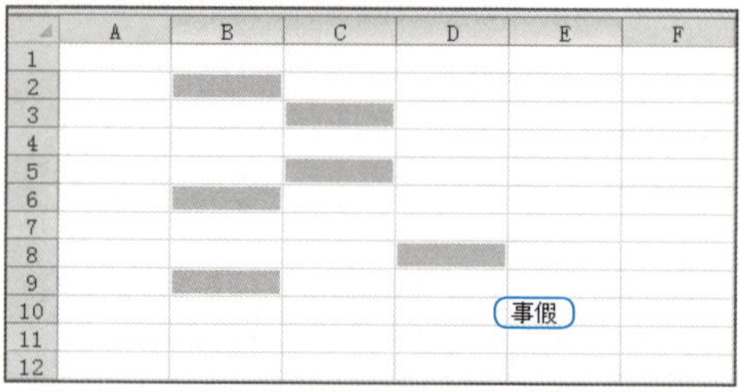

图2-14

2 按Ctrl+Enter组合键，这时所有选取的单元格中将自动录入相同的内容，如图2-15所示。

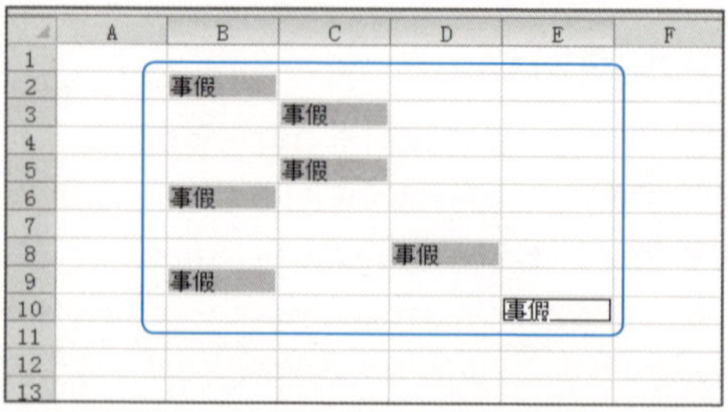

图2-15

2.2　删除和更改数据

在处理数据过程中，对于不需要的数据可以将其删除或更改为需要的数据。

2.2.1　删除数据

在输入数据的过程中，有时需要对一些多余或错误的数据进行删除，可以通过下面的方法来实现。

1. 通过Back Space键删除

选中要删除的单元格，按Back Space键将其删除。该键删除光标前面的数据，而且只能删除某一个单元格中的数据。

2. 通过Delete键删除

选中要删除数据的单元格或单元格区域，按Delete键将其全部删除。

2.2.2　更改单元格中的数据类型

数据包括多种类型，例如文本、数字、日期、特殊字符等。将单元格中的“常规”数据类型更改为用户所需的“数值”数据类型，可以通过下面的方法来实现。

❶ 选中需要重新更改的数据，单击鼠标右键，在快捷菜单中选择“设置单元格格式”命令，如图2-16所示。

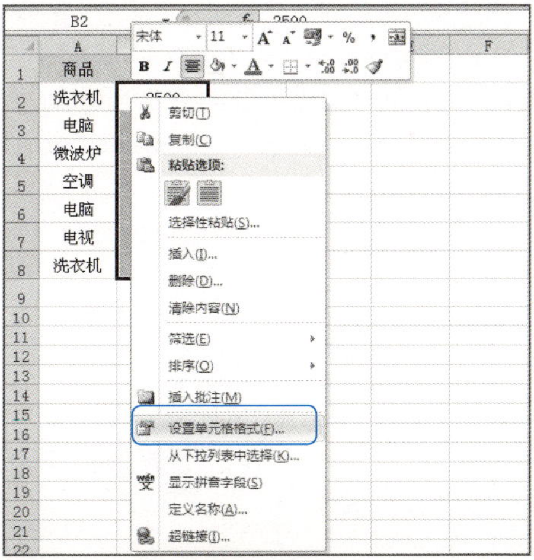

图2-16

2 打开“设置单元格格式”对话框，打开“数字”选项卡，在“分类”列表框下选择“数值”类型，进入“数值”设置界面，根据需要选择“小数位数”，如果要使用千位分隔符，则勾选“使用千位分隔符”复选框，并在“负数”列表框中选择负数的表现形式，如图2-17所示。

3 单击“确定”按钮，即可完成数值格式的设置操作，如图2-18所示。

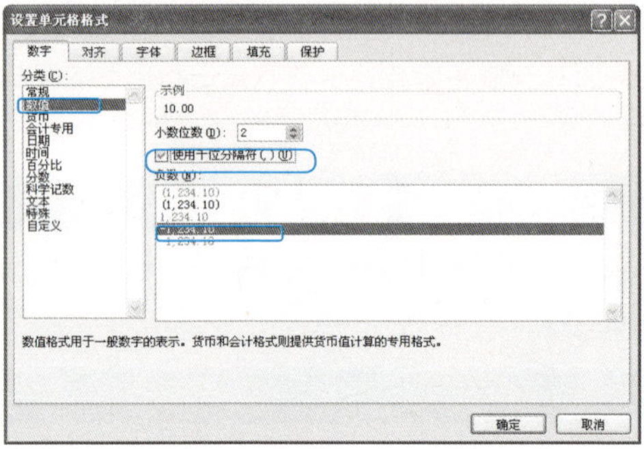

图2-17

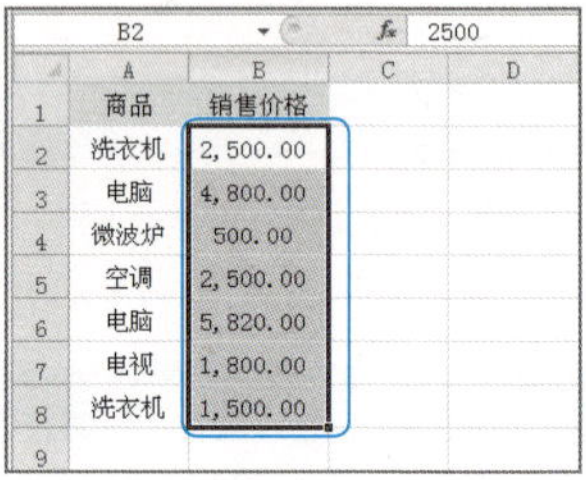

图2-18

2.3 复制与移动数据

在Excel数据编辑过程中，经常需要对数据进行复制、移动操作。

2.3.1 复制单元格数据

如果用户需要充分使用表格中的数据或要将表格中的数据移动到另外一个位置，可以直接通过相应的命令完成操作。

1 选中要复制的单元格，按Ctrl+C组合键，如图2-19所示。

2 单击放置粘贴的单元格，按Ctrl+V组合键，即可完成复制单元格数据的操作，如图2-20所示。

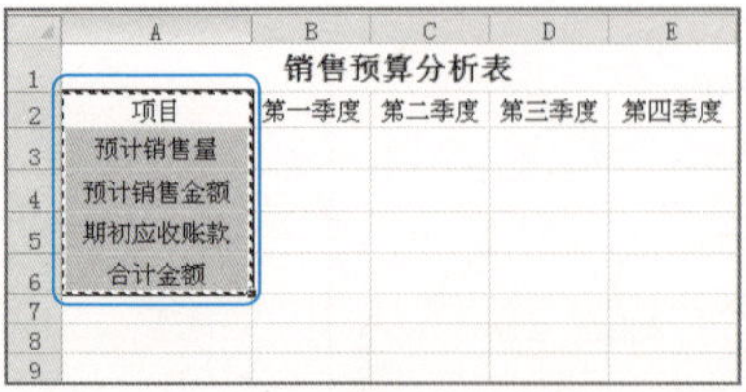

图2-19

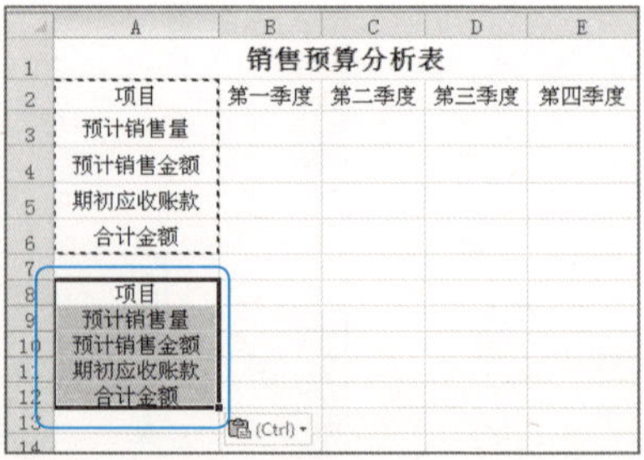

图2-20

2.3.2　移动或复制单元格

在Excel 2010中，可以直接拖动鼠标复制或移动单元格，而不必使用“复制”、“剪切”菜单。下面分别介绍如何使用鼠标移动和复制单元格。

1. 移动单元格

❶ 选中要移动的单元格或单元格区域，如选择单元格区域D3:D18，将鼠标指针放置在单元格区域的边框上，形状如图2-21所示。

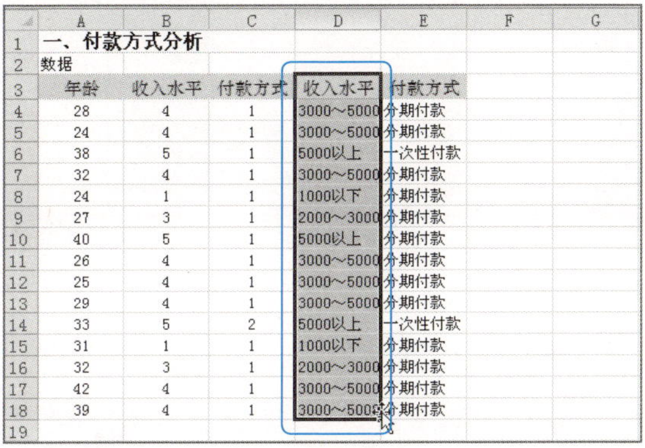

	A	B	C	D	E	F	G
1	一、付款方式分析						
2	数据						
3	年龄	收入水平	付款方式	收入水平	付款方式		
4	28	4	1	3000～5000	分期付款		
5	24	4	1	3000～5000	分期付款		
6	38	5	1	5000以上	一次性付款		
7	32	4	1	3000～5000	分期付款		
8	24	1	1	1000以下	分期付款		
9	27	3	1	2000～3000	分期付款		
10	40	5	1	5000以上	分期付款		
11	26	4	1	3000～5000	分期付款		
12	25	4	1	3000～5000	分期付款		
13	29	4	1	3000～5000	分期付款		
14	33	5	2	5000以上	一次性付款		
15	31	1	1	1000以下	分期付款		
16	32	3	1	2000～3000	分期付款		
17	42	4	1	3000～5000	分期付款		
18	39	4	1	3000～5000	分期付款		
19							

图2-21

❷ 拖动鼠标到合适的位置释放鼠标左键，即可移动该单元格区域，如图2-22所示。

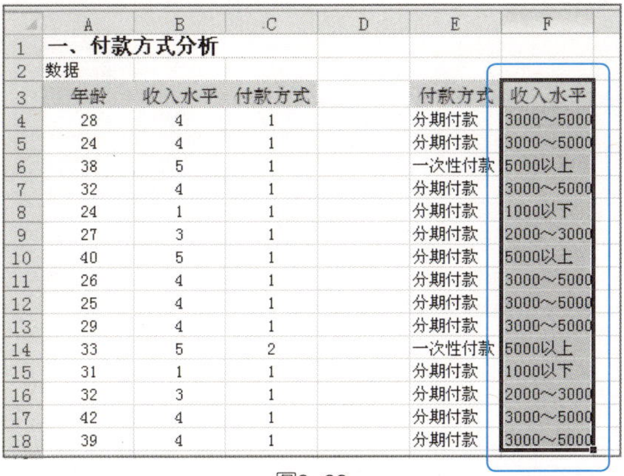

	A	B	C	D	E	F
1	一、付款方式分析					
2	数据					
3	年龄	收入水平	付款方式		付款方式	收入水平
4	28	4	1		分期付款	3000～5000
5	24	4	1		分期付款	3000～5000
6	38	5	1		一次性付款	5000以上
7	32	4	1		分期付款	3000～5000
8	24	1	1		分期付款	1000以下
9	27	3	1		分期付款	2000～3000
10	40	5	1		分期付款	5000以上
11	26	4	1		分期付款	3000～5000
12	25	4	1		分期付款	3000～5000
13	29	4	1		分期付款	3000～5000
14	33	5	2		一次性付款	5000以上
15	31	1	1		分期付款	1000以下
16	32	3	1		分期付款	2000～3000
17	42	4	1		分期付款	3000～5000
18	39	4	1		分期付款	3000～5000

图2-22

2. 复制单元格

❶ 选中单元格区域E3:E18，将鼠标指针放置在单元格区域的边框上，然后

在按住Ctrl键的同时，拖动鼠标到合适位置，如图2-23所示。

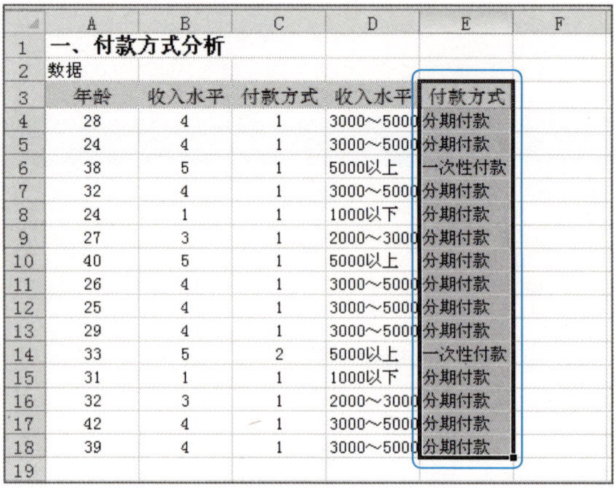

	A	B	C	D	E	F
1	一、付款方式分析					
2	数据					
3	年龄	收入水平	付款方式	收入水平	付款方式	
4	28	4	1	3000~5000	分期付款	
5	24	4	1	3000~5000	分期付款	
6	38	5	1	5000以上	一次性付款	
7	32	4	1	3000~5000	分期付款	
8	24	1	1	1000以下	分期付款	
9	27	3	1	2000~3000	分期付款	
10	40	5	1	5000以上	分期付款	
11	26	4	1	3000~5000	分期付款	
12	25	4	1	3000~5000	分期付款	
13	29	4	1	3000~5000	分期付款	
14	33	5	2	5000以上	一次性付款	
15	31	1	1	1000以下	分期付款	
16	32	3	1	2000~3000	分期付款	
17	42	4	1	3000~5000	分期付款	
18	39	4	1	3000~5000	分期付款	
19						

图2-23

2 释放鼠标左键，即可复制该单元格区域中的数据，如图2-24所示。

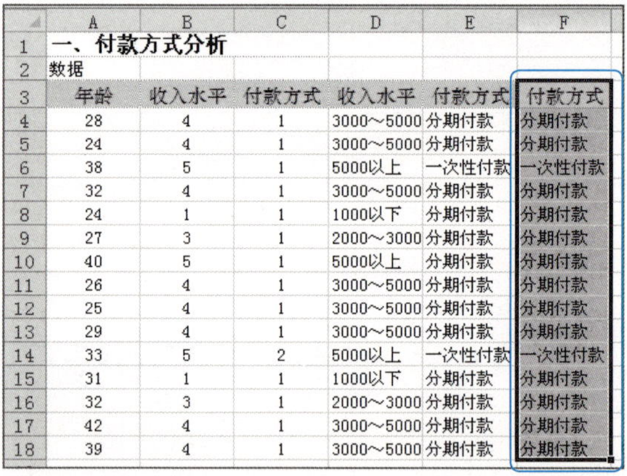

	A	B	C	D	E	F
1	一、付款方式分析					
2	数据					
3	年龄	收入水平	付款方式	收入水平	付款方式	付款方式
4	28	4	1	3000~5000	分期付款	分期付款
5	24	4	1	3000~5000	分期付款	分期付款
6	38	5	1	5000以上	一次性付款	一次性付款
7	32	4	1	3000~5000	分期付款	分期付款
8	24	1	1	1000以下	分期付款	分期付款
9	27	3	1	2000~3000	分期付款	分期付款
10	40	5	1	5000以上	分期付款	分期付款
11	26	4	1	3000~5000	分期付款	分期付款
12	25	4	1	3000~5000	分期付款	分期付款
13	29	4	1	3000~5000	分期付款	分期付款
14	33	5	2	5000以上	一次性付款	一次性付款
15	31	1	1	1000以下	分期付款	分期付款
16	32	3	1	2000~3000	分期付款	分期付款
17	42	4	1	3000~5000	分期付款	分期付款
18	39	4	1	3000~5000	分期付款	分期付款

图2-24

2.3.3 通过复制来实现行列转置

行列转置，指的是选择复制的行在粘贴时转置为列，或者选择复制的列在粘贴时转置为行。下面介绍在Excel工作表中轻松实现行列转置的方法。

1 选择要复制的单元格区域，右击其中的任意一个单元格，在弹出的快捷菜单中选择“复制”命令，如图2-25所示。

2 选中粘贴目标内容的单元格区域，右击粘贴区域的第一个单元格，在弹出的快捷菜单中选择“选择性粘贴”→“转置粘贴”命令，如图2-26所示。

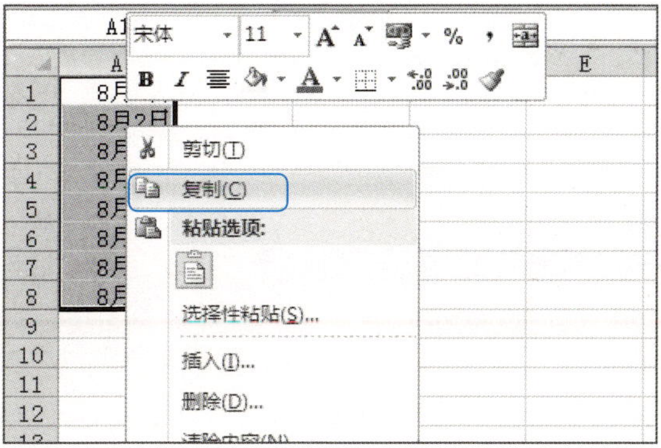

图2-25

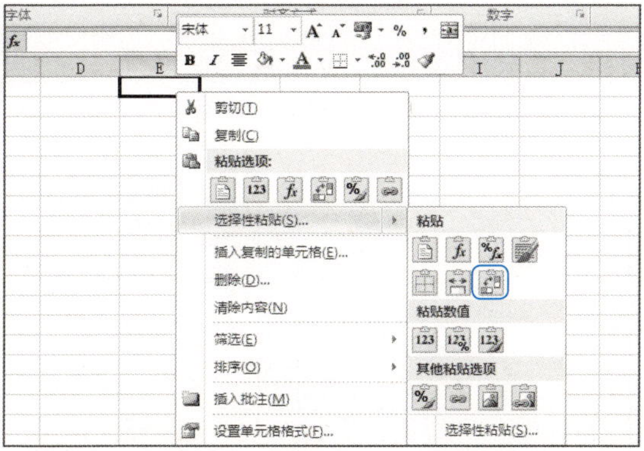

图2-26

❸ 粘贴后的数据的行与列进行了颠倒，如图2-27所示。

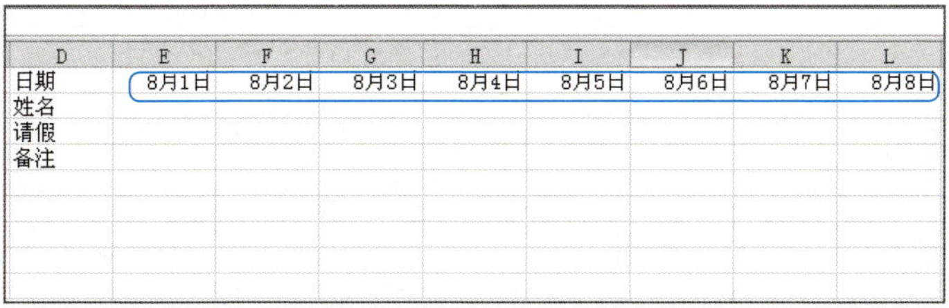

图2-27

动手练一练

“选择性粘贴”的组合键为Ctrl+Alt+V。执行该操作后，将打开“选择性粘贴”对话框，用户根据需要选择相应的选项即可。

2.4 自动填充数据

数据填充在Excel 2010中是一个非常实用的数据输入功能。利用填充功能可以快速地复制数据和公式，加快数据的输入。

2.4.1 在同一行或列中填充数据

“填充”是Excel的常用功能之一，如果要在同一列中填充数据，可以通过如下方法来实现。

❶ 确定列中需要输入相同数据的单元格区域，在该单元格区域中的第一个单元格内输入数据，选中需要填充相同数据的单元格区域，如图2-28所示。

❷ 打开“开始”选项卡，在“编辑”选项组中单击“填充”下拉按钮，在弹出的下拉列表中选择“向下”命令，即可完成填充，如图2-29所示。

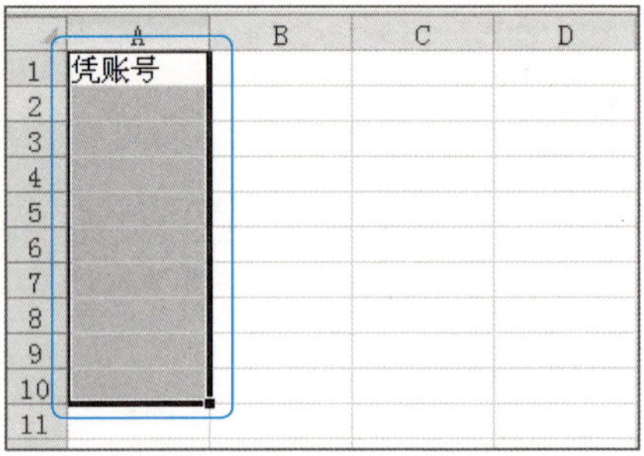

图2-28

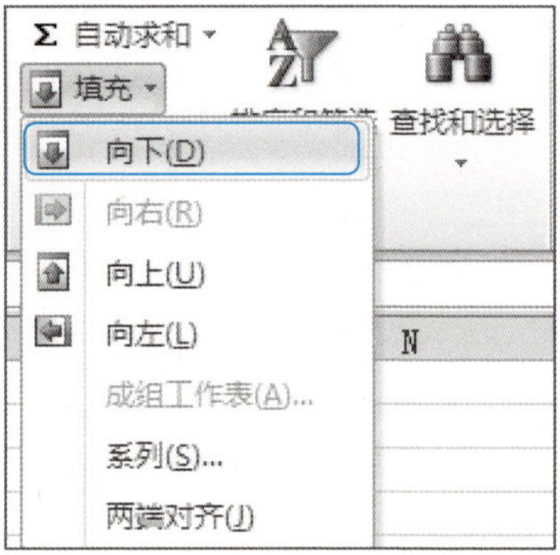

图2-29

2.4.2 用填充柄进行数据填充

填充柄是位于选定区域右下角的小黑方块，当鼠标指向填充柄时，鼠标指针将改为黑十字形状。需要填充一些简单的数据时，可直接使用填充柄填充数据。

1. 使用一个单元格进行填充

❶ 确定行或列中需要输入相同数据的单元格区域，在该单元格区域的第一个单元格内输入数据，如图2-30所示。

❷ 将鼠标移动到该单元格的右下角，在光标变成黑+字形状时，按住鼠标左键不放，向下或向右拖动鼠标至合适的单元格位置松开即可，如图2-31所示。

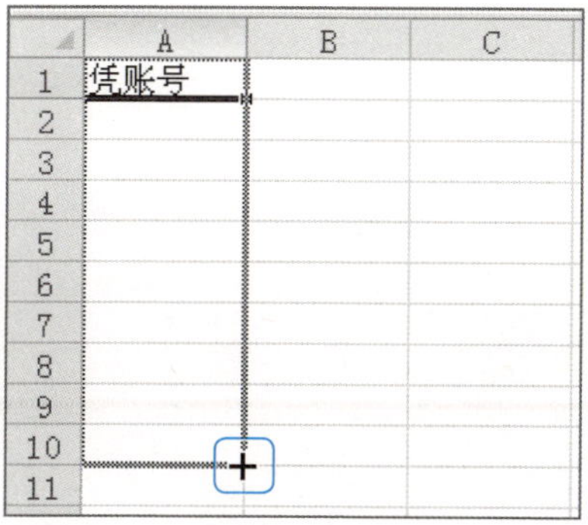

图2-30

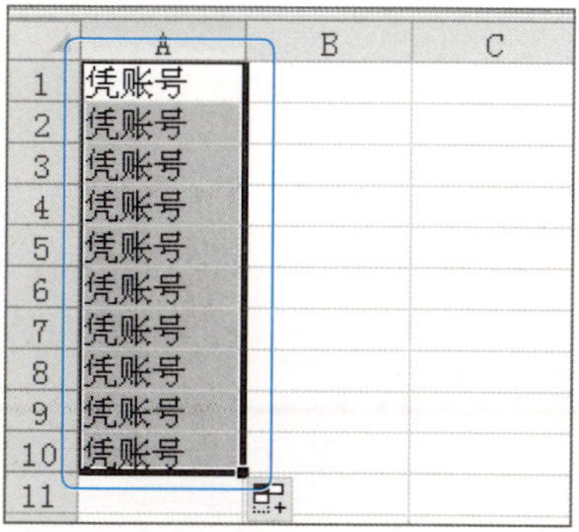

图2-31

2. 使用多个单元格进行填充

❶ 如果需要向某个单元格区域中填充的数据在多个单元格中，需要先将这些单元格选中，如图2-32所示。

❷ 将鼠标移动到选中的单元格区域的右下角，在光标变成黑+字形状时，按住鼠标左键不放，向下或向右拖动鼠标至合适的单元格位置松开即可，如图2-33所示。

图2-32

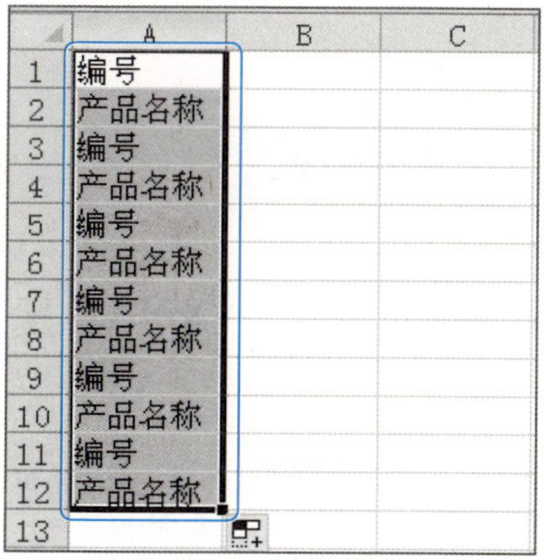

图2-33

2.4.3　利用“选择性粘贴”命令填充数据

使用“选择性粘贴”也可以进行数据填充，例如需要将数据序列1、2、3、4，修改为2、4、6、8，可以通过如下方法来实现。

❶ 将原数据系列选中，按Ctrl+C组合键进行复制。

❷ 在数据序列的第一个单元格上单击鼠标右键，在弹出的快捷菜单中选择

"选择性粘贴"命令，如图2-34所示。

3 打开"选择性粘贴"对话框，在"运算"栏中单击"加"单选按钮，如图2-35所示。

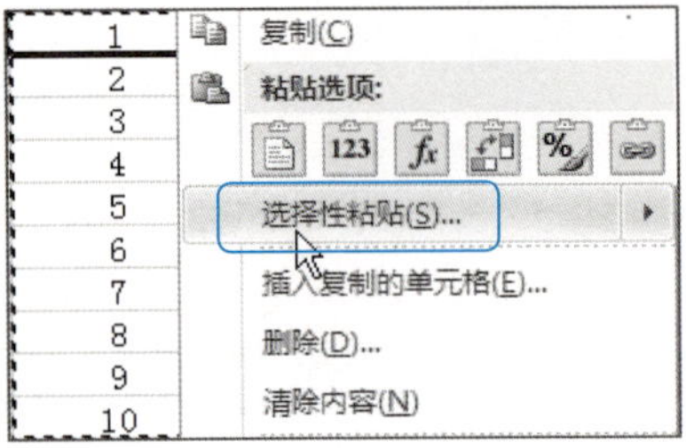

图2-34

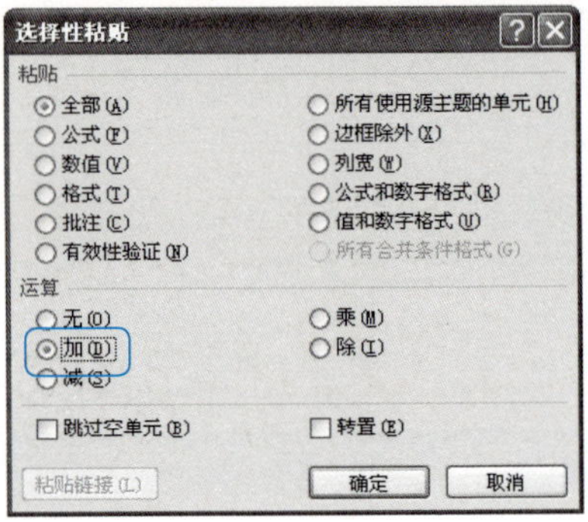

图2-35

2.5 查找与替换数据

在Excel数据处理过程中，若需要更改某些内容或多次出现的数据，可以通过查找和替换的功能来实现。

2.5.1 查找数据

如果工作簿中的数据非常多，要快速查找所需要的数据，可利用"查找和替换"对话框找到数据所在的具体位置。

1 单击工作簿中的任意位置，打开"开始"选项卡，在"编辑"选项组中单击"查找"按钮，如图2-36所示。

2 打开"查找和替换"对话框，在"查找内容"文本框中输入查找内容，如"一次性付款"，或设置查找的条件。

3 单击"查找全部"按钮，可按照设置的查找条件进行查找，查找的结果将显示在对话框的下方，如图2-37所示。

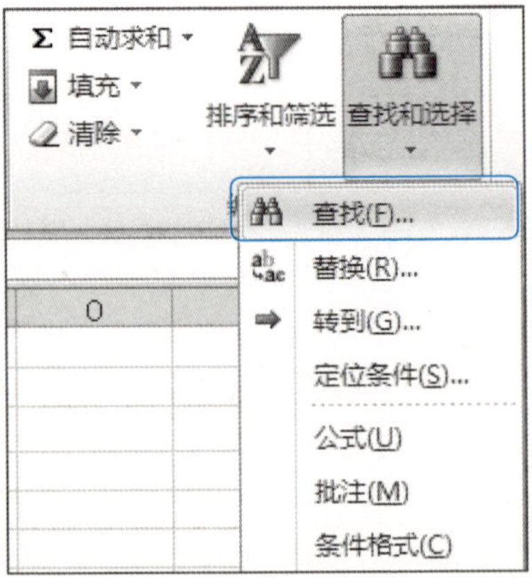

图2-36

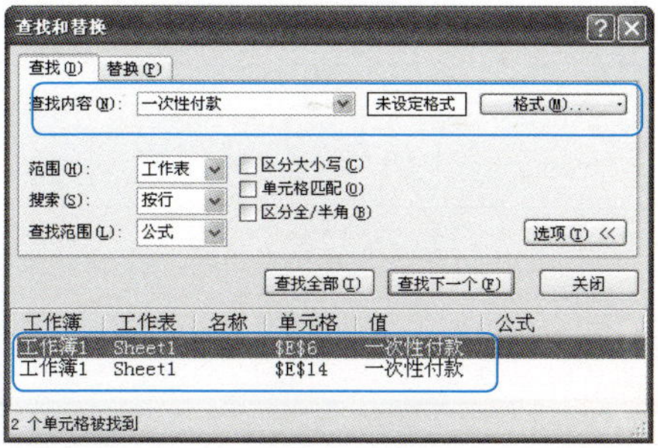

图2-37

2.5.2 替换数据

当表格中的数据内容较多，且需要对表格中的数据进行查找或更改时，可以使用程序提供的查找和替换功能对数据进行操作。

1 单击工作表中的任意位置，打开“开始”选项卡，在“编辑”选项组中单击“替换”按钮，如图2-38所示。

2 打开“查找和替换”对话框，选中“替换”选项卡，在“查找内容”文本框中输入查找内容，如“一次性付款”，在“替换为”文本框中输入要替换的内容，如“分期付款”，如图2-39所示。

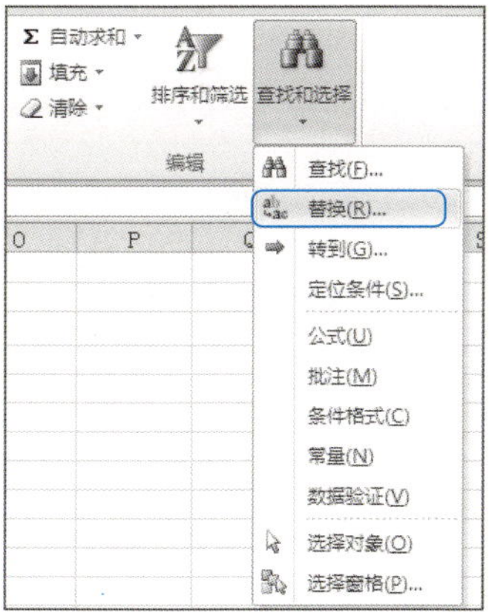

图2-38

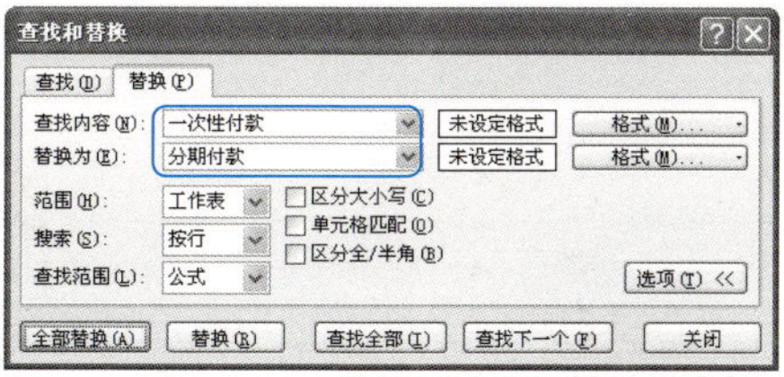

图2-39

3 单击“查找替换”按钮，弹出“Microsoft Excel”对话框，单击“确定”按钮，即可一次性替换数据，如图2-40所示。

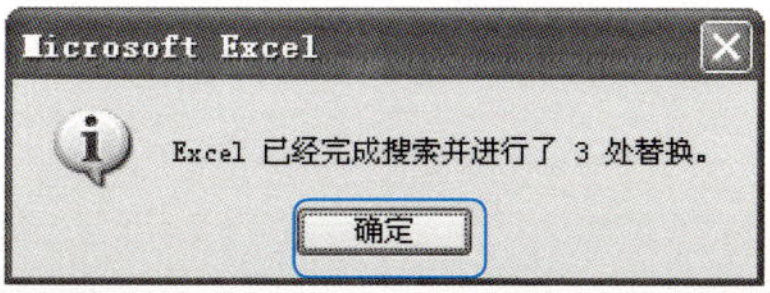

图2-40

读书笔记

第3章

财务数据有效性与条件限定

3.1 数据有效性的应用

数据有效性的设置是指让单元格所输入的数据满足一定的要求，也可以有效防止输错信息。如只输入指定范围的整数或只输入小数，若不满足公式计算结果时则会显示错误提示。

3.1.1 新建单元格数据有效性

使用Excel输入数据的时候，当某些单元格中的数据具有一定的限制时，就可以为这些单元格设置数据的有效性。例如设置该单元格的数据有效性为大于100的整数后，当输入小于100的整数、小数或文字时则显示无效。

❶ 选中需要设置的单元格或单元格区域，单击“数据”标签，在“数据工具”选项组中单击“数据有效性”按钮，在下拉列表中选择“数据有效性”命令，如图3-1所示。

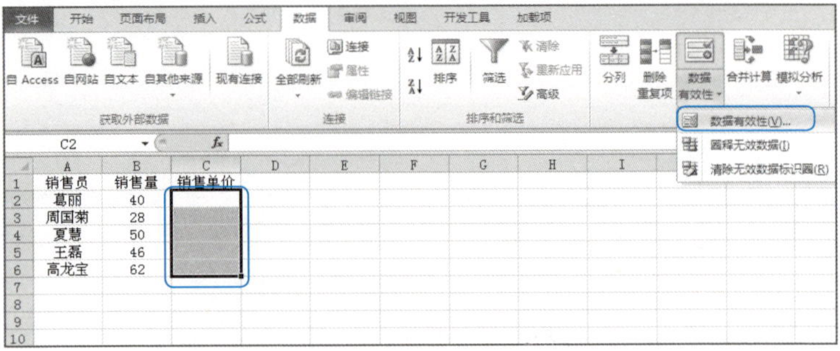

图3-1

❷ 打开“数据有效性”对话框，选择“设置”选项卡，在“允许”下拉列表中选择“整数”选项，在“数据”下拉列表框中选择“大于”选项，将“最小值”设置为“100”，如图3-2所示。

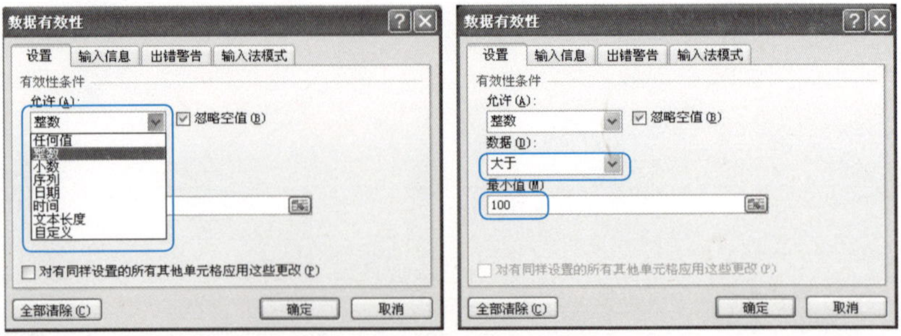

图3-2

❸ 单击“确定”按钮即可。当在设置的单元格中输入小于100的整数、小数或文字时，则会弹出警告信息，如图3-3所示。

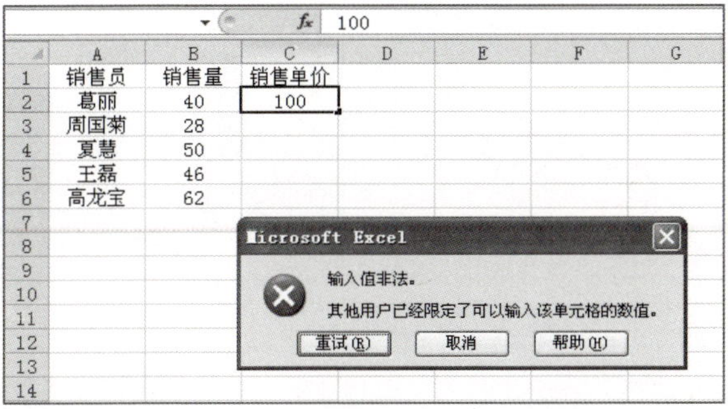

图3-3

动手练一练

如果用户想设置单元格中只能输入大于或小于某个值的整数，可以单击“数据”下拉列表框，在弹出的列表中进行选择，接着在“数值”文本框中输入相应的数值即可。

3.1.2　设置输入信息

在单元格中输入数据时，可以通过设置数据有效性来提示用户输入数据的信息。通过下面的方法可实现。

❶ 选中需要设置的单元格或单元格区域，单击“数据”标签，在“数据工具”选项组中单击“数据有效性”按钮，在下拉列表中选择“数据有效性”命令，如图3-4所示。

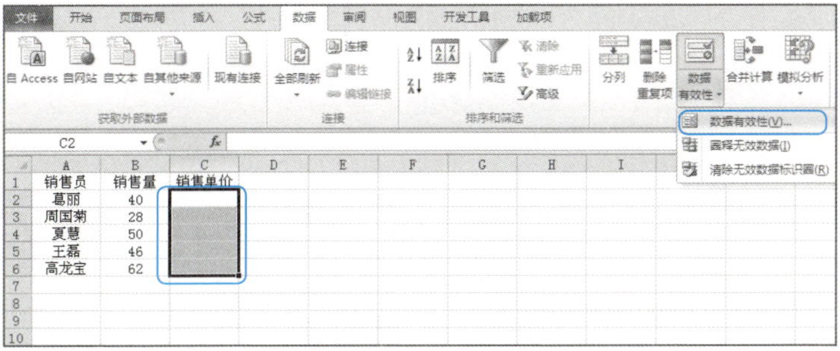

图3-4

❷ 打开“数据有效性”对话框，切换到“输入信息”选项卡，在“输入信息”文本框中输入要显示的提示信息，如图3-5所示。

③ 单击“确定”按钮回到工作表编辑状态，当选中设置有效性的任意单元格时，则显示提示信息，如图3-6所示。

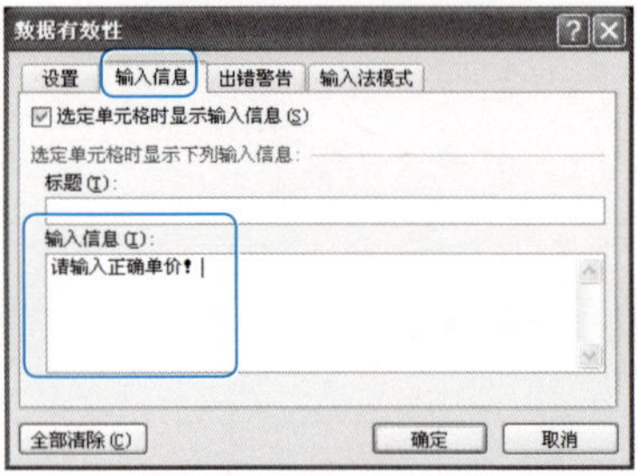

图3-5

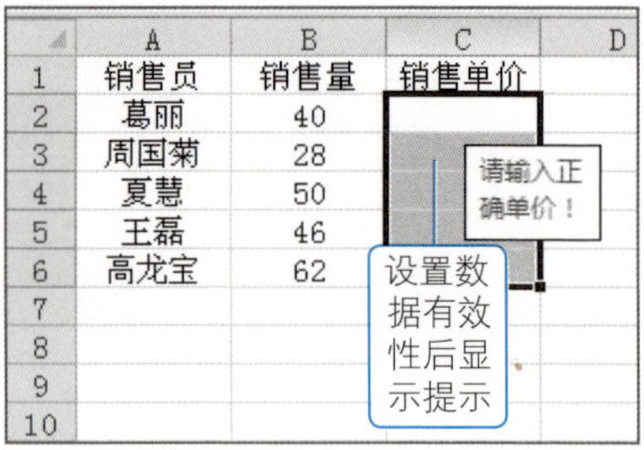

图3-6

3.1.3 设置出错警告信息

在对单元格进了数据有效性设置后，在单元格中输入不符合有效性条件的数据时，系统就会弹出出错警告。可以通过下面的具体方法来实现。

① 选中需要设置的单元格或单元格区域，单击“数据”标签，在“数据工具”选项组中单击“数据有效性”按钮，在下拉列表中选择“数据有效性”命令，如图3-7所示。

② 打开“数据有效性”对话框，切换到“出错警告”选项卡，选中“输入无效数据时显示警告”复选框，单击“样式”下拉列表框，在弹出的列表中选择一种样式，如“停止”。

③ 在“标题”文本框中输入提示信息的标题，在“错误信息”文本框中输入错误提示信息，如图3-8所示。

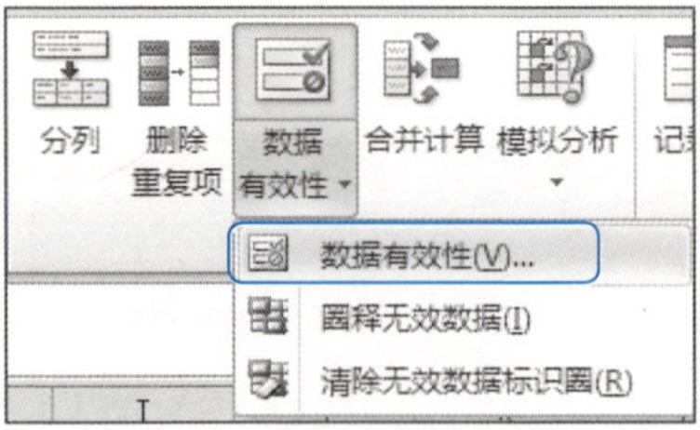

图3-7

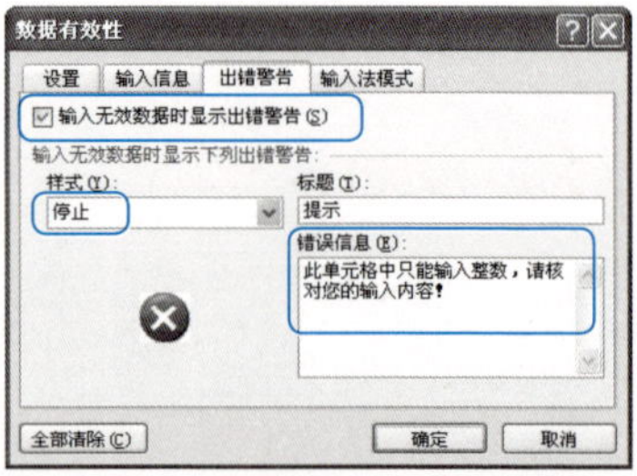

图3-8

④ 单击“确定”按钮，完成设置。以后在设置的单元格中输入错误数据时，就会弹出设置的提示信息，如图3-9所示。

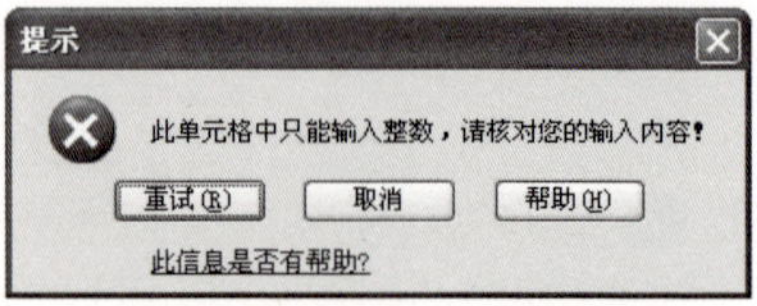

图3-9

3.1.4 圈释无效数据

数据输入完毕后，若快速找到表格中的无效数据，可以通过Excel中的数据有效性和公式审核来实现。

❶ 选中需要设置的单元格或单元格区域，单击“数据”标签，在“数据工具”选项组中单击“数据有效性”按钮，在下拉列表中选择“数据有效性”命令，如图3-10所示。

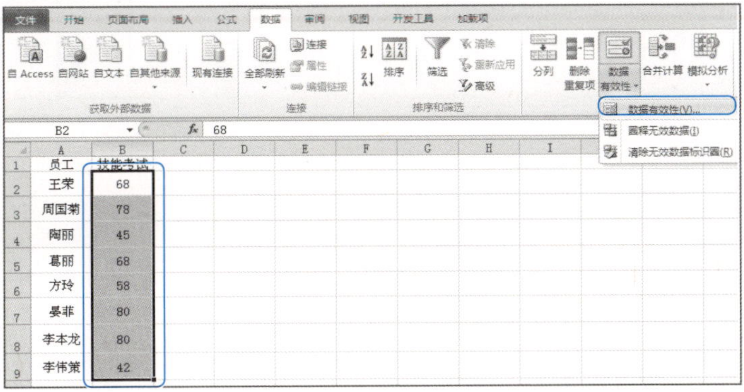

图3-10

❷ 打开“数据有效性”对话框，选择“设置”选项卡，在“允许”下拉列表中选择“自定义”，输入符合条件的数据必须满足的条件范围，如“=AND(A1>=60,A1<100)”，表示大于等于60且小于100的数为有效数据，如图3-11所示。

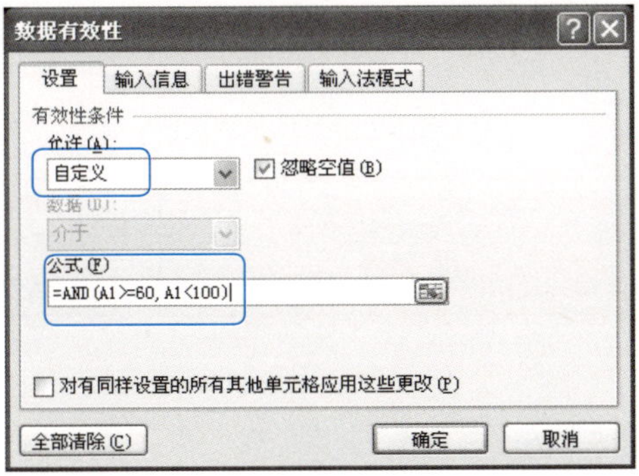

图3-11

❸ 设置完成后，单击“确定”按钮。打开“数据”选项卡，在“数据工具”选项组中单击“数据有效性”按钮，如图3-12。

❹ 在下拉列表中选择“圈释无效数据”，即可完成设置，如图3-13所示。

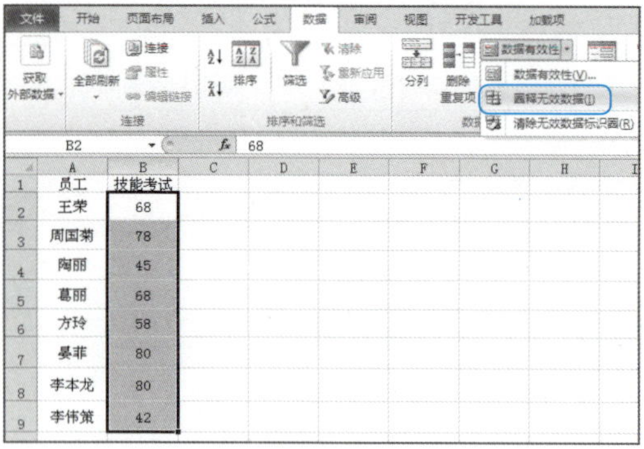

图3–12

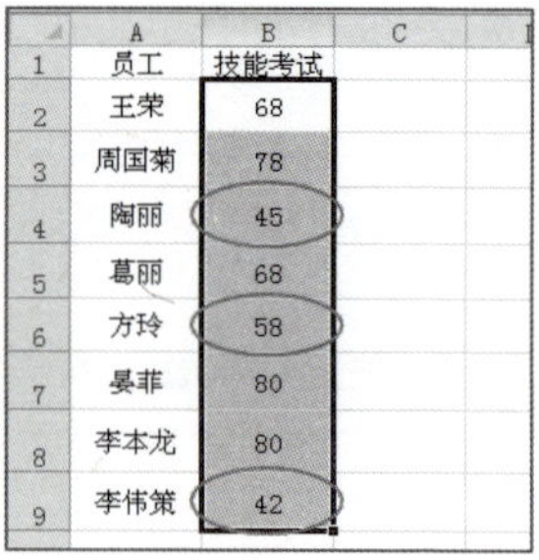

图3–13

3.1.5 清除无效数据标识圈

在单元格中设置了数据有效性，如果要清除无效数据标识圈，可以通过如下方法来实现。

❶ 选中需要设置的单元格或单元格区域，单击“数据”标签，在“数据工具”选项组中单击“数据有效性”按钮，如图3-14所示。

❷ 在下拉列表中选择“清除无效数据标识圈”，即可完成设置，如图3-15所示。

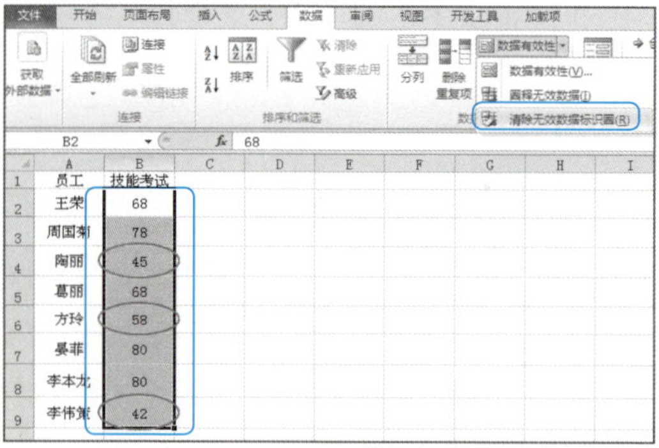

图3–14

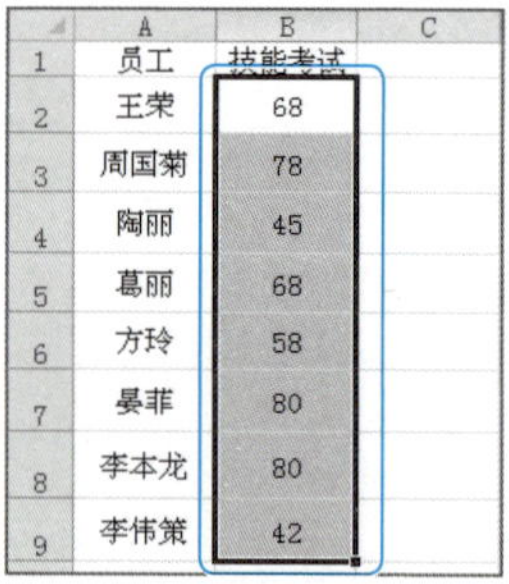

图3–15

3.1.6 取消对单元格的输入限制

在某个单元格中设置了输入限制，可以设置取消。如果想取消对单元格的输入限制，可以通过如下方法来实现。

❶ 选中需要取消输入限制的单元格或单元格区域，单击“数据”标签，在“数据工具”选项组中单击“数据有效性”按钮，在下拉列表中选择“数据有效

性”命令，如图3-16所示。

❷ 打开“数据有效性”对话框，单击“全部清除”按钮，接着单击“确定”按钮即可完成设置，如图3-17所示。

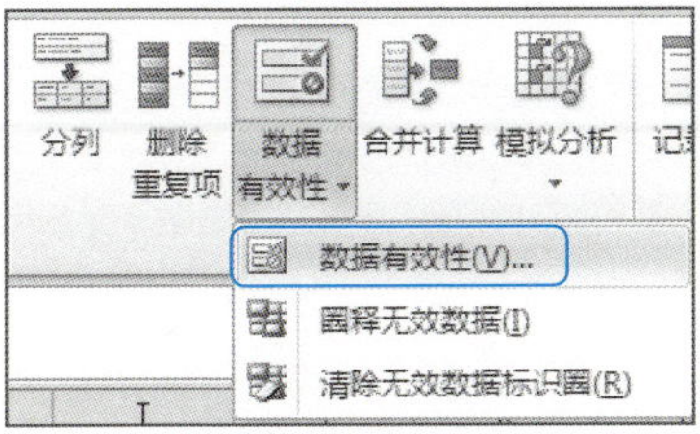

图3-16

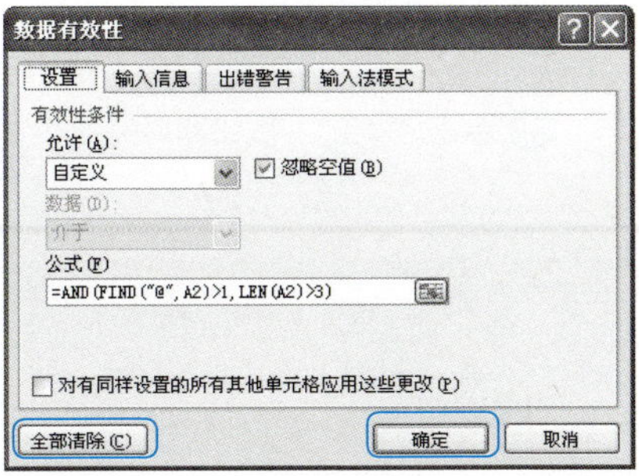

图3-17

3.1.7　限制输入重复的数据

表格中输入数据时，如果所输入的内容不允许重复（例如身份证号码），也可以通过数据有效性进行限制。方法如下。

❶ 选中需要设置的单元格或单元格区域，如A2:B10，单击“数据”标签，在“数据工具”选项组中单击“数据有效性”按钮，在下拉列表中选择“数据有效性”命令，如图3-18所示。

❷ 在“数据有效性”对话框中单击“允许”下拉列表框，在弹出的列表中选择“自定义”，接着在“公式”文本框中输入公式“=COUNTIF($A$2:$A$9,A2)=1”。

❸ 单击“确定”按钮即可完成设置，如图3-19所示。

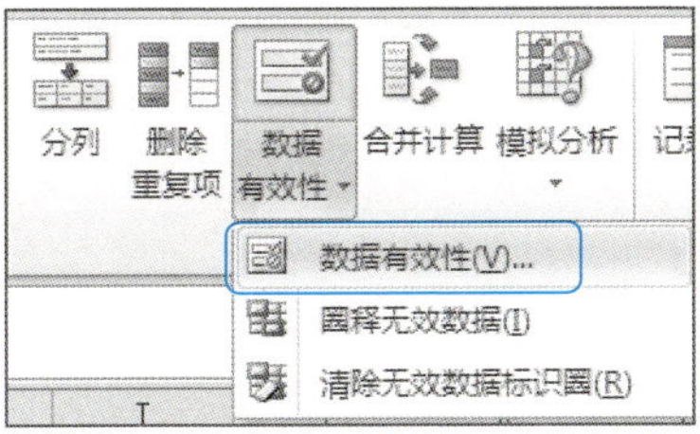

图3-18

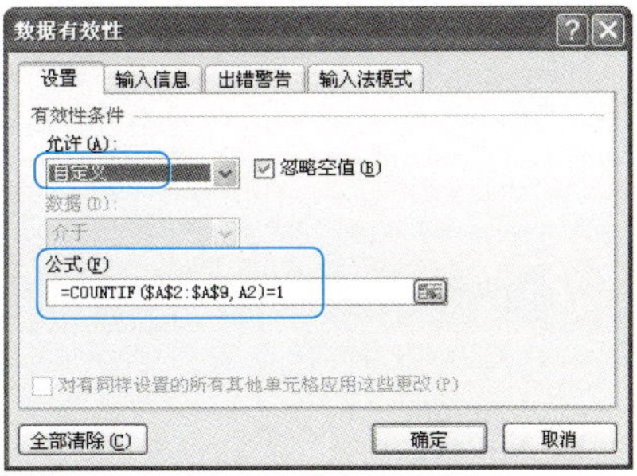

图3-19

3.1.8　限制单元格只能输入身份证号码

在输入身份证信息时，有时容易少输入一位或多输入一位。为防止出现这种错误，可以用数据有效性限制输入长度为18或15位。方法如下。

❶ 选中需要设置的单元格或单元格区域，如B2:C10，单击“数据”标签，在“数据工具”选项组中单击“数据有效性”按钮，在下拉列表中选择“数据有效性”命令，如图3-20所示。

❷ 在“数据有效性”对话框中单击“允许”下拉列表框，在弹出的列表中选择“自定义”，接着在“公式”文本框中输入公式“=OR(LEN(C2)=15,LEN(C2)=18)”。

❸ 单击“确定”按钮即可完成设置，如图3-21所示。

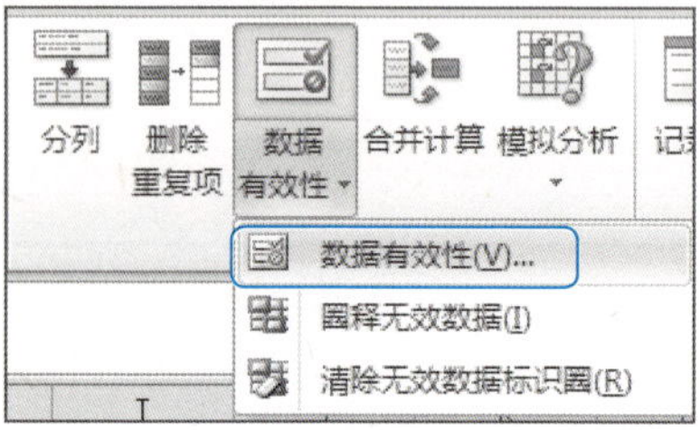

图3-20

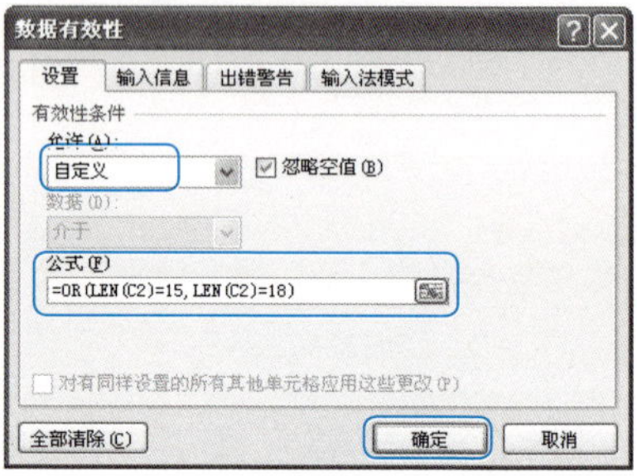

图3-21

专家提示

此方法可以限制用户输入数据的大小区间，防止输入错误，常用于输入产品数量等情况。

3.1.9 限制单元格只能输入指定的数据

在表格中输入数据时，某些特定的单元格中只能输入指定的数据。要防止其他用户输入错误，可指定输入的数据。下面以单元格中只能输入数字8为例来介绍。

❶ 选中需要设置的单元格或单元格区域，单击“数据”标签，在“数据工具”选项组中单击“数据有效性”按钮，在下拉列表中选择“数据有效性”命令，如图3-22所示。

❷ 在“数据有效性”对话框中打开“设置”选项卡，单击“允许”下拉列表框，在弹出的列表中选择“整数”。

❸ 单击“数据”下列表框，在弹出的列表中选择“等于”，在“数值”文本框中输入“8”，如图3-23所示。

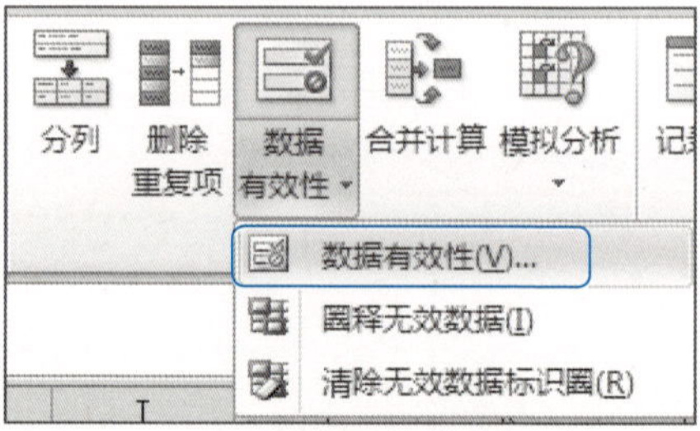

图3-22

4 单击“确定”按钮，完成设置。这样在设置的单元格中输入非8的数据时，就会弹出错误提示对话框，如图3-24所示。

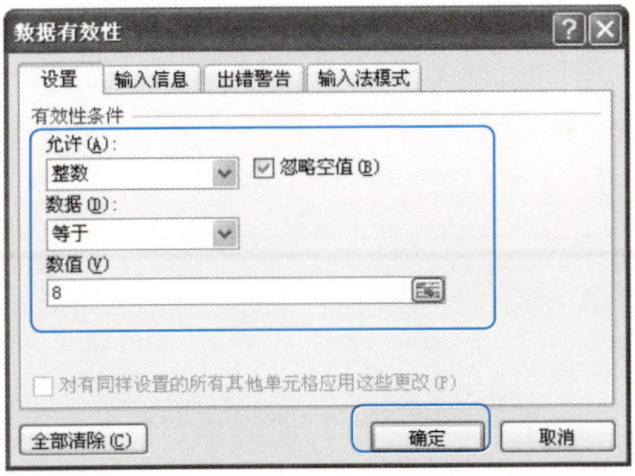

图3-23

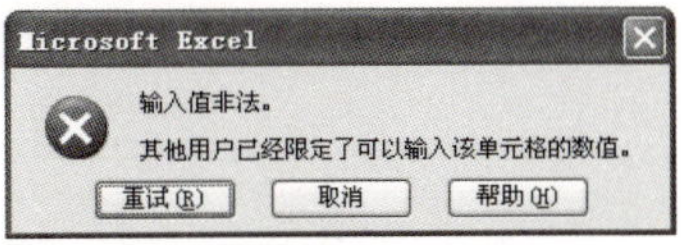

图3-24

3.1.10 限制单元格只能输入指定区域间的数值

如果想使用数据有效性限制单元格只能输入指定区间的数值，例如只允许输入大于0小于10000的数值，可以通过如下方法来实现。

1 选中需要设置的单元格或单元格区域，单击“数据”标签，在“数据工具”选项组中单击“数据有效性”按钮，在下拉列表中选择“数据有效性”命令，如图3-25所示。

2 在“数据有效性”对话框中打开“设置”选项卡，接着单击“允许”下拉列表框，在弹出的下拉列表中选择“小数”。

3 单击 “数据”下拉列表框，在弹出的列表中选择“介于”，在“最小值”文本框中输入数字“1”，在“最大值”文本框中输入数字“10000”，如图3-26所示。

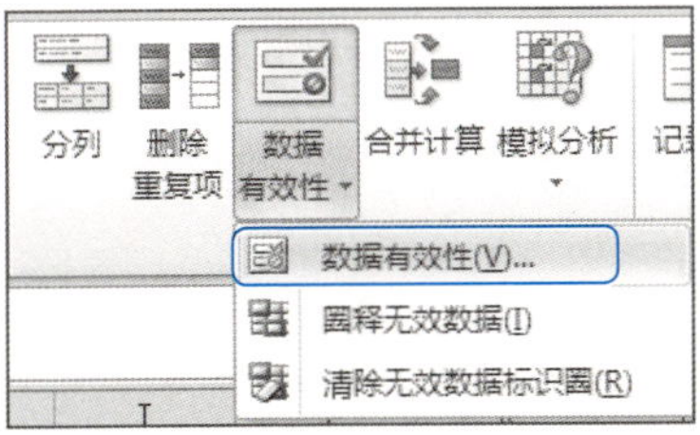

图3-25

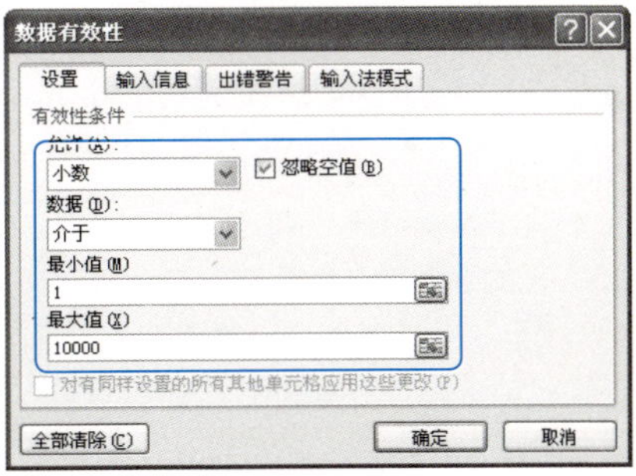

图3-26

4 单击“确定”按钮即可完成设置。

3.1.11 复制数据有效性设置

在某个单元格中设置了数据有效性之后，如果想将数据有效性设置复制到其他单元格，可以通过如下方法来实现。

❶ 选中包含数据有效性设置的单元格，按Ctrl+C组合键将其复制，在目标单元格中单击鼠标右键，在弹出的快捷菜单中选择“选择性粘贴”命令，如图3-27所示。

❷ 打开“选择性粘贴”对话框，单击“有效性验证”单选按钮。

❸ 单击“确定”按钮即可完成设置，如图3-28所示。

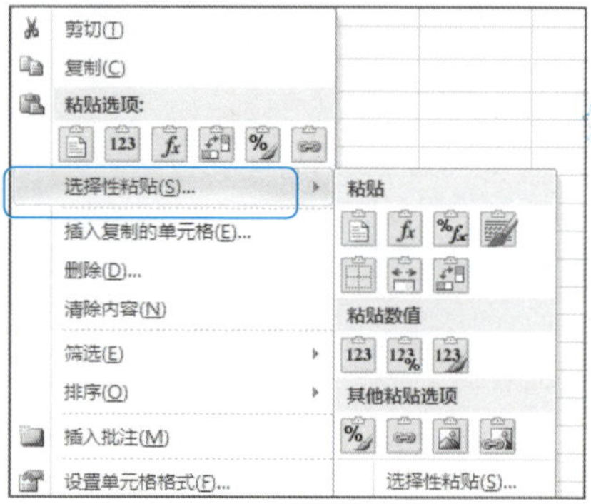

图3-27

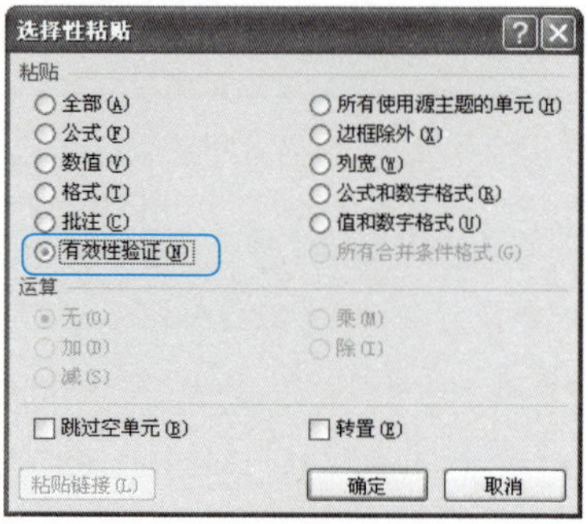

图3-28

3.2 数据条件格式的应用

在分析数据量比较大的财务表格时，经常会使用到条件格式的设置和使用。

3.2.1 使用颜色刻度显示满足条件的数据

在设置单元格格式中突出显示单元格规则时，可以设置满足某一规则的单元格突出显示出来，如大于或小于某一规则。下面介绍如何设置员工工资大于3000元的数据以红色标记出来。

❶ 选中要设置条件格式的单元格区域，打开“开始”选项卡，在“样式”选项组中单击“条件格式”按钮，在下拉列表中选择“突出显示单元格规则”→选择“大于”命令，如图3-29所示。

❷ 打开“大于”对话框，在“为大于以下值的单元格设置格式”文本框中输入作为特定值的数值，如3000，在右侧“设置为”下拉列表框中选择一种单元

格样式，如“浅红填充色深红色文本”，如图3-30所示。

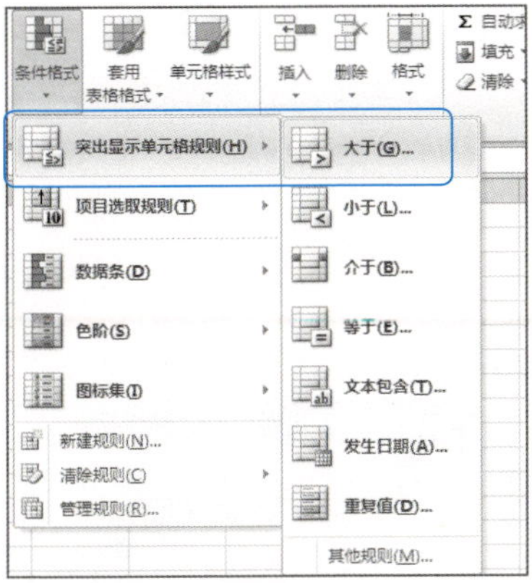

图3-29

图3-30

❸ 单击“确定”按钮，即可自动查找到单元格区域中高于该值的单元格，并将它们以红色标记出来，如图3-31所示。

	A	B	C	D	E	F
1	员工编号	员工姓名	部门	员工工资		
2	HY002	葛丽	销售部	2400.00		
3	HY004	孙雍	财务部	1200.00		
4	HY005	王磊	技术部	2800.00		
5	HY007	高龙宝	销售部	3000.00		
6	HY010	夏慧	商务部	3600.00		
7	HY008	周国菊	行政部	2500.00		
8	HY009	吴磊	技术部	3100.00		
9	HY003	王涛	财务部	1100.00		
10	HY011	汪洋慧	行政部	1500.00		
11	HY012	陶丽	销售部	5200.00		
12	HY015	周阳	技术部	2000.00		

图3-31

3.2.2 使用颜色刻度显示最值数据

在处理财务表格时，有时需要将金额最大的10项数据标识出来。可以通过如下方法来实现。

❶ 选中目标单元格区域，单击“开始”标签，在“样式”选项组中单击“条件格式”下拉按钮，在弹出的下拉列表中选择“项目选取规则”→“值最大的10项”命令，如图3-32所示。

❷ 在弹出的“10个最大的项”对话框中单击“设置为”下拉列表框，在弹出的列表中选择一种合适的单元格样式，如“浅红色填充深红色文本”，如图3-33所示。

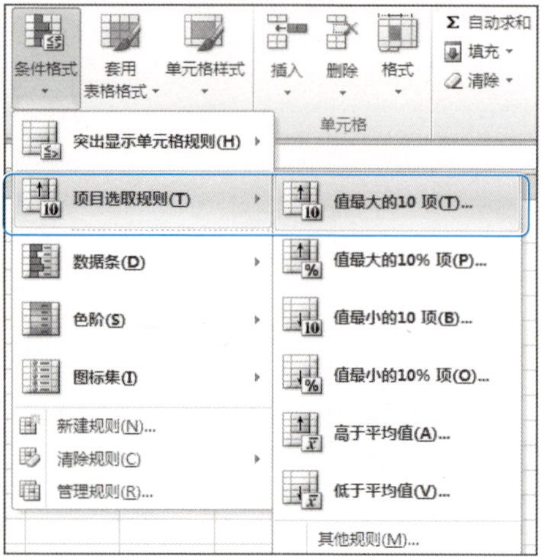

图3-32

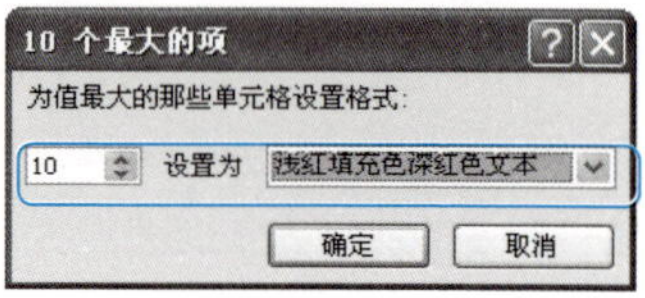

图3-33

3 单击“确定”按钮，即可将值最大的10项用指定的格式标识出来，如图3-34所示。

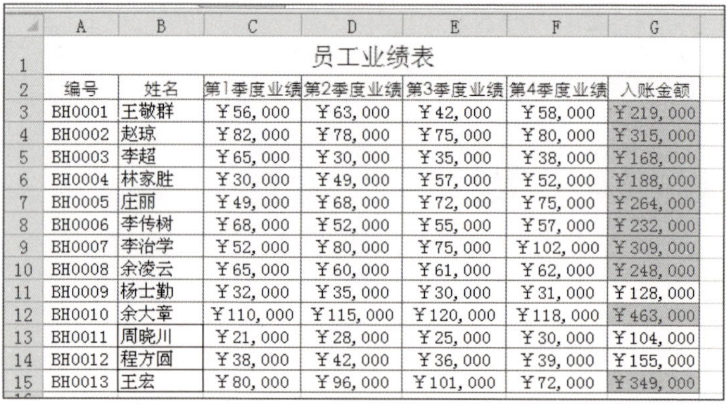

	A	B	C	D	E	F	G
1	员工业绩表						
2	编号	姓名	第1季度业绩	第2季度业绩	第3季度业绩	第4季度业绩	入账金额
3	BH0001	王敬群	￥56,000	￥63,000	￥42,000	￥58,000	￥219,000
4	BH0002	赵琼	￥82,000	￥78,000	￥75,000	￥80,000	￥315,000
5	BH0003	李超	￥65,000	￥30,000	￥35,000	￥38,000	￥168,000
6	BH0004	林家胜	￥30,000	￥49,000	￥57,000	￥52,000	￥188,000
7	BH0005	庄丽	￥49,000	￥68,000	￥72,000	￥75,000	￥264,000
8	BH0006	李传树	￥68,000	￥52,000	￥55,000	￥57,000	￥232,000
9	BH0007	李治学	￥52,000	￥80,000	￥75,000	￥102,000	￥309,000
10	BH0008	余凌云	￥65,000	￥60,000	￥61,000	￥62,000	￥248,000
11	BH0009	杨士勤	￥32,000	￥35,000	￥30,000	￥31,000	￥128,000
12	BH0010	余大章	￥110,000	￥115,000	￥120,000	￥118,000	￥463,000
13	BH0011	周晓川	￥21,000	￥28,000	￥25,000	￥30,000	￥104,000
14	BH0012	程方圆	￥38,000	￥42,000	￥36,000	￥39,000	￥155,000
15	BH0013	王宏	￥80,000	￥96,000	￥101,000	￥72,000	￥349,000

图3-34

3.2.3 突出显示高于平均值的数值

使用条件格式时，Excel会自动判断符合条件的单元格，如高于平均值的项目、低于平均值的项目等，并将它们标记出来，下面介绍如何设置高于员工平均值的数值并以红色标记出来。

1 选中目标单元格区域，单击“开始”标签，在“样式”选项组中单击“条件格式”下拉按钮，在下拉列表中选择“项目选取规则”→“高于平均值”命令，如图3-35所示。

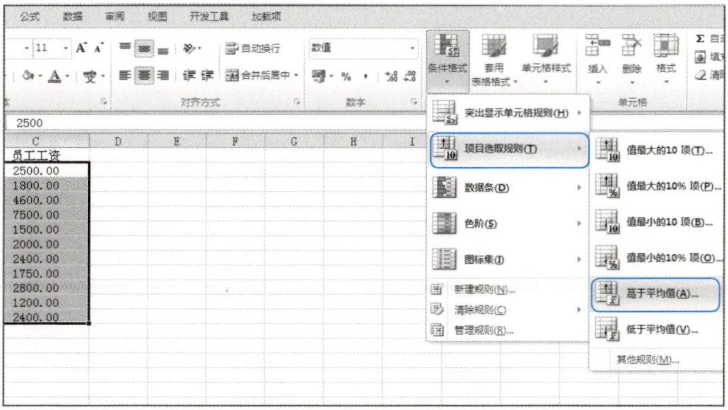

图3-35

2 打开“高于平均值”对话框，在“针对选定区域，设置为”下拉列表中选择“黄填充色深黄色文本”选项，如图3-36所示。

3 单击“确定”按钮，即可自动查找到单元格区域中高于平均值的单元格，并将它们以黄色标记出来，如图3-37所示。

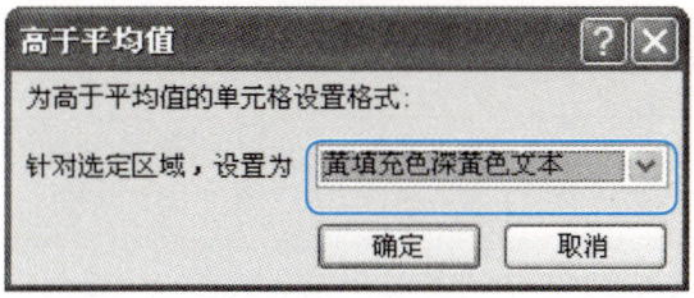

图3-36

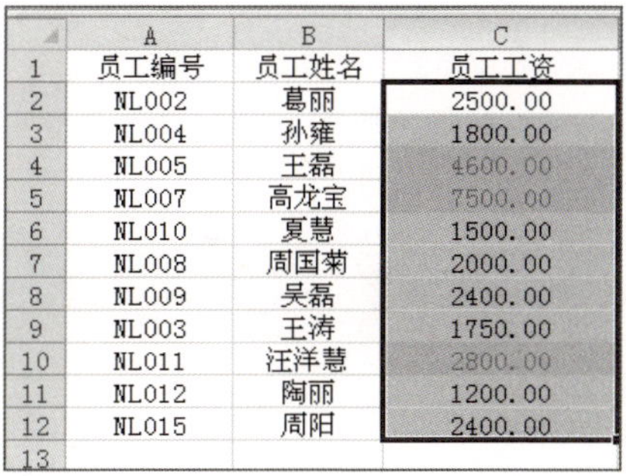

	A	B	C
1	员工编号	员工姓名	员工工资
2	NL002	葛丽	2500.00
3	NL004	孙雍	1800.00
4	NL005	王磊	4600.00
5	NL007	高龙宝	7500.00
6	NL010	夏慧	1500.00
7	NL008	周国菊	2000.00
8	NL009	吴磊	2400.00
9	NL003	王涛	1750.00
10	NL011	汪洋慧	2800.00
11	NL012	陶丽	1200.00
12	NL015	周阳	2400.00
13			

图3-37

动手练一练

如果想要设置“设置为”下拉列表框没有的格式，可以选择其中的“自定义”命令，打开“设置单元格格式”对话框，对显示格式进行设置。

3.2.4　突出显示日期数据

有时需要将特定的日期数据标识出来，下面以标识出“本周”日期数据为例进行介绍。

1 选中目标单元格区域，单击“开始”标签，在“样式”选项组中单击“条件格式”下拉按钮，在下拉列表中选择“突出显示单元格规则”→“发生日期”命令，如图3-38所示。

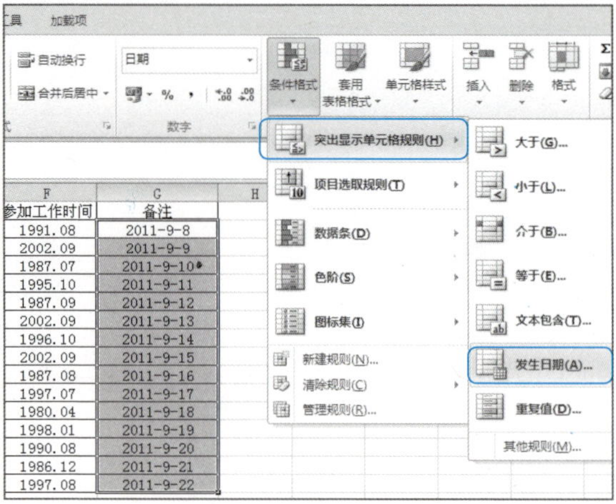

图3-38

2 在“发生日期”对话框中单击左侧的下拉列表框，在弹出的列表中选择“本周”，接着单击“设置为”下拉列表框，选择一种单元格样式，如“浅红填充深红色文本”，如图3-39所示。

3 单击“确定”按钮，即可将本周内的日期用指定的格式标识出来，如图3-40所示。

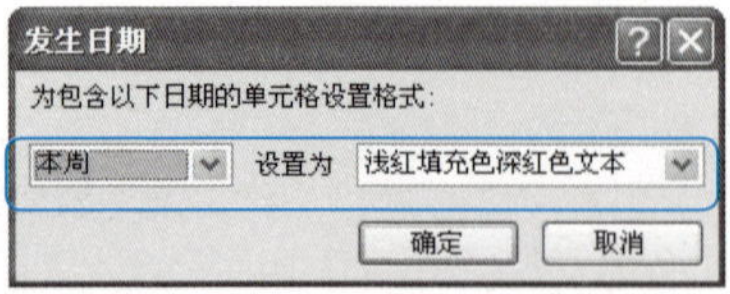

图3-39

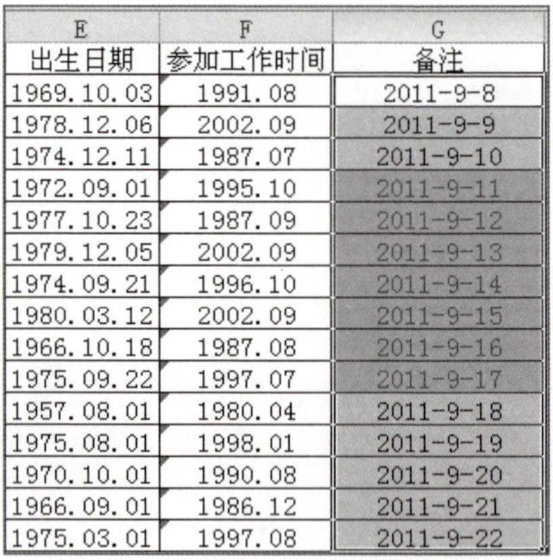

E	F	G
出生日期	参加工作时间	备注
1969.10.03	1991.08	2011-9-8
1978.12.06	2002.09	2011-9-9
1974.12.11	1987.07	2011-9-10
1972.09.01	1995.10	2011-9-11
1977.10.23	1987.09	2011-9-12
1979.12.05	2002.09	2011-9-13
1974.09.21	1996.10	2011-9-14
1980.03.12	2002.09	2011-9-15
1966.10.18	1987.08	2011-9-16
1975.09.22	1997.07	2011-9-17
1957.08.01	1980.04	2011-9-18
1975.08.01	1998.01	2011-9-19
1970.10.01	1990.08	2011-9-20
1966.09.01	1986.12	2011-9-21
1975.03.01	1997.08	2011-9-22

图3-40

专家提示

标识“本周”内的日期时，要确保选定的目标单元格区域中包含当前日期。

3.2.5　突出显示最大销售额

使用条件格式可以标识出最大的项，下面的方法可将各型号最大销售金额标识出来。

❶ 选中目标单元格区域，单击“开始”标签，在“样式”选项组中单击“条件格式”下拉按钮，在下拉列表中选择“项目选取规则”→“值最大的10项”命令，如图3-41所示。

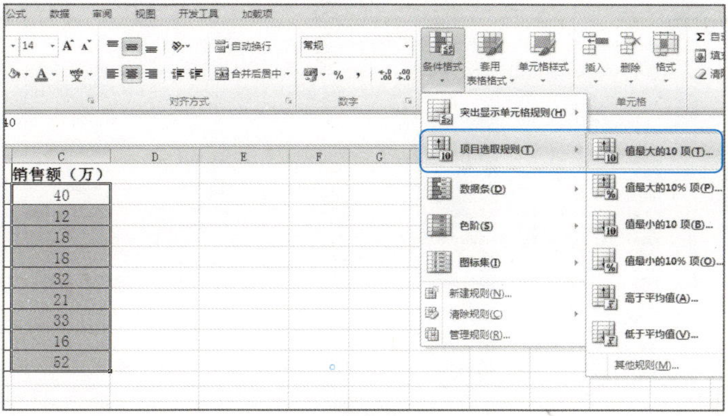

图3-41

❷ 打开“10个最大的项”对话框，在“为值最大的那些单元格设置格式”下的文本框中输入要显示的符合条件的单元格数目“1”，在右侧下拉列表中选择“浅红填充色深红色文本”选项，如图3-42所示。

❸ 单击“确定”按钮，即可自动以浅红标记显示值最大的销售金额，如图3-43所示。

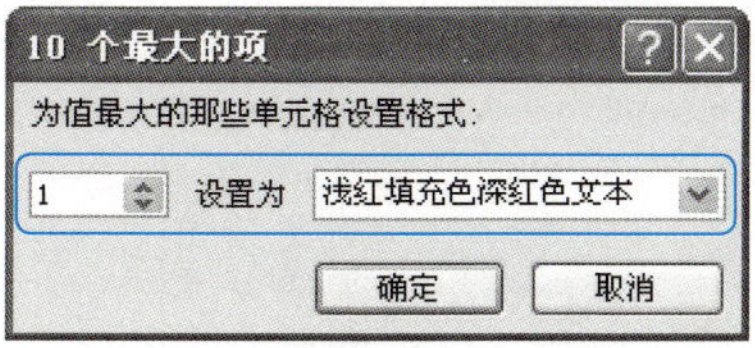

图3-42

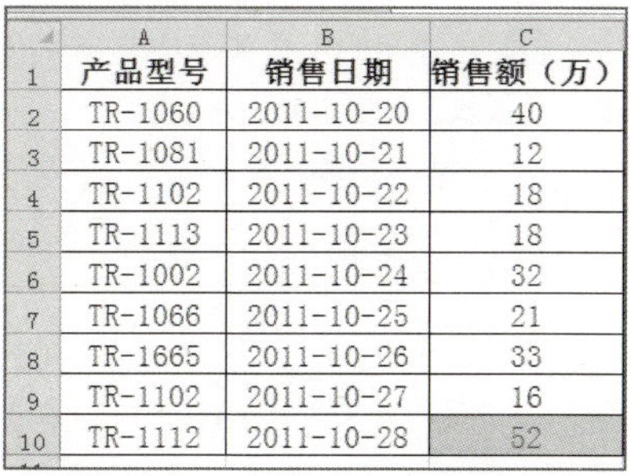

	A	B	C
1	产品型号	销售日期	销售额（万）
2	TR-1060	2011-10-20	40
3	TR-1081	2011-10-21	12
4	TR-1102	2011-10-22	18
5	TR-1113	2011-10-23	18
6	TR-1002	2011-10-24	32
7	TR-1066	2011-10-25	21
8	TR-1665	2011-10-26	33
9	TR-1102	2011-10-27	16
10	TR-1112	2011-10-28	52

图3-43

3.2.6　使用数据条显示满足条件的数据

在Excel 2010中，利用数据条功能可以非常直观地查看区域中数值的大小情况，下面介绍如何使用数据条突出显示采购费用金额。

❶ 选中需要使用数据条标识的单元格或单元格区域，打开“开始”选项卡，在“样式”选项组中单击“条件格式”按钮。

❷ 在弹出的下拉列表中单击“数据条”选项，接着选择一种合适的数据条样式。选择合适的数据条样式后，在单元格中就会显示出数据条，如图3-44所示。

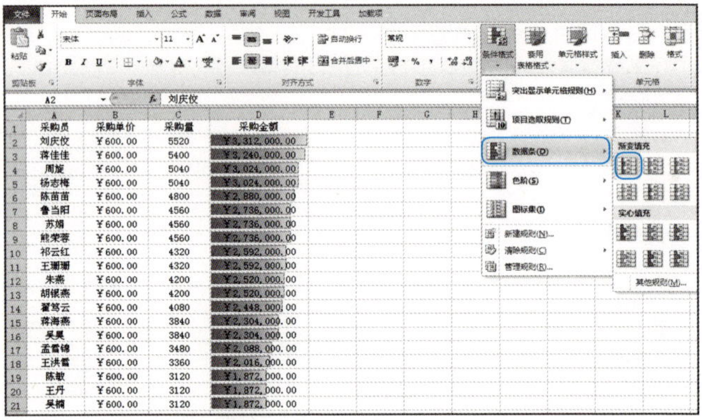

图3-44

3.2.7 使用色阶显示满足条件的数据

使用不同色阶来表示和比较数值的大小，可以更直观地查看数据的区别，下面是操作方法。

❶ 选中需要使用色阶标识的单元格或单元格区域，打开“开始”选项卡，在“样式”选项组中单击“条件格式”按钮。

❷ 在弹出的下拉菜单中单击“色阶”选项，接着选择一种合适的色阶样式，设置效果如图3-45所示。

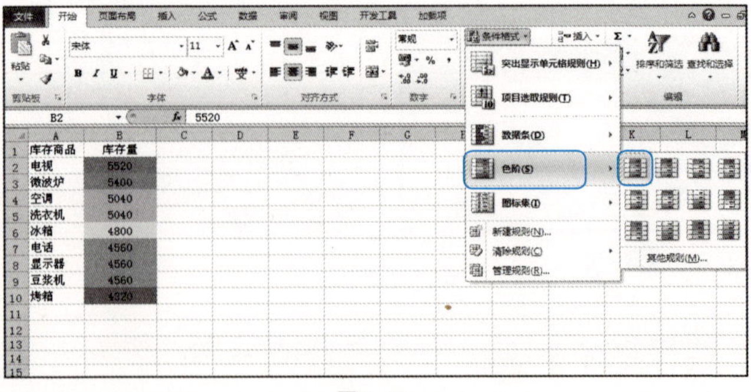

图3-45

3.2.8　使用图标集显示满足条件的数据

在Excel 2010中通过使用图标集可以为数据添加注释。默认情况下，系统将根据单元格区域的数值分布情况自动应用图标，每个图标代表一个值的范围。下面介绍使用图标集标注单元格数据的具体操作方法。

❶ 选中需要使用图标标识的单元格或单元格区域，打开“开始”选项卡，在“样式”选项组中单击“条件格式”按钮。

❷ 在弹出的下拉列表中选择“图标集”选项，接着选择一种合适的图标集样式，系统会根据自动判断规则为每个所选单元格显示图标，设置效果如图3-46所示。

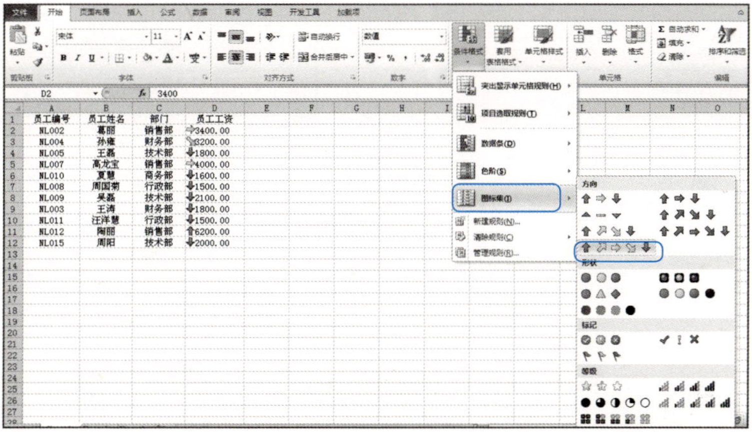

图3-46

3.2.9　新建条件格式规则

通过如下方法来设置条件格式，可以实现将选中单元格区域的所有奇数行都突出显示出来。

❶ 选择需要新建条件格式的单元格或区域，打开“开始”选项卡，在“样式”选项组中单击“条件格式”按钮，在弹出的下拉列表中选择“新建规则”命令，如图3-47所示。

❷ 打开“新建格式规则”对话框，在“选择规则类型”列表框选中“使用公式确定要设置格式的单元格”，在“为符合此公式的值设置格式”文本框中输入公式“=ISODD(ROW())”。

❸ 单击“格式”按钮，打开“设置单元格格式”对话框，设置满足指定条件时的单元格格式。设置完成后，关闭“设置单元格格式”对话框，回到“新建格式规则”对话框中，可以看到格式预览效果，如图3-48所示。

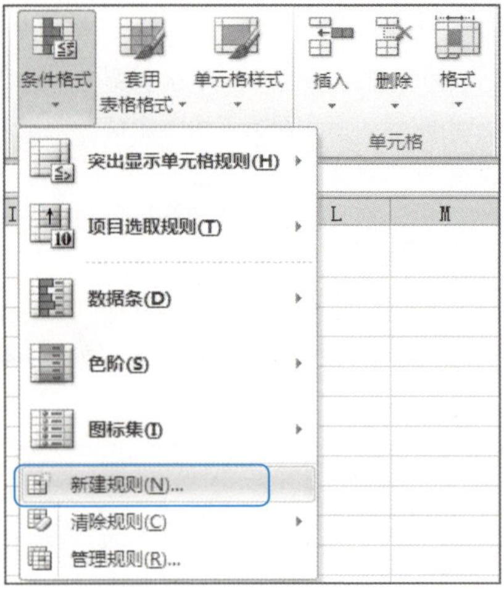

图3-47

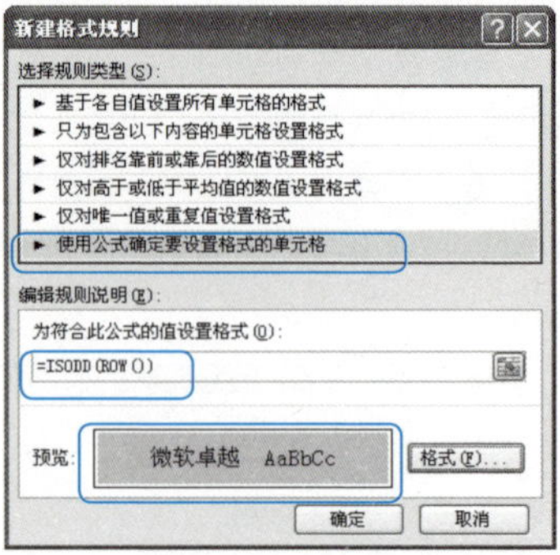

图3-48

4 单击“确定”按钮，可以看到选中单元格区域中满足条件的单元格（即所有奇数行）显示所设置的格式，如图3-49所示。

	A	B	C	D	E	F	G
1	学号	姓名	语文	数学	英语	自然	总分
2	11201	邓毅	98	106	119	113	436
3	学号	姓名	语文	数学	英语	自然	总分
4	11202	胡佳佳	97	127	111.5	108	443.5
5	学号	姓名	语文	数学	英语	自然	总分
6	11203	王明	112	109	119	118	458
7	学号	姓名	语文	数学	英语	自然	总分
8	11205	张薇	104	111	112	117	444
9	学号	姓名	语文	数学	英语	自然	总分
10	11206	张伟	101	106	109	115	431
11	学号	姓名	语文	数学	英语	自然	总分
12	11207	刘曼	102.5	111	112	116	441.5

图3-49

3.2.10 管理条件格式规则

当不需要使用所设置的条件格式时，可以将其删除，具体操作如下。

1 选择需要清除条件格式的单元格或区域，打开“开始”选项卡，在“样式”选项组中单击“条件格式”按钮，在弹出的下拉列表中选择“管理规则”命令，如图3-50所示。

2 打开“条件格式规则管理器”对话框，该对话框中显示了所有设置的条件格式，在列表中选中要删除的规则，单击“删除规则”按钮即可，如图3-51所示。

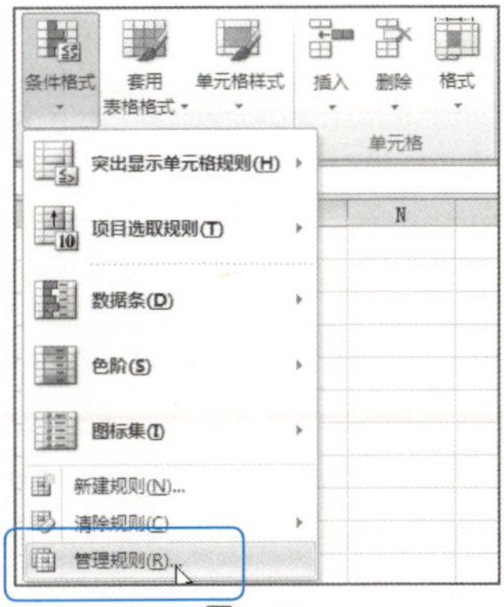

图3-50

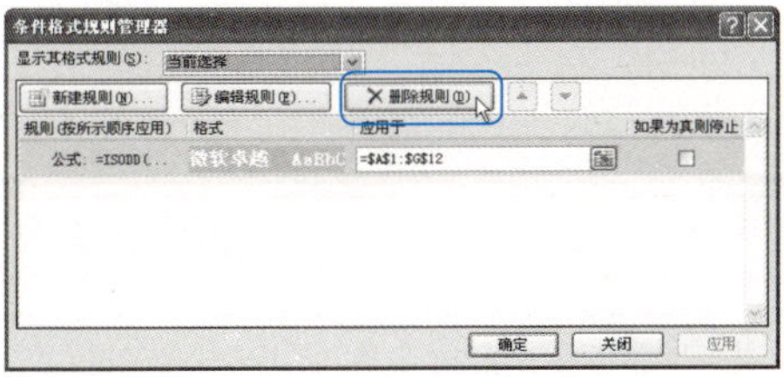

图3-51

3.2.11　清除条件格式规则

如果单元格设置的条件格式已经不需要，需要将其删除，可以通过如下方法来实现。

❶ 选择需要清除条件格式的单元格或区域，打开“开始”选项卡，在“样式”选项组中单击“条件格式”按钮，在弹出的下拉列表中选择“清除规则”→“清除所选单元格的规则”命令，如图3-52所示。

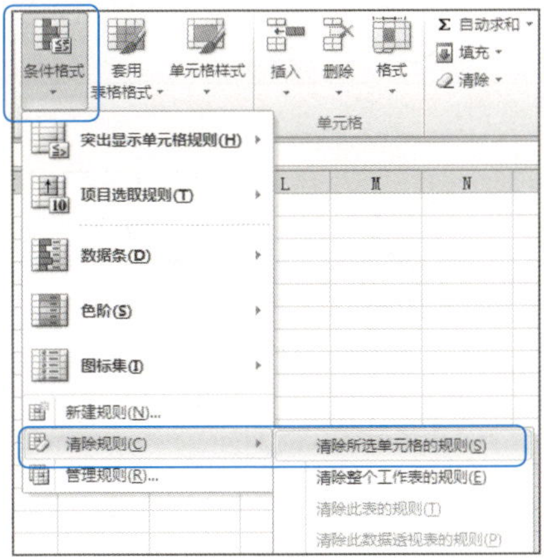

图3-52

动手练一练

单击“条件格式”按钮后，如果在弹出的下拉列表中选择“清除规则”→“清除整个工作表的规则”命令，可以将整个工作表中设置的条件格式都清除。

读书笔记

第4章

财务数据分析与管理

4.1 数据排序

在Excel 2010中，利用排序功能可以将数据按照一定的规律进行排列。可以按照系统默认的方式快速排序，也可以由用户自定义条件进行排序。

4.1.1 按指定顺序进行排序

许多情况下，用户需要让Excel 2010按照指定的顺序进行排序，而这种操作使用常规方法无法完成，还需要用户指定顺序。

❶ 选中需要排序的单元格区域（本例中对“级别”进行排序），打开“数据”选项卡，在“排序和筛选”选项组中单击“排序”按钮，如图4-1所示。

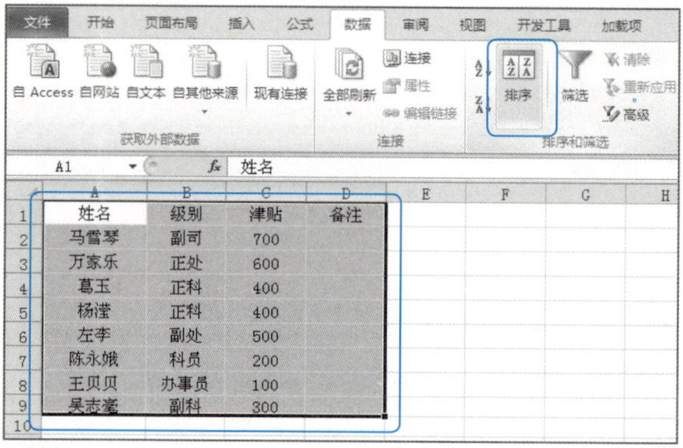

图4-1

❷ 在“排序”对话框中，设置“主要关键字”的排序列为“级别”，“排序依据”为“数值”，接着单击“次序”下拉列表框，在弹出的下拉列表中选择“自定义序列”，如图4-2所示。

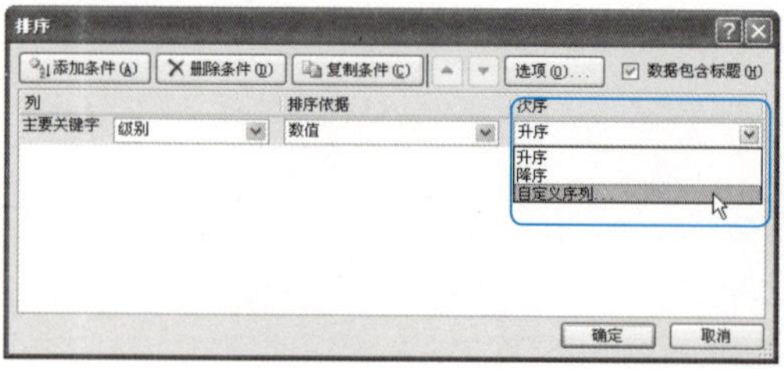

图4-2

❸ 打开“自定义序列”对话框，在“输入序列”列表框中输入需要定义的序列，单击“添加”按钮，即可将输入的序列添加到“自定义序列”中，如图4-3所示。

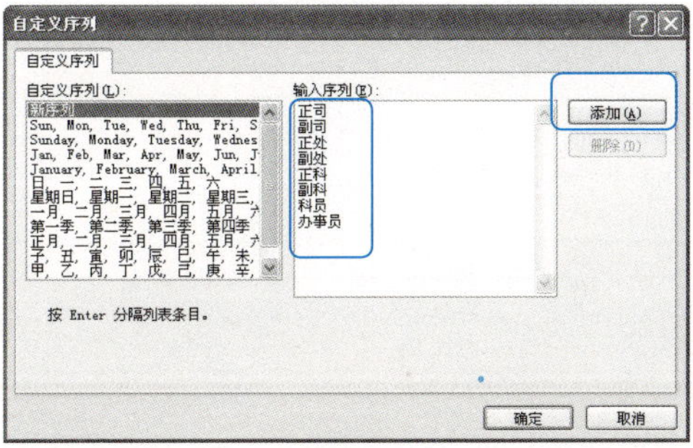

图4–3

4 单击“确定”按钮返回到“排序”对话框，单击“次序”下拉列表框，在弹出的下拉列表中选择刚刚定义的序列，如“正司，副司……”，如图4-4所示。

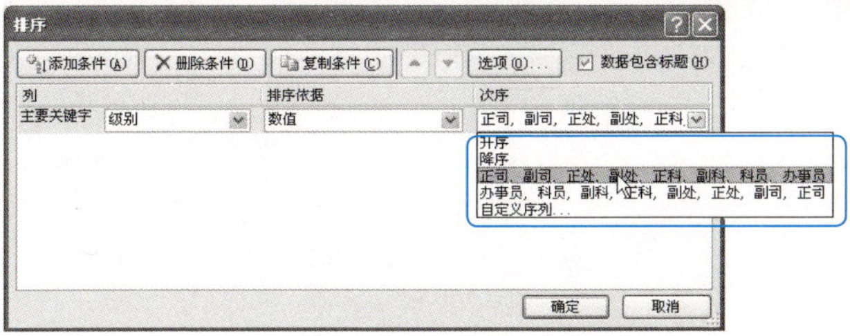

图4–4

5 单击“确定”按钮，即可让表格按照指定的顺序进行排序，如图4-5所示。

	A	B	C	D
1	姓名	级别	津贴	备注
2	马雪琴	副司	700	
3	万家乐	正处	600	
4	左李	副处	500	
5	葛玉	正科	400	
6	杨滢	正科	400	
7	吴志毫	副科	300	
8	陈永娥	科员	200	
9	王贝贝	办事员	100	

图4–5

4.1.2　按行进行排序

许多用户认为Excel只能按列进行排序，实际上，Excel不但能按列排序，也能够按行来排序。下面介绍实现按行进行排序的方法。

1 选中需要排序的单元格区域（本例中对“级别”进行排序），单击“数据”选项卡，在“排序和筛选”选项组中单击“排序”按钮，如图4-6所示。

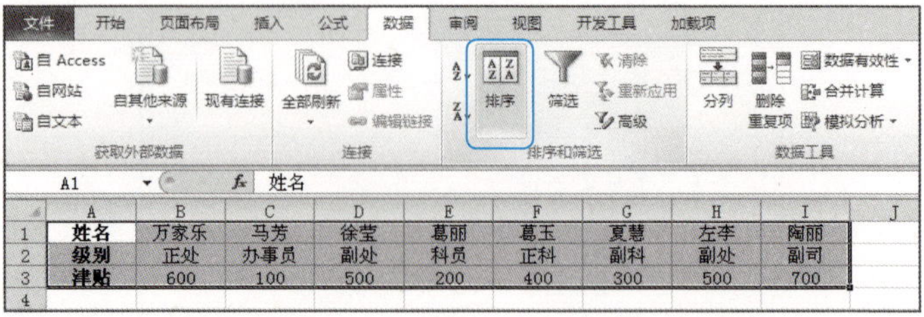

图4-6

2 打开“排序”对话框，单击“选项”按钮，如图4-7所示。

3 在“排序选项”对话框中单击“按行排序”单选按钮，如图4-8所示。

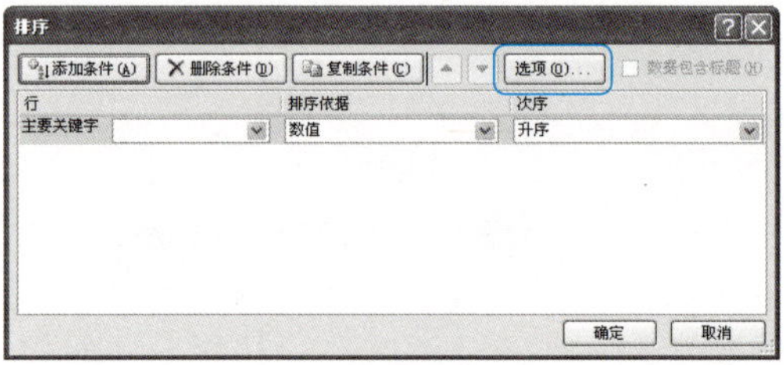

图4-7

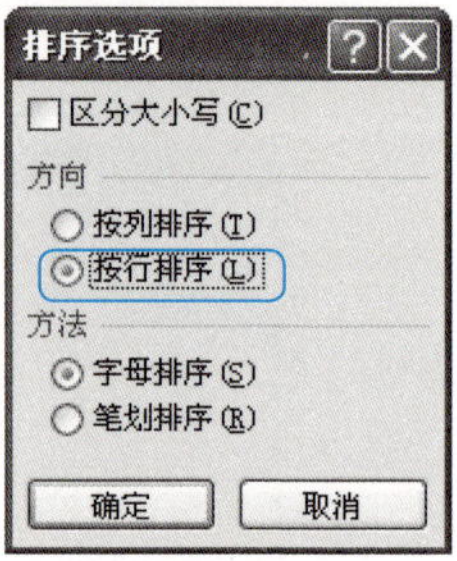

图4-8

4 单击“确定”按钮，返回到“排序”对话框中，设置排序“主要关键字”为“行3”（第3行），“排序依据”为“数值”，次序为“升序”，如图4-9所示。

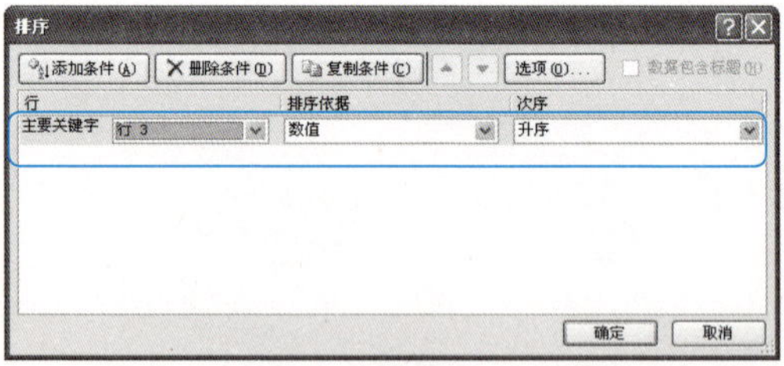

图4-9

5 单击“确定”按钮，Excel就会按第3行中的数据进行升序排序，如图4-10所示。

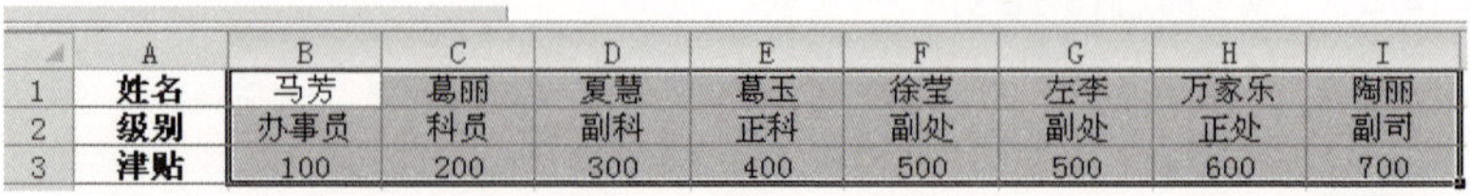

图4-10

专家提示

在使用按行排序时，不能像按列排序时一样选定目标区域。因为Excel的排序功能中没有“标题列”的概念，所以如果选定全部数据区域再按行排序，标题列也会参与排序。因此，在本例的步骤1中，只选定标题列以外的数据区域。

4.1.3　按笔划进行排序

在处理员工信息数据时，有时需要按所有员工姓名的笔画进行排序，可以通过如下方法来实现。

1 选中需要排序的单元格区域，打开“数据”选项卡，在“排序和筛选”选项组中单击“排序”按钮，如图4-11所示。

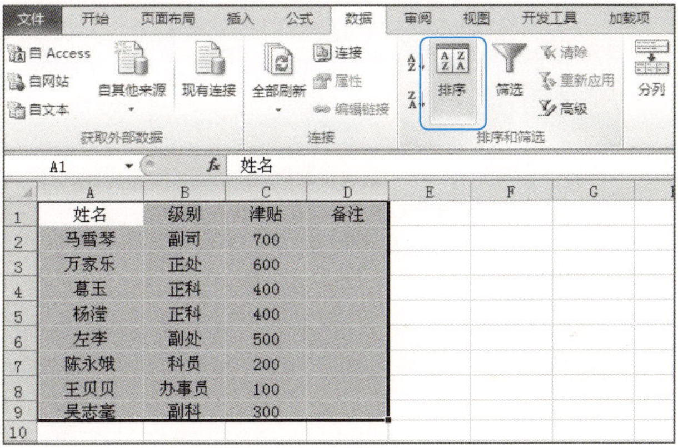

图4-11

2 在“排序”对话框中，设置“主要关键字”的排序列为“姓名”，排序依据为“数值”，次序设置为“升序”，接着单击“选项”按钮，如图4-12所示。

3 在“排序选项”对话框中选中“笔划排序”单选按钮，如图4-13所示。

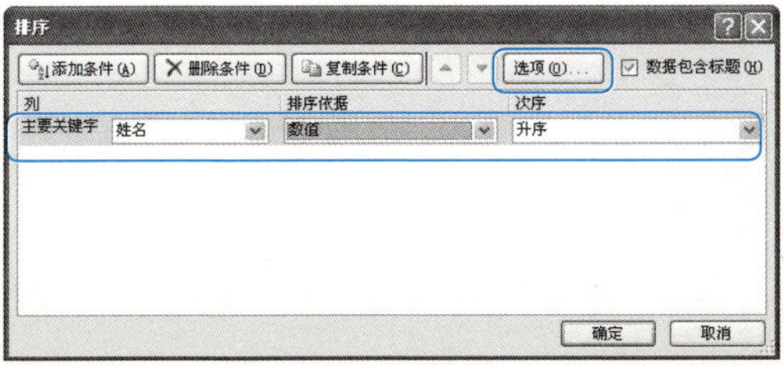

图4-12

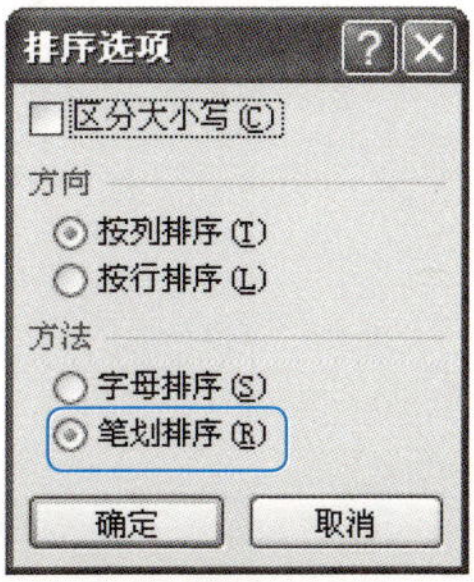

图4-13

4 单击“确定”按钮，返回到“排序”对话框，再次单击“确定”按钮，即可让表格按照人员姓名笔划从少到多进行排序，如图4-14所示。

	A	B	C	D
1	姓名	级别	津贴	备注
2	万家乐	正处	600	
3	马雪琴	副司	700	
4	王贝贝	办事员	100	
5	左李	副处	500	
6	吴志毫	副科	300	
7	杨滢	正科	400	
8	陈永娥	科员	200	
9	葛玉	正科	400	

图4-14

专家提示

如果想让表格中任意姓名笔画从多到少进行排序，只需要在“排序”对话框中将排序“次序”设置为“降序”即可。

4.1.4 按颜色进行排序

在Excel 2010中，可以按单元格颜色或字体颜色进行排序，操作起来也很简单。可以通过下面方法来实现。

1 选中需要按颜色进行排序的单元格区域（不包含表格标题），打开“数据”选项卡，在“排序和筛选”选项组中单击“排序”按钮，如图4-15所示。

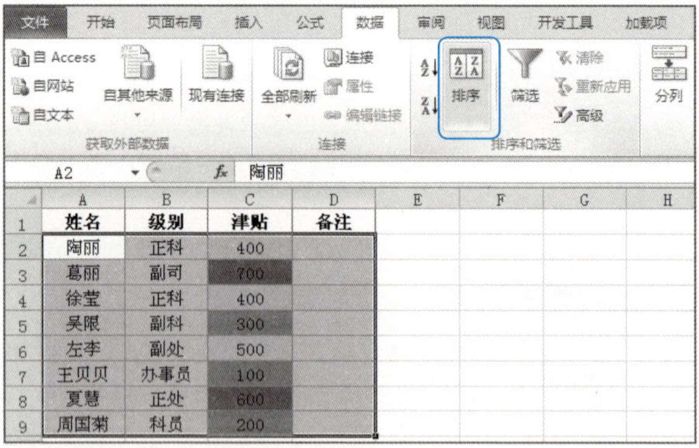

图4-15

2 打开“排序”对话框，设置排序“主要关键字”为“列C”，“排序依据”为“单元格颜色”，“次序”为“红色”、“在顶端”，如图4-16所示。

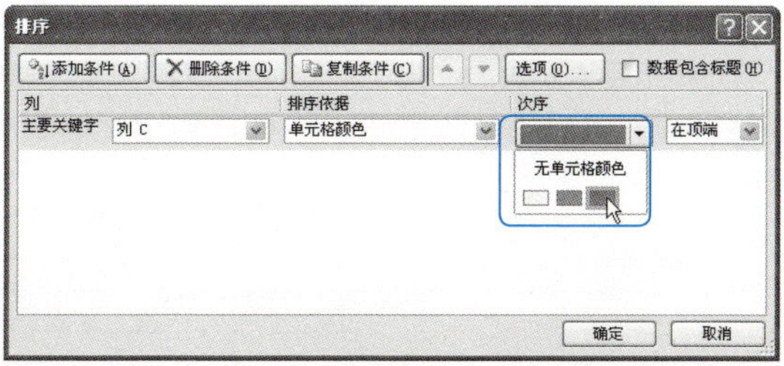

图4–16

3 单击“复制条件”按钮，添加一个次要关键字，设置“次序”为“黄色”，如图4-17所示。

图4–17

4 单击“确定”按钮，即可将单元格按颜色进行排序，如图4-18所示。

	A	B	C	D
1	姓名	级别	津贴	备注
2	葛丽	副司	700	
3	夏慧	正处	600	
4	陶丽	正科	400	
5	徐莹	正科	400	
6	左李	副处	500	
7	王贝贝	办事员	100	
8	周国菊	科员	200	
9	吴限	副科	300	

图4–18

4.1.5 按字母与数字的混合内容进行排序

在处理日常财务数据中，用户的表格经常会包含由字母和数字混合的数据，在对这样的数据排序时，结果总是令人无法满意。因为Excel是对单元格值从左到右逐字符地进行比较并排序，这样就会出现诸如A6排到A13后面的情况。想解决这个问题，可以通过如下方法。

1 要求先比较字母的大小，接着再比较数字的大小，数据如图4-19所示。

2 在B1单元格中输入公式“=LEFT(A1,1)&RIGHT("000"&RIGHT(A1,LEN(A1)-1),3)”，按Enter键，并将公式填充到B2:B8单元格，如图4-20所示。

	A
1	D6
2	E13
3	A121
4	C30
5	D234
6	G45
7	F1
8	E213

图4-19

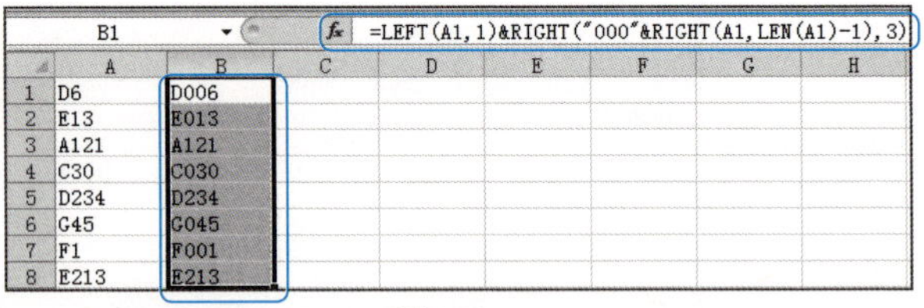

图4-20

3 选中B1:B8单元格区域中任意单元格，单击“排序和筛选”选项组中的“升序”按钮，即可将A列单元格中的数据按照用户所希望的顺序进行排列，如图4-21所示。

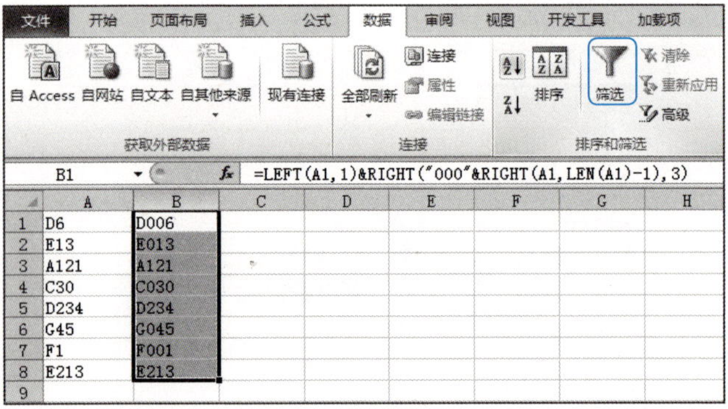

图4-21

4 接着删除B列数据即可。

专家提示

本例中公式的作用是将数据的位数都变成相应的1位字母和3位数字，这样在排序时就可以得到用户所希望的结果了。

4.2 数据筛选

Excel 的数据筛选功能可帮助用户筛选符合条件的记录，在筛选后对满足条件的记录进行显示，且隐藏其他数据。

4.2.1　筛选出符合条件的数据

Excel的自动筛选功能可以把暂时不需要的数据隐藏起来，而只显示符合条件的数据记录，这在管理大型工作表时相当有用，操作方法如下。

1 选中要进行文本筛选的单元格区域，打开“数据”选项卡，在“排序和筛选”选项组中单击“筛选”按钮。

2 即可自动在该字段名后添加下拉按钮，如图4-22所示。

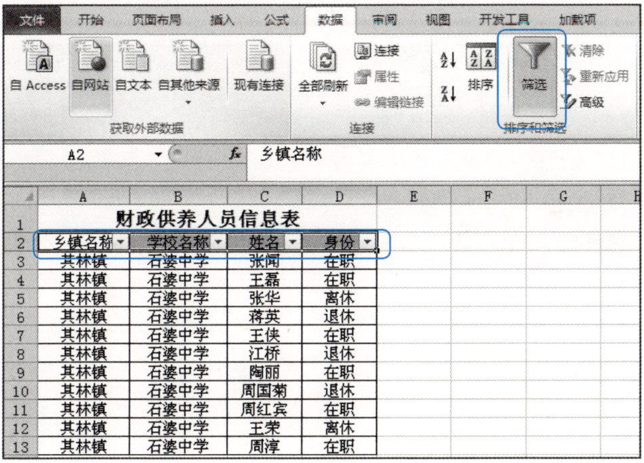

图4-22

3 单击某一个单元格旁的下拉按钮，在弹出的下拉列表中取消选中“全选”复选框，只选中要显示的项，单击“确定”按钮，这时其他记录会被隐藏，只显示被选择的记录，如图4-23所示。

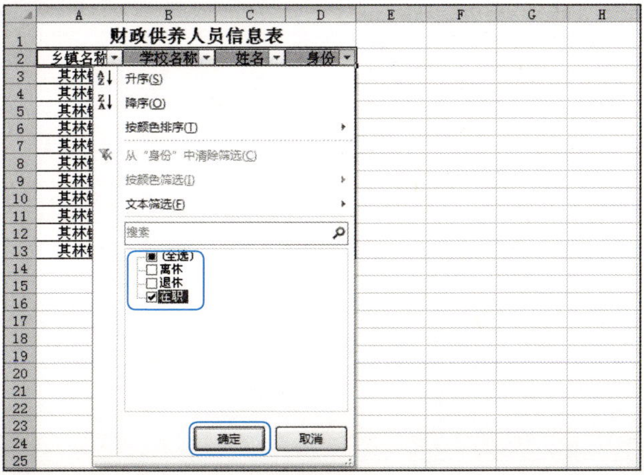

图4-23

4.2.2 进行多个条件数据筛选

在处理日常财务数据时，当需要查看数据库中满足特定条件的记录时，需要用到“筛选”功能，下面介绍如何筛选出“二分店”中的“金额”大于1000的销售情况。

❶ 选中表格编辑区域的任意单元格，打开“数据”选项卡，在“排序和筛选”选项组中单击“筛选”按钮。

❷ 即可自动在字段名后添加下拉按钮，如图4-24所示。

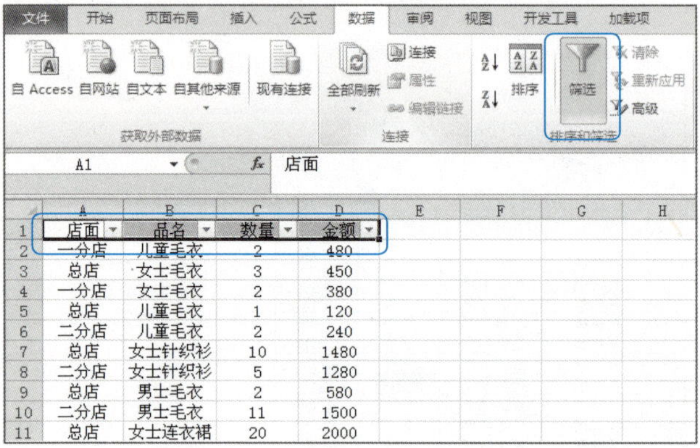

	A	B	C	D
1	店面	品名	数量	金额
2	一分店	儿童毛衣	2	480
3	总店	女士毛衣	3	450
4	一分店	女士毛衣	2	380
5	总店	儿童毛衣	1	120
6	二分店	儿童毛衣	2	240
7	总店	女士针织衫	10	1480
8	二分店	女士针织衫	5	1280
9	总店	男士毛衣	2	580
10	二分店	男士毛衣	11	1500
11	总店	女士连衣裙	20	2000

图4-24

❸ 单击“店面”右侧的下拉按钮，在弹出的下拉列表中取消“全选”复选框的勾选，然后勾选“二分店”复选框，如图4-25所示。

❹ 单击“确定”按钮即可显示出所有“店面”为“二分店”的记录，如图4-26所示。

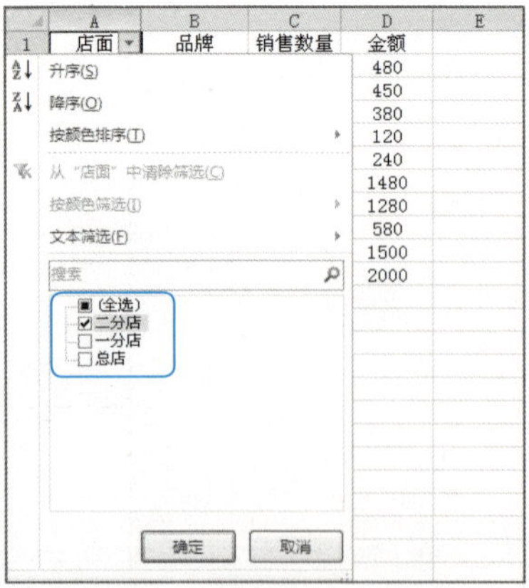

图4-25

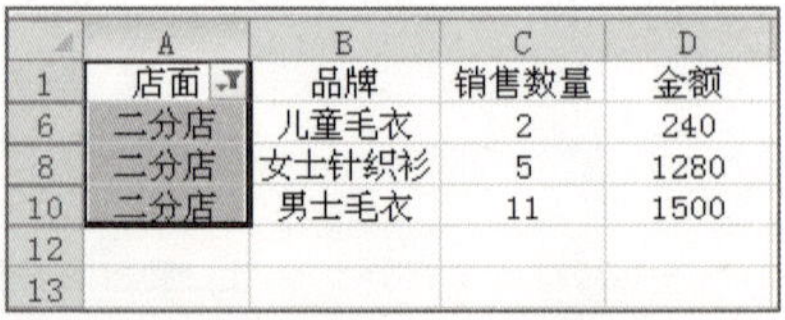

	A	B	C	D
1	店面	品牌	销售数量	金额
6	二分店	儿童毛衣	2	240
8	二分店	女士针织衫	5	1280
10	二分店	男士毛衣	11	1500
12				
13				

图4-26

5 单击“品名”右侧的下拉按钮，然后在打开的下拉列表中选择“数字筛选”→“大于”命令，如图4-27所示。

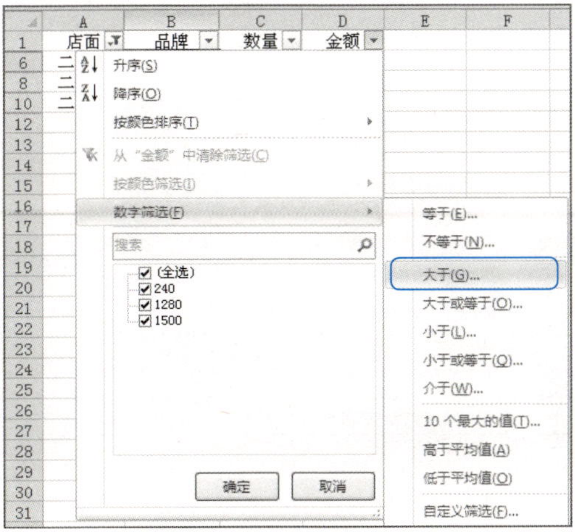

图4-27

6 打开“自定义自动筛选方式”对话框，设置“大于”数值为1000，如图4-28所示。

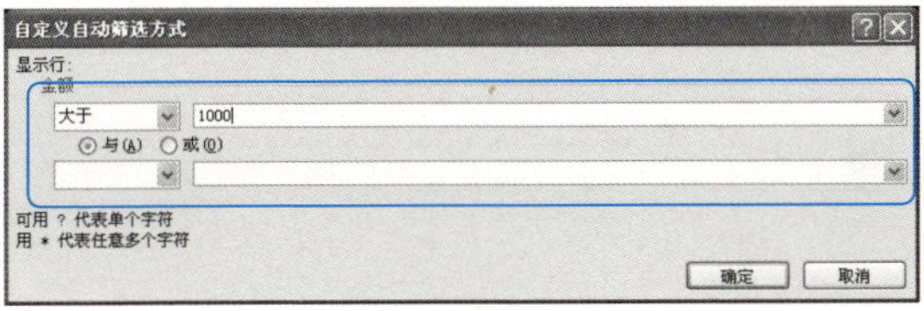

图4-28

7 单击“确定”按钮，即可筛选出“二分店”中“金额”大于1000的记录，如图4-29所示。

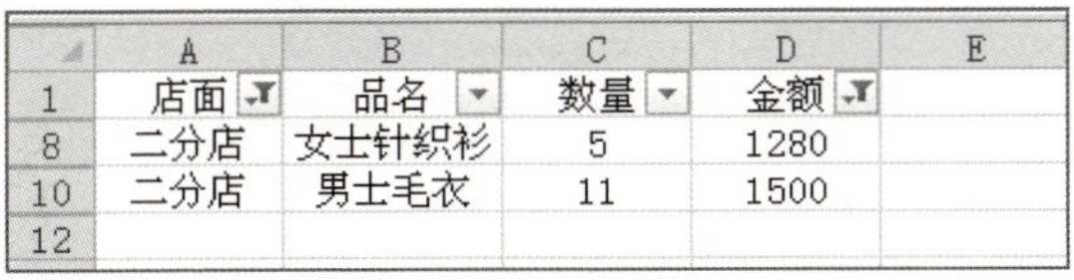

图4-29

举一反三

如果筛选出的结果需满足两个或多个条件，那么可以进行“与”条件筛选；如果筛选出的结果满足两个或多个条件中的一个即可，那么可以进行“或”条件筛选。

4.2.3 自定义筛选表格中的数据

数据筛选常用于对数据库的分析，通过设置筛选条件，可以快速查看数据库中符合特定条件的记录。使用自动筛选中的“或”条件，可以同时筛选出符合两个条件的记录，下面介绍如何筛选出“金额”大于1500或小于1000的销售情况。

❶ 选中表格区域的任意单元格，打开“数据”选项卡，在“排序和筛选”选项组中单击“筛选”按钮。

❷ 即可自动在字段名后添加下拉按钮，如图4-30所示。

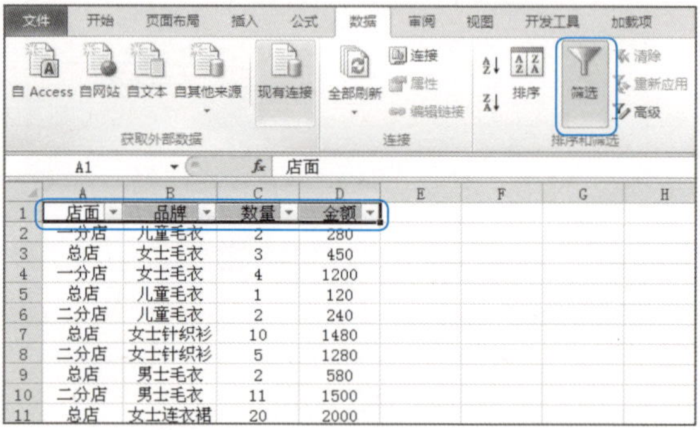

图4-30

❸ 单击“金额”右侧的下拉按钮，然后在打开的下拉列表中选择“数字筛选”→“大于”命令，如图4-31所示。

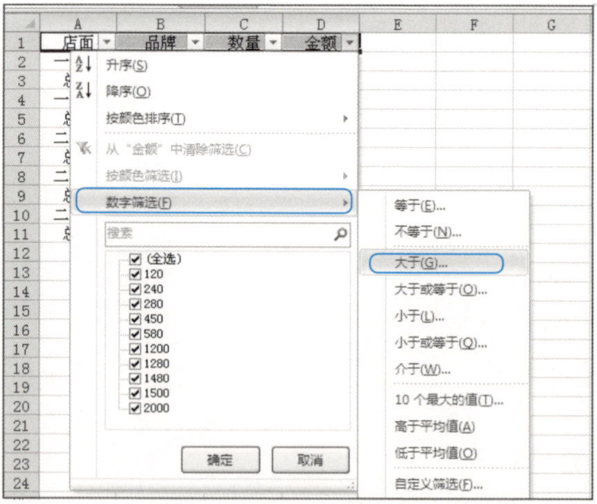

图4-31

❹ 打开“自定义自动筛选方式”对话框，设置“大于”数值为1500，然后单击“或”单选按钮，再设置第2种筛选方式为“小于”数值1000，如图4-32所示。

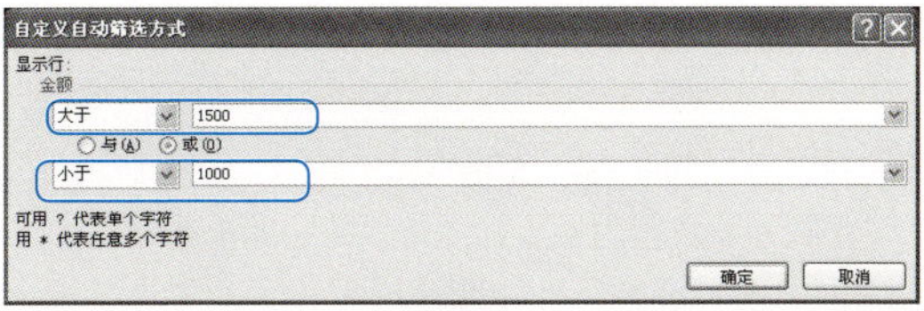

图4-32

5 单击“确定”按钮，即可筛选出 “金额”大于1500或小于1000的记录，如图4-33所示。

	A	B	C	D	E
1	店面	品牌	数量	金额	
2	一分店	儿童毛衣	2	280	
3	总店	女士毛衣	3	450	
5	总店	儿童毛衣	1	120	
6	二分店	儿童毛衣	2	240	
9	总店	男士毛衣	2	580	
11	总店	女士连衣裙	20	2000	
12					

图4-33

4.2.4 数据的高级筛选

采用高级筛选方式可以将筛选到的结果存放于其他位置上，以便得到单一的分析结果。下面介绍利用高级筛选功能的“与”条件筛选出“二分店”中的“金额”大于1000的销售情况。

1 设置筛选条件，如在A13:B14单元格区域中设置筛选条件。

2 打开“数据”选项卡，在“排序和筛选”选项组中单击“高级”按钮，如图4-34所示。

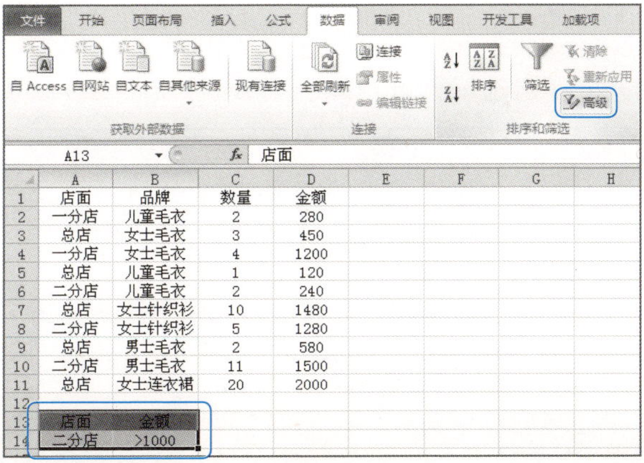

图4-34

3 打开“高级筛选”对话框，在“方式”栏单击“将筛选结果复制到其他位置”单选按钮。

4 设置“列表区域”为参与筛选的单元格区域，“条件区域”为之前建立的筛选条件区域，“复制到”位置为显示筛选结果的起始单元格，如图4-35所示。

5 设置完成，单击“确定”按钮即可根据设置的条件筛选出满足条件的记录（“二分店”中的“金额”大于1000的销售情况），如图4-36所示。

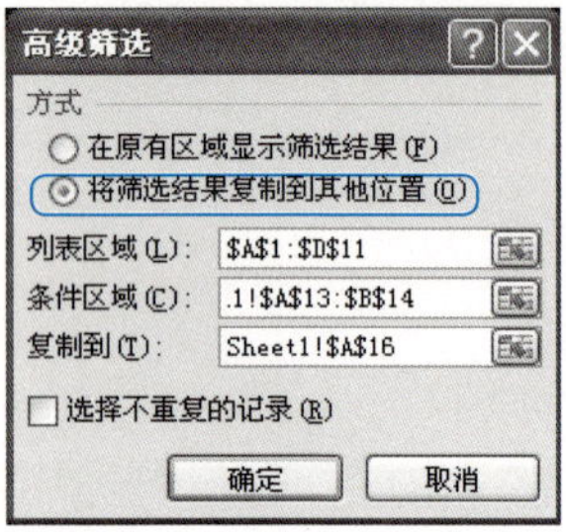

图4-35

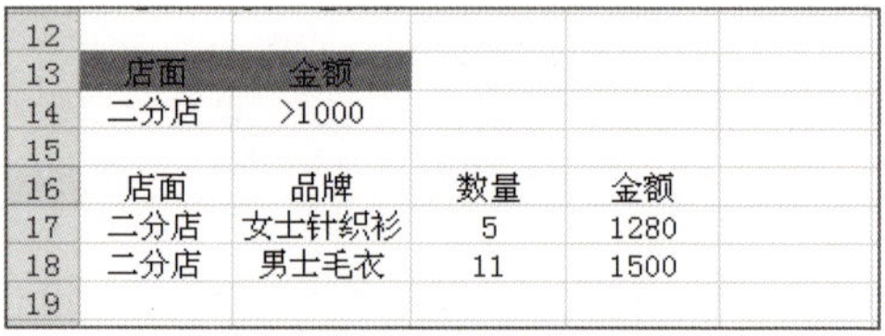

图4-36

专家提示

在同一行输入两个条件进行筛选时，则筛选的结果必须同时满足这两个条件。

4.2.5 对复杂条件进行数据筛选

在实际应用还中，当涉及更复杂的筛选条件而利用自动筛选功能无法完成时，就需要利用Excel的高级筛选功能来筛选数据。下面介绍如何筛选出第一季度大于200的销售量。

1 设置筛选条件，如在A7:A8单元格区域中设置筛选条件，打开“数据”选项卡，在“排序和筛选”选项组中单击“高级”按钮，如图4-37所示。

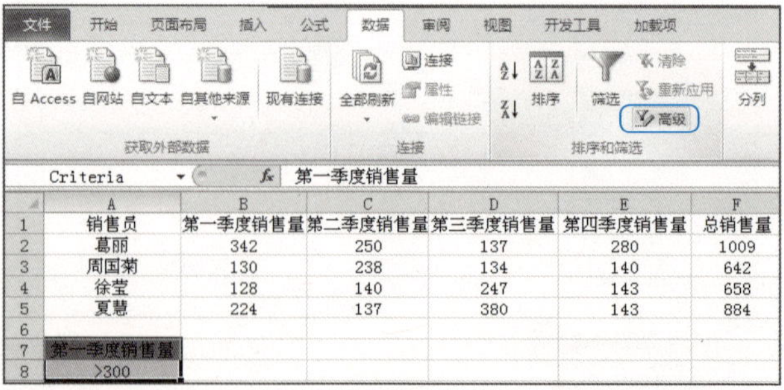

图4-37

❷ 打开“高级筛选”对话框，单击“条件区域”后的折叠按钮，选择筛选条件所在的单元格，如图4-38所示。

❸ 单击该按钮返回对话框，按Enter键，然后就可查看当前高级筛选的结果了，如图4-39所示。

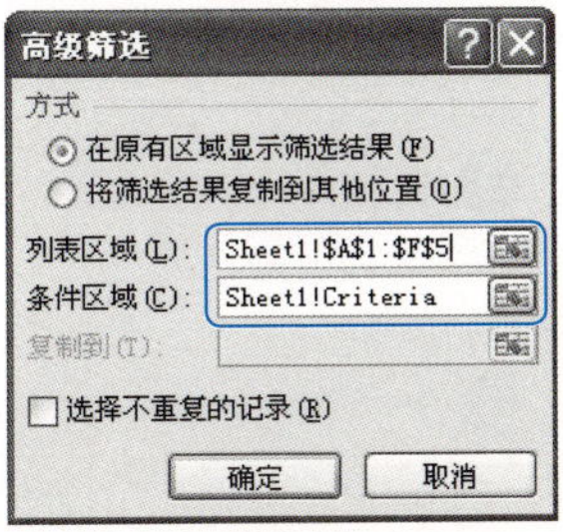

图4-38

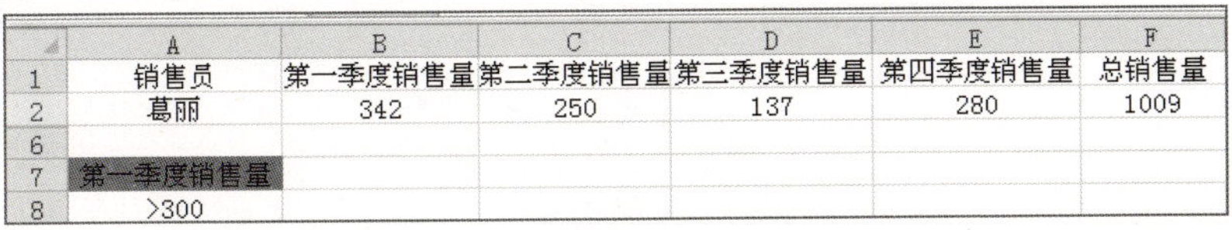

	A	B	C	D	E	F
1	销售员	第一季度销售量	第二季度销售量	第三季度销售量	第四季度销售量	总销售量
2	葛丽	342	250	137	280	1009
6						
7	第一季度销售量					
8	>300					

图4-39

4.2.6　筛选出大于平均值的记录

在进行数值筛选时，Excel程序还可以进行简单的数据分析，并筛选出分析结果。如果要将一列数据中高于平均值的记录筛选出来，可以通过如下方法来实现。

❶ 先对数据进行自动筛选。

❷ 接着单击相应的筛选下拉按钮，在弹出的下拉列表中选择“数字筛选”→“高于平均值”命令即可，如图4-40所示。

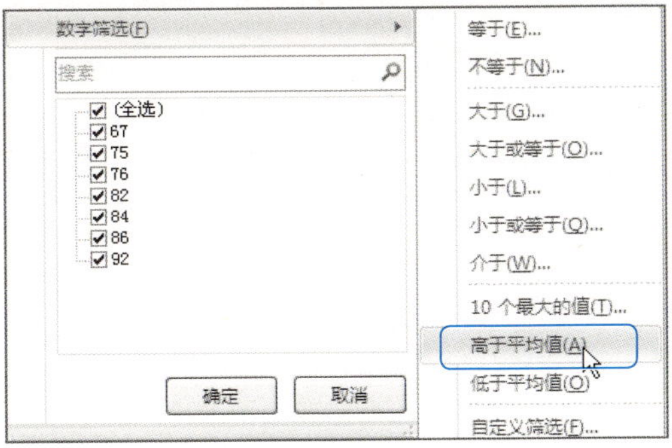

图4-40

4.2.7　筛选表格中的不重复值

Excel还可以筛选出表格中的不重复值。如果需要将不重复的数据筛选出来，可以通过如下方法来实现。

❶ 打开“数据”选项卡，在“排序和筛选”选项组中单击“高级”按钮，如图4-41所示。

❷ 打开“高级筛选”对话框，将光标定位在“列表区域”文本框中，拖动鼠标选取需要筛选的单元格区域，接着选中“选择不重复的记录”复选框，如图4-42所示。

❸ 单击“确定”按钮，即可将选定区域中的不重复记录筛选出来。

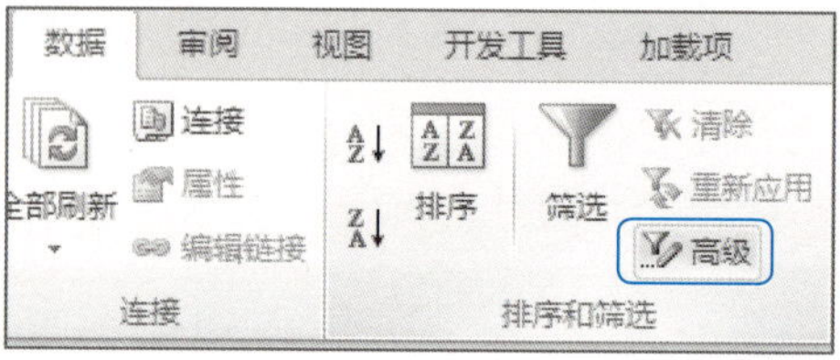

图4-41

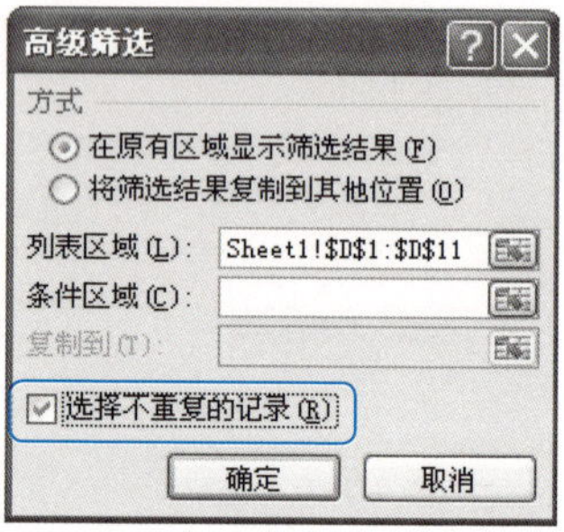

图4-42

4.2.8 在受保护的工作表中使用筛选功能

在实际工作中，用户常常需要把重要的工作表进行保护，以防止工作表内容被意外更改。如果在保护工作表的同时，又希望对工作表中的数据使用自动筛选功能进行一些数据分析工作，可以通过如下方法来实现。

❶ 打开“文件”选项卡，在下拉列表中选择“信息”选项。

❷ 在右侧窗格中单击“保护工作簿”下拉按钮，在弹出的下拉列表中选择“保护当前工作表”命令，如图4-43所示。

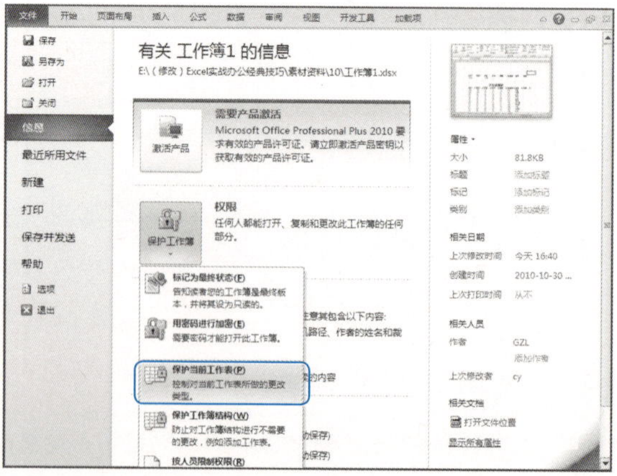

图4-43

3 在打开的“保护工作表”对话框中选中“保护工作表及锁定的单元格内容”复选框，接着在下方的列表框中选中“使用自动筛选”复选框。

4 单击“确定”按钮完成设置。这样即可保护工作表，同时又可以对工作表进行筛选工作，如图4-44所示。

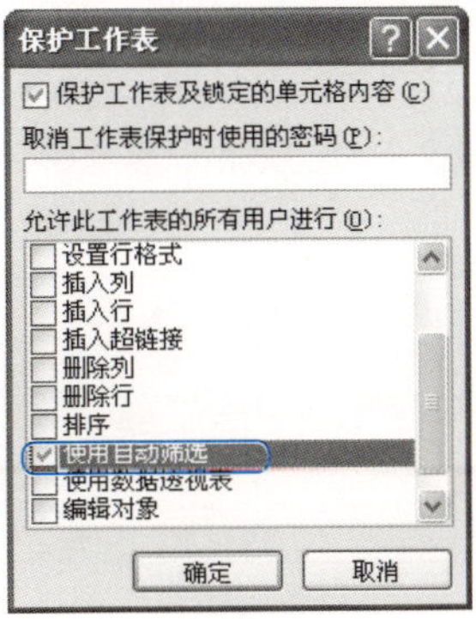

图4-44

4.3　数据分类汇总

当表格中的记录太多且有相同项目的记录时，可以使用Excel 的分类汇总功能对总记录进行汇总。Excel 的分类汇总功能可以帮助用户更直观地显示数据。

4.3.1　创建分类汇总

使用分类汇总命令，可以直接在数据区域中插入汇总行，从而可以同时看到数据明细和汇总，在进行分类汇总前，需保证数据区域的第一行为标题行，数据区域中没有空行和空列，数据区域四周是空行和空列。

1 若对“月份”列进行分类汇总，选中“月份”列中任意一个单元格，如图4-45所示。

	A	B	C	D	E	F
1	月份	日期	物品	数量	单价	金额
2	1月	3日	电视	8	1000	8000
3	1月	11日	电视	1	1000	1000
4	1月	6日	冰箱	9	2000	18000
5	1月	23日	冰箱	8	2000	16000
6	1月	17日	洗衣机	2	1500	3000
7	1月	21日	洗衣机	4	1500	6000
8	2月	26日	洗衣机	5	1500	7500
9	2月	15日	冰箱	10	2000	20000
10	2月	13日	电视	6	1000	6000
11	2月	14日	电视	6	1000	6000
12	2月	4日	洗衣机	2	1500	3000
13	2月	19日	冰箱	6	2000	12000
14	3月	9日	电视	1	1000	1000
15	3月	10日	电视	3	1000	3000
16	3月	7日	洗衣机	5	1500	7500
17	3月	19日	洗衣机	7	1500	10500
18	3月	6日	冰箱	6	2000	12000
19	3月	9日	冰箱	2	2000	4000

图4-45

❷ 打开“数据”选项卡，在“排序和筛选”选项组中单击“升序”按钮，对“月份”列进行排序，选中数据区域中的任意一个单元格，如图4-46所示。

❸ 打开“数据”选项卡，在“分级显示”选项组中单击“分类汇总”按钮，如图4-47所示。

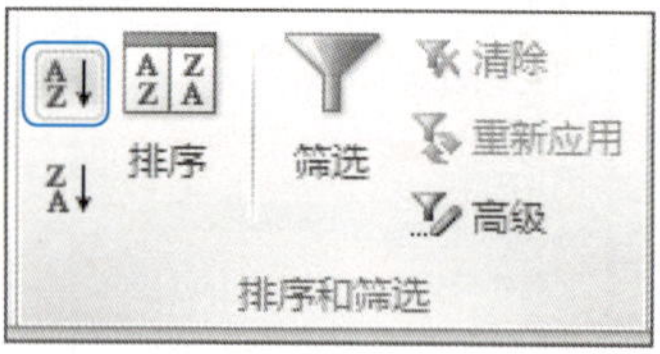

图4-46

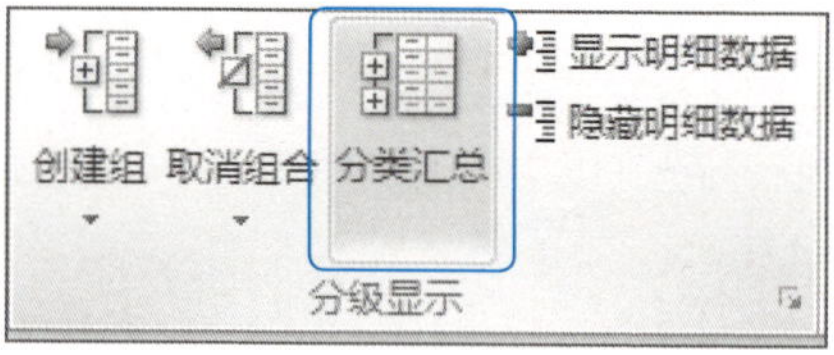

图4-47

❹ 在“分类汇总”对话框中单击“分类自动”下拉列表框，选择“月份”；单击“汇总方式”下拉列表框，选择“求和”；在“选定汇总项”列表中选中“金额”复选框，如图4-48所示。

❺ 单击“确定”按钮，即可得到汇总结果，如图4-49所示。

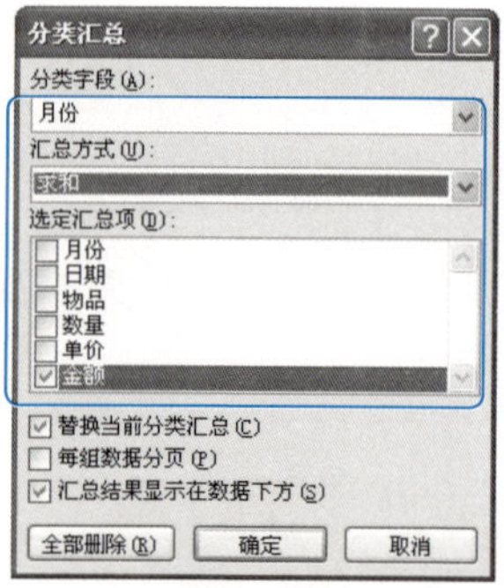

图4-48

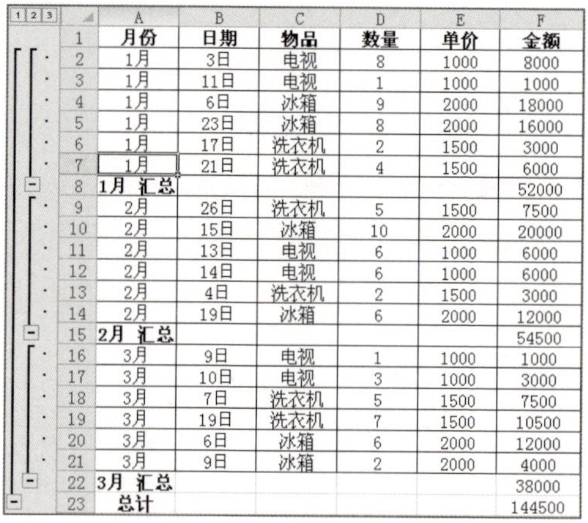

	A	B	C	D	E	F
1	月份	日期	物品	数量	单价	金额
2	1月	3日	电视	8	1000	8000
3	1月	11日	电视	1	1000	1000
4	1月	6日	冰箱	9	2000	18000
5	1月	23日	冰箱	8	2000	16000
6	1月	17日	洗衣机	2	1500	3000
7	1月	21日	洗衣机	4	1500	6000
8	1月 汇总					52000
9	2月	26日	洗衣机	5	1500	7500
10	2月	15日	冰箱	10	2000	20000
11	2月	13日	电视	6	1000	6000
12	2月	14日	电视	6	1000	6000
13	2月	4日	洗衣机	2	1500	3000
14	2月	19日	冰箱	6	2000	12000
15	2月 汇总					54500
16	3月	9日	电视	1	1000	1000
17	3月	10日	电视	3	1000	3000
18	3月	7日	洗衣机	5	1500	7500
19	3月	19日	洗衣机	7	1500	10500
20	3月	6日	冰箱	6	2000	12000
21	3月	9日	冰箱	2	2000	4000
22	3月 汇总					38000
23	总计					144500

图4-49

4.3.2 更改汇总方式得到不同统计结果

上面的例子中已对所有的销售金额进行汇总，如果要求出每月的平均值或最大值等，可以更改汇总方式。

❶ 在需要更改汇总方式的表格中选中任意一个单元格，打开“数据”选项卡，在“分级显示”选项组中单击“分类汇总”按钮，如图4-50所示。

❷ 在“分类汇总”对话框中单击“汇总方式”下拉列表框，在弹出的列表中根据需要选择一种汇总方式，如“平均值”，如图4-51所示。

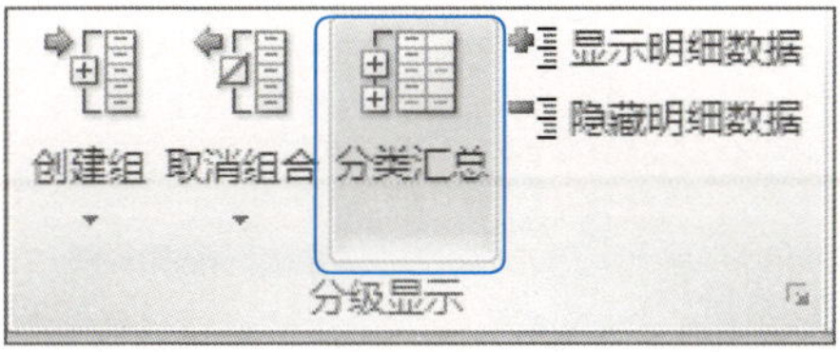

图4-50

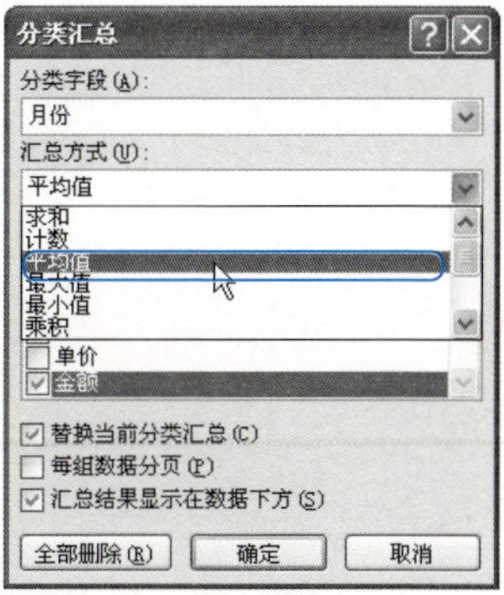

图4-51

❸ 单击“确定”按钮，即可得到平均值结果，如图4-52所示。

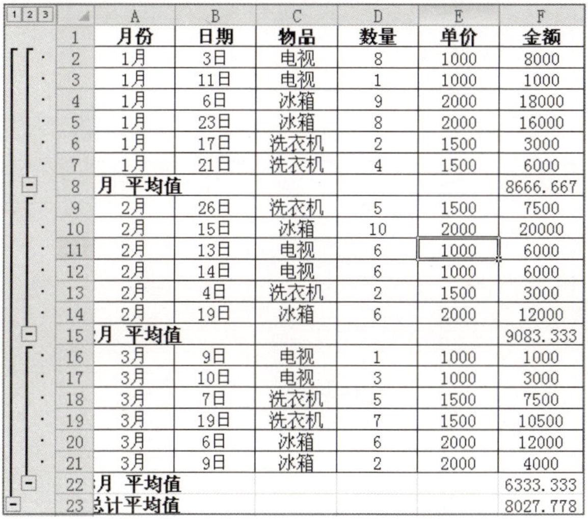

	A	B	C	D	E	F
1	月份	日期	物品	数量	单价	金额
2	1月	3日	电视	8	1000	8000
3	1月	11日	电视	1	1000	1000
4	1月	6日	冰箱	9	2000	18000
5	1月	23日	冰箱	8	2000	16000
6	1月	17日	洗衣机	2	1500	3000
7	1月	21日	洗衣机	4	1500	6000
8	月 平均值					8666.667
9	2月	26日	洗衣机	5	1500	7500
10	2月	15日	冰箱	10	2000	20000
11	2月	13日	电视	6	1000	6000
12	2月	14日	电视	6	1000	6000
13	2月	4日	洗衣机	2	1500	3000
14	2月	19日	冰箱	6	2000	12000
15	月 平均值					9083.333
16	3月	9日	电视	1	1000	1000
17	3月	10日	电视	3	1000	3000
18	3月	7日	洗衣机	5	1500	7500
19	3月	19日	洗衣机	7	1500	10500
20	3月	6日	冰箱	6	2000	12000
21	3月	9日	冰箱	2	2000	4000
22	月 平均值					6333.333
23	总计平均值					8027.778

图4-52

4.3.3　按指定分类项汇总关键业务指标

在对销售数据进行分类汇总时，销售金额和销售数据往往是需要进行汇总的关键业务指标。在进行汇总时，可以同时对这些关键业务指标进行汇总，从而快速掌握销售情况。

❶ 在需要更改分类项的表格中选中任意一个单元格，单击“分类汇总”按钮，如图4-53所示。

❷ 在“分类汇总”对话框中选择“分类字段”，如“月份”；设置“汇总

方式”，如“求和”，在“选定汇总项”列表框中选中“数量”复选框和“金额”复选框，如图4-54所示。

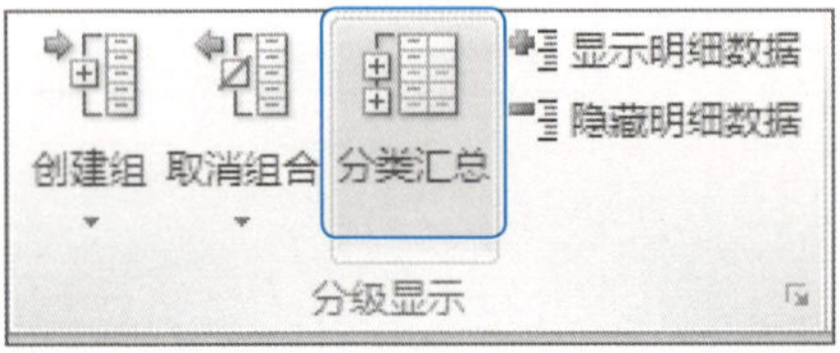

图4-53

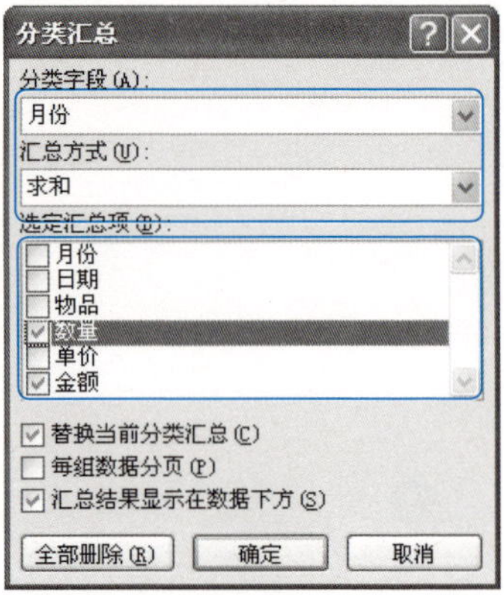

图4-54

3 单击“确定”按钮，即可得到不同的结果，如图4-55所示。

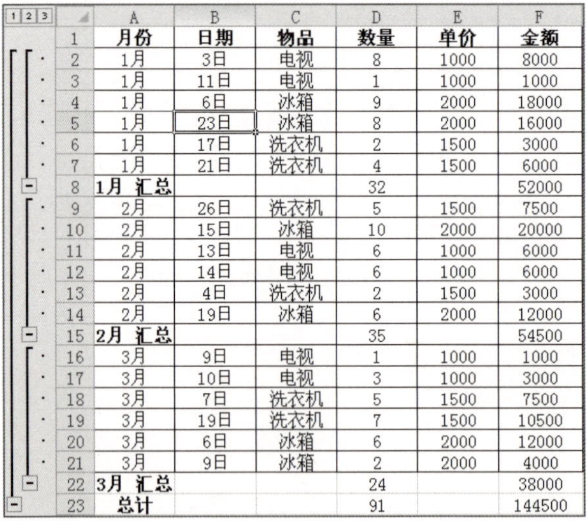

	A	B	C	D	E	F
1	月份	日期	物品	数量	单价	金额
2	1月	3日	电视	8	1000	8000
3	1月	11日	电视	1	1000	1000
4	1月	6日	冰箱	9	2000	18000
5	1月	23日	冰箱	8	2000	16000
6	1月	17日	洗衣机	2	1500	3000
7	1月	21日	洗衣机	4	1500	6000
8	1月 汇总			32		52000
9	2月	26日	洗衣机	5	1500	7500
10	2月	15日	冰箱	10	2000	20000
11	2月	13日	电视	6	1000	6000
12	2月	14日	电视	6	1000	6000
13	2月	4日	洗衣机	2	1500	3000
14	2月	19日	冰箱	6	2000	12000
15	2月 汇总			35		54500
16	3月	9日	电视	1	1000	1000
17	3月	10日	电视	3	1000	3000
18	3月	7日	洗衣机	5	1500	7500
19	3月	19日	洗衣机	7	1500	10500
20	3月	6日	冰箱	6	2000	12000
21	3月	9日	冰箱	2	2000	4000
22	3月 汇总			24		38000
23	总计			91		144500

图4-55

4.3.4 多重分类汇总

如果需要对多个字段进行汇总，可以通过如下方法来实现。

1 对需要进行分类汇总的多列进行排序，本例中对“月份”列和“物品”列进行排序，如图4-56所示。

	A	B	C	D	E	F
1	月份	日期	物品	数量	单价	金额
2	1月	6日	冰箱	9	2000	18000
3	1月	23日	冰箱	8	2000	16000
4	1月	3日	电视	8	1000	8000
5	1月	11日	电视	1	1000	1000
6	1月	17日	洗衣机	2	1500	3000
7	1月	21日	洗衣机	4	1500	6000
8	2月	15日	冰箱	10	2000	20000
9	2月	19日	冰箱	6	2000	12000
10	2月	13日	电视	6	1000	6000
11	2月	14日	电视	6	1000	6000
12	2月	26日	洗衣机	5	1500	7500
13	2月	4日	洗衣机	2	1500	3000
14	3月	6日	冰箱	6	2000	12000
15	3月	9日	冰箱	2	2000	4000
16	3月	9日	电视	1	1000	1000
17	3月	10日	电视	3	1000	3000
18	3月	7日	洗衣机	5	1500	7500
19	3月	19日	洗衣机	7	1500	10500

图4-56

❷ 打开“数据”选项卡，在“分级显示”选项组中单击“分类汇总”按钮，如图4-57所示。

❸ 打开“分类汇总”对话框，设置“分类字段”为“月份”，“汇总方式”为“求和”，“选定汇总项”为“金额”，如图4-58所示。

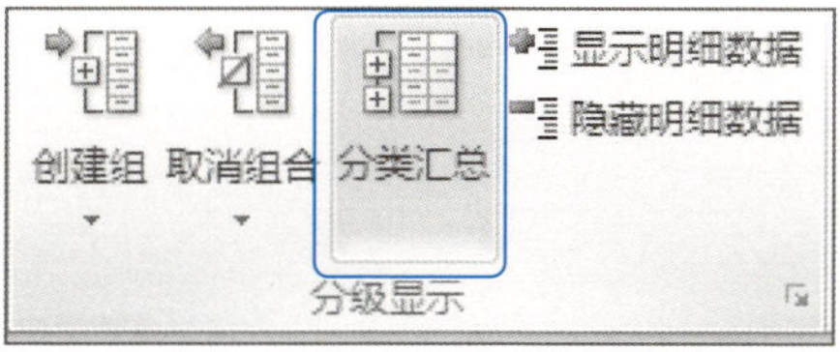

图4-57

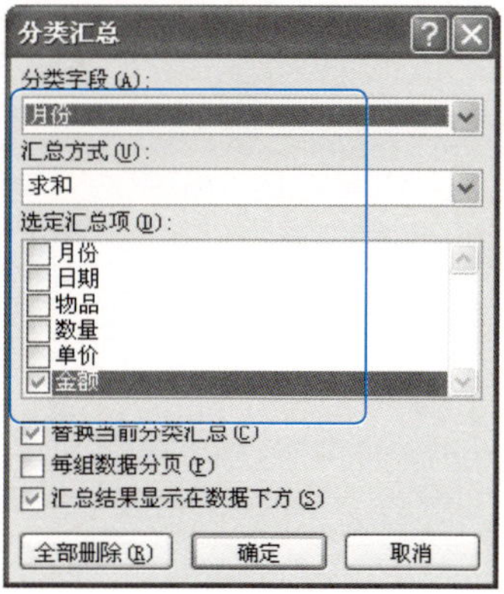

图4-58

❹ 单击“确定”按钮，即可得到“月份”列的汇总结果，如图4-59所示。

❺ 再次打开“分类汇总”对话框，设置“分类字段”为“物品”，“汇总方式”为“求和”，“选定汇总项”为“金额”，取消选中“替换当前分类汇总”复选框，如图4-60所示。

❻ 单击“确定”按钮，即可得到“物品”列的分类汇总，如图4-61所示。

	A	B	C	D	E	F
1	月份	日期	物品	数量	单价	金额
2	1月	6日	冰箱	9	2000	18000
3	1月	23日	冰箱	8	2000	16000
4	1月	3日	电视	8	1000	8000
5	1月	11日	电视	1	1000	1000
6	1月	17日	洗衣机	2	1500	3000
7	1月	21日	洗衣机	4	1500	6000
8	1月 汇总					52000
9	2月	15日	冰箱	10	2000	20000
10	2月	19日	冰箱	6	2000	12000
11	2月	13日	电视	6	1000	6000
12	2月	14日	电视	6	1000	6000
13	2月	26日	洗衣机	5	1500	7500
14	2月	4日	洗衣机	2	1500	3000
15	2月 汇总					54500
16	3月	6日	冰箱	6	2000	12000
17	3月	9日	冰箱	2	2000	4000
18	3月	9日	电视	1	1000	1000
19	3月	10日	电视	3	1000	3000
20	3月	7日	洗衣机	5	1500	7500
21	3月	19日	洗衣机	7	1500	10500
22	3月 汇总					38000
23	总计					144500

图4-59

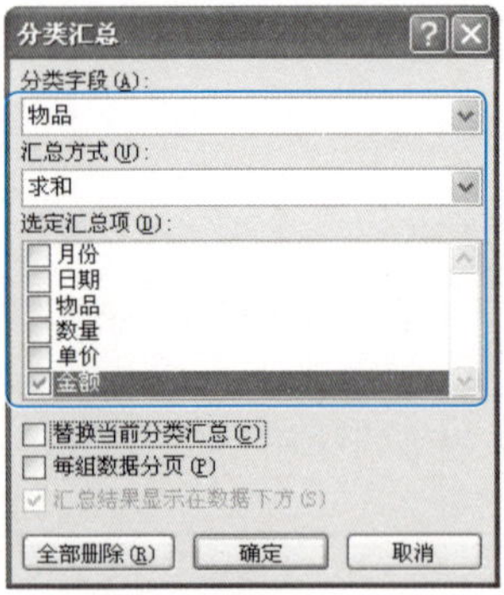

图4-60

	A	B	C	D	E	F
1	月份	日期	物品	数量	单价	金额
2	1月	6日	冰箱	9	2000	18000
3	1月	23日	冰箱	8	2000	16000
4			冰箱 汇总			34000
5	1月	3日	电视	8	1000	8000
6	1月	11日	电视	1	1000	1000
7			电视 汇总			9000
8	1月	17日	洗衣机	2	1500	3000
9	1月	21日	洗衣机	4	1500	6000
10			洗衣机 汇总			9000
11	1月 汇总					52000
12	2月	15日	冰箱	10	2000	20000
13	2月	19日	冰箱	6	2000	12000
14			冰箱 汇总			32000
15	2月	13日	电视	6	1000	6000
16	2月	14日	电视	6	1000	6000
17			电视 汇总			12000
18	2月	26日	洗衣机	5	1500	7500
19	2月	4日	洗衣机	2	1500	3000
20			洗衣机 汇总			10500
21	2月 汇总					54500
22	3月	6日	冰箱	6	2000	12000
23	3月	9日	冰箱	2	2000	4000
24			冰箱 汇总			16000
25	3月	9日	电视	1	1000	1000
26	3月	10日	电视	3	1000	3000
27			电视 汇总			4000
28	3月	7日	洗衣机	5	1500	7500
29	3月	19日	洗衣机	7	1500	10500
30			洗衣机 汇总			18000
31	3月 汇总					38000
32	总计					144500

图4-61

专家提示

使用此方法可以对更多的字段进行自动汇总，关键是要在“分类汇总”对话框中取消选中“替换当前分类汇总”复选框。

4.4 分级显示数据

4.4.1 对大表格进行多层次的浏览

分级显示也是Excel的一个功能，即使不先使用分类汇总，也可以单独使用它。本例的表格中，使用了底纹的单元格包含了各种汇总公式。无论从行看还是列看，数据都存在多个层次，虽然所有的数据一目了然，但可读性差。如果为这样的数据列表创建分级显示视图，则情况会改善许多。

❶ 选中A1:L7单元格区域，如图4-62所示。

	A	B	C	D	E	F	G	H	I	J	K	L
1		2010年					2011年					总计
2		一季度	二季度	三季度	四季度	合计	一季度	二季度	三季度	四季度	合计	
3	一车间	4,664	2,293	4,758	4,824	16,539	2,559	3,908	1,826	3,882	12,175	28,714
4	二车间	3,754	4,208	5,250	2,103	15,315	5,220	4,044	3,145	2,734	15,143	30,458
5	三车间	3,067	64	5,415	3,309	11,855	5,258	4,745	3,191	1,048	14,242	26,097
6	四车间	5,764	1,132	4,166	2,263	13,325	4,180	424	3,955	519	9,078	22,403
7	合计	17,249	7,697	19,589	12,499	57,034	17,217	13,121	12,117	8,183	50,638	107,672
8												
9												

图4-62

❷ 单击“数据”标签，在“分级显示”组中单击“创建组”下拉按钮，在弹出的下拉列表中选择“自动创建分级显示”命令即可，如图4-63所示。

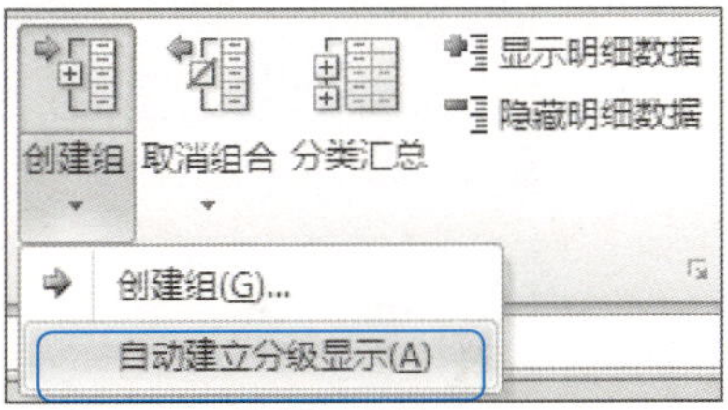

图4-63

4.4.2 在受保护的工作表中调整分级显示视图

如果用户为数据列表建立了分级显示视图，而后对工作表执行了“保护工作表”操作，则无法再调整分级显示视图的数据显示级别。如果希望在保护工作表的同时，能够对分级显示视图进行调整，需要借助宏代码来实现。

❶ 打开需要调整分级显示视图的受保护工作表，按Alt+F11组合键，打开VBA编辑器窗口，如图4-64所示。

❷ 按Ctrl+R组合键，显示工程资源管理器，双击ThisWorkbook，在右边的代码窗口中输入以下代码：

```
Private Sub Workbook_Open()
  Worksheets("sheet3").Protect Password:="pwd", userinterfaceonly:=True
  Worksheets("sheet3").EnableOutlining = True
End Sub
```

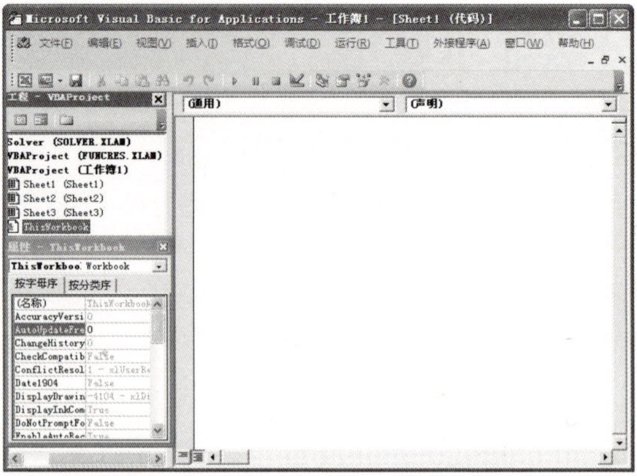

图4-64

3 单击“保存”按钮，退出VBA编辑器即可，如图4-65所示。

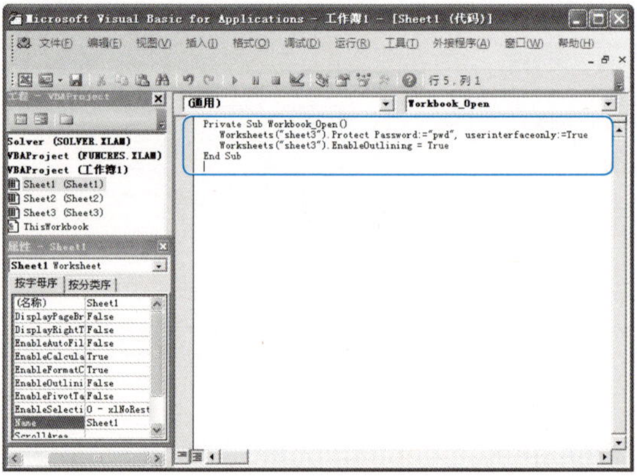

图4-65

专家提示

在输入宏代码时，需要注意所有的字母和标点符号都要在英文状态下进行输入。

4.5 数据工具的运用

4.5.1 分列单元格中的数据

在编辑表格时，有时需要将一列中的单元格数据分为两列。如果单元格中的数据都是有规律的，可以使用空格、逗号等分隔符分开，实现方法分列如下。

1 选中需要分列的单元格或单元格区域（本例中选中的单元格数据中的“省”和“市”之间都有一个空格），如图4-66所示。

2 打开“数据”选项卡，在“数据工具”选项组中单击“分列”按钮，如图4-67所示。

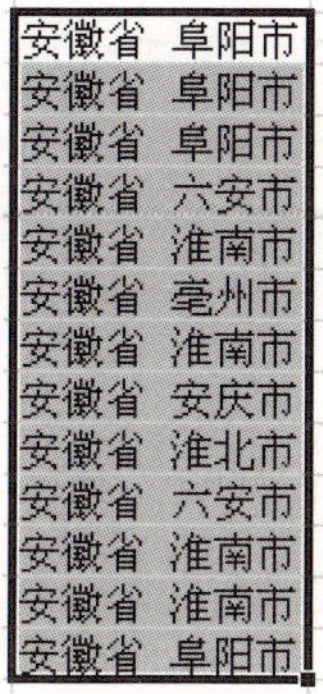

图4–66

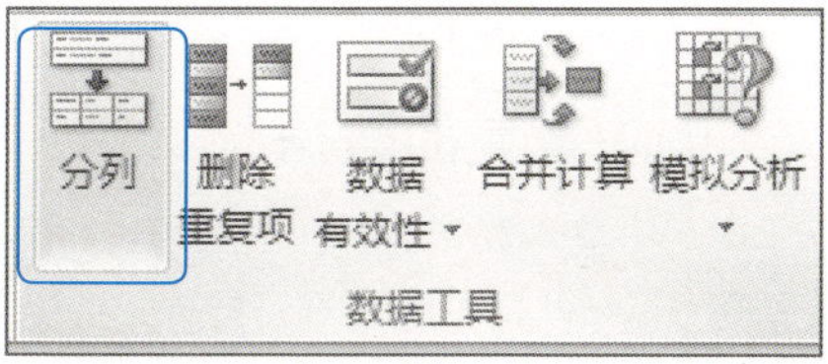

图4–67

3 在弹出的“文本分列向导-第1步，共3步”对话框中，单击“分隔符号”单选按钮，接着单击“下一步”按钮，如图4-68所示。

4 在“文本分列向导-第2步，共3步”对话框的“分隔符号”栏中选中“空格”复选框，在下面的“数据预览”栏中可以看到分隔后的效果，如图4-69所示。

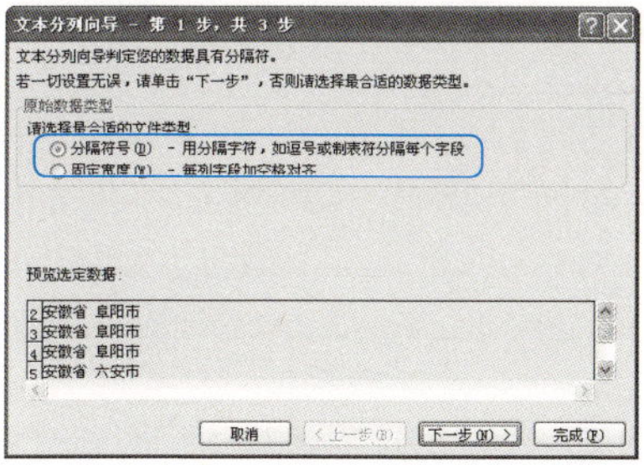

图4–68

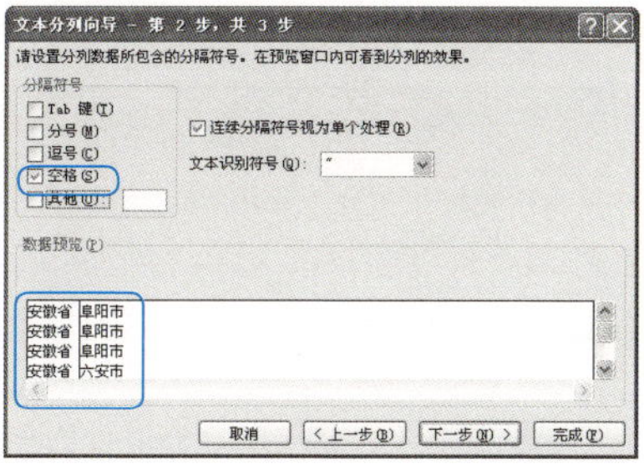

图4–69

5 单击“下一步”按钮，在“文本分列向导-第3步，共3步”对话框中的“列数据格式”栏中根据需要选择一种数据格式，如“文本”，如图4-70所示。

6 单击“完成”按钮，即可完成数据的分列，如图4-71所示。

专家提示

如果需要分列的单元格中的数据之间的分隔符不是可供选择的空格、逗号、分号等，可以选中“其他”复选框，在右侧的文本框中输入分隔符，接着按同样的方法操作即可。

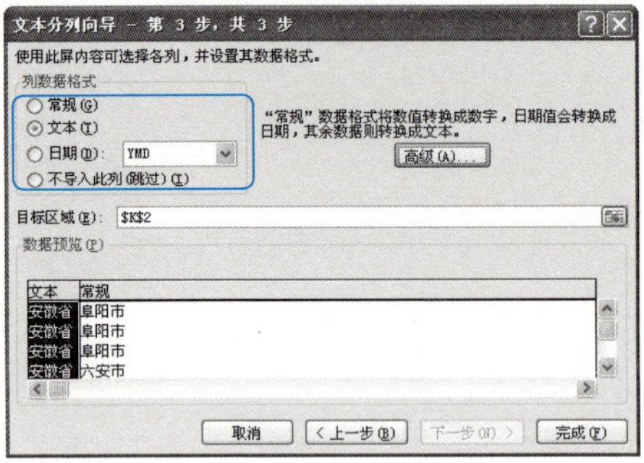

图4-70

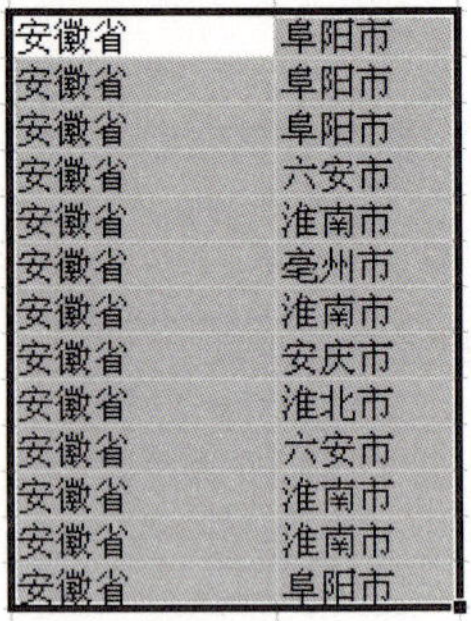

图4-71

4.5.2 删除重复的数据

在Excel中录入数据后，一般用条件格式和高级筛选来删除重复的记录，Excel 2007、Excel 2010版本在“数据”选项卡中增加了一个“删除重复项”按钮，使操作更加简单、灵活。

1 选中数据区中的任一单元格，打开“数据”选项卡，在“数据工具”选项组中单击“删除重复项”按钮，如图4-72所示。

2 在“删除重复项”对话框中选中要检查的字段，单击“确定”按钮，如图4-73所示。

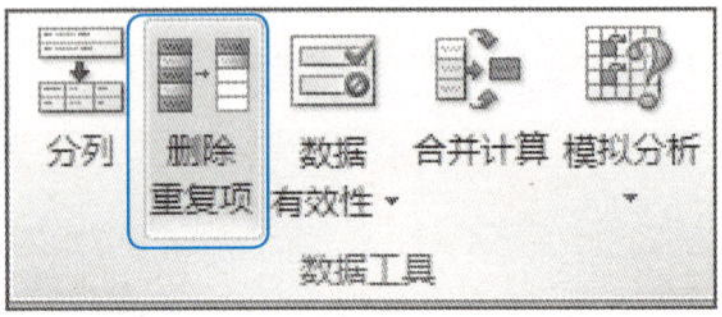

图4-72

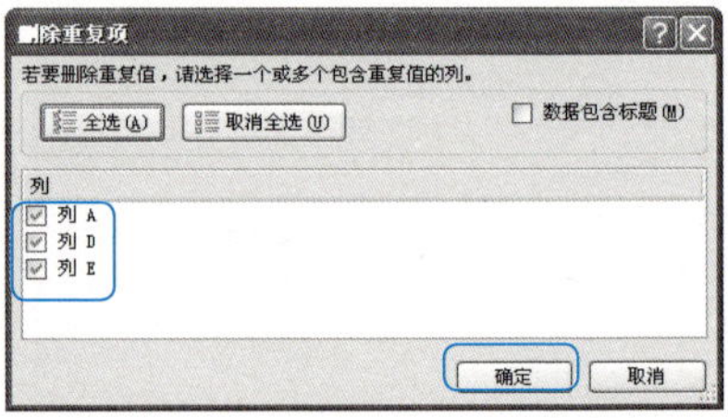

图4-73

3 在出现的提示框中单击“确定”按钮，确认结果，如图4-74所示。

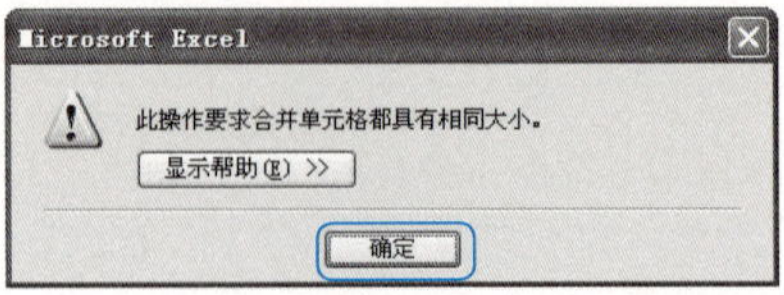

图4-74

专家提示

在Excel 2003及以前版本中，“删除重复项”没有作为一个单元格的功能命令出现。要想删除重复项，只能通过宏、条件格式、筛选来实现。

第5章

公式与函数基础

5.1 公式基础

在Excel中，建立了财务报表后，接着就进行相关数据的计算。在进行数据计算时，需要通过建立公式来实现。

5.1.1 输入公式

在Excel中输入公式非常简单，单击要输入公式的单元格，然后输入一个等号（=），再输入公式中要参与运算的所有内容，按Enter键完成公式的输入并得到计算结果。如要在单元格C1中输入公式“=（A1+B1）*8/2”，具体操作如下。

❶ 选中C1单元格，在公式编辑栏中输入“=”，然后输入左括号“（”，单击A1单元格，如图5-1所示。

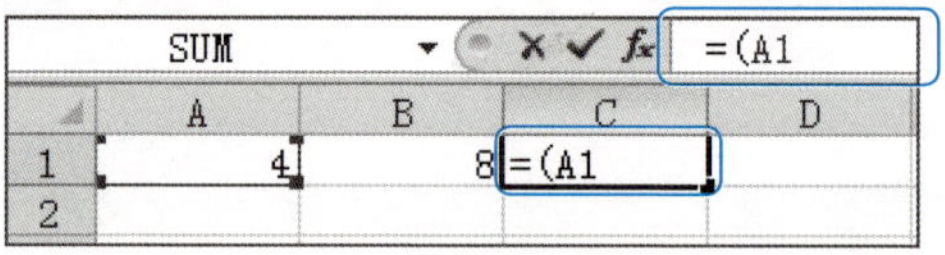

图5-1

❷ 在单元格引用A1后输入一个加号，然后单击单元格B1，再输入一个右括号“）”，如图5-2所示。

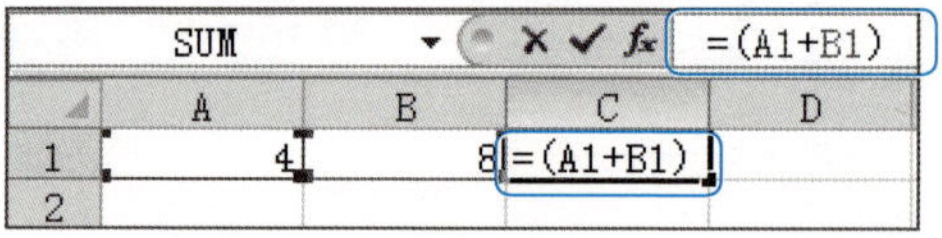

图5-2

❸ 输入一个星号“*”，然后输入数字“8”，再输入一个反斜杠“/”，最后输入数字“2”，如图5-3所示。

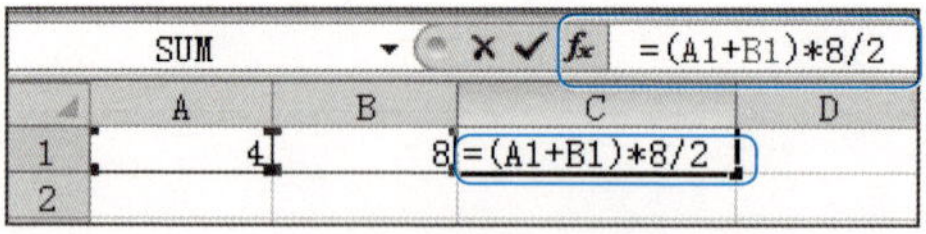

图5-3

❹ 完成公式内容的输入后，按Enter键，即可得到计算结果，如图5-4所示。

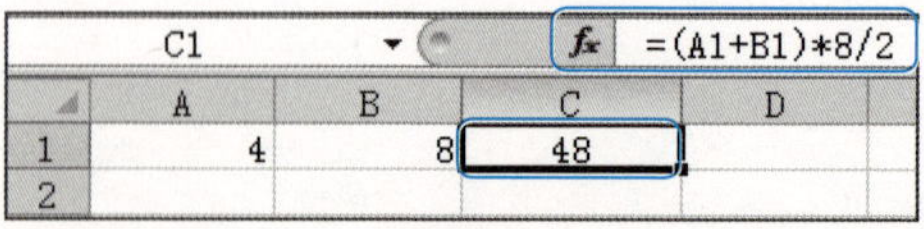

图5-4

5.1.2　以“+”和“–”符号来输入公式

公式的输入一般以“=”为起始符号，除此之外，还可以使用“+”和“–”两种符号来进行公式输入。具体操作如下。

❶ 在要输入公式的单元格中，先输入“+”符号，接着再输入相关的运算符和函数，输入完成后按Enter键，程序会自动在公式前面加“=”符号，如图5-5所示。

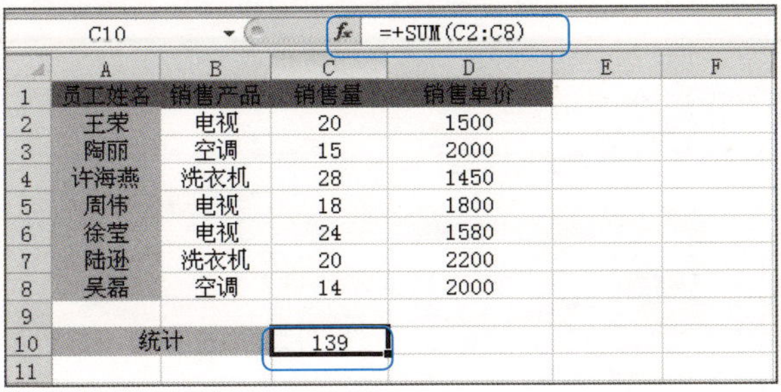

C10　=+SUM(C2:C8)

	A	B	C	D	E	F
1	员工姓名	销售产品	销售量	销售单价		
2	王荣	电视	20	1500		
3	陶丽	空调	15	2000		
4	许海燕	洗衣机	28	1450		
5	周伟	电视	18	1800		
6	徐莹	电视	24	1580		
7	陆逊	洗衣机	20	2200		
8	吴磊	空调	14	2000		
9						
10	统计		139			
11						

图5–5

❷ 先输入“-”符号，接着再输入相关的运算符和函数，输入完成后按Enter键，程序会自动在公式前面加“=”符号，并将第一个数据源当做负值来计算，如图5-6所示。

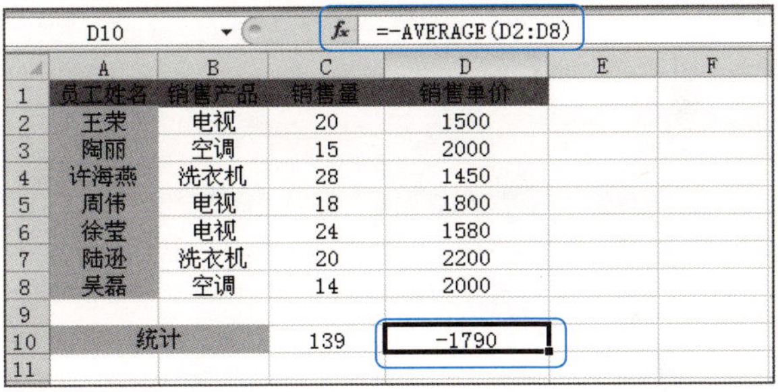

D10　=-AVERAGE(D2:D8)

	A	B	C	D	E	F
1	员工姓名	销售产品	销售量	销售单价		
2	王荣	电视	20	1500		
3	陶丽	空调	15	2000		
4	许海燕	洗衣机	28	1450		
5	周伟	电视	18	1800		
6	徐莹	电视	24	1580		
7	陆逊	洗衣机	20	2200		
8	吴磊	空调	14	2000		
9						
10	统计		139	-1790		
11						

图5–6

专家提示

在Excel 2010中输入计算公式时，需要在半角状态下输入，否则输入的公式无效。

5.1.3　修改公式

如果想要修改单元格中的公式，可以使用以下3种方法进入单元格编辑状态并修改公式，修改后按Enter键确认即可。

- 双击包含公式的单元格。
- 单击包含公式的单元格，然后按F2键。
- 单击包含公式的单元格，然后单击公式栏。

5.1.4 将公式转换为文本

有两种方法可以将公式转换为文本，具体操作如下。

- 去除识别符号法。双击要转换公式的单元格，去除公式起始符号（“=”）即可。如需转换回来，只需在公式前加“=”或“+”符号即可，如图5-7所示。

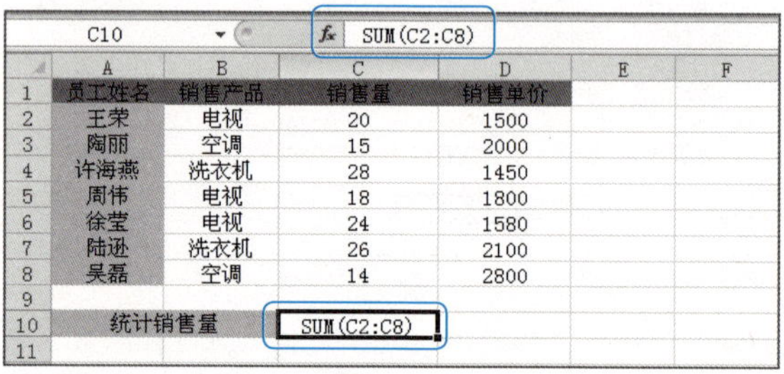

C10 fx SUM(C2:C8)

	A	B	C	D	E	F
1	员工姓名	销售产品	销售量	销售单价		
2	王荣	电视	20	1500		
3	陶丽	空调	15	2000		
4	许海燕	洗衣机	28	1450		
5	周伟	电视	18	1800		
6	徐莹	电视	24	1580		
7	陆逊	洗衣机	26	2100		
8	吴磊	空调	14	2800		
9						
10	统计销售量		SUM(C2:C8)			
11						

图5-7

- 添加“，”(单引号)符号。双击要转换公式的单元格，在公式起始符号前面加上“，”符号即可。如要重新转换回来，去除“，”符号即可，如图5-8所示。

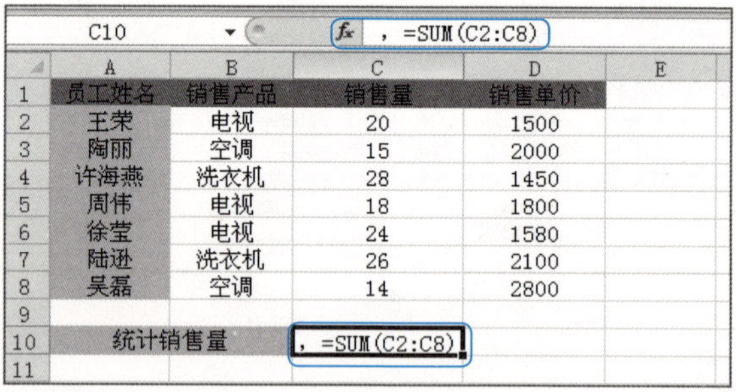

C10 fx ，=SUM(C2:C8)

	A	B	C	D	E
1	员工姓名	销售产品	销售量	销售单价	
2	王荣	电视	20	1500	
3	陶丽	空调	15	2000	
4	许海燕	洗衣机	28	1450	
5	周伟	电视	18	1800	
6	徐莹	电视	24	1580	
7	陆逊	洗衣机	26	2100	
8	吴磊	空调	14	2800	
9					
10	统计销售量		，=SUM(C2:C8)		
11					

图5-8

5.1.5 设置计算公式的迭代次数

如果想查看某一单元格中的公式是引用了哪些单元格进行计算的，可以按如下方法快速选中。

❶ 打开“文件”选项卡，在下拉菜单中单击“选项”按钮，打开“Excel选项”对话框。

❷ 在左侧选中“公式”选项，在右侧中选中“启用迭代计算”复选项，并在“最多迭代次数”文本框中设置迭代次数，默认设置是100次，如图5-9所示。

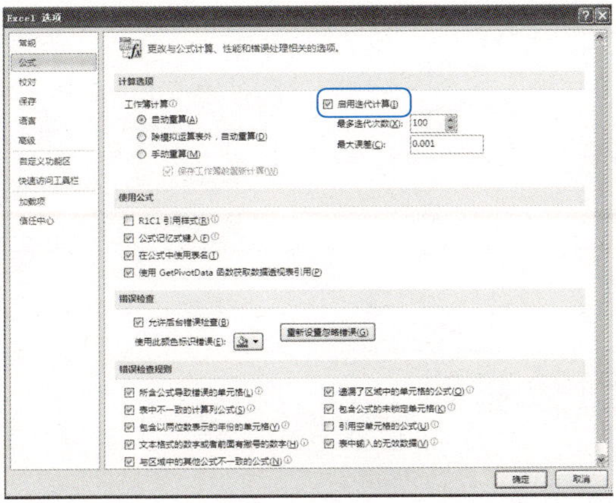

图5-9

5.1.6　为什么公式计算结果不会变化

有时将设置好的公式复制到其他单元格后发现其计算结果与原复制的单元格一样，即使修改了所引用的单元格的数据，计算结果也未发生变化。其解决方案是设置计算选项为“自动”模式。

❶ 打开“文件”选项卡，单击“选项”按钮，打开“Excel 选项”对话框，单击左侧的“公式”选项，在“计算选项”栏勾选“自动重算”复选框，单击“确定”按钮，如图5-10所示。

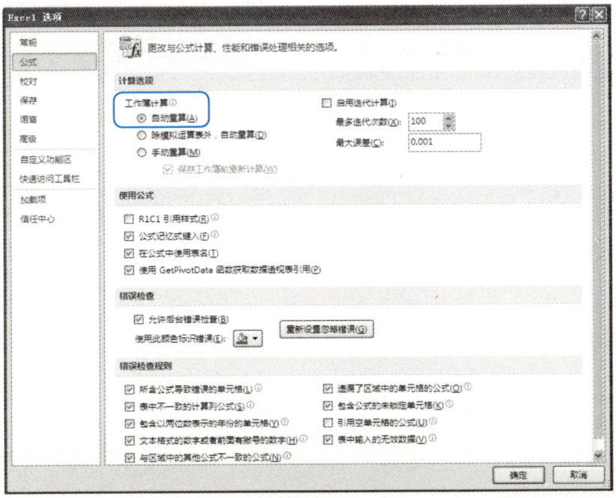

图5-10

❷ 打开“公式”选项卡，在“计算”组中单击“计算选项”，并在弹出的下拉列表中选择“自动”命令，如图5-11所示。

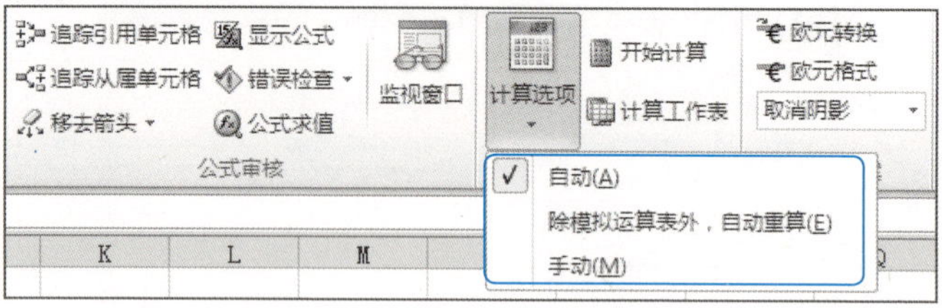

图5-11

5.2 函数基础

5.2.1 使用功能区按钮输入函数

使用功能区按钮输入函数，可以快速输入函数。

单击功能区上的“自动求和”下拉按钮，用户可以选择求和、平均值、计数、最大值、最小值、其他函数等6个快速输入常用函数的功能，默认为求和SUM函数，如图5-12所示。

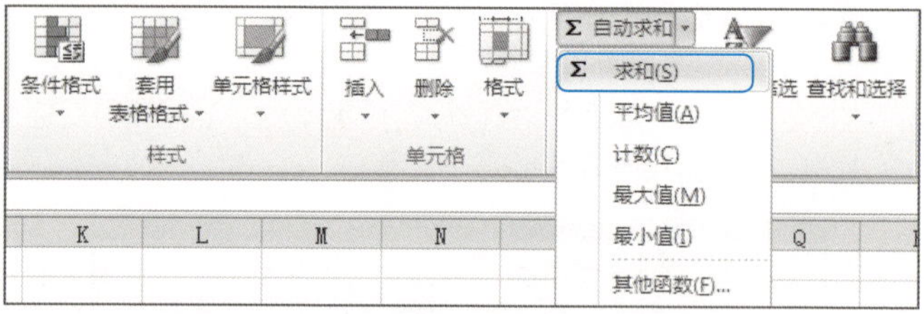

图5-12

5.2.2 如何选择合适的函数来解决问题

可以使用插入函数向导搜索函数。

❶ 单击“公式”选项卡中的“插入函数”按钮，弹出“插入函数”对话。

❷ 在“搜索函数”文本框中输入简要的功能描述，例如“十进制”，并单击“转到”按钮或按Enter键，该向导将列出相关函数列表，如图5-13所示。

❸ 在“选择函数”列表框中选取函数，列表下方将出现对应的函数简介；选择正确函数后单击“确定”按钮，即可在单元格中插入函数。在“插入函数”向导中，用户也可以通过“或选择类别”下拉列表来查找函数。

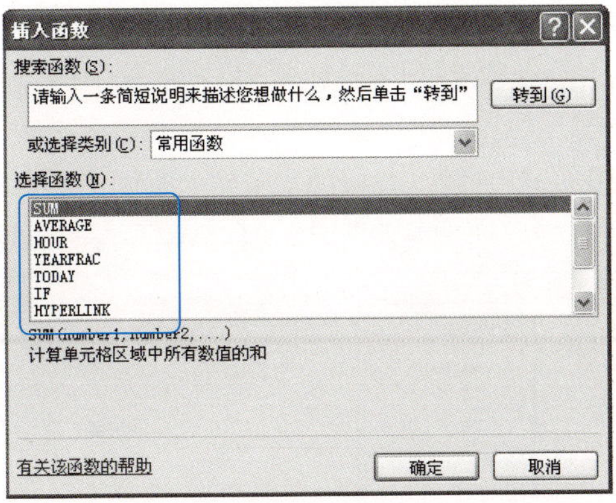

图5-13

5.2.3 使用"插入函数"对话框输入函数

下面介绍如何使用"插入函数"对话框输入函数。

❶ 单击"公式"选项卡中的"插入函数"按钮，如图5-14所示，弹出"插入函数"对话。

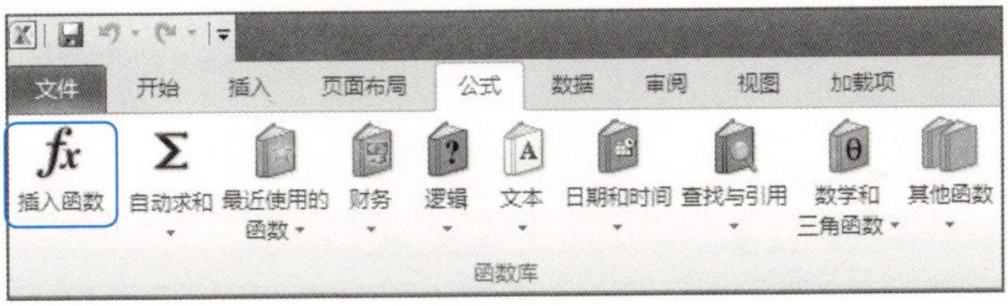

图5-14

❷ 选择某个函数后，单击"确定"按钮，打开"函数参数"对话框，在该对话框中为函数指定参数值，然后单击"确定"按钮，完成函数的输入，如图5-15所示。

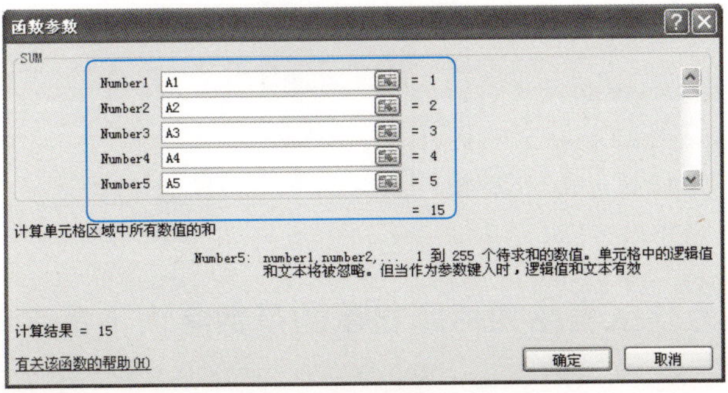

图5-15

5.2.4 使用自动完成功能输入函数

在Excel 2010中，可以使用手工输入函数，也可以使用插入函数向导输入函数。

❶ 如想要在公式中输入SUM函数，先输入等号“=”，然后再输入字母“S”，Excel将显示一个首字母为S的函数下拉列表框，如图5-16所示。

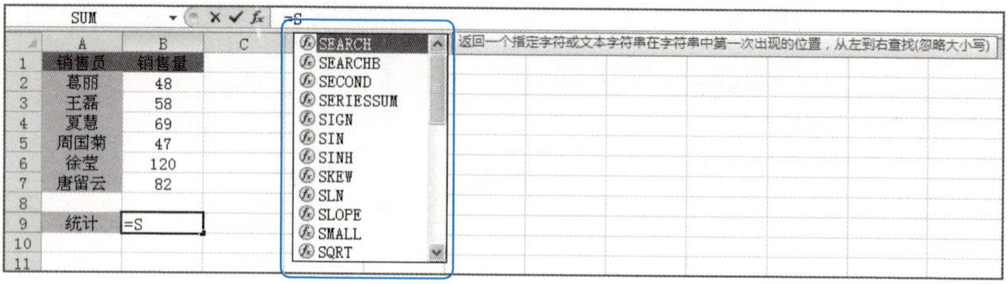

图5-16

❷ 继续输入第二个字母“U”，列表将被筛选，仅显示前两个字母为“SU”的函数，如图5-17所示。

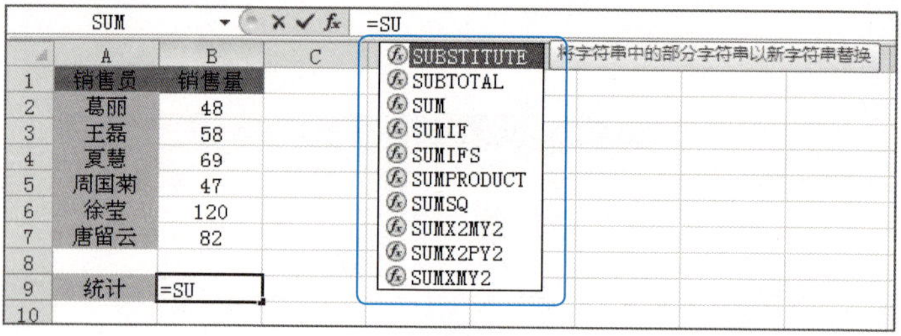

图5-17

❸ 此时可以有两种方法找到并输入SUM函数：一种方法就是接着输入一个字母M；另一种方法就是按向下箭头键，定位到SUM函数上，然后按Tab键将其输入到单元格中，而且还会自动输入一个左括号。输入函数的参数以及右括号，然后输入公式所需的其他内容，最后按Enter键完成公式的输入，如图5-18所示。

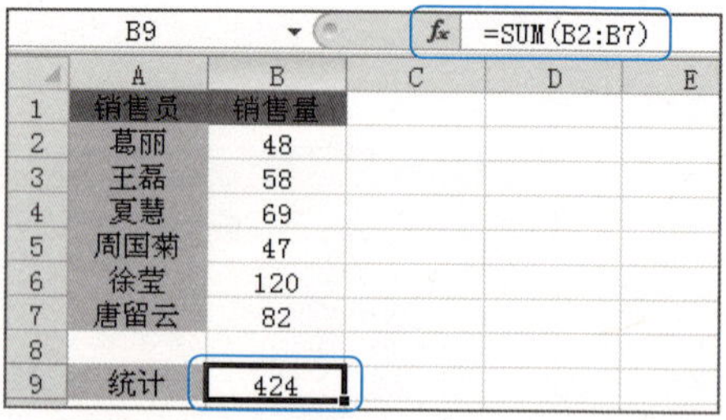

图5-18

5.2.5 为什么表格列标题显示的是数字而不是字母

打开Excel之后，列标题显示的是数字1、2、3而不是字母A、B、C。要恢复列标题用字母显示，可以通过取消“RICI”引用样式的选项设置，其具体操作如下。

❶ 打开“文件”选项卡，在下拉列表中单击“选项”按钮，打开“Excel选项”对话框，单击左侧的“公式”选项。

❷ 在“使用公式”栏取消“RICI引用样式”复选框，单击“确定”按钮，如图5-19所示。

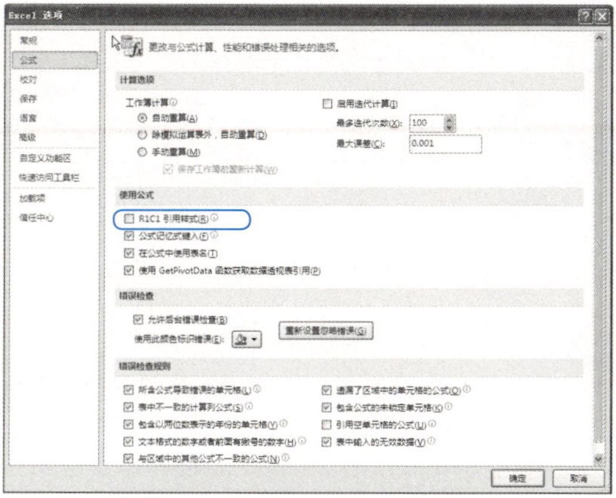

图5-19

5.2.6　如何不让函数提示信息遮掩到工作表的列号

在输入公式时，函数的提示信息会盖住列标，这既影响表格阅览，又不便于选择相应的列。要关闭这个信息提示，可以通过设置Excel选项，其具体操作如下。

打开“文件”选项卡，在下拉列表中单击“选项”按钮，打开“Excel 选项”对话框，单击左侧的“高级”选项，在“显示”栏不勾选“显示函数屏幕提示”复选框，即可关闭信息提示，如图5-20所示。

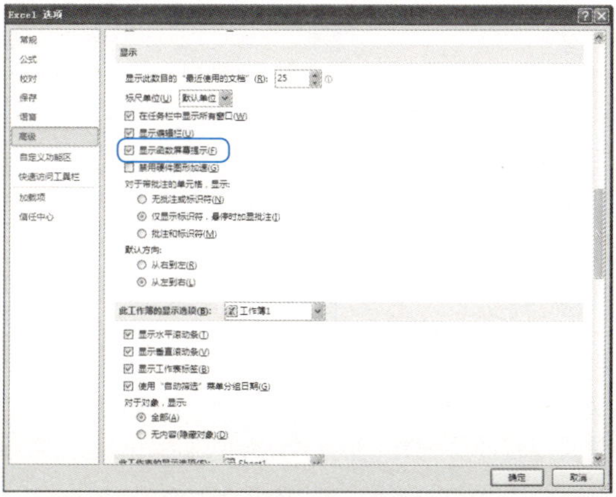

图5-20

5.3 名称定义与应用

在Excel 010中，可以为单元格区域定义名称，用定义的名称可以快速定位到特定的单元格区域，而定义的名称最显著的作用是作为函数的参数来使用。为单元格区域定义名称，可以在很大程度上简化公式。

5.3.1 名称命名所遵守的规则

在定义名称的时候，许多用户遇到Excel提示“输入的名称无效”，定义不成功。这是因为在定义名称时，不是任意字符都可以作为名称的，名称的定义有一定的规则。下面介绍名称要遵守的命名规则。

- 名称可以是任意字符与数字组合在一起，但不能以数字开头，更不能以数字作为名称，如“1PL”。同时，名称不能与单元格地址相同，如“B1”。
- 不能以字母“R”、“C”、“r”、“c”作为名称，因为“R”、“C”在“R1C1”引用样式中表示工作表的行、列。
- 名称中不能包含空格，可以用下划线或点号代替。
- 不能使用除下划线、点号和反斜线（/）以外的其他符号，允许用问号（?），但不能作为名称的开头，如“BOOK?”可以，但“? BOOK”就不可以。
- 名称字符不能超过255个字符。一般情况下，名称应该便于记忆且尽量简短，否则就违背了定义名称的初衷。
- 名称中的字母不区分大小写。
- 另外，在Excel中，一些有特殊含义的名称，是用户在使用了诸如高级生产筛选功能以后，由Excel自动定义的，如Print_Titles和Print_Area。被定义为Print_Titles的区域将成为当前工作表的打印顶端标题行和左端标题行。比如，将工作表的1：1定义名称为“Print_Titles”，则工作表在打印时，会在每页中都打印这一行。

5.3.2 利用名称框来定义名称

在Excel 2010中创建名称非常方便，下面介绍如何实现利用名称框来定义名称。

选中需要定义名称的单元格或单元格区域，如B1:E1，在名称框中输入需要的名称，如“科目”，再按Enter键即可，如图5-21所示。

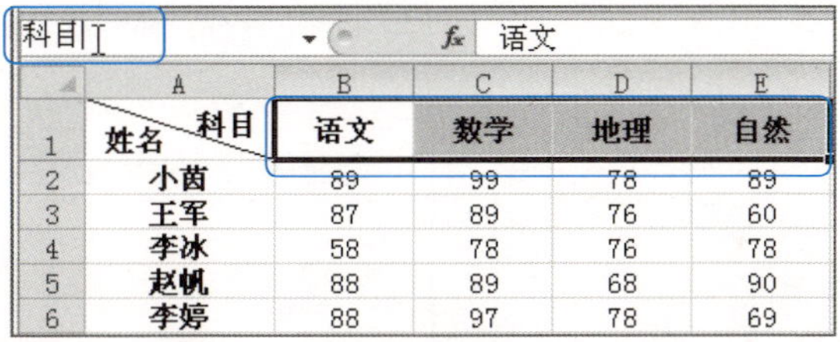

图5-21

5.3.3　使用“名称定义”功能来定义名称

在Excel 2010中创建名称非常方便，可以使用“名称定义”功能来定义名称。

❶ 选中需要定义名称的单元格或单元格区域，如B1:E1，打开“公式”选项卡，在“定义的名称”选项组中单击“定义名称”按钮，如图5-22所示。

❷ 打开“新建名称”对话框，在“名称”文本框中输入名称，如“科目”；在“范围”下拉列表框中选择该名称的适用范围，这里选择“工作薄”，表示该名称的适用范围是整个工作薄，单击“确定”按钮完成设置，如图5-23所示。

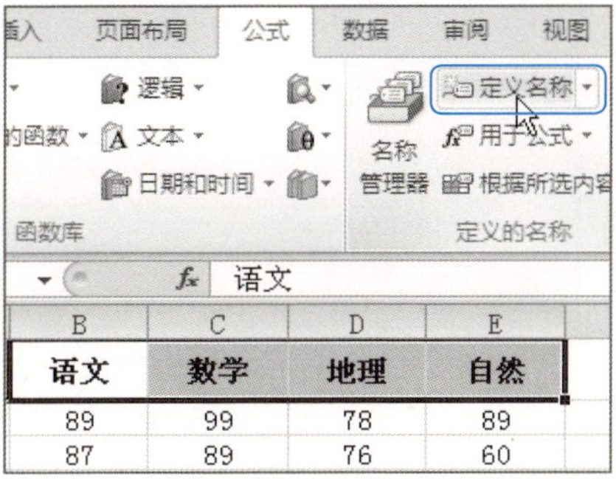

图5-22

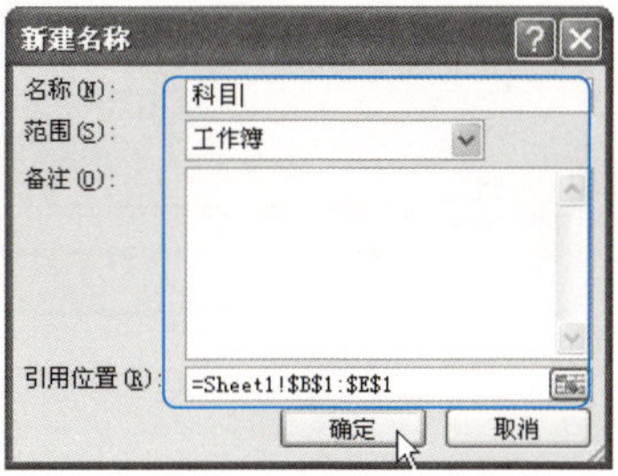

图5-23

5.3.4　修改名称引用位置

当表格中的内容发生变化时，可能需要修改已经定义好的名称的引用位置，避免在计算中出现错误。下面介绍如何在学生成绩表格中修改名称“科目”的引用位置。

❶ 打开“公式”选项卡，在“定义的名称”选项组中单击“名称管理器”按钮，如图5-24所示。

❷ 打开“名称管理器”对话框，选中需要修改的名称，如“科目”，单击上方的“编辑”按钮，如图5-25所示。

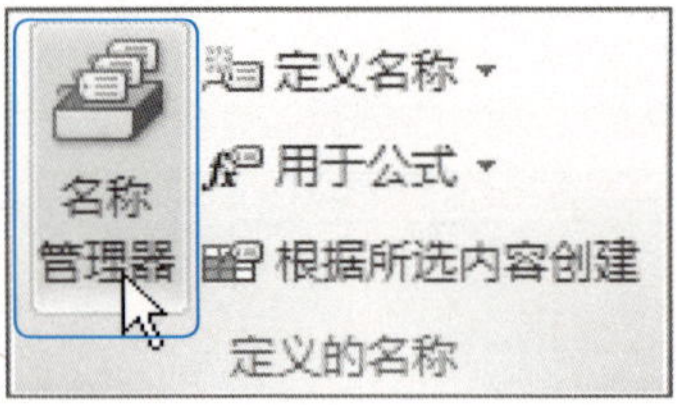

图5-24

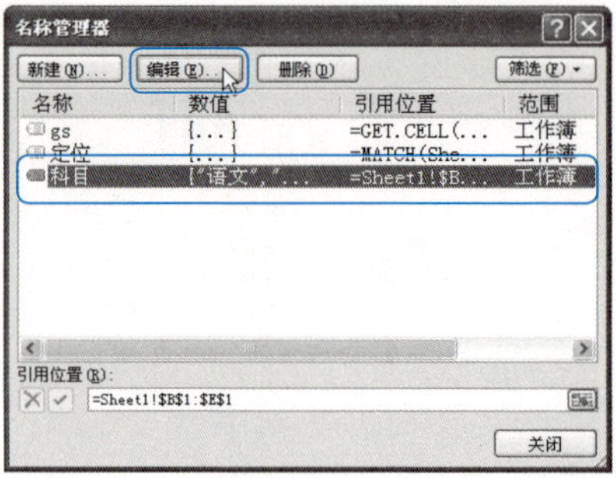

图5-25

3 打开“编辑名称”对话框，单击“引用位置”后面的拾取器按钮，在表格中选择新的引用单元格区域，再次单击拾取器按钮，返回到“编辑名称”对话框，单击“确定”按钮，如图5-26所示。

4 返回“名称管理器”对话框，单击“关闭”按钮关闭对话框即可，如图5-27所示。

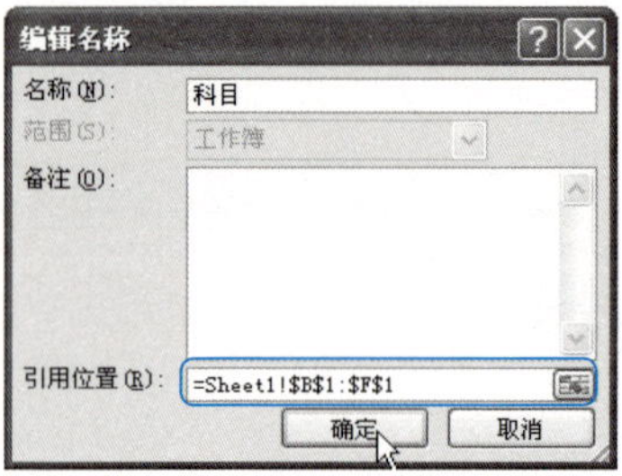

图5-26

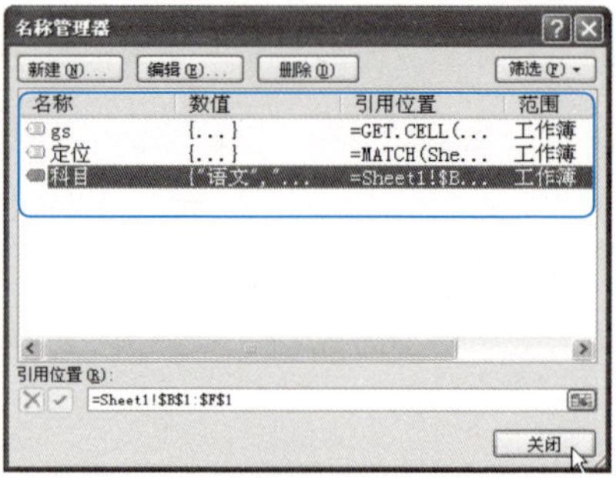

图5-27

5.4 数据源引用

在使用公式进行数据运算时，除了将一些常量运用到公式中，最主要的是引用单元格中的数据来进行计算，这就是数据源的引用。在引用数据源进行计算时，可以采用相对引用方式，也可以采用绝对引用方式，还可以引用其他工作表或工作簿中的数据。

5.4.1 相对数据源的引用

相对数据源引用是指把一个含有单元格地址的公式复制到一个新的位置时，公式中的单元格地址会随之改变。对多行或多列进行数据统计时，引用相对数据源是十分方便和快捷的，默认情况下Excel 2010使用的是相对数据源引用。下面计算每季度的产品总销售量。

❶ 在B9单元格中输入公式“=SUM(B2:B8)”，按Enter键即可计算出第一季度的产品总销售量，如图5-28所示。

B9　=SUM(B2:B8)

	A	B	C
1	员工姓名	第一季度销售量	第二季度销售量
2	彭国华	12	32
3	赵青军	12	43
4	孙丽萍	13	45
5	王保国	32	45
6	李丽丽	12	34
7	张贤雅	23	43
8	吴莹莹	13	45
9	统计	117	

图5-28

❷ 将光标移到B9右下角，光标变成十字形状后，按住鼠标左键向右拖动公式进行填充。拖到E9单元格上，松开鼠标左键，即可计算出第二、三、四季度的产品总销售量，如图5-29所示。

	A	B	C	D	E
1	员工姓名	第一季度销售量	第二季度销售量	第三季度销售量	第四季度销售量
2	彭国华	12	32	23	40
3	赵青军	12	43	54	23
4	孙丽萍	13	45	23	64
5	王保国	32	45	43	32
6	李丽丽	12	34	32	23
7	张贤雅	23	43	53	24
8	吴莹莹	13	45	57	24
9	统计	117	287	285	230

图5-29

5.4.2　绝对数据源的引用

绝对数据源引用是指把公式复制或者填入到新位置，公式中的固定单元格地址保持不变。下面使用绝对数据源引用来计算每季度的产品总销售量。

❶ 在B9单元格中输入公式“=SUM($B$2:$B$8)”，按Enter键即可计算出第一季度的产品总销售量，如图5-30所示。

B9　=SUM($B$2:$B$8)

	A	B	C
1	员工姓名	第一季度销售量	第二季度销售量
2	彭国华	12	32
3	赵青军	12	43
4	孙丽萍	13	45
5	王保国	32	45
6	李丽丽	12	34
7	张贤雅	23	43
8	吴莹莹	13	45
9	统计	117	

图5-30

❷ 将光标移到B9右下角，光标变成十字形状后按住鼠标左键，向右拖动公式进行填充后，计算出第二、三、四季度的产品总销售量。但是计算的结果还是第一季度的计算结果，如图5-31所示。

B9　=SUM($B$2:$B$8)

	A	B	C	D	E
1	员工姓名	第一季度销售量	第二季度销售量	第三季度销售量	第四季度销售量
2	彭国华	12	32	23	40
3	赵青军	12	43	54	23
4	孙丽萍	13	45	23	64
5	王保国	32	45	43	32
6	李丽丽	12	34	32	23
7	张贤雅	23	43	53	24
8	吴莹莹	13	45	57	24
9	统计	117	117	117	117

图5-31

5.4.3 混合数据源的引用

混合数据源引用是指在一个单元格中进行数据源引用时，既有绝对数据源引用，同时也包含有相对数据源引用。在公式复制过程中，只有相对数据源改变，而绝对数据源始终不改变。这是公式计算中经常使用的数据源引用方式。下面计算各季度的产品总销售额。

❶ 在B10单元格中输入公式“=B9*$C$12”，按Enter键即可计算出第一季度的产品总销售额，如图5-32所示。

❷ 将光标移到B10右下角，光标变成十字形状后，按住鼠标左键向右拖动公式进行填充后，计算出第二、三、四季度的产品总销售额，如图5-43所示。而这里的销售单价（“$C$12”）始终没有改变，各季度的销售量（B9）却改变了，如图5-33所示。

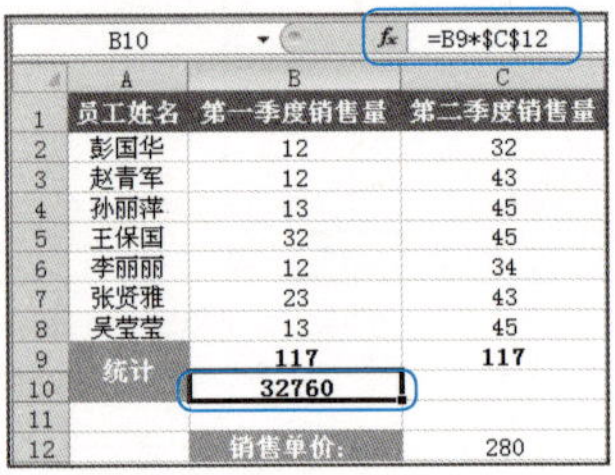
B10 =B9*$C$12

	A	B	C
1	员工姓名	第一季度销售量	第二季度销售量
2	彭国华	12	32
3	赵青军	12	43
4	孙丽萍	13	45
5	王保国	32	45
6	李丽丽	12	34
7	张贤雅	23	43
8	吴莹莹	13	45
9	统计	117	117
10		32760	
11			
12		销售单价:	280

图5-32

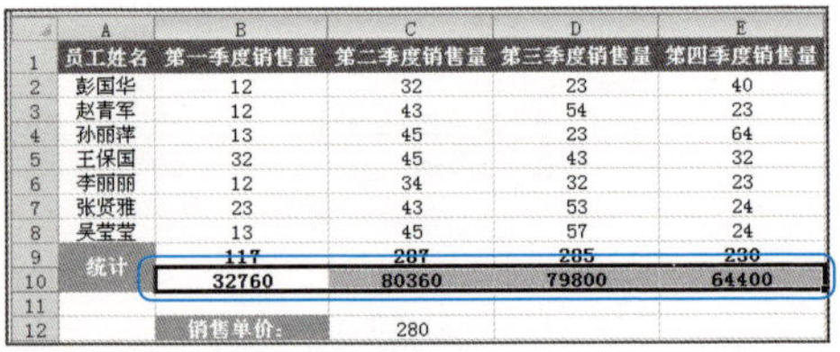

	A	B	C	D	E
1	员工姓名	第一季度销售量	第二季度销售量	第三季度销售量	第四季度销售量
2	彭国华	12	32	23	40
3	赵青军	12	43	54	23
4	孙丽萍	13	45	23	64
5	王保国	32	45	43	32
6	李丽丽	12	34	32	23
7	张贤雅	23	43	53	24
8	吴莹莹	13	45	57	24
9	统计	117	287	285	230
10		32760	80360	79800	64400
11					
12		销售单价:	280		

图5-33

5.4.4 三维数据源的引用

在Excel表格中填写数据时，经常会遇到一些在结构上有规律的数据，可以通过下面的方法来轻松输入。

❶ 确定行或列中需要输入日期数据的单元格区域，在该单元格区域的第一个单元格内输入开始日期，如“2012-2-5”，接着选中这个单元格区域。

❷ 打开“开始”选项卡，在“编辑”选项组中单击“填充”下拉按钮，在弹出的下拉列表中选择“系列”命令，如图5-34所示。

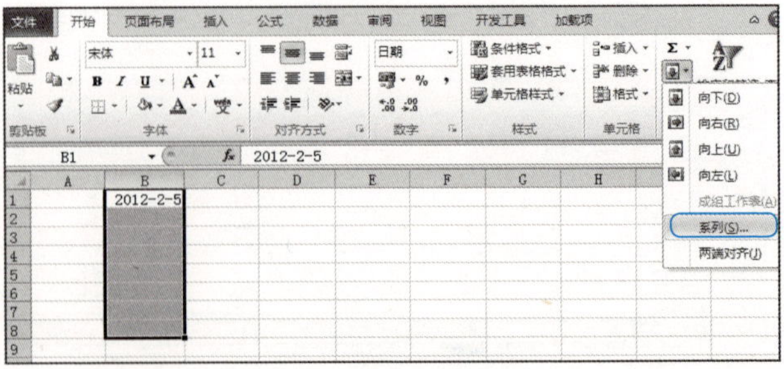

图5-34

❸ 打开“序列”对话框，在“类型”栏中单击“日期”单选按钮，在“日期单位”栏中单击“日”单选按钮，在“步长值”文本框中输入相应的步长值，如“1”　，如图5-35所示。

❹ 单击“确定”按钮，即可完成日期的填充，如图5-36所示。

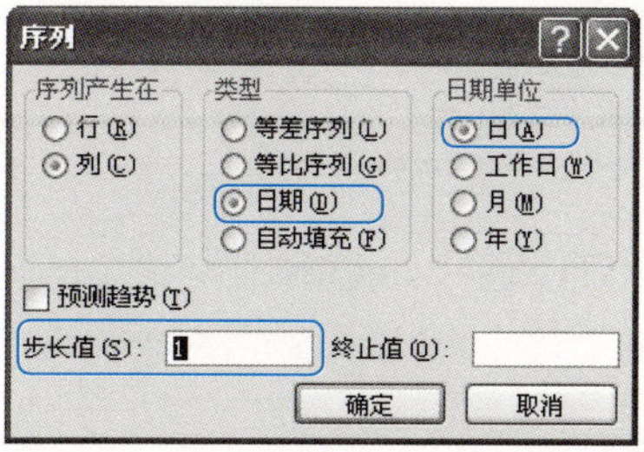

图5-35

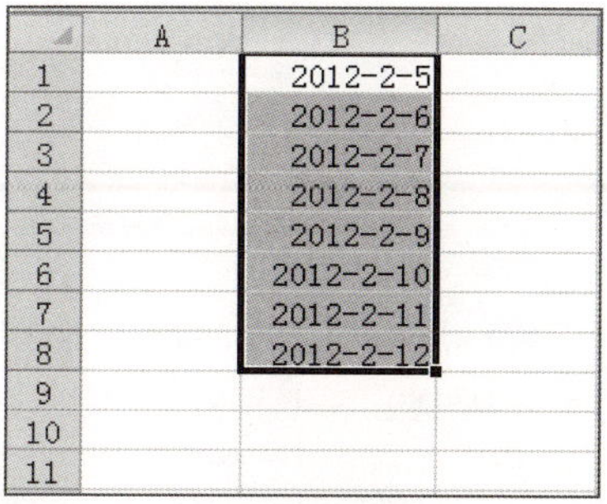

图5-36

5.4.5　引用多张工作表中指定的数据源

引用多张工作表中的数据源是指在2张，或者2张以上的工作表中引用相同地址的数据源进行公式计算。多张工作表中特定数据源的引用格式为：“=函数(‘工作表名1:工作表名2:工作表名3…’!数据源地址”。下面统计全年的产品总销售额。

❶ 选中“第四季度销售情况”工作表，在C10单元格中输入“=SUM(”，接着按住Shift或Ctrl键，利用鼠标在工作表标签中选中参加计算的工作表，如“第一季度销售情况”、“第二季度销售情况”、“第三季度销售情况”和“第四季度销售情况”工作表，如图5-37所示。

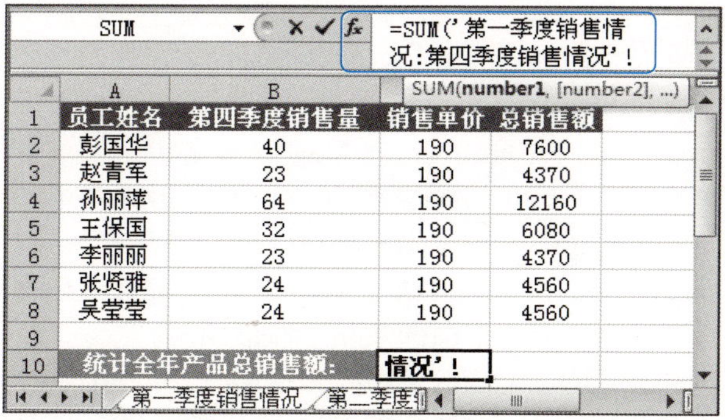

图5-37

❷ 选中D2:D8单元格区域，如图5-38所示。

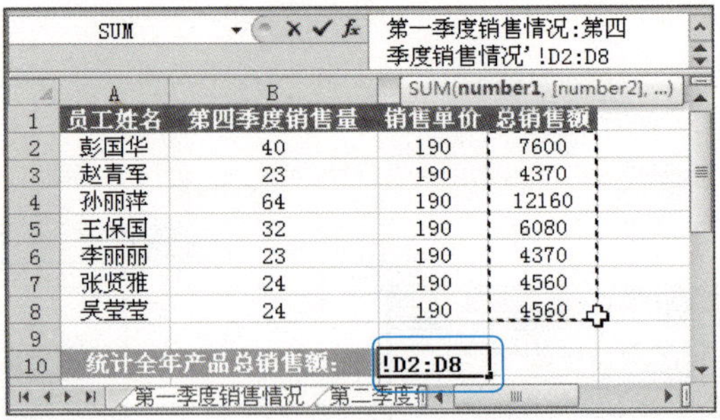
SUM ▾ × ✓ fx 第一季度销售情况:第四季度销售情况'!D2:D8
SUM(number1, [number2], ...)

	A	B	C	D
1	员工姓名	第四季度销售量	销售单价	总销售额
2	彭国华	40	190	7600
3	赵青军	23	190	4370
4	孙丽萍	64	190	12160
5	王保国	32	190	6080
6	李丽丽	23	190	4370
7	张贤雅	24	190	4560
8	吴莹莹	24	190	4560
9				
10	统计全年产品总销售额:		!D2:D8	

图5-38

③ 最后输入“)”，完成输入的公式“=SUM(第一季度销售情况:第四季度销售情况!D2:D8)”，按Enter键即可计算出全年产品的总销售额，如图5-39所示。

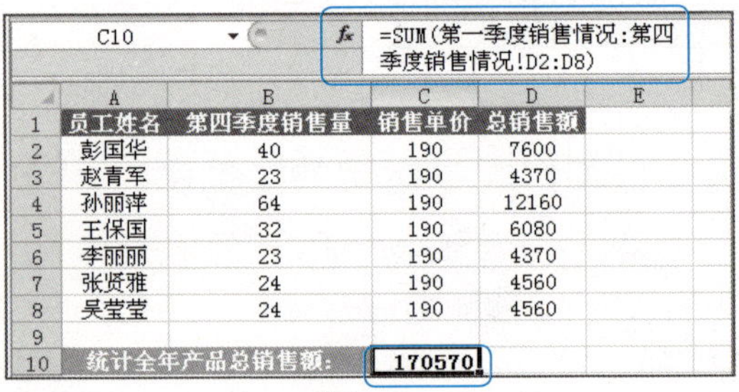
C10 ▾ fx =SUM(第一季度销售情况:第四季度销售情况!D2:D8)

	A	B	C	D	E
1	员工姓名	第四季度销售量	销售单价	总销售额	
2	彭国华	40	190	7600	
3	赵青军	23	190	4370	
4	孙丽萍	64	190	12160	
5	王保国	32	190	6080	
6	李丽丽	23	190	4370	
7	张贤雅	24	190	4560	
8	吴莹莹	24	190	4560	
9					
10	统计全年产品总销售额:		170570		

图5-39

5.4.6 引用多工作簿中指定的数据源

多工作簿数据源引用是指在打开的多张工作簿中，引用单个工作表或多个工作表中的数据源。多工作簿数据源引用的一般格式为：“[工作簿名称]工作表名！数据源地址”。如产品上半年和下半年的销售情况分别建立了2个工作簿，下面比较上半年和下半年产品总销售额的升滑情况。

① 分别打开“2011年上半年产品销售情况”和“2011年下半年产品销售情况”工作簿，在“2011年下半年产品销售情况”工作簿中的“上半年与下半年产品总销售额比较”工作表中的D2单元格中输入“IF(”，接着选中“第四季度销售情况”工作表中的C10单元格，如图5-40所示。

② 输入“>”后，选中“2011年上半年产品销售情况”工作簿中的“第二季度销售情况”工作表中，选中C10单元格，如图5-41所示。

③ 接着输入“,"上升","下滑")”，完成输入的公式“=IF(第四季度销售情况!C10>[2011年上半年产品销售情况.xlsx]第二季度销售情况!$C$10,"上升","下滑")”，按Enter键即可比较出上半年与下半年产品总销售额的升滑情况，如图5-42所示。

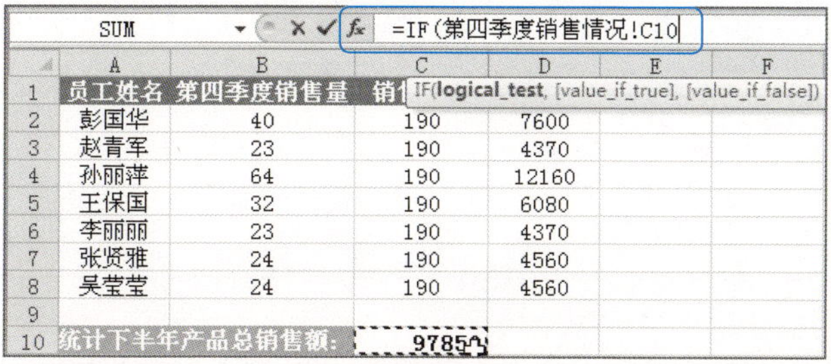
SUM　=IF(第四季度销售情况!C10

IF(**logical_test**, [value_if_true], [value_if_false])

	A	B	C	D	E	F
1	员工姓名	第四季度销售量	销			
2	彭国华	40	190	7600		
3	赵青军	23	190	4370		
4	孙丽萍	64	190	12160		
5	王保国	32	190	6080		
6	李丽丽	23	190	4370		
7	张贤雅	24	190	4560		
8	吴莹莹	24	190	4560		
9						
10	统计下半年产品总销售额：		97850			

图5-40

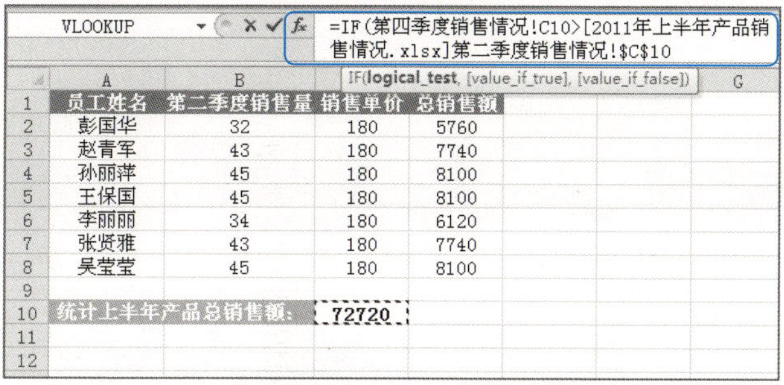
VLOOKUP　=IF(第四季度销售情况!C10>[2011年上半年产品销售情况.xlsx]第二季度销售情况!$C$10

IF(**logical_test**, [value_if_true], [value_if_false])

	A	B	C	D	E	F	G
1	员工姓名	第二季度销售量	销售单价	总销售额			
2	彭国华	32	180	5760			
3	赵青军	43	180	7740			
4	孙丽萍	45	180	8100			
5	王保国	45	180	8100			
6	李丽丽	34	180	6120			
7	张贤雅	43	180	7740			
8	吴莹莹	45	180	8100			
9							
10	统计上半年产品总销售额：		72720				
11							
12							

图5-41

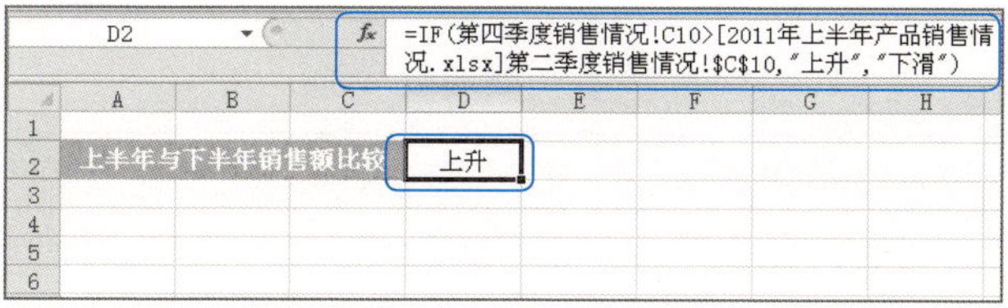
D2　=IF(第四季度销售情况!C10>[2011年上半年产品销售情况.xlsx]第二季度销售情况!$C$10,"上升","下滑")

	A	B	C	D	E	F	G	H
1								
2	上半年与下半年销售额比较			上升				
3								
4								
5								
6								

图5-42

读书笔记

第6章

数据透视表与图表在财务分析中的应用

6.1 使用数据透视表进行数据分析

数据透视表是集筛选、排序和分类汇总等功能于一身并生成汇总表格。掌握数据透视表，可以帮助用户深入分析数值数据。

6.1.1 创建数据透视表

数据透视表主要针对数据库的分析。要创建数据透视表分析数据，需要先打开目标Excel数据库，可按如下方法来创建。

❶ 打开数据透视表，选中要作为透视表数据源的单元格区域，打开“插入”选项卡，在“表格”选项组中单击“数据透视表”按钮，在下拉列表中选中“数据透视表”命令，如图6-1所示。

❷ 打开“创建数据透视表”对话框，在“选择一个表或区域”文本框中显示了当前要建立数据透视表的数据源，如图6-2所示。

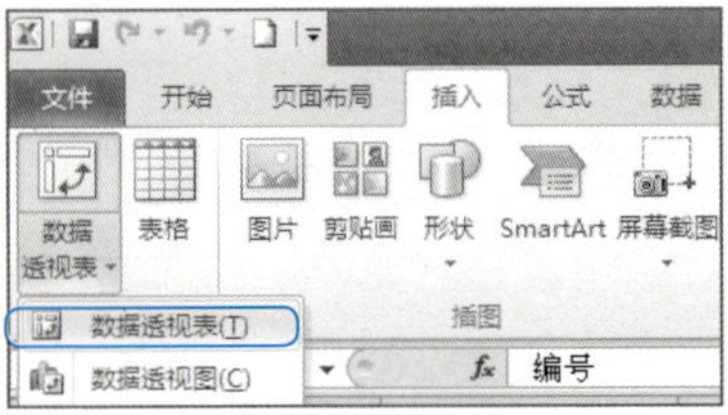

图6-1

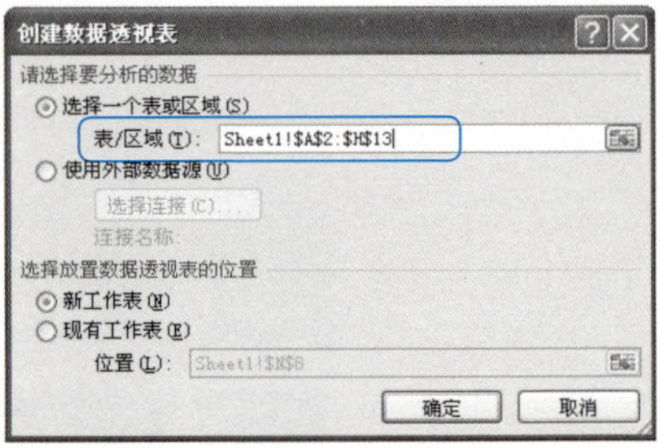

图6-2

❸ 单击“确定”按钮，在当前工作表的前面新建了一张工作表，该工作表即为数据透视表，如图6-3所示。

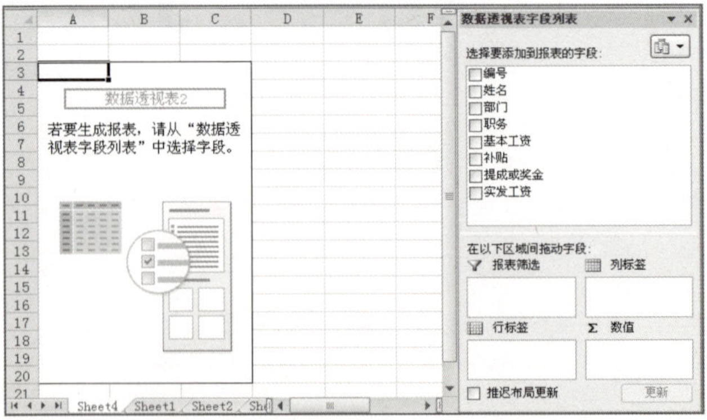

图6-3

专家提示

当建立了数据透视表之后，功能区中则会出现“数据透视表工具”选项，下面包括“选项”和“设计”两个选项卡。选中数据透视表时，则会显示该选项，不选中数据透视表该选项自动隐藏。

6.1.2　添加字段分析数据

默认建立的数据透视表只是一个框架，要得到相应的分析数据，则要根据实际需要合理地设置字段。

❶ 在创建的空白数据透视表字段列表中选择字段，在弹出的下拉列表中选择要将字段添加到的位置，如图6-4所示。

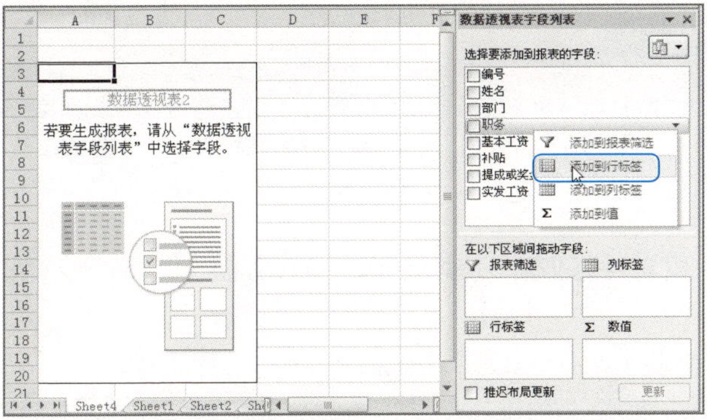

图6-4

❷ 此时，该字段即可显示在“数据透视表字段列表”任务窗格中的“行标签”列表框下，且数据透视表中也显示出该字段的相关信息，如图6-5所示。

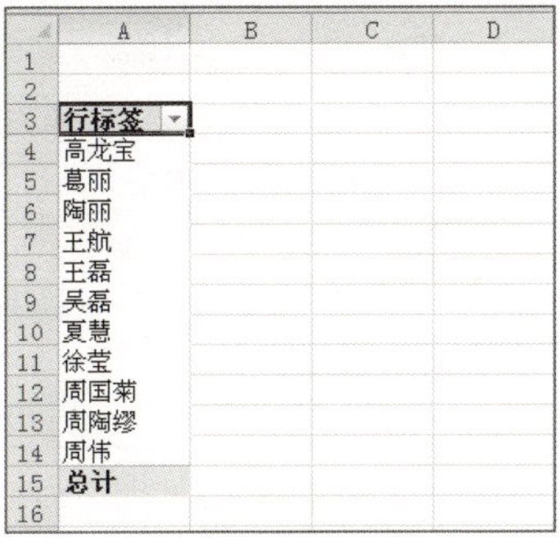

图6-5

❸ 若要在数据透视表中显示其他字段的信息，可以按照同样的方法进行设置，如图6-6所示。

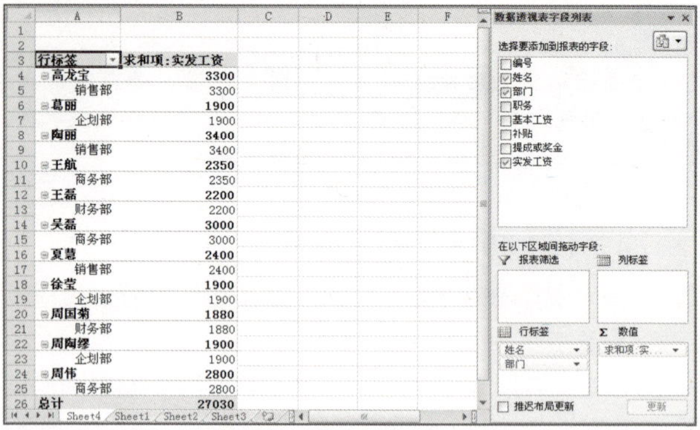

图6-6

动手练一练

除了使用上面的方法添加字段外，还可以在“数据透视表字段列表”任务窗格的字段列表中选中需要添加的字段，按住鼠标左键不放将其拖动到下面指定的列表中，释放鼠标即可完成字段的添加，此方法具有方便快捷的优点。

6.1.3 重命名数据透视表的字段或项

建立数据透视表后，可以对数据表进行一系列的编辑操作。下面介绍如何更改数据透视表中的字段和项的名称。

❶ 选中数据区域的任意单元格，在“数据透视表工具”下打开“选项”选项卡，在“活动字段”选项组中单击“字段设置”按钮，如图6-7所示。

❷ 打开“值字段设置”对话框，在“自定义名称”文本框中重新输入字段或项的新名称，如图6-8所示。

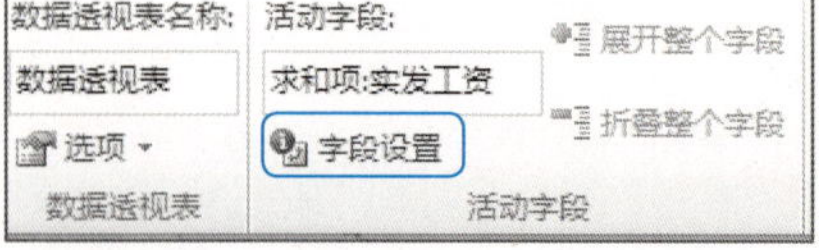

图6-7

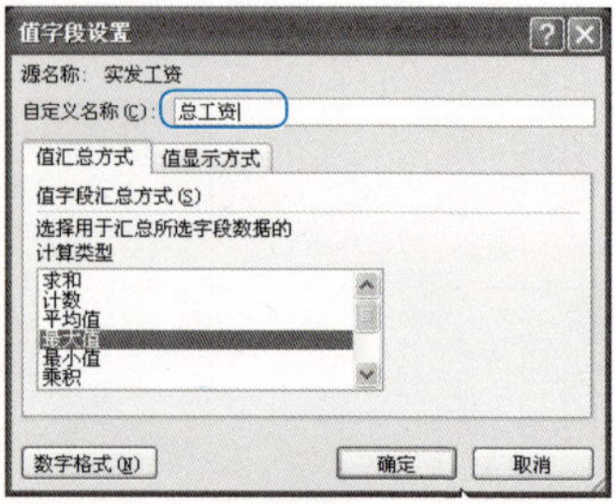

图6-8

专家提示

重新输入的字段或项的名称不能与数据透视表中现有的其他字段重复，否则会弹出提示对话框提示用户“已有相同数据透视表字段存在”。

6.1.4　移动数据透视表

建立数据透视表之后可以将其移动到其他位置，可通过下面方法来实现。

❶ 选中数据透视表，打开“选项”选项卡，在“操作”选项组中单击“移动数据透视表”按钮，如图6-9所示。

❷ 打开“移动数据透视表”对话框，在其中选择要放置数据透视表的位置，如“新工作表”，如图6-10所示。

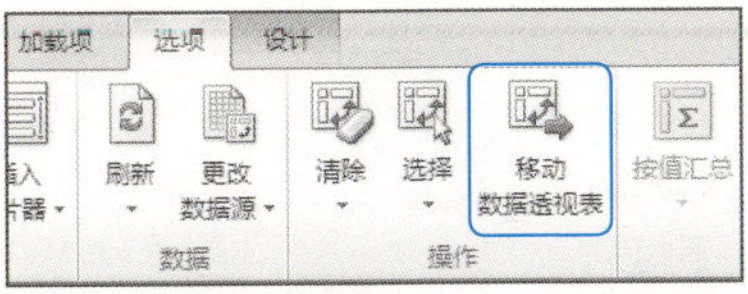

图6-9

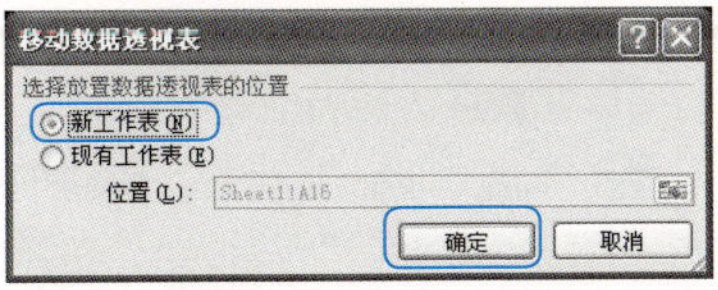

图6-10

❸ 单击“确定”按钮，即可将数据透视表移动到新工作表。

6.1.5　设置数据透视表分类汇总布局

当数据透视表中显示分类汇总选项时，用户可以根据习惯设置分类汇总值的布局。

❶ 选中数据透视表，打开“设计”选项卡，在“布局”选项组中单击“分类汇总”按钮，在下拉列表中选择一种布局，如“在组的底部显示所有分类汇总”，如图6-11所示。

❷ 分类汇总可显示在数据透视表中组的底部，如图6-12所示。

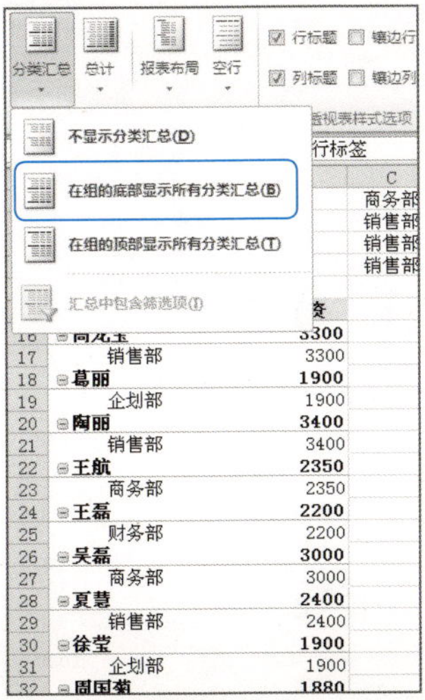

图6-11

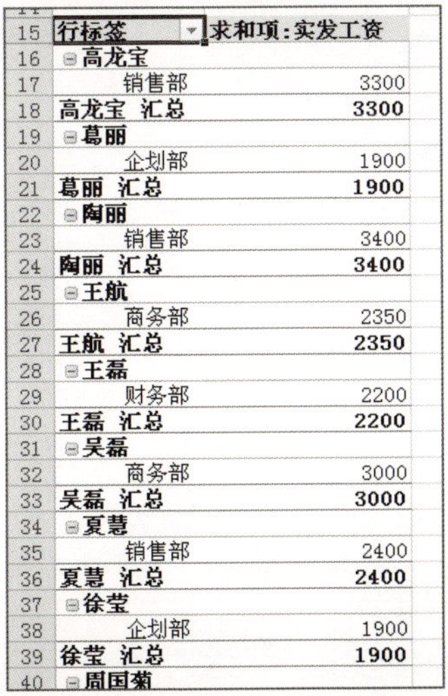

图6-12

专家提示

数据透视表分类汇总选项设置常用于行标签字段不止一个的情况下，可以设置是否显示各组分类汇总值或自定义分类汇总值显示在什么位置。

6.1.6 更改数据透视表默认布局

默认情况下，数据透视表的布局是以压缩形式显示的。如果需要更改数据透视表的布局，可以通过如下方法来实现。

❶ 在数据透视表中选中任意一个单元格。

❷ 单击“设计”标签，在“布局”选项组中单击“报表布局”下拉按钮，在弹出的下拉列表中选择一种合适的布局样式，如“以表格形式显示”，如图6-13所示。

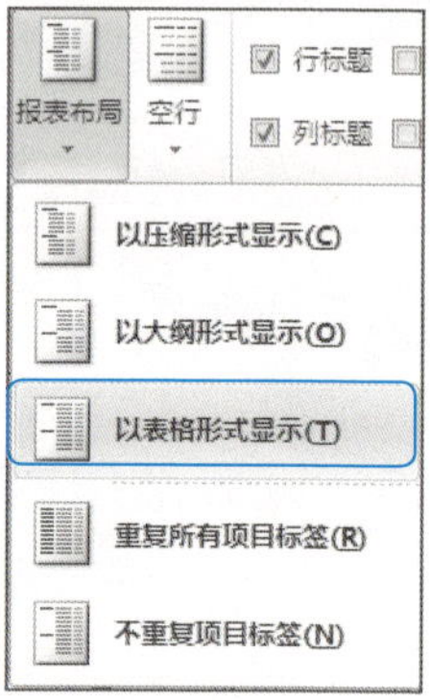

图6–13

专家提示

如果需要应用其他表格布局样式，只需要使用同样的方法：单击“报表布局”下拉按钮，在弹出的下拉列表中选择需要的布局样式即可。

6.1.7 设置数据透视表样式

“数据透视表样式”中提供了多种设置好的样式，通过套用此样式，可以快速设置数据透视表。

❶ 选中数据透视表，打开“设计”选项卡，在“数据透视表样式”样式库中选择一种样式，如图6-14所示。

❷ 应用后的效果如图6-15所示。

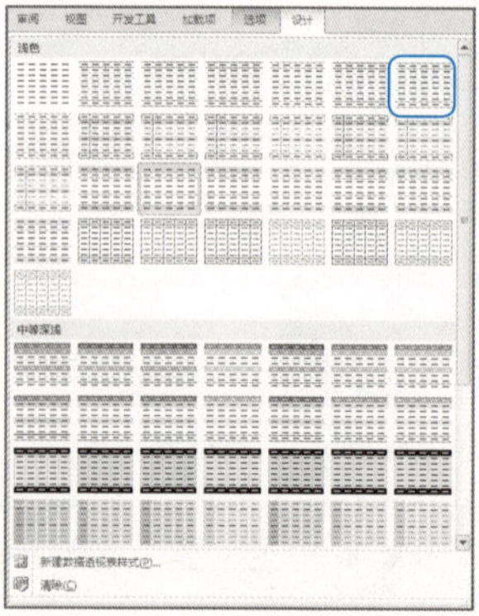
图6–14

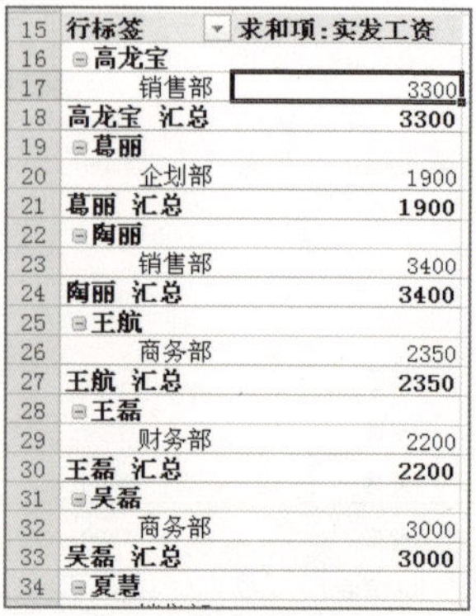

15	行标签	求和项：实发工资
16	⊟高龙宝	
17	销售部	3300
18	高龙宝 汇总	3300
19	⊟葛丽	
20	企划部	1900
21	葛丽 汇总	1900
22	⊟陶丽	
23	销售部	3400
24	陶丽 汇总	3400
25	⊟王航	
26	商务部	2350
27	王航 汇总	2350
28	⊟王磊	
29	财务部	2200
30	王磊 汇总	2200
31	⊟吴磊	
32	商务部	3000
33	吴磊 汇总	3000
34	⊟夏慧	

图6–15

6.1.8 美化数据透视表

默认的表格样式不一定能够满足用户的要求，不过Excel 2010中内置了多种数据透视表样式。在需要时用户套用这些样式可以快速美化表格。

❶ 在数据透视表中选中任意一个单元格。

❷ 单击“设计”标签，在“数据透视表样式”选项组的列表中选择一种数据透视表样式，如图6-16所示。

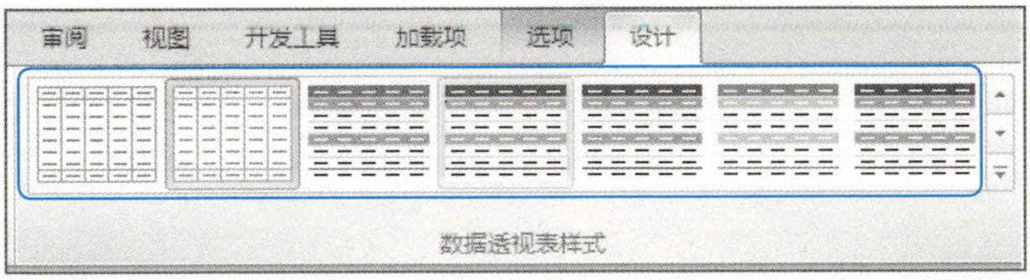

图6-16

❸ 接着数据透视表的样式就会变成设置的样式，如图6-17所示。

物品	计数项:月份	求和项:数量	求和项:金额
冰箱	6	41	82000
电视	6	25	25000
洗衣机	6	25	37500
总计	18	91	144500

图6-17

专家提示

在“数据透视表样式”选项组中单击列表右下角的▾，可以展开列表，方便用户浏览样式。

6.2 使用图表进行数据分析

图表具有主观反映数据的能力，在财务处理数据中，经常可以看到在分析某些数据时，会展现一些图表来说明，所以财务人员应该掌握图表的基本操作。

6.2.1 创建数据图表

在Excel 2010中，图表包括柱形图、折线图、饼图、条形图、饼图、散点图和其他图表等几大类。在表格中输入数据后，可以使用图表显示数据特征，但是要根据数据的特点，向表格中插入相应类型的图表。

❶ 选择创建图表所需数据的单元格区域，单击“插入”选项卡下“图表”选项组中的“柱形图”下拉按钮，在下拉列表中的“二维柱形图”中单击“堆积

柱形图”按钮，如图6-18所示。

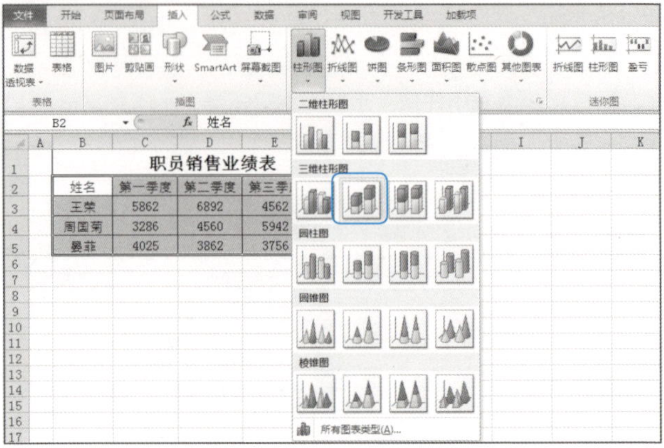

图6–18

2 此时，即可在表格中插入选择的柱形图，如图6-19所示。

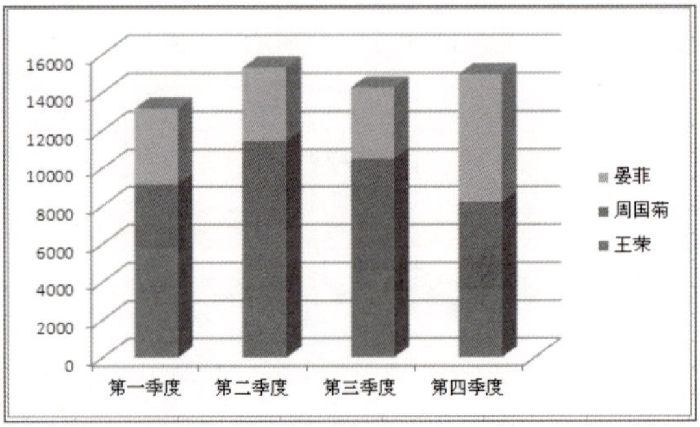

图6–19

专家提示

建立图表后，Excel会添加一个“图表工具”选项，下面包含“设计”、“布局”、“格式”3个选项卡，这些选项专门针对于图表的操作。选中图表时，这个选项就会出现；没有选中时，该选项则自动隐藏。

6.2.2 添加图表标题

图表标题用于表达图表反映的主题。有些图表默认不包含标题框，此时需要添加标题框并输入图表标题；有的图表默认包含标题框，但要重新输入标题文字才能表达图表主题。

1 选中建立的图表，单击“图表工具”选项下的“布局”标签，单击“图表标题”按钮，在下拉列表中选择“图表上方”命令，如图6-20所示。

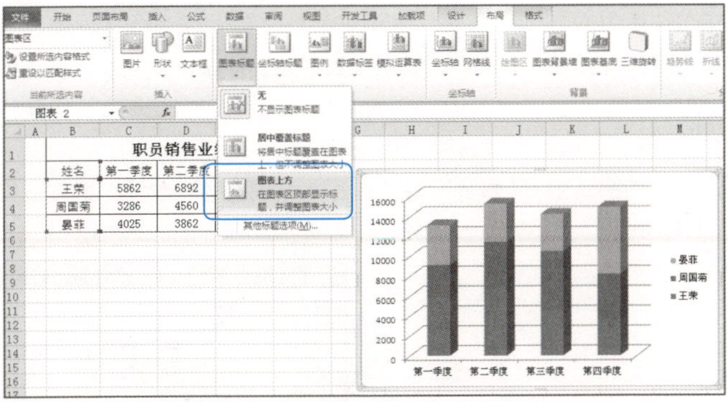

图6-20

2 此时，图表中则会显示“图表标题”编辑框，如图6-21所示。

3 在标题框中输入“销售业绩表”，如图6-22所示。

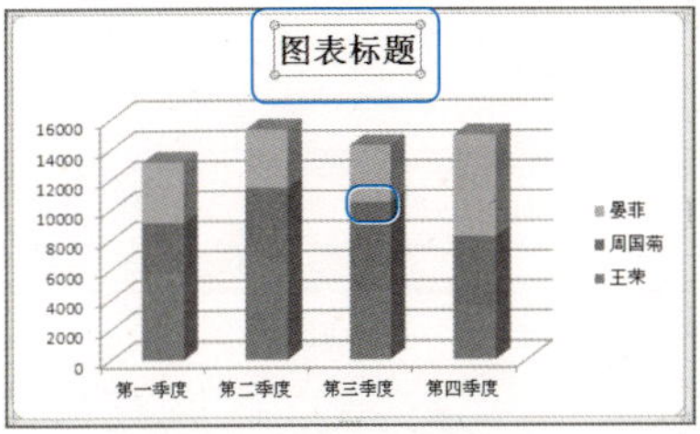

图6-21

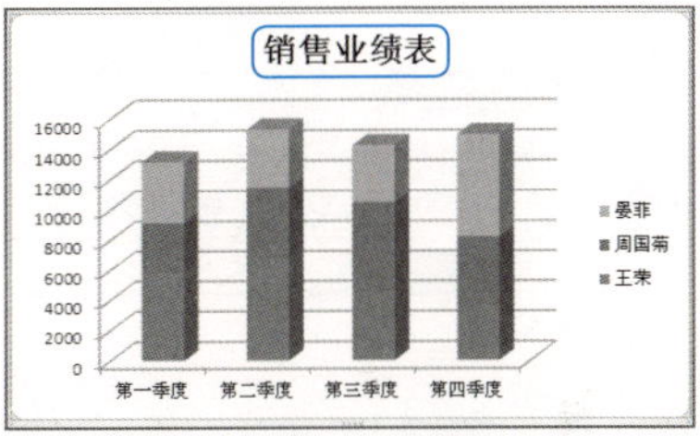

图6-22

6.2.3　调整图表大小

建立图表后，经常要根据需要更改图表的大小，可以通过下面的方法来实现。

选中建立的图表，单击“图表工具”选项下的“格式”标签，在“大小”选项组中可以根据图表的高度与宽度自行设置，如图6-23所示。

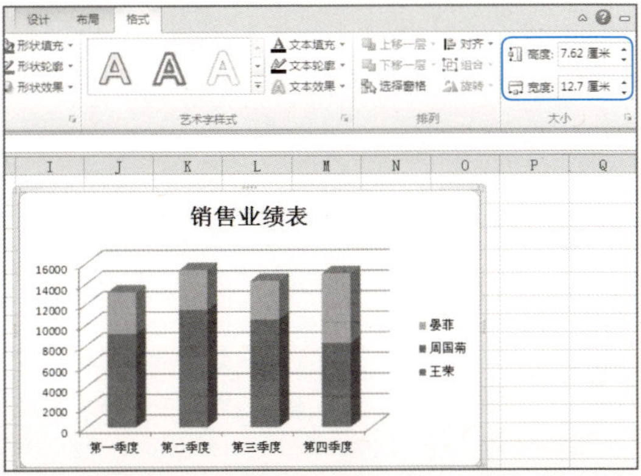

图6-23

6.2.4 更改图表的显示属性

当在工作表中嵌入了图表后，在图表所在位置上改变行高列宽、插入行列都会改变图表的位置与大小。要想固定图表的大小和位置，其操作方法如下。

❶ 选中建立的图表，单击“图表工具”选项下的“格式”标签，在“大小”选项组中单击 按钮，如图6-24所示。

❷ 打开“设置图标区格式”对话框，在左侧选择“属性”选项，在右侧的“属性”栏下单击“大小和位置的固定”单选按钮，如图6-25所示。

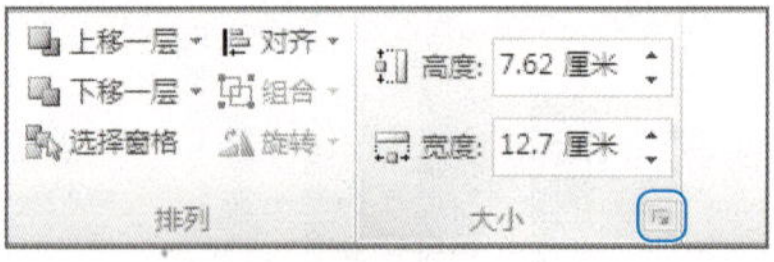

图6-24

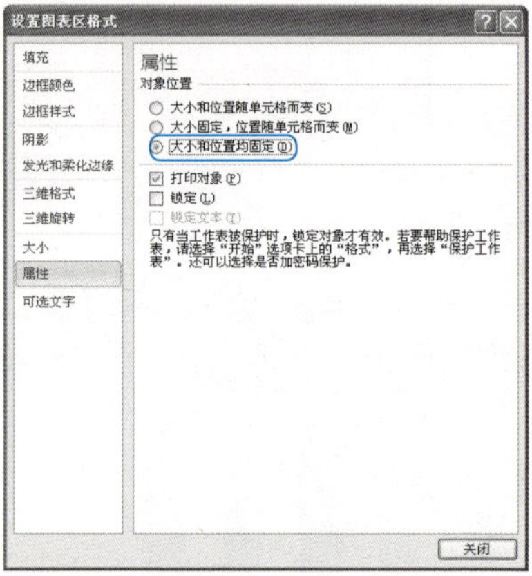

图6-25

6.2.5 移动图表

建立图表后，有时根据需要要将图表移动到合适的位置上，可以通过下面的方法来实现。

选中建立的图表，将鼠标指针定位到上、下、左、右边框上（非控制点上），当其变成双向十字形箭头时，按住鼠标左键进行拖动即可移动图表，如图6-26所示。

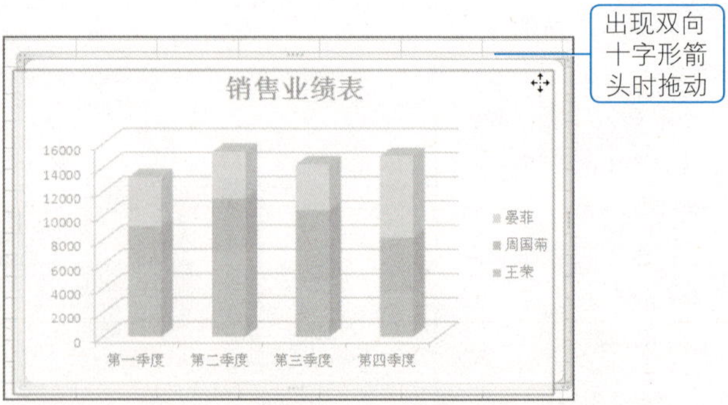

图6-26

6.2.6 将图表复制为图片

如果想将图表复制为图片的形式，则需要使用到“选择性粘贴”功能。下面介绍如何将图表复制为图片。

❶ 选中目标图表，按Ctrl+C组合键进行复制。

❷ 切换到目标位置上，在“开始”选项卡下单击“粘贴”下拉按钮，选择“图片”命令，如图6-27所示。

❸ 在目标位置上粘贴图表图片，如图6-28所示。

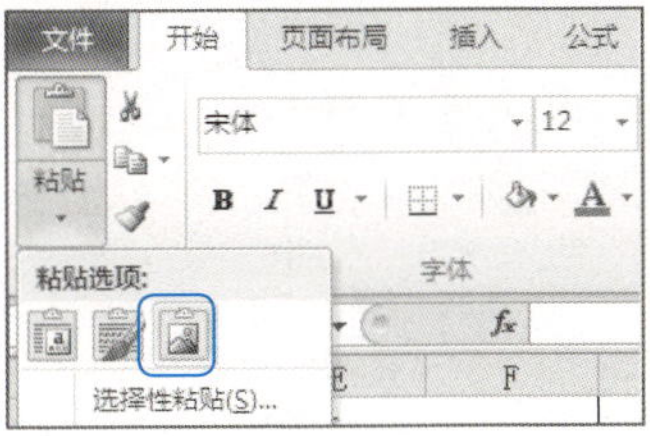

图6-27

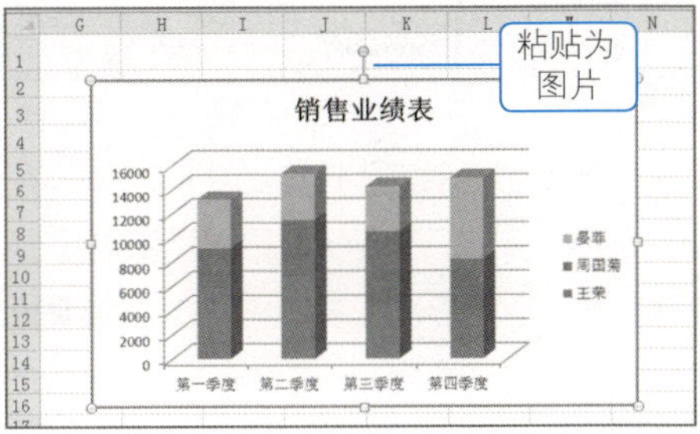

图6-28

6.2.7 更改图表的类型

图表创建完成后，如果想要更换图表类型，可以直接在已建立的图表上进行更改，而不必重新创建图表。但是在更改图表类型时，要根据当前数据选择合适的图表类型。

❶ 选中图表，单击“设计”标签，在“类型”选项组中单击“更改图表类型”按钮，如图6-29所示。

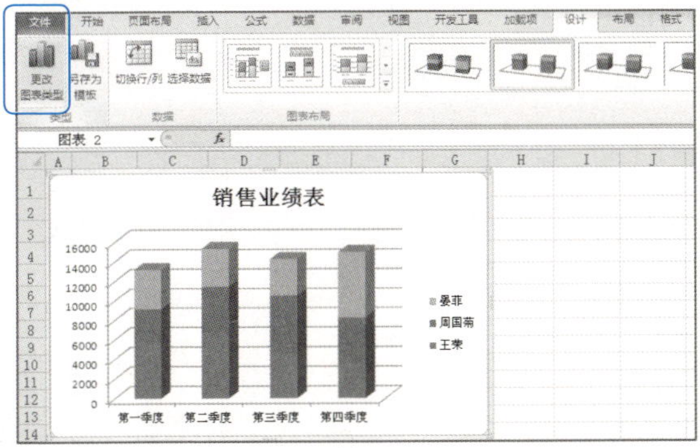

图6-29

❷ 打开“更改图表类型”对话框，在对话框左侧窗格选择一种合适的图表类型，接着在右侧窗格中选择一种合适的图表样式，如图6-30所示。

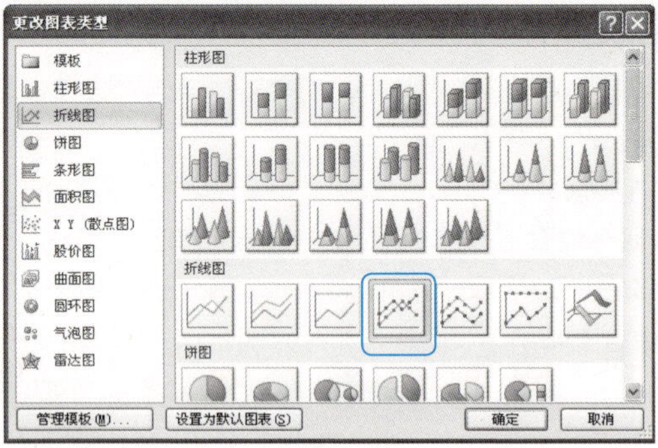

图6-30

3 单击“确定”按钮，即可看到更改后的结果，如图6-31所示。

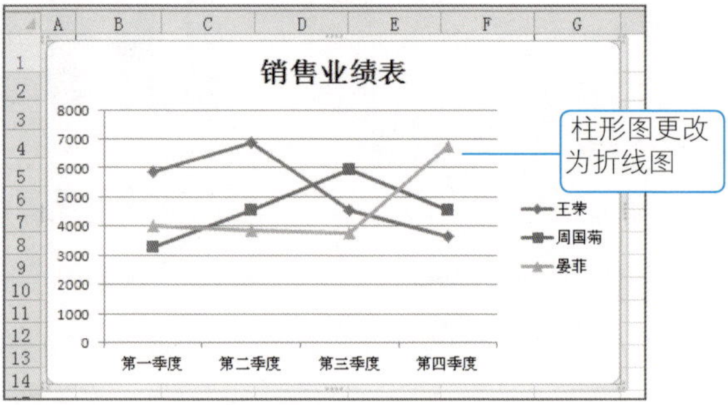

图6-31

6.2.8 调整图例的显示位置

图例默认显示在图表右侧位置，通过图表的布局可以根据实际需要重新设置图例的显示位置。

1 选中图表，单击“图表工具”选项下的“布局”标签，在“标签”选项组中单击“图例”下拉按钮，选择希望将图例放在的位置上，如图6-32所示。

2 单击即可应用，如图6-33所示。

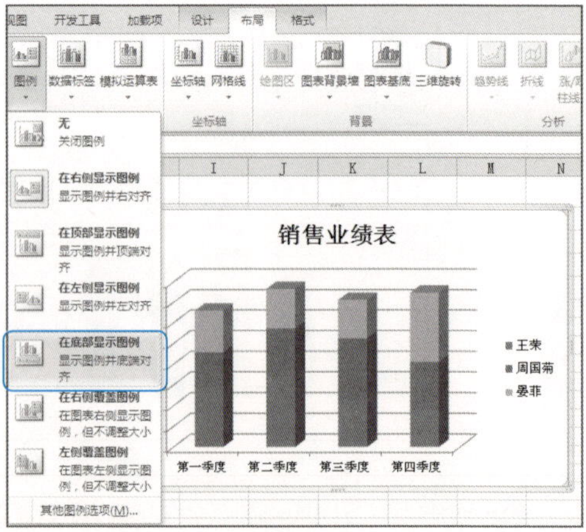

图6-32

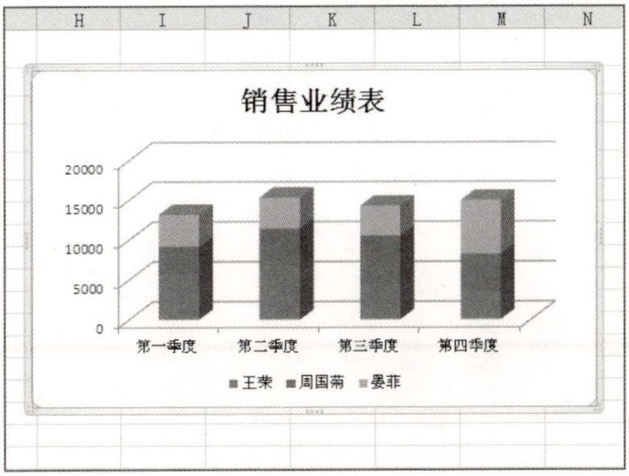

图6-33

6.2.9　设置图例背景效果

根据用户需要，如果要对默认的图例背景效果进行设置，可以通过下面的方法来实现。

❶ 选中图表中的数据系列，打开“格式”选项卡，在“形状样式”选项组中单击“形状填充”下拉按钮。

❷ 在弹出的列表中选择一种背景填充方式，如图6-34所示。

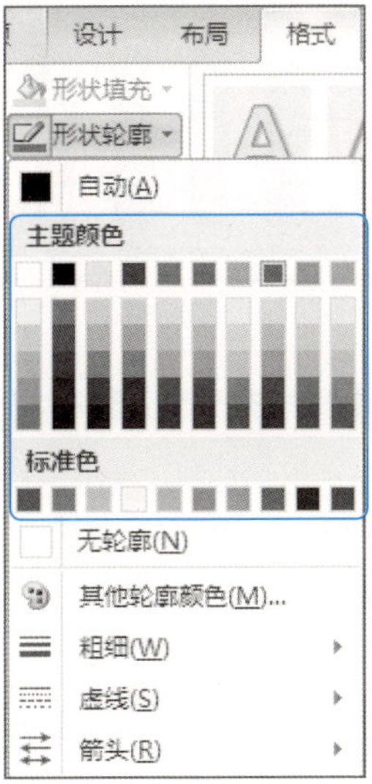

图6-34

6.2.10　为坐标轴添加标题

坐标轴标题用于对当前图表中的水平轴与垂直轴表达的内容做出说明。默认情况下不含坐标轴标题，如使用需要后期添加。

❶ 选中图表，单击“图表工具”选项下的“布局”标签，再单击“坐标轴标题”按钮，在下拉列表中选择“主要纵坐标轴标题”→“竖排标题”命令，如图6-35所示。

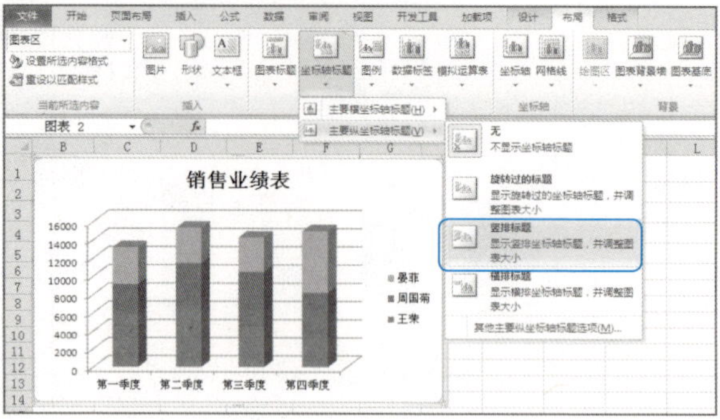

图6-35

2 添加“坐标轴标题”编辑框，如图6-36所示。

3 在编辑框中输入标题名称，如图6-37所示。

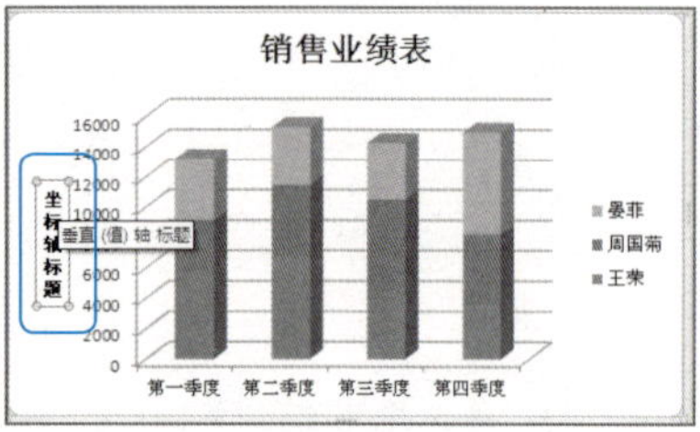

图6-36

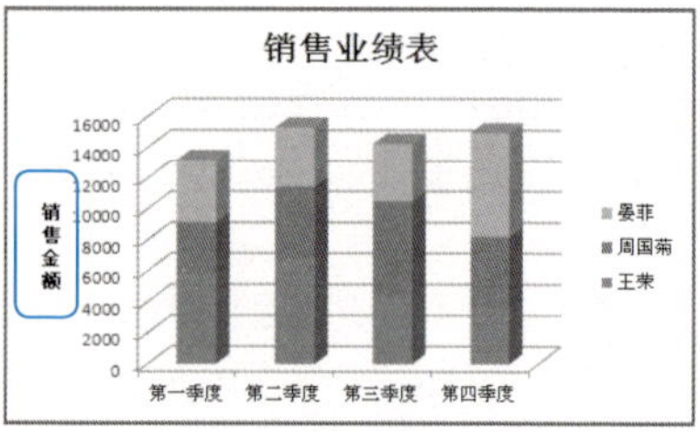

图6-37

6.2.11 添加数据标签

添加数据系列标签是指将数据系列的值显示在图表上。将系列的值显示在系列上后，即使不显示刻度，也可以直观地对比数据。

1 选中图表，单击“图表工具”选项下“布局”的标签，再单击“数据标签”按钮，在下拉列表中选择“显示”命令，如图6-38所示。

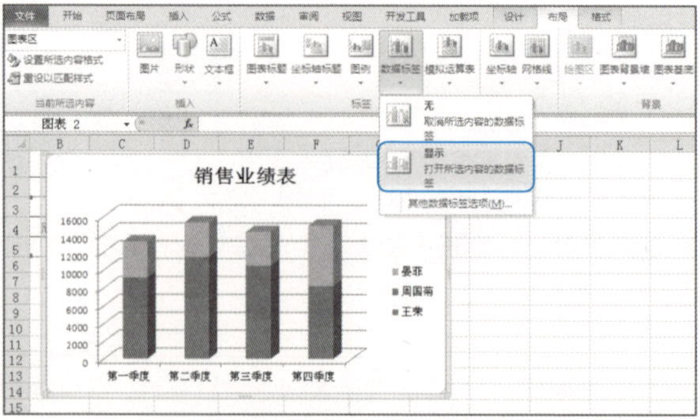

图6-38

❷ 数据系列的值显示在数据系列上，如图6-39所示。

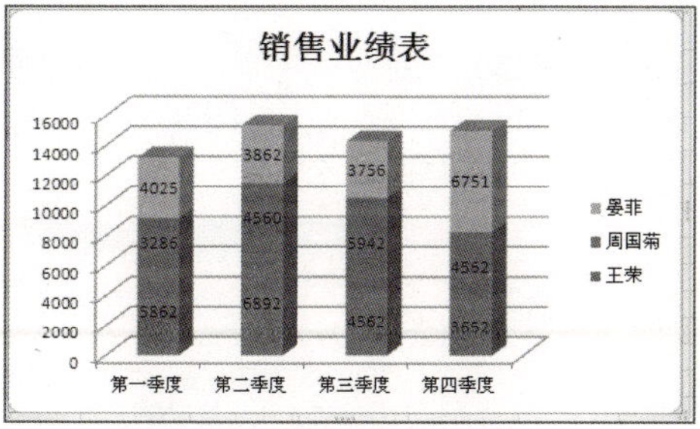

图6-39

6.2.12　设置刻度的显示单位

当数据源值较大时，为了简化图表坐标轴的数值，可以设置刻度的显示单位。

❶ 单击选中图表，在主坐标轴上单击鼠标右键，选择“设置坐标轴格式”命令，如图6-40所示。

❷ 在“设置坐标轴格式”对话框中，单击“显示单位”下拉按钮，从中选择“10000”单位，如图6-41所示。

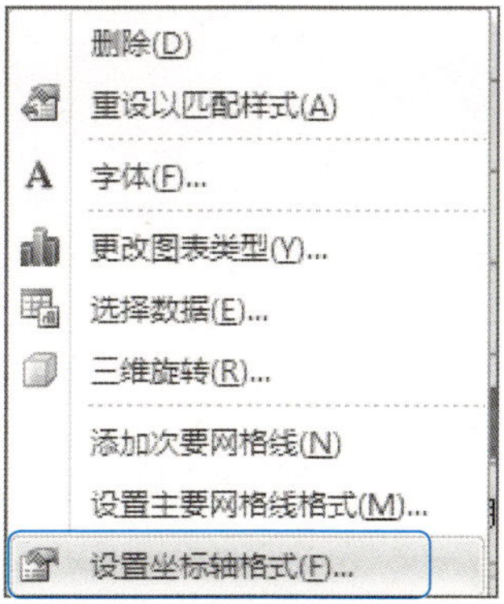

图6-40

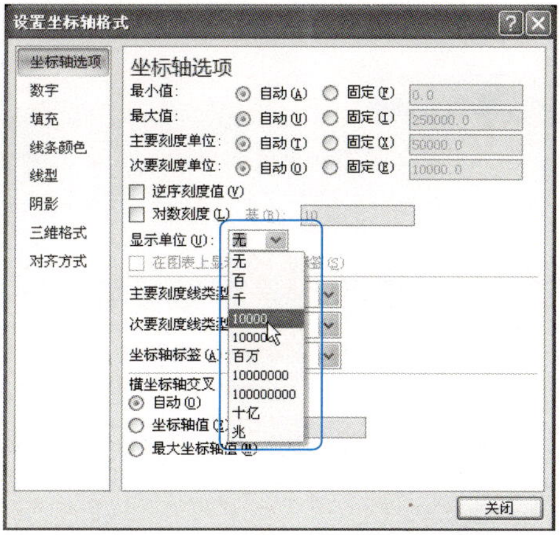

图6-41

❸ 关闭“设置坐标轴格式”对话框，即可显示图表坐标轴刻度效果。

6.2.13　设置刻度线间隔显示

默认的刻度下间隔值是“1”。如果不能满足要求，可以重新设置刻度线间隔。

❶ 选中图表，用鼠标右键单击纵坐标轴标签，在快捷菜单中选择“设置坐标轴格式”命令，如图6-42所示。

❷ 打开“设置坐标轴格式”对话框，单击左侧窗格中的“坐标轴选项”选项，在右侧窗格中的“刻度线间隔”文本框中输入合适的值，如“2”，如图6-43所示。

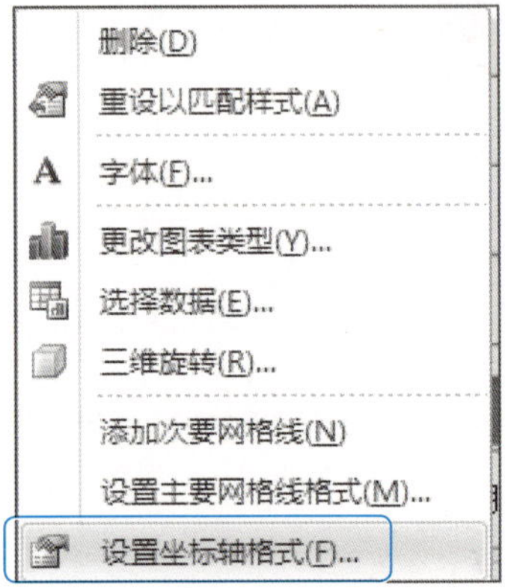

图6-42

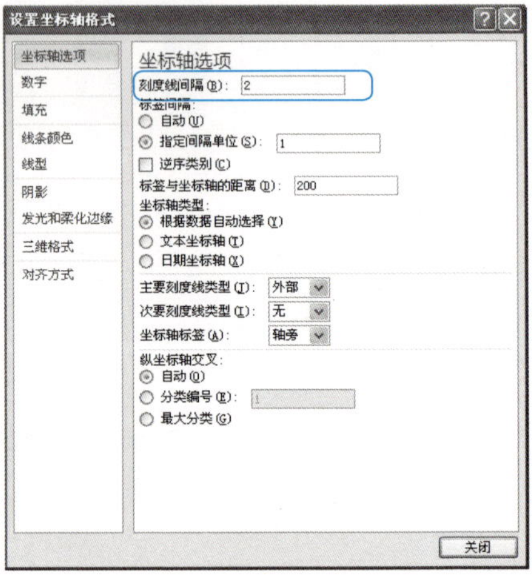

图6-43

❸ 单击“关闭”按钮，即可完成设置。

专家提示

重新设置了刻度线间隔后，如果需要恢复初始设置，只需要在“刻度线间隔”文本框中输入“1”即可。

6.2.14 设置标签与坐标轴之间的距离

如果默认的标签与坐标轴之间的距离不能满足需要，可以通过如下方法重新设置。

❶ 选中图表，用鼠标右键单击纵坐标轴标签，在快捷菜单中选择“设置坐标轴格式”命令，如图6-44所示。

❷ 单击左侧窗格中的“坐标轴选项”选项，在右侧窗格中的“标签与坐标轴的距离”文本框中输入一个合适的数值，如“200”。

❸ 单击“关闭”按钮，即可完成设置，如图6-45所示。

专家提示

在“标签与坐标轴距离”文本框中可以输入一个0～1000之间的数。

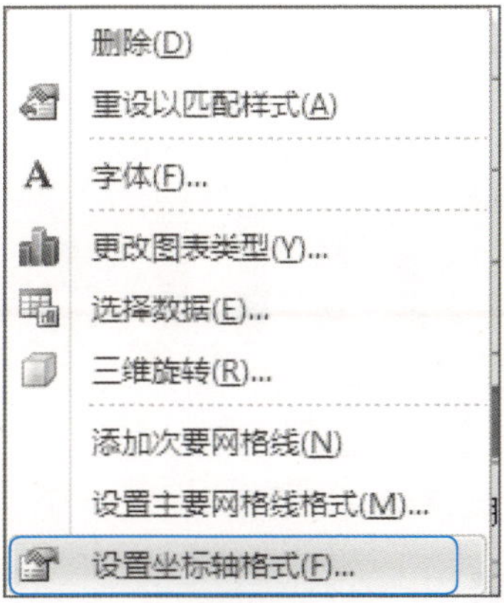

图6-44

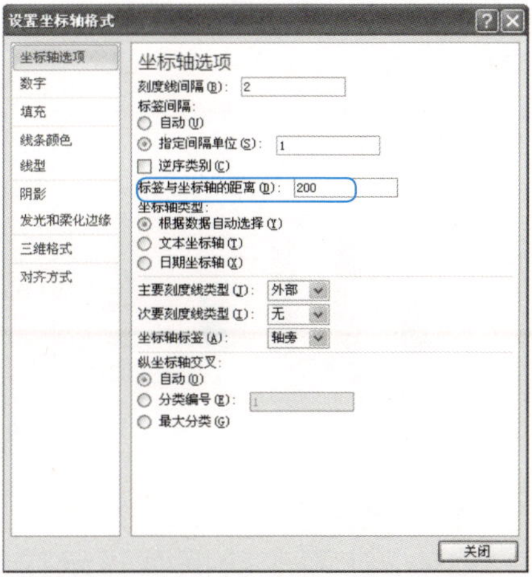

图6-45

6.2.15 设置数据标签的字体格式

默认的数据标签字体格式有些呆板。如果需要更改数据标签的字体格式，可以通过如下方法来实现。

❶ 单击一个数据系列中的任意一个数据标签，选中该数据系列中的所有数据标签。

❷ 单击“开始”标签，在“字体”选项组中根据需要对数据标签的字体格式进行设置，如图6-46所示。

图6-46

❸ 使用相同的方法设置其他系列的数据标签字体格式。

6.2.16 选中图表中单个数据

在“图表元素”下拉列表中单击某一数据系列的名称，即可选中该数据系列，但在图表中选中的是该数据系列的所有数据点。下面介绍如何选中图表中单个数据点。

❶ 选中图表中的某一数据系列，如图6-47所示。

❷ 在需要选中的数据点上单击一次鼠标，即可选中该单个数据点，如图6-48所示。

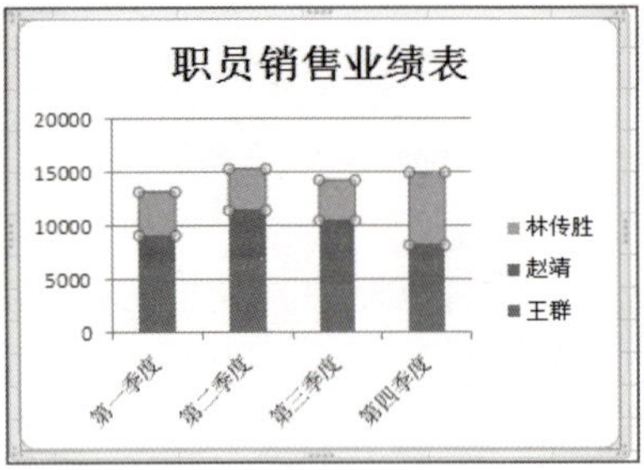

图6-47

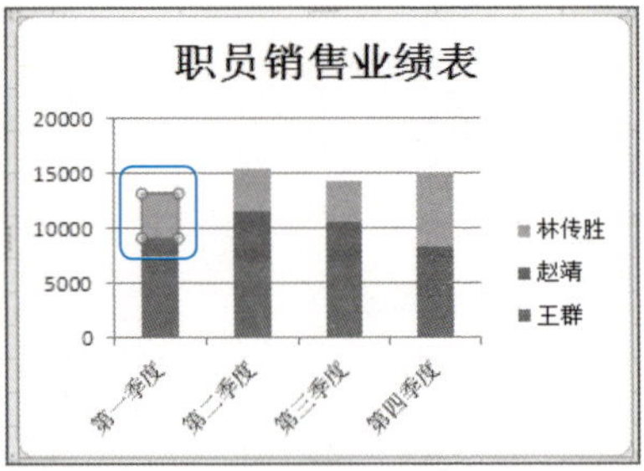

图6-48

6.2.17 让图表数据源显示在图表中

让图表中的数据源显示在图表中，可以更加直观和准确地看出图表中数据的变化。但默认情况下，图表中是不显示数据源的，此时可以通过如下方法来实现。

❶ 选中图表，打开“布局”选项卡，在“标签”选项组中单击“模拟运算表”下拉按钮，在弹出的下拉列表中选择“显示模拟运算表”命令，如图6-49所示。

❷ 在图表中显示出数据源表格，如图6-50所示。

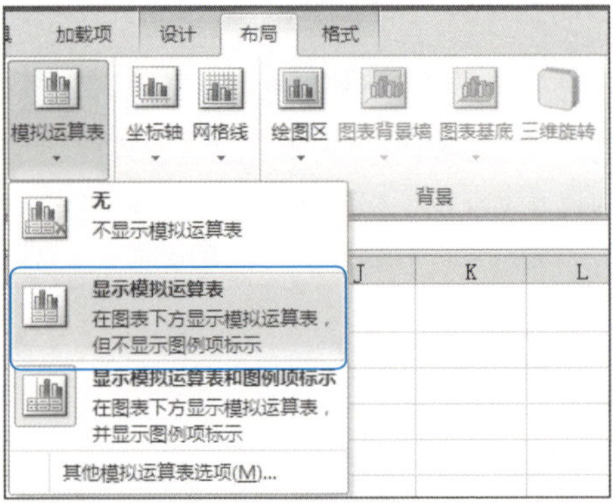

图6-49

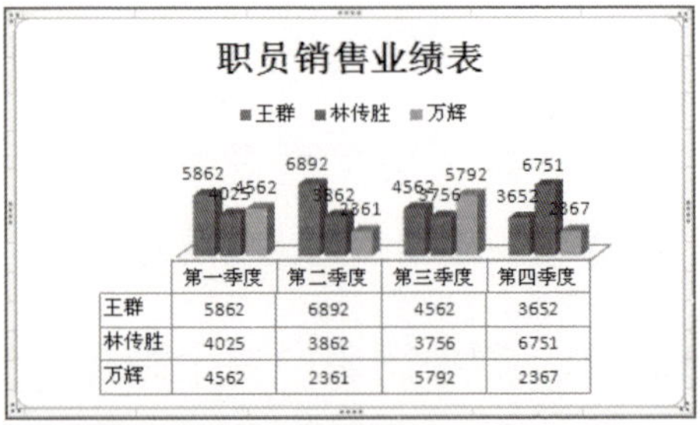

图6-50

动手练一练

如果需要将显示出来的模拟运算表取消，在“标签”选项组中单击“模拟运算表”下拉按钮，在弹出的下拉列表中选择“无”命令即可。

第7章

高级分析工具在财务分析中的应用

7.1 加载Excel数据分析工具库

Excel数据分析工具库是一种提供分析能力的插件，正常情况下在Excel中是不可用的，需要使用时用户可以手动加载。

❶ 打开“Excel选项”对话框，在左侧的窗格中选择“加载项”选项，在右侧窗格中单击“管理”下拉列表框，在弹出的下拉列表中选择“Excel加载项”，接着单击“转到”按钮，如图7-1所示。

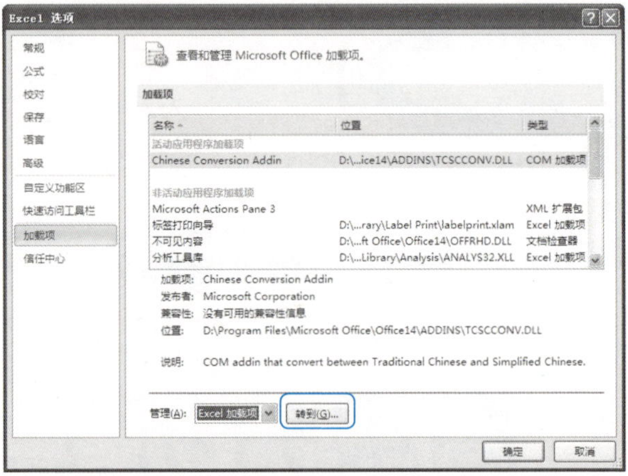

图7-1

❷ 在打开的“加载宏”对话框中选中“分析工具库”复选框和“分析工具库-VBA”复选框，如图7-2所示。

❸ 单击“确定”按钮，在功能区中的“数据”标签下可以看到刚加载的“分析”选项组和其中的“数据分析”按钮，如图7-3所示。

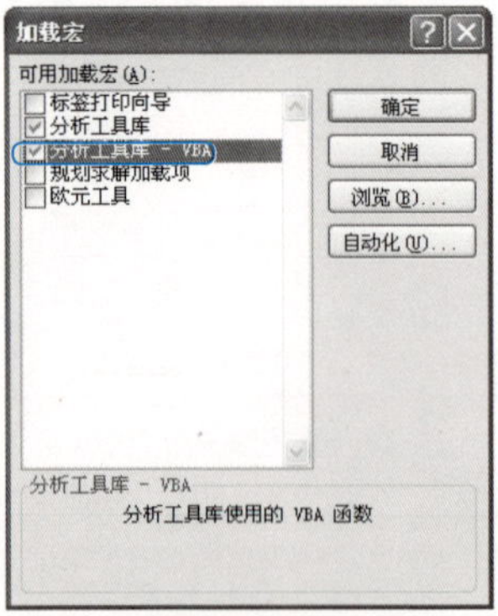

图7-2

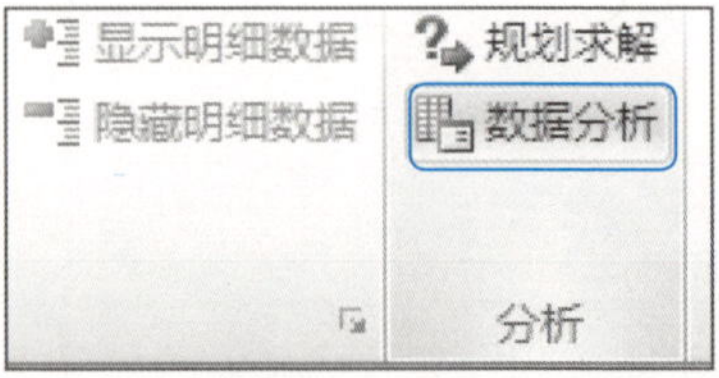

图7-3

动手练一练

如果“加载宏”对话框中未列出“分析工具库”，则单击“浏览”按钮，在打开的“浏览”对话框中一般可以找到它。如果系统提示计算机当前未安装分析工具库，则单击“是”按钮进行安装。

7.2 单变量求解预定销售计划

在Excel 2010中，单变量求解是根据提供的目标值，将引用单元格的值不断调整，直至达到所需要的公式目标值时，变量的值才能确定。例如企业某产品的利润为8.88元/件，目前已经统计前3个季度的销售量，下面求解第四季度的销售量为多少，才能保证产品的最大利润为80万元。

❶ 选中E3单元格，在公式编辑栏中输入公式“=(A3+B3+C3+D3)*8.88”，按Enter键，即可计算出前三季度产品销售量的利润额，如图7-4所示。

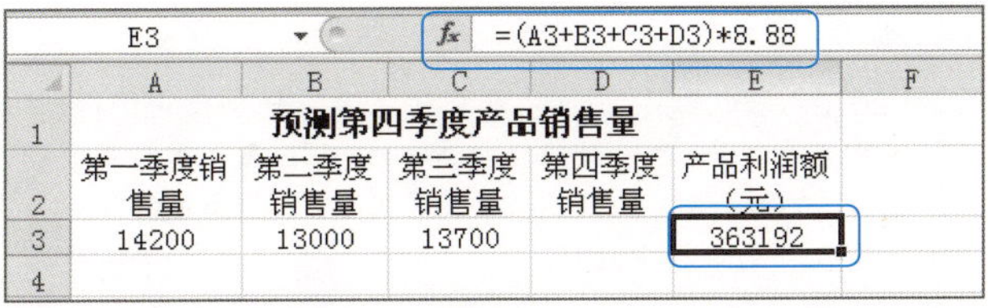

图7-4

❷ 换到“数据”选项卡下的“数据工具”选项组，单击“模拟分析”按钮，在下拉列表下选择“单变量求解”选项，如图7-5所示。

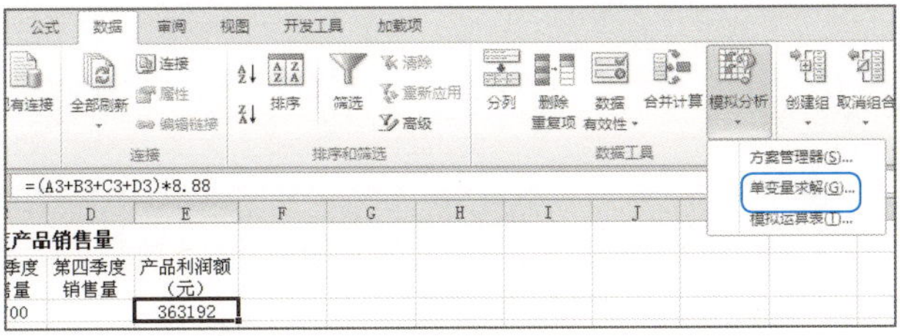

图7-5

❸ 打开“单变量求解”对话框，在“目标单元格”文本框中输入“E3”，在“目标值”文本框中输入“800000”，在“可变单元格”框中输入“$D$3”，如图7-6所示。

❹ 设置完成后，单击“确定”按钮，即可根据设置的参数条件进行单变量求解计算，如图7-7所示。

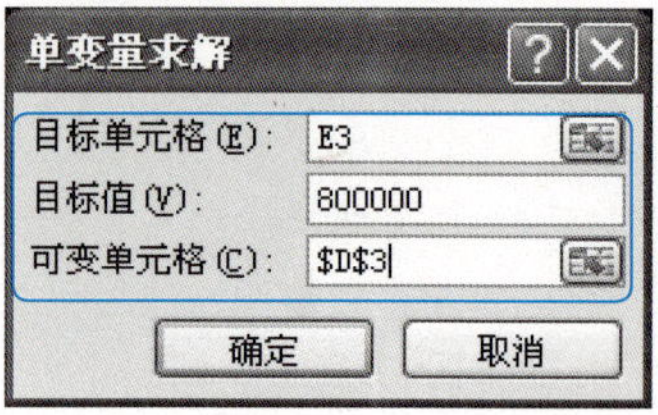

图7-6

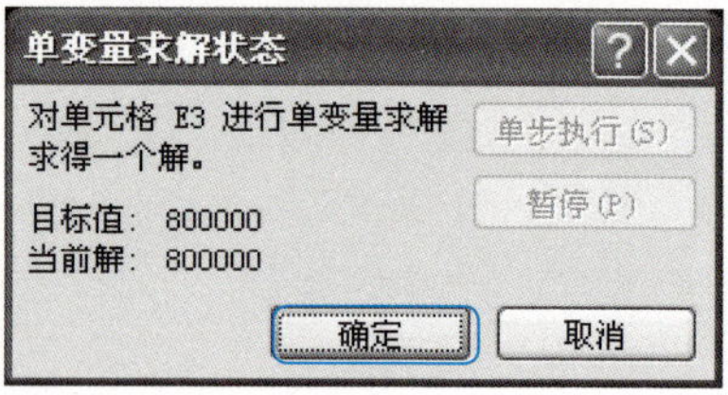

图7-7

5 单击“确定”按钮，则当产品最大利润额为80万元时，第四季度产品销售量应为49170件，如图7-8所示。

D3　fx 49170.0900900901

	A	B	C	D	E
1	预测第四季度产品销售量				
2	第一季度销售量	第二季度销售量	第三季度销售	第四季度销售	产品利润额（元）
3	14200	13000	13700	49170	799822.4
4					

图7-8

动手练一练

在Excel 2010的默认状态下，“单变量求解”命令在它执行100次求解或与指定目标值的差在0.001之内时停止计算。如果不需要这么高的精度，可以打开“Excel选项”对话框，切换到“公式”标签，在其中修改“最多迭代次数”和“最大误差”文本框中的值。

7.3 单变量求解可贷款金额

企业向银行贷款的年利率为9.67%，需要贷款的期限为10年，企业每年的偿还能力为50万元。如需要计算出企业可以贷款的金额，则可以使用单变量求解功能。

1 选中B4单元格，在公式编辑栏中输入公式“=PMT(B1,B2,B3)”，按Enter键，即可计算出年偿还额(由于当前贷款总额不确定，所有计算结果为0)，如图7-9所示。

B4　fx =PMT(B1,B2,B3)

	A	B	C
1	年利率	9.68%	
2	借款期限	10	
3	贷款金额（万元）		
4	年偿还额（万元）	0.00	
5			

图7-9

❷ 切换到“数据”选项卡下的“数据工具”选项组，单击“模拟分析”按钮，在下拉列表下选择“单变量求解”选项，如图7-10所示。

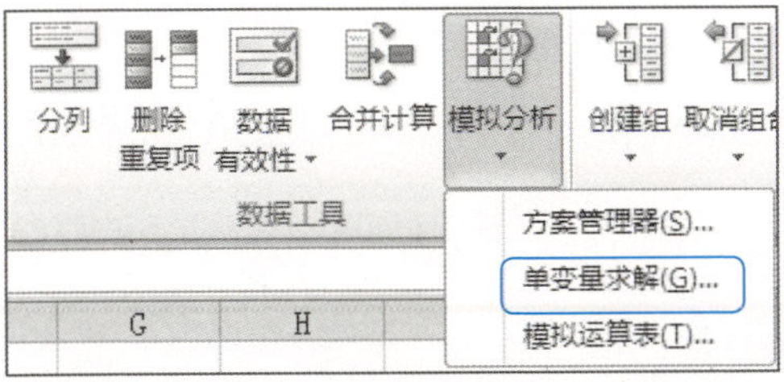

图7-10

❸ 打开“单变量求解”对话框，在“目标单元格”框中输入“B4”，在“目标值”框中输入“50”，在“可变单元格”框中输入“$B$3”，如图7-11所示。

❹ 设置完成后，单击“确定”按钮，即可根据设置的参数条件进行单变量求解计算，如图7-12所示。

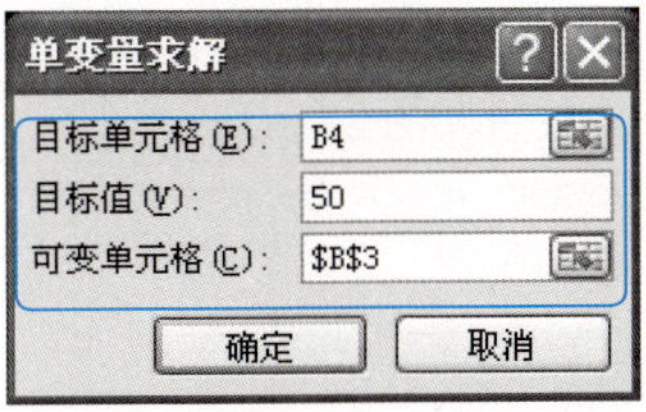

图7-11

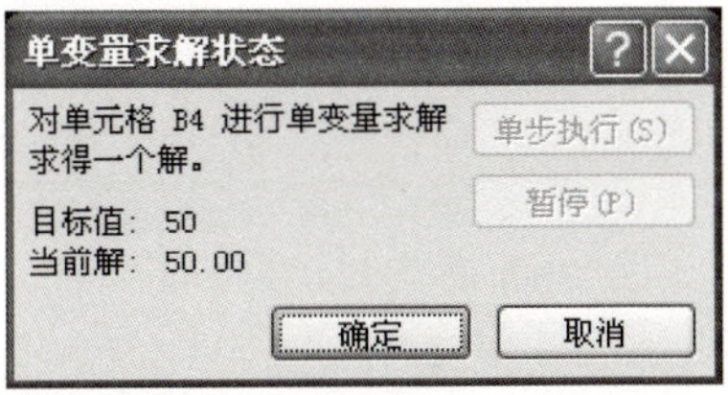

图7-12

❺ 设置完成后，单击“确定”按钮，即可求解出当年利率为9.68%、贷款期限为10年、每年的偿还额为50万元时，可贷款的金额约为311.5万元，如图7-13所示。

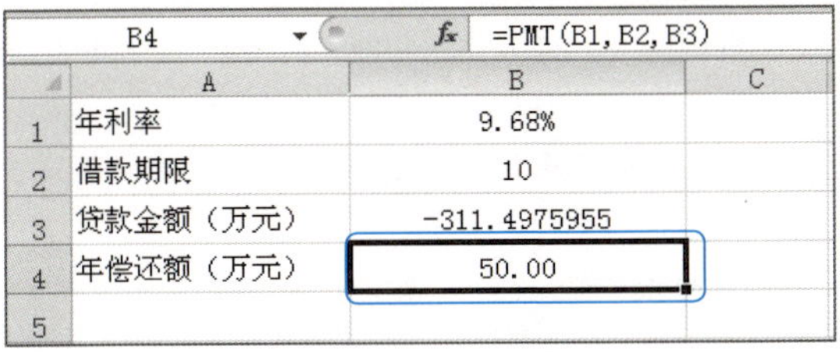

B4　=PMT(B1,B2,B3)

	A	B	C
1	年利率	9.68%	
2	借款期限	10	
3	贷款金额（万元）	-311.4975955	
4	年偿还额（万元）	50.00	
5			

图7-13

专家提示

可贷款的金额产生负数，是Excel 2010版本新功能，因为偿还贷款是现金支出。

7.4 单变量求解可贷款年限

企业需要贷款金额为100万元，贷款的年利率为9.68%，企业能承担的年偿还金额为20万元。要计算企业需要贷款的年限，可以使用单变量求解功能来实现。

❶ 选中B4单元格，在公式编辑栏中输入公式“=-PMT(B1,B2,B3)”，按Enter键即可计算出年偿还额，如图7-14所示。

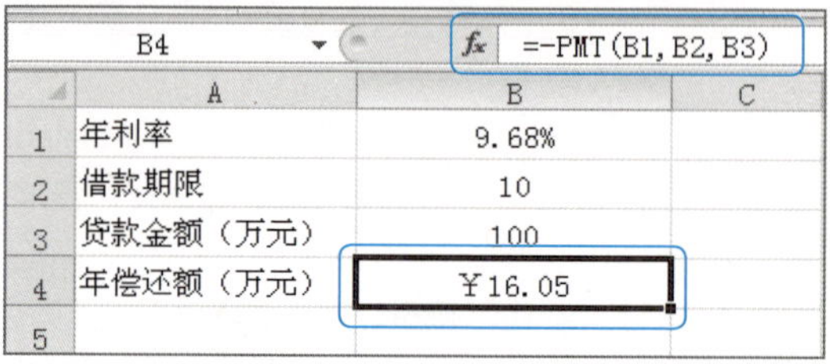

图7-14

❷ 切换到“数据”选项卡下的“数据工具”选项组，单击“模拟分析”按钮，在下拉列表下选择“单变量求解”选项，如图7-15所示。

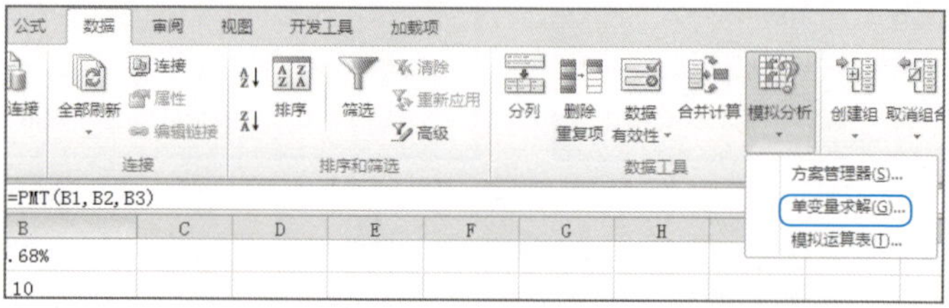

图7-15

❸ 打开“单变量求解”对话框，在“目标单元格”文本框中输入“B4”，在“目标值”文本框中输入“20”，在“可变单元格”文本框中输入“$B$2”，如图7-16所示。

❹ 设置完成后，单击“确定”按钮，即可根据设置的参数条件进行单变量求解计算，如图7-17所示。

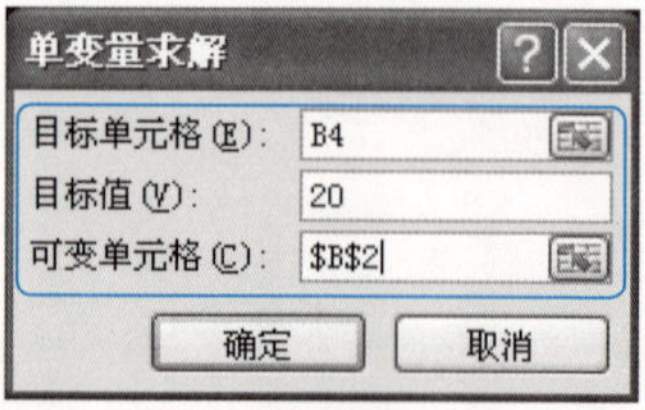

图7-16

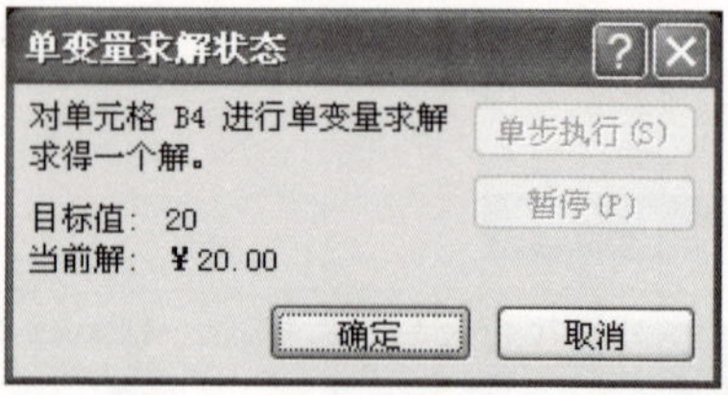

图7-17

5 设置完成后，单击“确定”按钮，即可求解出当年利率为9.68%、每年的偿还额为20万元时，可贷款的金额约为100万元、贷款期限为7年，如图7-18所示。

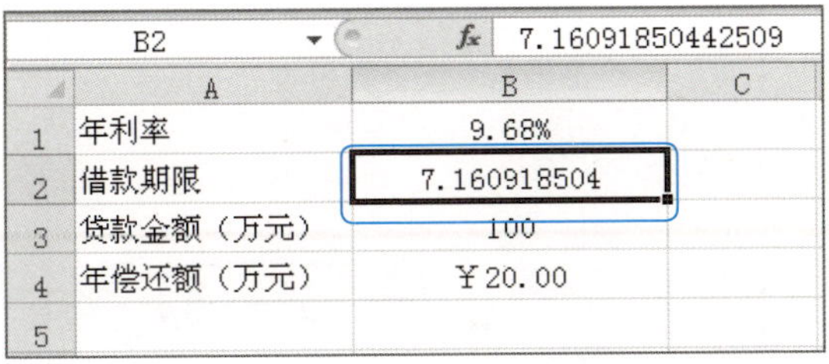

B2　f_x　7.16091850442509

	A	B	C
1	年利率	9.68%	
2	借款期限	7.160918504	
3	贷款金额（万元）	100	
4	年偿还额（万元）	￥20.00	
5			

图7-18

专家提示

公式“=-PMT(B1,B2,B3)”中的负号是Excel 2010中新规定，因为年偿还额表示支出。

7.5　建立多个方案

方案是一组称为可变单元格的输入值，并按用户指定的名字保存起来。通过方案管理器，可管理多变量下的数据变化情况。例如当产品的数据发生变化时，会对销售金额、成本、利润造成影响，那么此时可以建立不同销售数量的方案，以便查看在不同销售数量下的销售金额、成本和利润。

1 为了建立企业产品销售利润计算模型，选中B2单元格，在公式编辑栏中输入公式“=B4+B9*B10”，按Enter键，即可计算出2000件产品的总成本，如图7-19所示。

2 选中B5单元格，在公式编辑栏中输入公式“=B8*B9”，按Enter键，即可计算出产品销售金额，如图7-20所示。

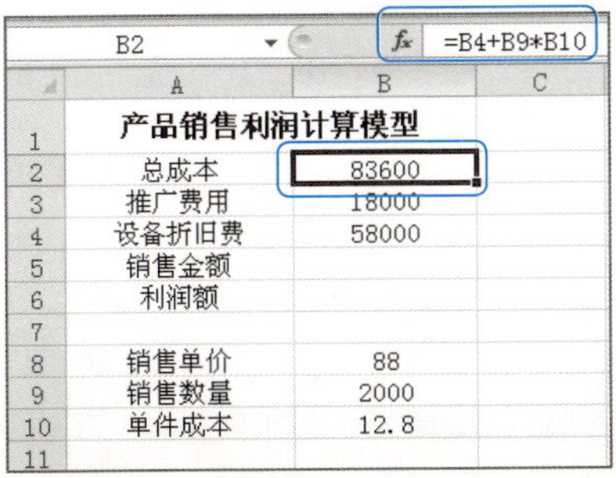

B2　f_x　=B4+B9*B10

	A	B	C
1	产品销售利润计算模型		
2	总成本	83600	
3	推广费用	18000	
4	设备折旧费	58000	
5	销售金额		
6	利润额		
7			
8	销售单价	88	
9	销售数量	2000	
10	单件成本	12.8	
11			

图7-19

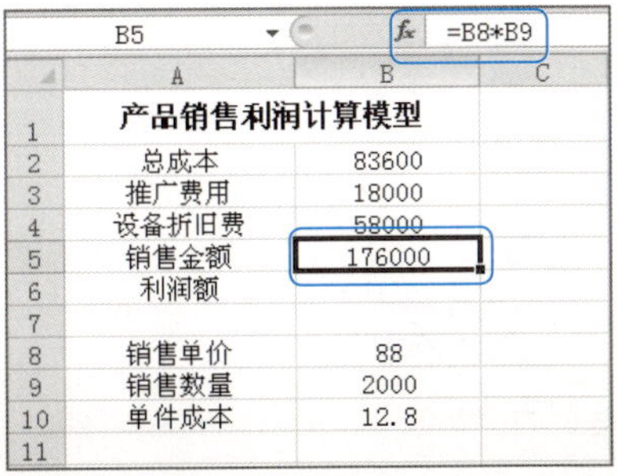

B5　f_x　=B8*B9

	A	B	C
1	产品销售利润计算模型		
2	总成本	83600	
3	推广费用	18000	
4	设备折旧费	58000	
5	销售金额	176000	
6	利润额		
7			
8	销售单价	88	
9	销售数量	2000	
10	单件成本	12.8	
11			

图7-20

❸ 选中B6单元格，在公式编辑栏中输入公式“=B5-B2-B3”，按Enter键，即可计算出2000件产品的销售利润，如图7-21所示。

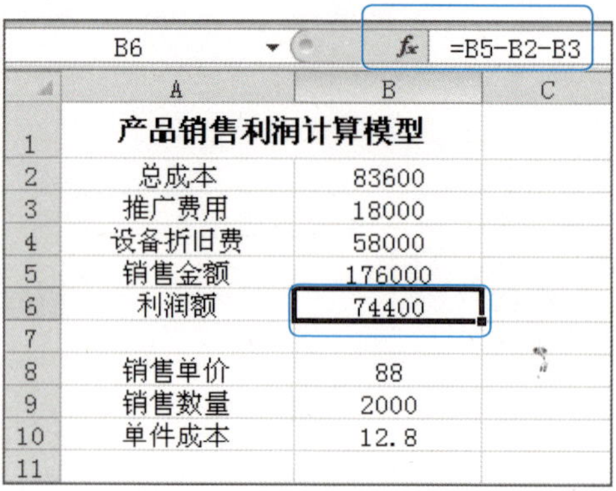

图7–21

❹ 在当前工作表中切换到“数据”选项卡下的“数据工具”选项组，单击“模拟分析”按钮，在下拉列表中选择“方案管理器”选项，打开“方案管理器”对话框，如图7-22所示。

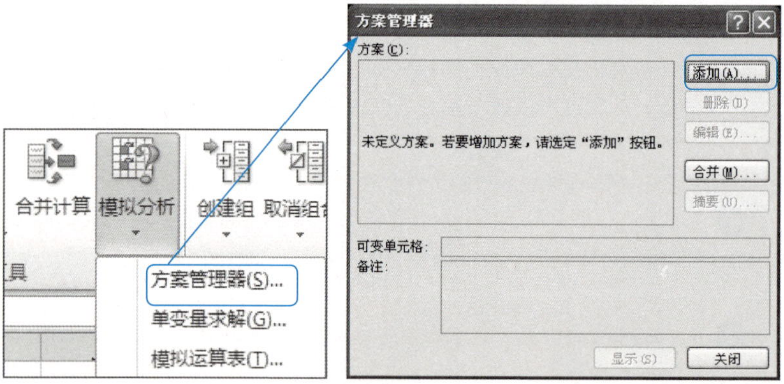

图7–22

❺ 单击“添加”按钮，进入“编辑方案”对话框，在“方案名”文本框中输入“2000件产品销售利润”，单击拾取器按钮，进入数据源选取状态，如图7-23所示。

❻ 选中B9单元格作为可变单元格，单击拾取器返回到“编辑方案”对话框中，即可在“可变单元格”文本框中显示出选取的B9单元格，如图7-24所示。

❼ 设置完成后，单击“确定”按钮，进入“方案变量值”对话框，设置目标值为“2000”，单击“确定”按钮，即可完成“2000件产品销售利润”方案的建立，如图7-25所示。

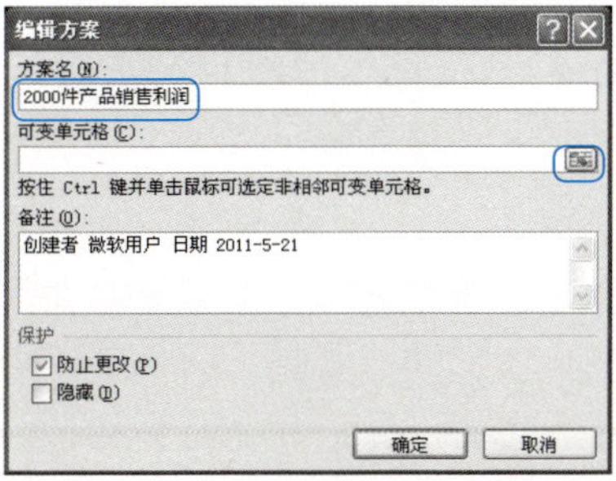

图7-23

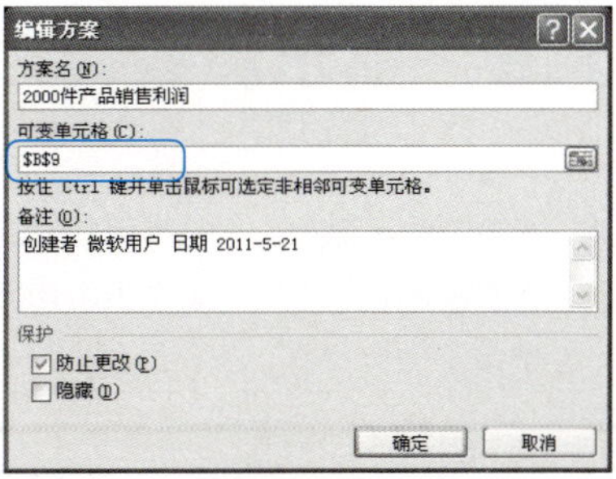

图7-24

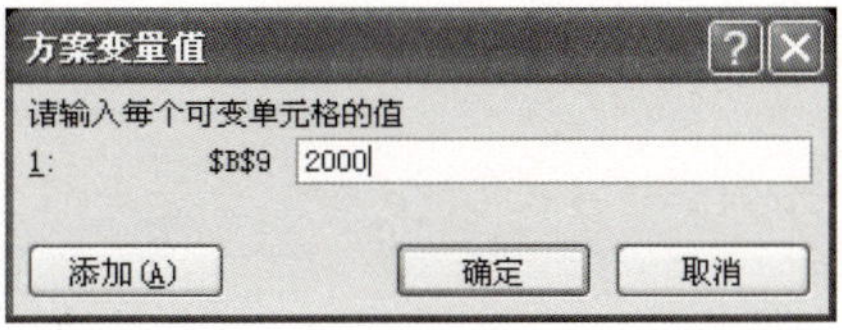

图7-25

8 在“方案管理器”对话框中单击“添加”按钮，打开“添加方案”对话框，在“方案名”文本框中输入“5000件产品销售利润”，“可变单元格”为“B9”单元格，如图7-26所示。

9 单击“确定”按钮，设置可变单元格的值为“5000”，单击“确定”按钮，即可完成“5000件产品销售利润”方案的建立，如图7-27所示。

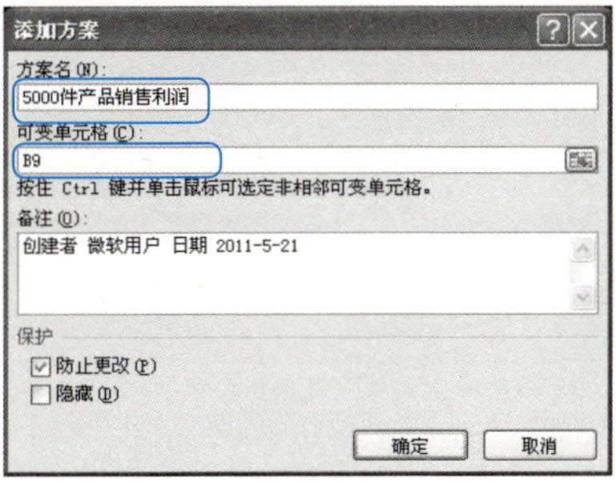

图7-26

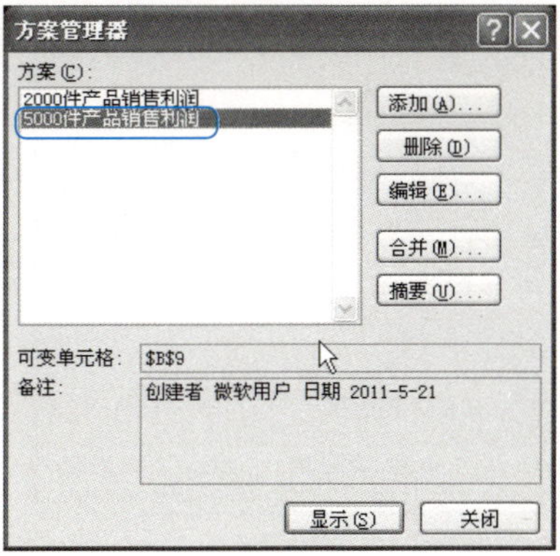

图7-27

专家提示

每个可变单元格的集合代表一组假设分析，可以将其作为一个工作簿模型。

7.6 显示和编辑方案

在同一张工作表中建立了多个方案后，可查看不同的方案，还可以对变量进行重新修改、添加、删除等操作。

1 在建立了方案的工作表中切换到“数据”选项卡下的“数据工具”选项组，单击“模拟分析”按钮，在下拉列表中选择“方案管理器”选项，如图7-28所示。

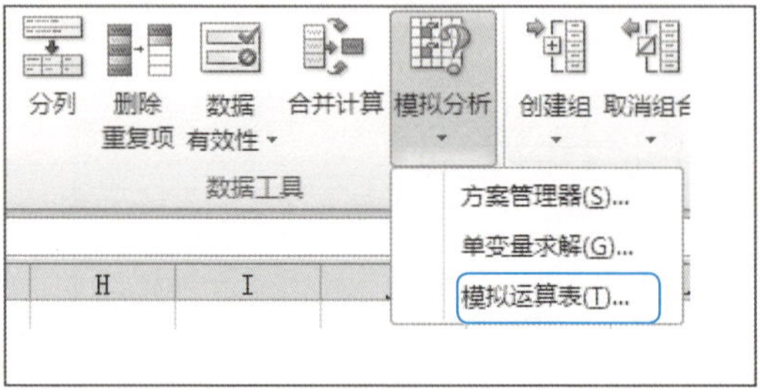

图7–28

2 打开“方案管理器”对话框，此时可以显示出当前工作表中建立的所有方案，选中要显示的方案，如“5000件产品销售利润”，单击“显示”按钮，如图7-29所示。

3 显示的方案，如图7-30所示。

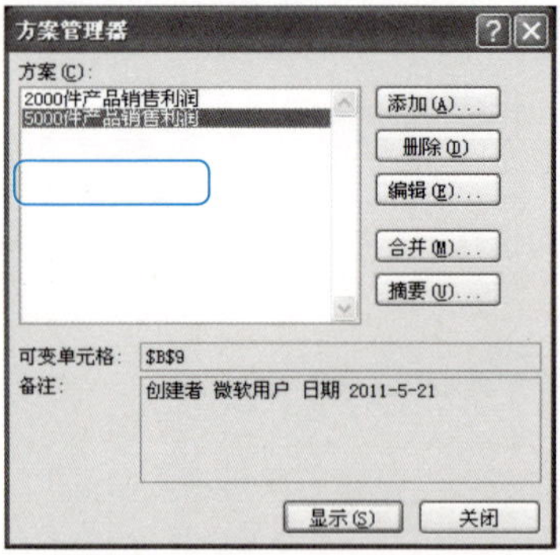

图7–29

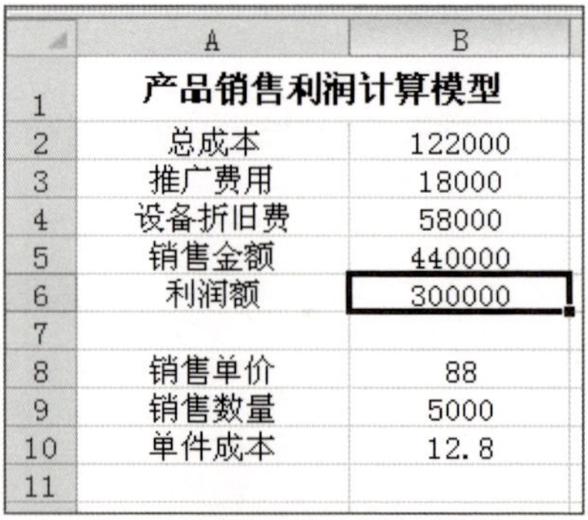

	A	B
1	产品销售利润计算模型	
2	总成本	122000
3	推广费用	18000
4	设备折旧费	58000
5	销售金额	440000
6	利润额	300000
7		
8	销售单价	88
9	销售数量	5000
10	单件成本	12.8
11		

图7–30

4 在“方案”列表中选中要修改的方案，如“5000件产品销售利润”方案，单击“编辑”按钮，如图7-31所示。

5 打开“编辑方案”对话框，可以对方案名和可变单元格进行重新更改，更改后单击“确定”按钮即可，如图7-32所示。

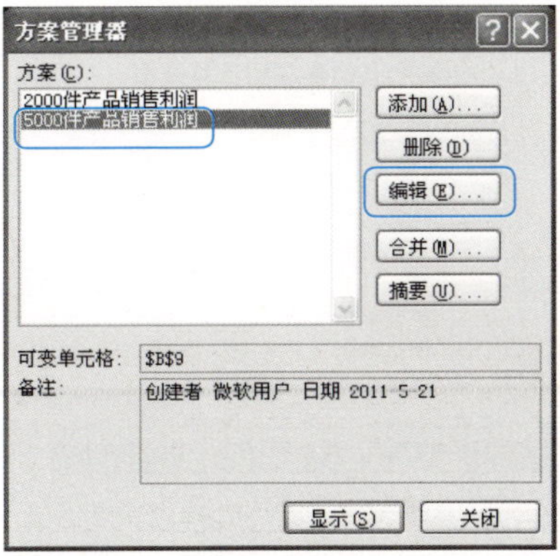

图7-31

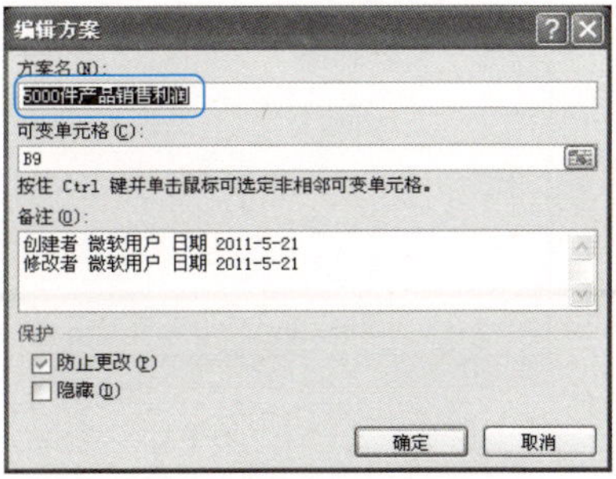

图7-32

6 打开“方案管理器”对话框，在“方案”列表中选中不需要的方案，如“10000件产品销售利润”方案，单击“删除”按钮，如图7-33所示。

7 从“方案”列表中删除“10000件产品销售利润”方案，如图7-34所示。

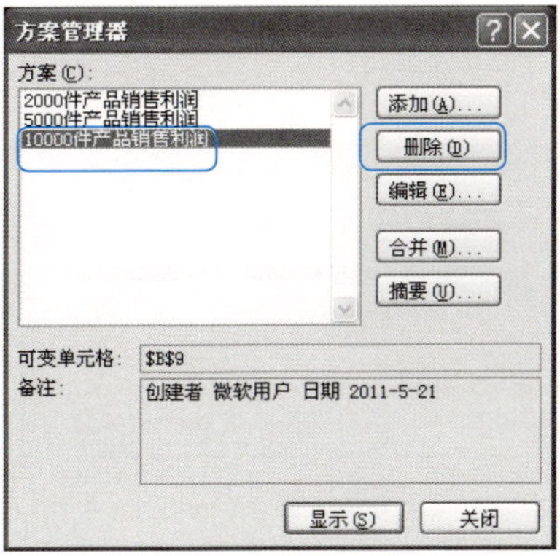

图7-33

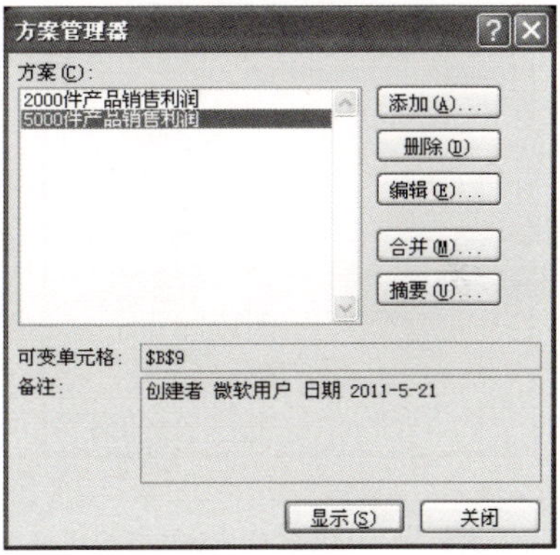

图7-34

7.7 合并不同工作表中的方案

在“方案管理器”中显示了当前工作表中建立的方案，而其他工作表中建立的方案则不会显示。为了方便查看方案，可以使用“合并”功能将每张工作表中建立的方案合并到一张工作表中。

1 如图7-35所示为“不同销售数量下的利润”工作表中建立的方案，如图7-36所示为“不同单价下的利润”工作表中建立的方案。

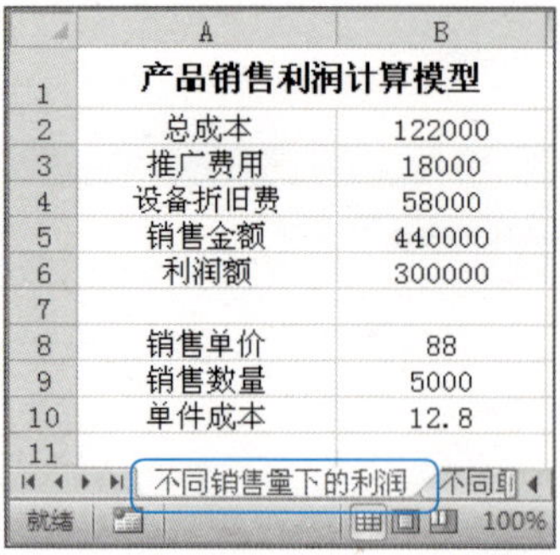

图7-35

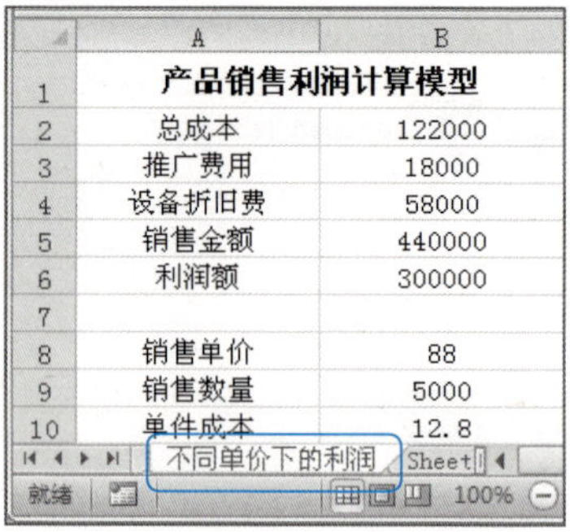

图7-36

❷ 切换到“不同销售数量下的利润”工作表中，打开“方案管理器”对话框，单击“合并”按钮，如图7-37所示。

❸ 打开“合并方案”对话框，如果当前打开了多张工作簿，则需要在“工作簿”下拉列表中选择工作簿，然后在“工作表”列表框中选中要合并其中方案的工作表，如图7-38所示。

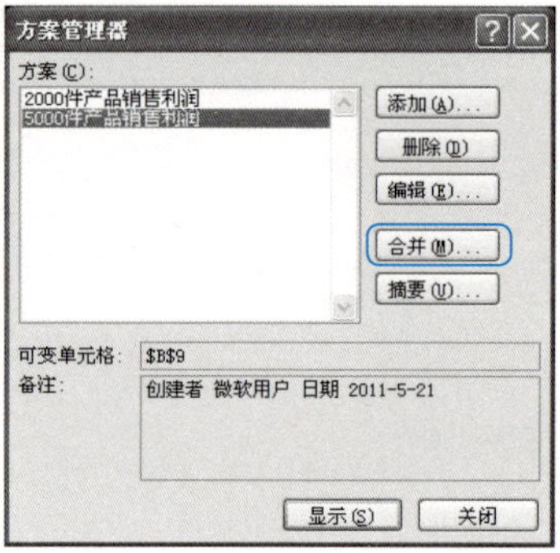

图7-37

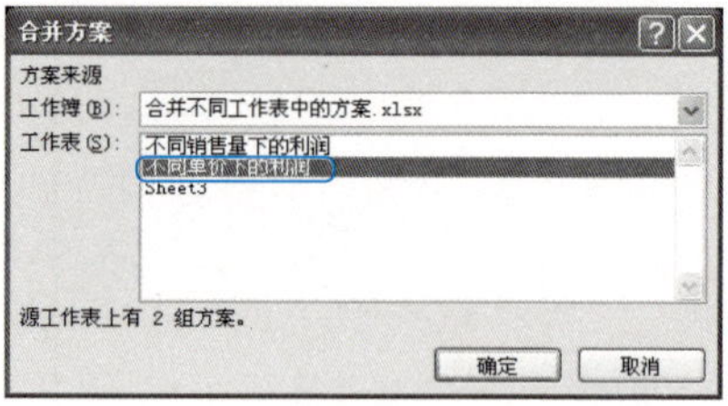

图7-38

❹ 单击“确定”按钮，即可将选中工作表中所有的方案合并到当前工作表中，如图7-39所示。

❺ 在“方案管理器”对话框的“方案”列表中选中“售价为100元时利润”，单击“显示”按钮，显示结果如图7-40所示。

❻ 在“方案管理器”对话框的“方案”列表中选中“5000件产品销售利润”方案，单击“显示”按钮，则显示结果如图7-41所示。

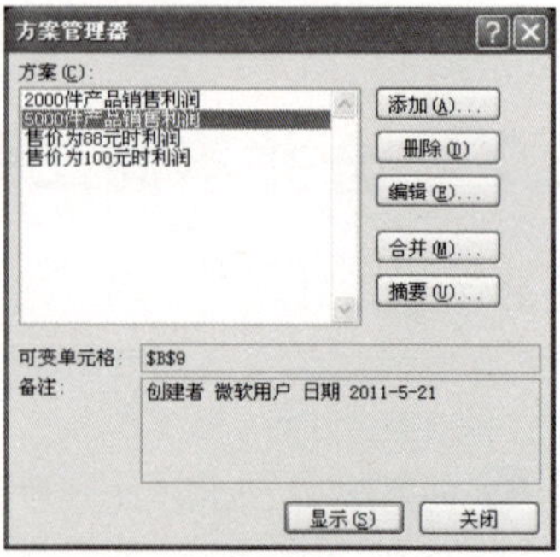

图7-39

	A	B
1	产品销售利润计算模型	
2	总成本	122000
3	推广费用	18000
4	设备折旧费	58000
5	销售金额	500000
6	利润额	360000
7		
8	销售单价	100
9	销售数量	5000
10	单件成本	12.8
11		

图7-40

	A	B
1	产品销售利润计算模型	
2	总成本	122000
3	推广费用	18000
4	设备折旧费	58000
5	销售金额	500000
6	利润额	360000
7		
8	销售单价	100
9	销售数量	5000
10	单件成本	12.8
11		

图7-41

动手练一练

如果要合并其他工作簿中的方案，方法也是类似的。首先将要合并其中方案的工作簿打开，然后切换到保存合并方案的工作簿中，按上面的方法打开“合并方案”对话框，在“工作簿”下拉列表中选择要合并其中方案的工作簿，再在“工作表”列表中选择包含要合并方案的工作表，单击“确定”按钮即可实现合并。

7.8　创建方案摘要

方案建立完成后，可以建立方案摘要来直观地显示不同变量值时的计算结果。下面介绍如何创建方案摘要。

❶ 打开建立了方案且想显示方案摘要的工作表，接着打开“方案管理器”对话框，单击“摘要”按钮，如图7-42所示。

❷ 打开“方案摘要”对话框，选择“报表类型”为“方案摘要”，如图7-43所示。

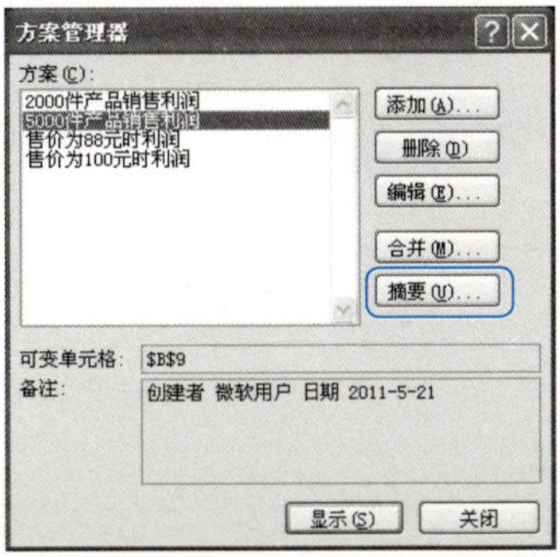

图7-42

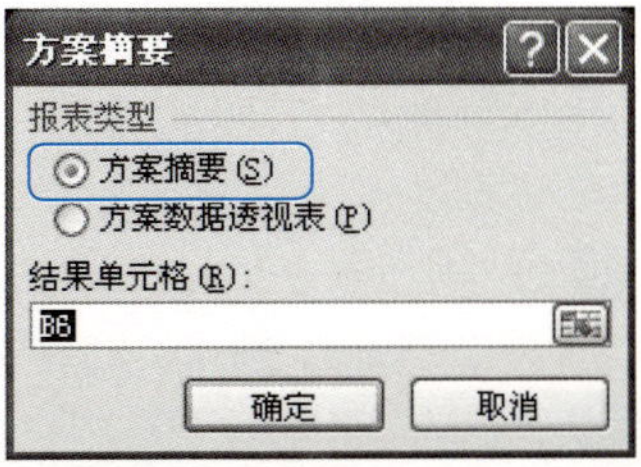

图7-43

③ 设置结果单元格，即查看其值的单元格，本例中设置显示“总成本”、“销售金额”、“利润额”等单元格，因此单击“结果单元格”后面的拾取器按钮回到工作表中，选择B2单元格与B5:B6单元格区域，如图7-44所示。

④ 选择后，单击拾取器按钮回到“方案摘要”对话框中，如图7-45所示。

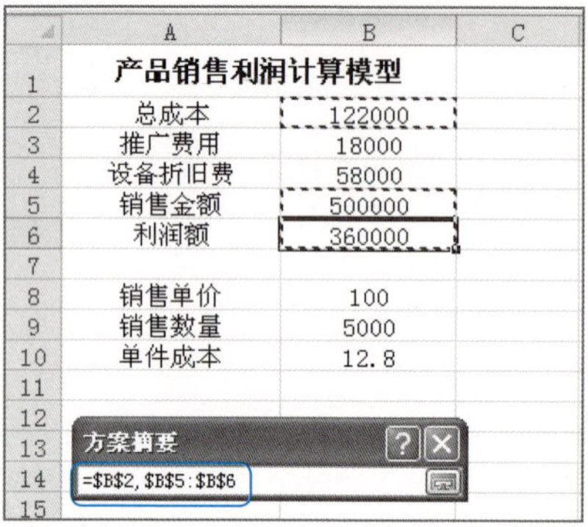

图7-44

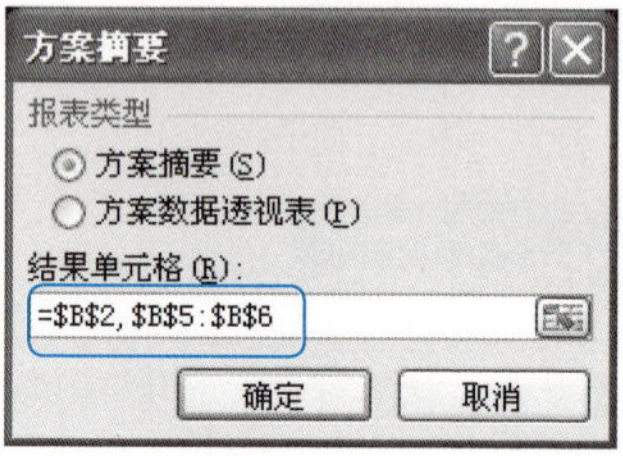

图7-45

⑤ 单击“确定”按钮，即可新建“方案摘要”工作表，显示摘要信息，即显示出不同销量下以及不同售价下对应的总成本、销售金额、利润额，如图7-46所示。

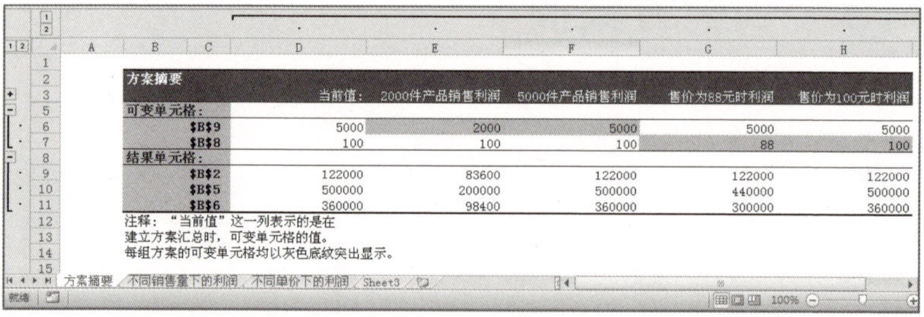

图7-46

7.9 创建数据透视表方案摘要

方案建立完成后，除了可以建立方案摘要来直观地显示不同变量值时的计算结果，还可以创建数据透视表方案摘要。

① 打开建立了方案且想显示方案摘要的工作表，接着打开“方案管理器”对话框，单击“摘要”按钮，如图7-47所示。

② 打开“方案摘要”对话框，选择“报表类型”为“方案数据透视表”，如图7-48所示。

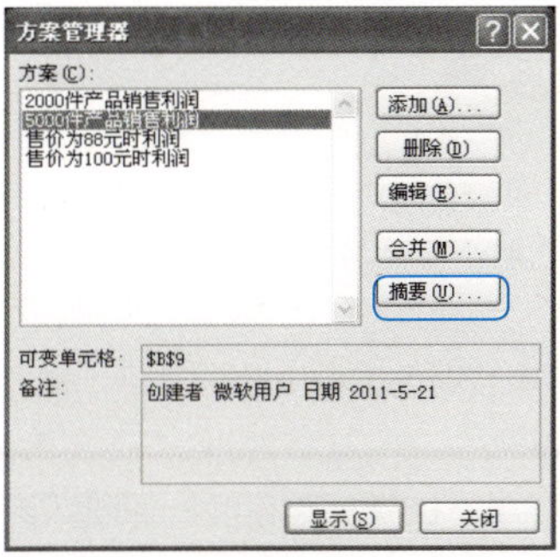

图7-47

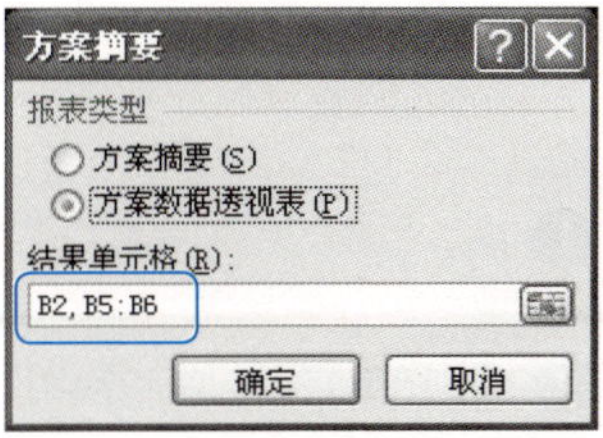

图7-48

③ 设置结果单元格，即查看其值的单元格，本例中设置显示“总成本”、“销售金额”、“利润额”等单元格，因此单击“结果单元格”后面的拾取器按钮回到工作表中，选择B2单元格与B5:B6单元格区域，如图7-49所示。

④ 选择后，单击拾取器按钮回到“方案摘要”对话框中，如图7-50所示。

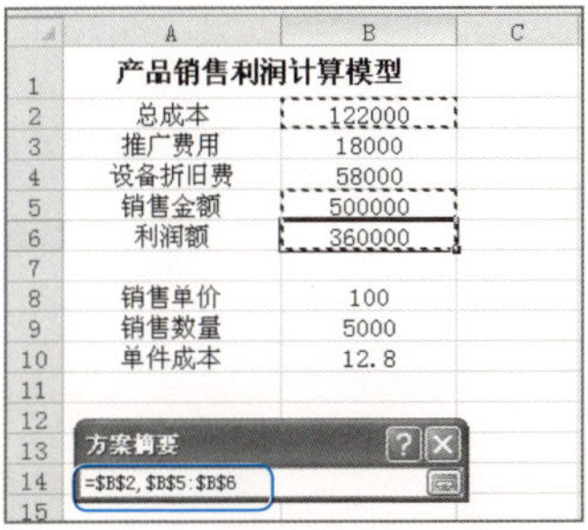

图7-49

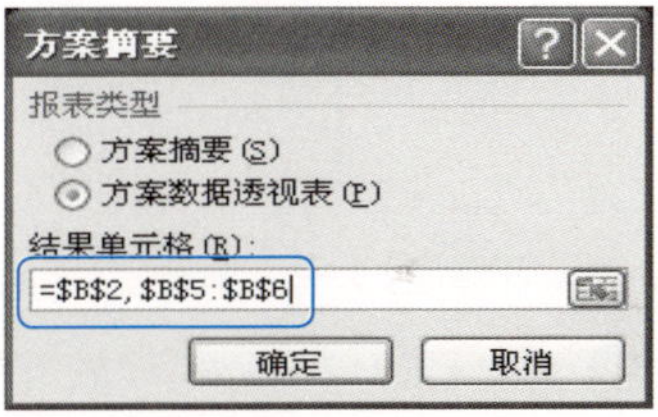

图7-50

⑤ 单击“确定”按钮，即可新建“方案数据透视表”工作表，显示摘要信息，即显示出不同销量下以及不同售价下对应的总成本、销售金额、利润额，如图7-51所示。

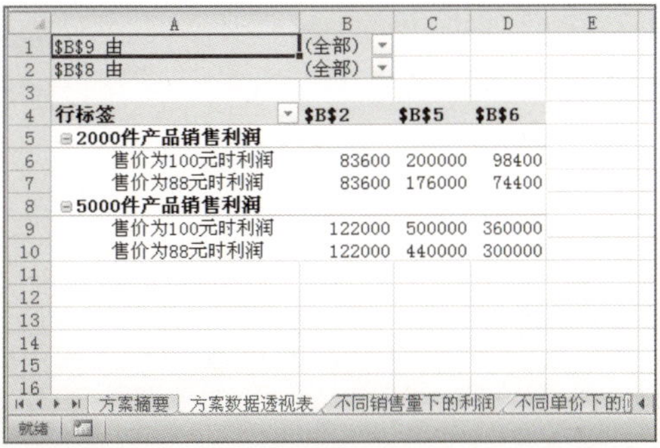

图7-51

7.10 单变量数据表运算

单变量模拟运算表中，可以对一个变量输入不同的值，从而查看它对一个或多个公式的影响。下面根据产品销售金额和奖金提成率，计算员工的业绩奖金。

1 输入相关的销售金额、奖金提成率等数据到表格中，并对单元格进行初始化设置。

2 分别在B4和B7单元格中设置公式“=B2*B3”，然后按Enter键，即可计算出奖金提成率为4%，销售金额为30000时的业绩奖金，如图7-52所示。

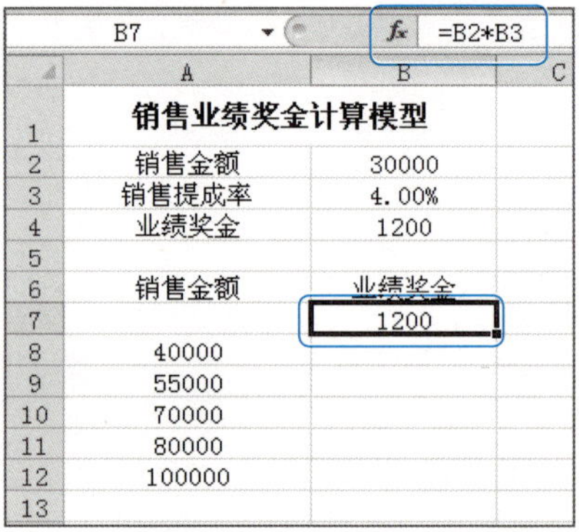

图7-52

3 选中A7:B12单元格区域，在“数据”选项卡下的“数据工具”选项组中单击“模拟分析”按钮，在下拉列表中选中“模拟运算表”选项，如图7-53所示。

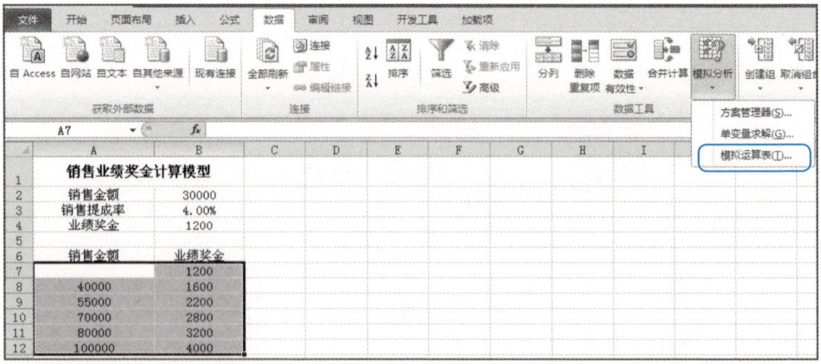

图7-53

4 打开“模拟运算表”对话框，单击“输入引用列的单元格”后的拾取器按钮，进入数据源选取状态，选中$B$2单元格，如图7-54所示。

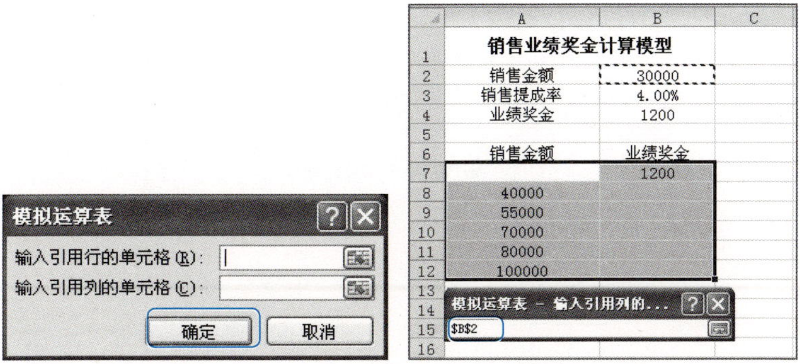

图7-54

5 选中后，单击拾取器按钮返回到“模拟运算表”对话框中，并将选中的$B$2单元格显示在“输入引用列的单元格”框中，如图7-55所示。

6 单击“确定”按钮，即可求出不同销售金额时的员工业绩奖金，如图7-56所示。

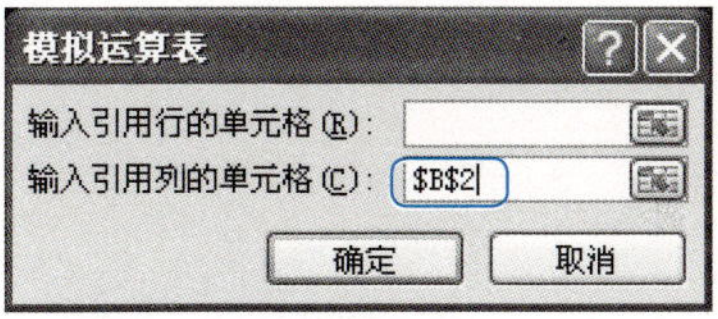

图7-55

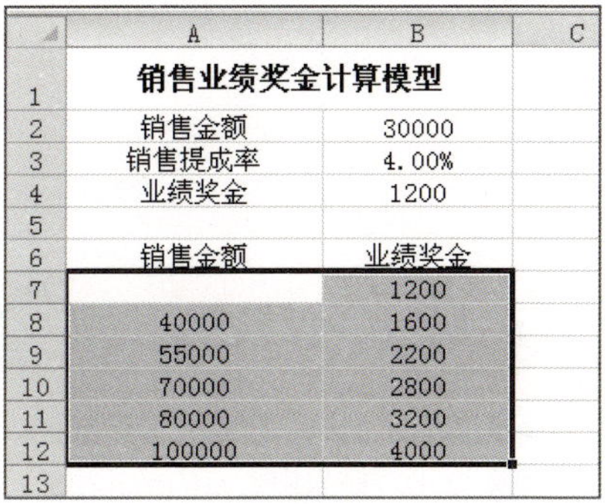

图7-56

专家提示

模拟运算表有两种类型，除了本技巧介绍的单变量模拟运算表，还有一种类型是双变量模拟运算表。

7.11　双变量数据表运算

双变量模拟运算表中可以对两个变量输入不同的值，从而查看它对一个公式的影响。下面根据产品销售金额和浮动奖金提成率，计算员工的业绩奖金。

1 在表格中输入相关的销售金额、销售提成率等数据，并对单元格进行初始化设置。

2 分别在B4和A7单元格中设置公式“=B2*B3”，然后按Enter键，即可计算出销售提成率为4%，销售金额为30000时的业绩奖金，如图7-57所示。

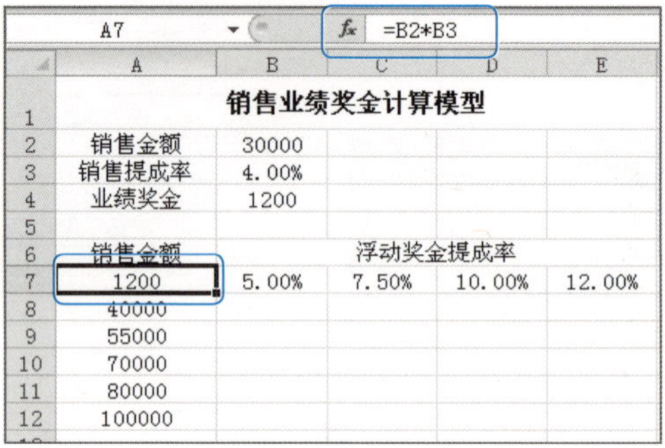

图7-57

3 选中A7:E12单元格区域，在“数据”选项卡下的“数据工具”选项组中单击“模拟分析”按钮，在下拉列表中选中“模拟运算表”选项，如图7-58所示。

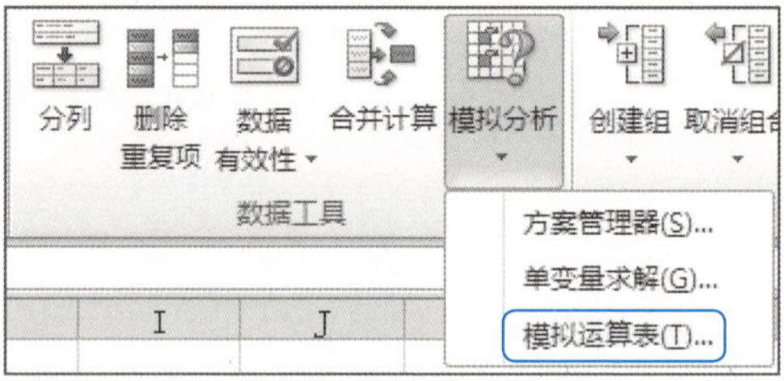

图7-58

4 打开“模拟运算表”对话框，如图7-59所示。

5 单击“输入引用行的单元格”后的拾取器按钮，进入数据源选取状态，选中$B$3单元格，如图7-60所示。

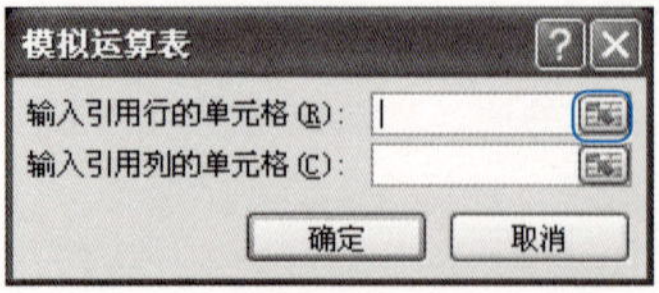

图7-59

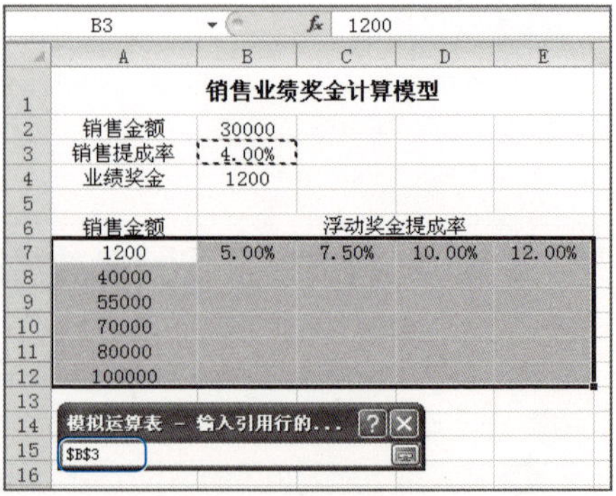

图7-60

6 选中后，单击拾取器按钮返回到“模拟运算表”对话框中，并将选中的$B$2单元格显示在“输入引用列的单元格”框中，如图7-61所示。

7 设置完成后，则在“输入引用行的单元格”和“输入引用列的单元格”中分别显示选中的双变量条件单元格，如图7-62所示。

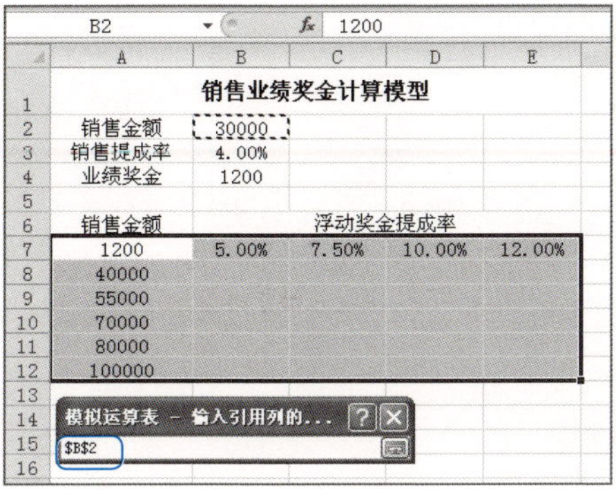

图7-61

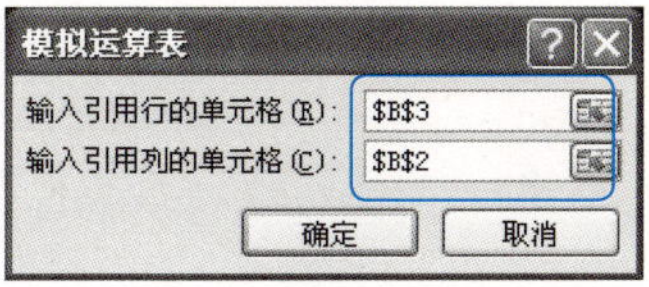

图7-62

8 单击“确定”按钮，即可根据销售求出不同销售金额时的员工业绩奖金，如图7-63所示。

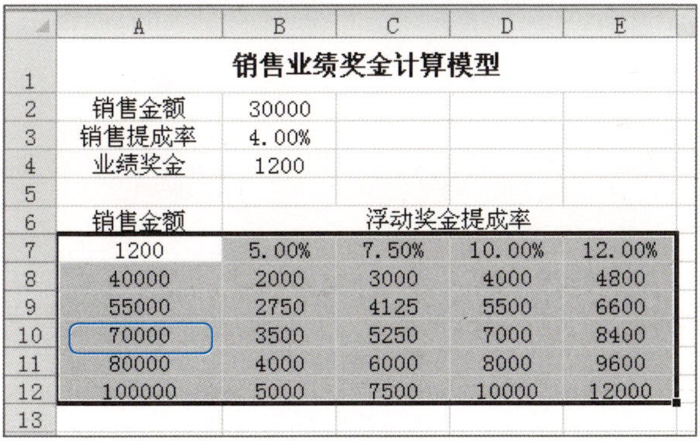

	A	B	C	D	E
1	销售业绩奖金计算模型				
2	销售金额	30000			
3	销售提成率	4.00%			
4	业绩奖金	1200			
5					
6	销售金额	浮动奖金提成率			
7	1200	5.00%	7.50%	10.00%	12.00%
8	40000	2000	3000	4000	4800
9	55000	2750	4125	5500	6600
10	70000	3500	5250	7000	8400
11	80000	4000	6000	8000	9600
12	100000	5000	7500	10000	12000
13					

图7-63

7.12　将模拟运算结果转换为常量

单变量模拟运算的结果保存为类似于“{=TABLE(,B2)}”、“{=TABLE(B2,)}”这样的形式，前者表示变量在列中，后者表示变量在行中；双变量模拟运算的结果保存为类似于“{=TABLE(H10，H11)}”这样的形式。在模拟运算返回的单元格区域中，不允许随意更改单个单元格的值，若要对其进行编辑操作，则需要将其转换为常量。

1 选定显示模拟运算结果的单元格区域，按Ctrl+C组合键执行复制操作，然后按Ctrl+C组合键进行粘贴。

2 此时，在粘贴单元格区域的右下角出现一个“粘贴选项”按钮，单击该按钮打开下拉列表，选中“只有值”单选按钮，如图7-64所示。

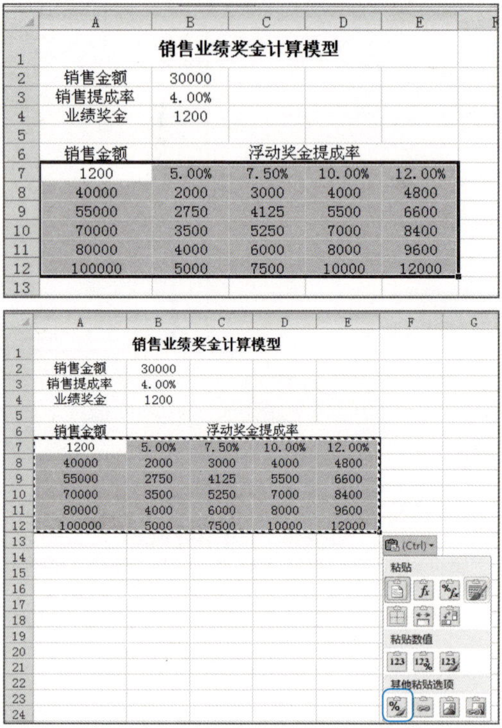

图7-64

3 至此，即可将模拟运算结果的数组形式更改为常量。

第 8 章

财务报表的打印与保护

8.1 打印财务报表

8.1.1 设置纸张方向

在Excel 2010工作表中，用户既可以将纸张设置为纵向打印表格，也可以设置为横向打印表格。

1. 纵向页面设置

❶ 打开“文件”选项卡，在下拉列表中选择“打印”选项，在右侧的“设置”栏中单击“页面设置”按钮，如图8-1所示。

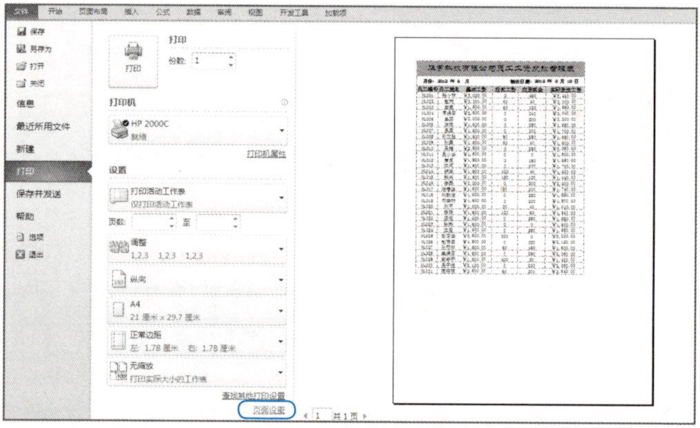

图8–1

❷ 打开“页面设置”对话框，切换到“页边距”选项卡，选中“居中方式”栏中的“水平”复选框，如图8-2所示。

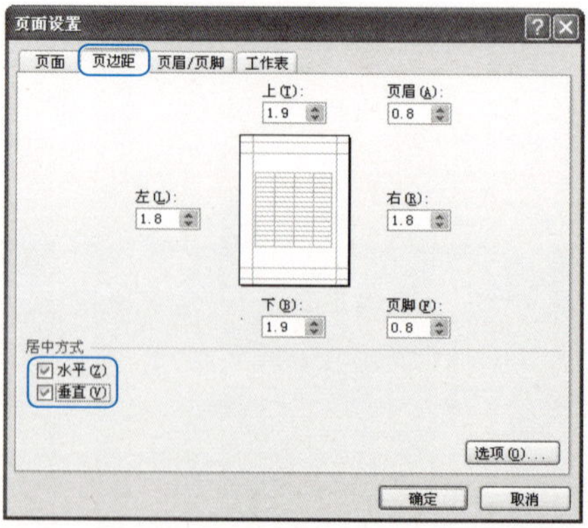

图8–2

❸ 单击“确定”按钮，可以看到表格位于纸张的正中位置，如图8-3所示。

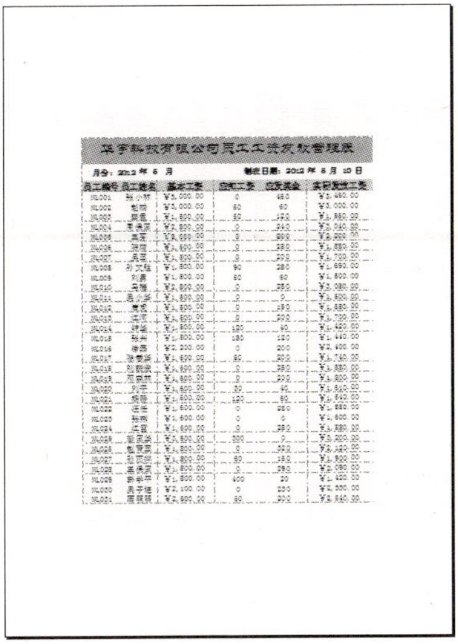

图8-3

2. 横向页面设置

在打印文档时，如果工作表包含多列、文档较宽时，可以在“页面”选项卡中选择“横向”版式来打印。

❶ 打开“文件”选项卡，在下拉列表中选择“打印”选项卡，在右侧的“设置”栏中单击“页面设置”按钮，如图8-4所示。

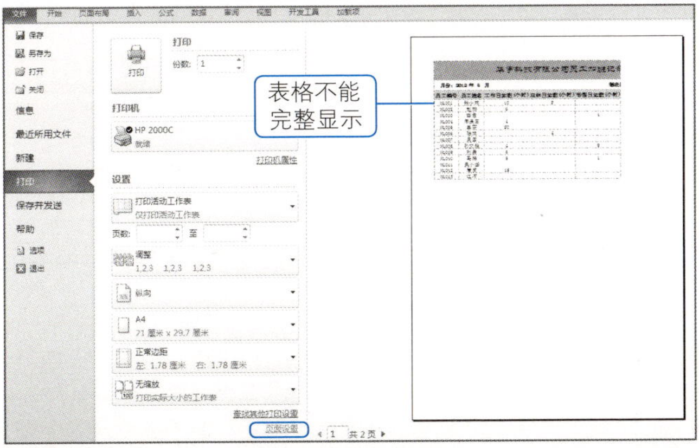

图8-4

2 打开“页面设置”对话框，切换到“页面”选项卡，单击“方向”栏中的“横向”单选按钮，如图8-5所示。

3 切换到“页边距”选项卡，选中“居中方式”栏中的“水平”复选框，单击“确定”按钮，可以看到表格位于纸张的正中位置，如图8-6所示。

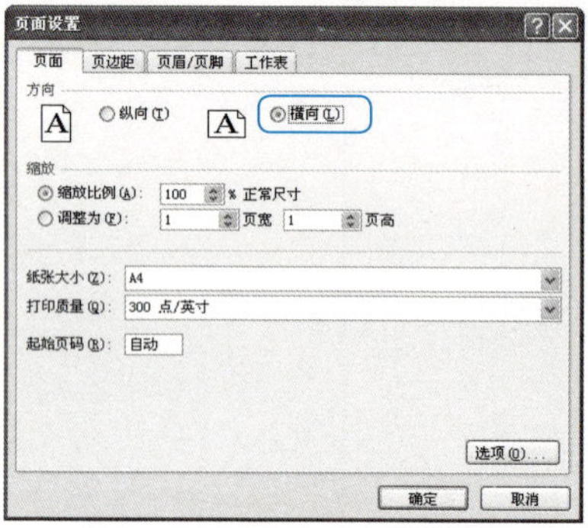

图8-5

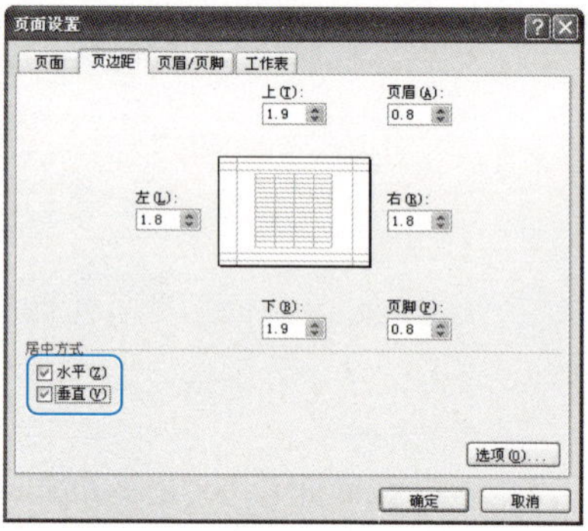

图8-6

4 单击“确定”按钮，可以看到表格位于纸张的正中位置，如图8-7所示。

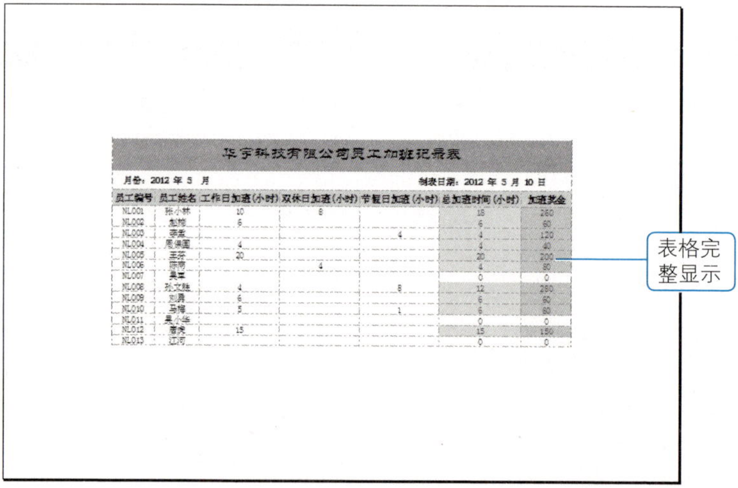

图8-7

专家提示

如果表格由于页面不够宽有少量部分未能显示出来，可以在“页边距”选项卡下调整右边距来让表格完整显示出来。

8.1.2　设置显示边距

如果对打印的工作表在页面中的位置不满意，则可以通过下面介绍的方法对页边距进行调整。

❶ 打开要打印的工作表。

❷ 打开“文件”选项卡，在下拉列表中选择“打印”选项卡，在右侧的列表中选择一种边距，如图8-8所示。

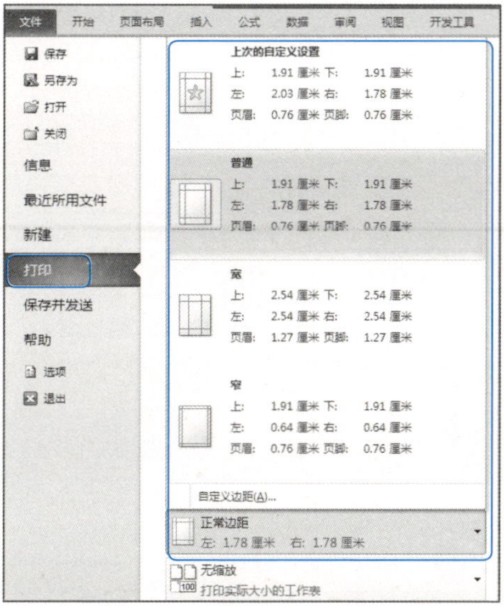

图8–8

8.1.3　设置打印份数

默认情况下，在打印文档时，Excel 2010只打印一份文档，若要一次打印多份文档，可根据下面介绍的方法来实现。

❶ 打开要打印的工作表。

❷ 打开“文件”选项卡，在下拉列表中选择“打印”选项，在右侧列表中单击“打印”按钮，在“份数”文本框中输入要打印的份数，如图8-9所示。

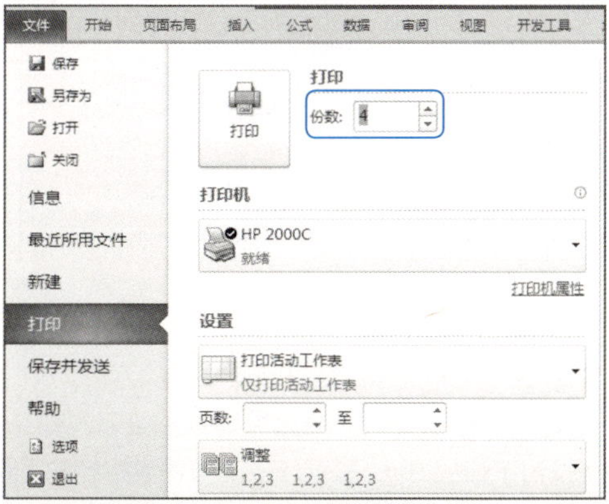

图8–9

8.1.4 更改打印起始页的页面

在默认情况下，在打印工作表时，系统会自动给工作表添加页码且从1开始。若要手动设置文档的起始页页码，可以通过下面的方法来实现。

❶ 打开要打印的工作表。

❷ 打开“页面布局”选项卡，在“页面设置”选项组中单击右下角的 按钮，如图8-10所示。

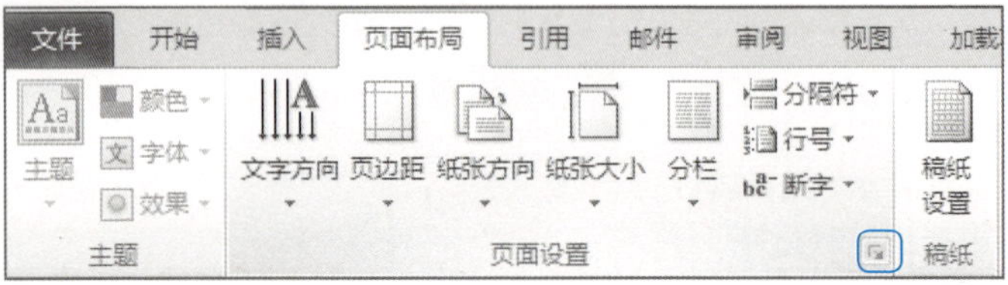

图8-10

❸ 打开“页面设置”对话框，选择“页面”选项卡，在“起始页码”文本框中输入所需的工作表起始页的页面。

❹ 单击“确定”按钮，再执行打印操作时，即可在起始页中显示设置的页码，如图8-11所示。

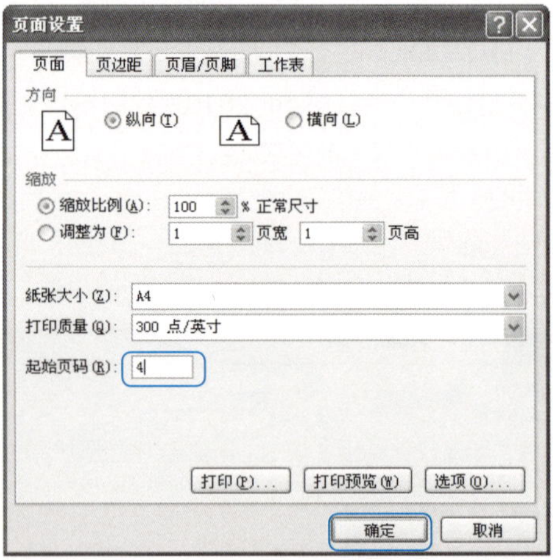

图8-11

8.1.5 打印指定的页

在对页面和打印机进行设置后，通过打印预览显示打印结果。若工作表包含多页内容时，可按照下面的方法只打印Excel工作表指定的页面。

❶ 打开要打印的工作表，再打开“文件”选项卡，在下拉列表中选择“打

印”选项。

2 在右侧的“设置”栏“页数”文本框中输入要打印的页码或页码范围，如图8-12所示。

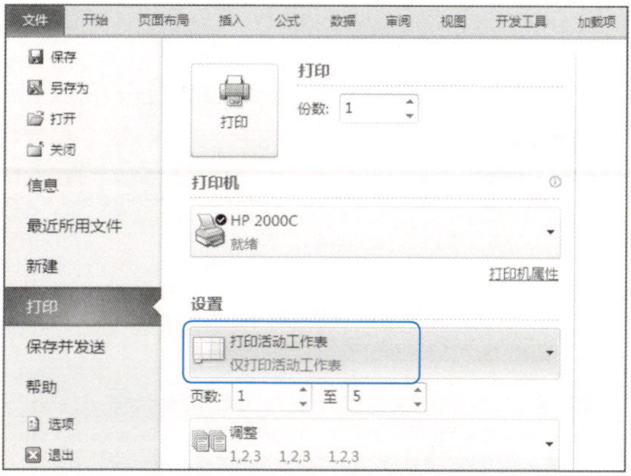

图8–12

3 设置完成后，单击“打印”按钮，即可开始打印，如图8-13所示。

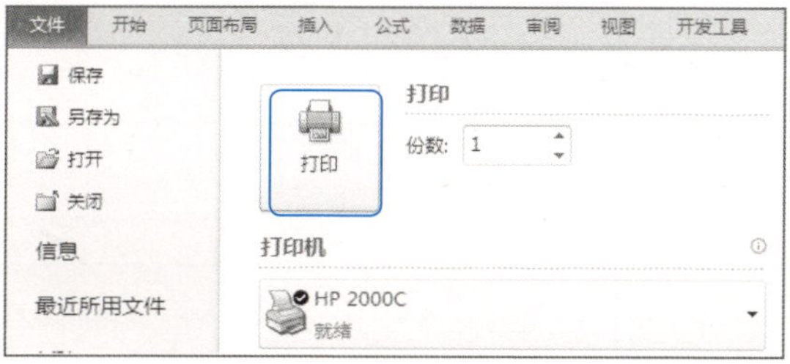

图8–13

8.1.6　打印工作表中某一特定区域

在对页面和打印机进行设置后，通过打印预览显示打印结果。当整张工作表数据较多时，若只需要打印某一部分内容作为参考资料，例如打印工作表中单元格区域A1:F10的数据，可按照下面介绍的方法进行操作。

1 选中单元格区域A1:F10数据。

2 打开“页面布局”选项卡，在“页面设置”选项组中单击“打印区域”下拉按钮，在下拉列表中选中“设置打印区域”选项，如图8-14所示。

3 此时单元格区域A1:F10为打印区域，如图8-15所示。

4 切换到“文件”选项卡，在下拉列表中选择“打印”选项，在右侧的“设置”栏“页数”文本框中输入要打印的份数。

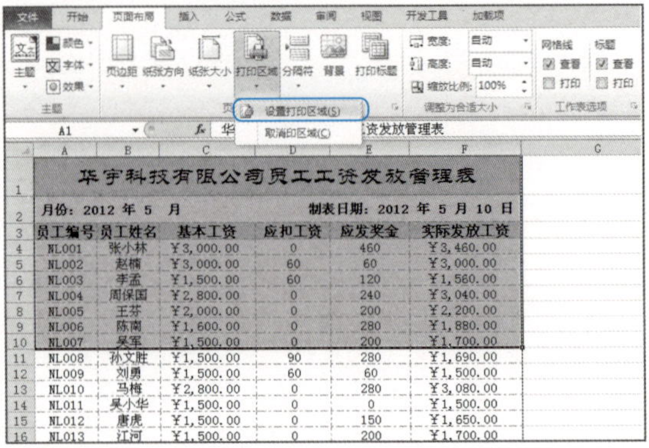

图8-14

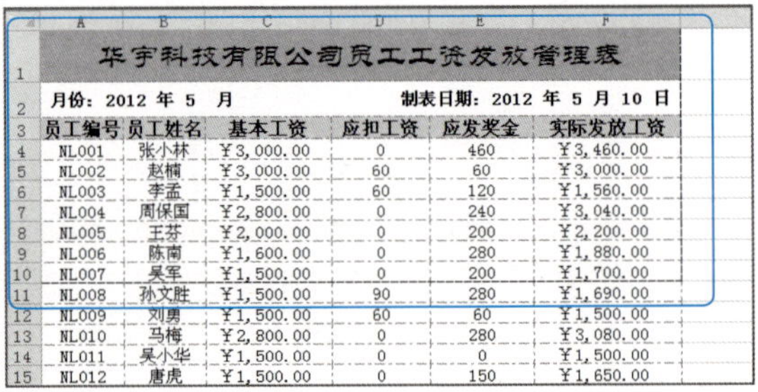

图8-15

5 设置完成后，单击“打印”按钮，即可开始打印，如图8-16所示。

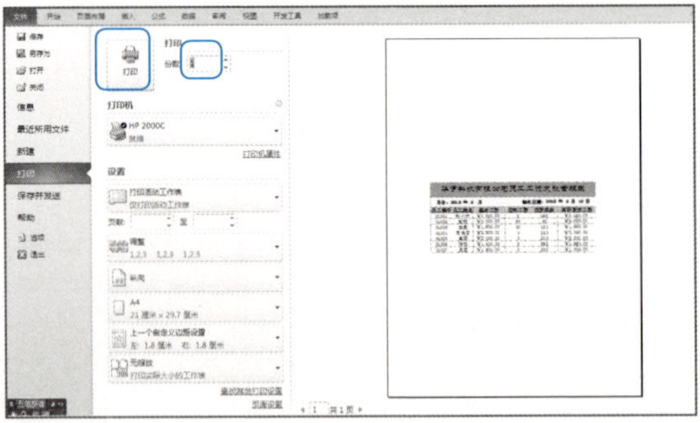

图8-16

动手练一练

当需要取消设置好的打印区域时，可在打开目标工作表后，切换到“页面布局”选项卡，单击“页面设置”选项组中的“打印区域”按钮，在展开的下拉列表中选择“取消打印区域”选项，即可完成操作。

8.1.7 将行、列号一同打印出来

默认情况下，在执行打印操作后，打印出来的工作表中不包含行号和列号。若要使打印出的工作表包含行号和列号，可根据下面介绍的方法来设置。

❶ 打开要打印的工作表，再打开“页面布局”选项卡，在“页面设置”选项组中单击右下角的按钮，如图8-17所示。

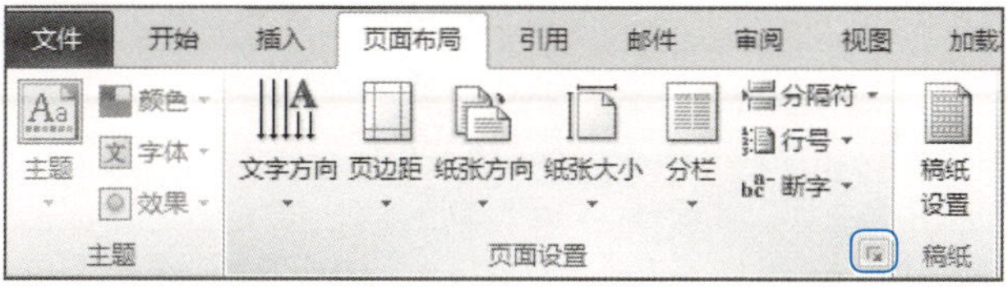

图8-17

❷ 打开“页面设置”对话框，选择“工作表”选项卡，在其中勾选“打印”栏中的“行号列标”复选框，如图8-18所示。

❸ 单击“确定”按钮，再执行打印操作，即可将行号和列号一同打印出来。

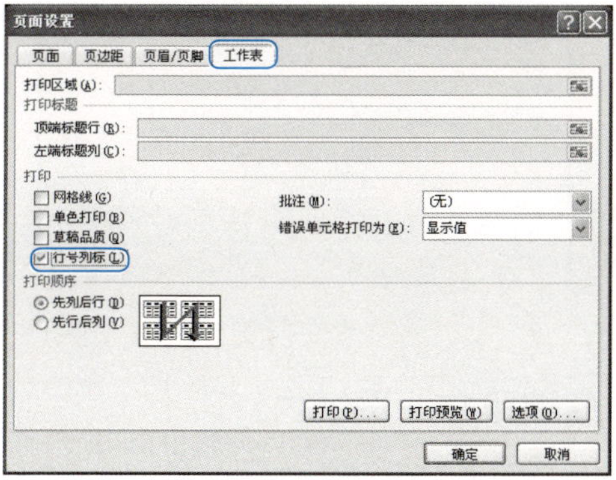

图8-18

举一反三

在打印表格时，打印机会以先行后列或先列后行的顺序进行打印。如果用户需要对该打印机顺序进行设置，可打开“页面设置”对话框，切换到“工作表”选项卡，在“打印顺序”栏中对表格行与列的打印顺序进行设置。

8.1.8 不打印单元格中的颜色和底纹效果

若打印区域中的单元格设置了颜色和底纹效果，在打印文档时可以不打印出单元格设置的颜色和底纹效果。实现方法如下。

❶ 打开要打印的工作表，再打开“页面布局”选项卡，在“页面设置”选项组中单击右下角的按钮，如图8-19所示。

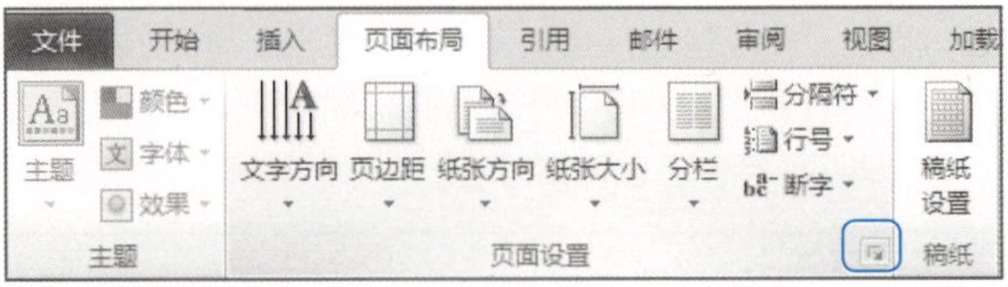

图8-19

❷ 打开“页面设置”对话框，选择“工作表”选项卡，在其中勾选“打印”栏中的“单色打印”复选框，如图8-20所示。

❸ 单击“确定”按钮，再执行打印操作，即可不打印单元格中的颜色和底纹效果。

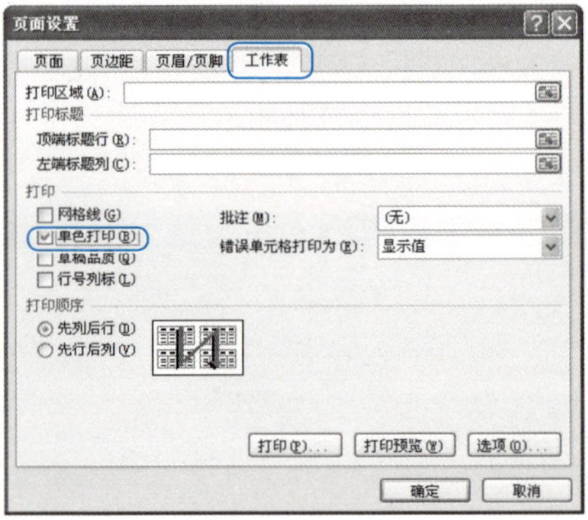

图8-20

8.1.9 将数据缩印在一页纸内打印

在打印文档时，当打印的内容超过一页时，会自动将剩余内容放在后面的新页中。若新页中的数据很少，再占用一页会浪费纸张，这时可以通过设置将数据缩印在一页纸内。

❶ 打开要打印的工作表，再打开“页面布局”选项卡，在“页面设置”选项组中单击右下角的按钮，如图8-21所示。

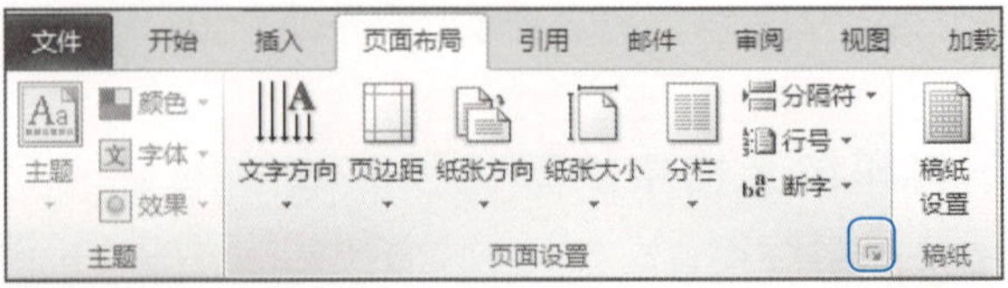

图8-21

❷ 打开“页面设置”对话框，选择“页面”选项卡，在其中单击“缩放”栏中的“调整为”单选按钮，在其文本框中分别输入数值“1”。

❸ 单击“确定”按钮，再执行打印操作，即可将剩余数据缩放到一页纸内进行打印，如图8-22所示。

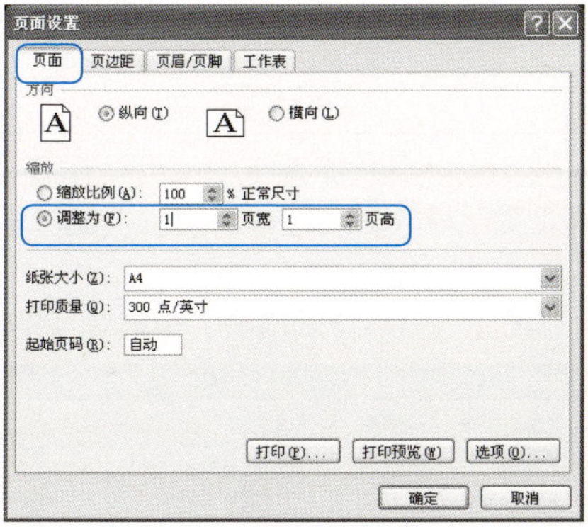

图8-22

专家提示

缩印主要运用于如下的情形：（1）当数据内容超过一页宽时，Excel总是先打印左半部分，把右半部分单独放在后面的新页中，但是右半部分数据并不多，可能就是一两列；（2）当数据内容超过一页高时，Excel总是先打印前面部分，把超出的部分放在后面的新页中，但是超出的部分并不多，可能就是一两行。

8.1.10 将多个打印区域打印到同一页上

在打印工作表时，若要打印区域包含多个不连续的单元格区域，则默认情况下会将这些打印区域打印到不同的页面中。可根据下面介绍的方法将其打印到同一页上。

❶ 在按住Shift键或Ctrl键的同时，选中不需要打印出来的多个不连续的行（列）并单击右键，在快捷菜单中选择“隐藏”命令，并将其隐藏起来。

❷ 设置一个包含所有行（列）的打印区域，其中也包含隐藏的行（列），再执行打印操作就可以了。

8.1.11 将表格中的网络线打印出来

在默认情况下，Excel表格中的行号、列标和网格线是不会显示出来的。但如果用户需要，可对其进行设置。若要使打印出的工作表包含网格线，可根据下面介绍的方法来设置。

❶ 打开要打印的工作表，打开“页面布局”选项卡，在“页面设置”选项组中单击右下角的 按钮，如图8-23所示。

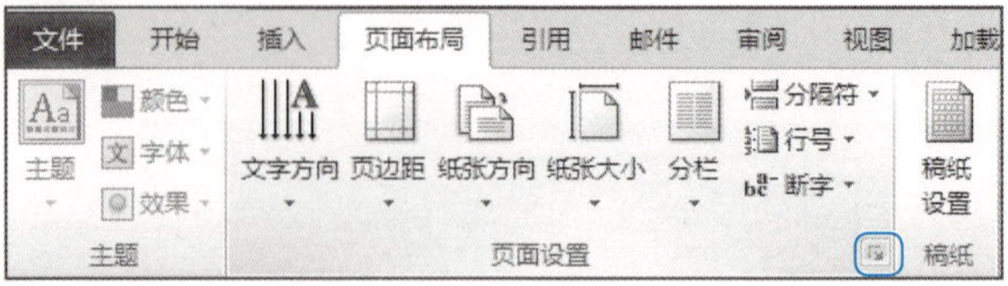

图8-23

❷ 打开“页面设置”对话框，选择“工作表”选项卡，在其中勾选“打印”栏的“网格线”复选框，如图8-24所示。

❸ 单击“确定”按钮，再执行打印操作，即可将网格线一同打印出来。

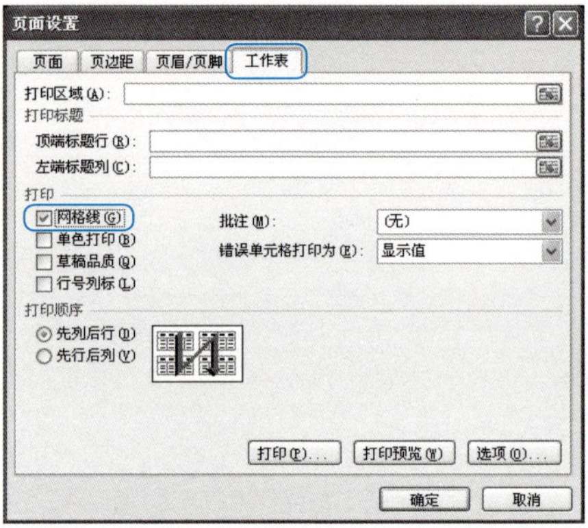

图8-24

8.1.12 打印出批注

在默认情况下打印文档时，文档中的批注是不会打印出来的。但若要打印出批注，可以通过下面的介绍来实现。

❶ 打开要打印的工作表，再打开“页面布局”选项卡，在“页面设置”选项组中单击右下角的 按钮，如图8-25所示。

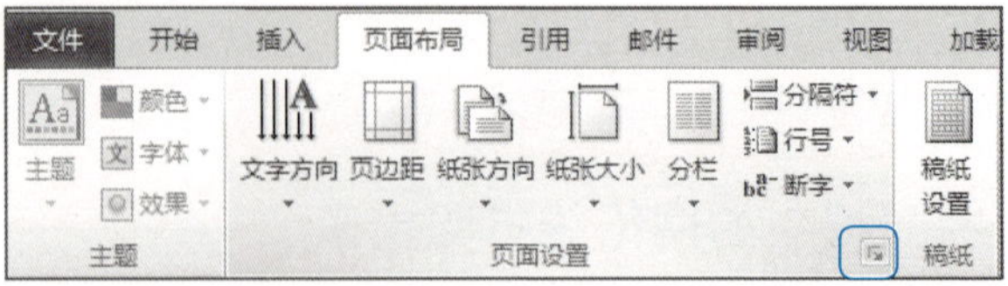

图8-25

❷ 打开“页面设置”对话框，选择“工作表”选项卡，在其中 “打印”栏选择打印批注的位置，如图8-26所示。

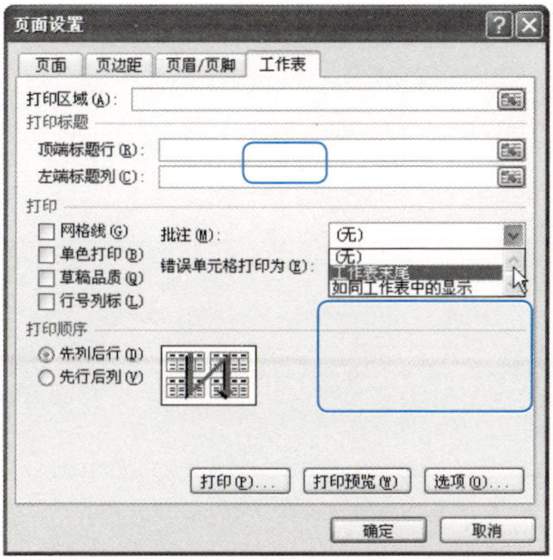

图8–26

❸ 单击“确定”按钮，再执行打印操作时，即可将指定位置的批注打印出来。

8.1.13　设置只打印图表

在打印工作表时，若只想打印工作表中的图表，则可打开包含图表的工作表并选中要打印的图表，可通过下面的方法来实现。

❶ 打开要打印的工作表，再打开“文件”选项卡，在下拉列表中选择“打印”选项。

❷ 在右侧“设置”栏中选择“仅打印所选图表”选项，再执行打印操作时，即可只打印该图表，如图8-27所示。

图8–27

8.1.14 设置图表的打印质量

在打印工作表时，还可以设置图表的打印质量，操作如下。

❶ 打开要打印的工作表，再打开“页面布局”选项卡，在“页面设置”选项组中单击右下角的 按钮，如图8-28所示。

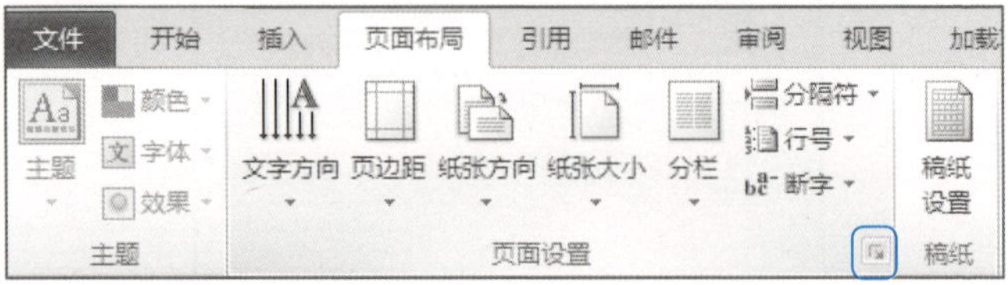

图8–28

❷ 打开“页面设置”对话框，选择“图表”选项卡。

❸ 在“打印质量”栏中可以根据打印图表的不同使用要求，选择图表的打印质量，如图8-29所示。

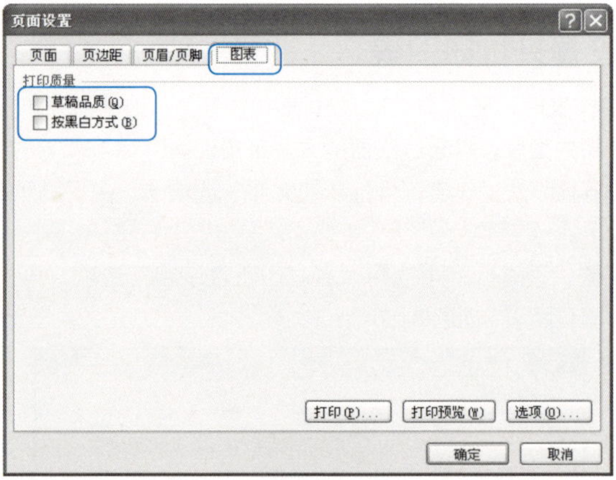

图8–29

8.1.15 设置不打印工作表的错误值

在打印工作表时，当工作表中存在公式时，有时难免会出现错误，如果不想将工作表的错误值打印出来，可以通过下面的介绍来实现。

❶ 打开要打印的工作表，再打开“页面布局”选项卡，在“页面设置”选项组中单击右下角的 按钮，如图8-30所示。

❷ 打开“页面设置”对话框，选择“工作表”选项卡，在“打印”栏中单击“错误单元格打印为”下拉列表框，从中选择“空白”项。

❸ 单击“确定”按钮，再执行打印操作时，即可不打印工作表的错误值，

如图8-31所示。

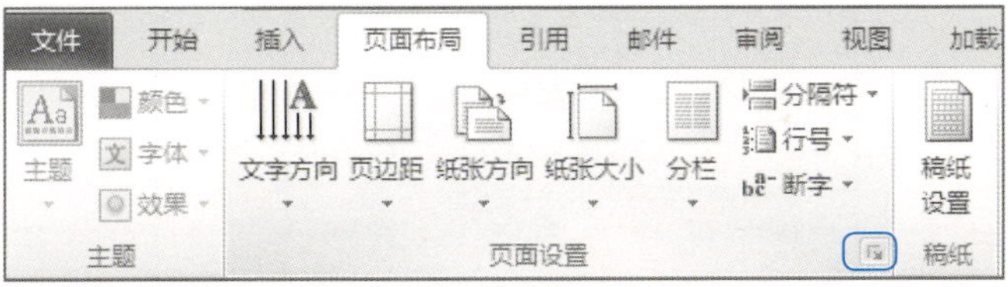

图8-30

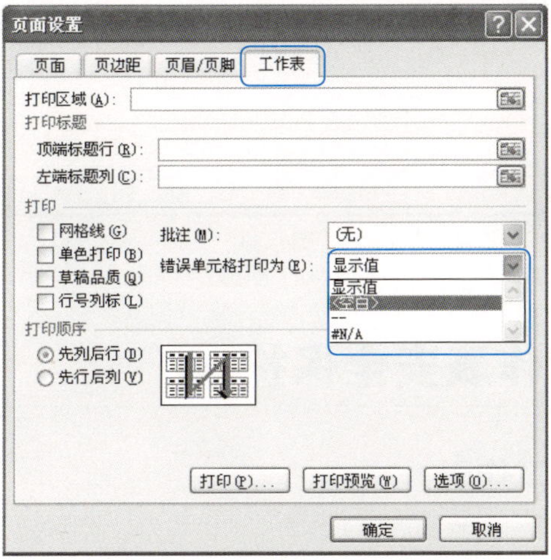

图8-31

8.1.16 调整打印机的分辨率

在打印工作表时，若要调整打印机的分辨率，可以通过下面的方法来实现。

❶ 打开要打印的工作表，打开“页面布局”选项卡，在“页面设置”选项组中单击右下角的 按钮，如图8-32所示。

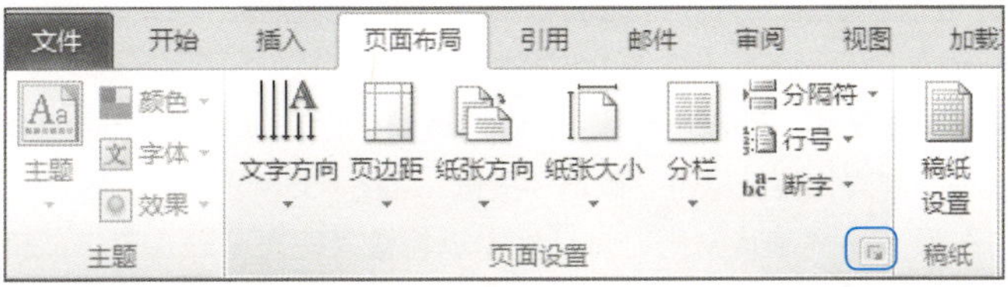

图8-32

❷ 打开“页面设置”对话框，选择“工作表”选项卡，再选择“页面”选项，在“打印质量”下拉列表中选择一种分辨率，如图8-33所示。

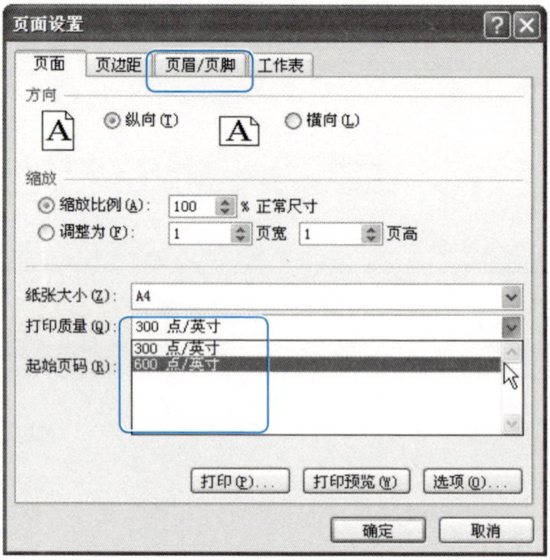

图8-33

8.2 工作表安全保护

8.2.1 保护工作表

设置对工作表进行保护后，工作表中的内容为只读状态，无法进行更改。可以通过下面的介绍来实现保护工作表。

❶ 打开需要保护的工作表，再打开“审阅”选项卡，在“更改”选项组中单击“保护工作表”按钮，如图8-34所示。

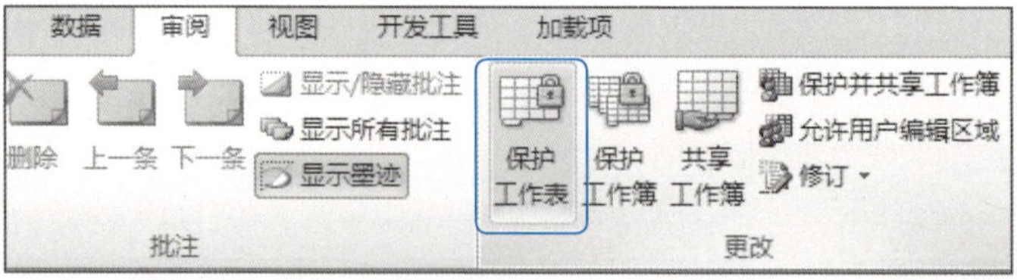

图8-34

❷ 打开“保护工作表”对话框，在“取消工作表保护时使用的密码”文本框中输入一个密码，接着单击“确定”按钮，如图8-35所示。

❸ 在弹出的“确认密码”对话框中重新输入一次密码，单击“确定”按钮，保存工作簿即可完成设置，如图8-36所示。

❹ 设置完成后，单击“确定”按钮。当再次打开该工作表时，即提示文档已被保护，无法修改，如图8-37所示。

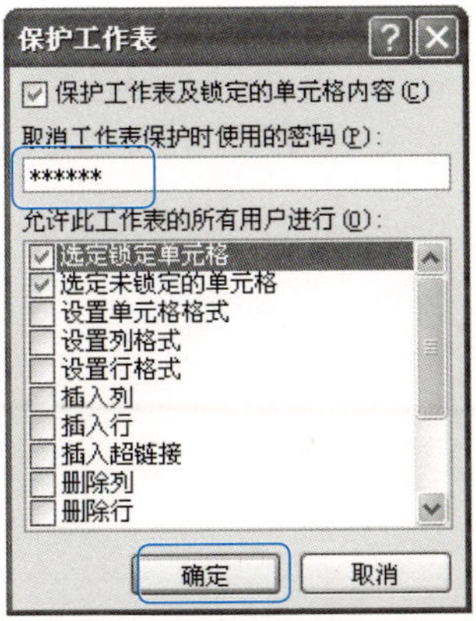

图8-35

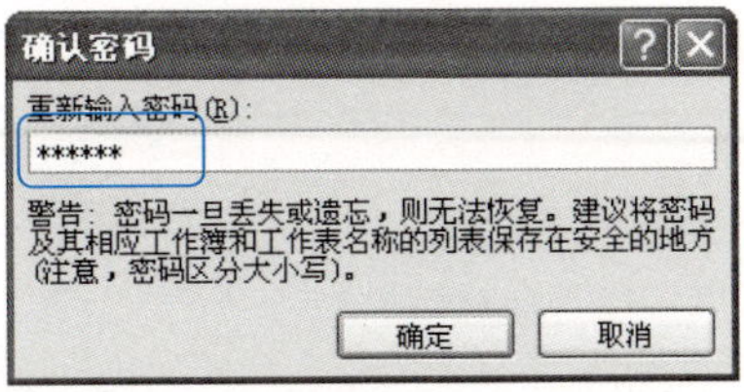

图8-36

图8-37

8.2.2　保护公式不被更改

如果工作表中包含大量的重要公式，而且不希望这些公式被别人修改，可以对公式进行保护。

❶ 打开“视图”选项卡，在“宏”选项组中单击“宏”下拉按钮，在弹出的下拉列表中选择“宏录制”命令，如图8-38所示。

❷ 打开“录制新宏”对话框，输入宏名为“保护公式”，设置快捷键为Ctrl+q组合键，设置保存在“个人宏工作簿”，接着单击“确定”开始录制宏，如图8-39所示。

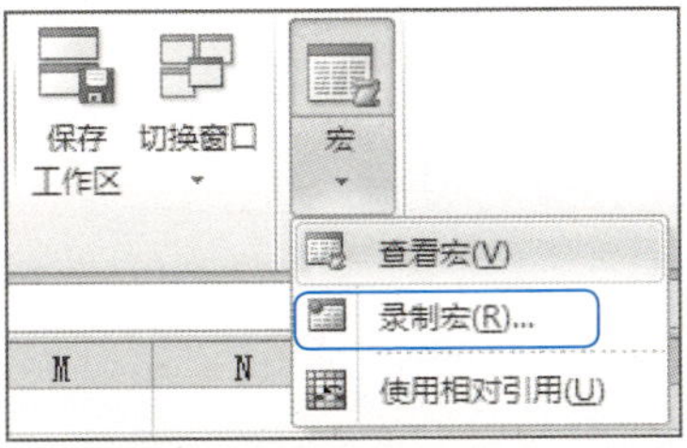

图8-38

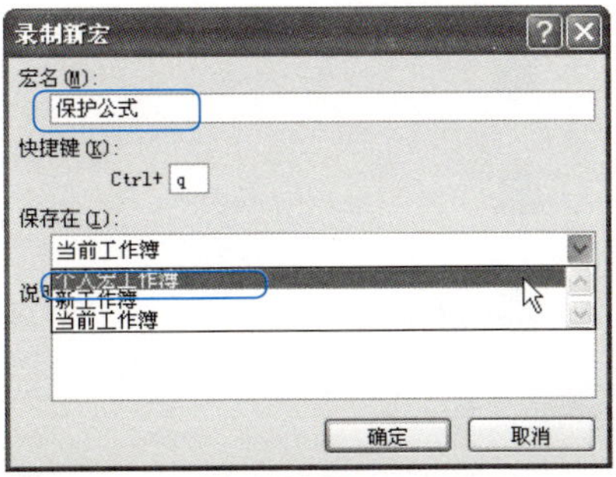

图8-39

❸ 切换到“开始”选项卡，在“单元格”选项组中单击“格式”下拉按

钮，在下拉列表中单击“锁定单元格”命令，取消锁定单元格，如图8-40所示。

❹ 在“编辑”选项组中单击“查找和选择”下拉按钮，在弹出的下拉列表中选择“公式”命令，选中工作表中所有的公式，如图8-41所示。

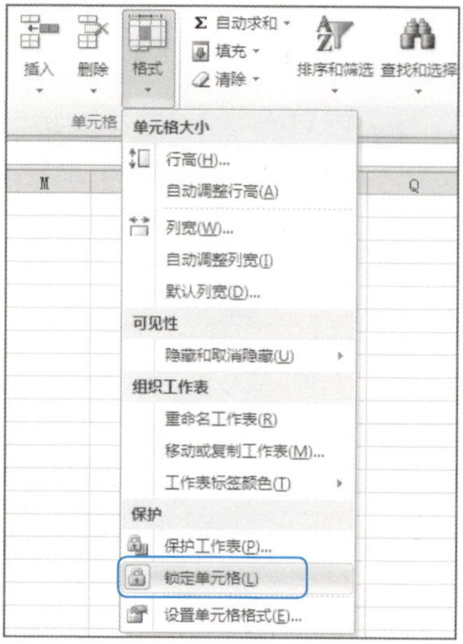

图8-40

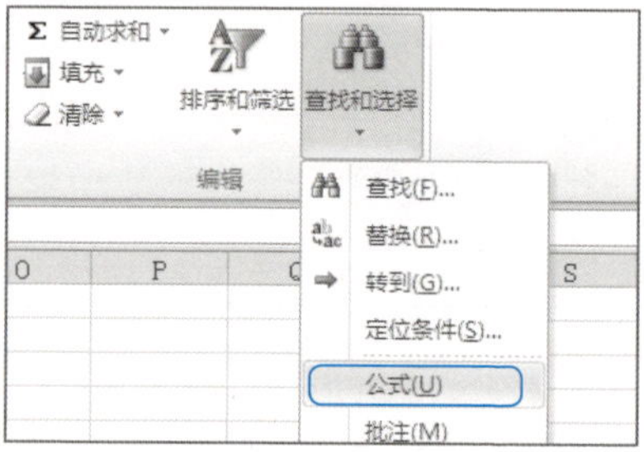

图8-41

❺ 切换到“审阅”选项卡，在“更改”选项组中单击“保护工作表”按钮，如图8-42所示。

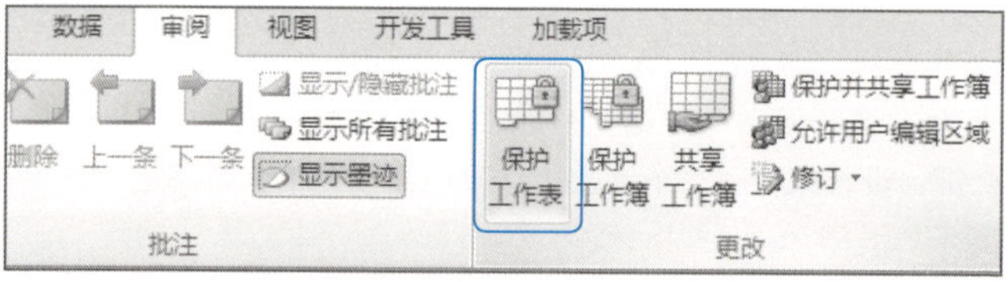

图8-42

❻ 打开“保护工作表”对话框，把“允许此工作表中所有用户进行”列表中的所有选项全部选中，如图8-43所示。

❼ 打开“视图”选项卡，在“宏”选项组中单击“宏”下拉按钮，在弹出下拉菜单中选择“停止录制”命令，完成宏的录制，如图8-44所示。

❽ 按Ctrl+q组合键，即可保护所有公式了。

专家提示

在“保护工作表”对话框中把“允许此工作表中所有用户进行”列表框中的所有选项全部选中，主要是为了确保只保护公式而不影响其他功能。

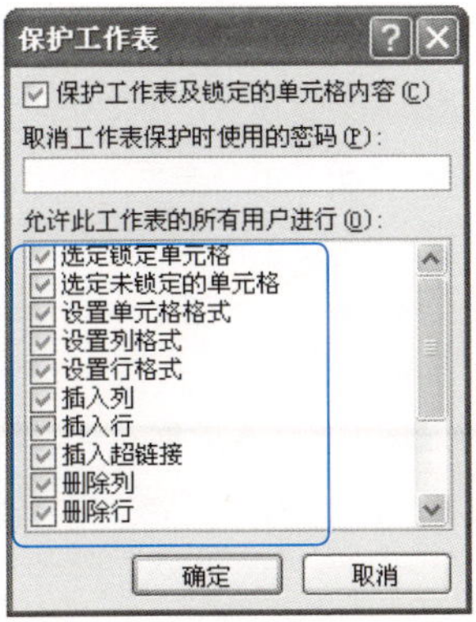

图8-43

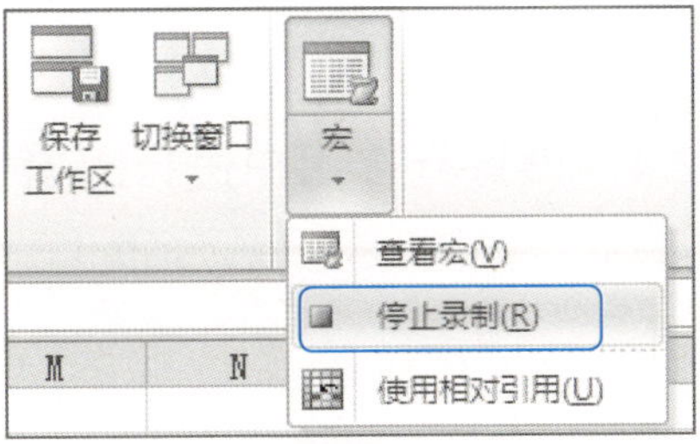

图8-44

8.2.3　隐藏含有重要数据的工作表

除了可通过设置密码对工作表实行保护外，还可利用隐藏行列的方法将整张工作表隐藏起来，以达到保护的目的。例如隐藏含有重要数据的工作表的方法如下。

❶ 切换到要隐藏的工作表中，打开“开始”选项卡，在“单元格”选项组中单击“格式”下拉按钮。

❷ 在下拉列表中选中“隐藏和取消隐藏”→“隐藏工作表”命令，即可实现工作表的隐藏，如图8-45所示。

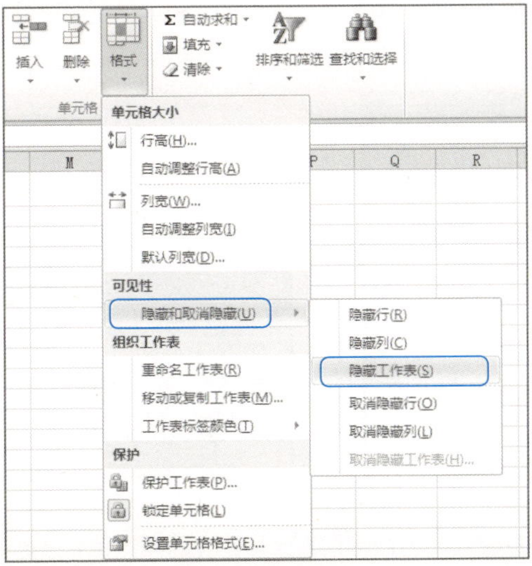

图8-45

动手练一练

当需要重新显示出隐藏的工作表时，在“隐藏和取消隐藏”子菜单中选择“取消隐藏工作表”命令即可打开提示对话框，提示要重新显示哪张工作表，单击“确定”按钮即可。

8.2.4 设置允许用户进行的操作

为工作表设置允许用户进行的操作，可以有效保护工作表数据安全。需要时可以通过“保护工作表”功能来实现。

❶ 打开需要保护的工作表，再打开“审阅”选项卡，在“更改”选项组中单击“保护工作表”按钮，如图8-46所示。

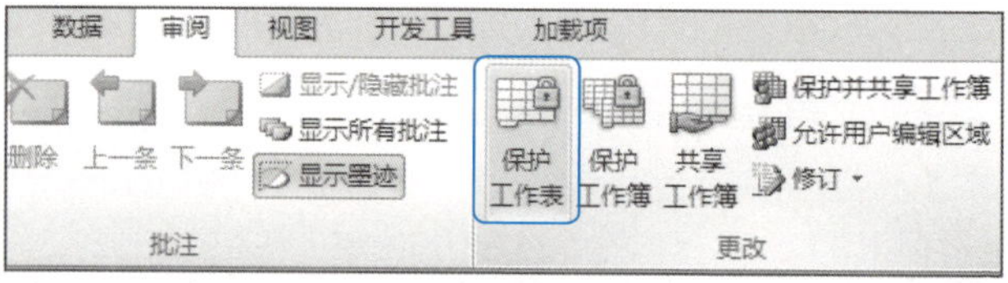

图8-46

❷ 打开“保护工作表”对话框，选中“保护工作表及锁定的单元格内容”复选框，在“取消工作表保护时使用的密码”文本框中输入一个密码。

❸ 在“允许此工作表的所有用户进行”列表框中选中允许用户进行操作的选项前的复选框，单击“确定”按钮，如图8-47所示。

❹ 在弹出的“确认密码”对话框中重新输入一次密码，单击“确定”按钮，接着保存工作簿，即可完成设置，如图8-48所示。

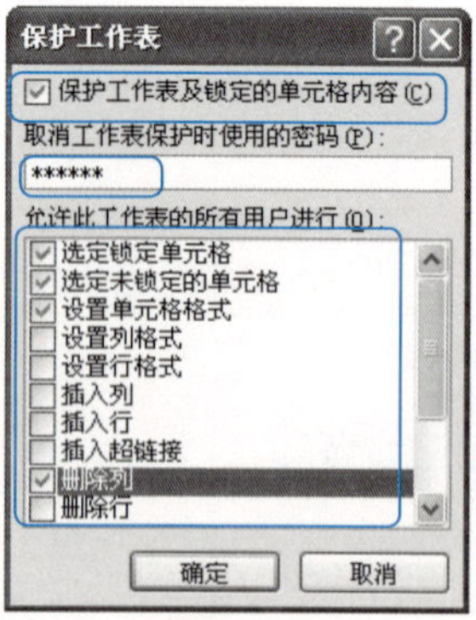

图8-47

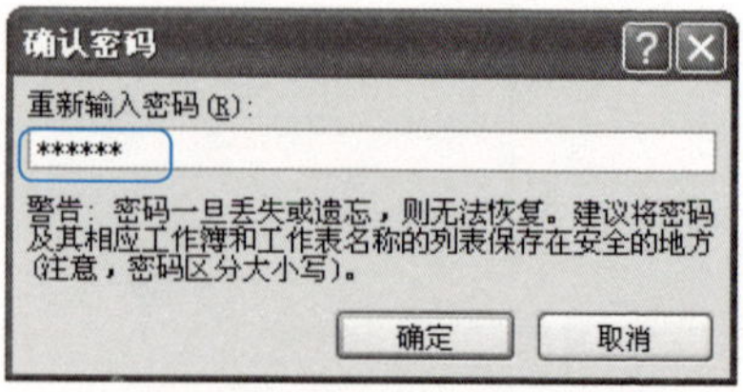

图8-48

❺ 此时用户就只能进行工作表保护允许的操作，如果进行了不允许的操作，就会弹出警告对话框，如图8-49所示。

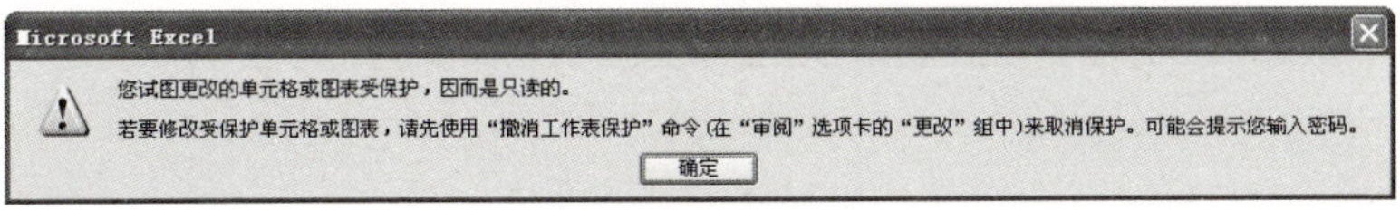

图8-49

举一反三

在“保护工作表”对话框的“允许此工作表的所有用户进行”列表框中，可以根据需要选择允许用户进行的操作，如果不希望用户运行进行任何操作，则取消选中所有复选框。

8.2.5　保护特定单元格区域

为了保护Excel文档中的数据免受破坏，可以使用数据保护功能，以提高数据安全性。下面对指定的单元格使用数据保护功能。

❶ 选中需要保护的单元格区域，打开“开始”选项卡，在“单元格”选项组中单击“格式”下拉按钮，在下拉列表中选中“设置单元格格式”命令。

❷ 打开 “设置单元格格式”对话框，选择“保护”选项卡，再选择“锁定”复选框，单击“确定”按钮，如图8-50所示。

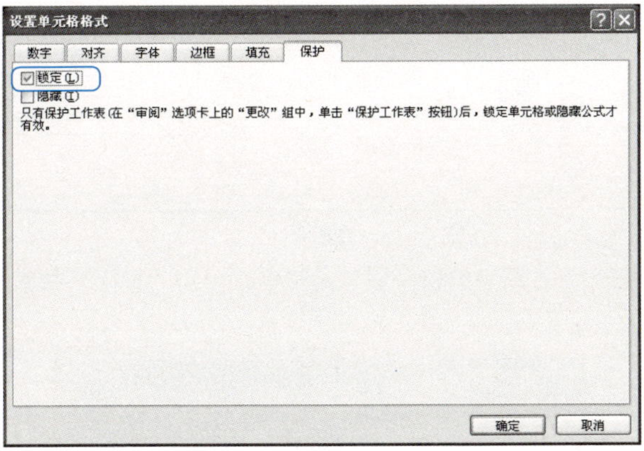

图8-50

❸ 打开“开始”选项卡，在“单元格”选项组中单击“格式”下拉按钮，在下拉列表中选中“保护工作表”命令。

❹ 打开 “保护工作表”对话框，在“取消工作表保护时使用的秘码”文本框中输入工作表保护密码，如图8-51所示。

❺ 单击“确定”按钮，出现“确认密码”对话框，如图8-52所示，重复输入密码，单击“确定”按钮即可完成设置。

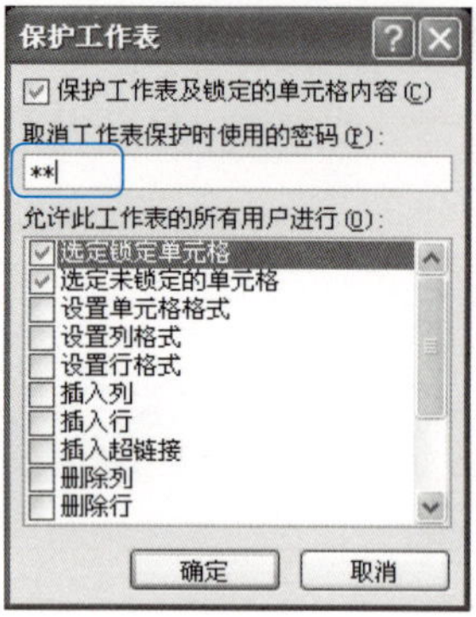

图8-51

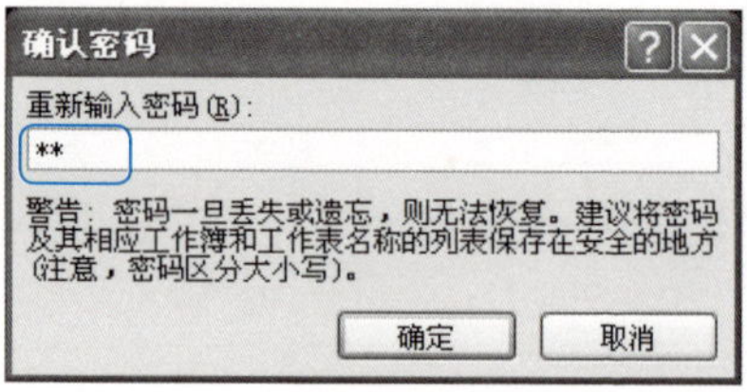

图8-52

8.2.6 设置可编辑区域的权限

在工作表中指定某一特定区域为用户可编辑的区域后，还可以对可编辑区域设置权限。下面介绍如何指定用户不输入密码即可对指定的允许编辑区域进行编辑。

1 打开“审阅”选项卡，在“更改”选项组中单击“允许用户编辑区域”按钮，如图8-53所示。

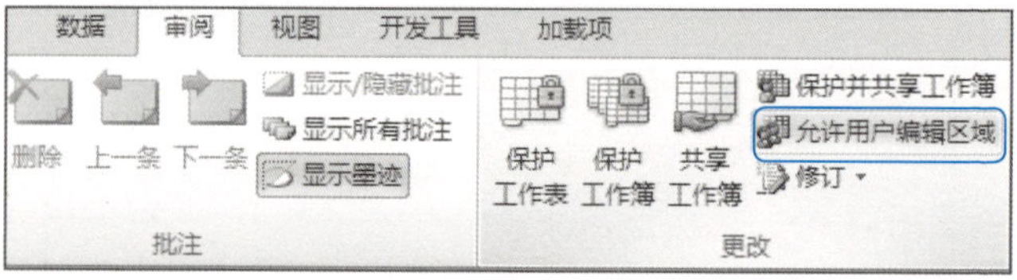

图8-53

2 打开“允许用户编辑区域”对话框，单击“权限”按钮，如图8-54所示。

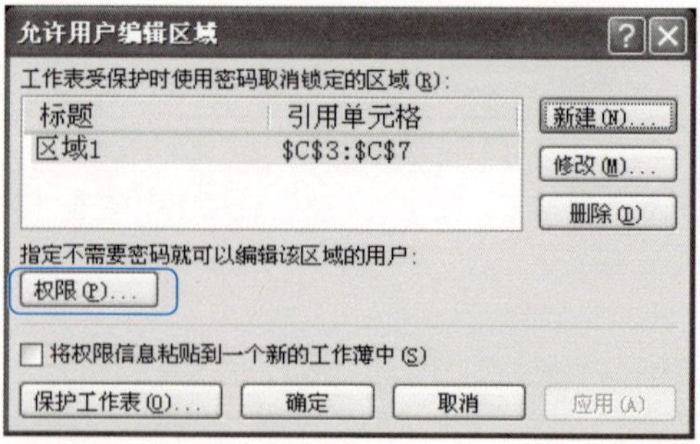

图8-54

❸ 打开“区域1的权限”对话框，单击“添加”按钮，如图8-55所示。

❹ 打开“选择用户或组”对话框，单击“高级”按钮，如图8-56所示。

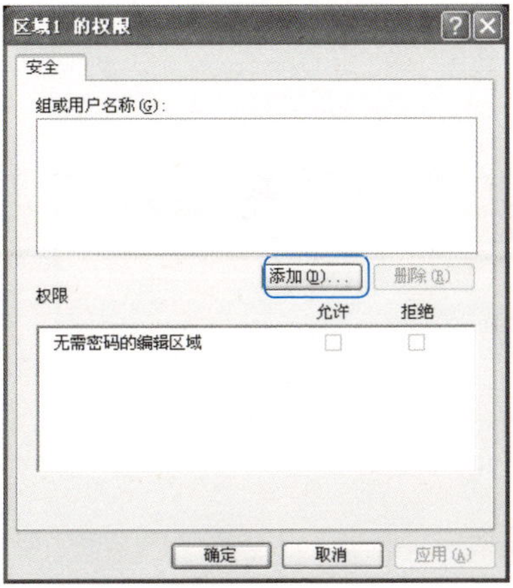

图8-55

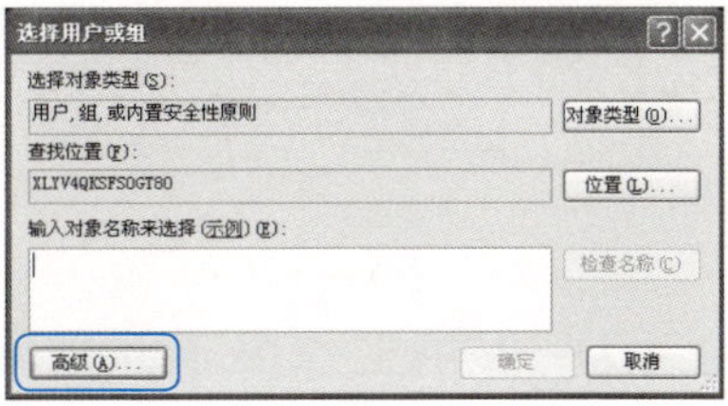

图8-56

❺ 此时“选择用户或组”对话框中显示出更多内容，单击“立即查找”按钮，选择允许权限的用户后，依次单击各对话框中的“确定”按钮，如图8-57所示。

❻ 返回“允许用户编辑区域”对话框，单击“保护工作表”按钮，如图8-58所示。

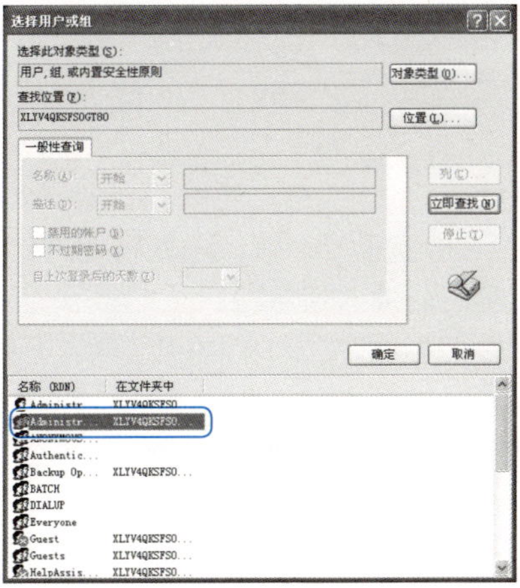

图8-57

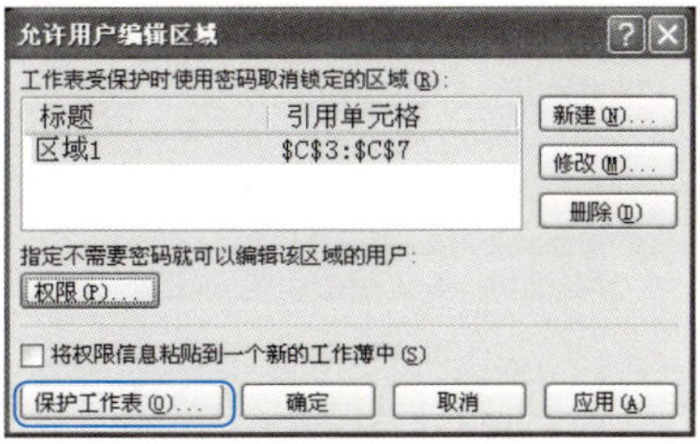

图8-58

❼ 弹出“保护工作表”对话框，在“取消工作表保护时使用的秘码”文本框中输入工作表的保护密码，单击“确定”按钮，如图8-59所示。

❽ 弹出“确认密码”对话框，在“重新输入密码”文本框中重新输入工作

表的保护密码，最后单击“确定”按钮，如图8-60所示。

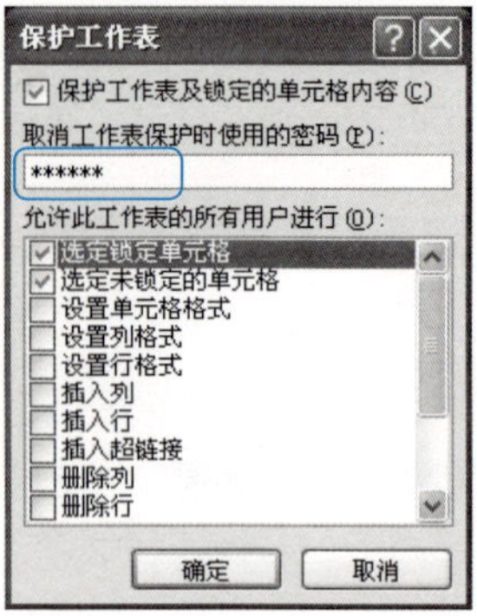

图8-59

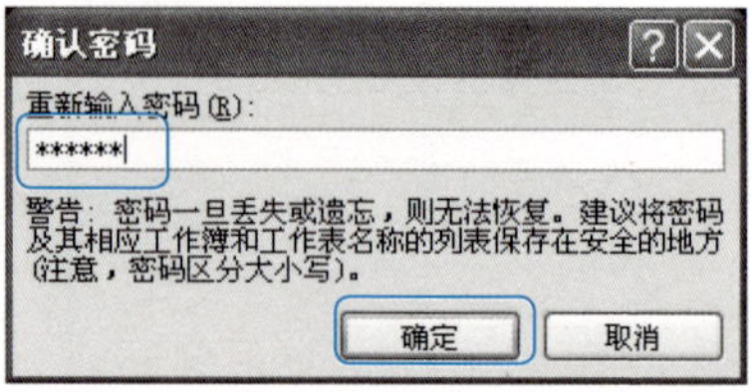

图8-60

8.2.7 保护工作簿不能被修改

如果不希望其他用户对整个工作表的结构和窗口进行修改，可以进行保护。方法如下。

1 打开需要保护的工作表，再打开“审阅”选项卡，在“更改”选项组中单击“保护工作簿”按钮，如图8-61所示。

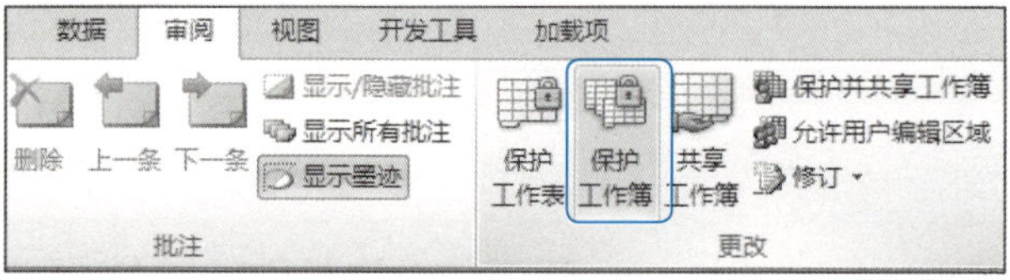

图8-61

2 打开“保护结构和窗口”对话框，分别选中“结构”复选框和“窗口”复选框，在“密码”文本框中输入一个密码，如图8-62所示。

3 单击“确定”按钮，接着在打开的“确认密码”对话框中重新输入一遍密码，单击“确定”按钮，如图8-63所示。

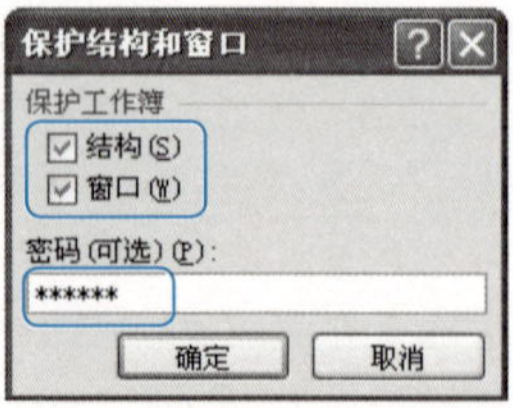

图8-62

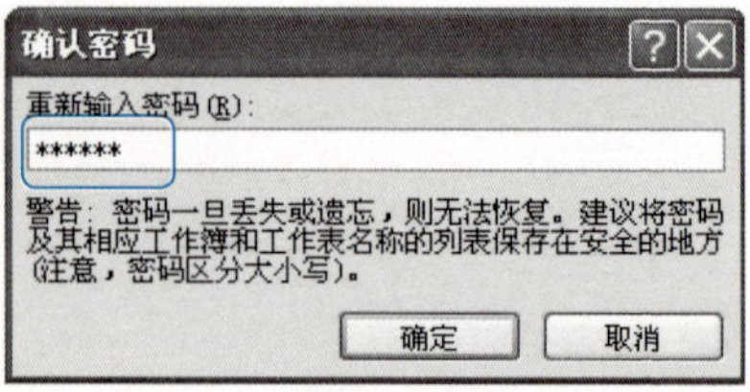

图8-63

4 保存工作簿，即可完成设置。

专家提示

如果只保护工作簿的结构或窗口，在“保护结构和窗口”对话框中只选中一个对应的复选框即可。

8.2.8　加密工作簿

如果工作簿中内容比较重要，不希望其他用户打开，可以给该工作簿设置一个打开权限密码，这样不知道密码的用户就无法打开工作簿了。

❶ 打开需要设置打开权限密码的工作簿，再打开“文件”选项卡，单击“另存为”按钮，如图8-64所示。

❷ 打开“另存为”对话框，单击左下角的“工具”下拉按钮，在弹出的下拉列表中选择“常规选项”命令，如图8-65所示。

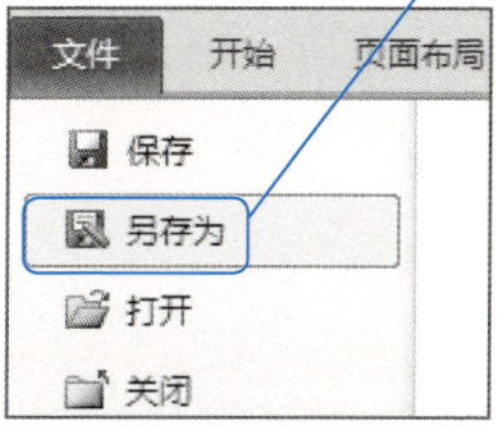

图8-64

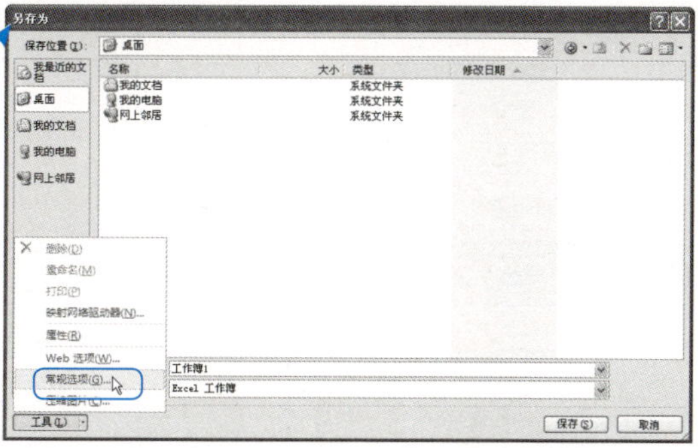

图8-65

❸ 打开“常规选项”对话框，在“打开权限密码”文本框中输入一个密码，如图8-66所示。

❹ 单击“确定”按钮，在打开的“确认密码”对话框中再次输入密码，如图8-67所示，单击“确定”按钮，返回到“另存为”对话框。

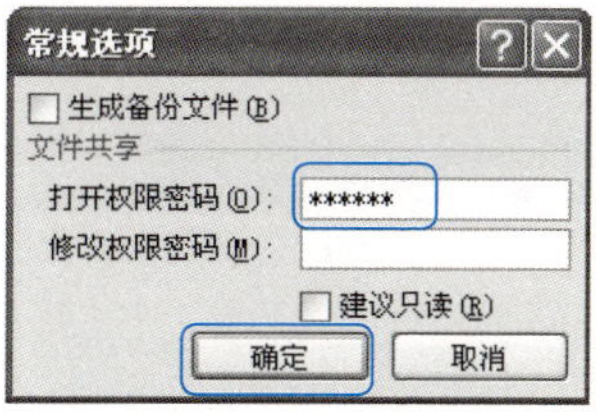

图8-66

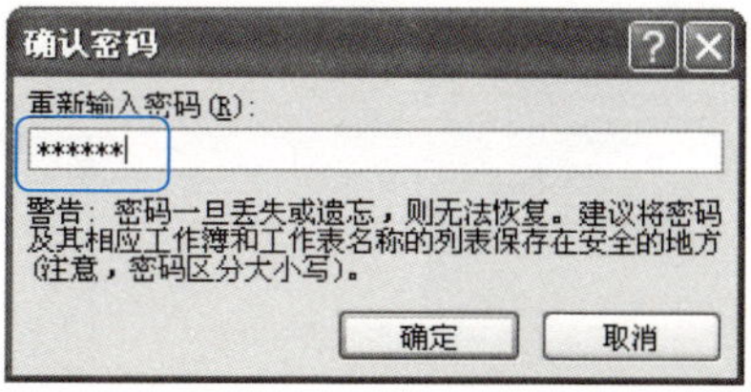

图8-67

❺ 设置文件的保存位置和文件名，单击“保存”按钮保存文件。以后再打开这个工作簿时，就会弹出一个“密码”文本框，只有输入正确的密码才能打开工作簿，如图8-68所示。

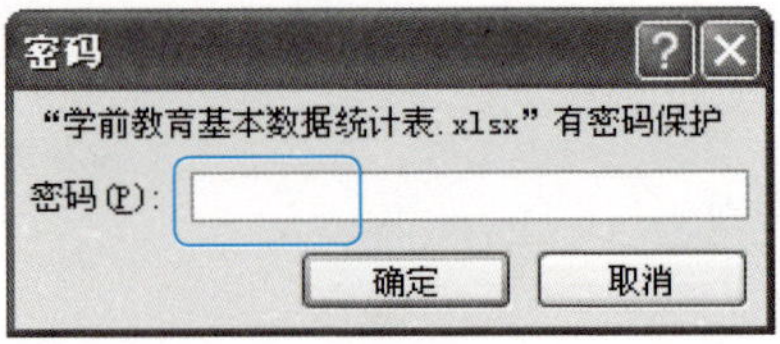

图8-68

8.2.9 设置工作簿修改权限密码

如果需要限制用户修改工作簿内容，可以通过给工作簿设置修改权限密码来解决这个问题。

1 打开需要设置修改权限密码的工作簿，再打开“文件”选项卡，单击“另存为”按钮，如图8-69所示。

2 打开“另存为”对话框，单击左下角的“工具”下拉按钮，在弹出的下拉列表中选择“常规选项”命令，如图8-70所示。

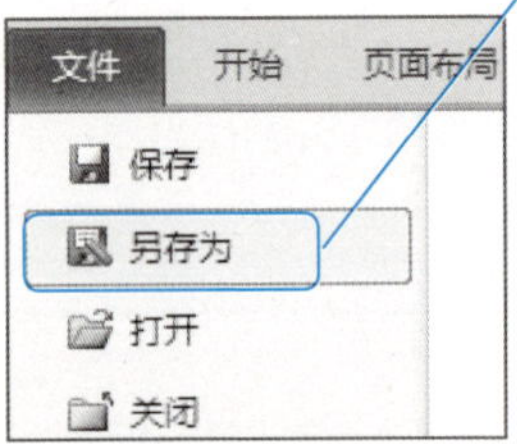

图8-69

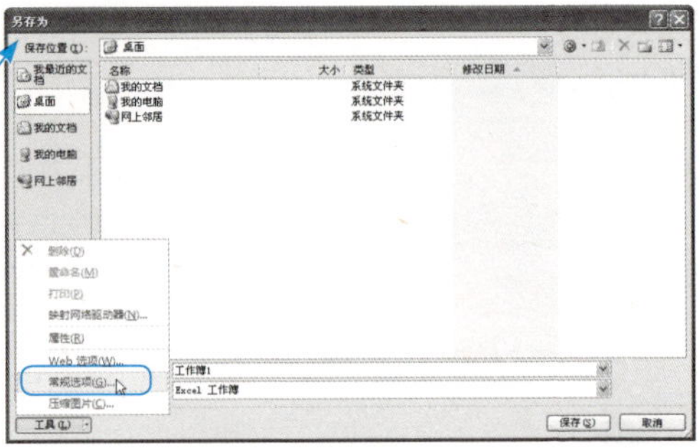

图8-70

3 打开“常规选项”对话框，在“修改权限密码”文本框中输入一个密码，如图8-71所示。

4 单击“确定”按钮，在打开的“确认密码”对话框中再次输入密码，单击“确定”按钮，返回到“另存为”对话框，如图8-72所示。

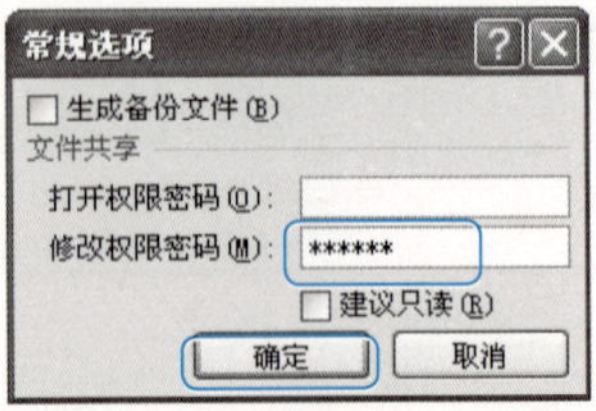

图8-71

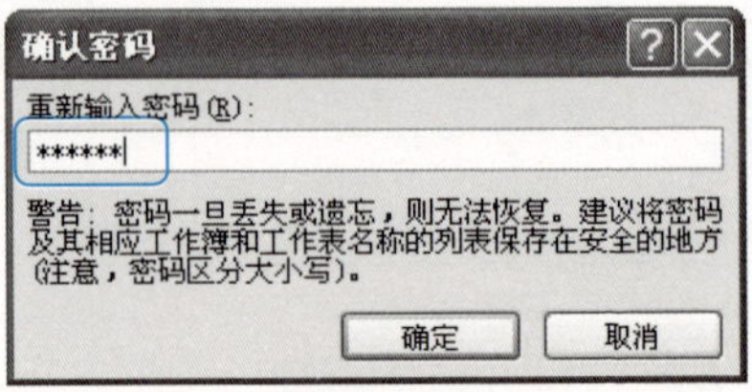

图8-72

5 设置一下文件的保存位置和文件名，单击“保存”按钮保存文件。以后再打开这个工作簿时，就会弹出一个“密码”文本框，只有输入正确的密码才能对工作簿内容进行修改，如图8-73所示。

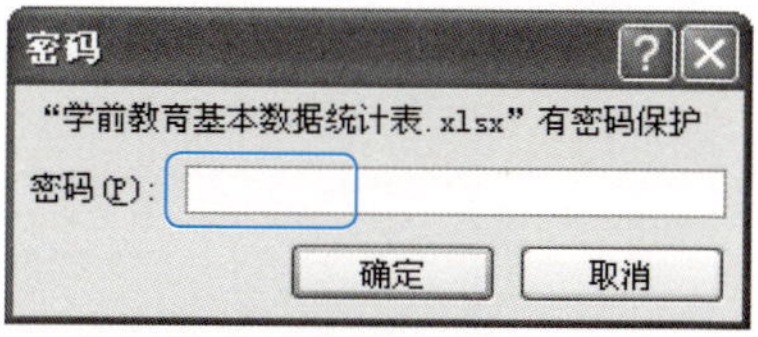

图8-73

专家提示

设置工作簿修改权限密码的方法和设置工作簿打开权限密码的方法类似，只是设置的秘码用途不同而已。

8.2.10　阻止文档链接外部内容

如果Excel文档中链接了外部内容，那么文档可能就存在一定的安全隐患。为了杜绝这些潜在的安全隐患，用户可以阻止文档中的外部内容。

1 打开“文件”选项卡，单击“选项”按钮，弹出“Excel选项”对话框，在左侧窗格中选择“信任中心”选项，接着在右侧窗格中单击“信任中心设置”按钮，如图8-74所示。

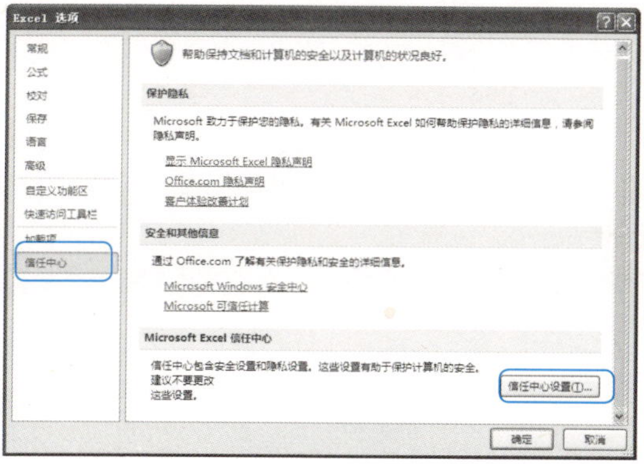

图8-74

2 在打开的“信任中心”对话框中，单击左侧窗格中的“外部内容”选项，在右侧窗格中的“工作簿链接的安全设置”栏中单击“禁用工作簿链接的自动更新”单选按钮，如图8-75所示。

3 单击“确定”按钮，返回到工作簿中，保存工作簿即可。

专家提示

如果需要禁用工作表与外部数据的链接，则在“信任中心”对话框的“数据连接的安全设置”栏中选中“禁用所有数据连接”选项，单击“确定”按钮即可。

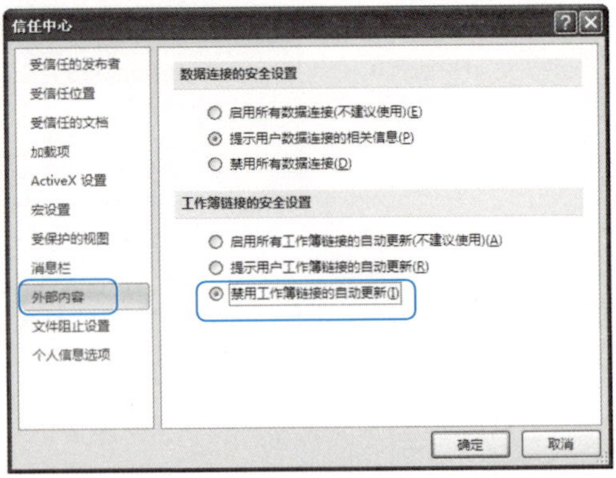

图8-75

8.2.11 禁用文档中的ActiveX 控件

ActiveX控件的功能非常强大，因为这种控件是组件对象模型（COM）对象，可以不受限制地访问计算机。ActiveX控件可以访问本地文件系统，并且可以更改操作系统的注册表设置。如果黑客将ActiveX控件另作它用以控制用户的计算机，则可能带来严重危害。因此，如果没有特殊需要，可以禁用文档中的ActiveX控件。

❶ 打开“文件”选项卡，单击“选项”按钮，弹出“Excel选项”对话框，在左侧窗格中选择“信任中心”选项，接着在右侧窗格中单击“信任中心设置”按钮，如图8-76所示。

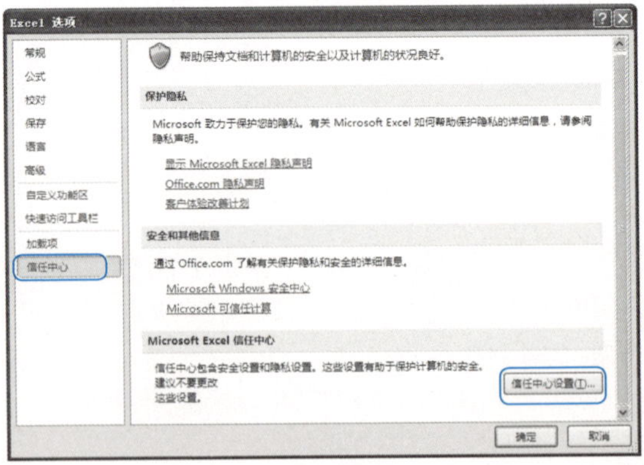

图8-76

❷ 在打开的“信任中心”对话框中，单击左侧窗格的“ActiveX设置”选项，接着在右侧窗格中单击“禁用所有控件，并且不通知”单选按钮，如图8-77所示。

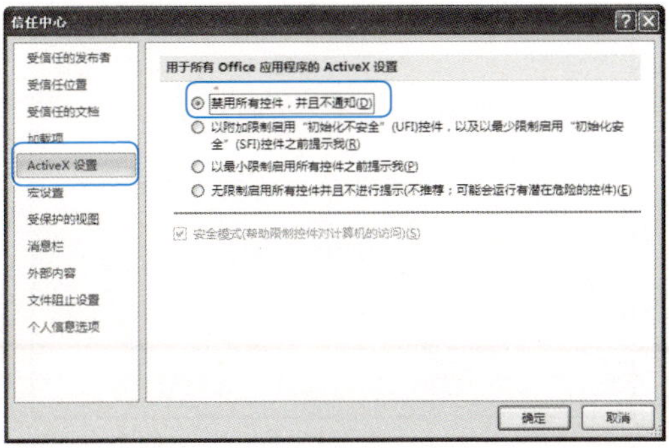

图8-77

3 单击“确定”按钮，返回到工作簿中，保存工作簿即可。

专家提示

如果需要恢复默认的ActiveX设置，使用相同的方法单击“以最小限制启用所有控件之前提示我”单选按钮，再单击“确定”按钮即可。

8.2.12 宏安全性设置

使用宏可以为操作带来很多方便，还可以完成需要常规操作无法完成的任务。但是宏带来的安全隐患也是比较严重的，一旦感染了宏病毒，后果是相当严重的。如果工作簿中用不到宏，可以在工作簿中禁用所有宏，以免感染宏病毒。

1 打开“文件”选项卡，单击“选项”按钮，弹出“Excel选项”对话框，在左侧窗格中选择“信任中心”选项，接着在右侧窗格中单击“信任中心设置”按钮，如图8-78所示。

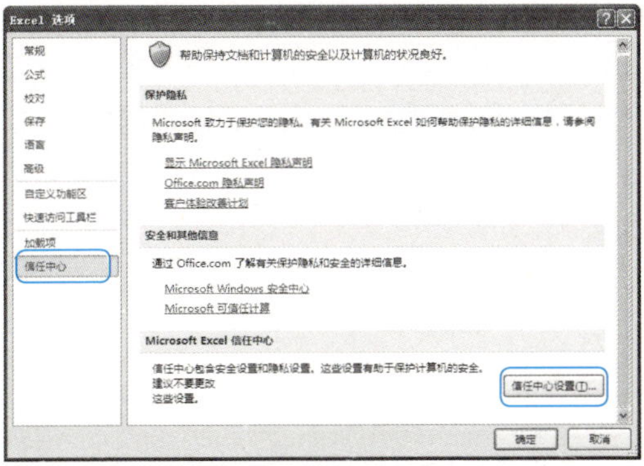

图8-78

2 在打开的“信任中心”对话框中，单击左侧窗格中的“宏设置”选项，接着在右侧窗格中单击“禁用所有宏，并且不通知”单选按钮，如图8-79所示。

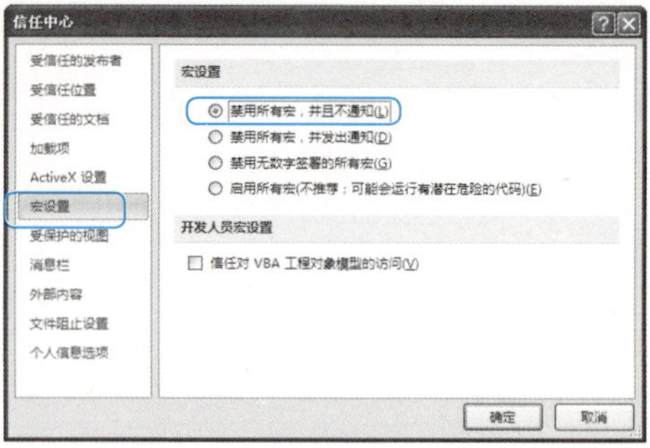

图8-79

3 单击“确定”按钮，返回到工作簿中，保存工作簿即可。

专家提示

如果需要在禁用宏后，当工作簿中包含宏时发出通知，可以使用相同的方法，单击“禁用所有宏，并发出通知”单选按钮。

8.2.13 恢复显示消息栏上的安全警报

当打开的文档中存在可能不安全的活动内容时，消息栏将显示安全警报。例如，文档可能包含未签名的宏或具有无效签名的已签名宏，在这种情况下，将默认显示消息栏以提醒用户注意该问题。如果用户打开的文档中存在可能不安全的活动内容时，消息栏并没有显示安全警报，此时用户可以通过如下方法来恢复显示消息栏上的安全警报。

1 打开“文件”选项卡，单击“选项”按钮，弹出“Excel选项”对话框，在左侧窗格中选择“信任中心”选项，接着在右侧窗格中单击“信任中心设置”按钮，如图8-80所示。

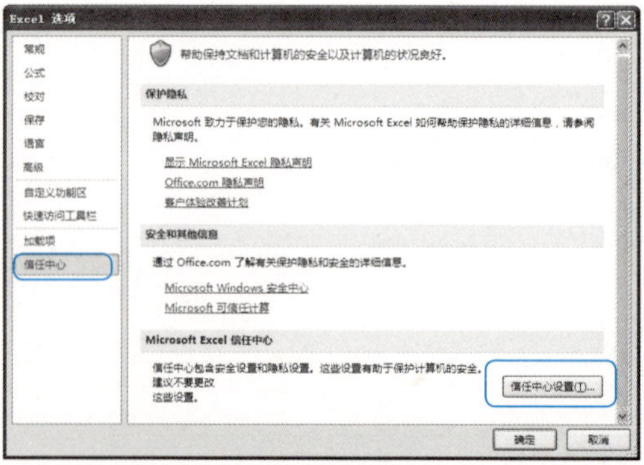

图8-80

2 在打开的“信任中心”对话框中，单击左侧窗格中的“消息栏”选项，接着在右侧窗格中单击“活动内容(如 ActiveX 控件和宏)被阻止时在所有应用程序中显示消息栏”单选按钮，如图8-81所示。

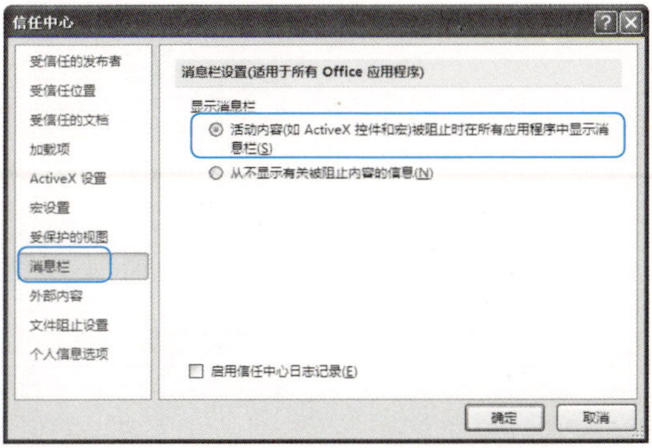

图8-81

3 单击“确定”按钮，返回到工作簿中，保存工作簿即可。

专家提示

这样设置后，在打开工作簿时，工作簿中包含的ActiveX控件或宏如果被阻止，就会在消息栏上显示安全警报。

读书笔记

第2篇 行业范例解析

第9章

财务单据的创建与使用

实例概述与设计效果展示

财务单据是配套记账凭证使用，它属于原始凭证。财务单据是对每一笔经济业务在财务上反映为单据的书面依据。财务单据是根据公司财务部门制度要求填写，常用的财务单据有费用报销单、支出凭单、借款单等。

本实例中介绍了几种财务单据的制作过程，如支付证明单、收款凭证、借支单等。财务单据的使用可以使得企业费用报销手续更加合理，程序更加清晰。

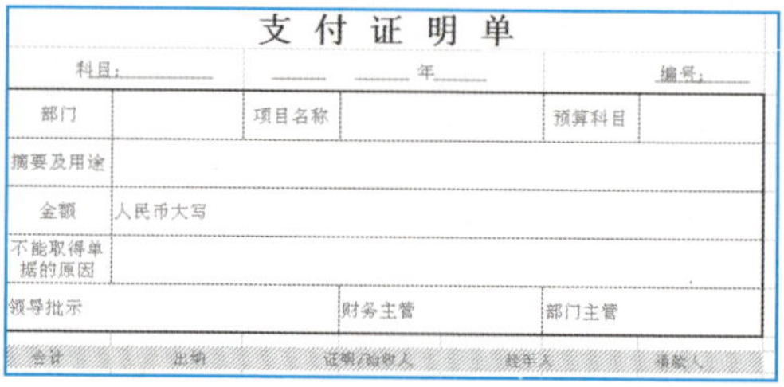

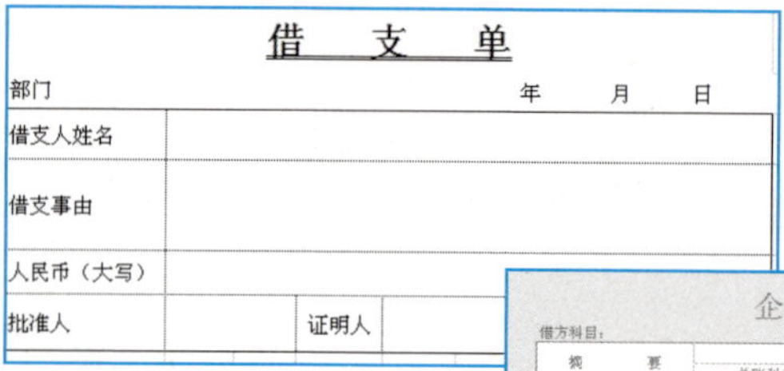

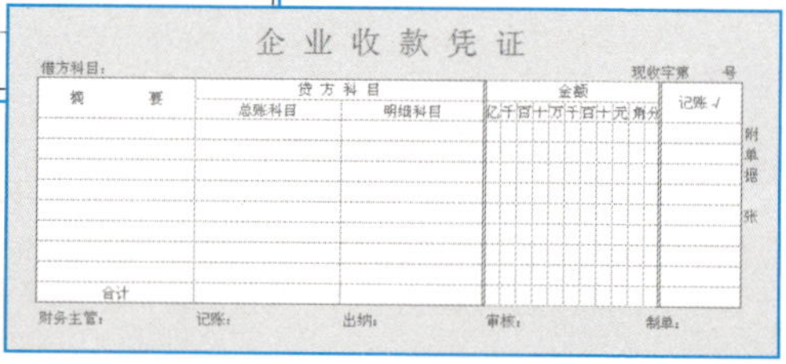

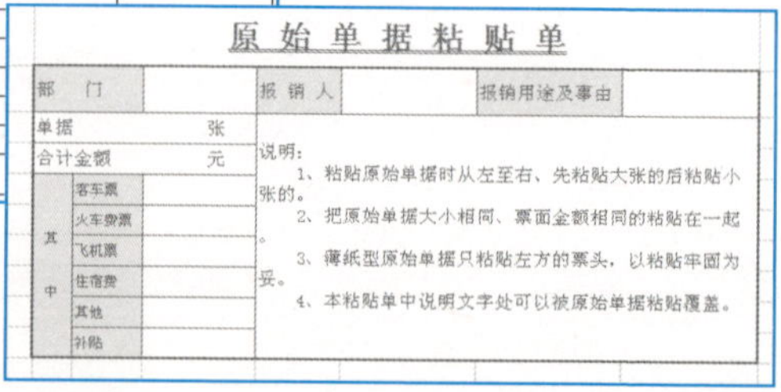

实例设计过程

本章介绍在Excel 2010中创建常用财务单据并打印以投入使用的操作。在本章的学习中，读者可以学习到Excel表格处理的方法与技巧，从而达到举一反三，在Excel 2010建立各类财务所需表格的目的。可依照如下流程来开展。

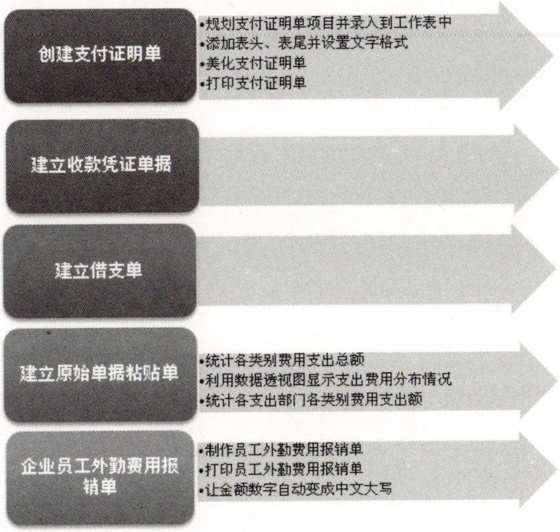

9.1　创建支付证明单

支付证明单是指企业工作人员有费用支出且费用需要报销时，由报销人员据实填写的财务单据。支出证明单填写完成后，先要交由证明人签名，然后给领导人签名，再经会计审核后，由出纳给予报销。由于在日常办公中，各项费用支出是比较频繁的，因此可以在Excel 2010中建立支付证明单，并打印出来以投入使用。

9.1.1　规划支付证明单项目并录入到工作表中

支付证明单一般包括部门、项目名称、预算科目、摘要及用途、金额、领导批示等项目。在建立表单之前，首先要根据实际情况构造出表格的基本框架，然后再动手操作。

❶ 新建工作簿，并命名为“财务单据设计”，将Sheet1工作表重命名为“支出证明单”。

❷ 在工作表中适当的位置上输入表格包含的项目，如图9-1所示。

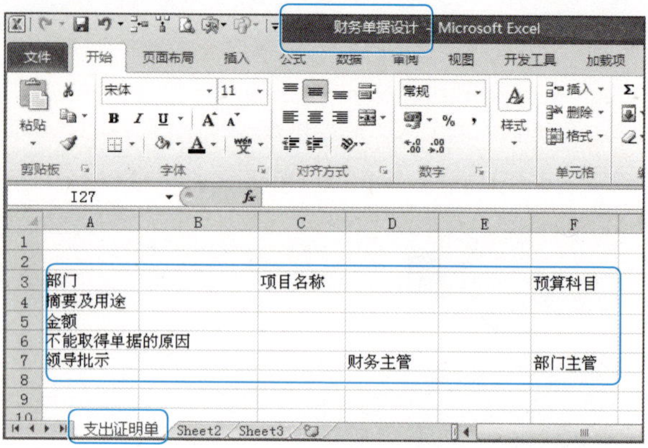

图9-1

❸ 将需要合并的单元格合并，根据实际需要调整单元格的行高、列宽。当单元格中内容较多无法完整显示出来时，需要增大列宽以使内容全部显示出来。

❹ 设置单元格中文字的对齐方式并设置A6单元格为“自动换行”格式。对齐方式有左对齐、居中对齐、右对齐等方式，需要根据实际需要选中要设置的区域，然后单击“开始”选项卡“对齐方式”选项组中的按钮来实现，如图9-2所示。

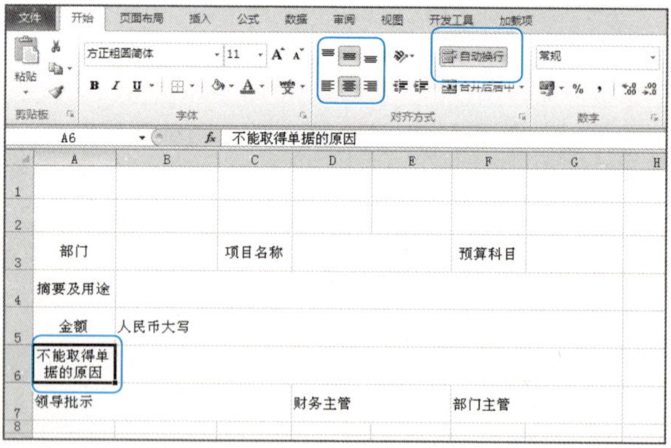

图9-2

专家提示

当单元格中内容较多时，除了可以通过调整列宽来让内容完整显示出来，还可以将单元格的格式设置为“自动换行”、“自动缩小字体”格式，从而实现当单元格内容较多时，能够自动换行显示或缩小字体显示。

9.1.2　添加表头、表尾并设置文字格式

输入表格主体项目之后，还需要将表格的标题、表头文字、表尾文字录入到工作表中，并设置其格式。

❶ 在A1单元格中输入“支付证明单”标题文字，如图9-3所示。

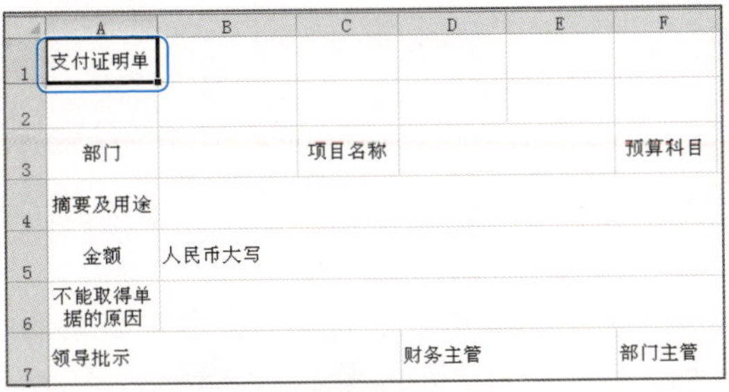

图9-3

❷ 选中A1:F1单元格区域，在“开始”选项卡的“对齐方式”选项组中单击“合并后居中”按钮，在“字体”选项组中设置字体、字号，如图9-4所示。

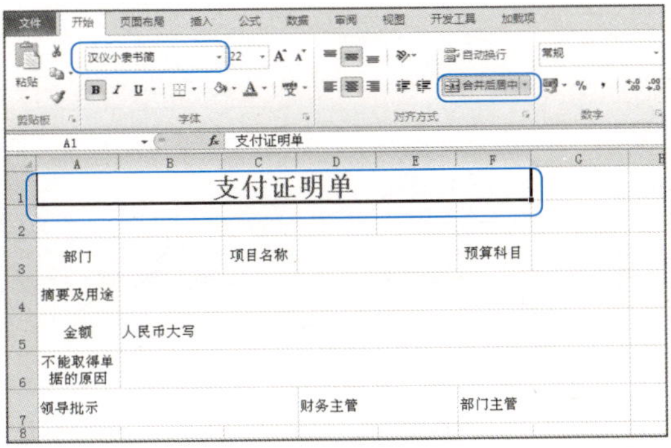

图9-4

❸ 在表格的第2行中输入表头文字，在“开始”选项卡“字体”选项组中设置文字字体、字号，如图9-5所示。

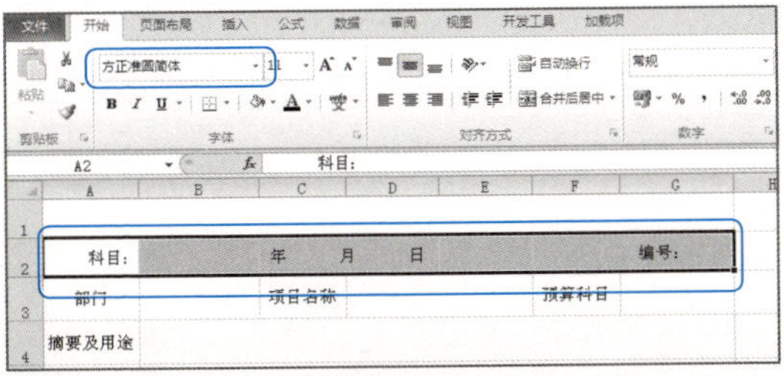

图9-5

4 打开“插入”选项卡，在“自选图形”下拉列表中选择“直线”形状，然后在“科目：”后面绘制直线，如图9-6所示。

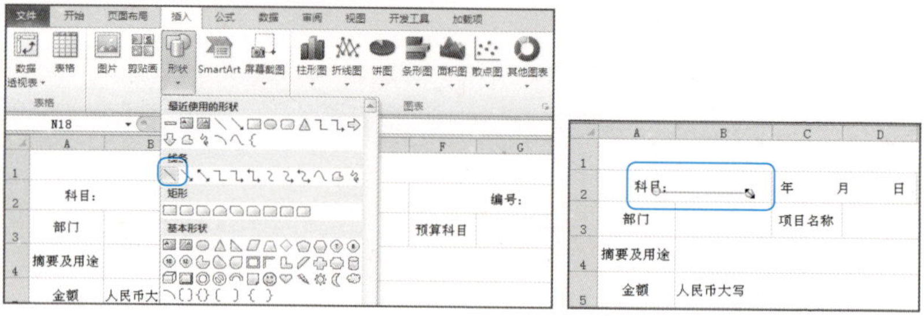

图9-6

5 按相同的方法分别绘制直线作为填写区域，效果如图9-7所示。

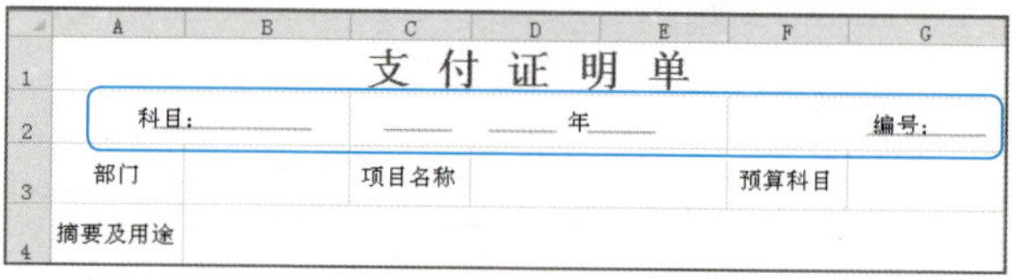

图9-7

6 在第9行中输入表尾文字，在“字体”选项组中设置文字格式，如图9-8所示。

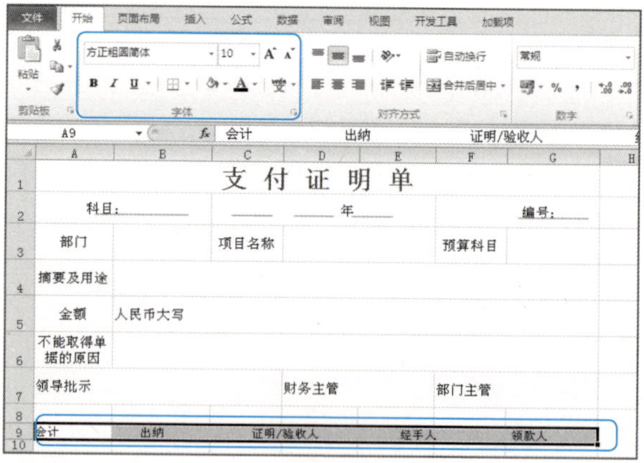

图9-8

9.1.3 美化支付证明单

表格的美化操作包括表格边框设置、特定区域底纹设置、文字格式设置等。

❶ 设置除表头表尾之外的表格编辑区域的边框，效果如图9-9所示。

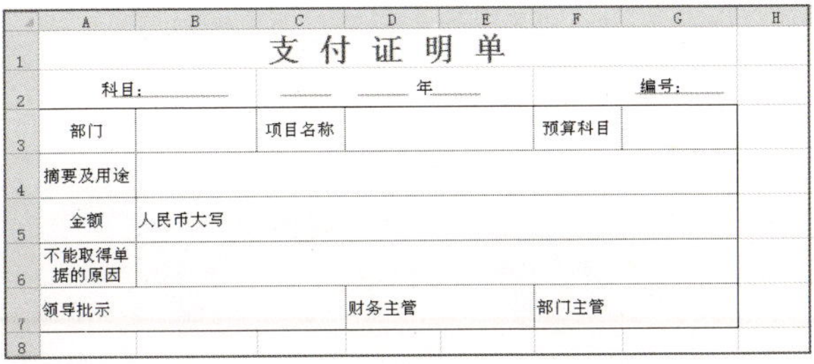

图9-9

❷ 选中要设置字体的单元格或单元格区域，在“开始”选项卡“字体”选项组中进行设置，如图9-10所示。

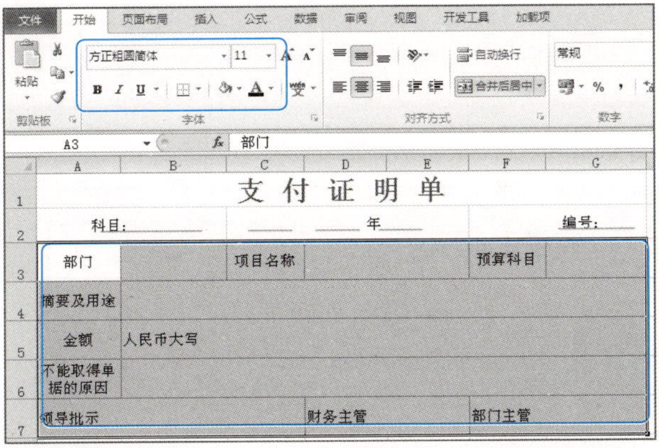

图9-10

❸ 对于需要单独设置格式的文字，可单独选中，按相同方法设置，如图9-11所示。

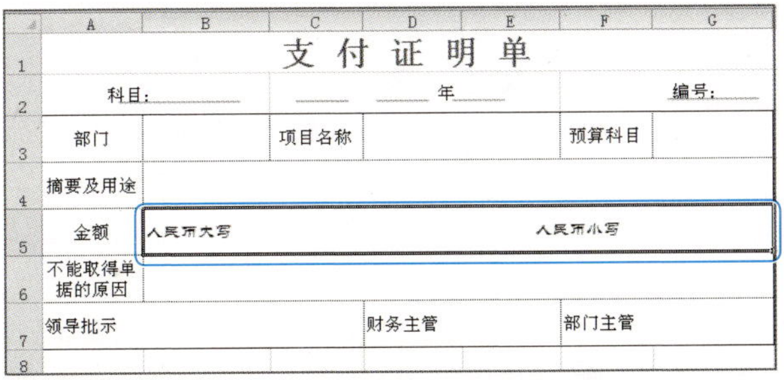

图9-11

❹ 设置特定区域底纹颜色，效果如图9-12所示。

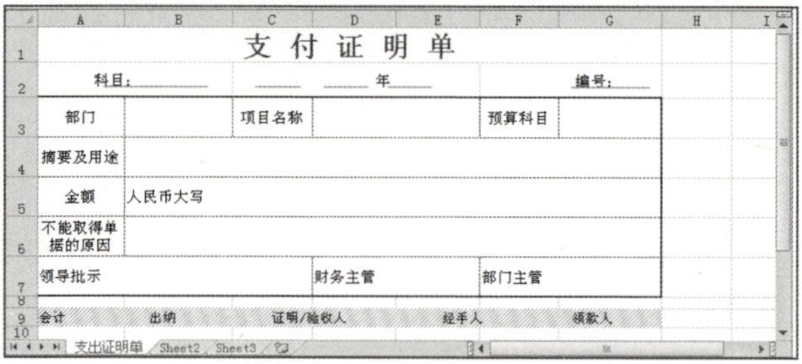

图9-12

9.1.4 打印支付证明单

完成上述操作之后，支付证明单已经建立完成，接着需要进行打印才能投入使用。而在打印支付证明单之前，首先需要进行打印预览来查看最终打印效果，当查看得的打印效果不满意时，还需要进行页面的设置。

1 打开“文件”选项卡，在下拉列表中选择“打印”命令，进入打印状态，看到默认状态下，表格能够完成显示出来，如图9-13所示。

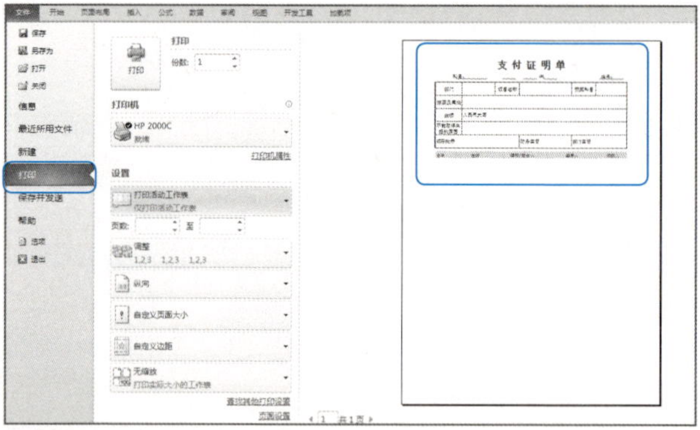

图9-13

2 在打印预览状态下，单击“页面设置”按钮，打开“页面设置”对话框，切换到“页边距”选项卡，选中“居中方式”栏中的“水平”复选框，如图9-14所示。

3 如果由于页面不够宽，表格有少量部分未能显示出来，可以在“页边距”选项卡下，通过调整左右边距来让表格完成显示出来。

4 当打印内容无法在一页中显示出来时，如果超出页面的部分较少，可以通过减小页边距的方法来让超出部分完整显示出来。但是当表格较宽时，即使将页边距设置为0也无法显示完整，此时需要在“页面”选项卡下选择“横向”版式来打印，效果如图9-15所示。

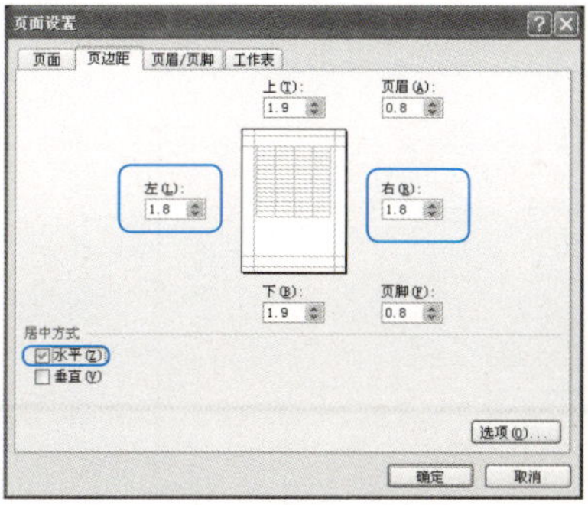

图9-14

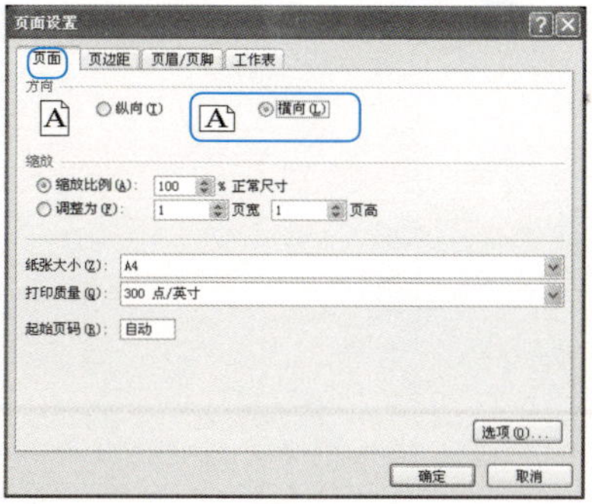

图9-15

❺ 显示设置完成后，单击“确定”按钮回到打印预览状态下，重新查看单据的打印效果，如图9-16所示。

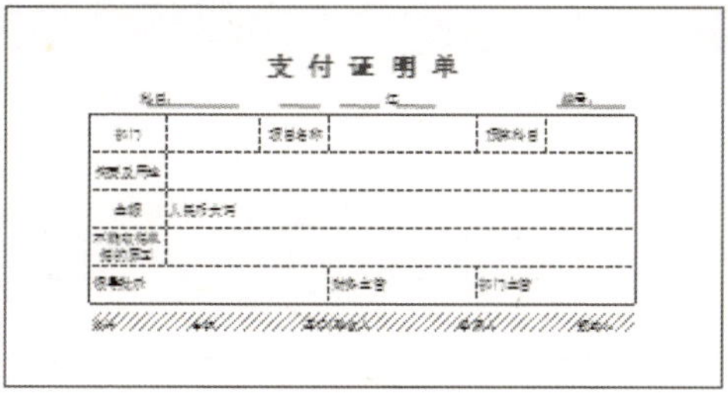

图9-16

9.2　建立收款凭证单据

收款凭证是企业日常运作中发生收款经济业务时需要填写的单据，是财务人员进行账目处理的依据，因此也是常用的财务单据。

❶ 将Sheet2工作表重命名为“收款凭证”，并在工作表中建立各个项目，如图9-17所示。

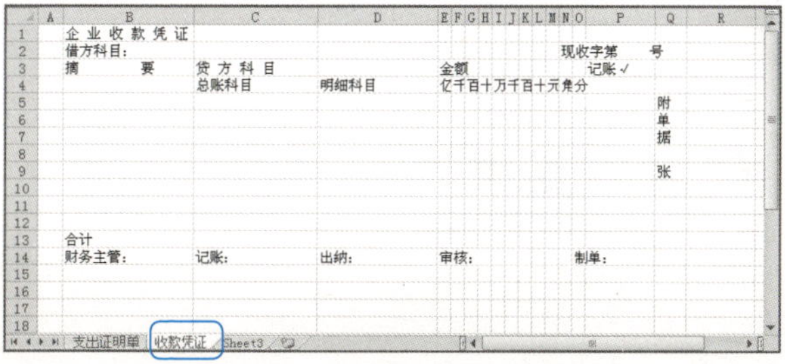

图9-17

❷ 根据实际需要合并单元格，如图9-18所示。

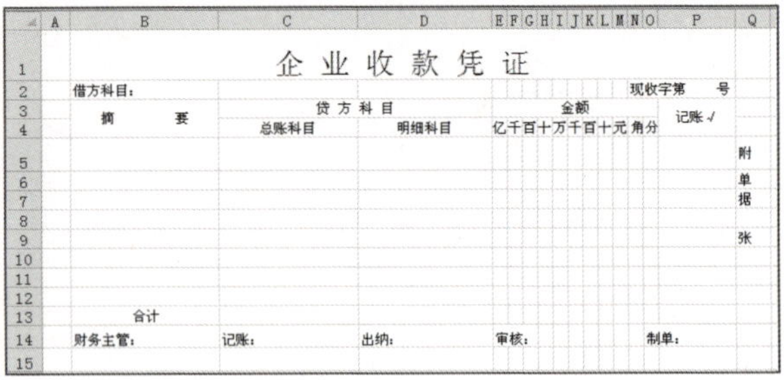

图9–18

❸ 为表格编辑区域添加边框并设置表格文字的格式，如图9-19所示。

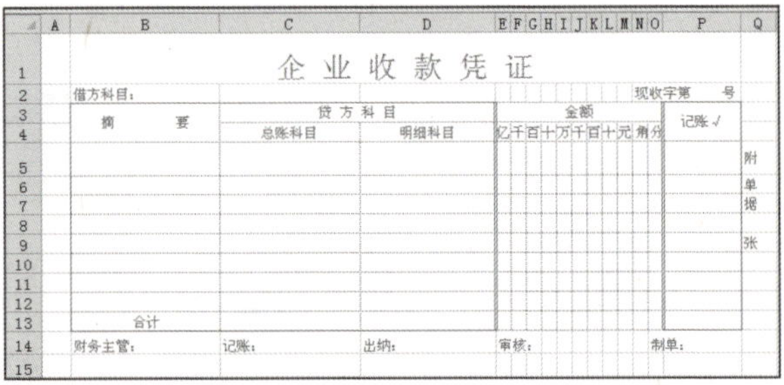

图9–19

❹ 设置特定单元格的底纹颜色，如图9-20所示。

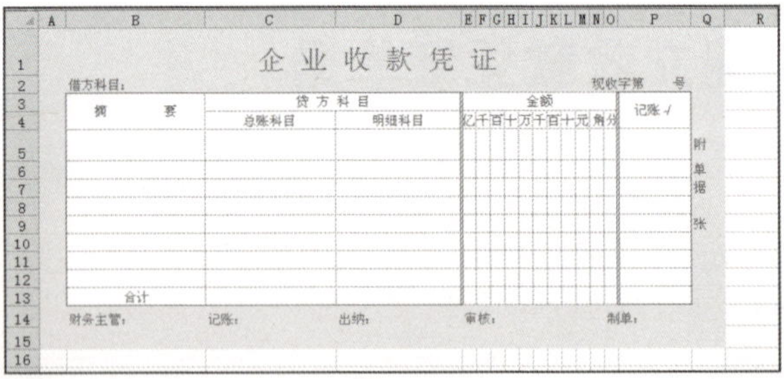

图9–20

9.3 建立借支单

借支单是借款用的，以后需要还款或报销，是财务人员进行账目处理时的财务单据。

❶ 将Sheet3工作表重命名为“借支单”，并在工作表中建立各个项目，如

图9-21所示。

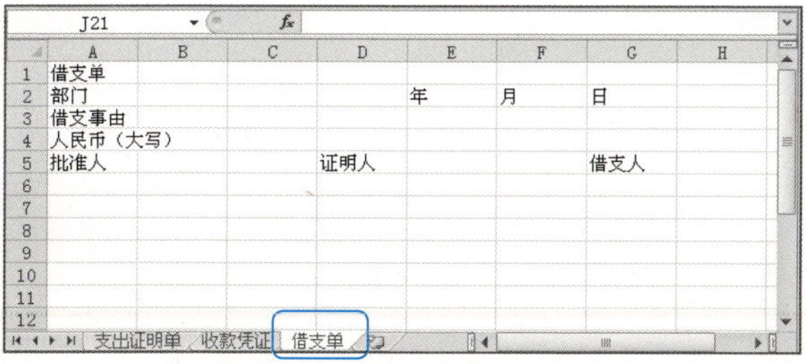

图9-21

❷ 设置各单元格的格式、边框、文字字体等，美化表格，效果如图9-22所示。

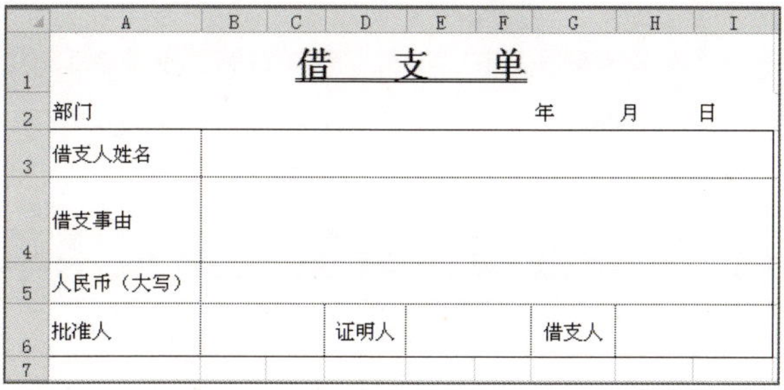

图9-22

9.4 建立原始单据粘贴单

原始单据粘贴单用于粘贴各种需要报销的原始单据，例如交通费票据、住宿发票、餐饮发票等，将这些零散的单据粘贴在一起，便于财务人员统一管理。

❶ 新建工作表，将Sheet4工作表重命名为“原始单据粘贴单”，规划原始单据粘贴单的项目并录入到工作表中，同时设置各单元格的格式（单元格合并、行高列宽的调整、对齐方式的设置等），如图9-23所示。

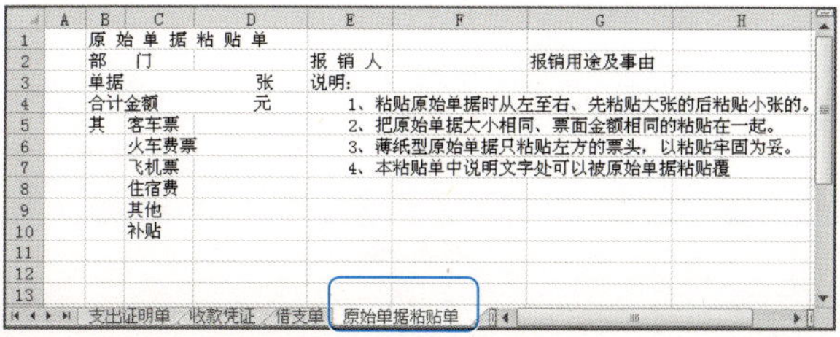

图9-23

2 通过设置边框底纹、文字字体等，美化表格，如图9-24所示。

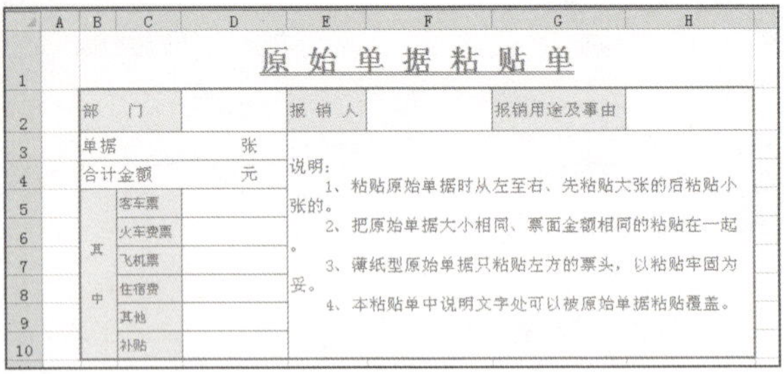

图9-24

专家提示

一个工作簿默认包含3张空白工作表，当需要插入新工作表时，可以在工作表标签上单击鼠标右键，选择“插入”命令添加，或单击工作表标签后面的 按钮进行添加。

9.5 建立企业员工外勤费用报销单

企业在日常运作中会不断有各种费用产生，外勤费用是企业常见的开销。

9.5.1 制作员工外勤费用报销单

下面利用Excel 2010来创建员工外勤费用报销单。

1 将Sheet2工作表重命名为“外勤费用报销单”，接着输入如图9-25所示数据。

图9-25

2 选中A2:G11单元格区域，为该区域单元格设置实线边框，如图9-26所示。

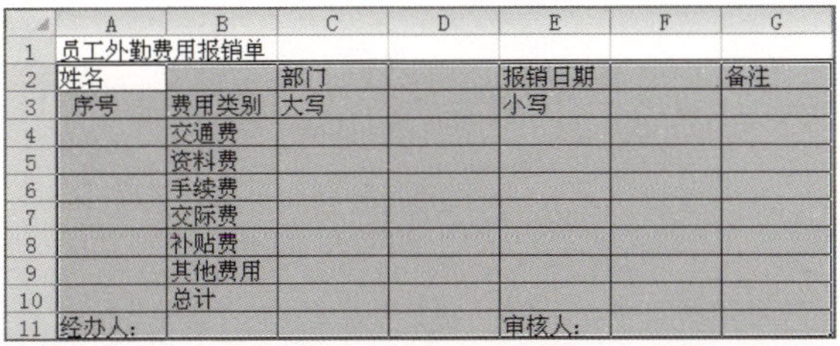

图9-26

③ 合并需要合并的单元格区域，调整表格行高和列宽，并设置单元格对齐方式和设置字体格式，如字体、字号、加粗等，效果如图9-27所示。

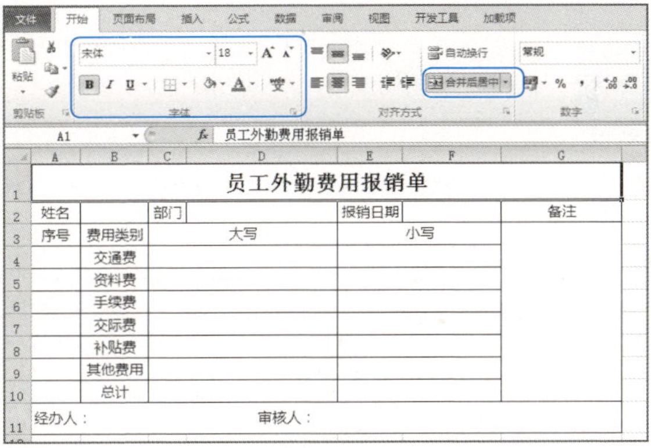

图9-27

④ 切换到英文输入法状态，在A4单元格中输入“01”，按Enter键，在A4单元格中就会显示出“01”，选中A4单元格，按住Ctrl键不放，拖动填充柄向下填充序列，如图9-28所示。

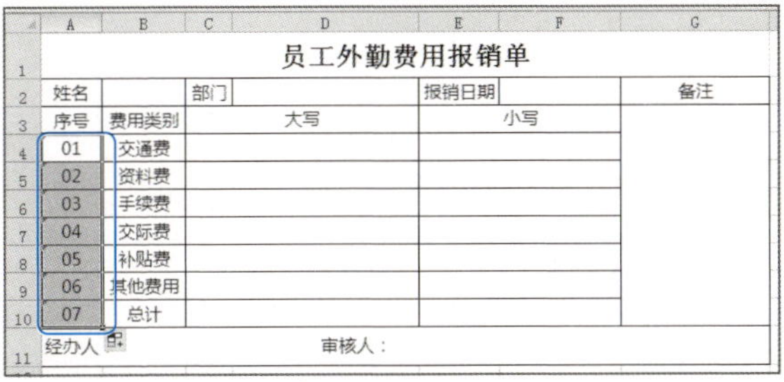

图9-28

9.5.2　打印员工外勤费用报销单

员工外勤费用报销单制作好后，需要将其打印出来才能使用。在打印前，还需要对员工外勤费用报销单的页面进一步设置。

❶ 员工外勤费用报销单的长度一般相当于一张A4纸的宽度，这里使用默认的A4纸和纵向的纸张方向即可，无需进行更改。

❷ 打开“文件”选项卡，切换到Backstage视图，单击左侧窗格中的“打印”，在右侧窗格中即可预览打印效果，如图9-29所示。

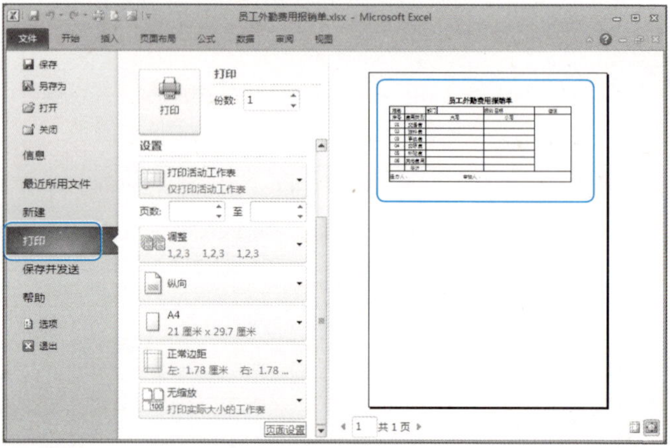

图9–29

❸ 可以看出，表格在页面中没有水平居中，此时可以单击“页面设置”按钮，打开“页面设置”对话框，切换到“页边距”选项卡，选中“居中方式”栏中的“水平”复选框，如图9-30所示。

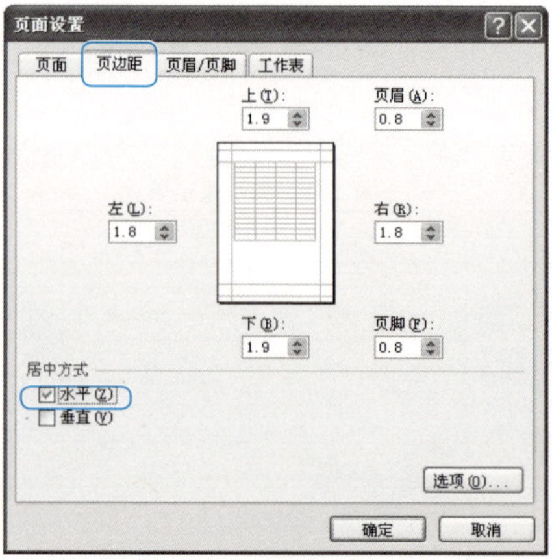

图9–30

❹ 单击“确定”按钮，即可看到表格已经在页面中水平居中了，如图9-31所示。

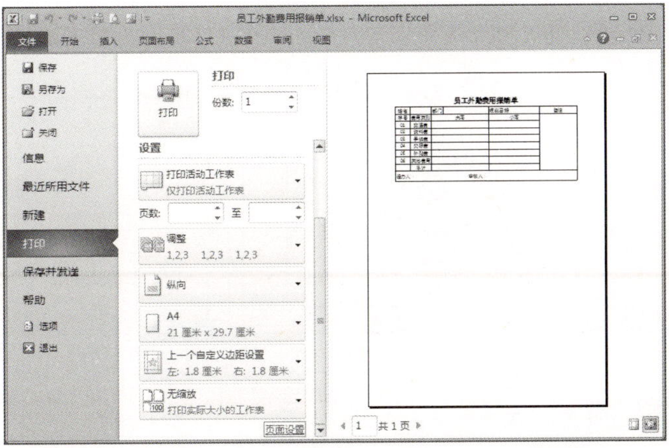

图9–31

5 如果一张A4纸中只打印一张员工外勤费用报销单，就太浪费了，因为一张A4纸可以打印大约3张员工外勤费用报销单。此时按Esc键返回到工作表中，选中A1:G11单元格区域（即整个员工外勤费用报销单），按Ctrl+C组合键复制表格，接着单击选中A13单元格，按Ctrl+V组合键粘贴表格，如图9-32所示。

	A	B	C	D	E	F	G
1	员工外勤费用报销单						
2	姓名		部门		报销日期		备注
3	序号	费用类别	大写		小写		
4	01	交通费					
5	02	资料费					
6	03	手续费					
7	04	交际费					
8	05	补贴费					
9	06	其他费用					
10		总计					
11	经办人：			审核人：			
12							
13	员工外勤费用报销单						
14	姓名		部门		报销日期		备注
15	序号	费用类别	大写		小写		
16	01	交通费					
17	02	资料费					
18	03	手续费					
19	04	交际费					
20	05	补贴费					
21	06	其他费用					
22		总计					
23	经办人：			审核人：			

图9–32

6 使用相同的方法再复制一张员工外勤费用报销单表格，接着根据需要调整刚刚复制的两张表格的行高。打开“文件”选项卡，切换到Backstage视图，单击左侧窗格中的“打印”，在右侧窗格中即可预览打印效果，在“份数”文本框中输入需要打印的分数，如“20”，单击“打印”按钮即可打印，如图9-33所示。

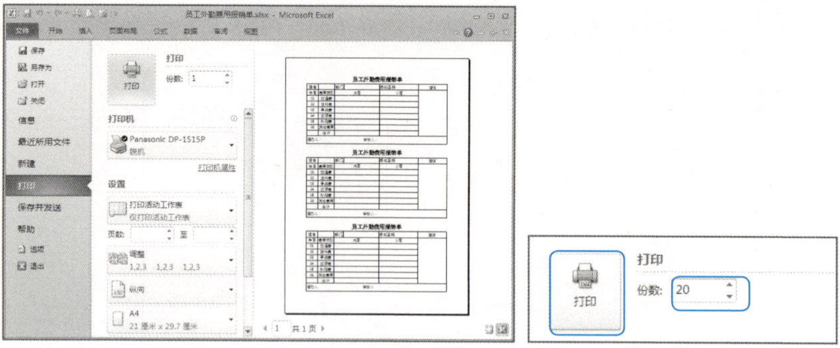

图9-33

专家提示

在打印预览后，再返回到工作表中时，会发现表格中出现了横竖两条虚线，这两条虚线与表格边框组成的矩形就是打印的页面大小。如果需要将内容打印在一页内，就要注意不要让表格内容超出这两条虚线。

9.5.3 让金额数字自动变成中文大写

如果不想完全手工填写员工外勤报销单，可以使用电脑在员工外勤报销单中输入各项内容，然后打印出来，这样显得根据规范。使用公式，可以在输入金额数字后自动变成中文大写的形式。

❶ 在员工外勤报销单中输入各项内容，在E10单元格中输入公式“=SUM(E4:F9)”，按Enter键，计算出所有费用的合计，如图9-34所示。

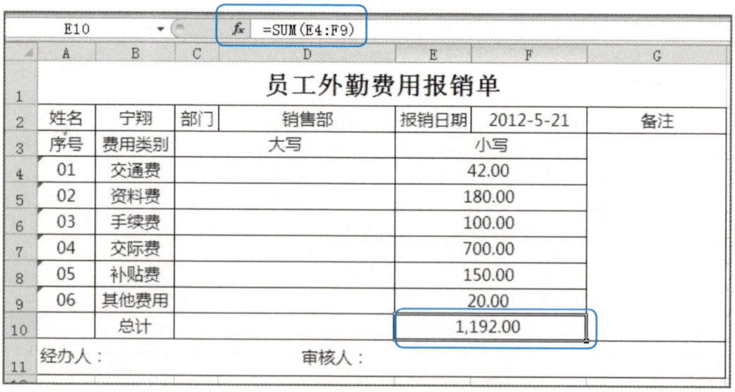

图9-34

❷ 在C4单元格中输入公式“=IF(E4<0,"负","")&IF(TRUNC(ROUND(E4,2))=0,"",TEXT(TRUNC(ABS(ROUND(E4,2))),"[DBNum2]")&"元")&IF(ISERR(FIND(".",ROUND(E4,2))),"",TEXT(RIGHT(TRUNC(ROUND(E4,2)*10)),"[DBNum2]"))&

IF(ISERR(FIND(".0",TEXT(E4,"0.00"))),"角","")&IF(LEFT(RIGHT(ROUND(E4,2),3))=".",TEXT(RIGHT(ROUND(E4,2)),"[DBNum2]")&"分","整")”，按Enter键，即可得到E4单元格中数字的中文大写形式，效果如图9-35所示。

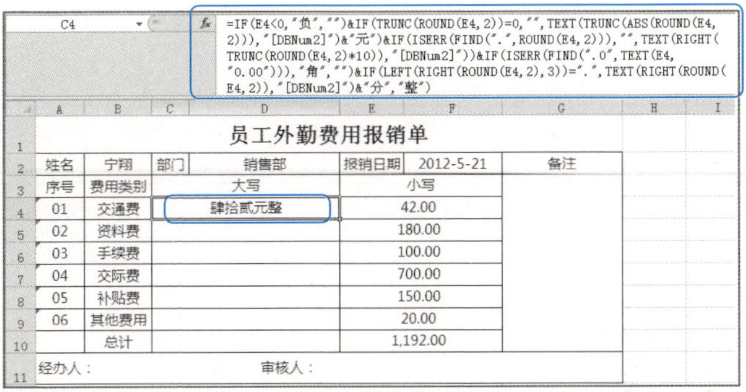

图9-35

❸ 选中C4单元格，拖动填充柄向下填充，得到所有数字的中文大写，如图9-36所示。

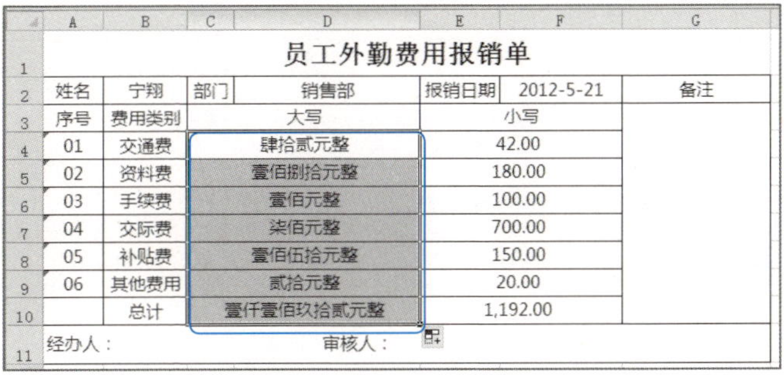

图9-36

读书笔记

第10章

公司日常费用统计与管理

实例概述与设计效果展示

企业在运作过程中随时都有可能产生相关的费用，例如购买办公用品、发放工资、设备维护费用等。了解各个部门费用的支出情况，各种类别的费用支出情况、本期费用支出与上期支出费用比较等，可有效控制各个环节的日常费用，为后期财务预算提供准确的依据。

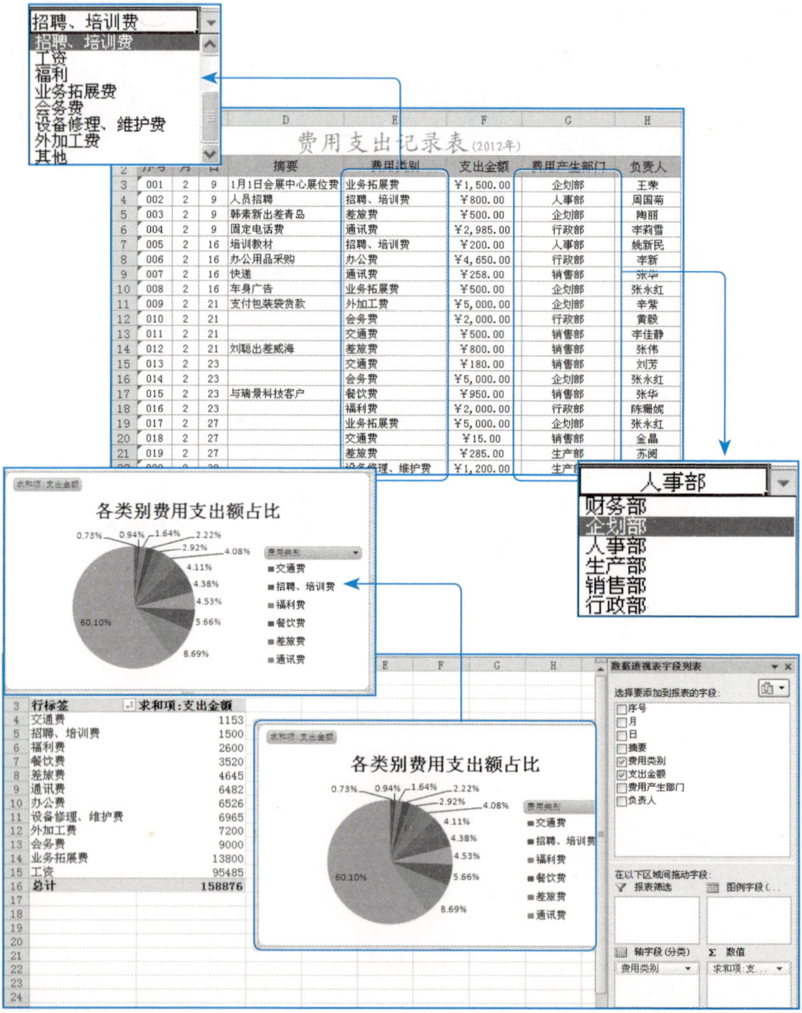

实例设计过程

这里将日常费用发生的的数据有序地统计到Excel表格，则可以方便地利用函数、数据透视表等相关分析工具进行分析。可依照如下流程来开展。

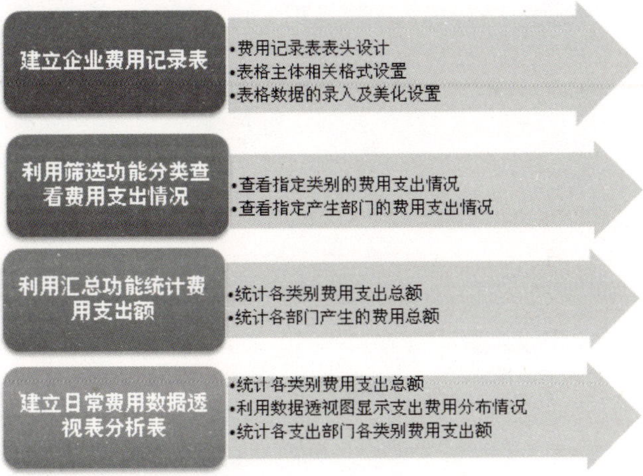

10.1　建立企业费用记录表

建立费用记录表，一是要明确该项费用的详细信息，二是通过列标识的规划能便于对数据的分析。费用统计表通常包含编号、费用发生时间、费用发生部门、费用类别、费用金额等几项基本内容。表格分为表头与主体两个部分，需要分别设计。

10.1.1　费用记录表表头设计

表头通常包括表格标题、表头说明文字。另外，为了便于对表头格式设置，可以将列标识也作为表头部分。

❶ 新建工作簿，并命名为“公司日常费用统计与管理”，将Sheet1工作表重命名为“费用发生记录表”。

❷ 双击A1单元格进入文字编辑状态，输入表格标题，在第2行各单元格中输入事先规划好的各项列标识，如图10-1所示。

❸ 选中A1:H1单元格区域，在“对齐方式”选项组中单击“合并后居中”按钮，在“字体”选项组中单击“字号”下拉按钮选择字号，另外还可以选择设

置颜色、加粗、倾斜等格式，如图10-2所示。

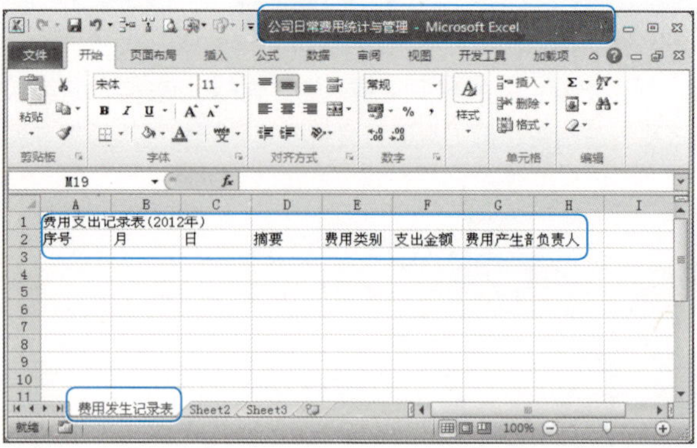

图10–1

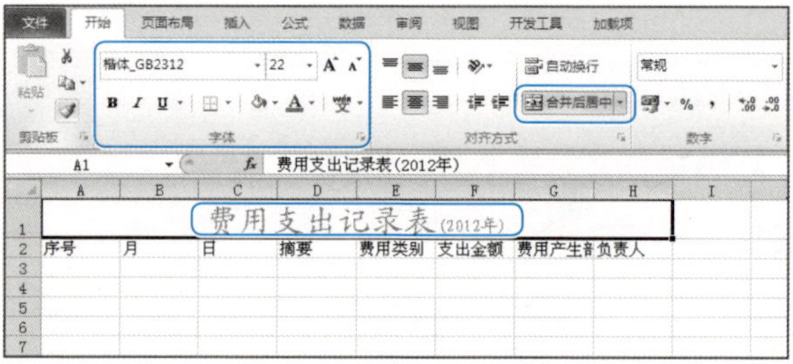

图10–2

4 选中A2:H2单元格区域，在“字体”选项组中设置字体与字号，根据实际需要调整列宽，调整完成后效果如图10-3所示。

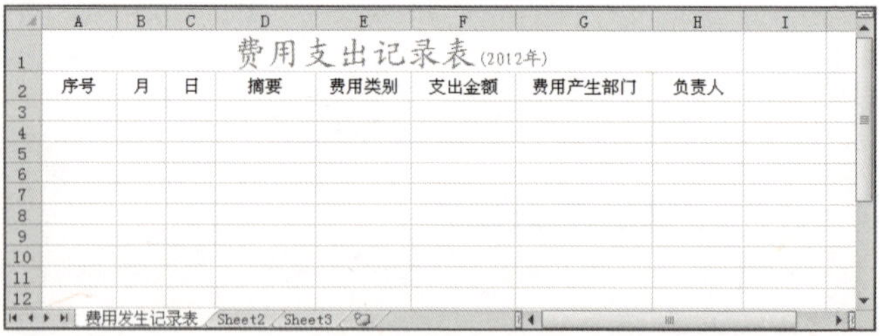

图10–3

10.1.2 表格主体相关格式设置

对表格中特定单元格进行属性设置，可以实现数据的快速录入，例如“编号”列的输入，“费用类别”列的选择、“费用产生部门”列的选择等。

1 选中“序号”列单元格，在“开始”选项卡的“数字”选项组中单

击 按钮，打开“设置单元格格式”对话框，在“分类”列表框中选择“文本”，如图10-4所示。

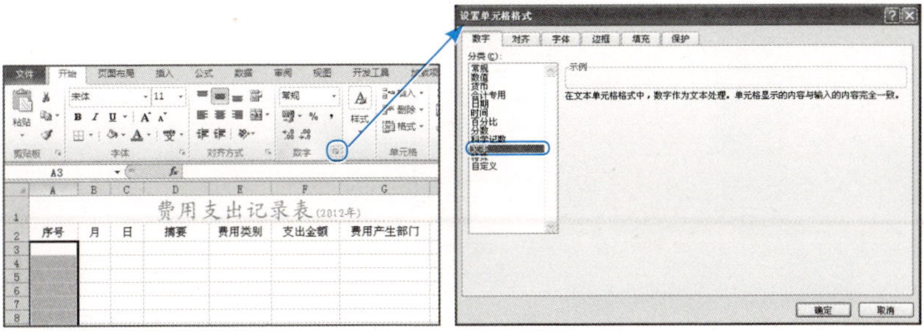

图10-4

❷ 分别在A4、A5单元格中输入第一个序号与第二个序号，选中A4:A5单元格区域，将光标定位到该区域右下角，当光标变成黑色十字形时，按住鼠标左键向下拖动，可以实现编号的快速填充，如图10-5所示。

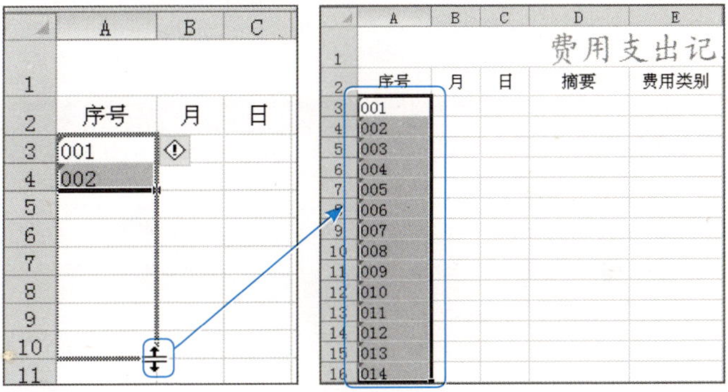

图10-5

专家提示

“序号”采用0开头时，如果直接输入“001”则只会显示“1”，因此首先需要设置“序号”列的单元格格式为“文本”。

❸ 在工作表的空白处输入所有费用类别，选中“费用类别”列单元格区域，在“数据”选项卡的“数据工具”选项组中单击“数据有效性”按钮，打开“数据有效性”对话框，如图10-6所示。

❹ 在“允许”下拉列表中选择“序列”，单击“来源”文本框右侧的按钮，在工作表中选择之前输入费用类别的单元格区域作为序列的来源，如图10-7所示。

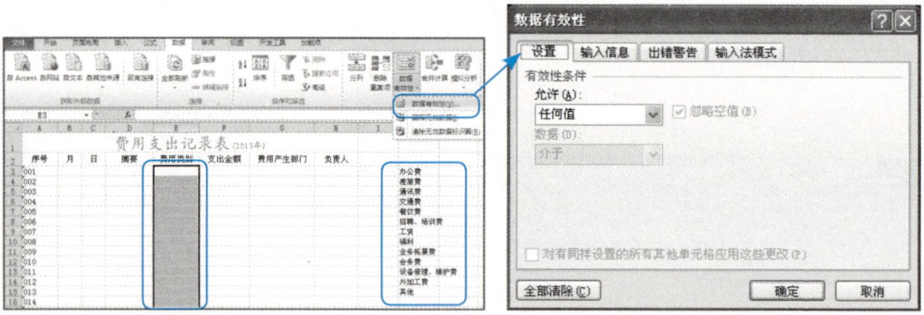

图10-6

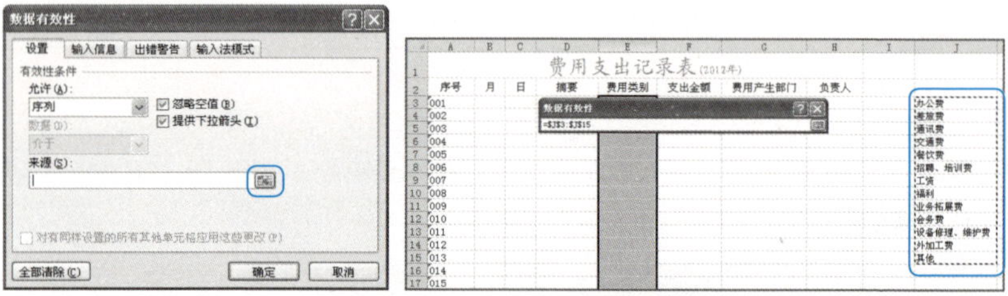

图10-7

5 选择来源后，单击按钮回到“数据有效性”对话框中，可以看到“来源”文本框中显示的单元格区域，如图10-8所示。

6 选择“输入信息”选项卡，在“输入信息”文本框中输入选中单元格时显示的提示信息，单击“确定”按钮回到工作表中，选中“费用类别”列单元格时，会显示提示信息并显示下拉按钮，如图10-9所示。

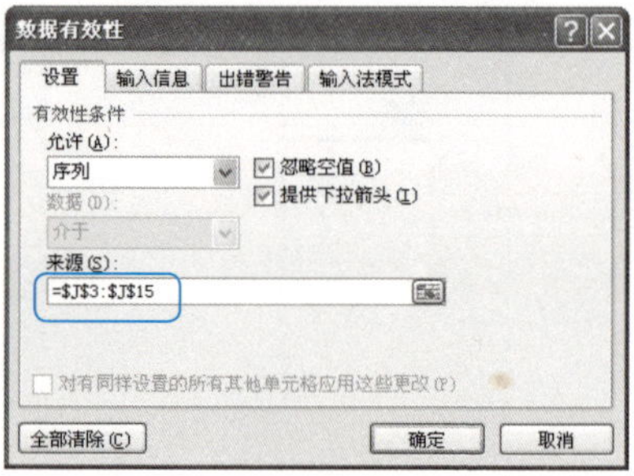

图10-8

图10-9

❼ 单击下拉按钮打开下拉列表，显示可供选择的费用类别，如图10-10所示。

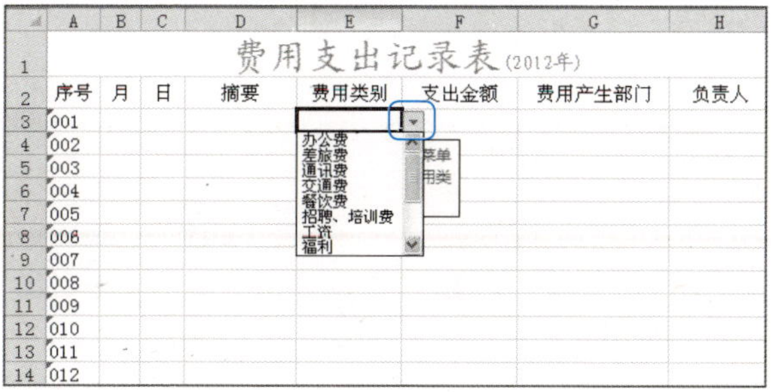

图10–10

❽ 选中“费用产生部门”列单元格区域，在“数据”选项卡的“数据工具”选项组中单击“数据有效性”按钮，打开“数据有效性”对话框，在“允许”下拉列表中选择“序列”，在“来源”文本框中输入各个部门名称（注意用半角逗号隔开），如图10-11所示。

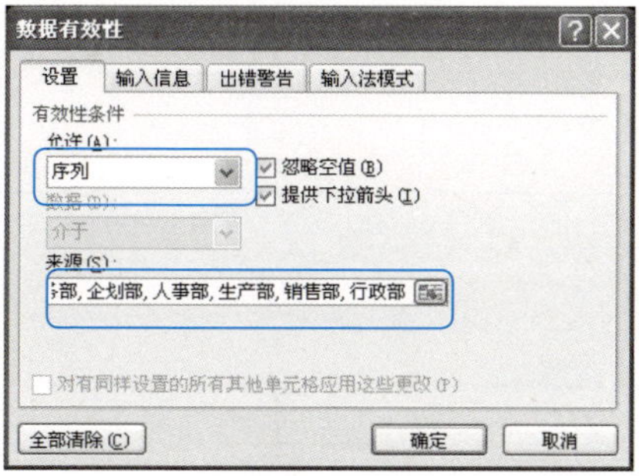

图10–11

❾ 单击“确定”按钮回到工作表中，选中“费用产生部门”列单元格时会显示下拉按钮，单击按钮即可从下拉列表中选择部门，如图10-12所示。

图10–12

10.1.3 表格数据的录入及美化

完成表格的设置之后，可以根据实际需要将实际费用的相关信息记录到表格中。

❶ 根据实际情况输入费用的相关信息记录，如图10-13所示。

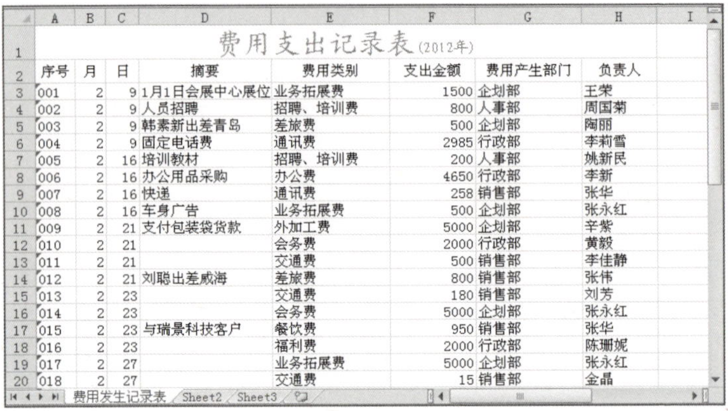

	A	B	C	D	E	F	G	H
1	费用支出记录表(2012年)							
2	序号	月	日	摘要	费用类别	支出金额	费用产生部门	负责人
3	001	2	9	1月1日会展中心展位	业务拓展费	1500	企划部	王荣
4	002	2	9	人员招聘	招聘、培训费	800	人事部	周国菊
5	003	2	9	韩素新出差青岛	差旅费	500	企划部	陶丽
6	004	2	9	固定电话费	通讯费	2985	行政部	李莉雪
7	005	2	16	培训教材	招聘、培训费	200	人事部	姚新民
8	006	2	16	办公用品采购	办公费	4650	行政部	李新
9	007	2	16	快递	通讯费	258	销售部	张华
10	008	2	16	车身广告	业务拓展费	500	企划部	张永红
11	009	2	21	支付包装袋货款	外加工费	5000	企划部	辛紫
12	010	2	21		会务费	2000	行政部	黄毅
13	011	2	21		交通费	500	销售部	李佳静
14	012	2	21	刘聪出差威海	差旅费	800	销售部	张伟
15	013	2	23		交通费	180	销售部	刘芳
16	014	2	23		会务费	5000	企划部	张永红
17	015	2	23	与瑞景科技客户	餐饮费	950	销售部	张华
18	016	2	23		福利费	2000	行政部	陈珊妮
19	017	2	27		业务拓展费	5000	企划部	张永红
20	018	2	27		交通费	15	销售部	金晶

图10-13

❷ 选中表格数据区域，在“开始”选项卡的“字体”选项组中设置文字格式，如图10-14所示。

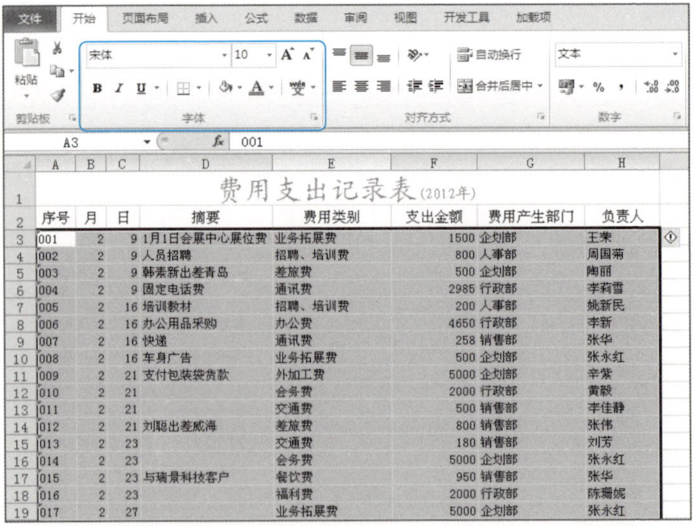

	A	B	C	D	E	F	G	H
1	费用支出记录表(2012年)							
2	序号	月	日	摘要	费用类别	支出金额	费用产生部门	负责人
3	001	2	9	1月1日会展中心展位费	业务拓展费	1500	企划部	王荣
4	002	2	9	人员招聘	招聘、培训费	800	人事部	周国菊
5	003	2	9	韩素新出差青岛	差旅费	500	企划部	陶丽
6	004	2	9	固定电话费	通讯费	2985	行政部	李莉雪
7	005	2	16	培训教材	招聘、培训费	200	人事部	姚新民
8	006	2	16	办公用品采购	办公费	4650	行政部	李新
9	007	2	16	快递	通讯费	258	销售部	张华
10	008	2	16	车身广告	业务拓展费	500	企划部	张永红
11	009	2	21	支付包装袋货款	外加工费	5000	企划部	辛紫
12	010	2	21		会务费	2000	行政部	黄毅
13	011	2	21		交通费	500	销售部	李佳静
14	012	2	21	刘聪出差威海	差旅费	800	销售部	张伟
15	013	2	23		交通费	180	销售部	刘芳
16	014	2	23		会务费	5000	企划部	张永红
17	015	2	23	与瑞景科技客户	餐饮费	950	销售部	张华
18	016	2	23		福利费	2000	行政部	陈珊妮
19	017	2	27		业务拓展费	5000	企划部	张永红

图10-14

❸ 选中要设置的单元格区域，在“开始”选项卡的“对齐方式”选项组中设置文字对齐方式，如图10-15所示。

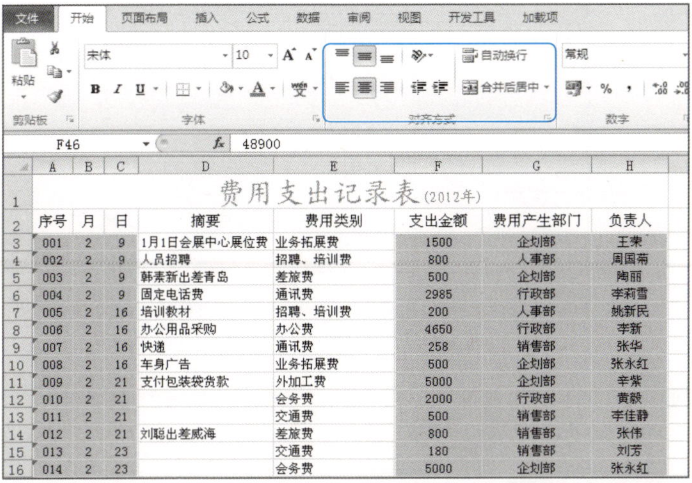

图10–15

4 选中要设置的单元格区域，在“开始”选项卡的“数字”选项组的下拉列表中选择“货币”格式，如图10-16所示。

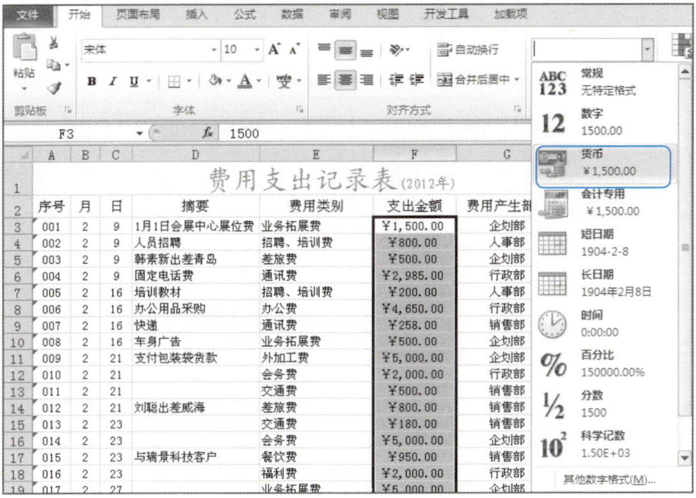

图10–16

5 选中表格编辑区域（包括列标识），在“开始”选项卡的“数字”选项组中单击“▣”按钮，打开“设置单元格格式”对话框。选择“边框”选项卡，在“线条”列表中选择边框线型，在“颜色”下拉列表中选择边框颜色，然后单击“外边框”与“内部”按钮设置表格的边框，单击“确定”按钮即可完成选中区域边框的设置，如图10-17所示。

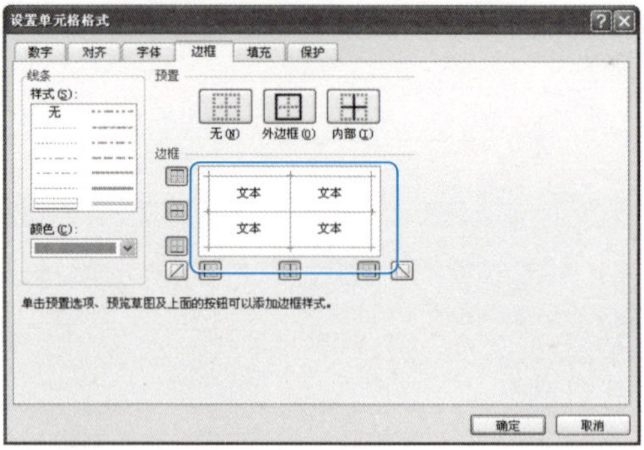

图10–17

6 选中表格中列标识部分，在“开始”选项卡“字体”选项组中单击“填充颜色”按钮，选择底纹颜色，如图10-18所示。

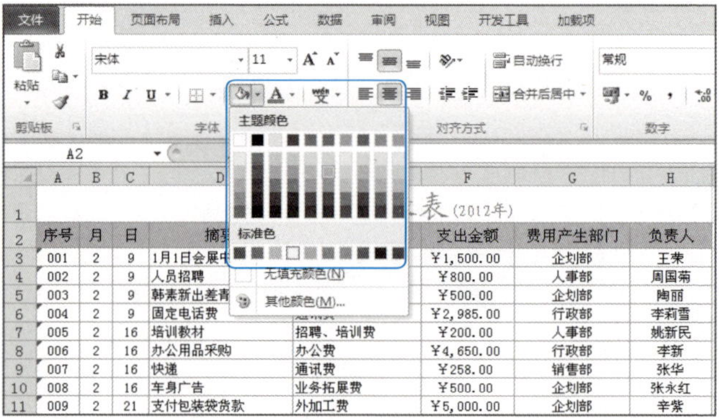

图10–18

10.2 利用筛选功能分类查看费用支出情况

费用记录表建立完成后，可以利用Excel 2010中的筛选功能来查看满足条件的记录，例如查看某种类别的费用支出情况、查看指定部门的费用支出情况等。

10.2.1 查看指定类别的费用支出情况

费用记录单是按照日期记录的，因此每条支出费用的类别各不相同，要实现查看某一类别的费用支出情况，则可以按照下面的方法来操作。

1 复制费用发生记录表，并将复制的日常费用记录表更改为“费用查看”，如图10-19所示。

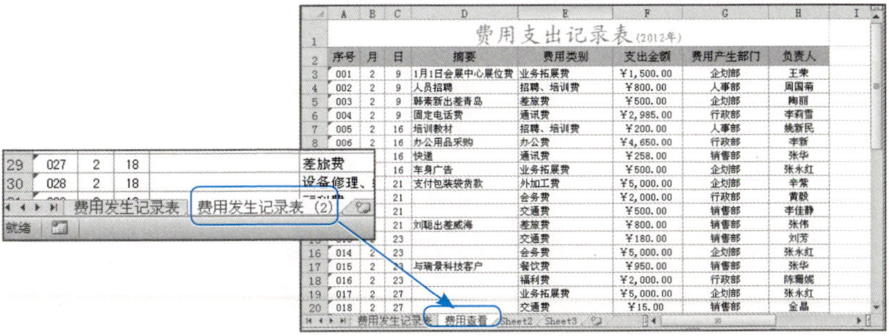

图10-19

2 选中数据编辑区域任意单元格，在“数据”选项卡的“排序和筛选”选项组中单击“筛选”按钮，即可添加自动筛选，如图10-20所示。

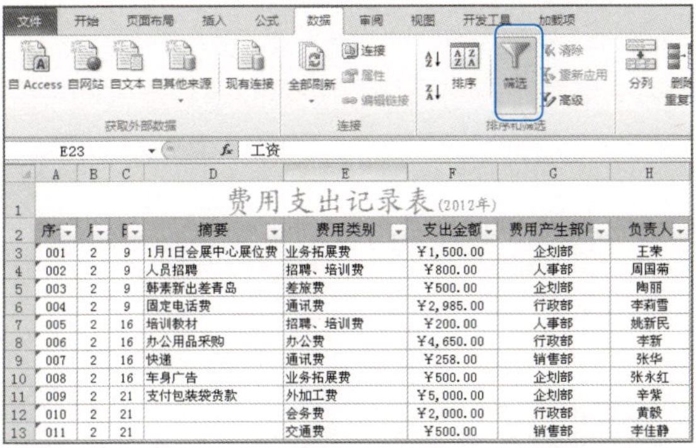

图10-20

3 单击“费用类别”列标识右侧下拉按钮，从打开的下拉列表中取消选中“全选”复选框，然后选中要显示的费用类别，如图10-21所示。

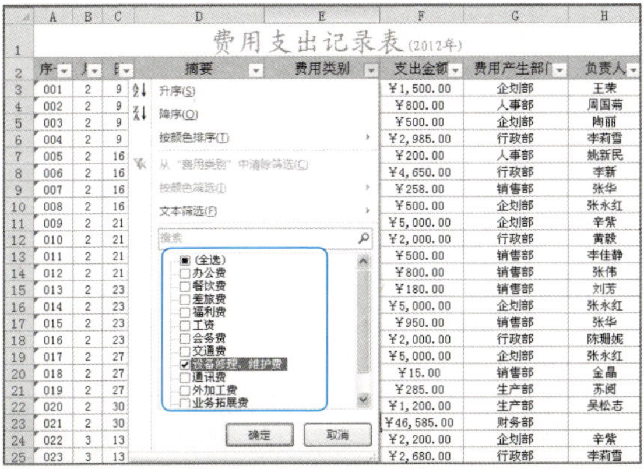

图10-21

❹ 单击“确定”按钮即可筛选出所有费用类别为“设备修理、维护费”的记录，如图10-22所示。

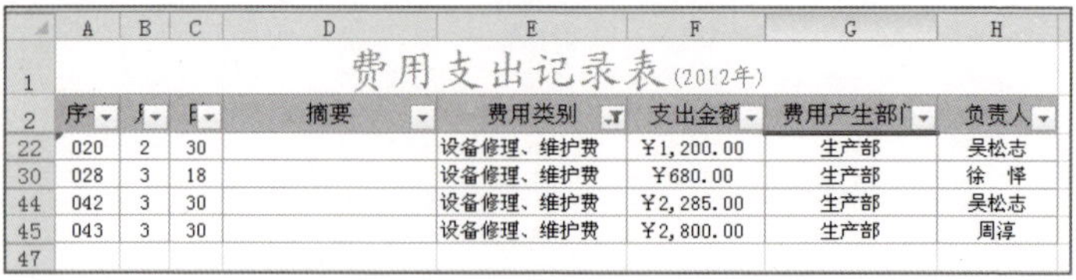

	A	B	C	D	E	F	G	H
1	费用支出记录表(2012年)							
2	序	月	日	摘要	费用类别	支出金额	费用产生部门	负责人
22	020	2	30		设备修理、维护费	￥1,200.00	生产部	吴松志
30	028	3	18		设备修理、维护费	￥680.00	生产部	徐 怿
44	042	3	30		设备修理、维护费	￥2,285.00	生产部	吴松志
45	043	3	30		设备修理、维护费	￥2,800.00	生产部	周淳
47								

图10-22

10.2.2 查看指定产生部门的费用支出情况

❶ 单击“费用产生部门”列标识右侧下拉按钮，从打开的下拉列表中取消选中“全选”复选框，然后选中要显示的部门，如图10-23所示。

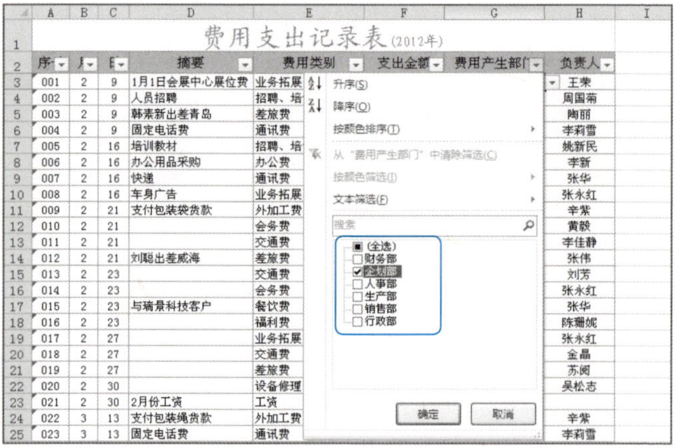

	A	B	C	D	E	H
1	费用支出记录表(2012年)					
2	序	月	日	摘要	费用类别	负责人
3	001	2	9	1月1日会展中心展位费	业务拓展	王荣
4	002	2	9	人员招聘	招聘、培	周国菊
5	003	2	9	韩素新出差青岛	差旅费	陶丽
6	004	2	9	固定电话费	通讯费	李莉雪
7	005	2	16	培训教材	招聘、培	姚新民
8	006	2	16	办公用品采购	办公费	李新
9	007	2	16	快递	通讯费	张华
10	008	2	16	车身广告	业务拓展	张永红
11	009	2	21	支付包装袋货款	外加工费	辛紫
12	010	2	21		会务费	黄毅
13	011	2	21		交通费	李佳静
14	012	2	21	刘聪出差威海	差旅费	张伟
15	013	2	23		交通费	刘芳
16	014	2	23		会务费	张永红
17	015	2	23	与瑞景科技客户	餐饮费	张华
18	016	2	23		福利费	陈珊妮
19	017	2	27		业务拓展	张永红
20	018	2	27		交通费	金晶
21	019	2	27		差旅费	苏阅
22	020	2	30		设备修理	吴松志
23	021	2	30	2月份工资	工资	
24	022	3	13	支付包装绳货款	外加工费	辛紫
25	023	3	13	固定电话费	通讯费	李莉雪

图10-23

❷ 单击“确定”按钮即可筛选出所有产生部门为“企划部”的记录，如图10-24所示。

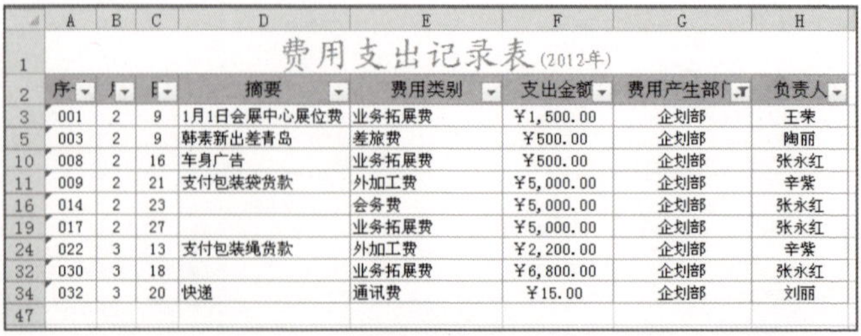

	A	B	C	D	E	F	G	H
1	费用支出记录表(2012年)							
2	序	月	日	摘要	费用类别	支出金额	费用产生部门	负责人
3	001	2	9	1月1日会展中心展位费	业务拓展费	￥1,500.00	企划部	王荣
5	003	2	9	韩素新出差青岛	差旅费	￥500.00	企划部	陶丽
10	008	2	16	车身广告	业务拓展费	￥500.00	企划部	张永红
11	009	2	21	支付包装袋货款	外加工费	￥5,000.00	企划部	辛紫
16	014	2	23		会务费	￥5,000.00	企划部	张永红
19	017	2	27		业务拓展费	￥5,000.00	企划部	张永红
24	022	3	13	支付包装绳货款	外加工费	￥2,200.00	企划部	辛紫
32	030	3	18		业务拓展费	￥6,800.00	企划部	张永红
34	032	3	20	快递	通讯费	￥15.00	企划部	刘丽
47								

图10-24

10.3 利用分类汇总功能统计费用支出额

分类汇总功能通过为所选单元格自动添加合计或小计，汇总多个相关数据行。在费用统计表中，利用分类汇总功能可以统计出某种类别费用的总计值、某个部门产生的费用总计值等。

10.3.1 统计各类别费用支出总额

在进行分类汇总统计之前，首先要根据需要统计的关键字进行排序，将同一类别的记录排列在一起。如要统计各类别费用支出总额，则首先需要对“费用类别”关键字进行排序。

❶ 选中“费用类别”列中任意单元格，在“数据”选项卡的“排序和筛选”选项组中单击“升序”或“降序”按钮，即可实现排序，如图10-25所示。

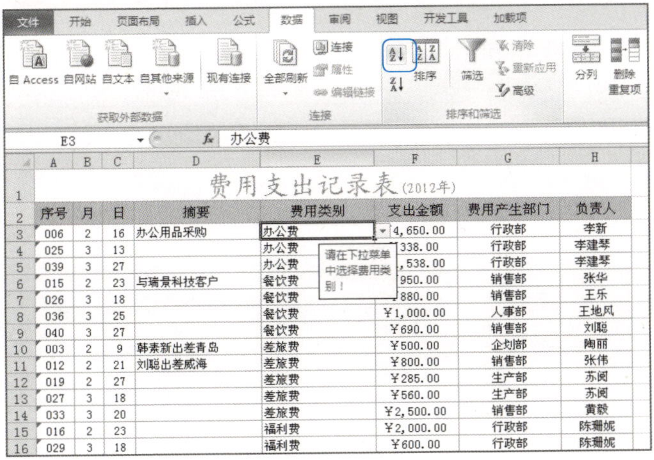

图10-25

❷ 打开“数据”选项卡，在“分级显示”选项组中单击“分类汇总”按钮，打开“分类汇总”对话框，在“分类字段”下拉列表框中选中“费用类别”选项，在“选定汇总项”列表框中选中“支出金额”复选框，如图10-26所示。

❸ 单击“确定”按钮，即可将表格中以“费用类别”排序后的记录进行分类汇总，并显示分类汇总后的结果（各个类别费用的支出总额），如图10-27所示。

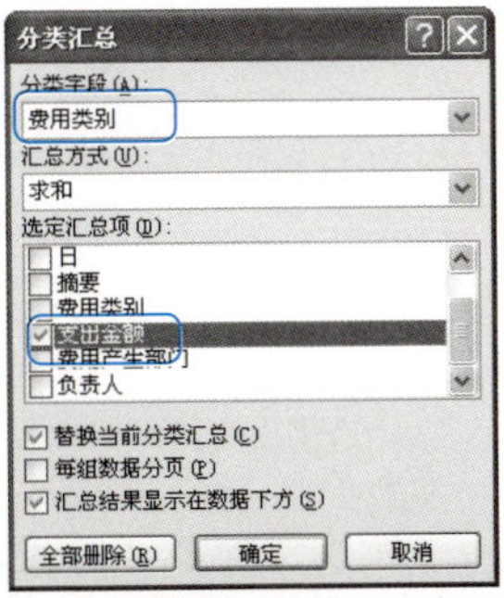

图10-26

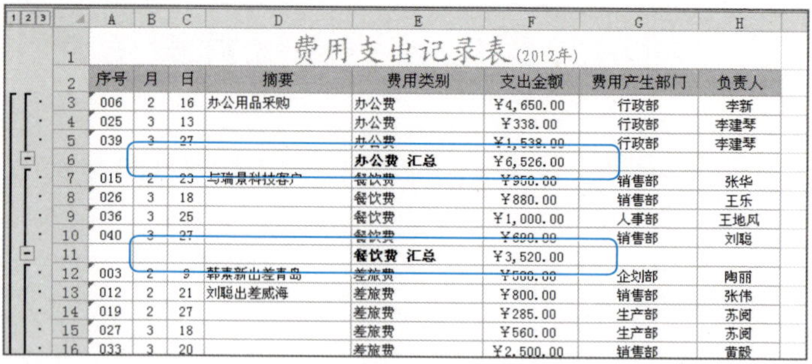

	序号	月	日	摘要	费用类别	支出金额	费用产生部门	负责人
1	费用支出记录表(2012年)							
3	006	2	16	办公用品采购	办公费	¥4,650.00	行政部	李新
4	025	3	13		办公费	¥338.00	行政部	李建琴
5	039	3	27		办公费	¥1,538.00	行政部	李建琴
6					**办公费 汇总**	¥6,526.00		
7	015	2	23	与瑞景科技客户	餐饮费	¥950.00	销售部	张华
8	026	3	18		餐饮费	¥880.00	销售部	王乐
9	036	3	25		餐饮费	¥1,000.00	人事部	王地风
10	040	3	27		餐饮费	¥690.00	销售部	刘聪
11					**餐饮费 汇总**	¥3,520.00		
12	003	2	9	韩素新出差青岛	差旅费	¥500.00	企划部	陶丽
13	012	2	21	刘聪出差威海	差旅费	¥800.00	销售部	张伟
14	019	2	27		差旅费	¥285.00	生产部	苏阅
15	027	3	18		差旅费	¥560.00	生产部	苏阅
16	033	3	20		差旅费	¥2,500.00	销售部	黄毅

图10–27

专家提示

如果要显示明细汇总数据，可以在工作表左侧单击“3”。

10.3.2 统计各部门产生的费用总额

❶ 选中“费用产生部门”列中任意单元格，在“数据”选项卡的“排序和筛选”选项组中单击“升序”或“降序”按钮，即可实现排序，如图10-28所示。

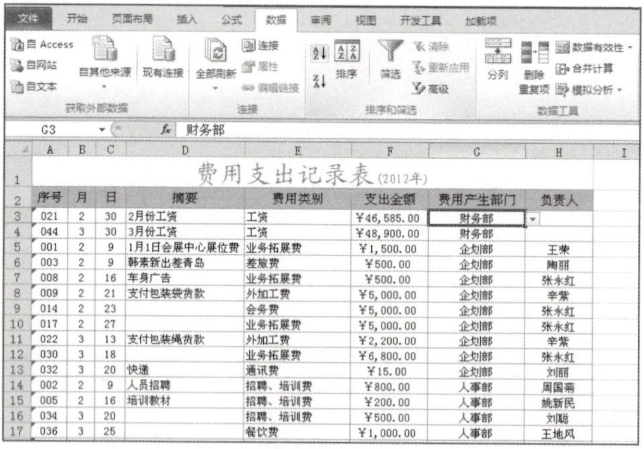

	序号	月	日	摘要	费用类别	支出金额	费用产生部门	负责人
1	费用支出记录表(2012年)							
3	021	2	30	2月份工资	工资	¥46,585.00	财务部	
4	044	3	30	3月份工资	工资	¥48,900.00	财务部	
5	001	2	9	1月1日会展中心展位费	业务拓展费	¥1,500.00	企划部	王荣
6	003	2	9	韩素新出差青岛	差旅费	¥500.00	企划部	陶丽
7	008	2	16	车身广告	业务拓展费	¥500.00	企划部	张永红
8	009	2	21	支付包装袋货款	外加工费	¥5,000.00	企划部	辛紫
9	014	2	23		会务费	¥5,000.00	企划部	张永红
10	017	2	27		业务拓展费	¥5,000.00	企划部	张永红
11	022	3	13	支付包装绳货款	外加工费	¥2,200.00	企划部	辛紫
12	030	3	18		业务拓展费	¥6,800.00	企划部	张永红
13	032	3	20	快递	通讯费	¥15.00	企划部	刘丽
14	002	2	9	人员招聘	招聘、培训费	¥800.00	人事部	周国菊
15	005	2	16	培训教材	招聘、培训费	¥200.00	人事部	姚新民
16	034	3	20		招聘、培训费	¥500.00	人事部	刘聪
17	036	3	25		餐饮费	¥1,000.00	人事部	王地风

图10–28

❷ 打开“数据”选项卡，在“分级显示”选项组中单击“分类汇总”按钮，打开“分类汇总”对话框，在“分类字段”下拉列表框中选中“费用产生部门”选项；在“选定汇总项”列表框中选中“支出金额”复选框，如图10-29所示。

❸ 单击“确定”按钮，即可将表格中以“费用产生部门”排序后的记录进行分类汇总，并显示分类汇总后的结果（各个部门费用的支出额），如图10-30所示。

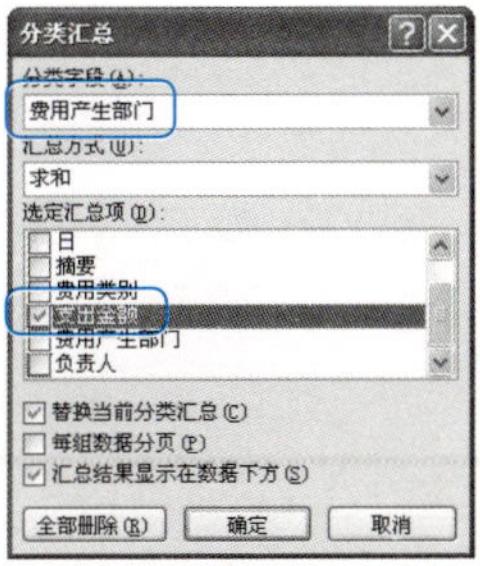

图10-29

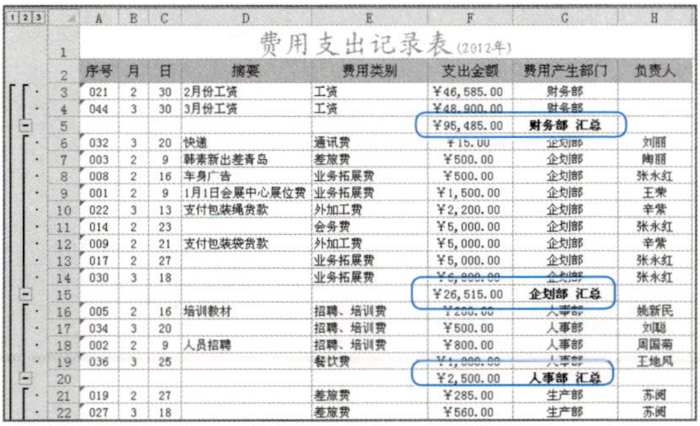

图10-30

10.4　建立日常费用数据透视表分析表

利用数据透视表来对费用记录表进行分析，可以得到多种不同的统计结果。还可以看到各个部门、各个费用类别的支出额总计值。

10.4.1　统计各类别费用支出总额

下面通过建立数据透视表并设置字段以达到统计各类别费用的支出金额的目的。

❶ 切换到“日常费用记录表”表，在“插入”选项卡下的“表”选项组中单击“数据透视表”按钮，在下拉列表中选择“数据透视表”选项，打开“创建数据透视表”对话框，如图10-31所示。

❷ 在对话框中的“表/区域”文本框中，选中“费用发生记录表!$A$2:$H$46”单元格区域，其他设置保持不变，如图10-32所示。

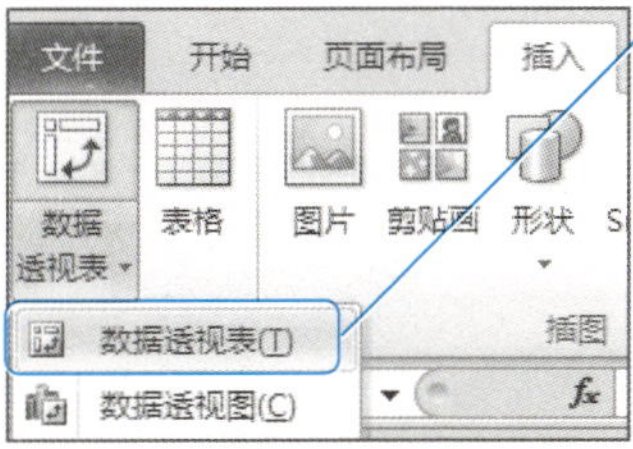

图10-31

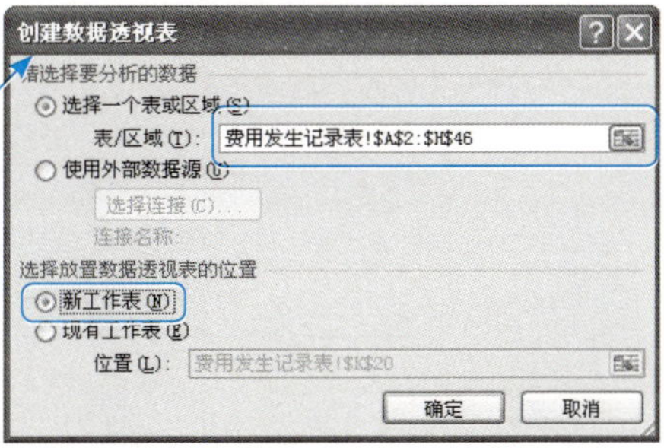

图10-32

❸ 设置完成后，单击“确定”按钮，即可新建一个工作表，并在工作表中创建默认数据透视表。双击Sheet4工作表标签，将工作表名称更改为“日常费用

数据透视表分析表”，如图10-33所示。

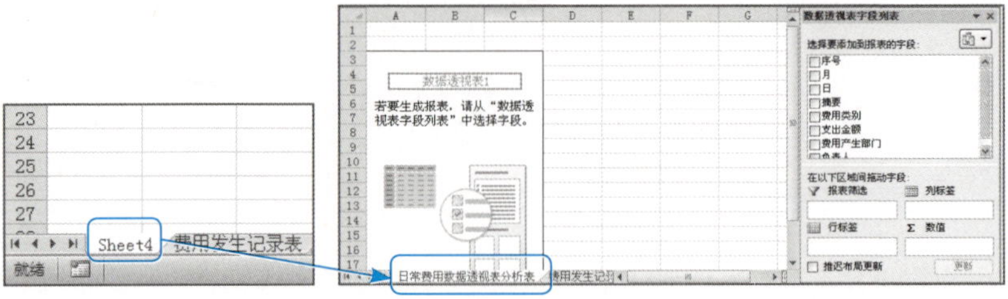

图10-33

4 在字段列表中选中“费用类别”字段，按住鼠标左键将其拖到“行标签”列表中；接着再选中“支出金额”字段，将其拖到“数值”列表中。数据透视表根据字段的设置做相应的显示，如图10-34所示。

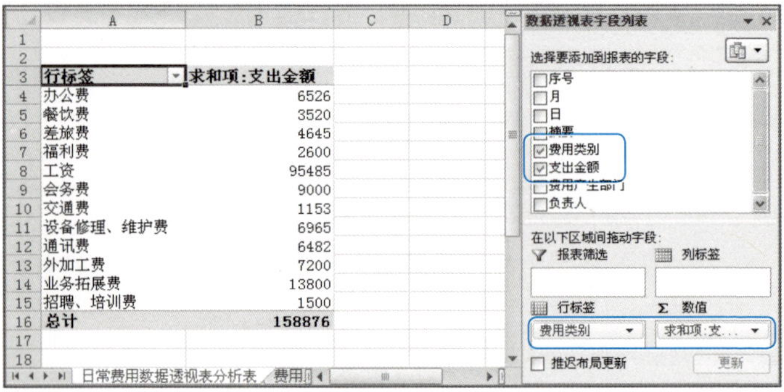

图10-34

5 选中“支出金额”列任意单元格，打开“数据透视表工具”下的“选项”选项卡，单击“排序”选项组中的“升序”按钮，即可对各类别费用支出金额从小到大进行排序，如图10-35所示。

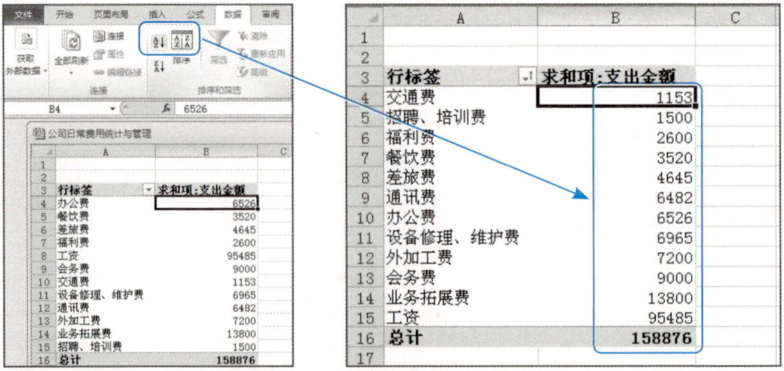

图10-35

10.4.2　利用数据透视图显示支出费用分布情况

建立了统计各类别费用支出金额的数据透视表之后，接着可以通过建立图表来直观显示各类别费用支出金额的分布情况。

❶ 选中数据透视表任意单元格，打开“数据透视表工具”下的“选项”选项卡，单击“工具”选项组中的“数据透视图”按钮，打开“插入图表”对话框，选择图表类型，如图10-36所示。

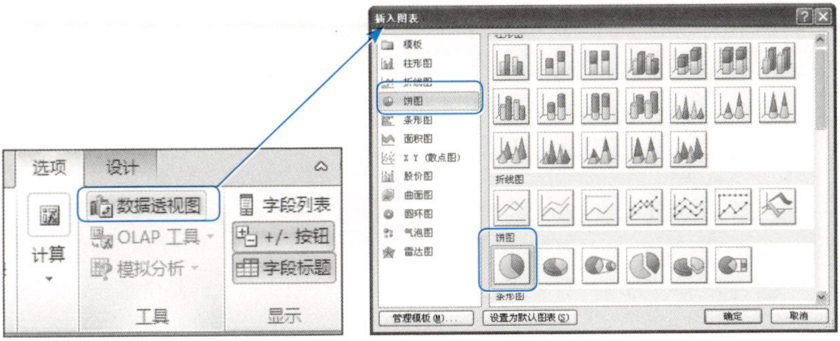

图10-36

❷ 单击“确定”按钮即可新建数据透视图，在图表标题框中重新输入图表名称，如图10-37所示。

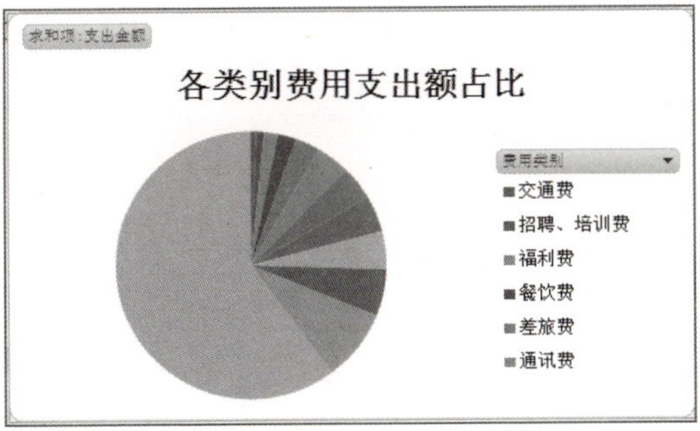

图10-37

专家提示

当建立了数据透视图之后，只要选中数据透视图，功能区中则会出现“数据透视图工具”选项，其中包括“设计”、“布局”、“格式”、“分析”等几个选项卡，这几个选项卡专门针对数据透视图进行操作。对数据透视图的编辑与普通图表编辑基本相同，但数据透视图是动态的，它们会根据当前数据透视表的改变而改变。

❸ 选中图表，打开“数据透视图工具”下的“布局”选项卡，单击“数据

标签”按钮，选择“其他数据标签选项”命令，打开“设置数据标签格式”对话框，选中“百分比”复选框，如图10-38所示。

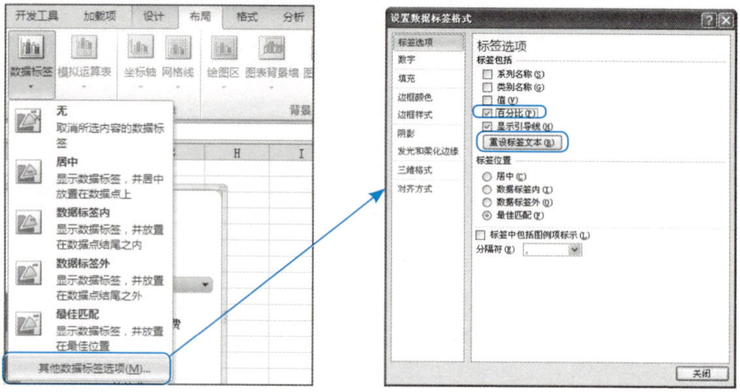

图10-38

4 切换到“数字”标签下，选中“百分比”数字类别，并设置小数位数为“2”，单击“关闭”按钮即可为图表添加包含两位小数的百分比标签，从图表中可以直观看到各个类别费用的支出额占总支出额的比例情况，如图10-39所示。

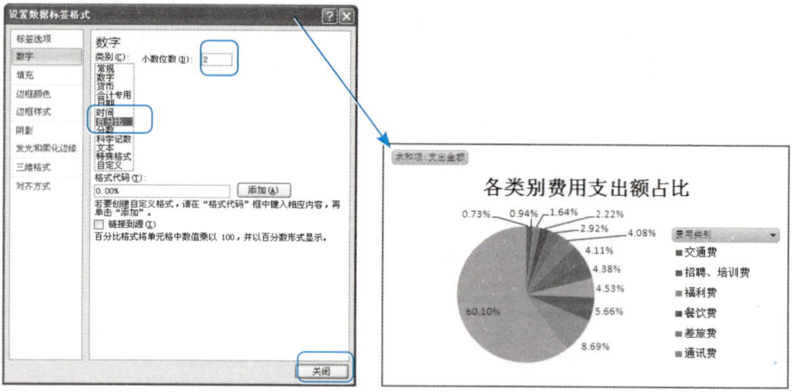

图10-39

10.4.3 统计各支出部门各类别费用支出额

要建立数据透视表统计各支出部门各类别费用支出额，需要设置双字段，即首先按支出部门统计出支出费用合计，然后再在各个支出部门中统计出各个类别的日常费用额。

1 创建数据透视表，在字段列表中选中“费用产生部门”字段，按住鼠标左键将其拖到“行标签”列表中；接着再选中“支出金额”字段，将其拖到“数值”列表中。数据透视表根据字段的设置做相应的显示，如图10-40所示。

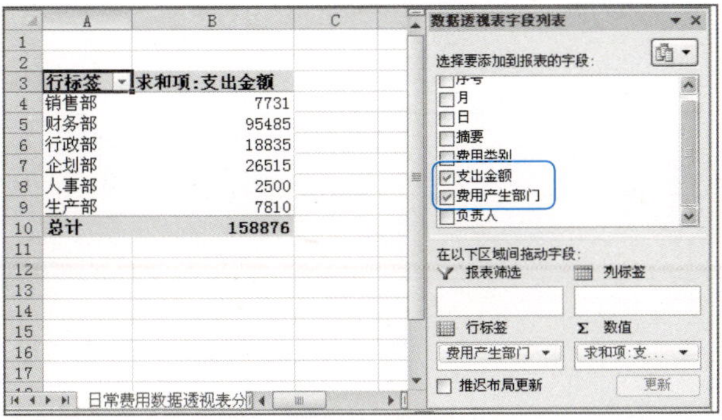

图10-40

2 在字段列表中选中“费用类别”字段，按住鼠标左键将其拖到“行标签”列表的“费用产生部门”字段下面，数据透视表根据字段的设置做相应的显示，如图10-41所示。

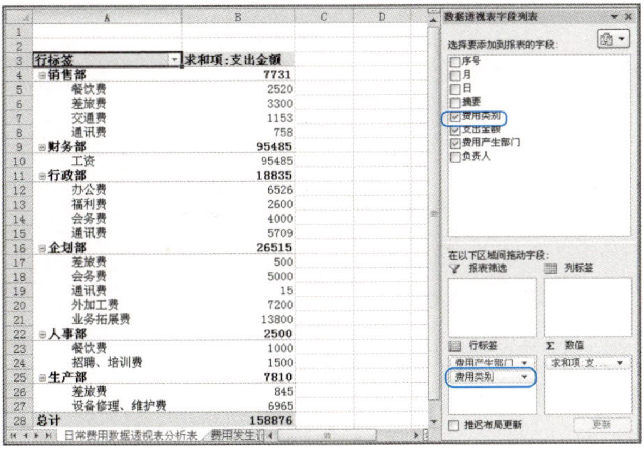

图10-41

读书笔记

第11章

公司各项报销费用统计与管理

实例概述与设计效果展示

公司员工各项费用的报销管理是财务工作的一项重要内容，制作规范的报销单据，对公司日常费用的管理有很大帮助。

使用表格对员工日常费用报销进行记录并定期对数据进行分析，可以帮助公司进行更加合理的人员与财务管理。

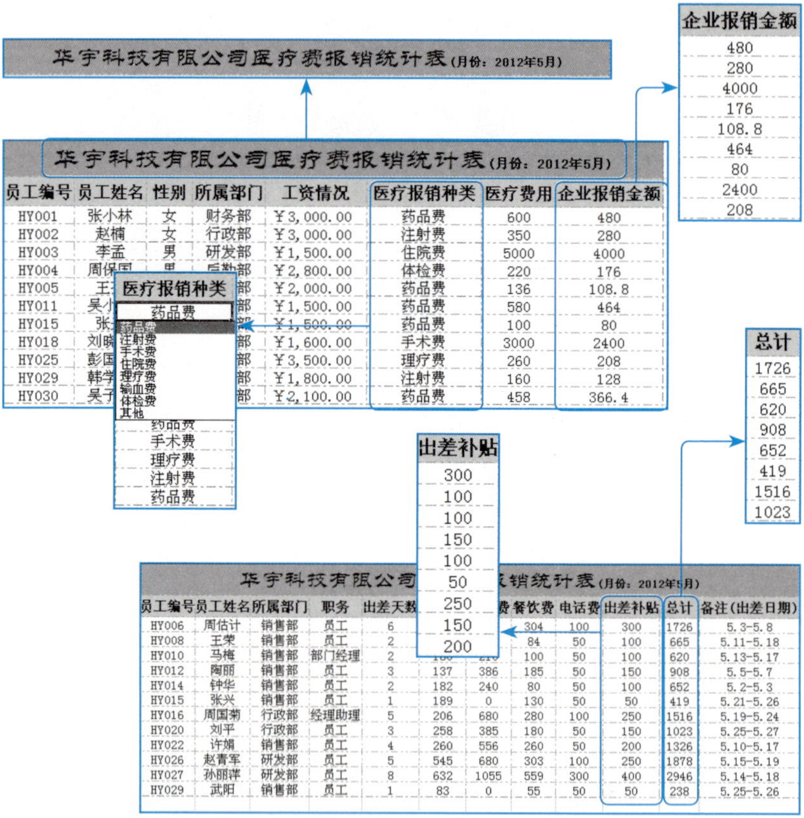

实例设计过程

本例中介绍了两种常见的日常费用报销和管理表格分别是医疗费用管理表和差旅费报销统计表，分别记录了员工的医疗费用报销情况和差旅费报销情况，可依照如下流程来开展。

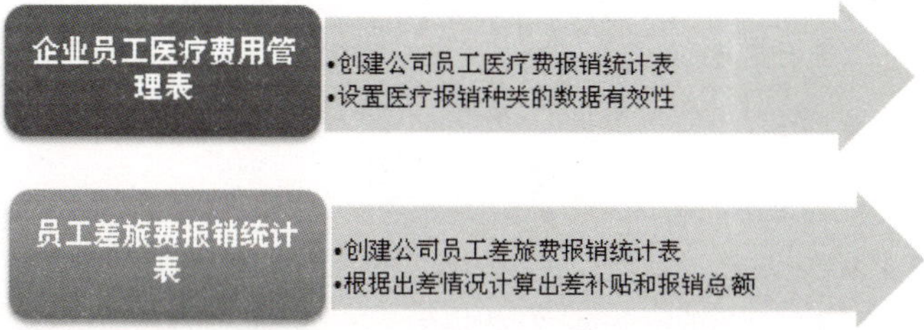

11.1　企业员工医疗费用管理表

医疗费用报销是企业一项基本的福利政策，它为员工的生活提供了最基本保障。但医疗费用的报销也受一些因素的制约，如员工的基本工资、医疗费用的种类，以及报销单据是否齐全等，只有加强对员工医疗费用的管理，才能降低企业的行政开支。在Excel 中建立工作表统计医疗费用，便于数据的计算、统计。

11.1.1　创建公司员工医疗费报销统计表

使用公司员工医疗费报销统计表来记录员工的医疗费报销情况，可以规范医疗费用报销制度。医疗费用的报销通常与员工的基本工资、医疗费用的种类等有关，所以这些都需要加入到表格项目中。

❶ 打开Excel 2010，将文件命名为“公司各报销费用统计与管理”，保存类型为“Excel工作薄”，在Sheet1工作表标签中双击鼠标左键，输入新的工作表名称“医疗费报销统计表”。

❷ 在工作薄中第一行输入标题“华宇科技有限公司医疗费报销统计表”，后面写上统计的月份，第二行输入项目名称，包括“员工编号”、“员工姓名”、“工资情况”等，继续将内容数据输入完成，如图11-1所示。

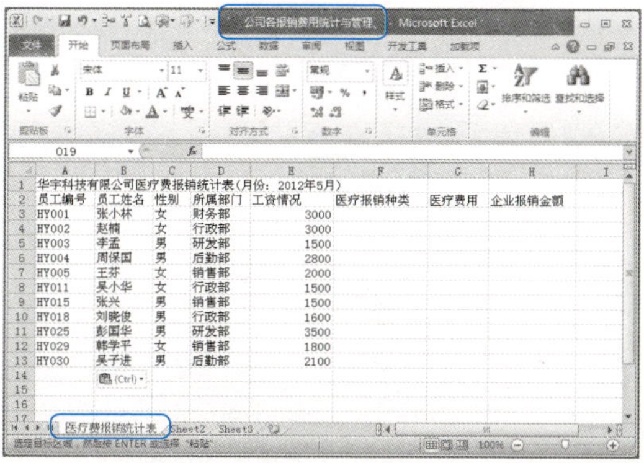

图11-1

3 在工作表中，单击“开始”选项卡下“对齐方式”选项组中的“合并后居中”按钮来合并A1:H1单元格区域。

4 在工作表中，通过“开始”选项卡下的“字体”选项组中的“字体”和“字号”选项分别对表头和项目文字进行设置。

5 在工作表中，通过“开始”选项卡下“对齐方式”选项组中的 “居中”按钮来设置单元格的对齐方式。接着使用手工拖动的方式来调整表格行高和列宽，完成以上设置后的效果如图11-2所示。

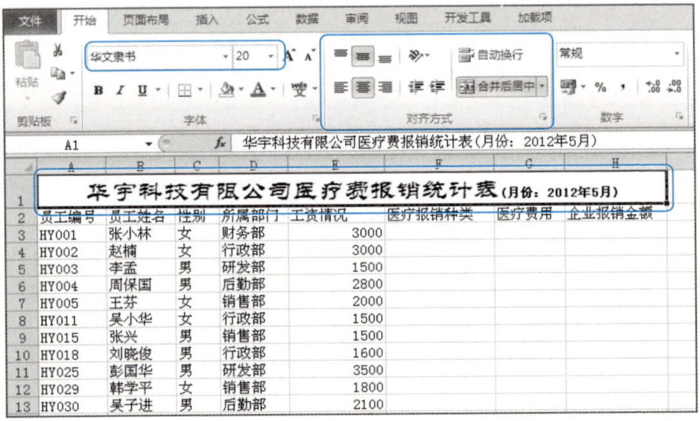

	A	B	C	D	E	F	G	H
1	华宇科技有限公司医疗费报销统计表(月份：2012年5月)							
2	员工编号	员工姓名	性别	所属部门	工资情况	医疗报销种类	医疗费用	企业报销金额
3	HY001	张小林	女	财务部	3000			
4	HY002	赵楠	女	行政部	3000			
5	HY003	李孟	男	研发部	1500			
6	HY004	周保国	男	后勤部	2800			
7	HY005	王芬	女	销售部	2000			
8	HY011	吴小华	女	行政部	1500			
9	HY015	张兴	男	销售部	1500			
10	HY018	刘晓俊	男	行政部	1600			
11	HY025	彭国华	男	研发部	3500			
12	HY029	韩学平	女	销售部	1800			
13	HY030	吴子进	男	后勤部	2100			

图11-2

6 设置表格边框。在工作表中选中A2:H13单元格区域，在“开始”选项卡单击“字体”选项组右下角的按钮，打开“设置单元格格式”对话框，在对话框中设置单元格区域的边框和底纹，效果如图11-3所示。

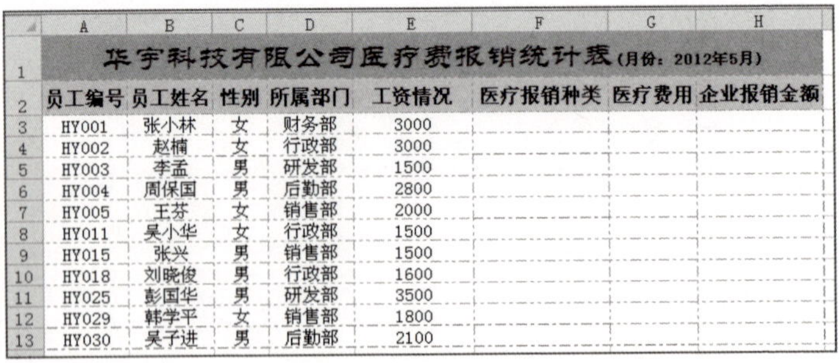

	A	B	C	D	E	F	G	H
1	华宇科技有限公司医疗费报销统计表(月份：2012年5月)							
2	员工编号	员工姓名	性别	所属部门	工资情况	医疗报销种类	医疗费用	企业报销金额
3	HY001	张小林	女	财务部	3000			
4	HY002	赵楠	女	行政部	3000			
5	HY003	李孟	男	研发部	1500			
6	HY004	周保国	男	后勤部	2800			
7	HY005	王芬	女	销售部	2000			
8	HY011	吴小华	女	行政部	1500			
9	HY015	张兴	男	销售部	1500			
10	HY018	刘晓俊	男	行政部	1600			
11	HY025	彭国华	男	研发部	3500			
12	HY029	韩学平	女	销售部	1800			
13	HY030	吴子进	男	后勤部	2100			

图11-3

7 选中“工资情况”列，在“开始”选项卡的“数字”选项组中单击“单元格格式”下拉按钮，选择“货币”，如图11-4所示。

8 将单元格格式设置为“货币”，效果如图11-5所示。

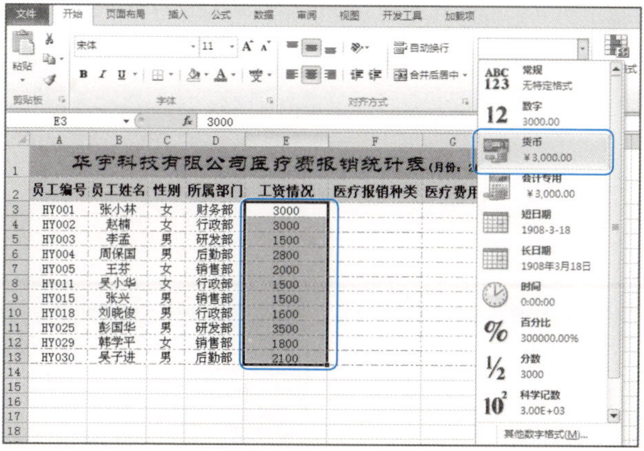

图11-4

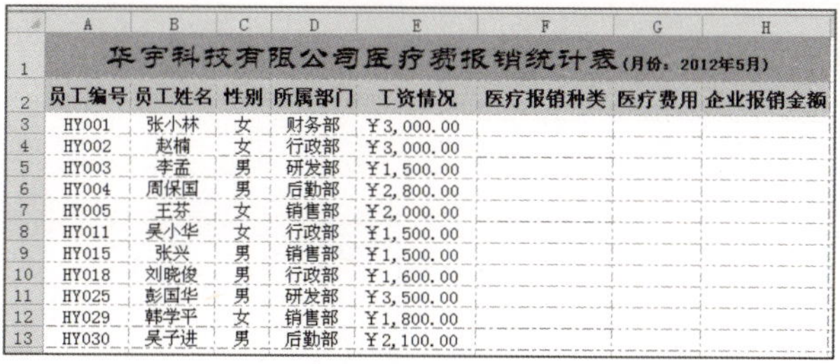

员工编号	员工姓名	性别	所属部门	工资情况	医疗报销种类	医疗费用	企业报销金额
HY001	张小林	女	财务部	¥3,000.00			
HY002	赵楠	女	行政部	¥3,000.00			
HY003	李孟	男	研发部	¥1,500.00			
HY004	周保国	男	后勤部	¥2,800.00			
HY005	王芬	女	销售部	¥2,000.00			
HY011	吴小华	女	行政部	¥1,500.00			
HY015	张兴	男	销售部	¥1,500.00			
HY018	刘晓俊	男	行政部	¥1,600.00			
HY025	彭国华	男	研发部	¥3,500.00			
HY029	韩学平	女	销售部	¥1,800.00			
HY030	吴子进	男	后勤部	¥2,100.00			

图11-5

11.1.2　设置医疗报销种类的数据有效性

为了使输入的医疗报销种类更加统一和便于管理，可为单元格设置数据有效性来规范输入的报销种类。

❶ 选中“医疗报销种类”列，打开“数据”选项卡，在“数据工具”选项组中单击“数据有效性”按钮，如图11-6所示。

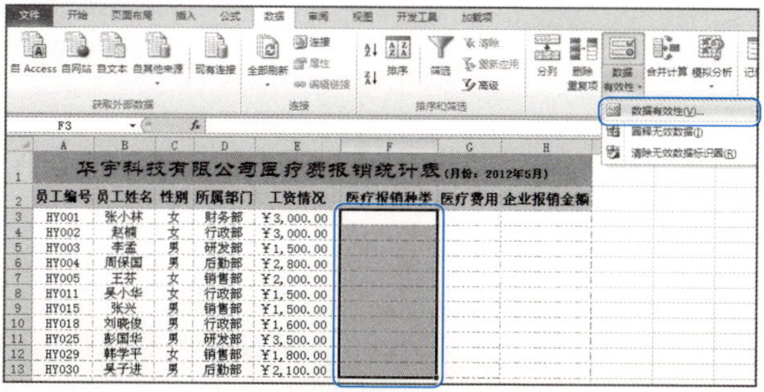

图11-6

❷ 在弹出的“数据有效性”对话框中，选择“设置”选项卡，在“有效性条件”栏的“允许”列表中选择“序列”，在“来源”文本框中输入“药品费，注射费，手术费，住院费，理疗费，输血费，体检费，其他”，如图11-7所示。

❸ 选择“输入信息”选项卡，在“标题”文本框输入“请输入医疗报销种类”，在“输入信息”文本框输入“可从下拉列表中选择！”，如图11-8所示。

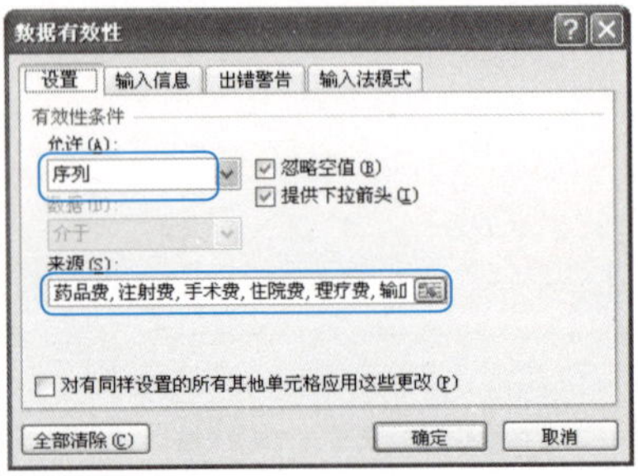

图11-7

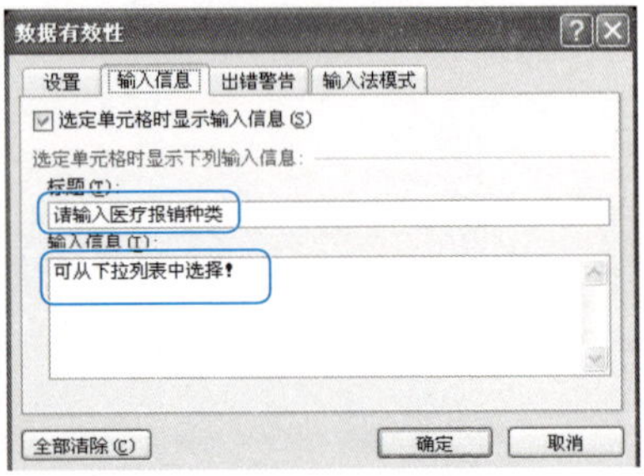

图11-8

❹ 选择“出错警告”选项卡，在“标题”文本框输入“报销种类错误”，在“错误信息”文本框输入“请从下拉列表中选择！”，单击“确定”按钮，如图11-9所示。

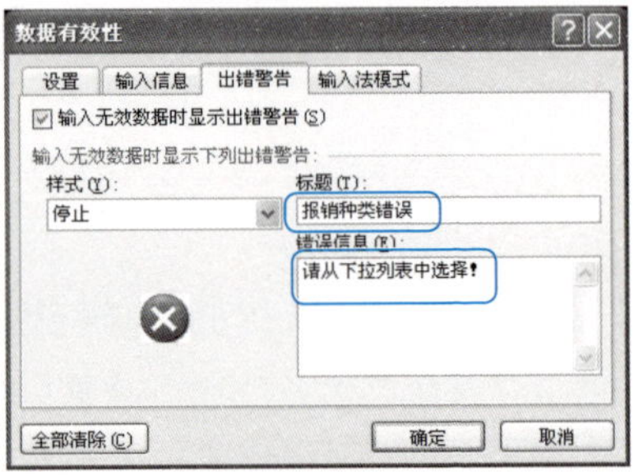

图11-9

❺ 此时将鼠标在“医疗报销种类”下面的任意单元格上单击，即会出现下拉按钮与提示性文字，如图11-10所示。

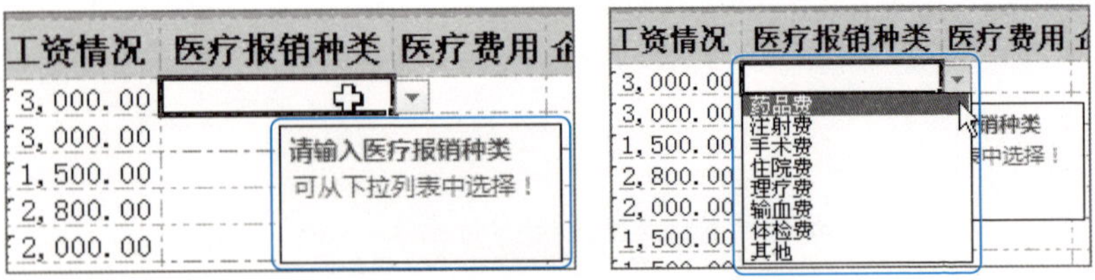

图11-10

❻ 如果在单元格中输入一个事先并没有设定的报销种类，按Enter键后就会弹出错误提示对话框，在下拉列表中选择对应的医疗报销种类，如图11-11所示。

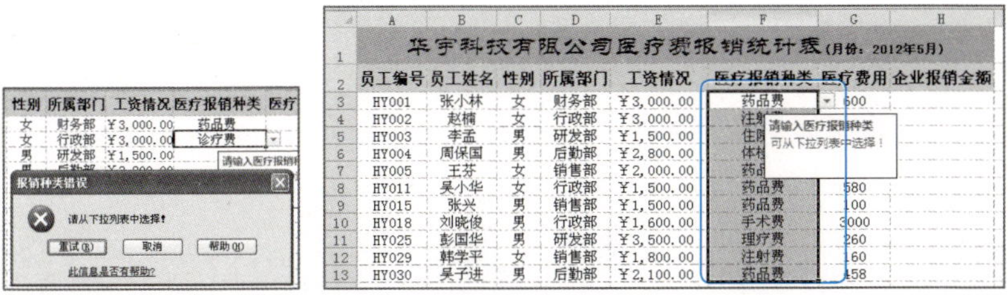

图11-11

7 在这里设定公司医疗费用的报销范围是：公司报销全部医疗费用的80%，员工承担其余的20%，公司报销的最大限额为该员工的年工资额。选中“企业报销金额”下方的H3单元格，在公式编辑栏输入“=IF(G3="","",IF(G3<=E3*12,G3*0.8,E3*12))”，按Enter键，H3单元格中就会显示该员工的医疗报销金额，如图11-12所示。

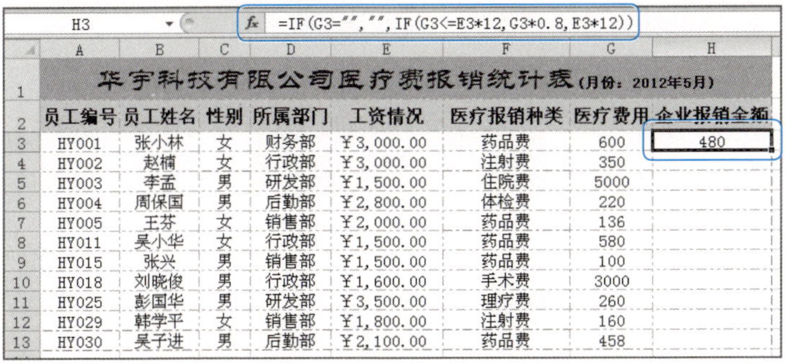

华宇科技有限公司医疗费报销统计表(月份：2012年5月)

员工编号	员工姓名	性别	所属部门	工资情况	医疗报销种类	医疗费用	企业报销金额
HY001	张小林	女	财务部	￥3,000.00	药品费	600	480
HY002	赵楠	女	行政部	￥3,000.00	注射费	350	
HY003	李孟	男	研发部	￥1,500.00	住院费	5000	
HY004	周保国	男	后勤部	￥2,800.00	体检费	220	
HY005	王芬	女	销售部	￥2,000.00	药品费	136	
HY011	吴小华	女	行政部	￥1,500.00	药品费	580	
HY015	张兴	男	销售部	￥1,500.00	药品费	100	
HY018	刘晓俊	男	行政部	￥1,600.00	手术费	3000	
HY025	彭国华	男	研发部	￥3,500.00	理疗费	260	
HY029	韩学平	女	销售部	￥1,800.00	注射费	160	
HY030	吴子进	男	后勤部	￥2,100.00	药品费	458	

图11-12

8 将鼠标指针定位到H3单元格右下角，当其变成黑色十字形状时，按住鼠标左键向下拖动，即可将计算出其他员工的医疗报销金额，如图11-13所示。

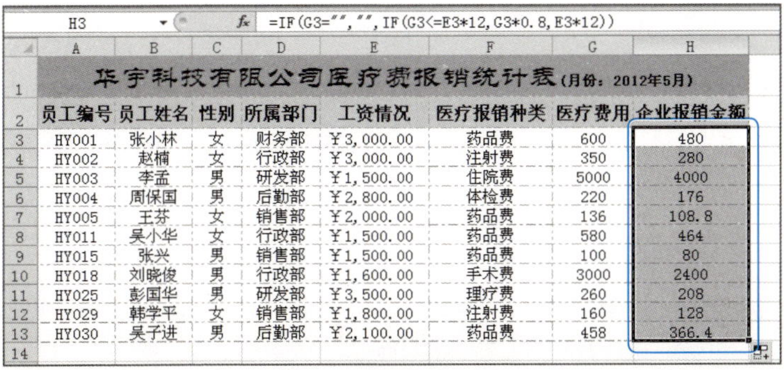

华宇科技有限公司医疗费报销统计表(月份：2012年5月)

员工编号	员工姓名	性别	所属部门	工资情况	医疗报销种类	医疗费用	企业报销金额
HY001	张小林	女	财务部	￥3,000.00	药品费	600	480
HY002	赵楠	女	行政部	￥3,000.00	注射费	350	280
HY003	李孟	男	研发部	￥1,500.00	住院费	5000	4000
HY004	周保国	男	后勤部	￥2,800.00	体检费	220	176
HY005	王芬	女	销售部	￥2,000.00	药品费	136	108.8
HY011	吴小华	女	行政部	￥1,500.00	药品费	580	464
HY015	张兴	男	销售部	￥1,500.00	药品费	100	80
HY018	刘晓俊	男	行政部	￥1,600.00	手术费	3000	2400
HY025	彭国华	男	研发部	￥3,500.00	理疗费	260	208
HY029	韩学平	女	销售部	￥1,800.00	注射费	160	128
HY030	吴子进	男	后勤部	￥2,100.00	药品费	458	366.4

图11-13

11.2 员工差旅费报销统计表

差旅费也是企业常见的财务支出项目，所以差旅费报销单也是企业最常用的报销单据之一。

11.2.1 创建公司员工差旅费报销统计表

使用公司员工差旅费报销统计表可以记录员工的出差情况和各项报销金额。定期对员工差旅记录进行整理和存档，能使公司管理更加规范，使得账目也更加清晰。

❶ 将Sheet2工作表重命名为“差旅费报销统计表”，在工作表中建立各个项目，如图11-14所示数据。

华宇科技有限公司差旅费报销统计表(月份：2012年5月)

员工编号	员工姓名	所属部门	职务	出差天数	交通费	住宿费	餐饮费	电话费	出差补贴	总计	备注(出差日期)
HY006	周估计	销售部	员工	6	302	720	304			1726	5.3-5.8
HY008	王荣	销售部	员工	2	151	280	84			665	5.11-5.18
HY010	马梅	销售部	部门经理	2	160	210	100			620	5.13-5.17
HY012	陶丽	销售部	员工	3	137	386	185			908	5.5-5.7
HY014	钟华	销售部	员工	2	182	240	80			652	5.2-5.3
HY015	张兴	销售部	员工	1	189	0	130			419	5.21-5.26
HY016	周国菊	行政部	经理助理	5	206	680	280			1516	5.19-5.24
HY020	刘平	行政部	员工	3	258	385	180			1023	5.25-5.27
HY022	许娟	销售部	员工	4	260	556	260			1326	5.10-5.17
HY026	赵青军	研发部	员工	5	545	680	303			1878	5.15-5.19
HY027	孙丽萍	研发部	员工	8	632	1055	559			2946	5.14-5.18
HY029	武阳	销售部	员工	1	83	0	55			238	5.25-5.26

医疗费报销统计表 | 差旅费报销统计表 | Sheet3

图11-14

❷ 设置各单元格的格式、边框、文字字体等，美化表格，如图11-15所示。

华宇科技有限公司差旅费报销统计表(月份：2012年5月)

员工编号	员工姓名	所属部门	职务	出差天数	交通费	住宿费	餐饮费	电话费	出差补贴	总计	备注(出差日期)
HY006	周估计	销售部	员工	6	302	720	304	100			5.3-5.8
HY008	王荣	销售部	员工	2	151	280	84	50			5.11-5.18
HY010	马梅	销售部	部门经理	2	160	210	100	50			5.13-5.17
HY012	陶丽	销售部	员工	3	137	386	185	50			5.5-5.7
HY014	钟华	销售部	员工	2	182	240	80	50			5.2-5.3
HY015	张兴	销售部	员工	1	189	0	130	50			5.21-5.26
HY016	周国菊	行政部	经理助理	5	206	680	280	100			5.19-5.24
HY020	刘平	行政部	员工	3	258	385	180	50			5.25-5.27
HY022	许娟	销售部	员工	4	260	556	260	50			5.10-5.17
HY026	赵青军	研发部	员工	5	545	680	303	100			5.15-5.19
HY027	孙丽萍	研发部	员工	8	632	1055	559	300			5.14-5.18
HY029	武阳	销售部	员工	1	83	0	55	50			5.25-5.26

图11-15

11.2.2 根据出差情况计算出差补贴和报销总额

使用公式来计算员工的出差补贴和报销总额，这里设定员工的每日出差个人补贴为50元，电话费补贴视实际情况而定。

❶ 选中“出差补贴”下方的J3单元格，在公式编辑栏输入“=E3*50”，按

Enter键，J3单元格中就会显示该员工的出差补助。

❷ 将鼠标指针定位到J3单元格右下角，当其变成黑色十字形状时，按住鼠标左键向下拖动，即可计算出其他员工的出差补助，如图11-16所示。

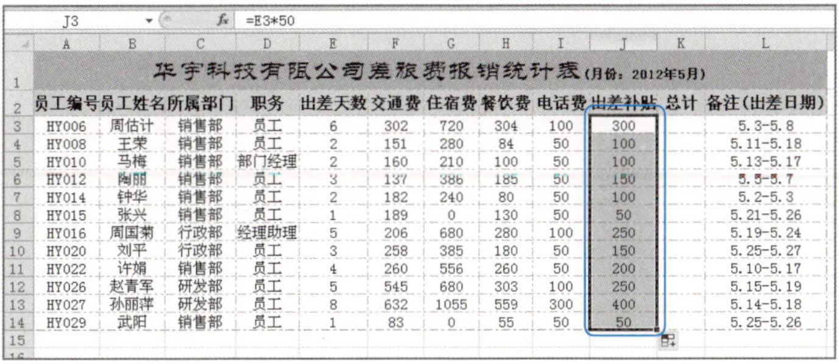

	A	B	C	D	E	F	G	H	I	J	K	L
1	华宇科技有限公司差旅费报销统计表(月份：2012年5月)											
2	员工编号	员工姓名	所属部门	职务	出差天数	交通费	住宿费	餐饮费	电话费	出差补贴	总计	备注(出差日期)
3	HY006	周估计	销售部	员工	6	302	720	304	100	300		5.3-5.8
4	HY008	王荣	销售部	员工	2	151	280	84	50	100		5.11-5.18
5	HY010	马梅	销售部	部门经理	2	160	210	100	50	100		5.13-5.17
6	HY012	陶丽	销售部	员工	3	137	386	185	50	150		5.5-5.7
7	HY014	钟华	销售部	员工	2	182	240	80	50	100		5.2-5.3
8	HY015	张兴	销售部	员工	1	189	0	130	50	50		5.21-5.26
9	HY016	周国菊	行政部	经理助理	5	206	680	280	100	250		5.19-5.24
10	HY020	刘平	行政部	员工	3	258	385	180	50	150		5.25-5.27
11	HY022	许娟	销售部	员工	4	260	556	260	50	200		5.10-5.17
12	HY026	赵青军	研发部	员工	5	545	680	303	100	250		5.15-5.19
13	HY027	孙丽萍	研发部	员工	8	632	1055	559	300	400		5.14-5.18
14	HY029	武阳	销售部	员工	1	83	0	55	50	50		5.25-5.26

图11-16

❸ 选中“总计”下方的K3单元格，在公式编辑栏输入“=SUM(F3:J3)”，按Enter键，K3单元格中就会显示该员工的出差报销总额。

❹ 将鼠标指针定位到K3单元格右下角，当其变成黑色十字形状时，按住鼠标左键向下拖动，即可将计算出其他员工的出差报销总额，如图11-17所示。

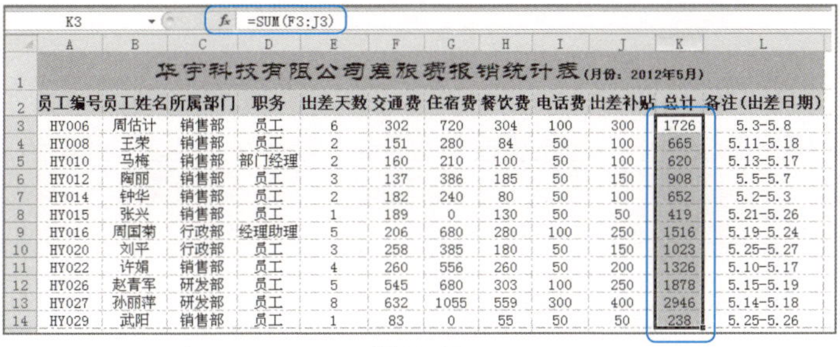

	A	B	C	D	E	F	G	H	I	J	K	L
1	华宇科技有限公司差旅费报销统计表(月份：2012年5月)											
2	员工编号	员工姓名	所属部门	职务	出差天数	交通费	住宿费	餐饮费	电话费	出差补贴	总计	备注(出差日期)
3	HY006	周估计	销售部	员工	6	302	720	304	100	300	1726	5.3-5.8
4	HY008	王荣	销售部	员工	2	151	280	84	50	100	665	5.11-5.18
5	HY010	马梅	销售部	部门经理	2	160	210	100	50	100	620	5.13-5.17
6	HY012	陶丽	销售部	员工	3	137	386	185	50	150	908	5.5-5.7
7	HY014	钟华	销售部	员工	2	182	240	80	50	100	652	5.2-5.3
8	HY015	张兴	销售部	员工	1	189	0	130	50	50	419	5.21-5.26
9	HY016	周国菊	行政部	经理助理	5	206	680	280	100	250	1516	5.19-5.24
10	HY020	刘平	行政部	员工	3	258	385	180	50	150	1023	5.25-5.27
11	HY022	许娟	销售部	员工	4	260	556	260	50	200	1326	5.10-5.17
12	HY026	赵青军	研发部	员工	5	545	680	303	100	250	1878	5.15-5.19
13	HY027	孙丽萍	研发部	员工	8	632	1055	559	300	400	2946	5.14-5.18
14	HY029	武阳	销售部	员工	1	83	0	55	50	50	238	5.25-5.26

图11-17

读书笔记

第 12 章

会计凭证记录查询与管理

实例概述与设计效果展示

会计凭证是记录经济业务事项的发生和完成情况，明确经济责任，并作为记账依据的书面证明，是会计资料的重要组成部分。

本章介绍利用Excel 2010表格实现记账凭证的管理、记账凭证的查询，以及由记账凭证生成分类账。

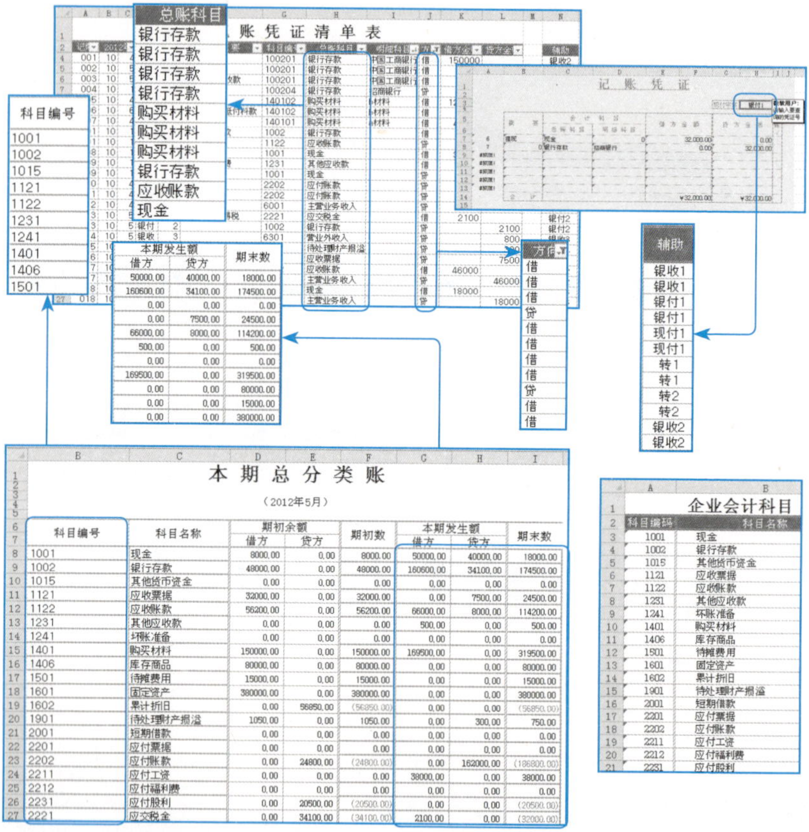

实例设计过程

本实例中介绍了3张表格的制作过程，分别是会计科目表、会计凭证清单表和总分类账表。在表格制作过程中，需要使用一些函数来实现数据的统计、判断和查询等。先来看看这3张表格的具体制作过程，可依照如下流程来开展。

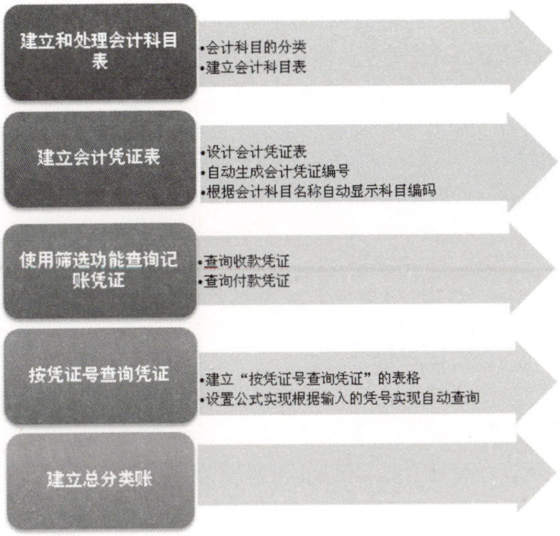

12.1　建立和处理会计科目表

会计科目是指对会计对象的具体内容（即会计要素）进行分类核算的标志或项目，它是设置账户、处理账务所必须遵守的规则和依据，是正确组织会计核算的一个基本条件。

12.1.1　会计科目的分类

任何一个作为会计主体的单位都必须设置一套适合自身特点的会计科目体系。无论国家有关部门统一制定会计科目，还是企业单位自行设计会计科目，均应按照一定的原则进行。同时为了正确使用会计科目，还应该按一定的标准对会计科目进行分类。

- 按其反映会计对象具体内容的不同，可以分为资产类科目（第一位数字为1）、负债类科目（第一位数字为2）、所有者权益类科目（第一位数字为3）、成本类科目（第一位数字为4）和损益类科目（第一位数字为5）。
- 按其所提供信息的详细程度，可以分为总分类科目和明细分类科目。
- 如果某一总分类科目所属的明细分类科目较多，可以增设二级科目。一级科目由4位数字组成，二级科目在一级科目的基础上再加两位数，即如果一级科目包含二级科目，那么前4位数字都是一样的，只在其后再添加数字进行识别；二级科目下面包含三级科目，则前6位数相同，再在其后添加两位数；其他依次类推。

如表12-1所示为新的《企业会计制度》规定的部分科目及对应的科目代码。

表12-1

类别	一级科目		二级科目	
	科目代码	科目名称	科目代码	科目名称
资产类	1001	现金		
	1002	银行存款		
	1015	其他货币资金	101501	外埠存款
			101502	银行本票
			101503	银行汇票
	1101	短期投资	110101	股票
			110102	债券
	1121	应收票据		
	1122	应收账款		
	1403	原材料		
	1406	库存商品		
负债类	2001	短期借款		
	2201	应付票据		
	2202	应付账款		
	2221	应交税金	222103	应交营业税
			222106	应交所得税
所有者权益	4001	实收资本（或股本）		
	4002	资本公积		
	4101	盈余公积		
成本类	5001	生产成本	500101	基本生产成本
			500102	辅助生产成本
	5101	制造费用		
损益类	6001	主营业务收入		
	6401	主营业务成本		
	6602	管理费用	660201	管理人员工资
			660202	办公费

12.1.2 建立会计科目表

要在Excel 2012中进行账目的处理，首先要建立工作表来保存企业的会计科目代码与会计科目名称，从而便于后期处理账目时随时对科目的引用。

❶ 新建工作簿，并将其命名为“会计凭证管理”，在Sheet1工作表标签上

双击鼠标左键，将工作表重命名为“会计科目表”，在A1单元格中输入表格名称为“会计科目设置”，在第二行中输入列标识，如图12-1所示。

❷ 分别输入科目编码与科目名称，设置表格的边框底纹效果，如图12-2所示。

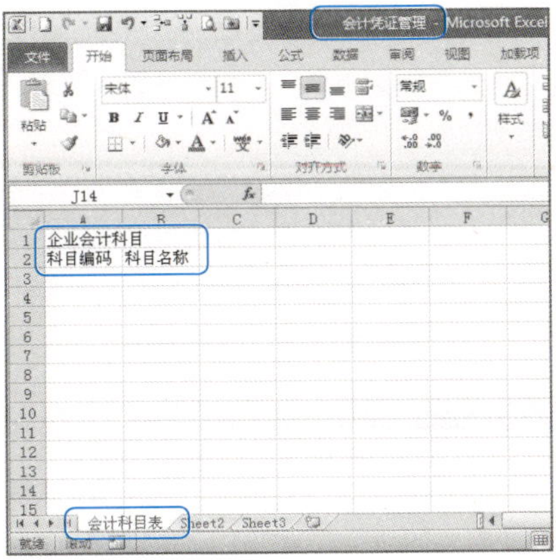

图12-1

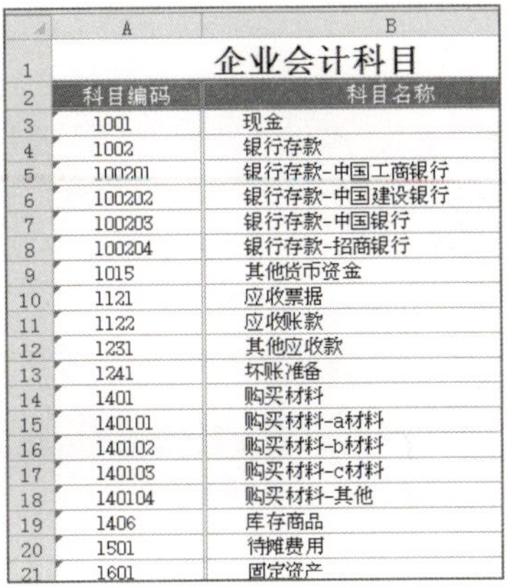

	A	B
1	企业会计科目	
2	科目编码	科目名称
3	1001	现金
4	1002	银行存款
5	100201	银行存款-中国工商银行
6	100202	银行存款-中国建设银行
7	100203	银行存款-中国银行
8	100204	银行存款-招商银行
9	1015	其他货币资金
10	1121	应收票据
11	1122	应收账款
12	1231	其他应收款
13	1241	坏账准备
14	1401	购买材料
15	140101	购买材料-a材料
16	140102	购买材料-b材料
17	140103	购买材料-c材料
18	140104	购买材料-其他
19	1406	库存商品
20	1501	待摊费用
21	1601	固定资产

图12-2

❸ 在“会计科目表”工作表标签上单击，同时按住鼠标左键与Ctrl键（此时光标变成纸形状），拖动鼠标到“会计科目表”标签后（有黑色箭头显示），释放鼠标即可复制工作表，如图12-3所示。

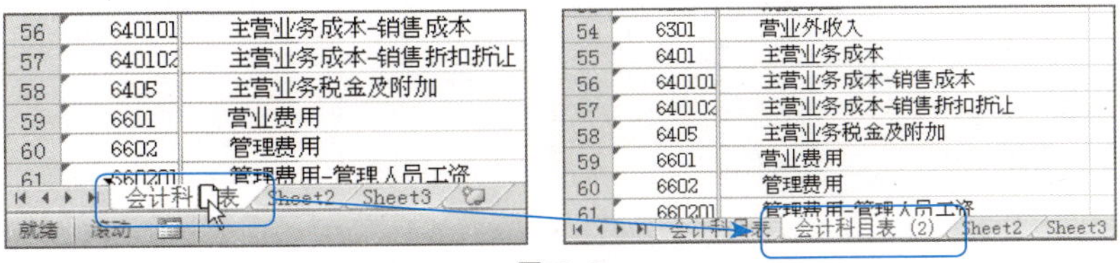

图12-3

❹ 将工作表重命名为“总账科目”，将所有的二级科目全部删除，只保留一级科目，即可得到总账科目，如图12-4所示。

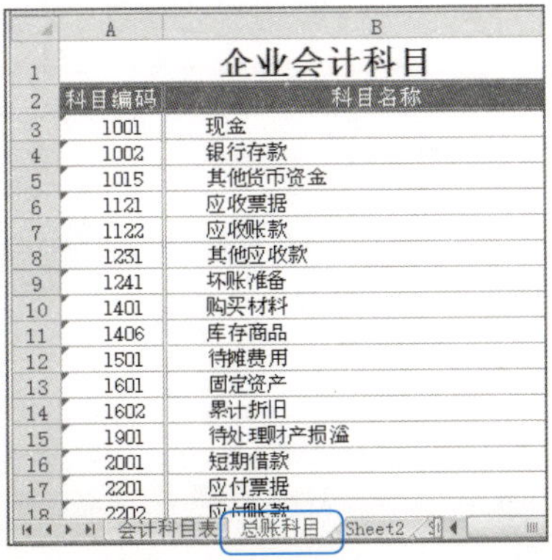

	A	B
1	企业会计科目	
2	科目编码	科目名称
3	1001	现金
4	1002	银行存款
5	1015	其他货币资金
6	1121	应收票据
7	1122	应收账款
8	1231	其他应收款
9	1241	坏账准备
10	1401	购买材料
11	1406	库存商品
12	1501	待摊费用
13	1601	固定资产
14	1602	累计折旧
15	1901	待处理财产损溢
16	2001	短期借款
17	2201	应付票据
18	2202	应付账款

图12-4

12.2 建立会计凭证表

12.2.1 设计会计凭证表

在Excel中建立会计凭证清单表是指将非汇总记账凭证定期加以汇总，而重新编制目的是为了简化登记总分类账的手续。记账凭证一般按会计期间（如月末、季末、年末等）进行汇总，是根据同类记账的凭证。

❶ 在Sheet2工作表标签上双击鼠标，将其重命名“记账凭证清单表”，输入表格标题、记账凭证必要的列标识（如记账编号、凭证号、科目编码、借贷金额等），对表格字体、对齐方式、底纹和边框进行设置，设置后如图12-5所示。

图12-5

❷ 选中“凭证类型”列单元格区域，打开“数据”选项卡，单击“数据有效性”按钮，如图12-6所示。

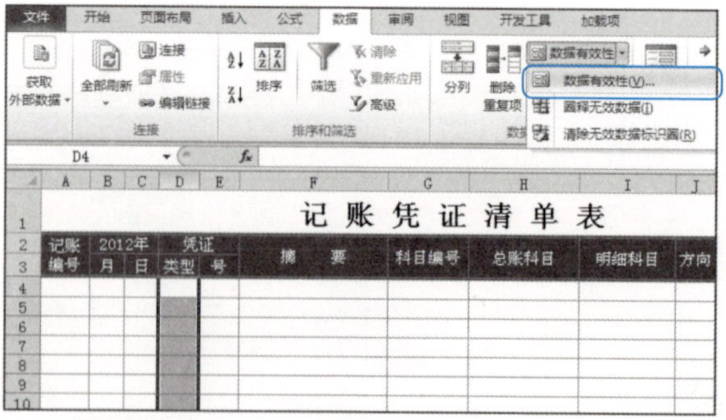

图12-6

❸ 打开“数据有效性”对话框，在“允许”下拉列表中选择“序列”，在“来源”文本框中输入“现收,现付,银收,银付,转”凭证类型，如图12-7所示。

4 设置完成后，回到工作表中。选中设置了数据有效性的任意单元格，右侧都会出现一个下拉按钮，从中可以选择凭证类型，如图12-8所示。

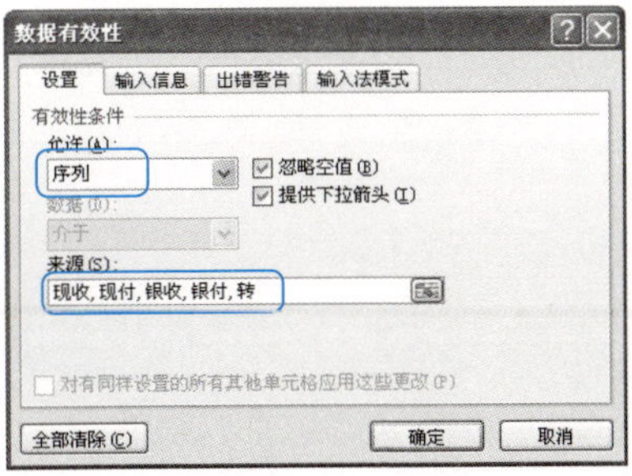

图12-7

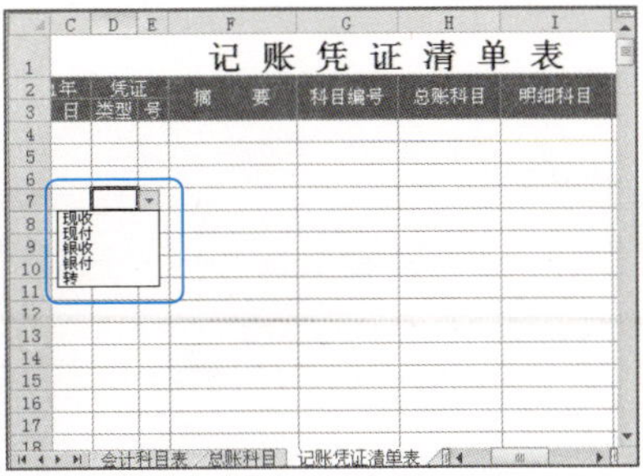

图12-8

5 切换到“总账科目”工作表，选中“科目名称”列单元格区域，在名称框中设置名称为“总账科目名称”。切换到“记账凭证清单表”中，选中“总账科目”列单元格区域，选择“数据”菜单，单击“数据有效性”按钮，打开“数据有效性”对话框。在“允许”下拉菜单中选择“序列”，在“来源”编辑框中输入“=总账科目名称”，如图12-9所示。

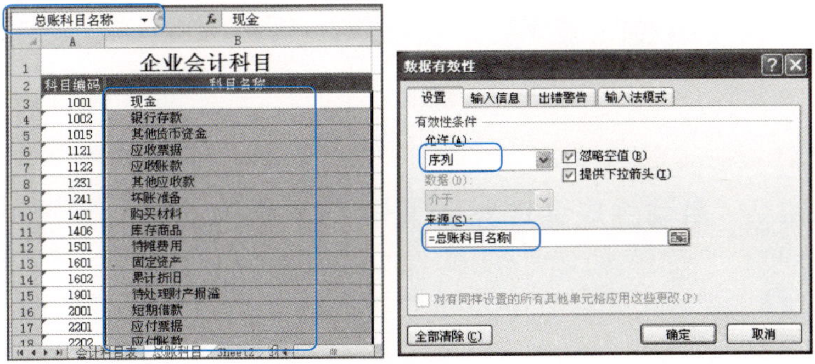

图12-9

6 设置完成后，选中设置了数据有效性的任意单元格，右侧都会出现一个下拉按钮，从中可以选择总账科目，如图12-10所示。

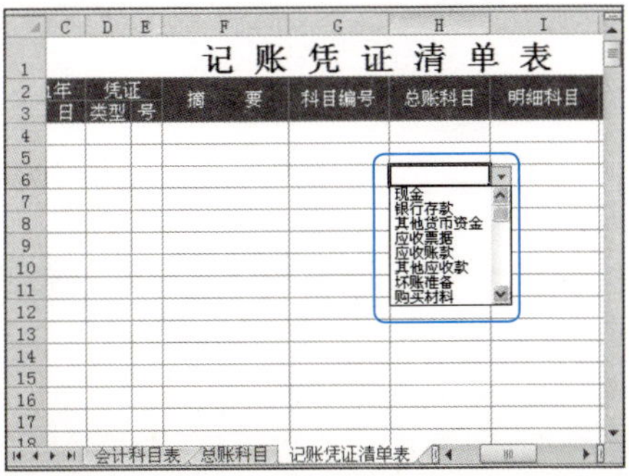

图12-10

7 选中“方向”列单元格区域，打开“数据”选项卡，单击“数据有效性”按钮，打开“数据有效性”对话框。在“允许”下拉列表中选择“序列”，在“来源”文本框中输入“借,贷,平”。设置完成后，选中设置了数据有效性的任意单元格，右侧都会出现一个下拉按钮，从中可以选择方向，如图12-11所示。

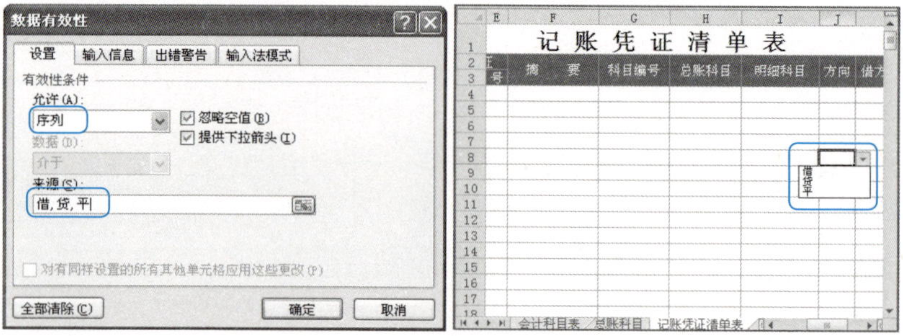

图12-11

8 对需要手工填写的项目进行填写，如图12-12所示。

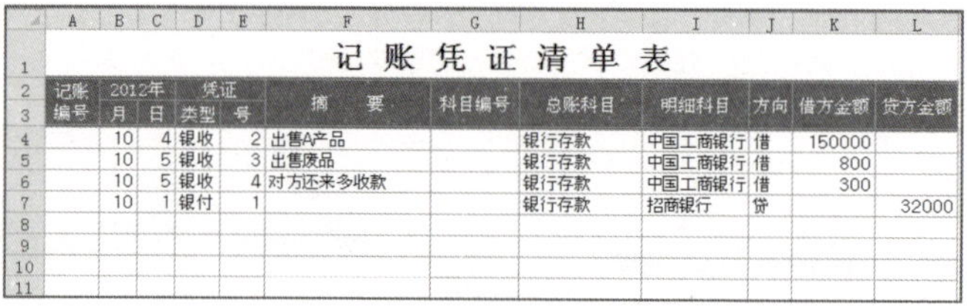

记 账 凭 证 清 单 表

记账编号	2012年 月	日	凭证 类型	号	摘 要	科目编号	总账科目	明细科目	方向	借方金额	贷方金额
	10	4	银收	2	出售A产品		银行存款	中国工商银行	借	150000	
	10	5	银收	3	出售废品		银行存款	中国工商银行	借	800	
	10	5	银收	4	对方还来多收款		银行存款	中国工商银行	借	300	
	10	1	银付	1			银行存款	招商银行	贷		32000

图12-12

12.2.2 自动生成会计凭证编号

当输入了凭证类别、凭证号之后，可以利用公式自动凭证编号。

1 选中A4:A5单元格，在“开始”选项卡的“数字”选项组中单击按钮，如图12-13所示。

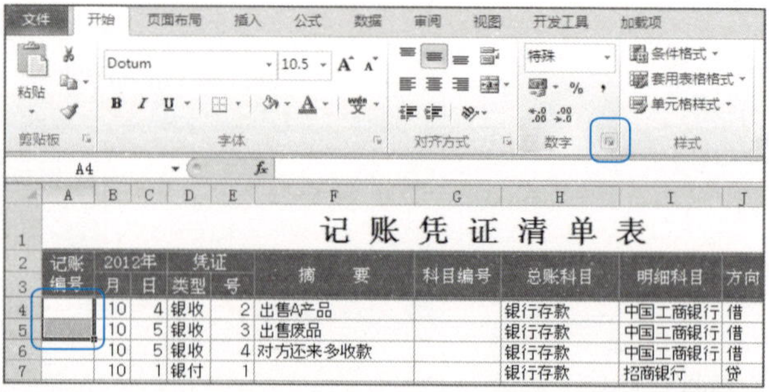

图12-13

2 打开“设置单元格格式”对话框，在“分类”列表框中选择“特殊”，在A4单元格中输入“001”时，可以看到显示编号为“001”，而其值却为“1”（可以从公式编辑栏中查看到），表示可以参与运算，如图12-14所示。

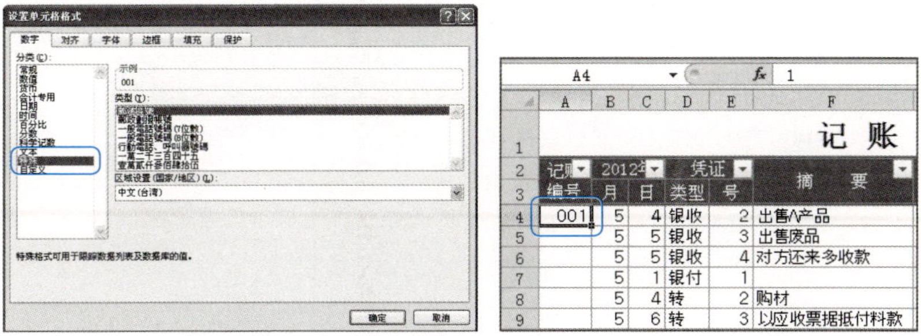

图12–14

❸ 选中A5单元格，在公式编辑样中输入公式“=IF(H5<>"",IF(AND(D5=D4,E5=E4),A4,MAX(A$4:A4)+1)”，按Enter键，返回记账编号，如图12-15所示。

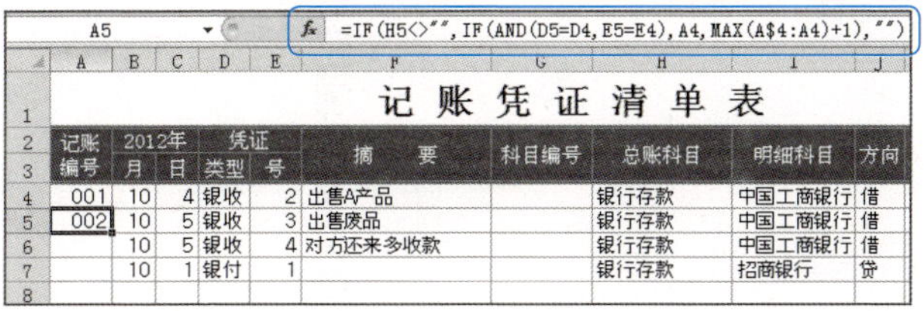
A5　=IF(H5<>"",IF(AND(D5=D4,E5=E4),A4,MAX(A$4:A4)+1),"")

记 账 凭 证 清 单 表

记账编号	2012年 月	日	凭证 类型	号	摘要	科目编号	总账科目	明细科目	方向
001	10	4	银收	2	出售A产品		银行存款	中国工商银行	借
002	10	5	银收	3	出售废品		银行存款	中国工商银行	借
	10	5	银收	4	对方还来多收款		银行存款	中国工商银行	借
	10	1	银付	1			银行存款	招商银行	贷

图12–15

❹ 选中A5单元格，将光标定位到该单元格右下角，当出现黑色十字形状时，按住鼠标左键向下拖动，拖动到目标位置后，释放鼠标即可完成公式的复制。按照实际情况填写凭证，即可自动返回记账编号，如图12-16所示。

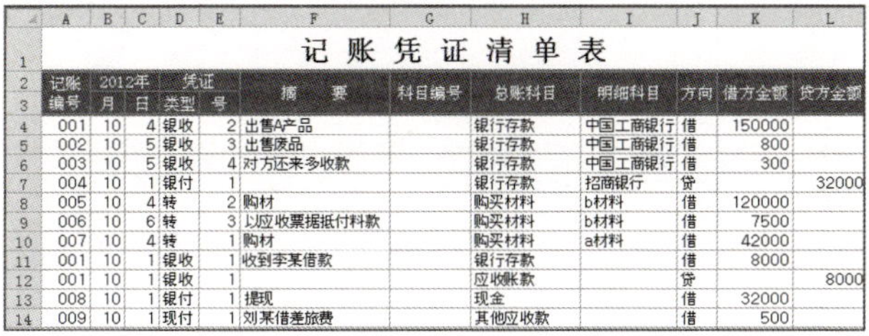
记 账 凭 证 清 单 表

记账编号	2012年 月	日	凭证 类型	号	摘要	科目编号	总账科目	明细科目	方向	借方金额	贷方金额
001	10	4	银收	2	出售A产品		银行存款	中国工商银行	借	150000	
002	10	5	银收	3	出售废品		银行存款	中国工商银行	借	800	
003	10	5	银收	4	对方还来多收款		银行存款	中国工商银行	借	300	
004	10	1	银付	1			银行存款	招商银行	贷		32000
005	10	4	转	2	购材		购买材料	b材料	借	120000	
006	10	6	转	3	以应收票据抵付料款		购买材料	b材料	借	7500	
007	10	4	转	1	购材		购买材料	a材料	借	42000	
001	10	1	银收	1	收到李某借款		银行存款		借	8000	
001	10	1	银收	1			应收账款		贷		8000
008	10	1	银付	1	提现		现金		借	32000	
009	10	1	现付	1	刘某借差旅费		其他应收款		借	500	

图12–16

12.2.3 根据会计科目名称自动显示科目编码

在输入了总账科目与明细科目后，可以通过设置公式自动返回科目编号。

❶ 切换到“会计科目表”工作表，选择“科目编码”列的单元格区域，在名称编辑框中定义其名称为“明细科目编码”，如图12-17所示。

❷ 选择“科目名称”列的单元格区域，在名称编辑框中定义其名称为“明细科目名称”。切换到“记账凭证清单表”工作表中，选中G4单元格，在公式编辑栏中输入公式“=IF(I4="",INDEX(明细科目编码,MATCH(H4,明细科目名称,0)),INDEX(明细科目编码,MATCH(H4&"-"&I4,明细科目名称,0)))”，按Enter键即可根据H4单元格、I4单元格中的总账科目与明细科目返回对应的科目编码，如图12-18所示。

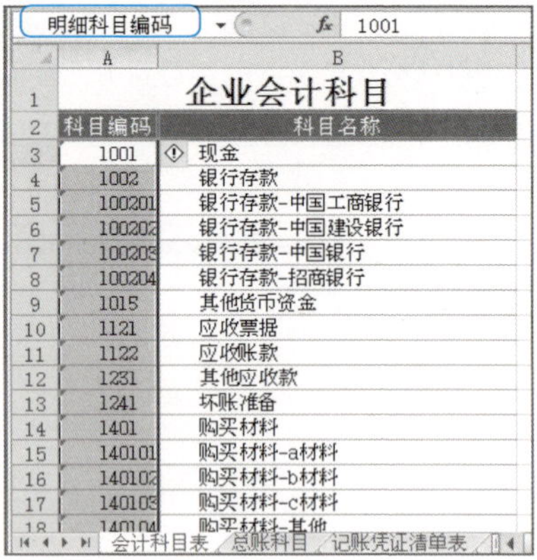

图12–17

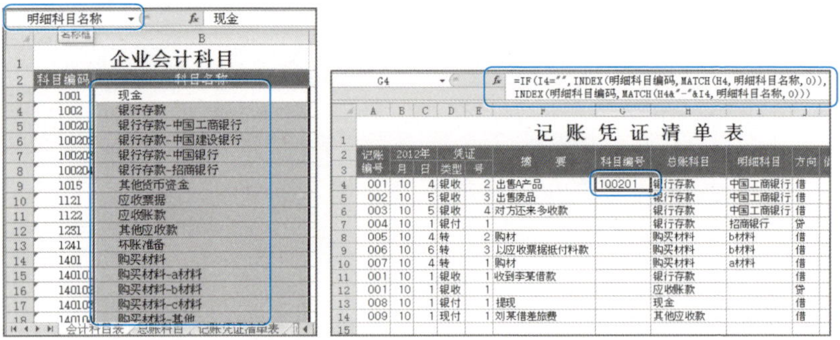

图12–18

❸ 选中G4单元格，将光标定位到该单元格右下角，当出现黑色十字形状时，按住鼠标左键向下拖动。释放鼠标即可完成公式的复制，如图12-19所示。

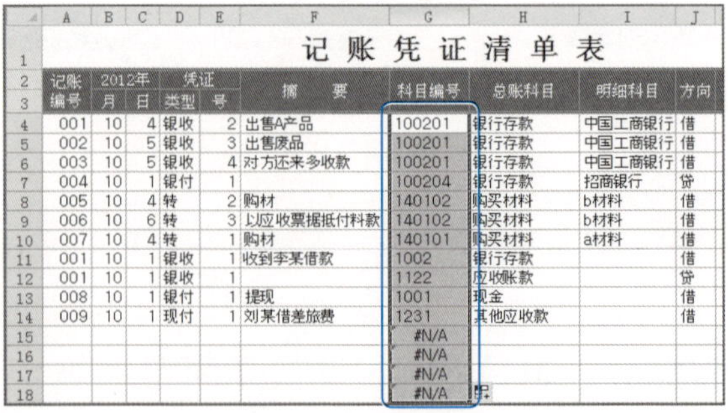

图12–19

❹ 按相同的方法将所有的记账凭证填制到工作表中（只填写需要手工填写的部分），如图12-20所示。

	A	B	C	D	E	F	G	H	I	J	K	L
1	记账凭证清单表											
2	记账	2012年		凭证		摘　要	科目编号	总账科目	明细科目	方向	借方金额	贷方金额
3	编号	月	日	类型	号							
4	001	10	4	银收	2	出售A产品	100201	银行存款	中国工商银行	借	150000	
5	002	10	5	银收	3	出售废品	100201	银行存款	中国工商银行	借	800	
6	003	10	5	银收	4	对方还来多收款	100201	银行存款	中国工商银行	借	300	
7	004	10	1	银付	1		100204	银行存款	招商银行	贷		32000
8	005	10	4	转	2	购材	140102	购买材料	b材料	借	120000	
9	006	10	6	转	3	以应收票据抵付料款	140102	购买材料	b材料	借	7500	
10	007	10	4	转	1	购材	140101	购买材料	a材料	借	42000	
11	001	10	1	银收	1	收到李某借款	1002	银行存款		借	8000	
12	001	10	1	银收	1		1122	应收账款		贷		8000
13	008	10	1	银付	1	提现	1001	现金		借	32000	
14	009	10	1	现付	1	刘某借差旅费	1231	其他应收款		借	500	
15	009	10	1	现付	1		1001	现金		贷		500
16	010	10	4	转	1		2202	应付账款		贷		42000
17	011	10	4	转	2		2202	应付账款		贷		120000
18	012	10	4	银收	2		6001	主营业务收入		贷		150000
19	013	10	5	银付	2	支付上月所得税	2221	应交税金		借	2100	
20	013	10	5	银付	2		1002	银行存款		贷		2100
21	014	10	5	银收	3		6301	营业外收入		贷		800
22	015	10	5	银收	4		1901	待处理财产损溢		贷		300

图12-20

12.3 使用筛选功能查询记账凭证

将记账凭证汇总后，可以利用Excel 2010的筛选功能按需要查询，例如查询收款凭证、查询记账凭证等。

12.3.1 查询收款凭证

❶ 选中数据编辑区域列标识行（本例中使用2、3两行来显示列标识），单击“数据”选项卡下的“筛选”按钮即可添加自动筛选功能，如图12-21所示。

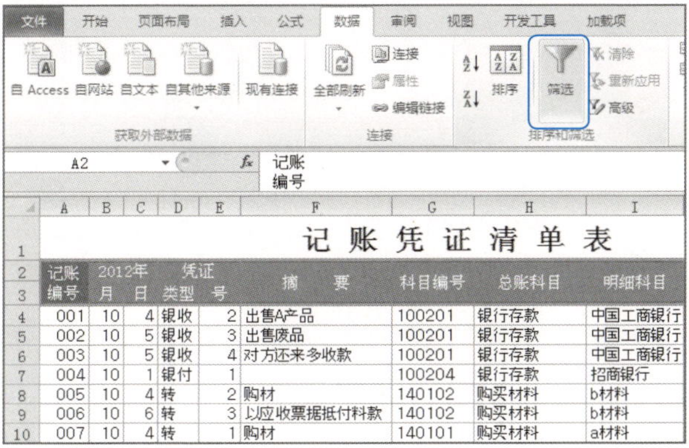

图12-21

❷ 单击“方向”列右侧的下拉按钮，打开下拉列表，取消“全选”复选框，选中“借”复选框，如图12-22所示。

❸ 单击“确定”后，接着单击“总账科目”右侧的下拉按钮，从下拉列表中选择“现金”、“银行存款”两个复选框，如图12-23所示。

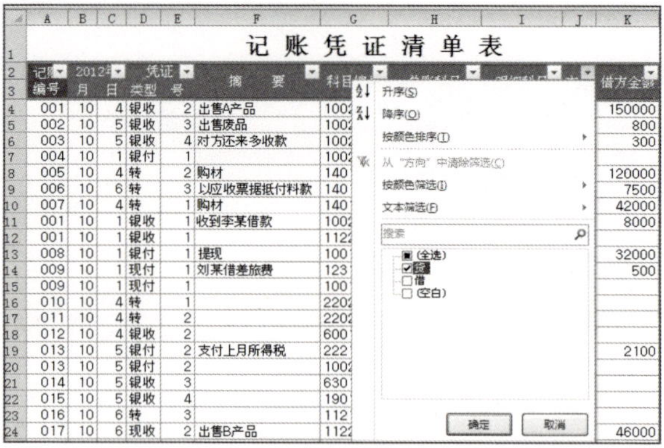

图12-22

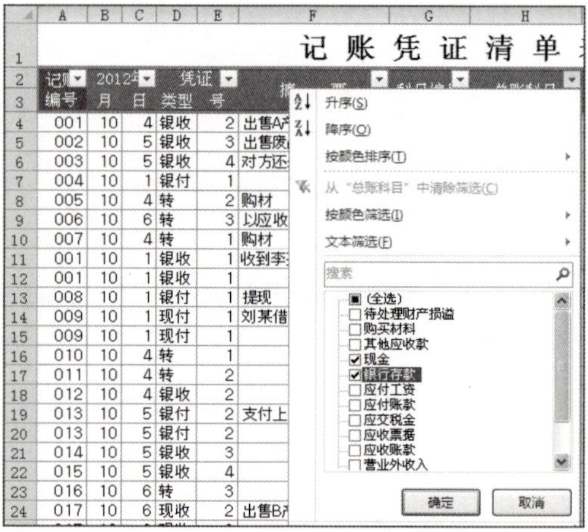

图12-23

4 设置完成后，即可查询出所有收款凭证，如图12-24所示。

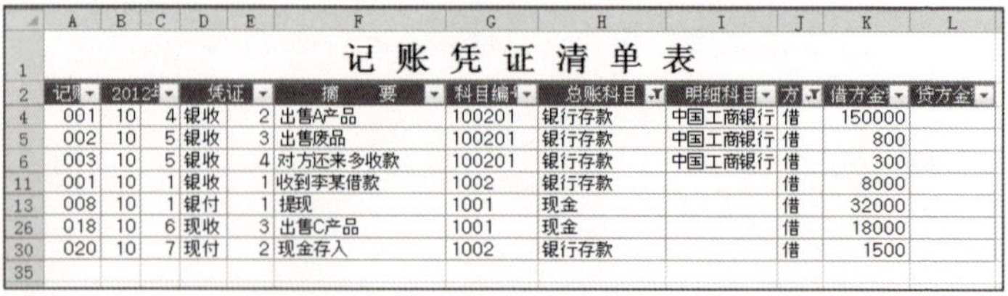

记 账 凭 证 清 单 表

	记账	2012年		凭证		摘要	科目编号	总账科目	明细科目	方向	借方金额	贷方金额
4	001	10	4	银收	2	出售A产品	100201	银行存款	中国工商银行	借	150000	
5	002	10	5	银收	3	出售废品	100201	银行存款	中国工商银行	借	800	
6	003	10	5	银收	4	对方还来多收款	100201	银行存款	中国工商银行	借	300	
11	001	10	1	银收	1	收到李某借款	1002	银行存款		借	8000	
13	008	10	1	银付	1	提现	1001	现金		借	32000	
26	018	10	6	现收	3	出售C产品	1001	现金		借	18000	
30	020	10	7	现付	2	现金存入	1002	银行存款		借	1500	
35												

图12-24

12.3.2 查询付款凭证

要查询出付款凭证，其方法是将贷方科目应为“现金”或“银行存款”的记录筛选出来。

❶ 单击“方向”列右侧的下拉按钮，打开下拉列表，取消“全选”复选框，选中“贷”复选框，如图12-25所示。

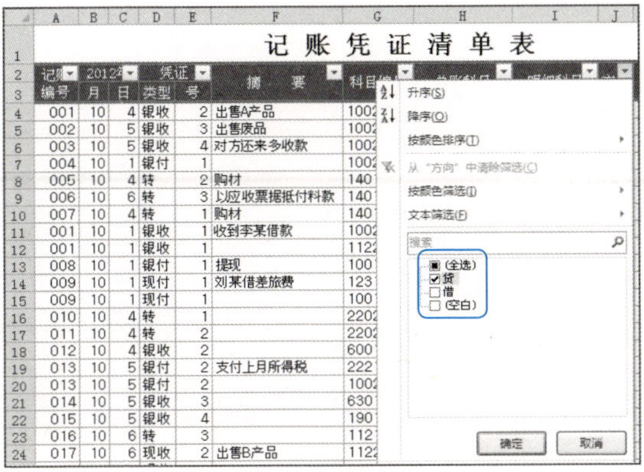

图12-25

❷ 单击“确定”后，接着单击“总账科目”右侧的下拉列表，从下拉列表中选择“现金”、“银行存款”两个复选框，如图12-26所示。

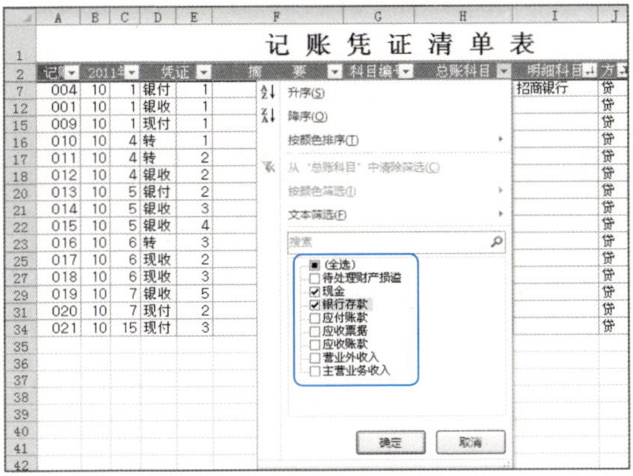

图12-26

❸ 设置完成后，即可查询出所有付款凭证，如图12-27所示。

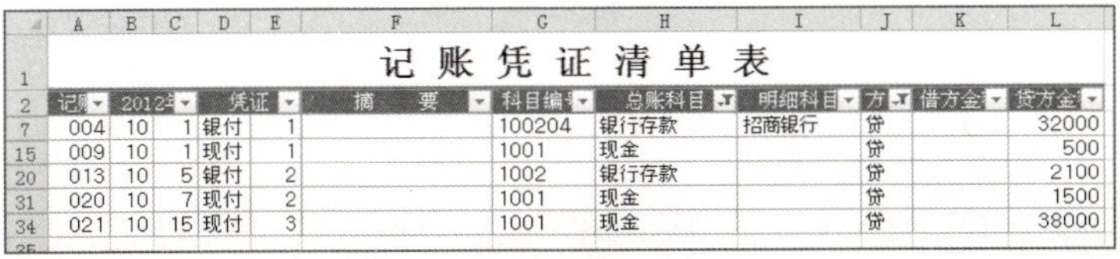

图12-27

12.4 按凭证号查询凭证

建立了记账凭证清单后，可以建立一张表格用于按凭证号来查询凭证。

12.4.1 建立“按凭证号查询凭证”表格

建立了记账凭证清单后，可以建立一张表格用于按凭证号来查询凭证。

❶ 在Sheet2工作表标签上双击鼠标，将其重命名“按凭证号查询凭证”，输入表格标题、“摘要”、“会计科目”、“借方金额”、“贷方金额”等标识，并对表格的字体、对齐方式、底纹和边框进行设置，如图12-28所示。

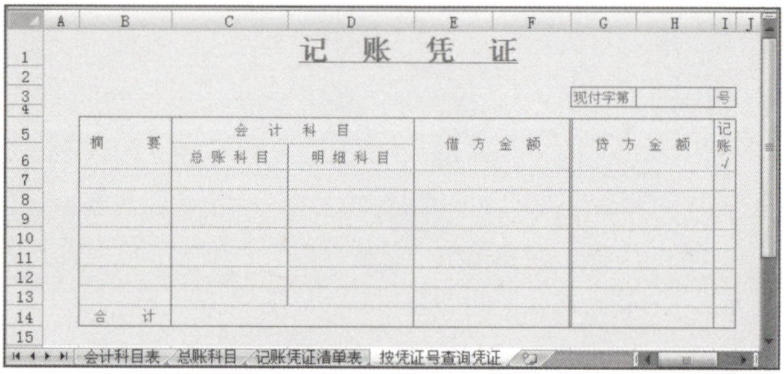

图12-28

❷ 选中H3单元格，在“审阅”选项卡的“批注”选项组中单击“新建批注”按钮，在添加的批注编辑框中输入批注信息。添加批注后，默认是选中该单元格时显示批注，不选中该单元格时自动隐藏批注。可以在“批注”选项组中单击“显示/隐藏批注”按钮实现始终显示批注，如图12-29所示。

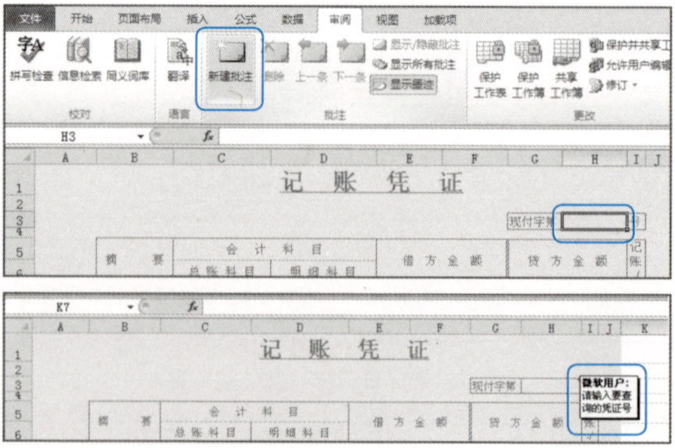

图12-29

❸ 选中E14单元格，在公式编辑栏中输入公式“=SUM(E7:F13)”，按Enter键，当前返回值为0，如图12-30所示。

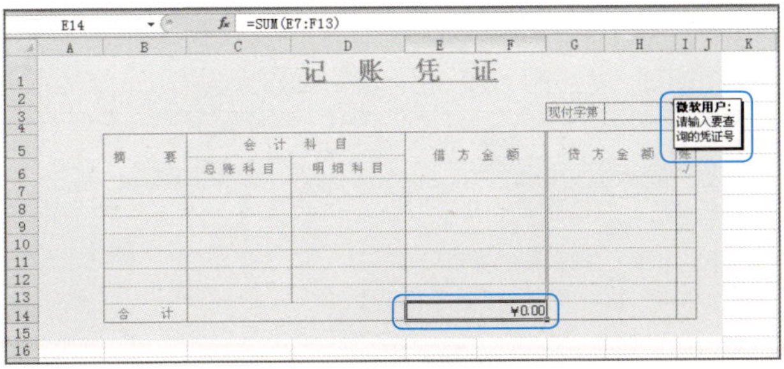

图12-30

4 选中G14单元格，在公式编辑栏中输入公式“=SUM(G7:H13)”，按Enter键，当前返回值为0，如图12-31所示。

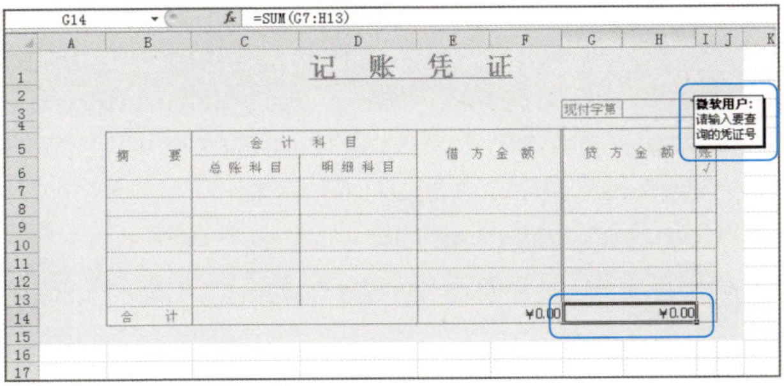

图12-31

12.4.2 根据输入的凭号自动查询

要实现根据H3单元格中输入的凭证号自动返回其凭证数据，需要在“记账凭证清单表”工作表中操作。

1 切换到“记账凭证清单表”工作表，在N列中建立辅助列，设置N4单元格的公式为“=D4&E4”，即可合并D4与F4单元格的内容，如图12-32所示。

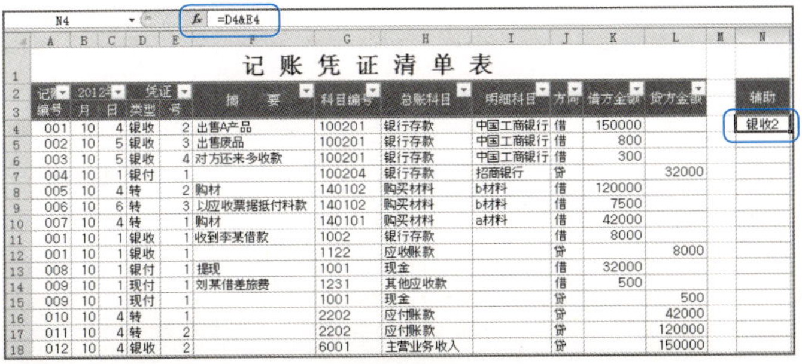
N4　=D4&E4

记 账 凭 证 清 单 表

记账编号	2012年月	日	凭证类型	号	摘　要	科目编号	总账科目	明细科目	方向	借方金额	贷方金额		辅助
001	10	4	银收	2	出售A产品	100201	银行存款	中国工商银行	借	150000			银收2
002	10	5	银收	3	出售废品	100201	银行存款	中国工商银行	借	800			
003	10	5	银收	4	对方还来多收款	100201	银行存款	中国工商银行	借	300			
004	10	1	银付	1		100204	银行存款	招商银行	贷		32000		
005	10	4	转	2	购材	140102	购买材料	b材料	借	120000			
006	10	6	转	3	以应收票据抵付料款	140102	购买材料	b材料	借	7500			
007	10	4	转	1	购材	140101	购买材料	a材料	借	42000			
001	10	1	银收	1	收到李某借款	1002	银行存款		借	8000			
001	10	1	银收	1		1122	应收账款		贷		8000		
008	10	1	银付	1	提现	1001	现金		借	32000			
009	10	1	现付	1	刘某借差旅费	1231	其他应收款		借	500			
009	10	1	现付	1		1001	现金		贷		500		
010	10	4	转	1		2202	应付账款		贷		42000		
011	10	4	转	2		2202	应付账款		贷		120000		
012	10	4	银收	2		6001	主营业务收入		贷		150000		

图12-32

❷ 向下复制N4单元格的公式，将每条记账凭证的凭证类别与凭证号合并，如图12-33所示。

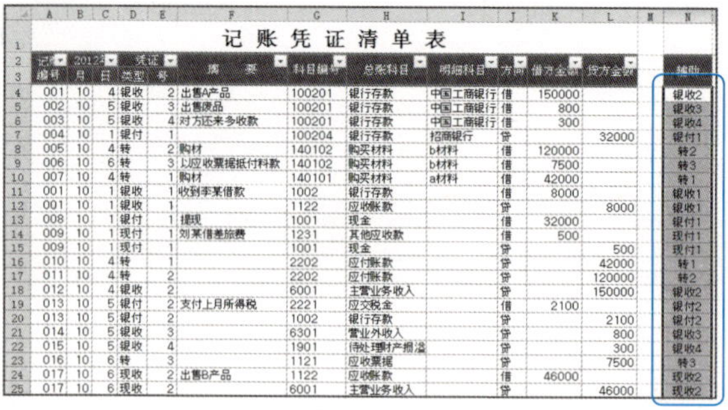

记账凭证清单表

记账编号	2012年月	日	凭证类型	号	摘要	科目编号	总账科目	明细科目	方向	借方金额	贷方金额	辅助
001	10	4	银收	2	出售A产品	100201	银行存款	中国工商银行	借	150000		银收2
002	10	5	银收	3	出售废品	100201	银行存款	中国工商银行	借	800		银收3
003	10	5	银收	4	对方还来多收款	100201	银行存款	中国工商银行	借	300		银收4
004	10	1	银付	1		100204	银行存款	招商银行	贷		32000	银付1
005	10	4	转	2	购材	140102	购买材料	b材料	借	120000		转2
006	10	6	转	3	以应收票据抵付料款	140102	购买材料	b材料	借	7500		转3
007	10	4	转	1	购材	140101	购买材料	a材料	借	42000		转1
001	10	1	银收	1	收到李某借款	1002	银行存款		借	8000		银收1
001	10	1	银收	1		1122	应收账款		贷		8000	银收1
008	10	1	银付	1	提现	1001	现金		借	32000		银付1
009	10	1	现付	1	刘某借差旅费	1231	其他应收款		借	500		现付1
009	10	1	现付	1		1001	现金		贷		500	现付1
010	10	4	转	1		2202	应付账款		贷		42000	转1
011	10	4	转	2		2202	应付账款		贷		120000	转2
012	10	4	银收	2		6001	主营业务收入		贷		150000	银收2
013	10	5	银付	2	支付上月所得税	2221	应交税金		借	2100		银付2
013	10	5	银付	2		1002	银行存款		贷		2100	银付2
014	10	5	银收	3		6301	营业外收入		贷		800	银收3
015	10	5	银收	4		1901	待处理财产损溢		贷		300	银收4
016	10	6	转	3		1121	应收票据		贷		7500	转3
017	10	6	现收	2	出售B产品	1122	应收账款		借	46000		现收2
017	10	6	现收	2		6001	主营业务收入		贷		46000	现收2

图12-33

❸ 回到“按凭证号查询凭证”工作表，在H3单元格中输入一个凭证号，选中A7单元格，在公式编辑栏中输入公式“=SMALL(IF(记账凭证清单表!$N$4:$N$34=按凭证号查询凭证!$H$3,ROW($N$4:$N$34)),ROW(A1))”，按Ctrl+Shift+Enter组合键，即可返回满足H3单元格条件的第一条记录在“记账凭证清单表”工作表中行数，如图12-34所示。

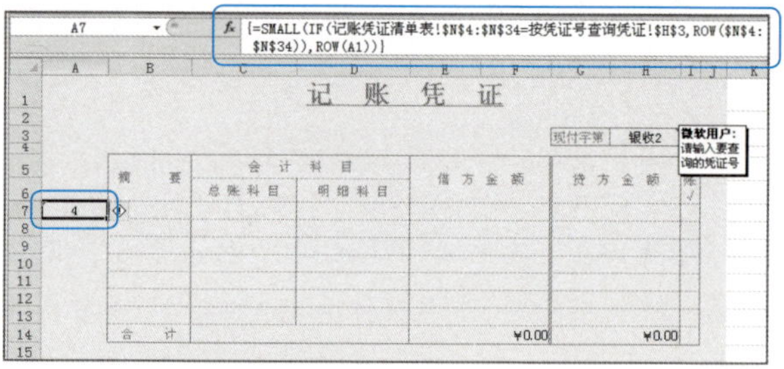

图12-34

❹ 选中A7单元格，将光标定位到右下角，出现黑色十字形状时，按住鼠标左键向下拖动至A13单元格中，释放鼠标，可以返回满足H3单元格条件的各记录在“记账凭证清单表”工作表中的行数。选中B7单元格，在公式编辑栏中输入公式“=IF(ISERROR(A7),"",INDEX(记账凭证清单表!F:F,A7))”，按Enter键，即可返回满足H3单元格条件的第一条记录的摘要信息，如图12-35所示。

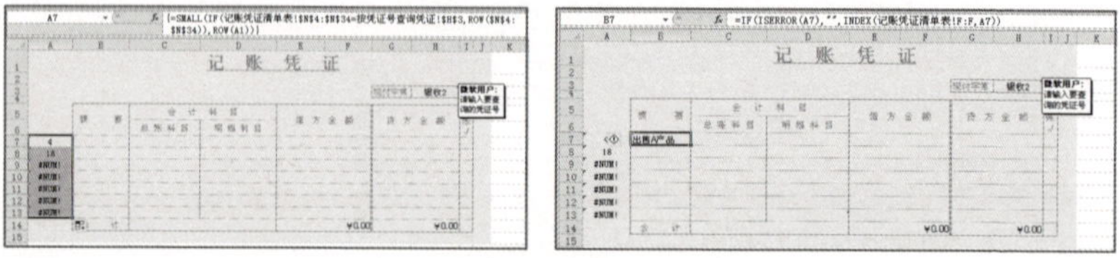

图12-35

5 选中C7单元格，在公式编辑栏中输入公式“=IF(ISERROR(A7),"",INDEX(记账凭证清单表!H:H,A7))”，按Enter键，即可返回满足H3单元格条件的第一条记录的总账科目。选中D7单元格，在公式编辑栏中输入公式“=IF(ISERROR(A7),"",INDEX(记账凭证清单表!I:I,A7))”，按Enter键，即可返回满足H3单元格条件的第一条记录的明细科目，如图12-36所示。

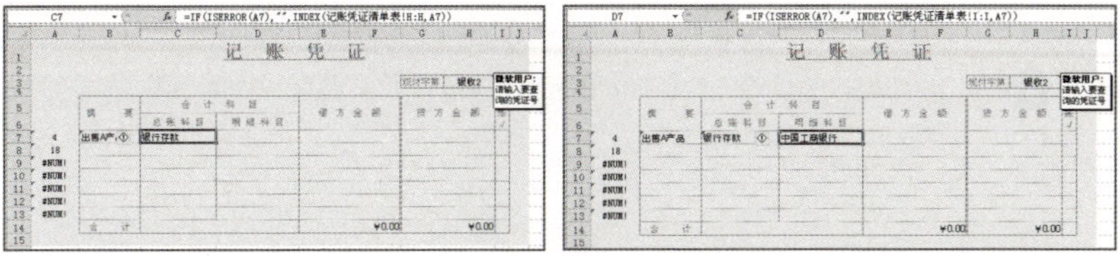

图12-36

6 选中E7单元格，在公式编辑栏中输入公式“=IF(ISERROR(A7),"",INDEX(记账凭证清单表!K:K,A7))”，按Enter键，即可返回满足H3单元格条件的第一条记录的借方金额。选中G7单元格，在公式编辑栏中输入公式“=IF(ISERROR(A7),"",INDEX(记账凭证清单表!L:L,A7))”，按Enter键，即可返回满足H3单元格条件的第一条记录的贷方金额，如图12-37所示。

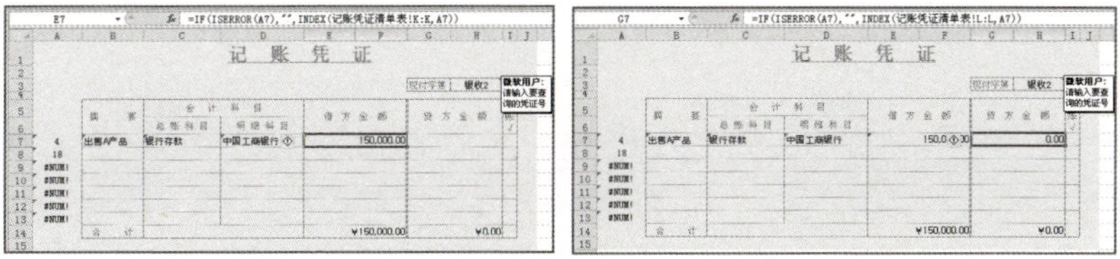

图12-37

7 选中B7:D7单元格区域，将光标定位到右下角，出现黑色十字形状时，按住鼠标左键向下拖动完成公式的复制，选中E7:H7单元格区域，向下复制公式，即可完成所有公式的设置，如图12-38所示。

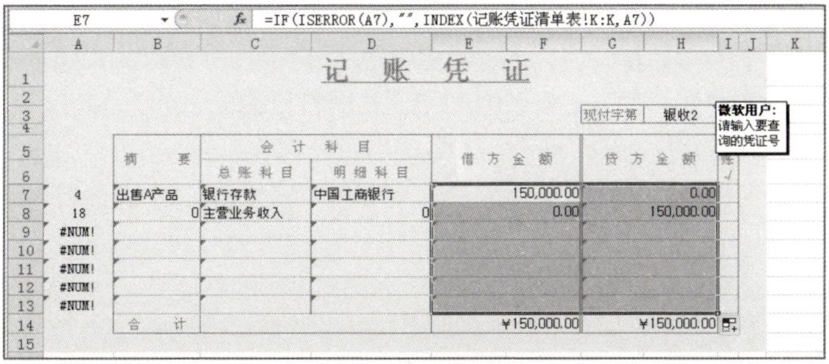

图12-38

12.5 建立总分类账

总分类账是按照总分类账户开设的，连续、分类登记某一类经济业务，提供详细核算资料的账簿。它能够具体、详细地反映经济活动情况，所以建立总分类账可以为报表的编制提供必要的数据。

在Excel 20010中可以利用函数的功能，由本期记账凭证快速建立本期总分类账。

❶ 在工作表标签上单击按钮新建工作表，如图12-39所示，在新建的工作表上双击鼠标，将其重命名为“总分类账”。

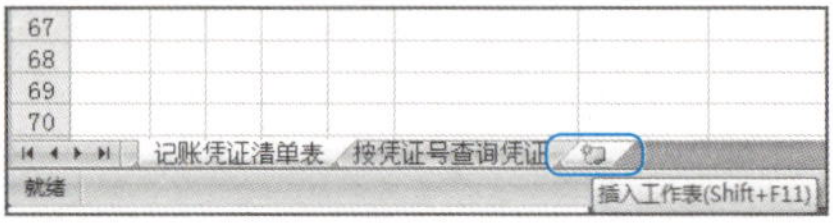

图12-39

❷ 建立本期总分类账的相关列标识，包括“科目编号”、“科目名称”、“期初余额”、“本期发生额”等项目，设置表格的文字格式、边框、对齐方式等，如图12-40所示。

图12-40

❸ 选中B8单元格，在公式编辑栏中输入公式“=总账科目!A3”，按Enter键即可返回“总账科目”工作表中A3单元格的科目编码。向下复制B8单元格的公式，可返回所有总账科目编码，如图12-41所示。

❹ 选中C8单元格的公式，在公式编辑栏中输入公式“=总账科目!B3”，按Enter键即可返回“总账科目”工作表中B3单元格的科目名称。向下复制C8单元格的公式，可返回所有总账科目名称，如图12-42所示。

❺ 由于本例中未涉及上期总分类账，因此采取手工的方式输入，如图12-43所示。

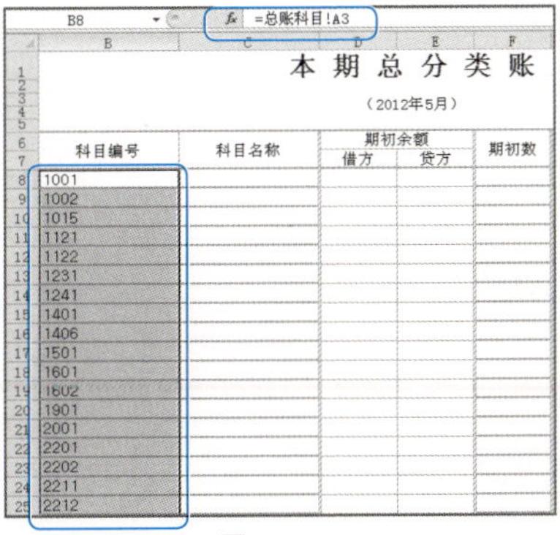

图12-41

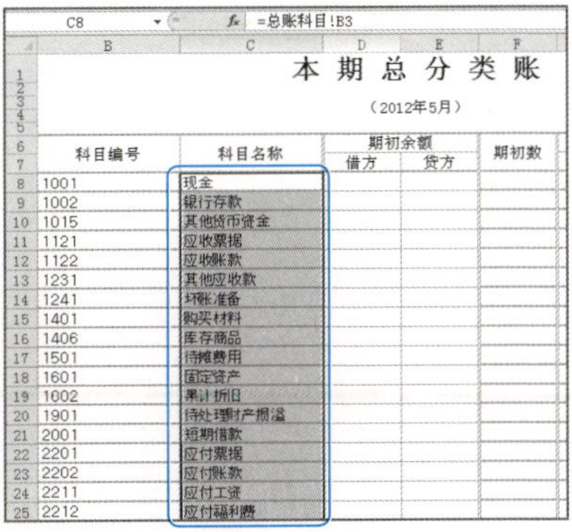

图12-42

本 期 总 分 类 账

（2012年5月）

科目编号	科目名称	期初余额 借方	期初余额 贷方	期初数	本期发生额 借方	本期发生额 贷方	期末数
1001	现金	8000.00	0.00				
1002	银行存款	48000.00	0.00				
1015	其他货币资金	0.00	0.00				
1121	应收票据	32000.00	0.00				
1122	应收账款	56200.00	0.00				
1231	其他应收款	0.00	0.00				
1241	坏账准备	0.00	0.00				
1401	购买材料	150000.00	0.00				
1406	库存商品	80000.00	0.00				
1501	待摊费用	15000.00	0.00				
1601	固定资产	380000.00	0.00				
1602	累计折旧	0.00	56850.00				
1901	待处理财产损溢	1050.00	0.00				
2001	短期借款	0.00	0.00				
2201	应付票据	0.00	0.00				
2202	应付账款	0.00	24800.00				
2211	应付工资	0.00	0.00				

图12-43

6 选中F8单元格，在公式编辑栏中输入公式“=D8-E8”，按Enter键即可返回“1001”科目期初数。选中G8单元格，在公式编辑栏中输入公式“=SUMIF(记账凭证清单表!$H$3:$H$100,C8,记账凭证清单表!$K$3:$K$100)”，按Enter键即可返回“1001”科目本期借方发生额，如图12-44所示。

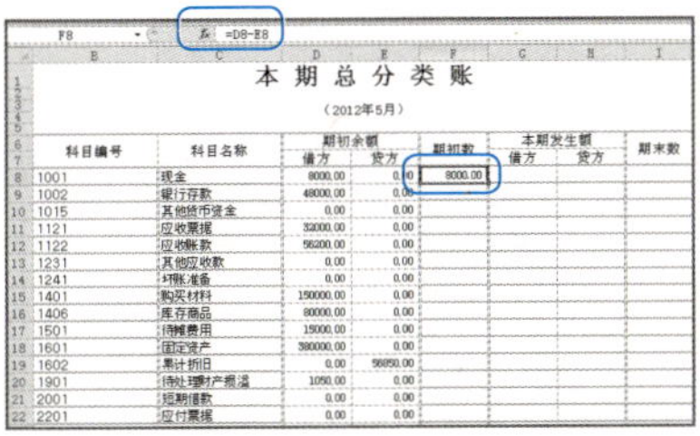

图12-44

7 选中H8单元格，在公式编辑栏中输入公式“=SUMIF(记账凭证清单表!$H$3:$H$100,C8,记账凭证清单表!$L$3:$L$100)”，按Enter键即可返回“1001”科目本期贷方发生额。选中I8单元格，在公式编辑栏中输入公式

“=F8+G8-H8”，按Enter键即可返回“1001”科目期末数，如图12-45所示。

H8　=SUMIF(记账凭证清单表!$H$3:$H$100,C8,记账凭证清单表!$L$3:$L$100)

本 期 总 分 类 账

（2012年5月）

科目编号	科目名称	期初余额 借方	期初余额 贷方	期初数	本期发生额 借方	本期发生额 贷方	期末数
1001	现金	8000.00	0.00	8000.00	50000.00	40000.00	
1002	银行存款	48000.00	0.00				
1015	其他货币资金	0.00	0.00				
1121	应收票据	32000.00	0.00				
1122	应收账款	56200.00	0.00				
1231	其他应收款	0.00	0.00				
1241	坏账准备	0.00	0.00				
1401	购买材料	150000.00	0.00				
1406	库存商品	80000.00	0.00				
1501	待摊费用	15000.00	0.00				
1601	固定资产	380000.00	0.00				
1602	累计折旧	0.00	56850.00				
1901	待处理财产损溢	1050.00	0.00				
2001	短期借款	0.00	0.00				
2201	应付票据	0.00	0.00				

图12-45

8 选中I8单元格，在公式编辑栏中输入公式“=F8+G8-H8”，按Enter键即可返回“1001”科目期末数，如图12-46所示。

I8　=F8+G8-H8

本 期 总 分 类 账

（2012年5月）

科目编号	科目名称	期初余额 借方	期初余额 贷方	期初数	本期发生额 借方	本期发生额 贷方	期末数
1001	现金	8000.00	0.00	8000.00	50000.00	40000.00	18000.00
1002	银行存款	48000.00	0.00				
1015	其他货币资金	0.00	0.00				
1121	应收票据	32000.00	0.00				
1122	应收账款	56200.00	0.00				
1231	其他应收款	0.00	0.00				
1241	坏账准备	0.00	0.00				
1401	购买材料	150000.00	0.00				
1406	库存商品	80000.00	0.00				
1501	待摊费用	15000.00	0.00				
1601	固定资产	380000.00	0.00				
1602	累计折旧	0.00	56850.00				
1901	待处理财产损溢	1050.00	0.00				
2001	短期借款	0.00	0.00				

图12-46

9 选中F8:I8单元格区域，将光标定位到区域右下角，出现黑色十字形状时按住鼠标左键向下拖动，到最后一项记录释放鼠标，一次性得到各科目的期初数、本期借方发生额、本期贷方发生额、期末数，如图12-47所示。

本 期 总 分 类 账

（2012年5月）

科目编号	科目名称	期初余额 借方	期初余额 贷方	期初数	本期发生额 借方	本期发生额 贷方	期末数
1001	现金	8000.00	0.00	8000.00	50000.00	40000.00	18000.00
1002	银行存款	48000.00	0.00	48000.00	160600.00	34100.00	174500.00
1015	其他货币资金	0.00	0.00	0.00	0.00	0.00	0.00
1121	应收票据	32000.00	0.00	32000.00	0.00	7500.00	24500.00
1122	应收账款	56200.00	0.00	56200.00	66000.00	8000.00	114200.00
1231	其他应收款	0.00	0.00	0.00	500.00	0.00	500.00
1241	坏账准备	0.00	0.00	0.00	0.00	0.00	0.00
1401	购买材料	150000.00	0.00	150000.00	169500.00	0.00	319500.00
1406	库存商品	80000.00	0.00	80000.00	0.00	0.00	80000.00
1501	待摊费用	15000.00	0.00	15000.00	0.00	0.00	15000.00
1601	固定资产	380000.00	0.00	380000.00	0.00	0.00	380000.00
1602	累计折旧	0.00	56850.00	(56850.00)	0.00	0.00	(56850.00)
1901	待处理财产损溢	1050.00	0.00	1050.00	0.00	300.00	750.00
2001	短期借款	0.00	0.00	0.00	0.00	0.00	0.00
2201	应付票据	0.00	0.00	0.00	0.00	0.00	0.00
2202	应付账款	0.00	24800.00	(24800.00)	0.00	162000.00	(186800.00)
2211	应付工资	0.00	0.00	0.00	38000.00	0.00	38000.00
2212	应付福利费	0.00	0.00	0.00	0.00	0.00	0.00
2231	应付股利	0.00	20500.00	(20500.00)	0.00	0.00	(20500.00)

图12-47

第 13 章

公司往来账款管理

实例概述与设计效果展示

应收与应付账款都是由商业信用政策而产生的。目前市场竞争激烈，运用信用政策销售产品而产生的应收账款非常多，因此财务人员要对企业应收账款进行统计，并对账龄进行分析，对账龄较长的应收账款及时催收，从而避免坏账的产生。

应付账款是企业因购买材料、商品或接受劳务而应当支付给对方的款项，是在商品交易中先取得贷物后付款时发生的一种信用形式。企业要避免财务危机、维护企业信誉，就一定要加强对应付账款的管理。

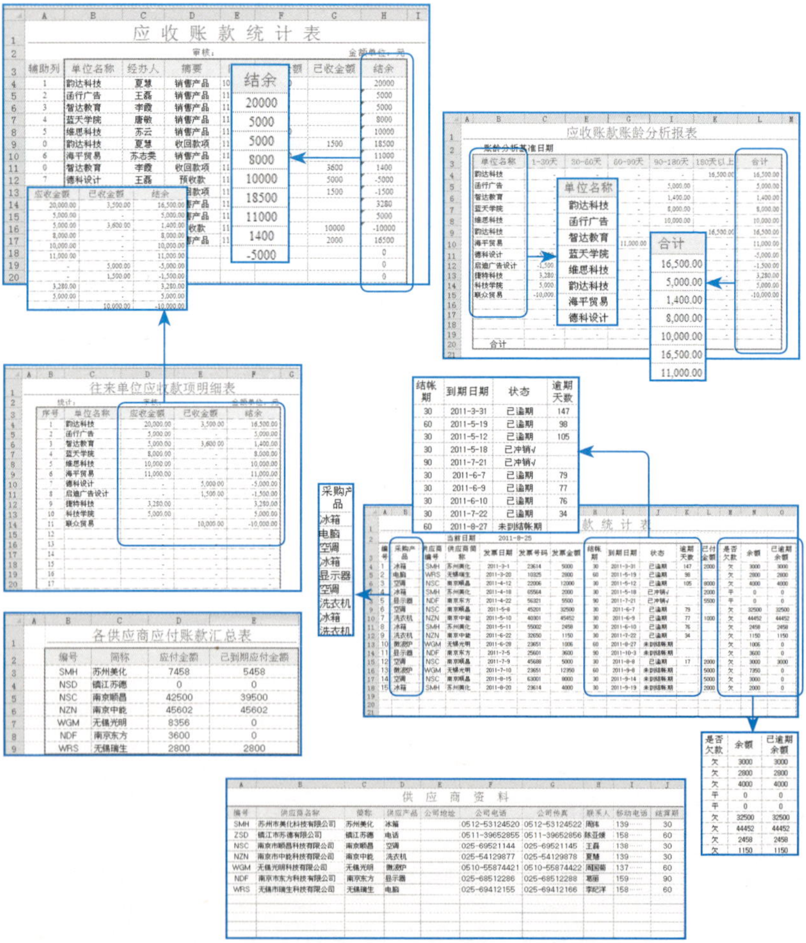

实例设计过程

本实例建立了应收账款统计表和应付账款统计表等相关表格。在表格制作过程中，需要使用一些公式和函数来实现数据的统计和分析等，可依照如下流程来开展。

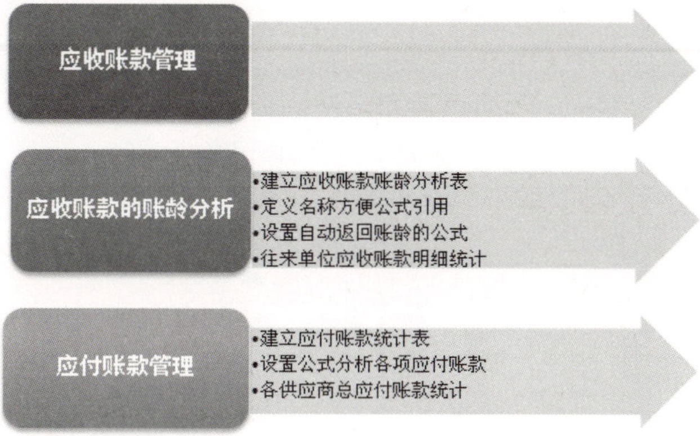

13.1　应收账款管理

下面利用Excel 2010表格对企业应收账款进行统计，并对账龄进行分析，对账龄较长的应收账款及时催收，从而避免坏账的产生。

企业应收账款需要统计出来，利用Excel 2010配合函数与公式可以建立自动计算出结余金额的应收账款统计表。

❶ 新建工作簿，并将其命名为“应收账款管理”，在Sheet1工作表标签上双击鼠标左键，将工作表重命名为“应收账款统计”，输入表头信息、列标识，如图13-1所示。

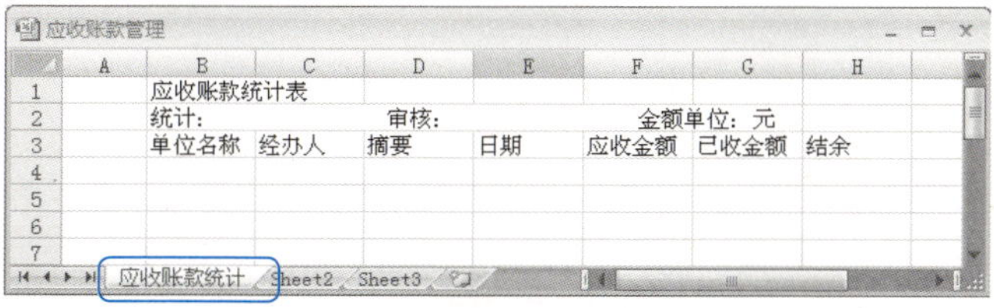

图13-1

❷ 对表格进行格式设置，如图13-2所示。

应收账款统计表

统计：　　审核：　　金额单位：元

单位名称	经办人	摘要	日期	应收金额	已收金额	结余

图13-2

3 按日期顺序对应收账款进行记录，如图13-3所示。

应收账款统计表

审核：　　金额单位：元

单位名称	经办人	摘要	日期	应收金额	已收金额	结余
韵达科技	夏慧	销售产品	12-12-5	20000		
函行广告	王磊	销售产品	12-3-10	5000		
智达教育	李霞	销售产品	12-3-3	5000		
蓝天学院	唐敏	销售产品	12-4-9	8000		
维思科技	苏云	销售产品	12-5-20	10000		
韵达科技	夏慧	收回款项	12-5-25		1500	
海平贸易	苏志雯	销售产品	12-6-15	11000		
智达教育	李霞	收回款项	12-6-25		3600	
德科设计	王磊	预收款	12-7-1		5000	
启迪广告设计	周鹏飞	收回款项	12-7-15		1500	
捷特科技	苏志雯	销售产品	12-7-28	3280		
科技学院	其敏	销售产品	12-8-5	5000		
联众贸易	李霞	预收款	12-8-12		10000	
韵达科技	夏慧	销售产品	12-8-20		2000	

图13-3

4 选中H4单元格，输入公式“=F4-G4”，按Enter键计算出结余金额，如图13-4所示。

H4　=F4-G4

应收账款统计表

审核：　　金额单位：元

单位名称	经办人	摘要	日期	应收金额	已收金额	结余
韵达科技	夏慧	销售产品	12-12-5	20000		20000
函行广告	王磊	销售产品	12-3-10	5000		
智达教育	李霞	销售产品	12-3-3	5000		
蓝天学院	唐敏	销售产品	12-4-9	8000		
维思科技	苏云	销售产品	12-5-20	10000		
韵达科技	夏慧	收回款项	12-5-25		1500	
海平贸易	苏志雯	销售产品	12-6-15	11000		
智达教育	李霞	收回款项	12-6-25		3600	
德科设计	王磊	预收款	12-7-1		5000	
启迪广告设计	周鹏飞	收回款项	12-7-15		1500	
捷特科技	苏志雯	销售产品	12-7-28	3280		
科技学院	其敏	销售产品	12-8-5	5000		
联众贸易	李霞	预收款	12-8-12		10000	
韵达科技	夏慧	销售产品	12-8-20		2000	

图13-4

5 选中H5单元格，输入公式“=SUM((B$4:B5=B5)*(F$4:F5))-SUM((B$4:B5=B5)*(G$4:G5))”，按Ctrl+Shift+Enter组合键得出计算结果，返回结果后，可以看到公

式使用“{ }”括起来，如图13-5所示。

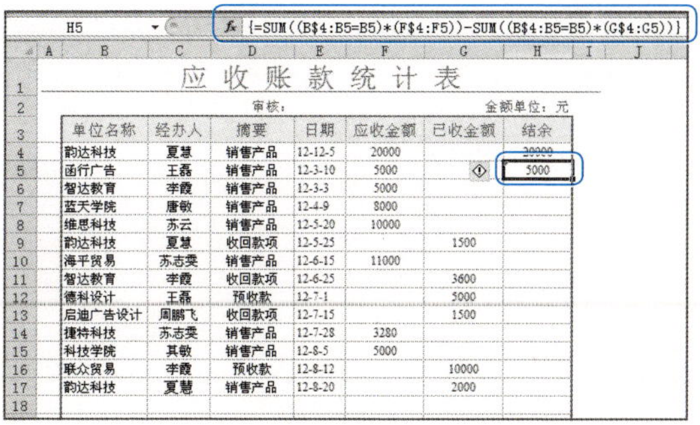

H5 | {=SUM((B$4:B5=B5)*(F$4:F5))-SUM((B$4:B5=B5)*(G$4:G5))}

应收账款统计表

审核：　　金额单位：元

单位名称	经办人	摘要	日期	应收金额	已收金额	结余
韵达科技	夏慧	销售产品	12-12-5	20000		20000
函行广告	王磊	销售产品	12-3-10	5000		5000
智达教育	李霞	销售产品	12-3-3	5000		
蓝天学院	唐敏	销售产品	12-4-9	8000		
维思科技	苏云	销售产品	12-5-20	10000		
韵达科技	夏慧	收回款项	12-5-25		1500	
海平贸易	苏志雯	销售产品	12-6-15	11000		
智达教育	李霞	收回款项	12-6-25		3600	
德科设计	王磊	预收款	12-7-1		5000	
启迪广告设计	周鹏飞	收回款项	12-7-15		1500	
捷特科技	苏志雯	销售产品	12-7-28	3280		
科技学院	其敏	销售产品	12-8-5	5000		
联众贸易	李霞	预收款	12-8-12		10000	
韵达科技	夏慧	销售产品	12-8-20		2000	

图13–5

❻ 选中H5单元格，将光标定位到右下角，向下复制公式得到各项应收账款的结余金额，如图13-6所示。

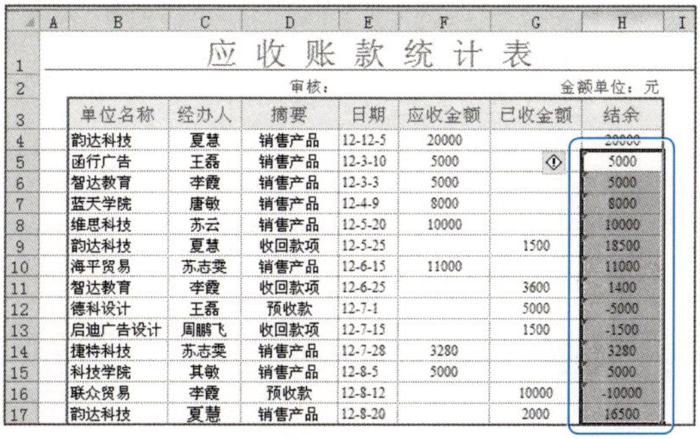

应收账款统计表

审核：　　金额单位：元

单位名称	经办人	摘要	日期	应收金额	已收金额	结余
韵达科技	夏慧	销售产品	12-12-5	20000		20000
函行广告	王磊	销售产品	12-3-10	5000		5000
智达教育	李霞	销售产品	12-3-3	5000		5000
蓝天学院	唐敏	销售产品	12-4-9	8000		8000
维思科技	苏云	销售产品	12-5-20	10000		10000
韵达科技	夏慧	收回款项	12-5-25		1500	18500
海平贸易	苏志雯	销售产品	12-6-15	11000		11000
智达教育	李霞	收回款项	12-6-25		3600	1400
德科设计	王磊	预收款	12-7-1		5000	-5000
启迪广告设计	周鹏飞	收回款项	12-7-15		1500	-1500
捷特科技	苏志雯	销售产品	12-7-28	3280		3280
科技学院	其敏	销售产品	12-8-5	5000		5000
联众贸易	李霞	预收款	12-8-12		10000	-10000
韵达科技	夏慧	销售产品	12-8-20		2000	16500

图13–6

13.2 应收账款的账龄分析

应收账款的账龄分析非常重要。掌握了各笔应收账款的账龄，一方面可以采取措施对账龄较长或金额较大的账款进行催收；另一方面财务人员需要依据对应收账款账龄的分析为提取坏账进行准备。

13.2.1 建立应收账款账龄分析表

建立应收账款账龄分析表，可以统计出各条应收账款的账龄，也为今后进行分析、提取坏账提供便利。

❶ 在Sheet2工作表上双击鼠标将其重命名为“应收账款账龄分析”，输入表格名称及各项列标识并对表格进行格式设置，如图13-7所示。

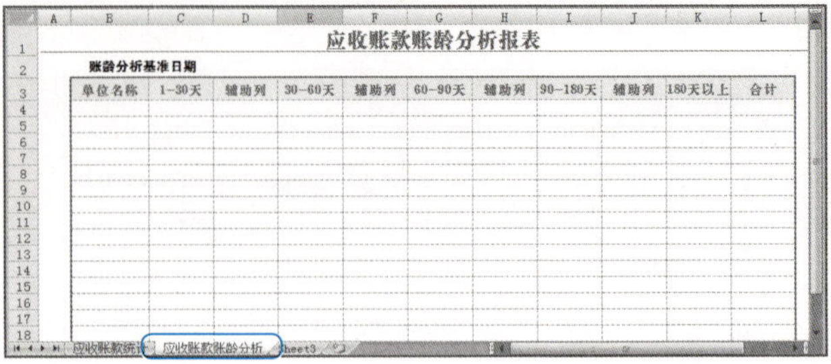

图13-7

2 选中D2单元格，输入公式“=TODAY()”，按Enter键得到当前日期，如图13-8所示。

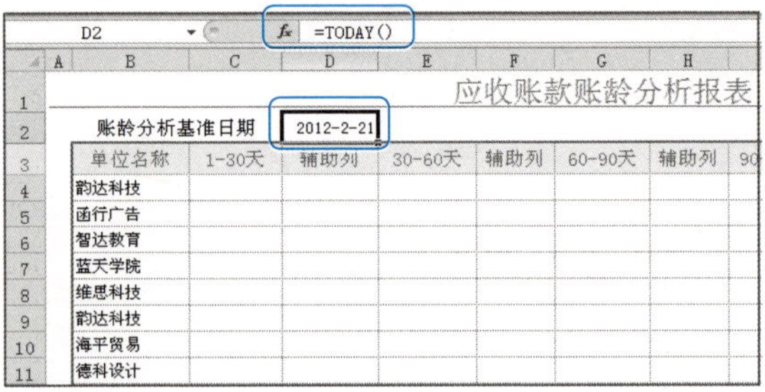

图13-8

13.2.2 定义名称方便公式引用

在应收账款统计表中定义名称，可方便财务人员在处理数据时公式的引用。

1 切换到“应收账款统计”工作表，选中“单位名称”列单元格区域，在“公式”选项卡下单击“定义名称”按钮，如图13-9所示。

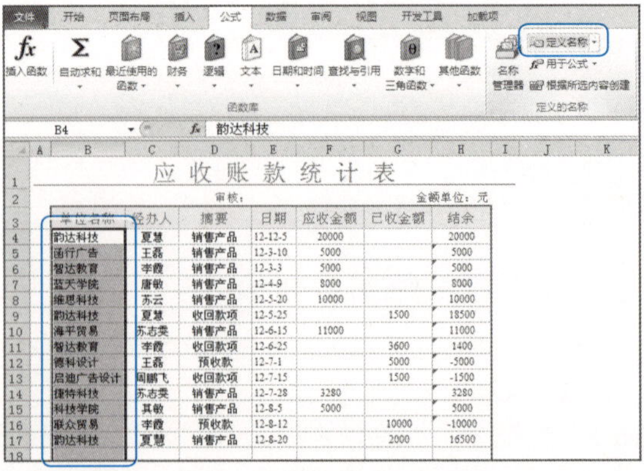

图13-9

❷ 打开的“新建名称”对话框，在“名称”文本框中输入“单位名称”。选中“日期”列单元格区域，打开“新建名称”对话框，在“名称”右边的文本框中输入“日期”，如图13-10所示。

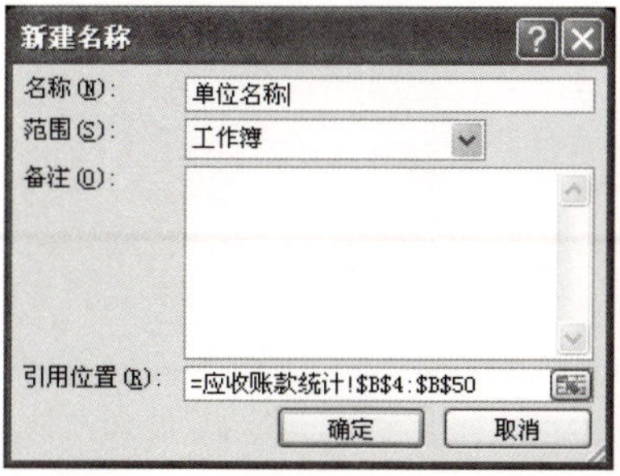

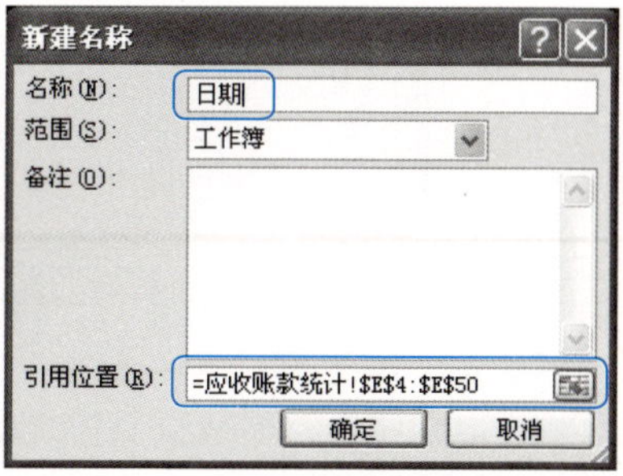

图13–10

❸ 按相同的方法为“应收金额”、“已收金额”列单元格区域命名。在“公式”选项卡下单击“名称管理器”按钮，即可查看当前工作表中定义的所有名称，如图13-11所示。

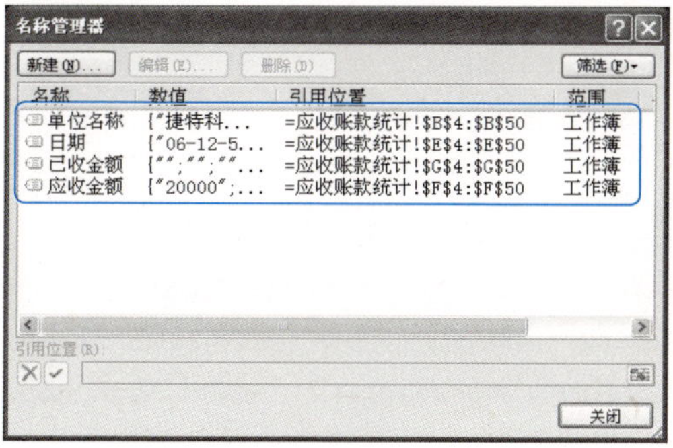

图13–11

13.2.3　设置自动返回账龄的公式

由于在“应收账款统计”表的应收账款记录中各个公司欠款额、偿还额都是嵌套在一起的，同时还牵涉到预收款的情况，因此在计算账龄时引用了辅助列，在设置计算公式时，采用从后往前推的方式。

❶ 在“单位名称”列中输入各单位名称，选中J4单元格，输入公式“=SUM((单位名称=$B4)*($D$2-日期>180)*(应收金额))-SUM((单位名称=$B4)*(已收金额))”，按Ctrl+Shift+Enter组合键得出计算结果。选中J4单元格，将光标定位到右下角，向下复制公式，得出各公司账龄在180天以上的应收账款，如图13-12所示。

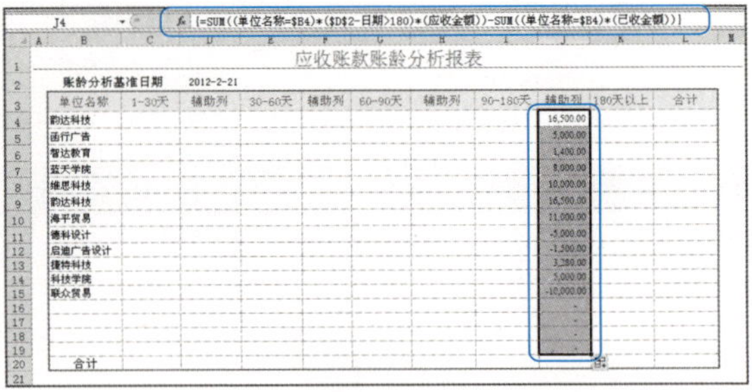

图13-12

② 选中K4单元格，输入公式“=IF(J4<0,0,J4)”，按Enter键得到账龄在180天以上的应收账款，向下复制公式得到各个公司账龄在180天以上的应收账款，如图13-13所示。

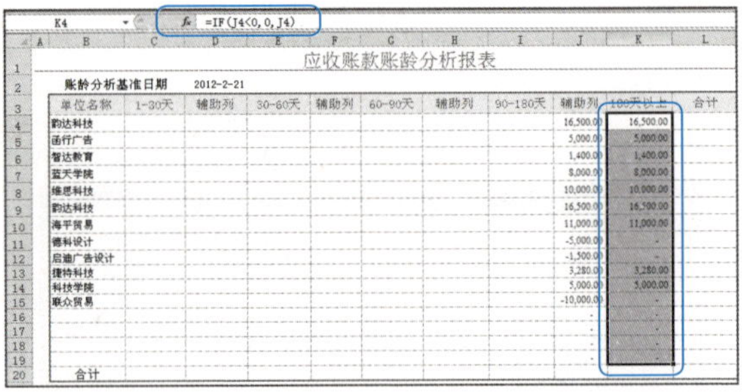

图13-13

③ 选中H4单元格，输入公式“=IF(J4>0,SUM((单位名称=$B4)*($D$2-日期>90)*($D$2-日期<=180)*(应收金额)),SUM((单位名称=$B4)*($D$2-日期>90)*($D$2-日期<=180)*(应收金额))+J4)”，按Ctrl+Shift+Enter组合键得出计算结果。选中H4单元格，将光标定位到右下角，向下复制公式，得出各公司账龄在90～180天的应收账款，如图13-14所示。

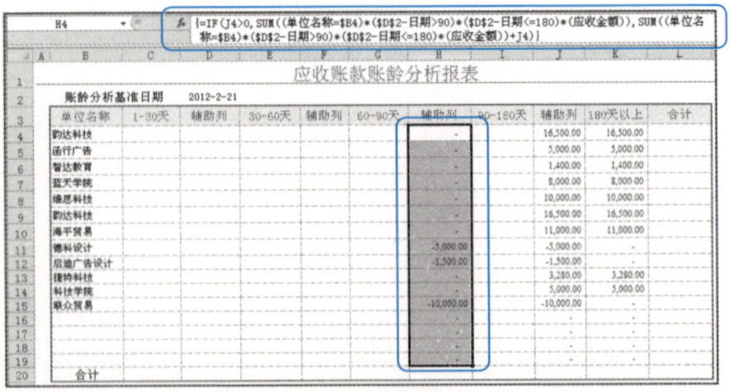

图13-14

④ 选中I4单元格，输入公式：=IF(H4<0,0,H4)，按Enter键得到账龄在90～

180天的应收账款。向下复制公式得到各个公司账龄在90～180天的应收账款，如图13-15所示。

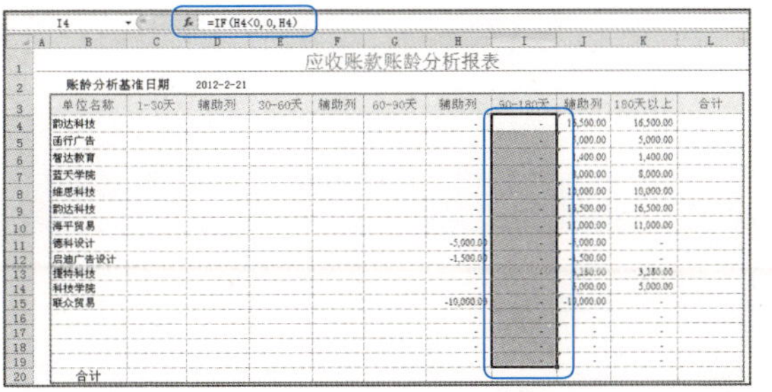

图13–15

5 选中F4单元格，输入公式“=IF(H4>0,SUM((单位名称=$B4)*($D$2-日期>60)*($D$2-日期<=90)*(应收金额)),SUM((单位名称=$B4)*($D$2-日期>60)*($D$2-日期<=90)*(应收金额))+H4)”，按Ctrl+Shift+Enter组合键得出计算结果。选中F4单元格，将光标定位到右下角，向下复制公式，得出各公司账龄在60～90天的应收账款，如图13-16所示。

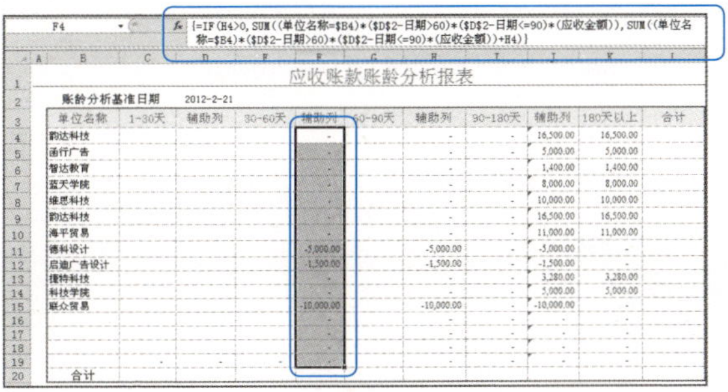

图13–16

6 选中G4单元格，输入公式：=IF(F4<0,0,F4)，按Enter键得到账龄在60～90天的应收账款。向下复制公式得到各个公司账龄在60～90天的应收账款，如图13-17所示。

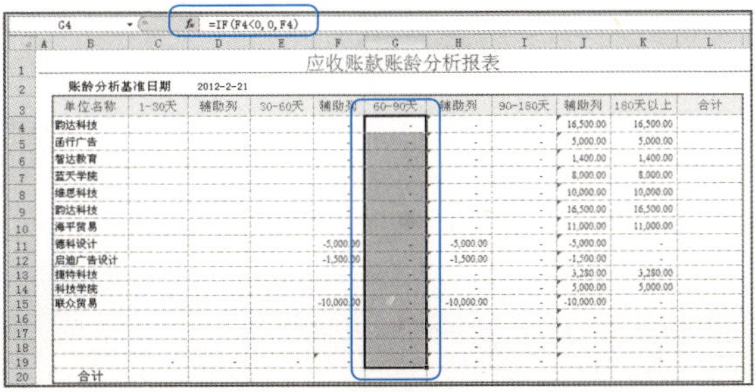

图13–17

7 选中D4单元格，输入公式“=IF(F4>0,SUM((单位名称=$B4)*($D$2-日期>30)*($D$2-日期<=60)*(应收金额)),SUM((单位名称=$B4)*($D$2-日期>30)*($D$2-日期<=60)*(应收金额))+F4)”，按Ctrl+Shift+Enter组合键得出计算结果。选中D4单元格，将光标定位到右下角，向下复制公式，得出各公司账龄在30～60天的应收账款，如图13-18所示。

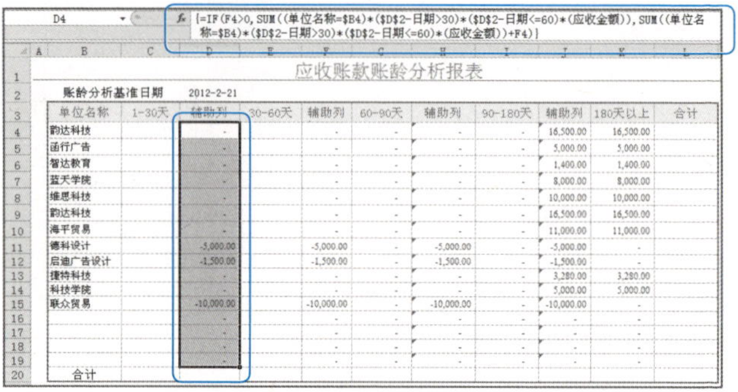

应收账款账龄分析报表

账龄分析基准日期 2012-2-21

单位名称	1-30天	辅助列	30-60天	辅助列	60-90天	辅助列	90-180天	辅助列	180天以上	合计
韵达科技		-		-	-	-	-	16,500.00	16,500.00	
函行广告		-		-	-	-	-	5,000.00	5,000.00	
智达教育		-		-	-	-	-	1,400.00	1,400.00	
蓝天学院		-		-	-	-	-	8,000.00	8,000.00	
维思科技		-		-	-	-	-	10,000.00	10,000.00	
韵达科技		-		-	-	-	-	16,500.00	16,500.00	
海平贸易		-		-	-	-	-	11,000.00	11,000.00	
德科设计		-5,000.00		-5,000.00	-	-5,000.00	-	-5,000.00	-	
启迪广告设计		-1,500.00		-1,500.00	-	-1,500.00	-	-1,500.00	-	
捷特科技		-		-	-	-	-	3,280.00	3,280.00	
科技学院		-		-	-	-	-	5,000.00	5,000.00	
联众贸易		-10,000.00		-10,000.00	-	-10,000.00	-	-10,000.00	-	
		-		-	-	-	-	-	-	
		-		-	-	-	-	-	-	
		-		-	-	-	-	-	-	
		-		-	-	-	-	-	-	
合计										

图13-18

8 选中E4单元格，输入公式“=IF(F4<0,0,F4)”，按Enter键得到账龄在30～60天的应收账款。向下复制公式得到各个公司账龄在30～60天的应收账款，如图13-19所示。

应收账款账龄分析报表

账龄分析基准日期 2012-2-21

单位名称	1-30天	辅助列	30-60天	辅助列	60-90天	辅助列	90-180天	辅助列	180天以上	合计
韵达科技		-	-	-	-	-	-	16,500.00	16,500.00	
函行广告		-	-	-	-	-	-	5,000.00	5,000.00	
智达教育		-	-	-	-	-	-	1,400.00	1,400.00	
蓝天学院		-	-	-	-	-	-	8,000.00	8,000.00	
维思科技		-	-	-	-	-	-	10,000.00	10,000.00	
韵达科技		-	-	-	-	-	-	16,500.00	16,500.00	
海平贸易		-	-	-	-	-	-	11,000.00	11,000.00	
德科设计		-5,000.00	-	-5,000.00	-	-5,000.00	-	-5,000.00	-	
启迪广告设计		-1,500.00	-	-1,500.00	-	-1,500.00	-	-1,500.00	-	
捷特科技		-	-	-	-	-	-	3,280.00	3,280.00	
科技学院		-	-	-	-	-	-	5,000.00	5,000.00	
联众贸易		-10,000.00	-	-10,000.00	-	-10,000.00	-	-10,000.00	-	
		-	-	-	-	-	-	-	-	
		-	-	-	-	-	-	-	-	
		-	-	-	-	-	-	-	-	
	-	-	-	-	-	-	-	-	-	
合计										

图13-19

9 选中C4单元格，输入公式“=IF(D4>0,SUM((单位名称=$B4)*($D$2-日期<=30)*(应收金额)),SUM((单位名称=$B4)*($D$2-日期<=30)*(应收金额))+D4)”，按“Ctrl+Shift+Enter”组合键得出账龄在1～30天的应收账款。选中C4单元格，向下复制公式得到各个公司账龄在1～30天的应收账款，如图13-20所示。

10 选中L4单元格，输入公式“=C4+E4+G4+I4+K4”，按Enter键得到应收账款合计值。选中L4单元格，将光标定位到右下角，向下复制公式，得到所有公司应收账款合计值，如图13-21所示。

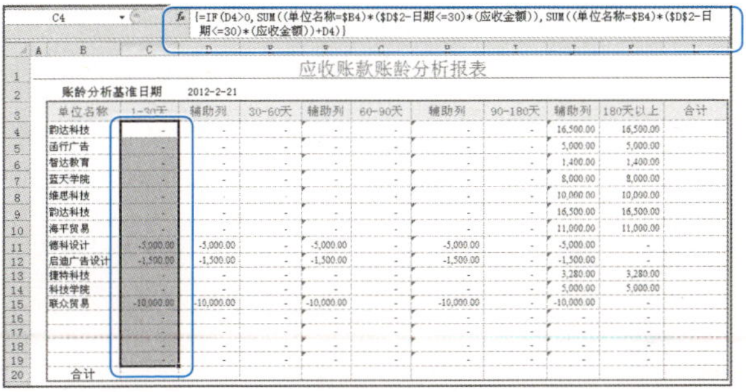

图13-20

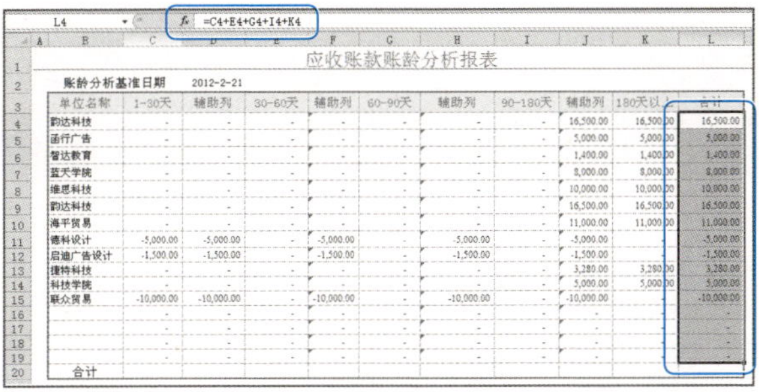

图13-21

专家提示

一次性选中多个辅助列，在选中列的列标签上单击鼠标右键，选择“隐藏”命令，即可将所有选中列都隐藏，如图13-22所示。

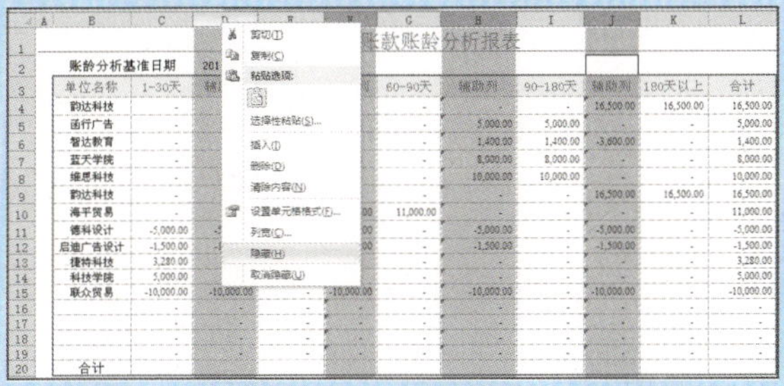

图13-22

13.2.4　往来单位应收账款明细统计

在“应收账款统计”工作表中是按照日期对各往来单位应收账款依次统计，依据此工作表可以建立表格，统计往来单位应收账款的明细情况。

❶ 在Sheet3工作表上双击鼠标，将工作表重命名为“往来单位应收账款汇总”，输入表头信息及列标识，对表格进行格式设置，如图13-23所示。

图13-23

❷ 切换到“应收账款统计”工作表，将A列作为辅助列，在A4单元格中输入“1”，如图13-24所示。

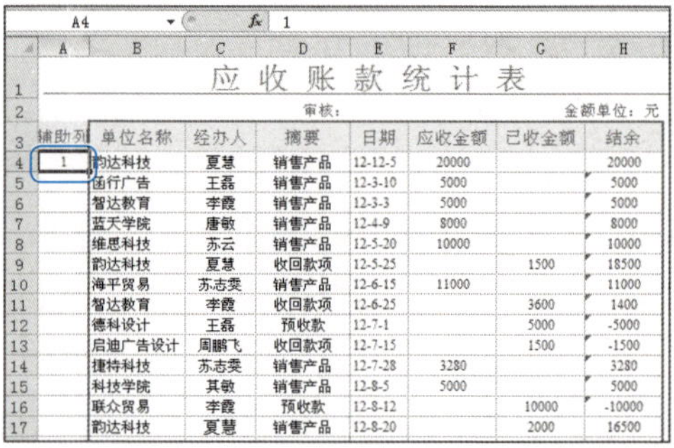

应收账款统计表

审核：　　金额单位：元

辅助列	单位名称	经办人	摘要	日期	应收金额	已收金额	结余
1	韵达科技	夏慧	销售产品	12-12-5	20000		20000
	函行广告	王磊	销售产品	12-3-10	5000		5000
	智达教育	李霞	销售产品	12-3-3	5000		5000
	蓝天学院	唐敏	销售产品	12-4-9	8000		8000
	维思科技	苏云	销售产品	12-5-20	10000		10000
	韵达科技	夏慧	收回款项	12-5-25		1500	18500
	海平贸易	苏志雯	销售产品	12-6-15	11000		11000
	智达教育	李霞	收回款项	12-6-25		3600	1400
	德科设计	王磊	预收款	12-7-1		5000	-5000
	启迪广告设计	周鹏飞	收回款项	12-7-15		1500	-1500
	捷特科技	苏志雯	销售产品	12-7-28	3280		3280
	科技学院	其敏	销售产品	12-8-5	5000		5000
	联众贸易	李霞	预收款	12-8-12		10000	-10000
	韵达科技	夏慧	销售产品	12-8-20		2000	16500

图13-24

❸ 选中A5单元格，输入公式“=IF(COUNTIF(B$4:B5,B5)>1,0,MAX(A4:A$4)+1)”，按Enter键得出值。向下复制公式，可以看到当出现重复单位名称时，显示0值，对于第一次出现的单位名称，依次累加，如图13-25所示。

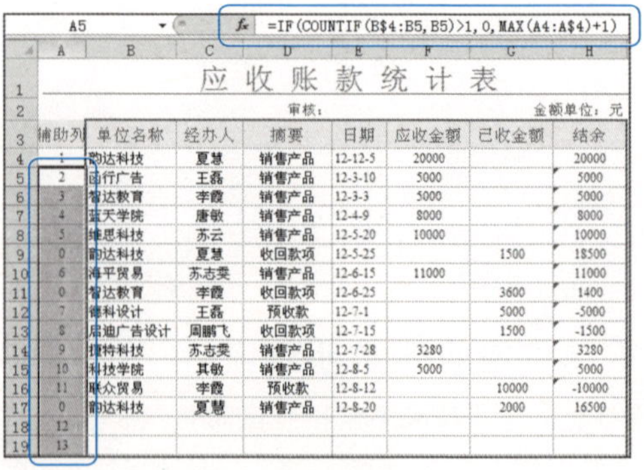

=IF(COUNTIF(B$4:B5,B5)>1,0,MAX(A4:A$4)+1)

应收账款统计表

审核：　　金额单位：元

辅助列	单位名称	经办人	摘要	日期	应收金额	已收金额	结余
1	韵达科技	夏慧	销售产品	12-12-5	20000		20000
2	函行广告	王磊	销售产品	12-3-10	5000		5000
3	智达教育	李霞	销售产品	12-3-3	5000		5000
4	蓝天学院	唐敏	销售产品	12-4-9	8000		8000
5	维思科技	苏云	销售产品	12-5-20	10000		10000
0	韵达科技	夏慧	收回款项	12-5-25		1500	18500
6	海平贸易	苏志雯	销售产品	12-6-15	11000		11000
0	智达教育	李霞	收回款项	12-6-25		3600	1400
7	德科设计	王磊	预收款	12-7-1		5000	-5000
8	启迪广告设计	周鹏飞	收回款项	12-7-15		1500	-1500
9	捷特科技	苏志雯	销售产品	12-7-28	3280		3280
10	科技学院	其敏	销售产品	12-8-5	5000		5000
11	联众贸易	李霞	预收款	12-8-12		10000	-10000
0	韵达科技	夏慧	销售产品	12-8-20		2000	16500
12							
13							

图13-25

4 切换到“往来单位应收账款汇总”工作表，在“序号”列中依次输入序号，选中C4单元格，输入公式“=IF(VLOOKUP(B4,应收账款统计!A4:B50,2,FALSE)=0,"",VLOOKUP(B4,应收账款统计!A4:B50,2,FALSE))”，按Enter键即可返回第一个单位名称，向下复制公式即可依次返回单位名称，如图13-26所示。

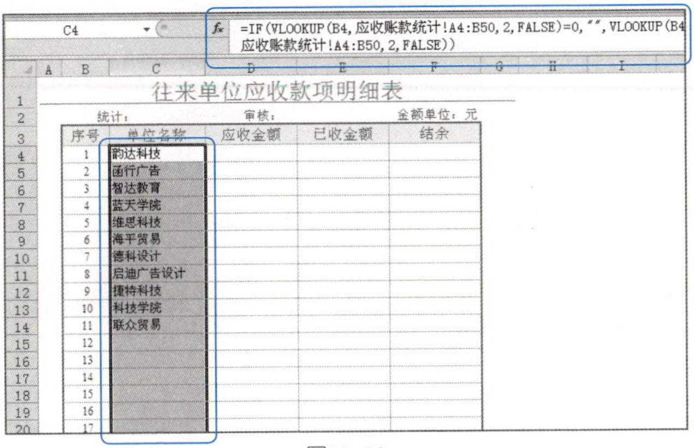

C4　=IF(VLOOKUP(B4,应收账款统计!A4:B50,2,FALSE)=0,"",VLOOKUP(B4,应收账款统计!A4:B50,2,FALSE))

往来单位应收款项明细表

统计：　审核：　金额单位：元

序号	单位名称	应收金额	已收金额	结余
1	韵达科技			
2	函行广告			
3	智达教育			
4	蓝天学院			
5	维思科技			
6	海平贸易			
7	德科设计			
8	启迪广告设计			
9	捷特科技			
10	科技学院			
11	联众贸易			
12				
13				
14				
15				
16				
17				

图13-26

5 选中D4单元格，输入公式“=SUMIF(单位名称,C4,应收金额)”，按Enter键即可返回第一个单位应收金额累计值，选中D4单元格，向下复制公式即可统计出所有往来单位的应收金额累计值，如图13-27所示。

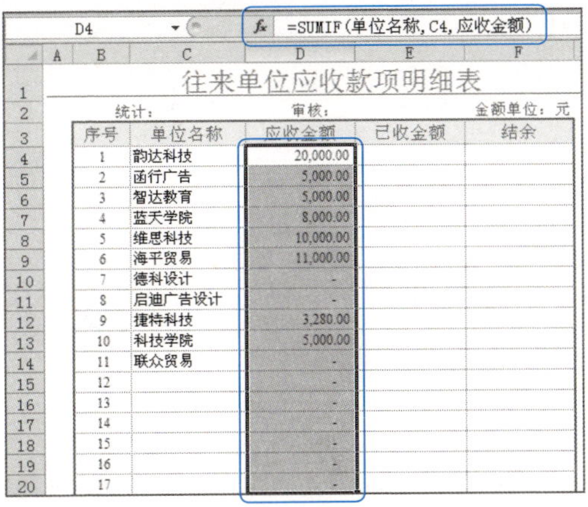

D4　=SUMIF(单位名称,C4,应收金额)

往来单位应收款项明细表

统计：　审核：　金额单位：元

序号	单位名称	应收金额	已收金额	结余
1	韵达科技	20,000.00		
2	函行广告	5,000.00		
3	智达教育	5,000.00		
4	蓝天学院	8,000.00		
5	维思科技	10,000.00		
6	海平贸易	11,000.00		
7	德科设计	-		
8	启迪广告设计	-		
9	捷特科技	3,280.00		
10	科技学院	5,000.00		
11	联众贸易	-		
12		-		
13		-		
14		-		
15		-		
16		-		
17		-		

图13-27

6 选中E4单元格，输入公式“=SUMIF(单位名称,C4,已收金额)”，按Enter键即可返回第一个单位已收金额累计值。选中E4单元格，向下复制公式即可统计出所有往来单位的已收金额累计值，如图13-28所示。

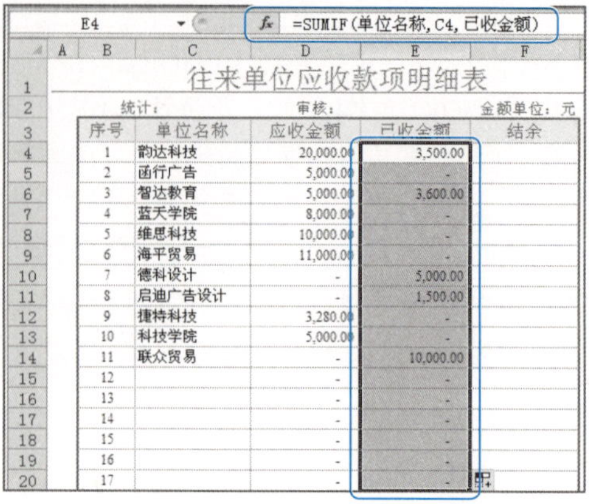

E4 fx =SUMIF(单位名称,C4,已收金额)

往来单位应收款项明细表

统计： 审核： 金额单位：元

序号	单位名称	应收金额	已收金额	结余
1	韵达科技	20,000.00	3,500.00	
2	函行广告	5,000.00	-	
3	智达教育	5,000.00	3,600.00	
4	蓝天学院	8,000.00	-	
5	维思科技	10,000.00	-	
6	海平贸易	11,000.00	-	
7	德科设计	-	5,000.00	
8	启迪广告设计	-	1,500.00	
9	捷特科技	3,280.00	-	
10	科技学院	5,000.00	-	
11	联众贸易	-	10,000.00	
12		-	-	
13		-	-	
14		-	-	
15		-	-	
16		-	-	
17		-	-	

图13-28

7 选中F4单元格，输入公式“=D4-E4”，按Enter键即可返回第一个单位应收账款结余金额。选中F4单元格，向下复制公式即可统计出所有往来单位应收账款结余金额，如图13-29所示。

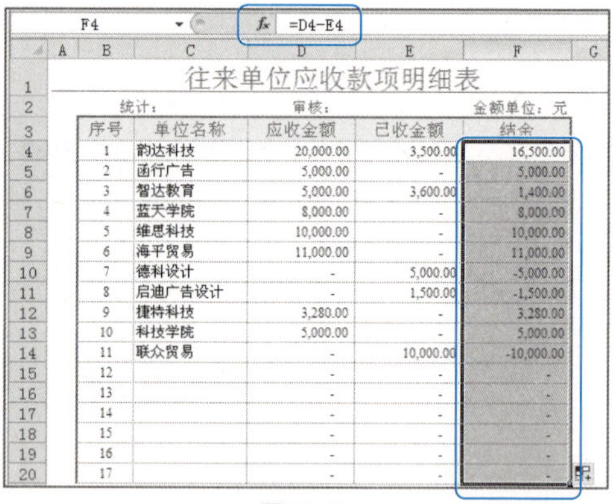

F4 fx =D4-E4

往来单位应收款项明细表

统计： 审核： 金额单位：元

序号	单位名称	应收金额	已收金额	结余
1	韵达科技	20,000.00	3,500.00	16,500.00
2	函行广告	5,000.00	-	5,000.00
3	智达教育	5,000.00	3,600.00	1,400.00
4	蓝天学院	8,000.00	-	8,000.00
5	维思科技	10,000.00	-	10,000.00
6	海平贸易	11,000.00	-	11,000.00
7	德科设计	-	5,000.00	-5,000.00
8	启迪广告设计	-	1,500.00	-1,500.00
9	捷特科技	3,280.00	-	3,280.00
10	科技学院	5,000.00	-	5,000.00
11	联众贸易	-	10,000.00	-10,000.00
12		-	-	-
13		-	-	-
14		-	-	-
15		-	-	-
16		-	-	-
17		-	-	-

图13-29

13.3 应付账款管理

应付账款是指因购买材料、商品或接受劳务供应等而发生的债务。这是买卖双方在购销活动中由于取得物资与支付贷款在时间上不一致而产生的负债。

13.3.1 建立应付账款统计表

企业应付账款需要建立工作表逐一统计，然后再利用相关函数进行计算分析。

1 新建工作簿，并将其命名为“应付账款管理”，在Sheet1工作表标签上双击鼠标左键，将工作表重命名为“供应商资料”，输入本企业供应商的资料，如供应商名称、供应产品、联系方式、约定结算期等，然后再对表格进行文字格式、边框、对齐方式等设置，如图13-30所示。

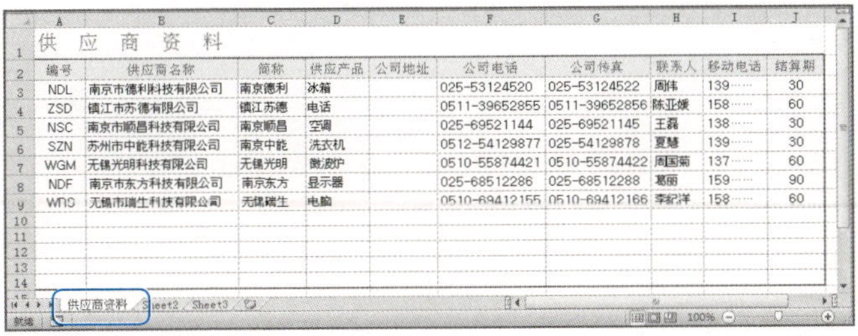

供 应 商 资 料

编号	供应商名称	简称	供应产品	公司地址	公司电话	公司传真	联系人	移动电话	结算期
NDL	南京市德利科技有限公司	南京德利	冰箱		025-53124520	025-53124522	周伟	139……	30
ZSD	镇江市苏德有限公司	镇江苏德	电话		0511-39652855	0511-39652856	陈亚娱	158……	60
NSC	南京市顺昌科技有限公司	南京顺昌	空调		025-69521144	025-69521145	王磊	138……	30
SZN	苏州市中能科技有限公司	南京中能	洗衣机		0512-54129877	025-54129878	夏慧	139……	30
WGM	无锡光明科技有限公司	无锡光明	微波炉		0510-55874421	0510-55874422	周国菊	137……	60
NDF	南京市东方科技有限公司	南京东方	显示器		025-68512286	025-68512288	葛丽	159……	90
WRS	无锡市瑞生科技有限公司	无锡瑞生	电脑		0510-69412155	0510-69412166	李纪洋	158……	60

图13-30

2 在Sheet2工作表标签上双击鼠标左键，将工作表重命名为“应付账款统计表”，输入应收账款统计表的各项列标识，包括用于显示基本信息的标识与用于统计计算的标识。再对工作表进行文字格式、边框、对齐方式等设置，如图13-31所示。

应付账款统计表

编号	采购产品	供应商编号	供应商简称	发票日期	发票号码	发票金额	结账期	到期日期	状态	逾期天数	已付金额	是否欠款	余额	已逾期余额
			当前日期											

图13-31

3 根据当前实际情况，将各项应付账款的详情记录到工作表中，例如应付账款的供应商编码、发票日期、发票金额、已付金额等。选中E2单元格，输入公式“=TODAY()”，按Enter键得到当前日期，如图13-32所示。

4 切换到“供应商资料”工作表，选中显示供应商资料的单元格区域，在名称框中输入名称“供应商信息”，按Enter键即可定义该名称，如图13-33所示。

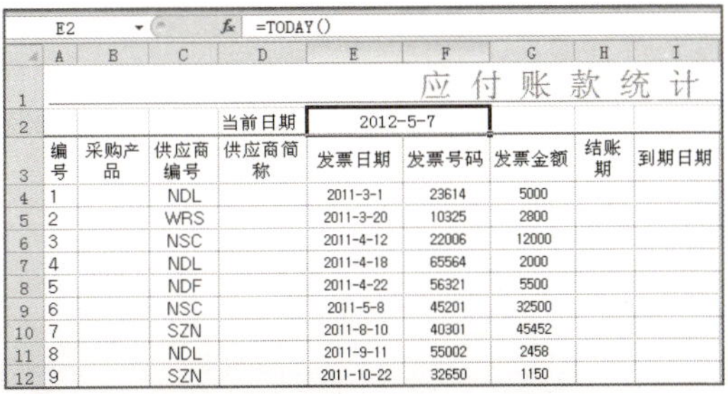

E2 =TODAY()

应付账款统计

编号	采购产品	供应商编号	供应商简称	发票日期	发票号码	发票金额	结账期	到期日期
			当前日期	2012-5-7				
1		NDL		2011-3-1	23614	5000		
2		WRS		2011-3-20	10325	2800		
3		NSC		2011-4-12	22006	12000		
4		NDL		2011-4-18	65564	2000		
5		NDF		2011-4-22	56321	5500		
6		NSC		2011-5-8	45201	32500		
7		SZN		2011-8-10	40301	45452		
8		NDL		2011-9-11	55002	2458		
9		SZN		2011-10-22	32650	1150		

图13-32

供应商信息 | 编号

	A	B	C	D	E	F	G	H	I	J
1	供 应 商 资 料									
2	编号	供应商名称	简称	供应产品	公司地址	公司电话	公司传真	联系人	移动电话	结算期
3	NDL	南京市德利科技有限公司	南京德利	冰箱		025-53124520	025-53124522	周伟	139……	30
4	ZSD	镇江市苏德有限公司	镇江苏德	电话		0511-39652855	0511-39652856	陈亚娥	158……	60
5	NSC	南京市顺昌科技有限公司	南京顺昌	空调		025-69521144	025-69521145	王磊	138……	30
6	SZN	苏州市中能科技有限公司	南京中能	洗衣机		0512-54129877	025-54129878	夏慧	139……	30
7	WGM	无锡光明科技有限公司	无锡光明	微波炉		0510-55874421	0510-55874422	周国菊	137……	60
8	NDF	南京市东方科技有限公司	南京东方	显示器		025-68512286	025-68512288	葛丽	159……	90
9	WRS	无锡市瑞生科技有限公司	无锡瑞生	电脑		0510-69412155	0510-69412166	李纪祥	158……	60
10										
11										
12										
13										
14										
15										
16										

图13-33

5 切换到“应付账款统计表”，选中B4单元格，输入公式“=IF(C4="","",VLOOKUP(C4,供应商信息,4,0))”，按Enter键即可根据C4单元格的编号返回采购产品。向下复制B4单元格的公式，即可根据C列中的所有供应商编号返回对应的采购产品，如图13-34所示。

6 选中D4单元格，输入公式“=IF(C4="","",VLOOKUP(C4,供应商信息,3,0))”，按Enter键即可根据C4单元格的编号返回供应商简称。向下复制D4单元格的公式，即可根据C列中的所有供应商编号返回对应的供应商简称，如图13-35所示。

B4 | =IF(C4="","",VLOOKUP(C4,供应商信息,4,0))

	A	B	C	D	E	F	G	H	I
1	应 付 账 款 统 计								
2				当前日期	2012-5-7				
3	编号	采购产品	供应商编号	供应商简称	发票日期	发票号码	发票金额	结账期	到期日期
4	1	冰箱	NDL		2011-3-1	23614	5000		
5	2	电脑	WRS		2011-3-20	10325	2800		
6	3	空调	NSC		2011-4-12	22006	12000		
7	4	冰箱	NDL		2011-4-18	65564	2000		
8	5	显示器	NDF		2011-4-22	56321	5500		
9	6	空调	NSC		2011-5-8	45201	32500		
10	7	洗衣机	SZN		2011-8-10	40301	45452		
11	8	冰箱	NDL		2011-9-11	55002	2458		
12	9	洗衣机	SZN		2011-10-22	32650	1150		
13	10	微波炉	WGM		2011-11-28	23651	1006		
14	11	显示器	NDF		2011-12-5	25601	3600		
15	12	空调	NSC		2012-1-9	45688	5000		
16	13	微波炉	WGM		2012-2-10	23651	12350		
17	14	空调	NSC		2012-3-15	63001	8000		

图13-34

D4 | =IF(C4="","",VLOOKUP(C4,供应商信息,3,0))

	A	B	C	D	E	F	G	H
1	应 付 账 款 统							
2				当前日期	2012-5-7			
3	编号	采购产品	供应商编号	供应商简称	发票日期	发票号码	发票金额	结账期
4	1	冰箱	NDL	南京德利	2011-3-1	23614	5000	
5	2	电脑	WRS	无锡瑞生	2011-3-20	10325	2800	
6	3	空调	NSC	南京顺昌	2011-4-12	22006	12000	
7	4	冰箱	NDL	南京德利	2011-4-18	65564	2000	
8	5	显示器	NDF	南京东方	2011-4-22	56321	5500	
9	6	空调	NSC	南京顺昌	2011-5-8	45201	32500	
10	7	洗衣机	SZN	南京中能	2011-8-10	40301	45452	
11	8	冰箱	NDL	南京德利	2011-9-11	55002	2458	
12	9	洗衣机	SZN	南京中能	2011-10-22	32650	1150	
13	10	微波炉	WGM	无锡光明	2011-11-28	23651	1006	
14	11	显示器	NDF	南京东方	2011-12-5	25601	3600	
15	12	空调	NSC	南京顺昌	2012-1-9	45688	5000	
16	13	微波炉	WGM	无锡光明	2012-2-10	23651	12350	
17	14	空调	NSC	南京顺昌	2012-3-15	63001	8000	
18	15	冰箱	NDL	南京德利	2012-4-20	23614	4000	

图13-35

7 选中H4单元格，输入公式“=IF(C4="","",VLOOKUP(C4,供应商信息,10,0))”，按Enter键即可根据C4单元格的编号返回结账期。向下复制H4单元格的公式，即可根据C列中的所有供应商编号返回对应的结账期，如图13-36所示。

H4 | =IF(C4="","",VLOOKUP(C4,供应商信息,10,0))

	A	B	C	D	E	F	G	H	I
1	应 付 账 款 统 计								
2				当前日期	2012-5-7				
3	编号	采购产品	供应商编号	供应商简称	发票日期	发票号码	发票金额	结账期	到期日期
4	1	冰箱	NDL	南京德利	2011-3-1	23614	5000	30	
5	2	电脑	WRS	无锡瑞生	2011-3-20	10325	2800	60	
6	3	空调	NSC	南京顺昌	2011-4-12	22006	12000	30	
7	4	冰箱	NDL	南京德利	2011-4-18	65564	2000	30	
8	5	显示器	NDF	南京东方	2011-4-22	56321	5500	90	
9	6	空调	NSC	南京顺昌	2011-5-8	45201	32500	30	
10	7	洗衣机	SZN	南京中能	2011-8-10	40301	45452	30	
11	8	冰箱	NDL	南京德利	2011-9-11	55002	2458	30	
12	9	洗衣机	SZN	南京中能	2011-10-22	32650	1150	30	
13	10	微波炉	WGM	无锡光明	2011-11-28	23651	1006	60	
14	11	显示器	NDF	南京东方	2011-12-5	25601	3600	90	
15	12	空调	NSC	南京顺昌	2012-1-9	45688	5000	30	
16	13	微波炉	WGM	无锡光明	2012-2-10	23651	12350	60	
17	14	空调	NSC	南京顺昌	2012-3-15	63001	8000	30	
18	15	冰箱	NDL	南京德利	2012-4-20	23614	4000	30	

图13-36

13.3.2　分析各项应付账款

对应付账款的计算分析包括计算到期日期、显示出其当前状态（是否逾期）、应付余额等。

❶ 选中I4单元格，输入公式“=IF(E4="","",E4+H4)”，按Enter键即可根据发票日期与结账期计算出到期日期。向下复制I4单元格的公式，可以得到每条应付账款的到期日期，如图13-37所示。

I4　=IF(E4="","",E4+H4)

	B	C	D	E	F	G	H	I	J
1	应付账款统计表								
2			当前日期	2012-5-7					
3	采购产品	供应商编号	供应商简称	发票日期	发票号码	发票金额	结账期	到期日期	状态
4	冰箱	NDL	南京德利	2011-3-1	23614	5000	30	2011-3-31	
5	电脑	WRS	无锡瑞生	2011-3-20	10325	2800	60	2011-5-19	
6	空调	NSC	南京顺昌	2011-4-12	22006	12000	30	2011-5-12	
7	冰箱	NDL	南京德利	2011-4-18	65564	2000	30	2011-5-18	
8	显示器	NDF	南京东方	2011-4-22	56321	5500	90	2011-7-21	
9	空调	NSC	南京顺昌	2011-5-8	45201	32500	30	2011-6-7	
10	洗衣机	SZN	南京中能	2011-8-10	40301	45452	30	2011-9-9	
11	冰箱	NDL	南京德利	2011-9-11	55002	2458	30	2011-10-11	
12	洗衣机	SZN	南京中能	2011-10-22	32650	1150	30	2011-11-21	
13	微波炉	WGM	无锡光明	2011-11-28	23651	1006	60	2012-1-27	
14	显示器	NDF	南京东方	2011-12-5	25601	3600	90	2012-3-4	
15	空调	NSC	南京顺昌	2012-1-9	45688	5000	30	2012-2-8	
16	微波炉	WGM	无锡光明	2012-2-10	23651	12350	60	2012-4-10	
17	空调	NSC	南京顺昌	2012-3-15	63001	8000	30	2012-4-14	
18	冰箱	NDL	南京德利	2012-4-20	23614	4000	30	2012-5-20	

图13-37

❷ 选中J4单元格，输入公式“=IF(L4=G4,"已冲销√",IF($E$2>I4,"已逾期","未到结帐期"))”，按Enter键即可根据发票日期与到期日期返回其当前状态。向下复制J4单元格的公式，可以得到每条应付账款的当前状态，如图13-38所示。

J4　=IF(L4=G4,"已冲销√",IF($E$2>I4,"已逾期","未到结帐期"))

	C	D	E	F	G	H	I	J	K	L
1	应付账款统计表									
2		当前日期	2012-5-7							
3	供应商编号	供应商简称	发票日期	发票号码	发票金额	结账期	到期日期	状态	逾期天数	已付金额
4	NDL	南京德利	2011-3-1	23614	5000	30	2011-3-31	已逾期		
5	WRS	无锡瑞生	2011-3-20	10325	2800	60	2011-5-19	已逾期		
6	NSC	南京顺昌	2011-4-12	22006	12000	30	2011-5-12	已逾期		
7	NDL	南京德利	2011-4-18	65564	2000	30	2011-5-18	已逾期		
8	NDF	南京东方	2011-4-22	56321	5500	90	2011-7-21	已逾期		
9	NSC	南京顺昌	2011-5-8	45201	32500	30	2011-6-7	已逾期		
10	SZN	南京中能	2011-8-10	40301	45452	30	2011-9-9	已逾期		
11	NDL	南京德利	2011-9-11	55002	2458	30	2011-10-11	已逾期		
12	SZN	南京中能	2011-10-22	32650	1150	30	2011-11-21	已逾期		
13	WGM	无锡光明	2011-11-28	23651	1006	60	2012-1-27	已逾期		
14	NDF	南京东方	2011-12-5	25601	3600	90	2012-3-4	已逾期		
15	NSC	南京顺昌	2012-1-9	45688	5000	30	2012-2-8	已逾期		
16	WGM	无锡光明	2012-2-10	23651	12350	60	2012-4-10	已逾期		
17	NSC	南京顺昌	2012-3-15	63001	8000	30	2012-4-14	已逾期		
18	NDL	南京德利	2012-4-20	23614	4000	30	2012-5-20	未到结帐期		

图13-38

❸ 选中K4单元格，输入公式“=IF(J4="已逾期",$E$2-I4,"")”，按Enter键即可首先判断该项应付账款是否逾期。如果逾期，则根据当前日期与到期日期计算出其逾期天数。向下复制K4单元格的公式，可以得到每条应付账款的逾期天数，如图13-39所示。

❹ 选中N4单元格，输入公式“=IF(G4="","",G4-L4)”，按Enter键即可根据

发票金额与已付金额计算出应付余额。向下复制N4单元格的公式，可以得到每条应付账款的应付余额，如图13-40所示。

K4 =IF(J4="已逾期",$E$2-I4,"")

	C	D	E	F	G	H	I	J	K	L
1	应付账款统计表									
2		当前日期	2012-5-7							
3	供应商编号	供应商简称	发票日期	发票号码	发票金额	结账期	到期日期	状态	逾期天数	已付金额
4	NDL	南京德利	2011-3-1	23614	5000	30	2011-3-31	已逾期	403	
5	WRS	无锡瑞生	2011-3-20	10325	2800	60	2011-5-19	已逾期	354	
6	NSC	南京顺昌	2011-4-12	22006	12000	30	2011-5-12	已逾期	361	
7	NDL	南京德利	2011-4-18	65564	2000	30	2011-5-18	已逾期	355	
8	NDF	南京东方	2011-4-22	56321	5500	90	2011-7-21	已逾期	291	
9	NSC	南京顺昌	2011-5-8	45201	32500	30	2011-6-7	已逾期	335	
10	SZN	南京中能	2011-8-10	40301	45452	30	2011-9-9	已逾期	241	
11	NDL	南京德利	2011-9-11	55002	2458	30	2011-10-11	已逾期	209	
12	SZN	南京中能	2011-10-22	32650	1150	30	2011-11-21	已逾期	168	
13	WGM	无锡光明	2011-11-28	23651	1006	60	2012-1-27	已逾期	101	
14	NDF	南京东方	2011-12-5	25601	3600	90	2012-3-4	已逾期	64	
15	NSC	南京顺昌	2012-1-9	45688	5000	30	2012-2-8	已逾期	89	
16	WGM	无锡光明	2012-2-10	23651	12350	60	2012-4-10	已逾期	27	
17	NSC	南京顺昌	2012-3-15	63001	8000	30	2012-4-14	已逾期	23	

图13-39

N4 =IF(G4="","",G4-L4)

	C	D	E	F	G	H	I	J	K	L	M	N
1	应付账款统计表											
2		当前日期	2012-5-7									
3	供应商编号	供应商简称	发票日期	发票号码	发票金额	结账期	到期日期	状态	逾期天数	已付金额	是否欠款	余额
4	NDL	南京德利	2011-3-1	23614	5000	30	2011-3-31	已冲销√		5000		0
5	WRS	无锡瑞生	2011-3-20	10325	2800	60	2011-5-19	已逾期	354			2800
6	NSC	南京顺昌	2011-4-12	22006	12000	30	2011-5-12	已逾期	361	8000		4000
7	NDL	南京德利	2011-4-18	65564	2000	30	2011-5-18	已冲销√		2000		0
8	NDF	南京东方	2011-4-22	56321	5500	90	2011-7-21	已冲销√		5500		0
9	NSC	南京顺昌	2011-5-8	45201	32500	30	2011-6-7	已冲销√		32500		0
10	SZN	南京中能	2011-8-10	40301	45452	30	2011-9-9	已逾期	241	1000		44452
11	NDL	南京德利	2011-9-11	55002	2458	30	2011-10-11	已逾期	209			2458
12	SZN	南京中能	2011-10-22	32650	1150	30	2011-11-21	已逾期	168			1150
13	WGM	无锡光明	2011-11-28	23651	1006	60	2012-1-27	已冲销√		1006		0
14	NDF	南京东方	2011-12-5	25601	3600	90	2012-3-4	已逾期	64			3600
15	NSC	南京顺昌	2012-1-9	45688	5000	30	2012-2-8	已逾期	89	2000		3000
16	WGM	无锡光明	2012-2-10	23651	12350	60	2012-4-10	已逾期	27	5000		7350
17	NSC	南京顺昌	2012-3-15	63001	8000	30	2012-4-14	已逾期	23	5000		3000

图13-40

❺ 选中M4单元格，输入公式“=IF(N4="","",IF(N4>0,"欠","平"))”，按Enter键即可根据N列的应付余额来返回是否欠款信息。向下复制M4单元格的公式，可以得到每条应付账款是否欠款的信息，如图13-41所示。

M4 =IF(N4="","",IF(N4>0,"欠","平"))

	C	D	E	F	G	H	I	J	K	L	M	N
1	应付账款统计表											
2		当前日期	2012-5-7									
3	供应商编号	供应商简称	发票日期	发票号码	发票金额	结账期	到期日期	状态	逾期天数	已付金额	是否欠款	余额
4	NDL	南京德利	2011-3-1	23614	5000	30	2011-3-31	已冲销√		5000	平	0
5	WRS	无锡瑞生	2011-3-20	10325	2800	60	2011-5-19	已逾期	354		欠	2800
6	NSC	南京顺昌	2011-4-12	22006	12000	30	2011-5-12	已逾期	361	8000	欠	4000
7	NDL	南京德利	2011-4-18	65564	2000	30	2011-5-18	已冲销√		2000	平	0
8	NDF	南京东方	2011-4-22	56321	5500	90	2011-7-21	已冲销√		5500	平	0
9	NSC	南京顺昌	2011-5-8	45201	32500	30	2011-6-7	已冲销√		32500	平	0
10	SZN	南京中能	2011-8-10	40301	45452	30	2011-9-9	已逾期	241	1000	欠	44452
11	NDL	南京德利	2011-9-11	55002	2458	30	2011-10-11	已逾期	209		欠	2458
12	SZN	南京中能	2011-10-22	32650	1150	30	2011-11-21	已逾期	168		欠	1150
13	WGM	无锡光明	2011-11-28	23651	1006	60	2012-1-27	已冲销√		1006	平	0
14	NDF	南京东方	2011-12-5	25601	3600	90	2012-3-4	已逾期	64		欠	3600
15	NSC	南京顺昌	2012-1-9	45688	5000	30	2012-2-8	已逾期	89	2000	欠	3000
16	WGM	无锡光明	2012-2-10	23651	12350	60	2012-4-10	已逾期	27	5000	欠	7350
17	NSC	南京顺昌	2012-3-15	63001	8000	30	2012-4-14	已逾期	23	5000	欠	3000

图13-41

❻ 选中O4单元格，输入公式“=IF(G4="","",IF(J4="未到结帐期",0,G4-L4))”，按Enter键即可判断J列显示的是否为“未到结帐期”。如果是，则返回

0值；如果不是，则根据发票金额与已付金额计算出应付余额。向下复制O4单元格的公式，可以得到每条应付账款的已逾期余额，如图13-42所示。

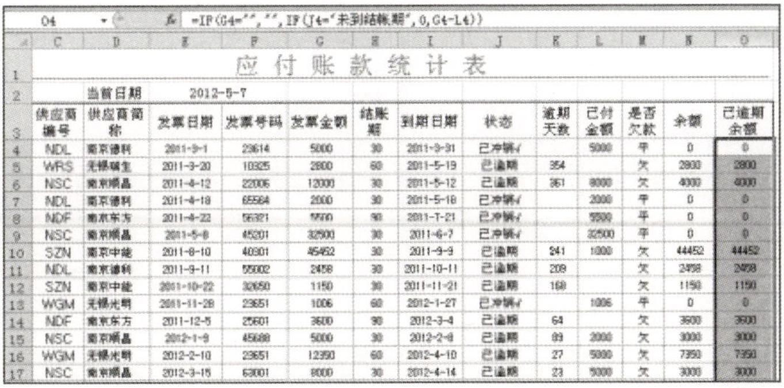

应付账款统计表

当前日期 2012-5-7

供应商编号	供应商简称	发票日期	发票号码	发票金额	结账期	到期日期	状态	逾期天数	已付金额	是否欠款	余额	已逾期余额
NDL	南京德利	2011-3-1	23614	5000	30	2011-3-31	已冲销√		5000	平	0	0
WRS	无锡瑞生	2011-3-20	10325	2800	60	2011-5-19	已逾期	354		欠	2800	2800
NSC	南京顺昌	2011-4-12	22006	12000	30	2011-5-12	已逾期	361	8000	欠	4000	4000
NDL	南京德利	2011-4-18	65564	2000	30	2011-5-18	已冲销√		2000	平	0	0
NDF	南京东方	2011-4-22	56321	5500	90	2011-7-21	已冲销√		5500	平	0	0
NSC	南京顺昌	2011-5-8	45201	32500	30	2011-6-7	已冲销√		32500	平	0	0
SZN	南京中能	2011-8-10	40301	45452	30	2011-9-9	已逾期	241	1000	欠	44452	44452
NDL	南京德利	2011-9-11	55002	2458	30	2011-10-11	已逾期	209		欠	2458	2458
SZN	南京中能	2011-10-22	32650	1150	30	2011-11-21	已逾期	168		欠	1150	1150
WGM	无锡光明	2011-11-28	23651	1006	60	2012-1-27	已冲销√		1006	平	0	0
NDF	南京东方	2011-12-5	25601	3600	90	2012-3-4	已逾期	64		欠	3600	3600
NSC	南京顺昌	2012-1-9	45688	5000	30	2012-2-8	已逾期	89	2000	欠	3000	3000
WGM	无锡光明	2012-2-10	23651	12350	60	2012-4-10	已逾期	27	5000	欠	7350	7350
NSC	南京顺昌	2012-3-15	63001	8000	30	2012-4-14	已逾期	23	5000	欠	3000	3000

图13-42

13.3.3 各供应商总应付账款统计

在“应付账款统计表”工作表中是按照日期对各供应商的应付账款依次统计的，依据此工作表，可以建立表格统计出各供应商的总应付账款。

❶ 在Sheet3工作表标签上双击鼠标左键，将工作表重命名为“各供应商应付账款汇总”，输入各供应商名称，建立“应付金额”与“已到期应付金额”列，并对工作表进行文字格式、边框、对齐方式等设置，如图13-43所示。

❷ 切换到“应付账款统计表”，打开“公式”选项卡，在“定义的名称”选项组中单击“定义名称”按钮，打开“新建名称”对话框，设置名称名为“供应商编号”，引用位置为“=应付账款统计表!$C$4:$C$200”，如图13-44所示。

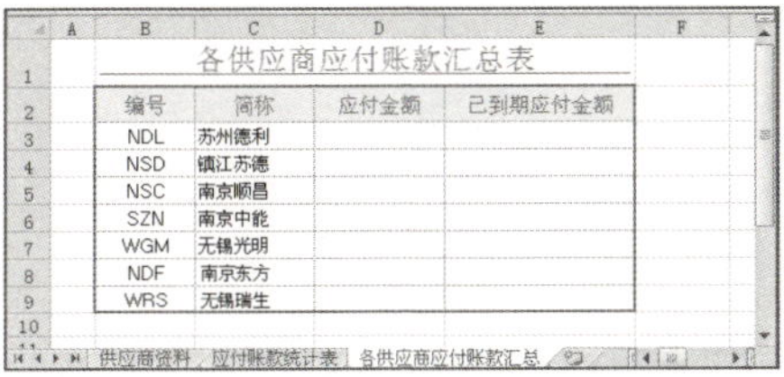

各供应商应付账款汇总表

编号	简称	应付金额	已到期应付金额
NDL	苏州德利		
NSD	镇江苏德		
NSC	南京顺昌		
SZN	南京中能		
WGM	无锡光明		
NDF	南京东方		
WRS	无锡瑞生		

图13-43

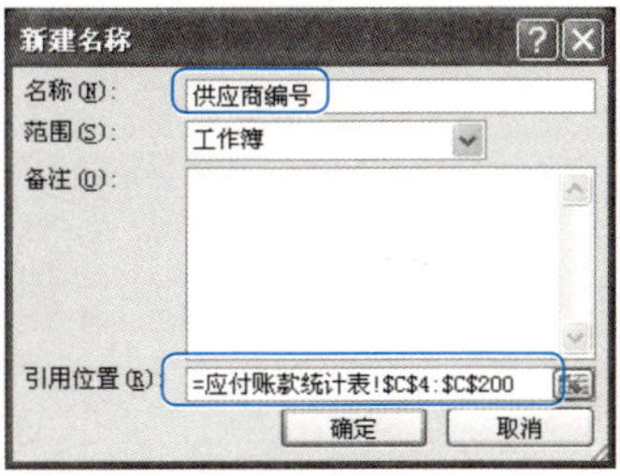

图13-44

❸ 再次打开“新建名称”对话框，设置名称名为“应付金额”，引用位置为“=应付账款统计表!$N$4:$N$200”。按相同的方法设置名称“已逾期余额”，其引用位置为“=应付账款统计表!$O$4:$O$200”，如图13-45所示。

图13-45

❹ 选中D3单元格，输入公式“=SUMIF(供应商编号,B3,应付金额)”，按Enter键即可从“应付账款统计表”中统计出应付账款总计金额，如图13-46所示。

❺ 选中E3单元格，输入公式“=SUMIF(供应商编号,B3,已逾期余额)”，按Enter键即可从“应付账款统计表”中统计出已到期应付账款总计金额，如图13-47所示。

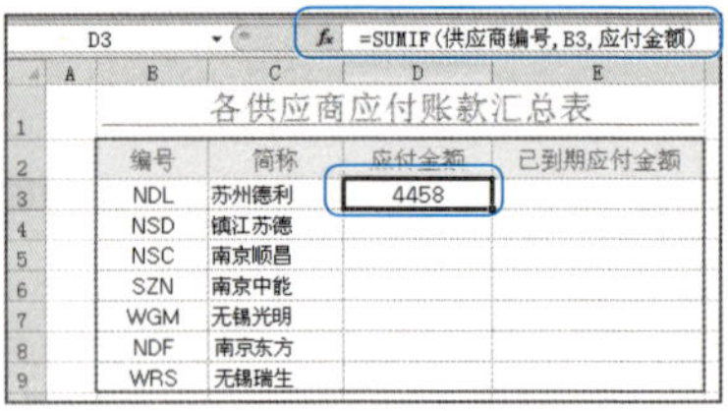

图13-46

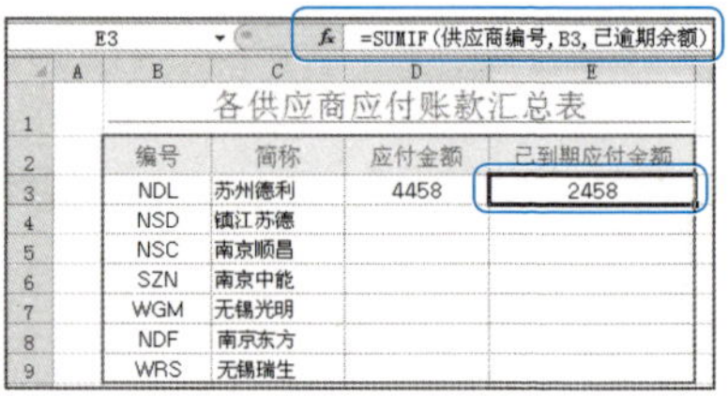

图13-47

❻ 选中D3:E3单元格区域，将光标定位到右下角，出现黑色十字形状时按住鼠标左键向下拖动，即可得出每个供应商的应付账款总额，如图13-48所示。

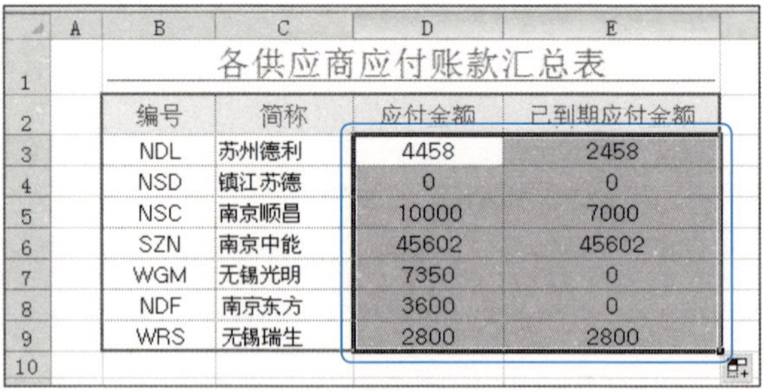

图13-48

第 14 章

公司与银行间的日记账管理

实例概述与设计效果展示

现金是流动性最强、盈利性最低的资产，公司保持适量的现金，是为了实现收益最大化、风险最小化的目标。

下图设计的是公司与银行间的日记账管理表格，并便于定期同银行对账单进行核对。

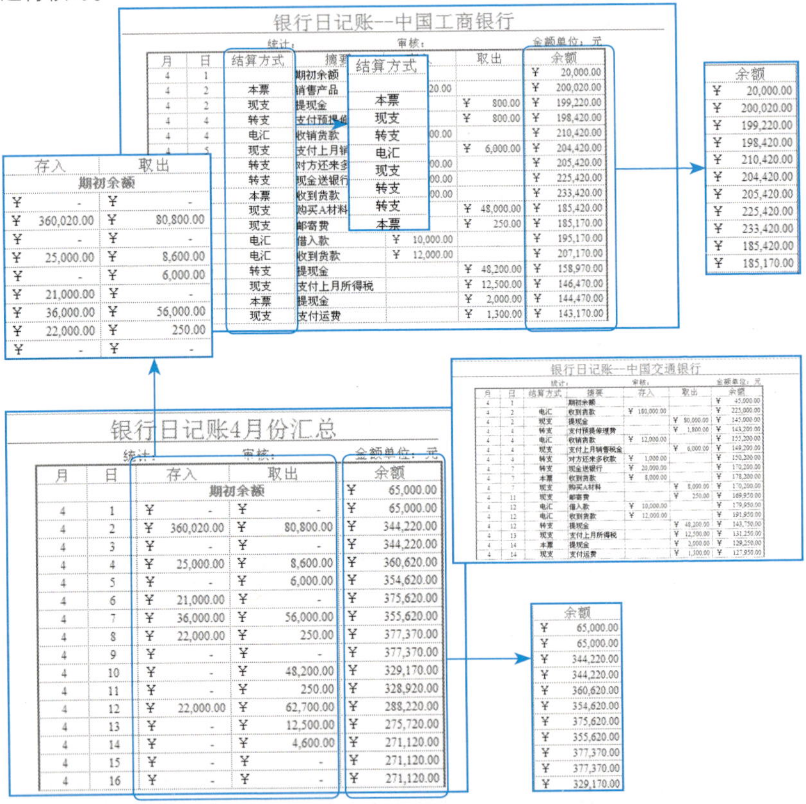

实例设计过程

本实例建立了不同银行日记账工作表格，在表格制作过程中，将使用Excel表格对对现金日记账进行分析计算。可依照如下流程来开展。

企业为了方便与各客户间进行交易，一般都会开设多个银行账户，而各个银行账户每天都有往来账款发生，因此除了分别对各个银行日记账进行管理外，在期末还需要对各银行日记账进行统计汇总。

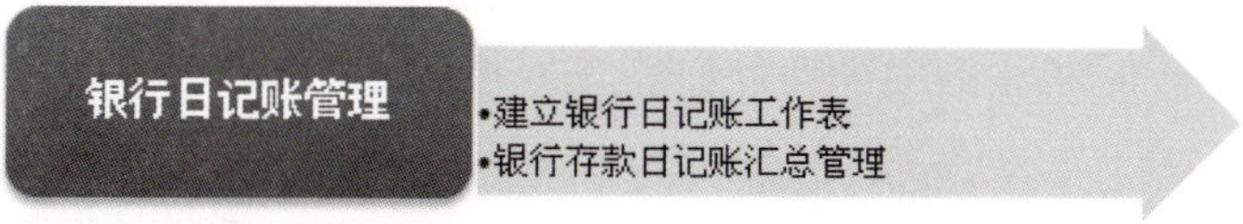

14.1　建立银行日记账工作表

下面新建工作表，建立相应列标识，设置表格格式以及“结算方式”列的选择填充序列。

❶ 新建工作簿，并命名为“银行存款日记账管理”，将Sheet1工作表重命名为“中国工商银行日记账”。

❷ 在工作表中建立银行存款记录的列标识，并对表格进行文字格式、边框、对齐方式等设置，如图14-1所示。

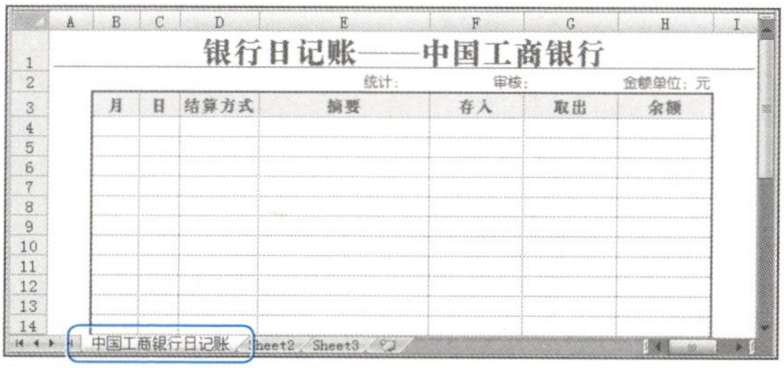

图14–1

❸ 选中“结算方式”列单元格区域，在“数据”选项卡下单击“数据有效性”按钮，打开“数据有效性”对话框。选择“设置”选项卡，在“允许”下拉列表中选择“序列”，在“来源”文本框中输入不同的结算方式，如图14-2所示。

❹ 选择“输入信息”选项卡，输入当鼠标选中时希望出现的提示信息，如图14-3所示。

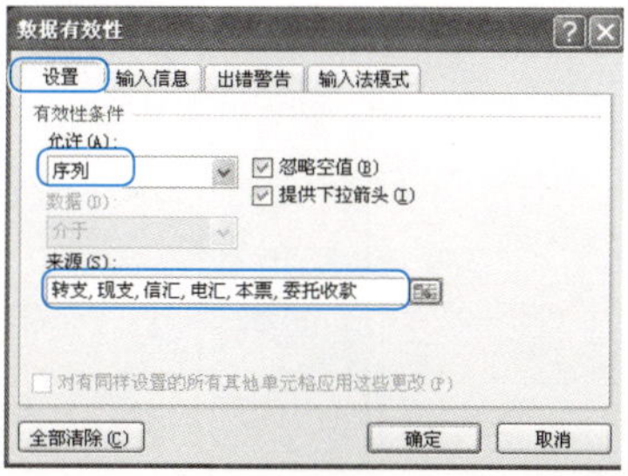

图14–2

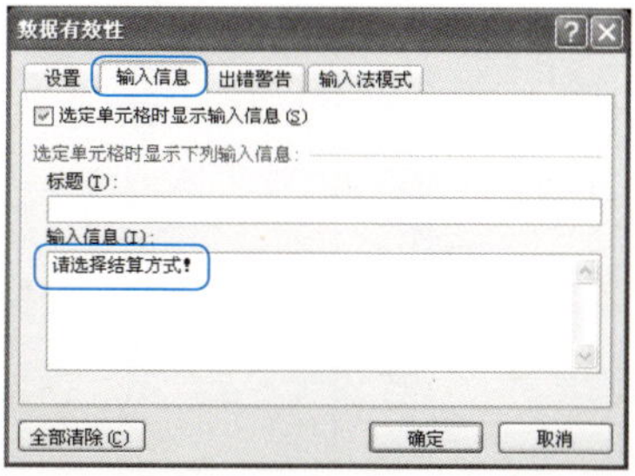

图14–3

5 设置完成后，单击“确定”按钮回到工作表中，选中“结算方式”列任意单元格，都会出现提示信息，同时右侧都会出现下拉按钮，如图14-4所示。

6 单击下拉按钮可打开下拉列表，从中可选择结算方式，如图14-5所示。

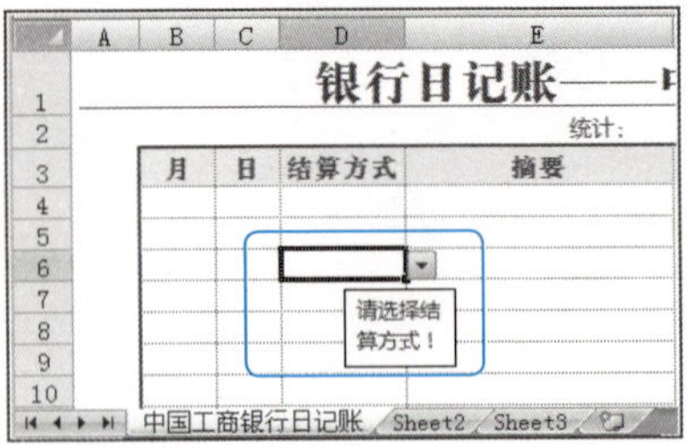

图14-4

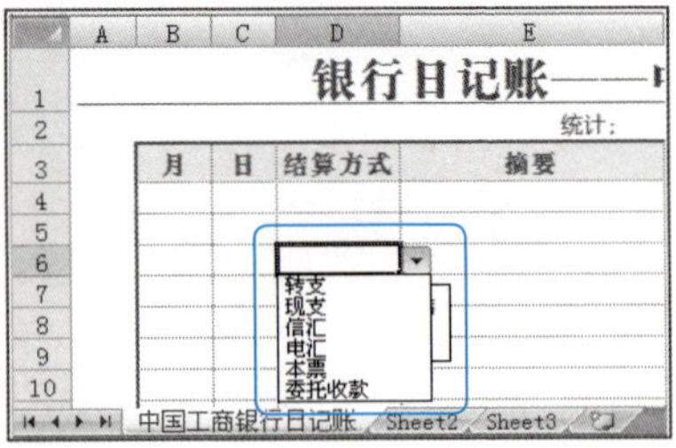

图14-5

7 根据银行结算凭证，在“银行日记账”工作表中进行记录，如图14-6所示。

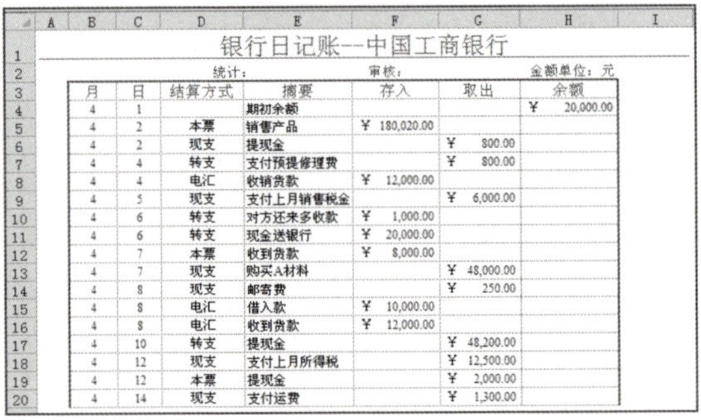

银行日记账--中国工商银行

统计： 审核： 金额单位：元

月	日	结算方式	摘要	存入	取出	余额
4	1		期初余额			¥ 20,000.00
4	2	本票	销售产品	¥ 180,020.00		
4	2	现支	提现金		¥ 800.00	
4	4	转支	支付预提修理费		¥ 800.00	
4	4	电汇	收销货款	¥ 12,000.00		
4	5	现支	支付上月销售税金		¥ 6,000.00	
4	6	转支	对方还来多收款	¥ 1,000.00		
4	6	转支	现金送银行	¥ 20,000.00		
4	7	本票	收到货款	¥ 8,000.00		
4	7	现支	购买A材料		¥ 48,000.00	
4	8	现支	邮寄费		¥ 250.00	
4	8	电汇	借入款	¥ 10,000.00		
4	8	电汇	收到货款	¥ 12,000.00		
4	10	转支	提现金		¥ 48,200.00	
4	12	现支	支付上月所得税		¥ 12,500.00	
4	12	本票	提现金		¥ 2,000.00	
4	14	现支	支付运费		¥ 1,300.00	

图14-6

8 选中H5单元格，输入公式“=H4+F5-G5”，按Enter键得到第一次账务往来后账户余额。向下复制H5单元格的公式，可以快速得到每次账务往来后账户余额，如图14-7所示。

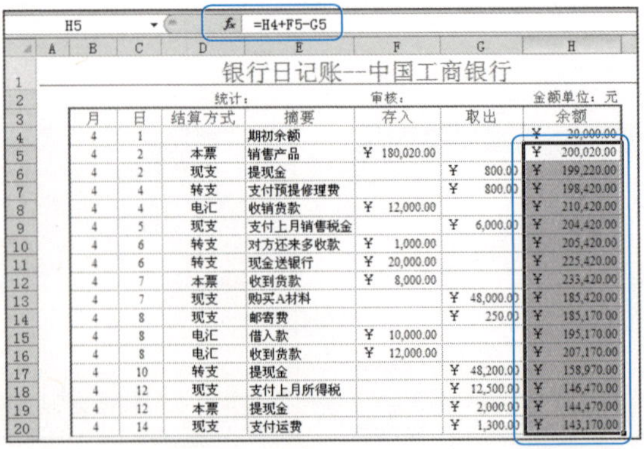

H5 =H4+F5-G5

银行日记账--中国工商银行

统计： 审核： 金额单位：元

月	日	结算方式	摘要	存入	取出	余额
4	1		期初余额			¥ 20,000.00
4	2	本票	销售产品	¥ 180,020.00		¥ 200,020.00
4	2	现支	提现金		¥ 800.00	¥ 199,220.00
4	4	转支	支付预提修理费		¥ 800.00	¥ 198,420.00
4	4	电汇	收销货款	¥ 12,000.00		¥ 210,420.00
4	5	现支	支付上月销售税金		¥ 6,000.00	¥ 204,420.00
4	6	转支	对方还来多收款	¥ 1,000.00		¥ 205,420.00
4	6	转支	现金送银行	¥ 20,000.00		¥ 225,420.00
4	7	本票	收到货款	¥ 8,000.00		¥ 233,420.00
4	7	现支	购买A材料		¥ 48,000.00	¥ 185,420.00
4	8	现支	邮寄费		¥ 250.00	¥ 185,170.00
4	8	电汇	借入款	¥ 10,000.00		¥ 195,170.00
4	8	电汇	收到货款	¥ 12,000.00		¥ 207,170.00
4	10	转支	提现金		¥ 48,200.00	¥ 158,970.00
4	12	现支	支付上月所得税		¥ 12,500.00	¥ 146,470.00
4	12	本票	提现金		¥ 2,000.00	¥ 144,470.00
4	14	现支	支付运费		¥ 1,300.00	¥ 143,170.00

图14-7

❾ 按相同的方法建立其他银行的日记账统计表格（建立某个银行的日记账表单后，可以通过复制的方法建立其他银行日记账，然后根据实际的结算凭证重新填写即可），如图14-8所示。

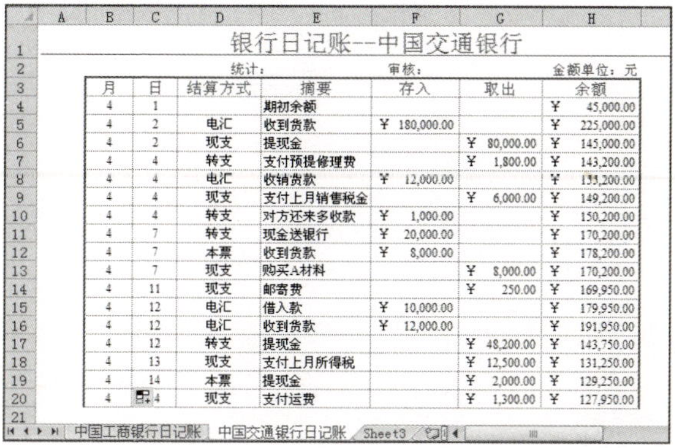

银行日记账--中国交通银行

统计：　审核：　金额单位：元

月	日	结算方式	摘要	存入	取出	余额
4	1		期初余额			¥ 45,000.00
4	2	电汇	收到货款	¥ 180,000.00		¥ 225,000.00
4	2	现支	提现金		¥ 80,000.00	¥ 145,000.00
4	4	转支	支付预提修理费		¥ 1,800.00	¥ 143,200.00
4	4	电汇	收销货款	¥ 12,000.00		¥ 155,200.00
4	4	现支	支付上月销售税金		¥ 6,000.00	¥ 149,200.00
4	4	转支	对方还来多收款	¥ 1,000.00		¥ 150,200.00
4	7	转支	现金送银行	¥ 20,000.00		¥ 170,200.00
4	7	本票	收到货款	¥ 8,000.00		¥ 178,200.00
4	7	现支	购买A材料		¥ 8,000.00	¥ 170,200.00
4	11	现支	邮寄费		¥ 250.00	¥ 169,950.00
4	12	电汇	借入款	¥ 10,000.00		¥ 179,950.00
4	12	电汇	收到货款	¥ 12,000.00		¥ 191,950.00
4	12	转支	提现金		¥ 48,200.00	¥ 143,750.00
4	13	现支	支付上月所得税		¥ 12,500.00	¥ 131,250.00
4	14	本票	提现金		¥ 2,000.00	¥ 129,250.00
4	4	现支	支付运费		¥ 1,300.00	¥ 127,950.00

图14-8

14.2　银行存款日记账汇总管理

通过不同的工作表来管理各个银行日记账之后，在期末还需要汇总各个银行账户的借贷金额。具体可按如下方法来操作。

❶ 将Sheet2工作表表重命名为“银行日记账汇总”，输入表格名称及列标识并设置表格格式，如图14-9所示。

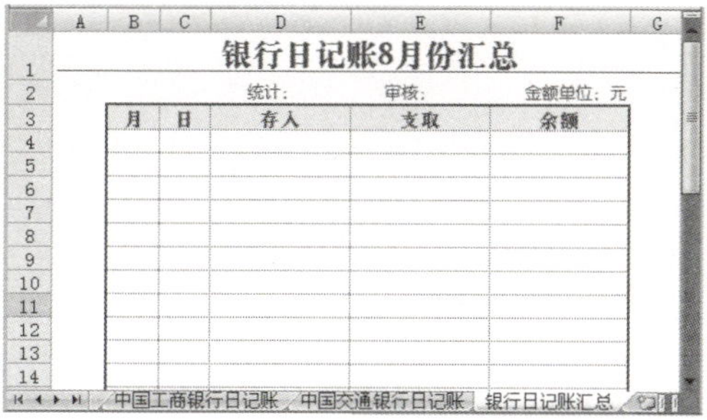

银行日记账8月份汇总

统计：　审核：　金额单位：元

月	日	存入	支取	余额

图14-9

❷ 选中F4单元格，输入公式“=中国工商银行日记账!H4+中国交通银行日记账!H4”，按Enter键即可对期初余额进行汇总，如图14-10所示。

❸ 选中D5单元格，输入公式“=SUMIF(中国工商银行日记账!$C$5:$C$40,C5,中国工商银行日记账!$F$5:$F$40)+SUMIF(中国交通银行日记账!$C$5:$C$40,C5,中国交通银行日记账!$F$5:$F$40)”，按Enter键即可计算出1日存入合计值，如图14-11所示。

❹ 选中E5单元格，输入公式“=SUMIF(中国工商银行日记账!$C$5:$C$40,C5,中国工商银行日记账!$G$5:$G$40)+SUMIF(中国交通银行日记账!$C$5:$C$40,C5,

中国交通银行日记账!$G$5:$G$40)”，按Enter键即可计算出1日支取合计值，效果如图14-12所示。

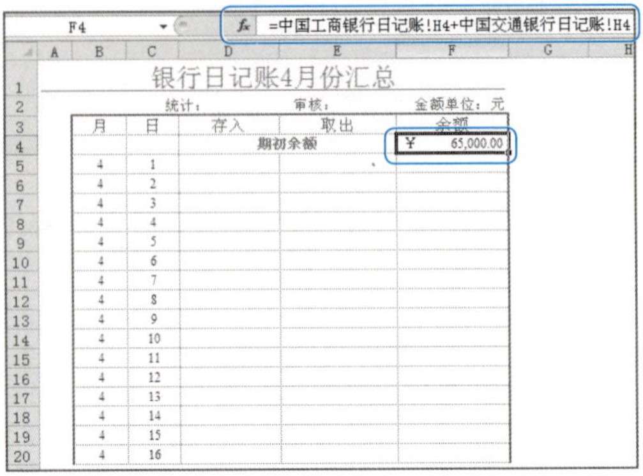

图14–10

图14–11

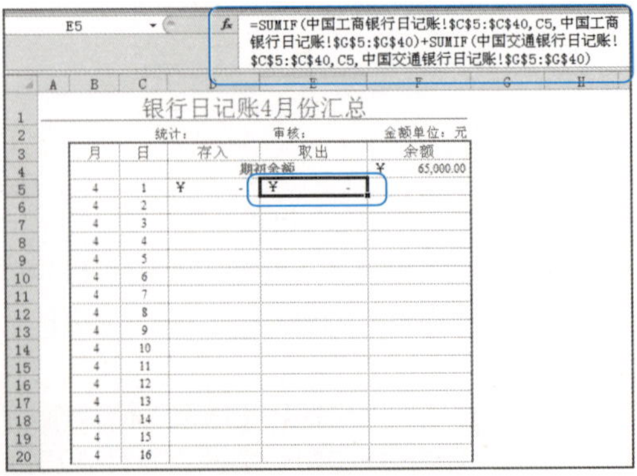

图14–12

5 选中F5单元格，输入公式“=F4+D5-E5”，按Enter键即可计算出1日交易后的余额值，设置后的效果如图14-13所示。

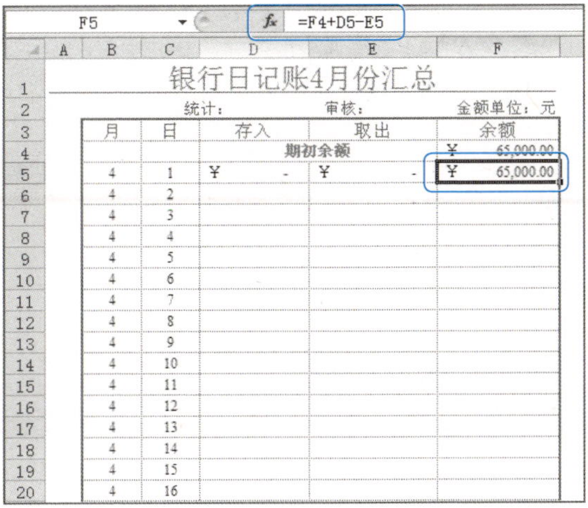

月	日	存入	取出	余额
		期初余额		¥ 65,000.00
4	1	¥ -	¥ -	¥ 65,000.00
4	2			
4	3			
4	4			
4	5			
4	6			
4	7			
4	8			
4	9			
4	10			
4	11			
4	12			
4	13			
4	14			
4	15			
4	16			

图14–13

6 同时选中C5:E5单元格区域，将光标定位到右下角，出现黑色十字形状时，按住鼠标左键向下拖动，可同时复制公式求出每日借方金额、贷方金额、余额，如图14-14所示。

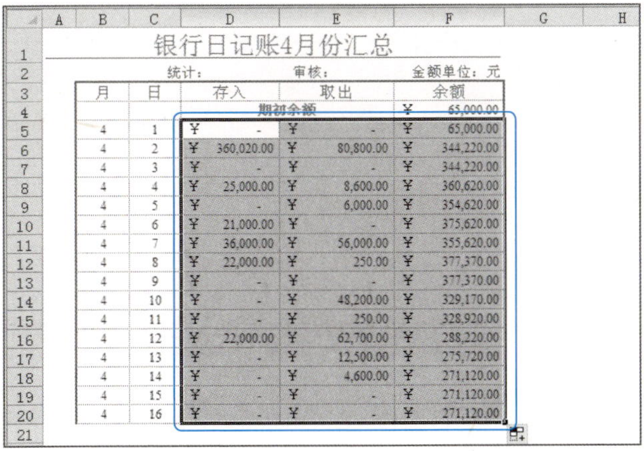

月	日	存入	取出	余额
		期初余额		¥ 65,000.00
4	1	¥ -	¥ -	¥ 65,000.00
4	2	¥ 360,020.00	¥ 80,800.00	¥ 344,220.00
4	3	¥ -	¥ -	¥ 344,220.00
4	4	¥ 25,000.00	¥ 8,600.00	¥ 360,620.00
4	5	¥ -	¥ 6,000.00	¥ 354,620.00
4	6	¥ 21,000.00	¥ -	¥ 375,620.00
4	7	¥ 36,000.00	¥ 56,000.00	¥ 355,620.00
4	8	¥ 22,000.00	¥ 250.00	¥ 377,370.00
4	9	¥ -	¥ -	¥ 377,370.00
4	10	¥ -	¥ 48,200.00	¥ 329,170.00
4	11	¥ -	¥ 250.00	¥ 328,920.00
4	12	¥ 22,000.00	¥ 62,700.00	¥ 288,220.00
4	13	¥ -	¥ 12,500.00	¥ 275,720.00
4	14	¥ -	¥ 4,600.00	¥ 271,120.00
4	15	¥ -	¥ -	¥ 271,120.00
4	16	¥ -	¥ -	¥ 271,120.00

图14–14

读书笔记

第15章

公司员工加班、考勤与工资发放管理

实例概述与设计效果展示

对员工进行考勤管理，是每个企业和单位都必须做的一件重要工作。本章建立工资管理表格可以方便数据的相互引用，从而为工资的最终核算提供了很大的便利，适合各企事业单位财务人员学习。

利用Excel 2010强大的数据处理功能，可以轻松地对工资数据进行管理。

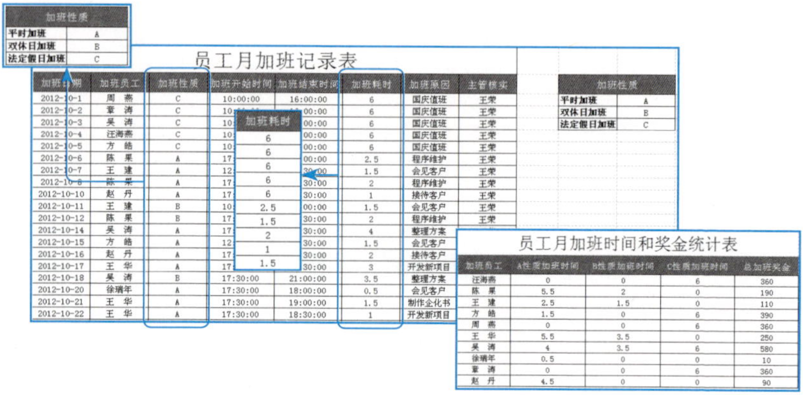

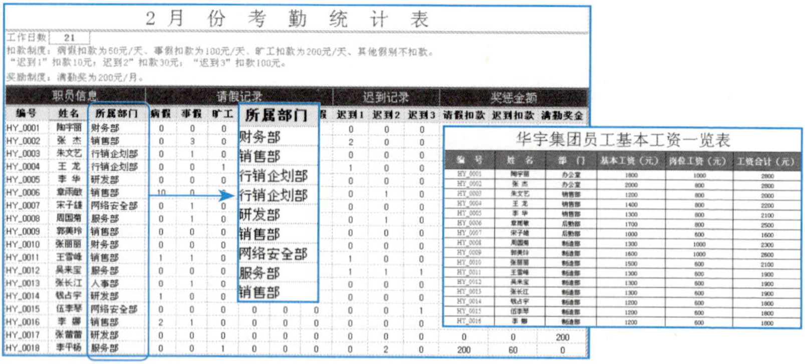

实例设计过程

本章通过制作相关的考勤管理表，有效地对员工加班、考勤与工资情况进行管理、分析。可依照如下流程来开展。

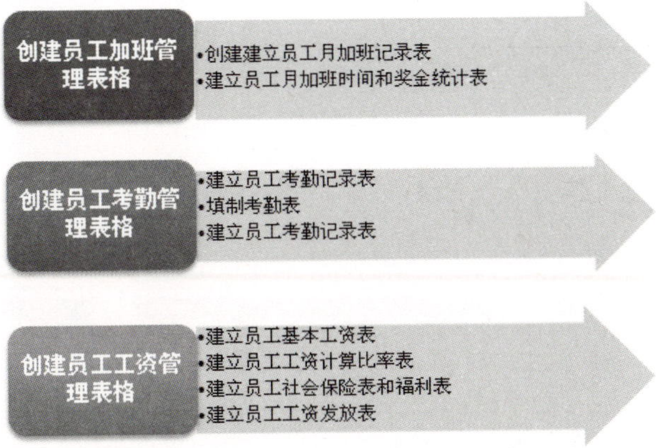

15.1　创建员工加班管理表格

员工加班管理表，是指记录员工每个月的加班时间，并通过加班时间计算出每个月员工的加班费用。作为行政人员，要做好企业员工加班管理，那么就需要建立员工月加班记录表和月加班时间统计表。

15.1.1　建立员工月加班记录表

建立员工月加班记录表的第一步操作，就是设计好表的整体框架结构，再对安排表进行格式美化操作。

❶ 新建“企业员工加班管理表”工作簿，并将Sheet1工作表标签重命名为“月加班记录表”，在工作表中输入表头、标识项和加班记录数据，并对表头和表格进行美化设置。设置完成后的效果如图15-1所示。

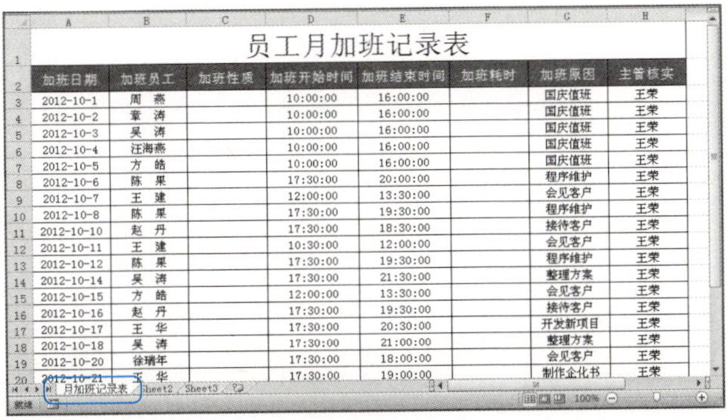

员工月加班记录表

加班日期	加班员工	加班性质	加班开始时间	加班结束时间	加班耗时	加班原因	主管核实
2012-10-1	周　燕		10:00:00	16:00:00		国庆值班	王荣
2012-10-2	章　涛		10:00:00	16:00:00		国庆值班	王荣
2012-10-3	吴　涛		10:00:00	16:00:00		国庆值班	王荣
2012-10-4	汪海燕		10:00:00	16:00:00		国庆值班	王荣
2012-10-5	方　皓		10:00:00	16:00:00		国庆值班	王荣
2012-10-6	陈　果		17:30:00	20:00:00		程序维护	王荣
2012-10-7	王　建		12:00:00	13:30:00		会见客户	王荣
2012-10-8	陈　果		17:30:00	19:30:00		程序维护	王荣
2012-10-10	赵　丹		17:30:00	18:30:00		接待客户	王荣
2012-10-11	王　建		10:30:00	12:00:00		会见客户	王荣
2012-10-12	陈　果		17:30:00	19:30:00		程序维护	王荣
2012-10-14	吴　涛		17:30:00	21:30:00		整理方案	王荣
2012-10-15	方　皓		12:00:00	13:30:00		会见客户	王荣
2012-10-16	赵　丹		17:30:00	19:30:00		接待客户	王荣
2012-10-17	王　华		17:30:00	20:30:00		开发新项目	王荣
2012-10-18	吴　涛		17:30:00	21:00:00		整理方案	王荣
2012-10-20	徐瑞年		17:30:00	18:00:00		会见客户	王荣
2012-10-21	王　华		17:30:00	19:00:00		制作企化书	王荣

图15-1

专家提示

如果月加班记录比较多，可以使用“视图”选项卡下的“窗口”选项组中的“冻结窗格”功能来冻结表头行和标识项行。

2 在“员工月加班记录表”工作表中，在J2:K2单元格区域建立“加班性质”条件表格，如图15-2所示。

员工月加班记录表

加班日期	加班员工	加班性质	加班开始时间	加班结束时间	加班耗时	加班原因	主管核实
2012-10-1	周　燕		10:00:00	16:00:00		国庆值班	王荣
2012-10-2	章　涛		10:00:00	16:00:00		国庆值班	王荣
2012-10-3	吴　涛		10:00:00	16:00:00		国庆值班	王荣
2012-10-4	汪海燕		10:00:00	16:00:00		国庆值班	王荣
2012-10-5	方　皓		10:00:00	16:00:00		国庆值班	王荣
2012-10-6	陈　果		17:30:00	20:00:00		程序维护	王荣
2012-10-7	王　建		12:00:00	13:30:00		会见客户	王荣
2012-10-8	陈　果		17:30:00	19:30:00		程序维护	王荣
2012-10-10	赵　丹		17:30:00	18:30:00		接待客户	王荣
2012-10-11	王　建		10:30:00	12:00:00		会见客户	王荣
2012-10-12	陈　果		17:30:00	19:30:00		程序维护	王荣
2012-10-14	吴　涛		17:30:00	21:30:00		整理方案	王荣
2012-10-15	方　皓		12:00:00	13:30:00		会见客户	王荣
2012-10-16	赵　丹		17:30:00	19:30:00		接待客户	王荣

加班性质	
平时加班	A
双休日加班	B
法定假日加班	C

图15-2

3 在“员工月加班记录表”工作表中，选中C3:C25单元格区域，在“数据”选项卡的“数据工具”选项组中，单击“数据有效性”按钮，打开“数据有效性”对话框。

4 在对话框中将“允许”设置为“序列”；在“来源”右则单击拾取器按钮，选取加班性质级别数据源，即$K$3:$K$5，如图15-3所示。

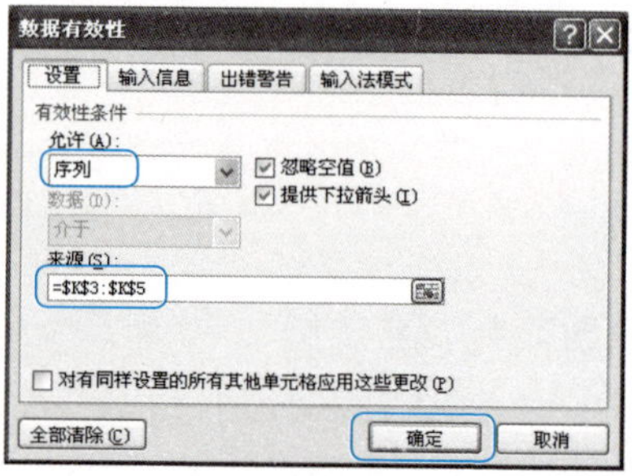

图15-3

5 设置完成后，单击“确定”按钮，即可在C3:C25单元格区域中生成“加班性质”下拉菜单。接下来逐一完成所有加班员工的加班性质的选择，完成后的效果，如图15-4所示。

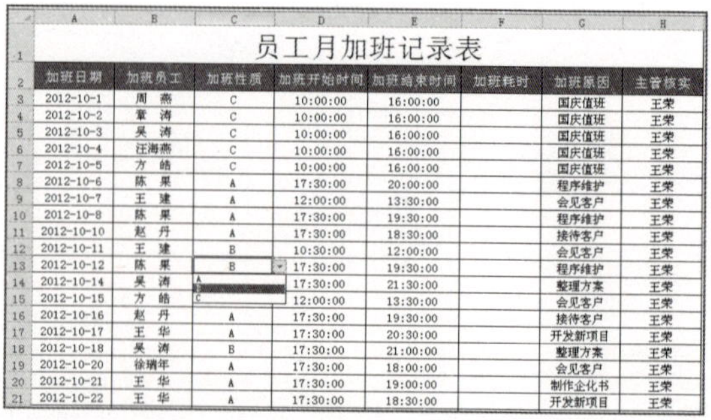

员工月加班记录表

加班日期	加班员工	加班性质	加班开始时间	加班结束时间	加班耗时	加班原因	主管核实
2012-10-1	周　燕	C	10:00:00	16:00:00		国庆值班	王荣
2012-10-2	章　涛	C	10:00:00	16:00:00		国庆值班	王荣
2012-10-3	吴　涛	C	10:00:00	16:00:00		国庆值班	王荣
2012-10-4	汪海燕	C	10:00:00	16:00:00		国庆值班	王荣
2012-10-5	方　皓	C	10:00:00	16:00:00		国庆值班	王荣
2012-10-6	陈　果	A	17:30:00	20:00:00		程序维护	王荣
2012-10-7	王　建	A	12:00:00	13:30:00		会见客户	王荣
2012-10-8	陈　果	A	17:30:00	19:30:00		程序维护	王荣
2012-10-10	赵　丹	A	17:30:00	18:30:00		接待客户	王荣
2012-10-11	王　建	B	10:30:00	12:00:00		会见客户	王荣
2012-10-12	陈　果	B	17:30:00	19:30:00		程序维护	王荣
2012-10-14	吴　涛	A	17:30:00	21:30:00		整理方案	王荣
2012-10-15	方　皓	C	12:00:00	13:30:00		会见客户	王荣
2012-10-16	赵　丹	A	17:30:00	19:30:00		接待客户	王荣
2012-10-17	王　华	A	17:30:00	20:30:00		开发新项目	王荣
2012-10-18	吴　涛	B	17:30:00	21:00:00		整理方案	王荣
2012-10-20	徐璃年	A	17:30:00	18:00:00		会见客户	王荣
2012-10-21	王　华	A	17:30:00	19:00:00		制作企化书	王荣
2012-10-22	王　华	A	17:30:00	18:30:00		开发新项目	王荣

图15-4

❻ 在“员工月加班记录表”工作表中，选中F3单元格，在公式编辑栏中输入公式“=(E3-D3)*24”，按Enter键，即可计算员工“周燕”加班耗时为6小时。将光标移到F3单元格右下角，当光标变成十字形状后，按住鼠标向下拖动公式到F25单元格中，松开鼠标即可计算出所有加班员的加班耗时，如图15-5所示。

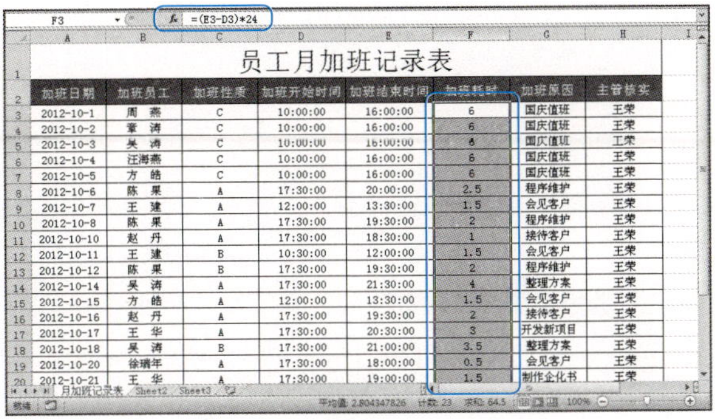

F3　=(E3-D3)*24

员工月加班记录表

加班日期	加班员工	加班性质	加班开始时间	加班结束时间	加班耗时	加班原因	主管核实
2012-10-1	周　燕	C	10:00:00	16:00:00	6	国庆值班	王荣
2012-10-2	章　涛	C	10:00:00	16:00:00	6	国庆值班	王荣
2012-10-3	吴　涛	C	10:00:00	16:00:00	6	国庆值班	王荣
2012-10-4	汪海燕	C	10:00:00	16:00:00	6	国庆值班	王荣
2012-10-5	方　皓	C	10:00:00	16:00:00	6	国庆值班	王荣
2012-10-6	陈　果	A	17:30:00	20:00:00	2.5	程序维护	王荣
2012-10-7	王　建	A	12:00:00	13:30:00	1.5	会见客户	王荣
2012-10-8	陈　果	A	17:30:00	19:30:00	2	程序维护	王荣
2012-10-10	赵　丹	A	17:30:00	18:30:00	1	接待客户	王荣
2012-10-11	王　建	B	10:30:00	12:00:00	1.5	会见客户	王荣
2012-10-12	陈　果	B	17:30:00	19:30:00	2	程序维护	王荣
2012-10-14	吴　涛	A	17:30:00	21:30:00	4	整理方案	王荣
2012-10-15	方　皓	A	12:00:00	13:30:00	1.5	会见客户	王荣
2012-10-16	赵　丹	A	17:30:00	19:30:00	2	接待客户	王荣
2012-10-17	王　华	A	17:30:00	20:30:00	3	开发新项目	王荣
2012-10-18	吴　涛	B	17:30:00	21:00:00	3.5	整理方案	王荣
2012-10-20	徐瑞年	A	17:30:00	18:00:00	0.5	会见客户	王荣
2012-10-21	王　华	A	17:30:00	19:00:00	1.5	制作企化书	王荣

月加班记录表　Sheet2　Sheet3

就绪　平均值: 2.804347826　计数: 23　求和: 64.5　100%

图15-5

15.1.2　建立员工月加班时间和奖金统计表

下面建立“员工月加班时间和奖金统计表”，通过统计“员工月加班记录表”中的加班时间最终计算出加班奖金。

❶ 在“企业员工月加班管理表”工作簿中，将Sheet2工作表标签重命名为“月加班时间和奖金统计表”，在工作表中输入表头、标识项和加班员工姓名，并对表头和表格进行美化设置。设置完成后的效果如图15-6所示。

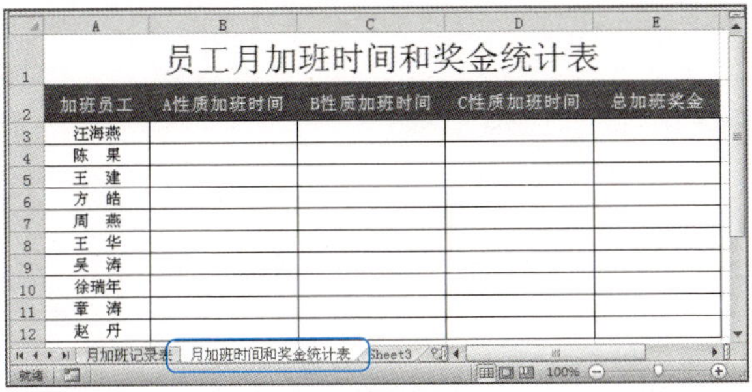

员工月加班时间和奖金统计表

加班员工	A性质加班时间	B性质加班时间	C性质加班时间	总加班奖金
汪海燕				
陈　果				
王　建				
方　皓				
周　燕				
王　华				
吴　涛				
徐瑞年				
章　涛				
赵　丹				

月加班记录表　月加班时间和奖金统计表　Sheet3

就绪　100%

图15-6

❷ 在“月加班时间和奖金统计表”工作表中，选中B3单元格，在公式编辑栏中输入公式“=SUMIFS(月加班记录表!$F$3:$F$25,月加班记录表!$B$3:$B$25,A3,月加班记录表!$C$3:$C$25,"A")”，按Enter键，即可从“月加班记录表”中统计出员工“汪海燕”普通加班时间为0小时。将光标移到B3单元格右下角，当光标变成十字形状后，按住鼠标向下拖动公式到B12单元格中，即可

从“月加班记录表”中统计出其他员工的普通加班时间，如图15-7所示。

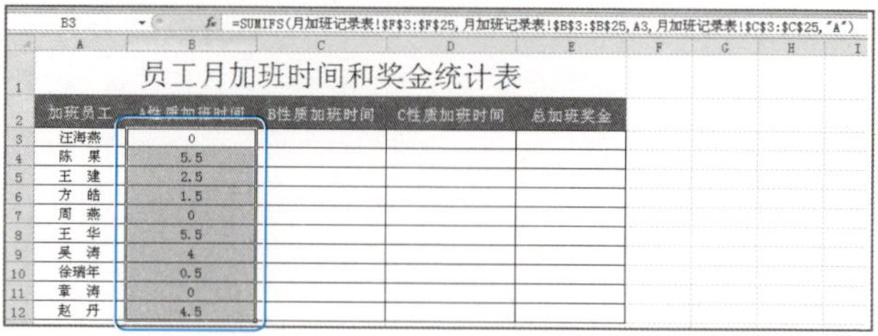

B3 =SUMIFS(月加班记录表!$F$3:$F$25,月加班记录表!$B$3:$B$25,A3,月加班记录表!$C$3:$C$25,"A")

员工月加班时间和奖金统计表

加班员工	A性质加班时间	B性质加班时间	C性质加班时间	总加班奖金
汪海燕	0			
陈　果	5.5			
王　建	2.5			
方　皓	1.5			
周　燕	0			
王　华	5.5			
吴　涛	4			
徐瑞年	0.5			
章　涛	0			
赵　丹	4.5			

图15-7

3 在“月加班时间和奖金统计表”工作表中，选中C3单元格，在公式编辑栏中输入公式“=SUMIFS(月加班记录表!$F$3:$F$25,月加班记录表!$B$3:$B$25,A3,月加班记录表!$C$3:$C$25,"B")”，按Enter键，即可从“月加班记录表”中统计出员工“汪海燕”双休日加班时间为0小时。将光标移到C3单元格右下角，当光标变成十字形状后，按住鼠标向下拖动公式到C12单元格中，即可从“月加班记录表”中统计出其他员工的双休日加班时间，如图15-8所示。

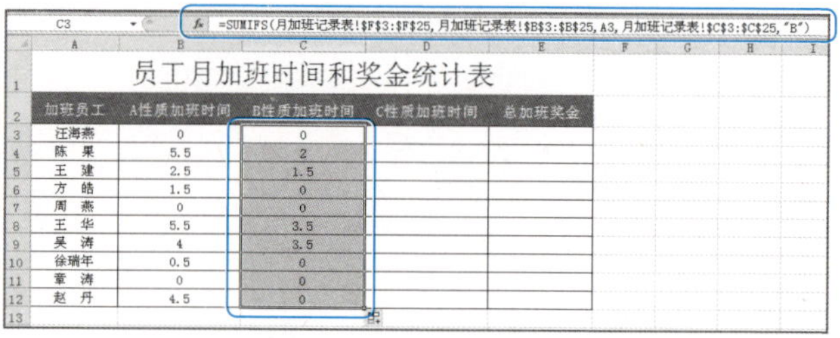

C3 =SUMIFS(月加班记录表!$F$3:$F$25,月加班记录表!$B$3:$B$25,A3,月加班记录表!$C$3:$C$25,"B")

员工月加班时间和奖金统计表

加班员工	A性质加班时间	B性质加班时间	C性质加班时间	总加班奖金
汪海燕	0	0		
陈　果	5.5	2		
王　建	2.5	1.5		
方　皓	1.5	0		
周　燕	0	0		
王　华	5.5	3.5		
吴　涛	4	3.5		
徐瑞年	0.5	0		
章　涛	0	0		
赵　丹	4.5	0		

图15-8

4 在“月加班时间和奖金统计表”工作表中，选中D3单元格，在公式编辑栏中输入公式“=SUMIFS(月加班记录表!$F$3:$F$25,月加班记录表!$B$3:$B$25,A3,月加班记录表!$C$3:$C$25,"C")”，按Enter键，即可从“月加班记录表”中统计出员工“汪海燕”法定假日加班时间为6小时。将光标移到D3单元格右下角，当光标变成十字形状后，按住鼠标向下拖动公式到D12单元格中，即可从“月加班记录表”中统计出其他员工的法定假日加班时间，如图15-9所示。

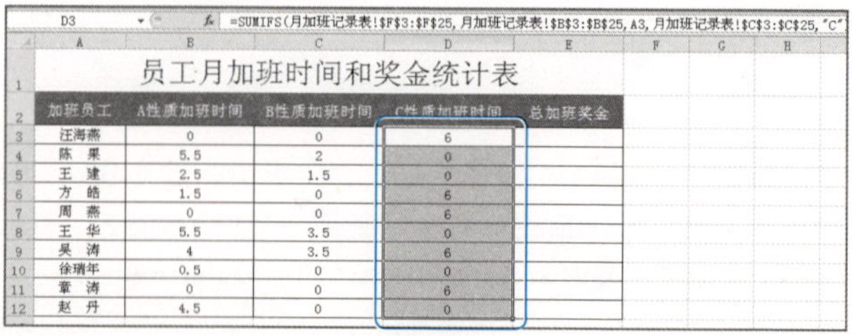

D3 =SUMIFS(月加班记录表!$F$3:$F$25,月加班记录表!$B$3:$B$25,A3,月加班记录表!$C$3:$C$25,"C"

员工月加班时间和奖金统计表

加班员工	A性质加班时间	B性质加班时间	C性质加班时间	总加班奖金
汪海燕	0	0	6	
陈　果	5.5	2	0	
王　建	2.5	1.5	0	
方　皓	1.5	0	6	
周　燕	0	0	6	
王　华	5.5	3.5	0	
吴　涛	4	3.5	6	
徐瑞年	0.5	0	0	
章　涛	0	0	6	
赵　丹	4.5	0	0	

图15-9

5 据不同的加班性质，应发的加班费用也不相同。这里假设企业规定加班费用如下：普通加班（A）为20元/小时；双休日加班（B）为40元/小时；法定假日加班（C）为60元/小时。

6 选中E3单元格，在公式编辑栏中输入公式“=B3*20+C3*40+D3*60”，按Enter键，即可计算出员工“汪海燕”总加班奖金为360元。将光标移到E3单元格右下角，当光标变成十字形状后，按住鼠标向下拖动公式到E12单元格中，即可计算出其他员工总加班奖金，如图15-10所示。

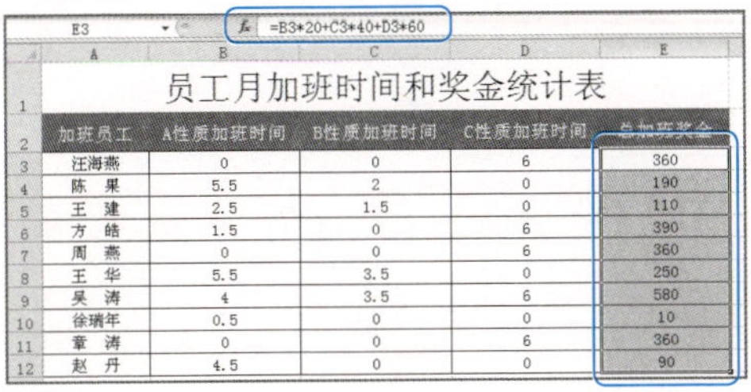

员工月加班时间和奖金统计表

加班员工	A性质加班时间	B性质加班时间	C性质加班时间	总加班奖金
汪海燕	0	0	6	360
陈　果	5.5	2	0	190
王　建	2.5	1.5	0	110
方　皓	1.5	0	6	390
周　燕	0	0	6	360
王　华	5.5	3.5	0	250
吴　涛	4	3.5	6	580
徐瑞年	0.5	0	0	10
章　涛	0	0	6	360
赵　丹	4.5	0	0	90

图15-10

15.2 创建员工考勤管理表格

考勤表是员工每天上班的凭证，用于记录员工上班以及迟到、矿工、请假、早退等的天数，也是计算员工工资的重要凭证。

15.2.1 建立员工考勤记录表

建立员工考勤记录表，最关键的操作就是设置根据当前年份与月份自动返回日期数与对应的星期数。

1 新建“企业员工考勤管理表”工作簿，双击Sheet1工作表标签将其重命名为“考勤表”，在工作表中选中A1单元格，在公式编辑栏中输入公式“=MONTH(TODAY())&"月 份 考 勤 表"”，按Enter键，即可自动返回表格标题，如图15-11所示。

图15-11

专家提示

此处采用公式来设置考勤表标题是为了实现当进入下一月时，标题自动更改。如当前为“11月份考勤表”，当进入下月时，则自动更改为“12月份考勤表”。

② 在表格的第二行中输入表头文字，如此处利用说明文字对考勤的迟到制度进行了界定，从档案表中复制编号、姓名、所属部门基本信息到考勤表中，并对表格进行美化设置。美化设置后，选中D3单元格，并输入“2012-2-1”，如图15-12所示。

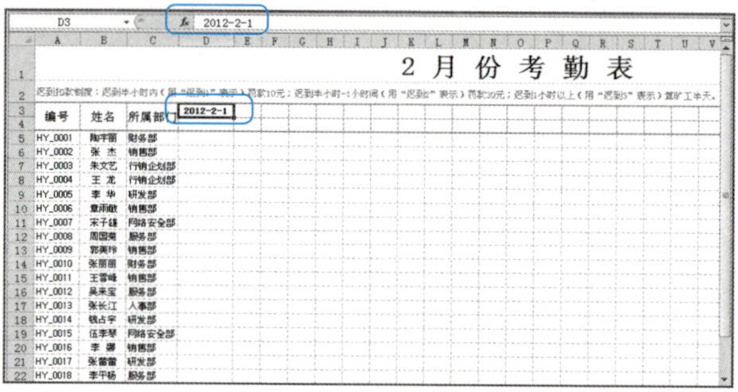

图15-12

③ 再次选中D3单元格，在“开始”选项卡下的“数字”选项组中，单击添加按钮，打开“设置单元格格式”对话框。在“数字”选项卡下的“分类”列表中选中“自定义”，设置“类型”为“d‘日’”，如图15-13所示。

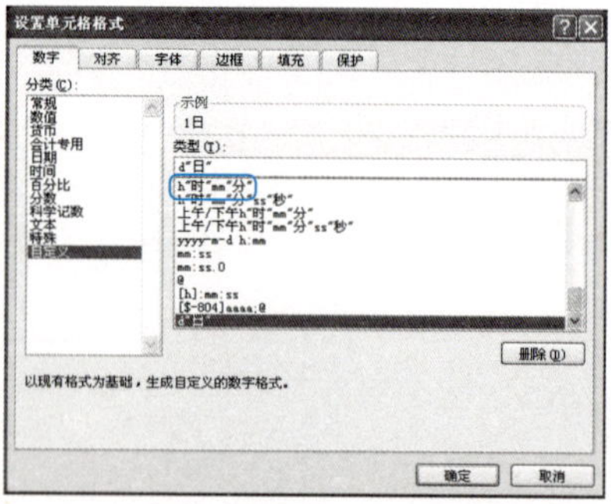

图15-13

④ 设置完成后，单击“确定”按钮，可以看到显示的日期为“1日”，而在编辑栏中仍然可以看到其完整的显示形式。将光标移到D3单元格的右下角，当光标变成十字形状后，按住鼠标左键向右拖动进行公式填充，即可返回当月所有日期序号（当前月份为2月，所以其最大天数为29天），如图15-14所示。

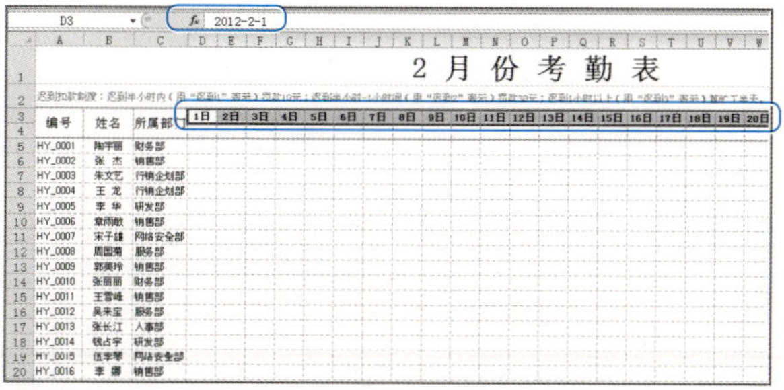

图15-14

专家提示

根据当前月份的不同，其天数有29天、30天、31天之分，因此在进行填充时，可以通过显示的提示决定在哪个单元格中释放鼠标。

5 在“考勤表”工作表中选中D4单元格，在公式编辑栏中输入公式“=CHOOSE(WEEKDAY(D3,2),"一","二","三","四","五","六","日")”，按Enter键，返回当月第1天对应的星期数。将光标移到D4单元格的右下角，当光标变成十字形状后，接住鼠标左键向右拖动进行公式填充，即可返回所有日期对应的星期数，效果如图15-15所示。

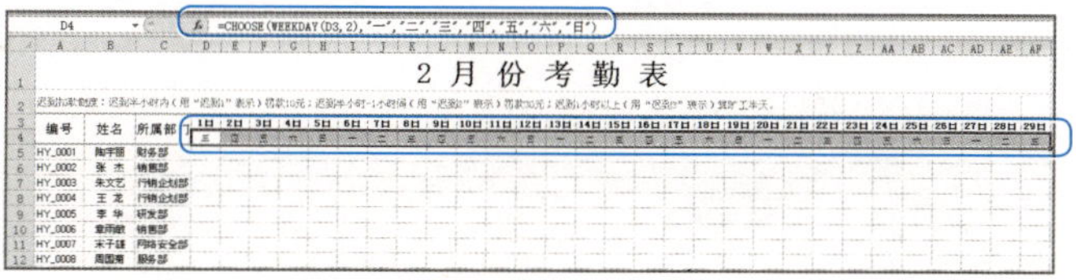

图15-15

6 在“考勤表”工作表中，选中显示星期数的单元格区域D4:AF4，在“开始”选项卡下的“样式”选项组中单击“条件格式”按钮，在展开的下拉列表中选中“突出显示单元格规则”→“等于”命令，如图15-16所示。

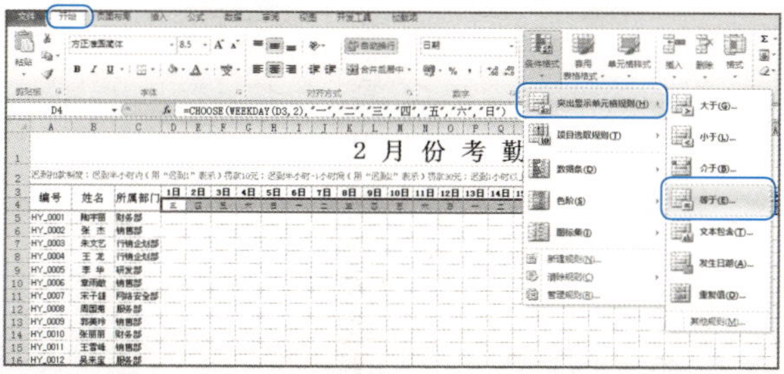

图15-16

7 打开“等于”对话框。在“为等于以下值的单元格设置格式”文本框中，输入“六”，并在“设置为”下拉列表中选中“绿填充色深绿色文本”，如图15-17所示。

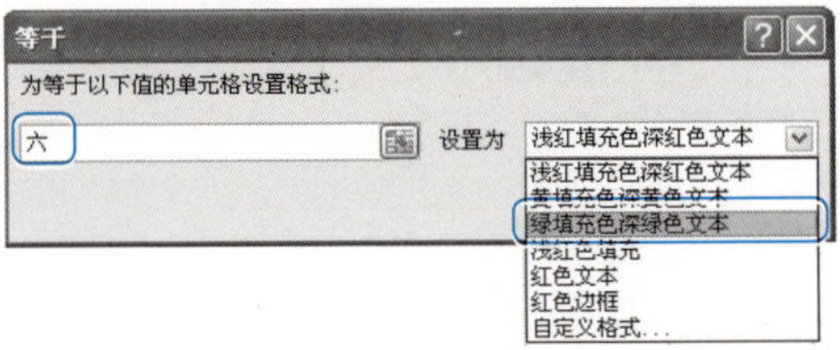

图15–17

8 设置完成后，单击“确定”按钮，可以看到星期数为“六”的单元格显示为绿填充色深绿色文本，如图15-18所示。

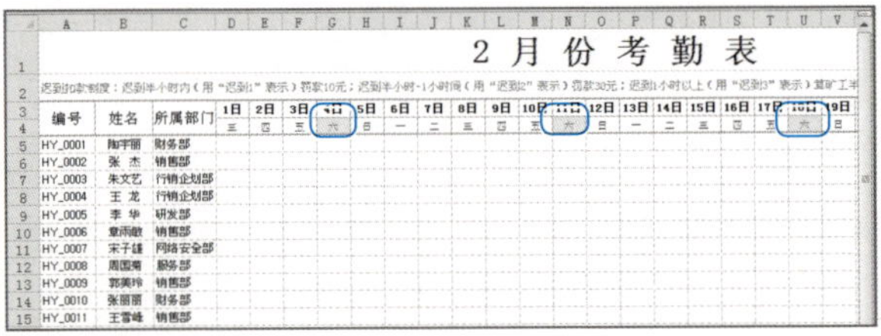

图15–18

9 接着再选中D4:AF4单元格区域，在“为等于以下值的单元格设置格式”文本框中，输入“日”，并在“设置为”下拉列表中选中“浅红填充色深红色文本”，如图15-19所示。

图15–19

10 设置完成后，单击“确定”按钮，可以看到星期数为“日”的单元格显示浅红填充色深红色文本，如图15-20所示。

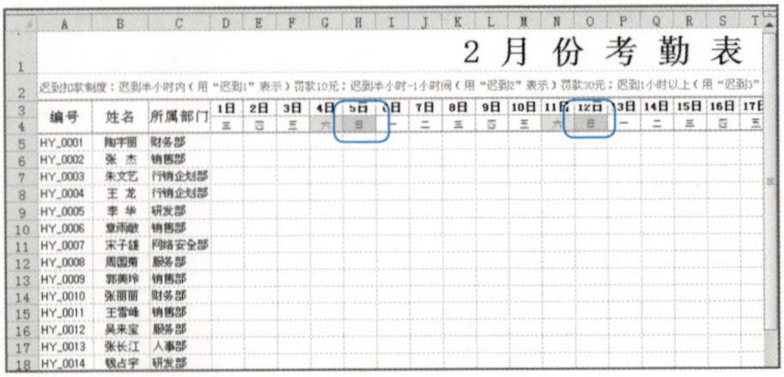

图15–20

15.2.2　填制考勤表

完成了考勤表之后，则可以根据本月的实际情况来填制考勤表。该考勤表应该为月初建立，然后根据各日员工的出勤情况依次考勤。为了方便输入请假类别，可以使用数据有效性功能将请假类别设置为选择列表。

❶ 在“考勤表”中选中员工考勤区域，如D5:AF27单元格区域，在“数据”选项卡下的“数据工具”选项组中单击“数据有效性”按钮，打开“数据有效性”对话框。

❷ 在对话框中的“允许”下拉列表中选择“序列”，在“来源”文本框中输入“病假,事假,旷工,年假,婚假,孕假,加班,迟到1,迟到2,迟到3”，如图15-21所示。

❸ 设置完成后，单击“确定”按钮，返回到工作表中。选中考勤区域任意单元格，即可从下拉列表中选择请假或迟到类别，如图15-22所示。

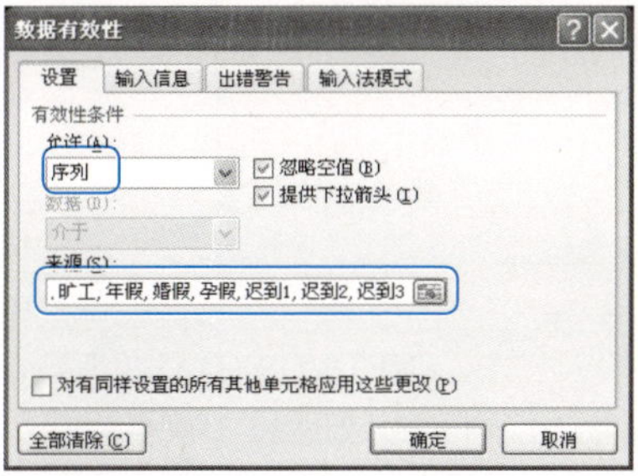

图15-21

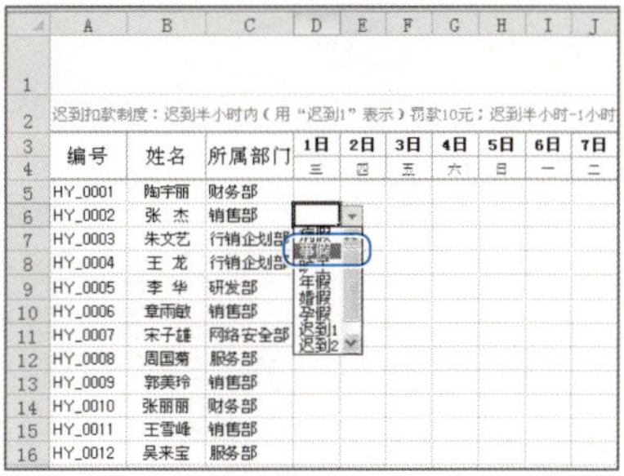

图15-22

专家提示

在工作表的表头部分约定了迟到扣款制度（用“迟到1”表示迟到半小时内、用“迟到2”表示迟到1小时内、用“迟到3”表示迟到1小时以上）。这样做的目的是为了方便统计，如果直接输入员工的迟到分钟数，具有不确定性，不便于统计。

❹ 根据每天员工的实际出勤情况进行考勤。本月考勤完成后，考勤表如图15-23所示。

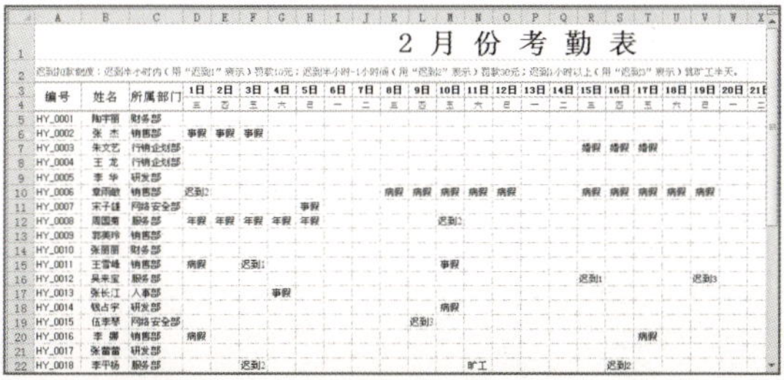

图15-23

15.2.3 建立员工考勤统计表

对员工的本月出勤情况进行统计后，接着需要建立工作表，以统计出每位员工本月请假天数、迟到次数以及应扣除的款项。这些数据是建立本期工资表时需要引用的。

1. 建立请假天数与应扣罚款基本表格

❶ 在“企业员工考勤管理表”工作簿中，双击Sheet2工作表标签并将其重命名为“考勤统计表”，输入表格标题以入表头文字（主要是针对扣款及奖励制度的约定），完成后的效果如图15-24所示。

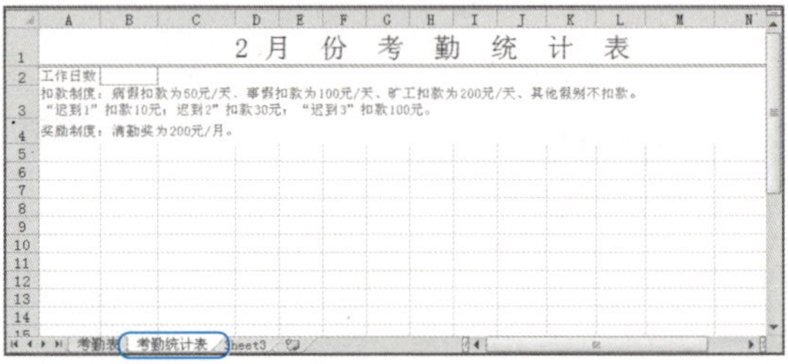

图15-24

❷ 选中B2单元格，在公式编辑栏中输入公式“=NETWORKDAYS(考勤表!D3,考勤表!AF3)”，按Enter键，即可返回当月工作日数，如图15-25所示。

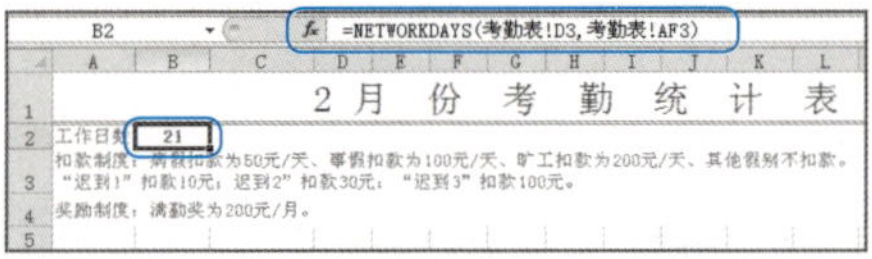

图15-25

❸ 在“考勤统计表”工作表中，规划好表格的列标识，将编号、姓名、所属部门等基本信息复制到工作表中，接着对表格进行美化，美化设置后的效果如图15-26所示。

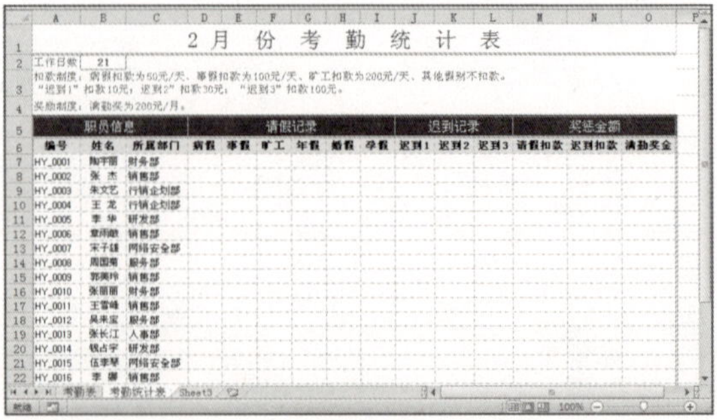

图15-26

2. 统计各请假类别的天数和应扣罚款

❶ 选中D7单元格，在公式编辑栏中输入公式“=COUNTIF(考勤表!D5:AF5,"病假")”，按Enter键，即可统计出员工“陶宇丽”本月病假天数，如图15-27所示。

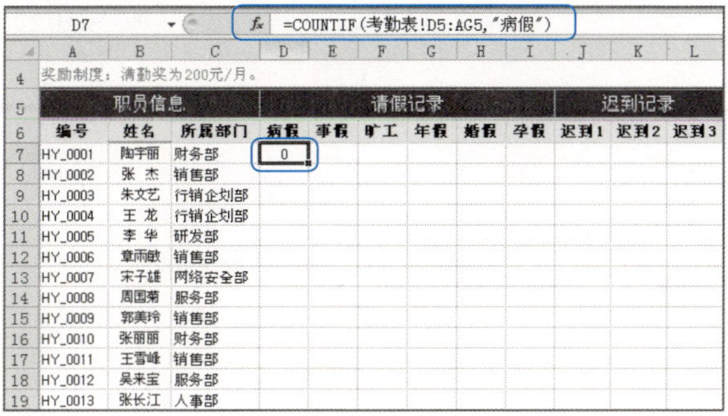

图15-27

❷ 选中E7单元格，在公式编辑栏中输入公式“=COUNTIF(考勤表!D5:AF5,"事假")”，按Enter键，即可统计出员工“陶宇丽”本月事假天数，如图15-28所示。

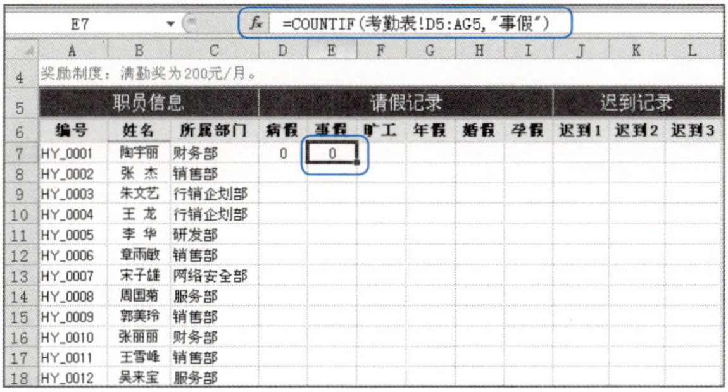

图15-28

公式解析

公式“=COUNTIF(考勤表!D5:AG5,"病假")”表示在考勤表!D5:AG5单元格区域中统计员工的“病假”的数量。

❸ 选中F7单元格，在公式编辑栏中输入公式“=COUNTIF(考勤表!D5:AF5,"旷工")”，按Enter键，即可统计出员工“陶宇丽”本月旷工天数，如图15-29所示。

❹ 按相同的方法统计出员工“陶宇丽”的“年假”、“婚假”、“孕假”天数，即分别在G7、H7、I7单元格中，输入以下公式：在G7单元格中输入公式“=COUNTIF(考勤表!D5:AF5,"年假")”，在H7单元格中输入公式

“=COUNTIF(考勤表!D5:AF5,"婚假")”，在I7单元格中输入公式“=COUNTIF(考勤表!D5:AF5,"孕假")”，输入完成后按Enter键，即可计算出员工“陶宇丽”的“年假”、“婚假”、“孕假”天数，如图15-30所示。

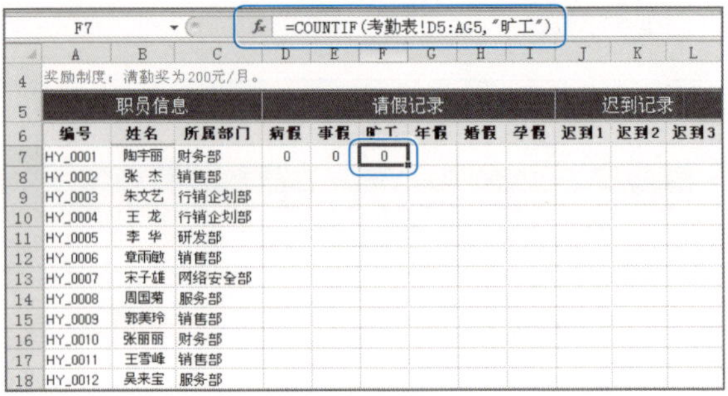

图15-29

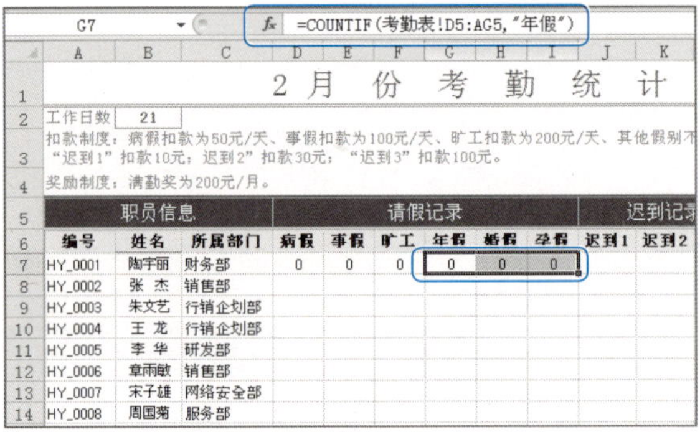

图15-30

5 选中J7单元格，在公式编辑栏中输入公式“=COUNTIF(考勤表!D5:AF5,"迟到1")”，按Enter键，即可统计出员工“陶宇丽”本月中迟到半小时内的次数，如图15-31所示。

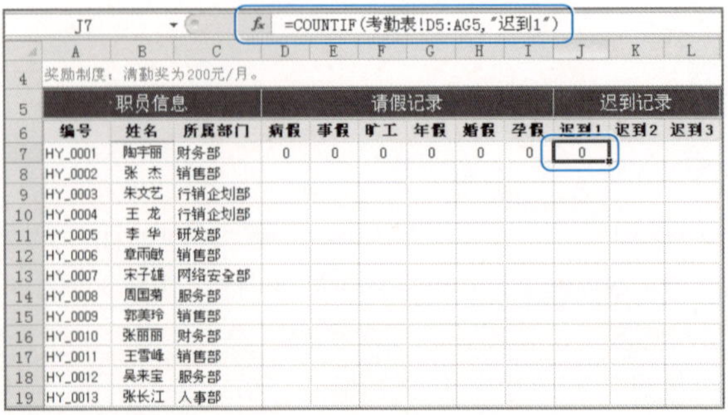

图15-31

❻ 按相同的方法统计出员工“陶宇丽”迟到半小时至1小时之间与1小时以上的次数，即分别在K7、L7单元格中设置公式：在K7单元格中输入公式“=COUNTIF(考勤表!D5:AF5,"迟到2")”，在L7单元格中输入公式“=COUNTIF(考勤表!D5:AF5,"迟到3")”。输入完成后按Enter键，即可计算出员工“陶宇丽”迟到半小时至1小时之间与1小时以上的次数，如图15-32所示。

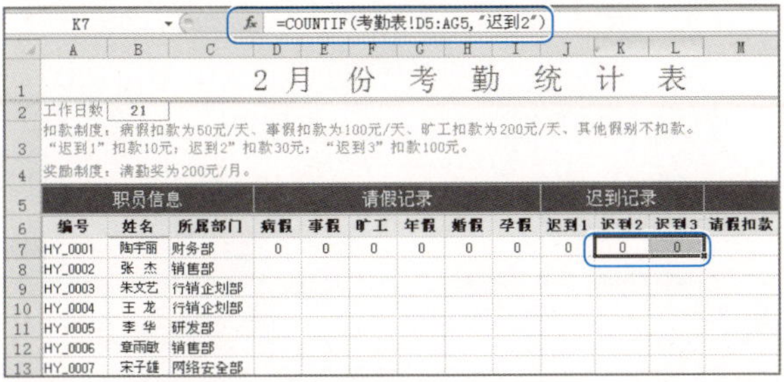

图15-32

❼ 在“考勤统计表”工作表中，选中M7单元格，在公式编辑栏中输入公式“=D7*50+E7*100+F7*200”，按Enter键，即可统计出员工“陶宇丽”本月请假应扣工资，如图15-33所示。

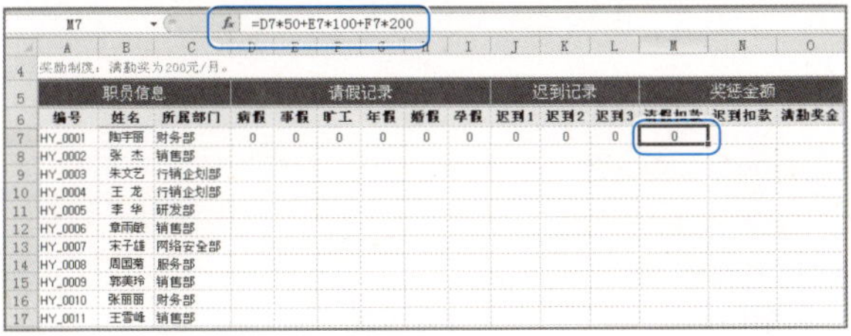

图15-33

❽ 选中N7单元格，在公式编辑栏中输入公式“=J7*10+K7*30+L7*100”，按Enter键，即可统计出员工“陶宇丽”本月迟到应扣工资，如图15-34所示。

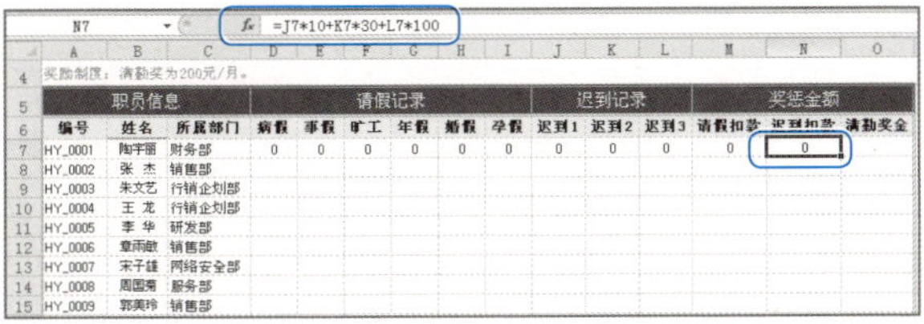

图15-34

❾ 在“考勤统计表”工作表中，选中O7单元格，在公式编辑栏中输入公式“=IF(AND(D7=0,E7=0,F7=0,G7=0,H7=0,I7=0,J7=0,K7=0,L7=0),200,0)”，按Enter键，即可统计出员工“陶宇丽”本月是否可获得满勤奖，如图15-35所示。

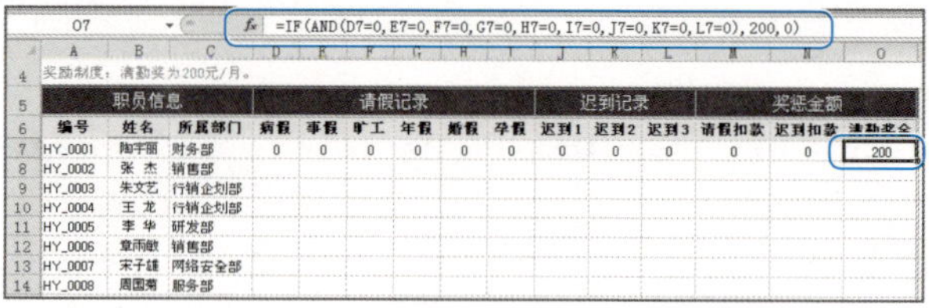

O7　=IF(AND(D7=0,E7=0,F7=0,G7=0,H7=0,I7=0,J7=0,K7=0,L7=0),200,0)

奖励制度：满勤奖为200元/月。

职员信息			请假记录						迟到记录			奖惩金额		
编号	姓名	所属部门	病假	事假	旷工	年假	婚假	孕假	迟到1	迟到2	迟到3	请假扣款	迟到扣款	满勤奖金
HY_0001	陶宇丽	财务部	0	0	0	0	0	0	0	0	0	0	0	200
HY_0002	张 杰	销售部												
HY_0003	朱文艺	行销企划部												
HY_0004	王 龙	行销企划部												
HY_0005	李 华	研发部												
HY_0006	章雨敏	销售部												
HY_0007	宋子雄	网络安全部												
HY_0008	周国菊	服务部												

图15-35

⑩ 完成以上操作后，在“考勤统计表”工作表中选中D7:O7单元格区域，将光标定位到O7单元格右下角，出现黑色十字形状时按住鼠标左键向下拖动公式进行填充。向下拖动到最后一位员工后释放鼠标，即可一次性得出每位员工的请假扣款、迟到扣款及满勤奖，如图15-36所示。

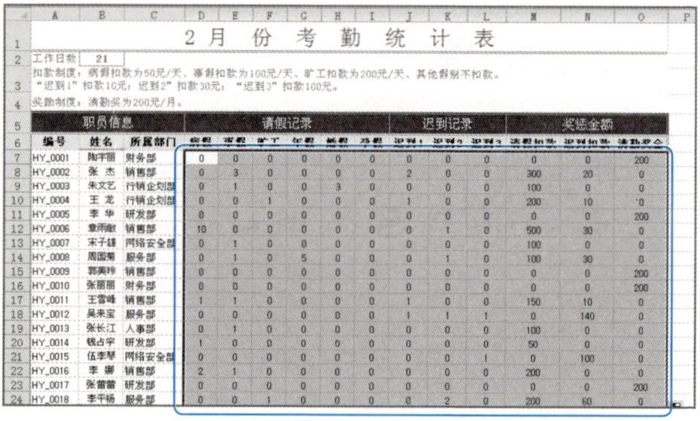

2月份考勤统计表

工作日数　21

扣款制度：病假扣款为50元/天、事假扣款为100元/天、旷工扣款为200元/天、其他假别不扣款。
“迟到1”扣款10元；迟到2”扣款30元；“迟到3”扣款100元。

奖励制度：满勤奖为200元/月。

职员信息			请假记录						迟到记录			奖惩金额		
编号	姓名	所属部门	病假	事假	旷工	年假	婚假	孕假	迟到1	迟到2	迟到3	请假扣款	迟到扣款	满勤奖金
HY_0001	陶宇丽	财务部	0	0	0	0	0	0	0	0	0	0	0	200
HY_0002	张 杰	销售部	0	3	0	0	0	0	2	0	0	300	20	0
HY_0003	朱文艺	行销企划部	0	1	0	0	3	0	0	0	0	100	0	0
HY_0004	王 龙	行销企划部	0	0	1	0	0	0	1	0	0	200	10	0
HY_0005	李 华	研发部	0	0	0	0	0	0	0	0	0	0	0	200
HY_0006	章雨敏	销售部	10	0	0	0	0	0	0	1	0	500	30	0
HY_0007	宋子雄	网络安全部	0	1	0	0	0	0	0	0	0	100	0	0
HY_0008	周国菊	服务部	0	1	0	5	0	0	0	1	0	100	30	0
HY_0009	郭美玲	销售部	0	0	0	0	0	0	0	0	0	0	0	200
HY_0010	张丽丽	财务部	0	0	0	0	0	0	0	0	0	0	0	200
HY_0011	王雪峰	销售部	1	1	0	0	0	0	1	0	0	150	10	0
HY_0012	吴来宝	服务部	0	0	0	0	0	0	1	1	1	0	140	0
HY_0013	张长江	人事部	0	1	0	0	0	0	0	0	0	100	0	0
HY_0014	钱占宇	研发部	1	0	0	0	0	0	0	0	0	50	0	0
HY_0015	伍李琴	网络安全部	0	0	0	0	0	0	0	0	1	0	100	0
HY_0016	李 娜	销售部	2	1	0	0	0	0	0	0	0	200	0	0
HY_0017	张蕾蕾	研发部	0	0	0	0	0	0	0	0	0	0	0	200
HY_0018	李平杨	服务部	0	0	1	0	0	0	0	2	0	200	60	0

图15-36

15.3 创建员工工资管理表格

企业员工工资管理是企业人力资源管理中的重要工作之一，它是吸引人才、稳定员工、激励员工的重要条件。要合理对员工工资进行管理，作为企业人力资源管理部门要制作多张工资管理表格，来分别管理员工基本工资、员工福利金额、员工社会保险金额、考勤与罚款金额、个人所得税的扣除金额等。

15.3.1 建立员工基本工资表

在员工基本工资表中，主要包含员工的基本工资、岗位工资、工龄工资、计划奖金等信息，清晰反映每位员工的基本工资的金额。

❶ 新建“企业员工工资管理表”工作簿，并将Sheet1工作表标签重命名为“基本工资表”，在工作表中输入表头、标识项、编号、姓名、部门、基本工资等信息，输入完成后对表格进行美化设置。美化设置后的效果如图15-37所示。

华宇集团员工基本工资一览表

编　号	姓　名	部　门	基本工资（元）	岗位工资（元）	工资合计（元）
HY_0001	陶宇丽	办公室	1800	1000	
HY_0002	张　杰	办公室	2000	800	
HY_0003	朱文艺	销售部	1200	800	
HY_0004	王　龙	销售部	1400	800	
HY_0005	李　华	销售部	1300	800	
HY_0006	章雨敏	后勤部	1700	800	
HY_0007	宋子雄	后勤部	1000	600	
HY_0008	周国菊	制造部	1300	1000	
HY_0009	郭美玲	制造部	1600	1000	
HY_0010	张丽丽	制造部	1500	600	
HY_0011	王雪峰	制造部	1300	600	
HY_0012	吴来宝	制造部	1300	600	
HY_0013	张长江	制造部	1300	600	
HY_0014	钱占宇	制造部	1200	600	
HY_0015	伍李琴	制造部	1200	600	
HY_0016	李　娜	制造部	1200	600	

基本工资表　Sheet2　Sheet3

图15-37

❷ 在“基本工资表”中选中F3单元格，在公式编辑栏中输入公式“=SUM(D3:E3)”，按Enter键，即可计算出员工“陶宇丽”的基本工资合计额为2800元。将光标移到H3单元格的右下角，当光标变成十字形状后，接住鼠标左键向下拖动进行公式填充，即可计算出其他所有员工的基本工资合计额，如图15-38所示。

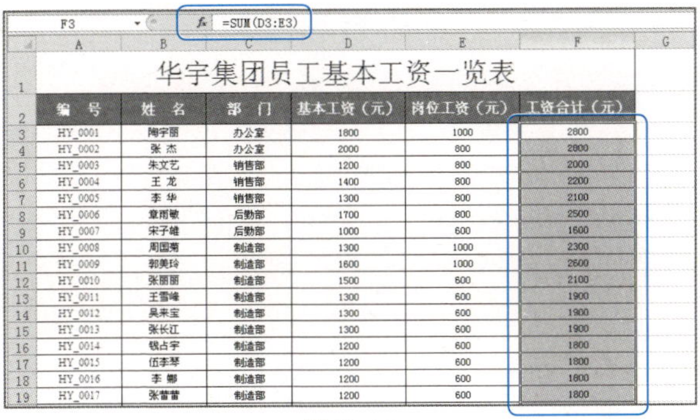

F3　=SUM(D3:E3)

华宇集团员工基本工资一览表

编　号	姓　名	部　门	基本工资（元）	岗位工资（元）	工资合计（元）
HY_0001	陶宇丽	办公室	1800	1000	2800
HY_0002	张　杰	办公室	2000	800	2800
HY_0003	朱文艺	销售部	1200	800	2000
HY_0004	王　龙	销售部	1400	800	2200
HY_0005	李　华	销售部	1300	800	2100
HY_0006	章雨敏	后勤部	1700	800	2500
HY_0007	宋子雄	后勤部	1000	600	1600
HY_0008	周国菊	制造部	1300	1000	2300
HY_0009	郭美玲	制造部	1600	1000	2600
HY_0010	张丽丽	制造部	1500	600	2100
HY_0011	王雪峰	制造部	1300	600	1900
HY_0012	吴来宝	制造部	1300	600	1900
HY_0013	张长江	制造部	1300	600	1900
HY_0014	钱占宇	制造部	1200	600	1800
HY_0015	伍李琴	制造部	1200	600	1800
HY_0016	李　娜	制造部	1200	600	1800
HY_0017	张蕾蕾	制造部	1200	600	1800

图15-38

15.3.2　建立员工工资计算比率表

建立员工工资计算比率表，是为了方便在工资管理表中计算员工的社会保险表、住房公积金、考勤罚款、个人所得税和工资费用分配等金额。

❶ 在“企业员工工资管理表”工作簿中，将Sheet2工作表标签重命名为“计算比率表”。

❷ 在工作表中分别建立社会保险表、住房公积金、考勤罚款、个人所得税和工资费用分配表格，并分别输入对应的计算比率级别。

❸ 相关数据输入完成后，可以各表格进行美化设置。设置后的最终效果如图15-39所示。

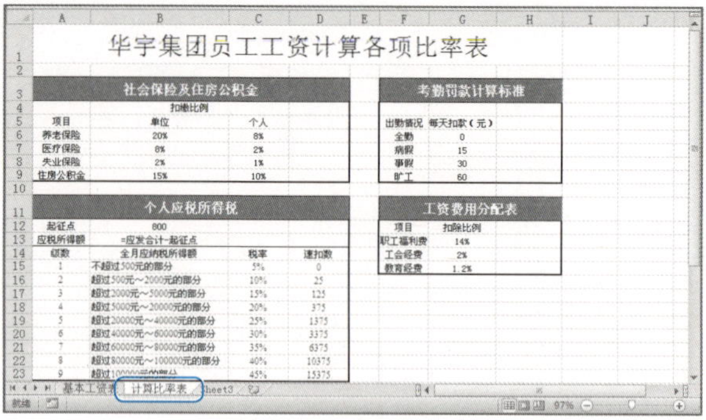

华宇集团员工工资计算各项比率表

社会保险及住房公积金		
	扣缴比例	
项目	单位	个人
养老保险	20%	8%
医疗保险	8%	2%
失业保险	2%	1%
住房公积金	15%	10%

考勤罚款计算标准	
出勤情况	每天扣款（元）
全勤	0
病假	15
事假	30
旷工	60

个人应税所得税			
起征点	800		
应税所得额	=应发合计-起征点		
级数	全月应纳税所得额	税率	速扣数
1	不超过500元的部分	5%	0
2	超过500元～2000元的部分	10%	25
3	超过2000元～5000元的部分	15%	125
4	超过5000元～20000元的部分	20%	375
5	超过20000元～40000元的部分	25%	1375
6	超过40000元～60000元的部分	30%	3375
7	超过60000元～80000元的部分	35%	6375
8	超过80000元～100000元的部分	40%	10375
9	超过100000元的部分	45%	15375

工资费用分配表	
项目	扣除比例
职工福利费	14%
工会经费	2%
教育经费	1.2%

图15-39

专家提示

这里的社会保险、住房公积金和个人所得税是根据国家发布的计算标准建立的，其他计算标准可以根据企业内部制度来建立。

15.3.3 建立员工社会保险表和福利表

社会保险是指当社会成员因为年老、疾病、失业、生育、死亡、灾害等原因致使生活困难时，能够从国家、社会获得基本生活需求的保障。目前我国初步建立了城镇企业职工基本养老保险制度、基本医疗保险制度、失业保险制度和城市居民最低生活保障制度。但是对于企业而言，主要为员工提供养老保险、医疗保险和失业保险。

❶ 在“企业员工工资管理表”工作簿中，将Sheet3工作表标签重命名为“社会保险表”。

❷ 在工作表中输入表头、标识项、编号、姓名和性别等信息，输入完成后对表格进行美化设置。美化设置后的效果如图15-40所示。

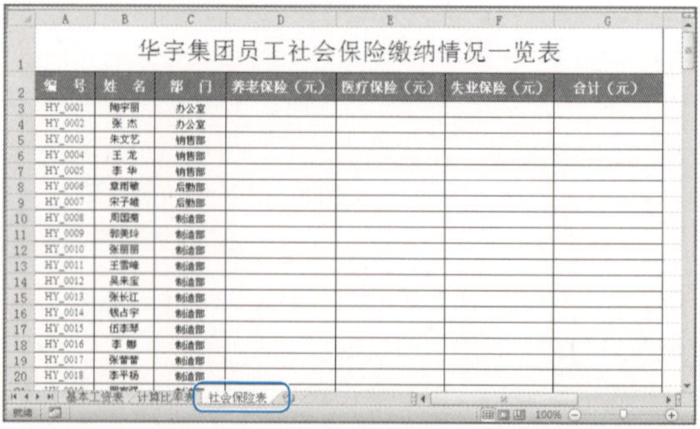

华宇集团员工社会保险缴纳情况一览表

编　号	姓　名	部　门	养老保险（元）	医疗保险（元）	失业保险（元）	合计（元）
HY_0001	陶宇丽	办公室				
HY_0002	张 杰	办公室				
HY_0003	朱文艺	销售部				
HY_0004	王 龙	销售部				
HY_0005	李 华	销售部				
HY_0006	章雨敏	后勤部				
HY_0007	宋子雄	后勤部				
HY_0008	周国菊	制造部				
HY_0009	郭美玲	制造部				
HY_0010	张丽丽	制造部				
HY_0011	王雪峰	制造部				
HY_0012	吴来宝	制造部				
HY_0013	张长江	制造部				
HY_0014	钱占宇	制造部				
HY_0015	伍李琴	制造部				
HY_0016	李 娜	制造部				
HY_0017	张蕾蕾	制造部				
HY_0018	李平杨	制造部				

图15-40

③ 选中D3单元格，在公式编辑栏中输入公式“=ROUND(SUM(基本工资表!F3)*有关计算比率表!$C$6,2)”，按Enter键，即可根据员工“陶宇丽”应发基本工资的总和，计算出应扣的养老保险金额为224元。将光标移到D3单元格的右下角，当光标变成十字形状后，接住鼠标左键向下拖动进行公式填充，即可根据其他员工应发基本工资的总和，计算出应扣的养老保险金额，如图15-41所示。

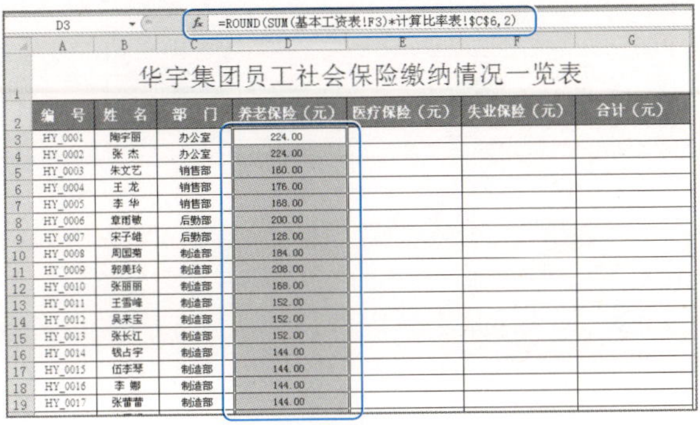

编　号	姓　名	部　门	养老保险（元）	医疗保险（元）	失业保险（元）	合计（元）
HY_0001	陶宇丽	办公室	224.00			
HY_0002	张 杰	办公室	224.00			
HY_0003	朱文艺	销售部	160.00			
HY_0004	王 龙	销售部	176.00			
HY_0005	李 华	销售部	168.00			
HY_0006	章雨敏	后勤部	200.00			
HY_0007	宋子雄	后勤部	128.00			
HY_0008	周国菊	制造部	184.00			
HY_0009	郭美玲	制造部	208.00			
HY_0010	张丽丽	制造部	168.00			
HY_0011	王雪峰	制造部	152.00			
HY_0012	吴来宝	制造部	152.00			
HY_0013	张长江	制造部	152.00			
HY_0014	钱占宇	制造部	144.00			
HY_0015	伍李琴	制造部	144.00			
HY_0016	李 娜	制造部	144.00			
HY_0017	张蕾蕾	制造部	144.00			

图15-41

④ 选中E3单元格，在公式编辑栏中输入公式“=ROUND(SUM(基本工资表!F3)*计算比率表!$C$7,2)”，按Enter键，即可根据员工“陶宇丽”应发基本工资的总和，计算出应扣的医疗保险金额为56元。将光标移到E3单元格的右下角，当光标变成十字形状后，接住鼠标左键向下拖动进行公式填充，即可根据其他员工应发基本工资的总和，计算出应扣的医疗保险金额，如图15-42所示。

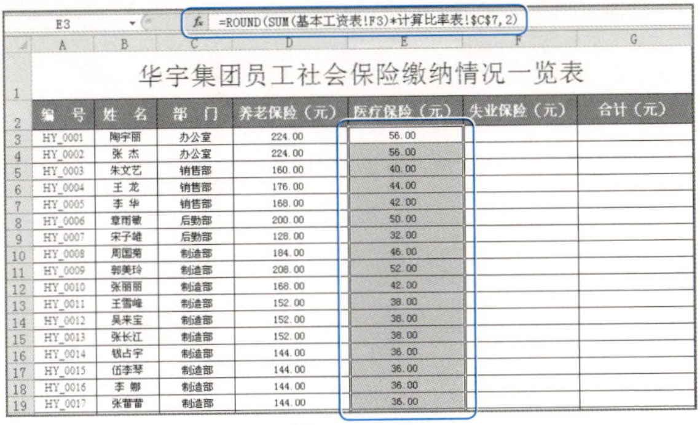

编　号	姓　名	部　门	养老保险（元）	医疗保险（元）	失业保险（元）	合计（元）
HY_0001	陶宇丽	办公室	224.00	56.00		
HY_0002	张 杰	办公室	224.00	56.00		
HY_0003	朱文艺	销售部	160.00	40.00		
HY_0004	王 龙	销售部	176.00	44.00		
HY_0005	李 华	销售部	168.00	42.00		
HY_0006	章雨敏	后勤部	200.00	50.00		
HY_0007	宋子雄	后勤部	128.00	32.00		
HY_0008	周国菊	制造部	184.00	46.00		
HY_0009	郭美玲	制造部	208.00	52.00		
HY_0010	张丽丽	制造部	168.00	42.00		
HY_0011	王雪峰	制造部	152.00	38.00		
HY_0012	吴来宝	制造部	152.00	38.00		
HY_0013	张长江	制造部	152.00	38.00		
HY_0014	钱占宇	制造部	144.00	36.00		
HY_0015	伍李琴	制造部	144.00	36.00		
HY_0016	李 娜	制造部	144.00	36.00		
HY_0017	张蕾蕾	制造部	144.00	36.00		

图15-42

⑤ 选中F3单元格，在公式编辑栏中输入公式“=ROUND(SUM(基本工资表!F3)*计算比率表!$C$8,2)”，按Enter键，即可根据员工“陶宇丽”应发基本工资的总和，计算出应扣的失业保险金额为28元。将光标移到F3单元格的右下角，当光标变成十字形状后，接住鼠标左键向下拖动进行公式填充，即可根据其他员工应发基本工资的总和，计算出应扣的失业保险金额，如图15-43所示。

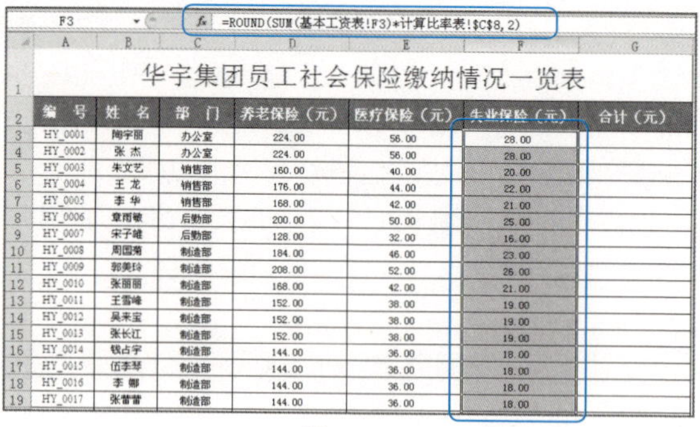

F3 =ROUND(SUM(基本工资表!F3)*计算比率表!$C$8,2)

华宇集团员工社会保险缴纳情况一览表

编 号	姓 名	部 门	养老保险（元）	医疗保险（元）	失业保险（元）	合计（元）
HY_0001	陶宇丽	办公室	224.00	56.00	28.00	
HY_0002	张 杰	办公室	224.00	56.00	28.00	
HY_0003	朱文艺	销售部	160.00	40.00	20.00	
HY_0004	王 龙	销售部	176.00	44.00	22.00	
HY_0005	李 华	销售部	168.00	42.00	21.00	
HY_0006	章雨敏	后勤部	200.00	50.00	25.00	
HY_0007	宋子雄	后勤部	128.00	32.00	16.00	
HY_0008	周国菊	制造部	184.00	46.00	23.00	
HY_0009	郭美玲	制造部	208.00	52.00	26.00	
HY_0010	张丽丽	制造部	168.00	42.00	21.00	
HY_0011	王雪峰	制造部	152.00	38.00	19.00	
HY_0012	吴来宝	制造部	152.00	38.00	19.00	
HY_0013	张长江	制造部	152.00	38.00	19.00	
HY_0014	钱占宇	制造部	144.00	36.00	18.00	
HY_0015	伍李琴	制造部	144.00	36.00	18.00	
HY_0016	李 娜	制造部	144.00	36.00	18.00	
HY_0017	张蕾蕾	制造部	144.00	36.00	18.00	

图15-43

❻ 选中G3单元格，在公式编辑栏中输入公式“=SUM(D3:F3)”，按Enter键，即可计算出员工“陶宇丽”应扣的社会保险总金额为308元。将光标移到G3单元格的右下角，当光标变成十字形状后，按住鼠标左键向下拖动进行公式填充，即可计算出所有员工应扣的社会保险总金额，如图15-44所示。

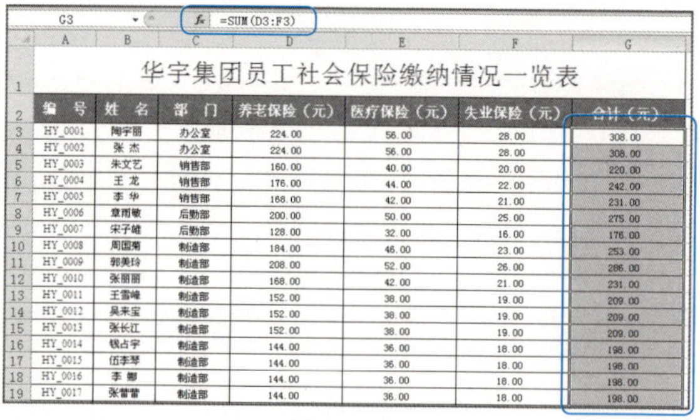

G3 =SUM(D3:F3)

华宇集团员工社会保险缴纳情况一览表

编 号	姓 名	部 门	养老保险（元）	医疗保险（元）	失业保险（元）	合计（元）
HY_0001	陶宇丽	办公室	224.00	56.00	28.00	308.00
HY_0002	张 杰	办公室	224.00	56.00	28.00	308.00
HY_0003	朱文艺	销售部	160.00	40.00	20.00	220.00
HY_0004	王 龙	销售部	176.00	44.00	22.00	242.00
HY_0005	李 华	销售部	168.00	42.00	21.00	231.00
HY_0006	章雨敏	后勤部	200.00	50.00	25.00	275.00
HY_0007	宋子雄	后勤部	128.00	32.00	16.00	176.00
HY_0008	周国菊	制造部	184.00	46.00	23.00	253.00
HY_0009	郭美玲	制造部	208.00	52.00	26.00	286.00
HY_0010	张丽丽	制造部	168.00	42.00	21.00	231.00
HY_0011	王雪峰	制造部	152.00	38.00	19.00	209.00
HY_0012	吴来宝	制造部	152.00	38.00	19.00	209.00
HY_0013	张长江	制造部	152.00	38.00	19.00	209.00
HY_0014	钱占宇	制造部	144.00	36.00	18.00	198.00
HY_0015	伍李琴	制造部	144.00	36.00	18.00	198.00
HY_0016	李 娜	制造部	144.00	36.00	18.00	198.00
HY_0017	张蕾蕾	制造部	144.00	36.00	18.00	198.00

图15-44

❼ 参考本节前面介绍的“社会保险表”的制作方法，在“企业员工工资管理表”工作簿中，将Sheet4工作表标签重命名为“福利表”，并设计出相同的福利表。设计完成后的效果如图15-45所示。

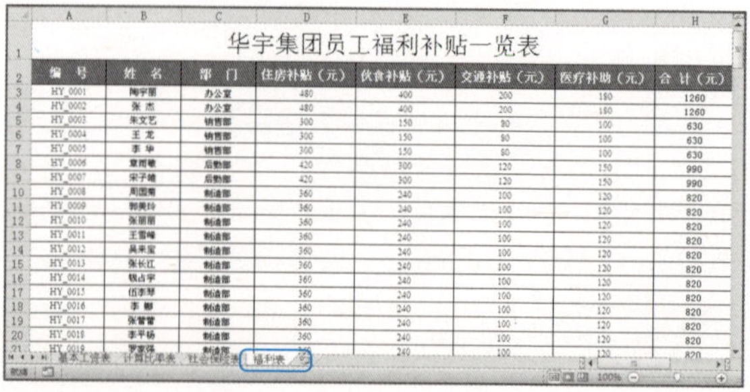

华宇集团员工福利补贴一览表

编 号	姓 名	部 门	住房补贴（元）	伙食补贴（元）	交通补贴（元）	医疗补助（元）	合 计（元）
HY_0001	陶宇丽	办公室	480	400	200	180	1260
HY_0002	张 杰	办公室	480	400	200	180	1260
HY_0003	朱文艺	销售部	300	150	80	100	630
HY_0004	王 龙	销售部	300	150	80	100	630
HY_0005	李 华	销售部	300	150	80	100	630
HY_0006	章雨敏	后勤部	420	300	120	150	990
HY_0007	宋子雄	后勤部	420	300	120	150	990
HY_0008	周国菊	制造部	360	240	100	120	820
HY_0009	郭美玲	制造部	360	240	100	120	820
HY_0010	张丽丽	制造部	360	240	100	120	820
HY_0011	王雪峰	制造部	360	240	100	120	820
HY_0012	吴来宝	制造部	360	240	100	120	820
HY_0013	张长江	制造部	360	240	100	120	820
HY_0014	钱占宇	制造部	360	240	100	120	820
HY_0015	伍李琴	制造部	360	240	100	120	820
HY_0016	李 娜	制造部	360	240	100	120	820
HY_0017	张蕾蕾	制造部	360	240	100	120	820
HY_0018	李平杨	制造部	360	240	100	120	820
HY_0019	罗家伟	制造部	[illegible]	240	100	120	820

基本工资表 计算比率表 社会保险表 福利表

图15-45

15.3.4　建立员工工资发放表

员工工资是“员工应发工资-员工应扣工资”所得的金额。员工应发工资一般包含基本工资、岗位工资、业绩奖金、满勤奖金、福利补贴等；员工应扣工资一般包含住房公积金、社会保险、个人所得税、考勤罚款等。

❶ 在“企业员工工资管理表”工作簿中，新建工作表，并将Sheet4工作表标签重命名为“工资发放表”。在工作表中输入表头，以及各项标识项，输入完成后对表格进行美化设置。美化设置后的效果如图15-46所示。

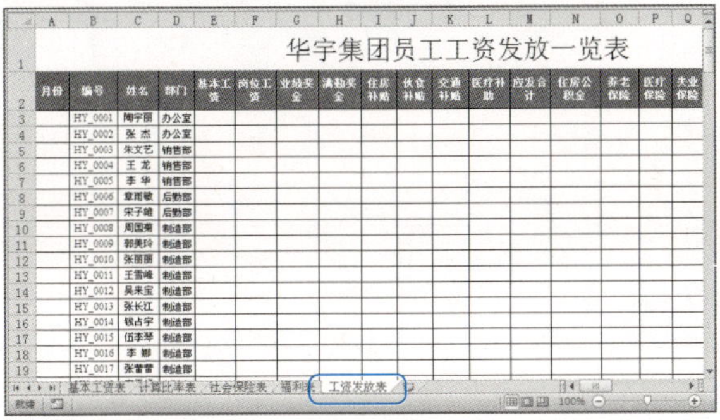

图15-46

❷ 在“工资发放表”工作表中，分别在E3和F3单元格输入以下公式在E3单元格中输入公式“=IF(B3="","",基本工资表!D3)”，在F3单元格中输入公式“=IF(B3="","",基本工资表!E3)”。输入以上公式后，接着选中E3:F3单元格区域，将光标移到F3单元格的右下角，当光标变成十字形状后，按住鼠标左键向下拖动进行公式填充，即可得到如图15-47所示。

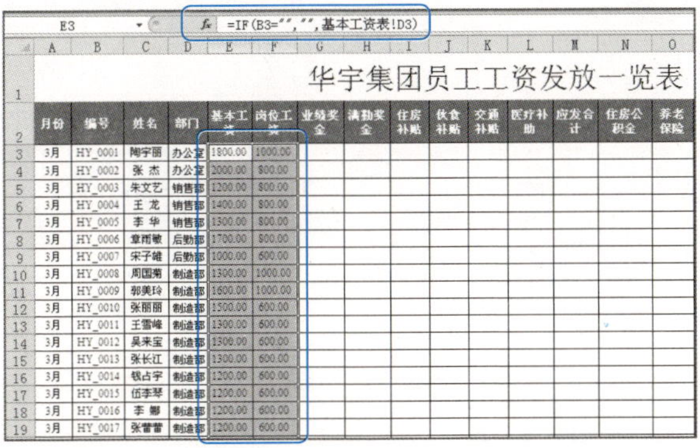

图15-47

❸ 在“工资发放表”工作表中，分别在I3、J3、K3和L3单元格，输入以下公式：在I3单元格中输入公式“=IF(B3="","",福利表!D3)”，在J3单元格中

输入公式“=IF(B3="","",福利表!E3)”在K3单元格中输入公式“=IF(B3="","",福利表!F3)”，在L3单元格中输入公式“=IF(B3="","",福利表!G3)”。输入以上公式后，接着选中I3:L3单元格区域，将光标移到L3单元格的右下角，当光标变成十字形状后，接住鼠标左键向下拖动进行公式填充，如图15-48所示。

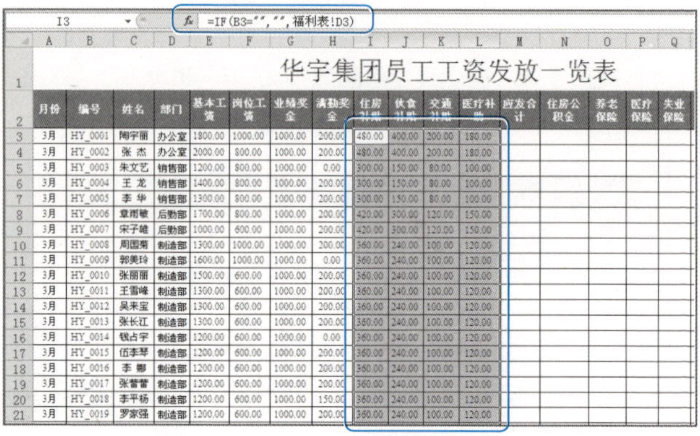

I3 =IF(B3="","",福利表!D3)

华宇集团员工工资发放一览表

月份	编号	姓名	部门	基本工资	岗位工资	业绩奖金	满勤奖金	住房补贴	伙食补贴	交通补贴	医疗补助	应发合计	住房公积金	养老保险	医疗保险	失业保险
3月	HY_0001	陶宇丽	办公室	1800.00	1000.00	1000.00	200.00	480.00	400.00	200.00	180.00					
3月	HY_0002	张 杰	办公室	2000.00	800.00	1000.00	200.00	480.00	400.00	200.00	180.00					
3月	HY_0003	朱文艺	销售部	1200.00	800.00	1000.00	0.00	300.00	150.00	80.00	100.00					
3月	HY_0004	王 龙	销售部	1400.00	800.00	1000.00	200.00	300.00	150.00	80.00	100.00					
3月	HY_0005	李 华	销售部	1300.00	800.00	1000.00	200.00	300.00	150.00	80.00	100.00					
3月	HY_0006	章雨敏	后勤部	1700.00	800.00	1000.00	200.00	420.00	300.00	120.00	150.00					
3月	HY_0007	宋子雄	后勤部	1000.00	600.00	1000.00	200.00	420.00	300.00	120.00	150.00					
3月	HY_0008	周国菊	制造部	1300.00	1000.00	1000.00	200.00	360.00	240.00	100.00	120.00					
3月	HY_0009	郭美玲	制造部	1600.00	1000.00	1000.00	0.00	360.00	240.00	100.00	120.00					
3月	HY_0010	张丽丽	制造部	1500.00	600.00	1000.00	200.00	360.00	240.00	100.00	120.00					
3月	HY_0011	王雪峰	制造部	1300.00	600.00	1000.00	200.00	360.00	240.00	100.00	120.00					
3月	HY_0012	吴来宝	制造部	1300.00	600.00	1000.00	200.00	360.00	240.00	100.00	120.00					
3月	HY_0013	张长江	制造部	1300.00	600.00	1000.00	200.00	360.00	240.00	100.00	120.00					
3月	HY_0014	钱占宇	制造部	1200.00	600.00	1000.00	0.00	360.00	240.00	100.00	120.00					
3月	HY_0015	伍李琴	制造部	1200.00	600.00	1000.00	200.00	360.00	240.00	100.00	120.00					
3月	HY_0016	李 娜	制造部	1200.00	600.00	1000.00	200.00	360.00	240.00	100.00	120.00					
3月	HY_0017	张蕾蕾	制造部	1200.00	600.00	1000.00	200.00	360.00	240.00	100.00	120.00					
3月	HY_0018	李平杨	制造部	1200.00	600.00	1000.00	150.00	360.00	240.00	100.00	120.00					
3月	HY_0019	罗家强	制造部	1200.00	600.00	1000.00	200.00	360.00	240.00	100.00	120.00					

图15-48

❹ 选中M3单元格，在公式编辑栏中输入公式“=IF(B3="","",SUM(E3:L3))”，按Enter键，即可计算出员工“陶宇丽”应发合计金额。将光标移到M3单元格的右下角，当光标变成十字形状后，接住鼠标左键向下拖动进行公式填充，即可计算出其他员工应发合计金额，如图15-49所示。

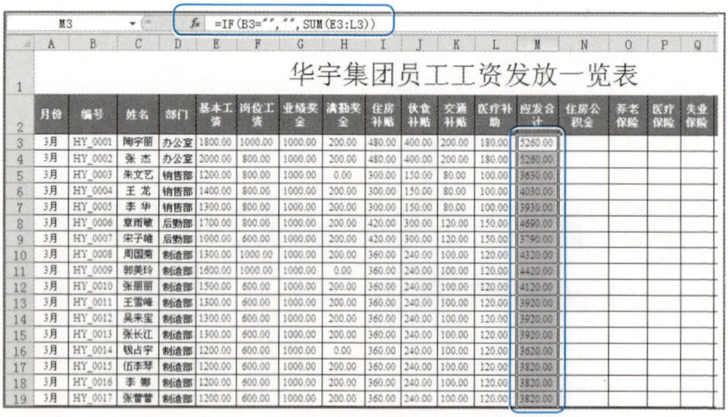

M3 =IF(B3="","",SUM(E3:L3))

华宇集团员工工资发放一览表

月份	编号	姓名	部门	基本工资	岗位工资	业绩奖金	满勤奖金	住房补贴	伙食补贴	交通补贴	医疗补助	应发合计	住房公积金	养老保险	医疗保险	失业保险
3月	HY_0001	陶宇丽	办公室	1800.00	1000.00	1000.00	200.00	480.00	400.00	200.00	180.00	5260.00				
3月	HY_0002	张 杰	办公室	2000.00	800.00	1000.00	200.00	480.00	400.00	200.00	180.00	5260.00				
3月	HY_0003	朱文艺	销售部	1200.00	800.00	1000.00	0.00	300.00	150.00	80.00	100.00	3630.00				
3月	HY_0004	王 龙	销售部	1400.00	800.00	1000.00	200.00	300.00	150.00	80.00	100.00	4030.00				
3月	HY_0005	李 华	销售部	1300.00	800.00	1000.00	200.00	300.00	150.00	80.00	100.00	3930.00				
3月	HY_0006	章雨敏	后勤部	1700.00	800.00	1000.00	200.00	420.00	300.00	120.00	150.00	4690.00				
3月	HY_0007	宋子雄	后勤部	1000.00	600.00	1000.00	200.00	420.00	300.00	120.00	150.00	3790.00				
3月	HY_0008	周国菊	制造部	1300.00	1000.00	1000.00	200.00	360.00	240.00	100.00	120.00	4320.00				
3月	HY_0009	郭美玲	制造部	1600.00	1000.00	1000.00	0.00	360.00	240.00	100.00	120.00	4420.00				
3月	HY_0010	张丽丽	制造部	1500.00	600.00	1000.00	200.00	360.00	240.00	100.00	120.00	4120.00				
3月	HY_0011	王雪峰	制造部	1300.00	600.00	1000.00	200.00	360.00	240.00	100.00	120.00	3920.00				
3月	HY_0012	吴来宝	制造部	1300.00	600.00	1000.00	200.00	360.00	240.00	100.00	120.00	3920.00				
3月	HY_0013	张长江	制造部	1300.00	600.00	1000.00	200.00	360.00	240.00	100.00	120.00	3920.00				
3月	HY_0014	钱占宇	制造部	1200.00	600.00	1000.00	0.00	360.00	240.00	100.00	120.00	3620.00				
3月	HY_0015	伍李琴	制造部	1200.00	600.00	1000.00	200.00	360.00	240.00	100.00	120.00	3820.00				
3月	HY_0016	李 娜	制造部	1200.00	600.00	1000.00	200.00	360.00	240.00	100.00	120.00	3820.00				
3月	HY_0017	张蕾蕾	制造部	1200.00	600.00	1000.00	200.00	360.00	240.00	100.00	120.00	3820.00				

图15-49

❺ 选中N3单元格，在公式编辑栏中输入公式“=IF(B3="","",M3*计算比率表!$C$9)”，按Enter键，即可计算出员工“陶宇丽”应扣住房公积金金额。将光标移到N3单元格的右下角，当光标变成十字形状后，接住鼠标左键向下拖动进行公式填充，即可计算出其他员工应扣住房公积金金额，如图15-50所示。

N3 =IF(B3="","",M3*计算比率表!$C$9)

华宇集团员工工资发放一览表

	月份	编号	姓名	部门	基本工资	岗位工资	业绩奖金	满勤奖金	住房补贴	伙食补贴	交通补贴	医疗补助	应发合计	住房公积金	养老保险	医疗保险	失业保险
3	3月	HY_0001	陶宇丽	办公室	1800.00	1000.00	1000.00	200.00	480.00	400.00	200.00	180.00	5260.00	526.00			
4	3月	HY_0002	张 杰	办公室	2000.00	800.00	1000.00	200.00	480.00	400.00	200.00	180.00	5260.00	526.00			
5	3月	HY_0003	朱文艺	销售部	1200.00	800.00	1000.00	0.00	300.00	150.00	80.00	100.00	3630.00	363.00			
6	3月	HY_0004	王 龙	销售部	1400.00	800.00	1000.00	200.00	300.00	150.00	80.00	100.00	4030.00	403.00			
7	3月	HY_0005	李 华	销售部	1300.00	800.00	1000.00	200.00	300.00	150.00	80.00	100.00	3930.00	393.00			
8	3月	HY_0006	章雨敏	后勤部	1700.00	800.00	1000.00	200.00	420.00	300.00	120.00	150.00	4690.00	469.00			
9	3月	HY_0007	宋子雄	后勤部	1000.00	600.00	1000.00	200.00	420.00	300.00	120.00	150.00	3790.00	379.00			
10	3月	HY_0008	周国菊	制造部	1300.00	1000.00	1000.00	200.00	360.00	240.00	100.00	120.00	4320.00	432.00			
11	3月	HY_0009	郭美玲	制造部	1600.00	1000.00	1000.00	0.00	360.00	240.00	100.00	120.00	4420.00	442.00			
12	3月	HY_0010	张丽丽	制造部	1500.00	600.00	1000.00	200.00	360.00	240.00	100.00	120.00	4120.00	412.00			
13	3月	HY_0011	王雪峰	制造部	1300.00	600.00	1000.00	200.00	360.00	240.00	100.00	120.00	3920.00	392.00			
14	3月	HY_0012	吴来宝	制造部	1300.00	600.00	1000.00	200.00	360.00	240.00	100.00	120.00	3920.00	392.00			
15	3月	HY_0013	张长江	制造部	1300.00	600.00	1000.00	200.00	360.00	240.00	100.00	120.00	3920.00	392.00			
16	3月	HY_0014	钱占宇	制造部	1200.00	600.00	1000.00	0.00	360.00	240.00	100.00	120.00	3620.00	362.00			
17	3月	HY_0015	伍李琴	制造部	1200.00	600.00	1000.00	200.00	360.00	240.00	100.00	120.00	3820.00	382.00			
18	3月	HY_0016	李 娜	制造部	1200.00	600.00	1000.00	200.00	360.00	240.00	100.00	120.00	3820.00	382.00			
19	3月	HY_0017	张蕾蕾	制造部	1200.00	600.00	1000.00	200.00	360.00	240.00	100.00	120.00	3820.00	382.00			

图15-50

❻ 分别在O3、P3和Q3单元格，输入以下公式：在O3单元格中输入公式“=IF(B3="","",社会保险表!D3)”，在P3单元格中输入公式“=IF(B3="","",社会保险表!F3)”，在Q3单元格中输入公式“=IF(B3="","",社会保险表!F3)”。输入以上公式后，接着选中O3:Q3单元格区域，将光标移到单元格区域的右下角，当光标变成十字形状后，接住鼠标左键向下拖动进行公式填充，即可得到如图15-51所示效果。

O3 =IF(B3="","",社会保险表!D3)

华宇集团员工工资发放一览表

	月份	编号	姓名	部门	基本工资	岗位工资	业绩奖金	满勤奖金	住房补贴	伙食补贴	交通补贴	医疗补助	应发合计	住房公积金	养老保险	医疗保险	失业保险	个人所得税
3	3月	HY_0001	陶宇丽	办公室	1800.00	1000.00	1000.00	200.00	480.00	400.00	200.00	180.00	5260.00	526.00	224.00	56.00	28.00	
4	3月	HY_0002	张 杰	办公室	2000.00	800.00	1000.00	200.00	480.00	400.00	200.00	180.00	5260.00	526.00	224.00	56.00	28.00	
5	3月	HY_0003	朱文艺	销售部	1200.00	800.00	1000.00	0.00	300.00	150.00	80.00	100.00	3630.00	363.00	160.00	40.00	20.00	
6	3月	HY_0004	王 龙	销售部	1400.00	800.00	1000.00	200.00	300.00	150.00	80.00	100.00	4030.00	403.00	176.00	44.00	22.00	
7	3月	HY_0005	李 华	销售部	1300.00	800.00	1000.00	200.00	300.00	150.00	80.00	100.00	3930.00	393.00	168.00	42.00	21.00	
8	3月	HY_0006	章雨敏	后勤部	1700.00	800.00	1000.00	200.00	420.00	300.00	120.00	150.00	4690.00	469.00	200.00	50.00	25.00	
9	3月	HY_0007	宋子雄	后勤部	1000.00	600.00	1000.00	200.00	420.00	300.00	120.00	150.00	3790.00	379.00	128.00	32.00	16.00	
10	3月	HY_0008	周国菊	制造部	1300.00	1000.00	1000.00	200.00	360.00	240.00	100.00	120.00	4320.00	432.00	184.00	46.00	23.00	
11	3月	HY_0009	郭美玲	制造部	1600.00	1000.00	1000.00	0.00	360.00	240.00	100.00	120.00	4420.00	442.00	208.00	52.00	26.00	
12	3月	HY_0010	张丽丽	制造部	1500.00	600.00	1000.00	200.00	360.00	240.00	100.00	120.00	4120.00	412.00	168.00	42.00	21.00	
13	3月	HY_0011	王雪峰	制造部	1300.00	600.00	1000.00	200.00	360.00	240.00	100.00	120.00	3920.00	392.00	152.00	38.00	19.00	
14	3月	HY_0012	吴来宝	制造部	1300.00	600.00	1000.00	200.00	360.00	240.00	100.00	120.00	3920.00	392.00	152.00	38.00	19.00	
15	3月	HY_0013	张长江	制造部	1300.00	600.00	1000.00	200.00	360.00	240.00	100.00	120.00	3920.00	392.00	152.00	38.00	19.00	
16	3月	HY_0014	钱占宇	制造部	1200.00	600.00	1000.00	0.00	360.00	240.00	100.00	120.00	3620.00	362.00	144.00	36.00	18.00	
17	3月	HY_0015	伍李琴	制造部	1200.00	600.00	1000.00	200.00	360.00	240.00	100.00	120.00	3820.00	382.00	144.00	36.00	18.00	
18	3月	HY_0016	李 娜	制造部	1200.00	600.00	1000.00	200.00	360.00	240.00	100.00	120.00	3820.00	382.00	144.00	36.00	18.00	
19	3月	HY_0017	张蕾蕾	制造部	1200.00	600.00	1000.00	200.00	360.00	240.00	100.00	120.00	3820.00	382.00	144.00	36.00	18.00	
20	3月	HY_0018	李平杨	制造部	1200.00	600.00	1000.00	150.00	360.00	240.00	100.00	120.00	3770.00	377.00	144.00	36.00	18.00	
21	3月	HY_0019	罗家强	制造部	1200.00	600.00	1000.00	200.00	360.00	240.00	100.00	120.00	3820.00	382.00	144.00	36.00	18.00	

图15-51

❼ 选中W3单元格，在公式编辑栏中输入公式“=IF(B3="","",MAX(M3-计算比率表!$B$12,0))”，按Enter键，即可计算出员工“陶宇丽”个人所得税应扣辅助计算税额。将光标移到W3单元格的右下角，当光标变成十字形状后，接住鼠标左键向下拖动进行公式填充，即可计算出其他员工个人所得税应扣辅助计算税额，如图15-52所示。

❽ 选中R3单元格，在公式编辑栏中输入公式“=IF(W3<=500,ROUND(W3*0.05,2),IF(W3<=2000,ROUND((W3*0.4-25),2),IF(W3<=5000,ROUND(W3*0.14-125,2),IF(W3<=20000,ROUND(W3*0.2-375,2),IF(W3<40000,ROUND(W3*0.24-1375,2),IF(W3<60000,ROUND(W3*0.3-3375,2),IF(W3<80000,ROUND(W3*0.34-6375,2),IF(W3<100000,W3*0.4-10375,W3*0.44-15375))))))))”，按Enter键，即可计算出员工“陶宇丽”应扣的个人所得税金额。选将光标移到R3单元格的右下

角，当光标变成十字形状后，按住鼠标左键向下拖动进行公式填充，即可计算出其他员工应扣的个人所得税金额，如图15-53所示。

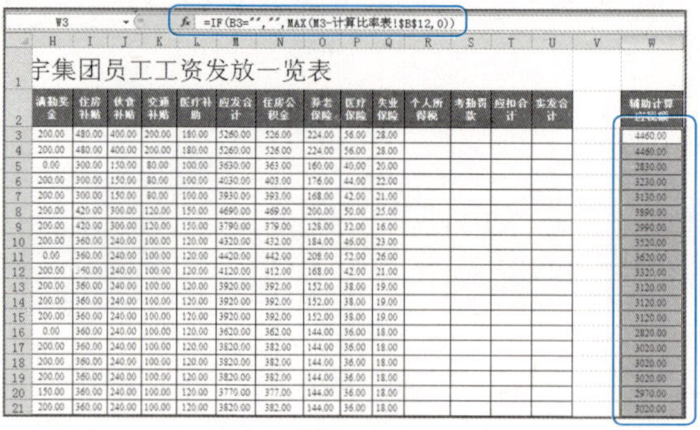

图15-52

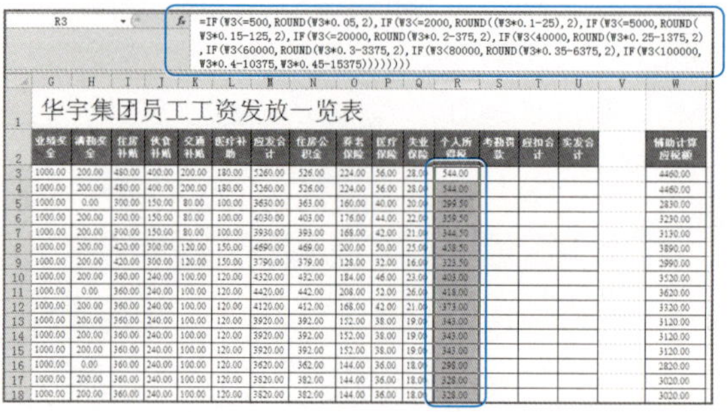

图15-53

9 分别在T3和U3单元格，输入以下公式：在T3单元格中输入公式“=IF(B3="","",SUM(N3:S3))”，在U3单元格中输入公式“=IF(B3="","",M3-T3)”。输入以上公式后，接着选中T3:U3单元格区域，将光标移到单元格区域的右下角，当光标变成十字形状后，接住鼠标左键向下拖动进行公式填充，即可得到如图15-54所示效果。

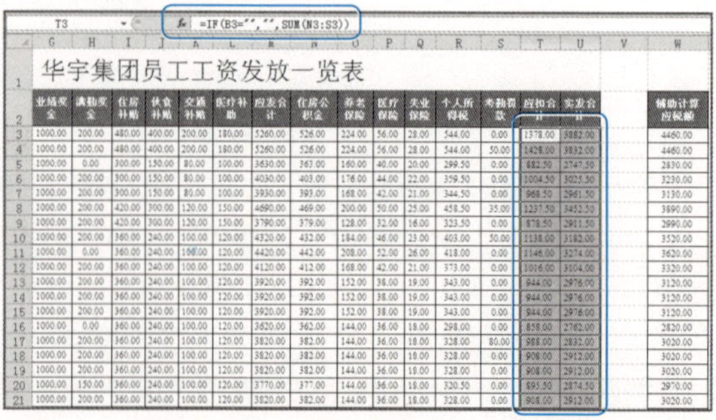

图15-54

第16章

公司销售数据统计与分析

实例概述与设计效果展示

对于工业企业和商品流通企业来说，都会涉及产品的营销问题。销售数据是企业可以获取的第一手资料，通过对销售数据的统计分析，可以为企业的营销决策提供依据。

本章介绍利用Excel 2010表格来记录销售数据，同时对原始销售数据进行各类分析，从而得出对企业决策有帮助的各项结论。

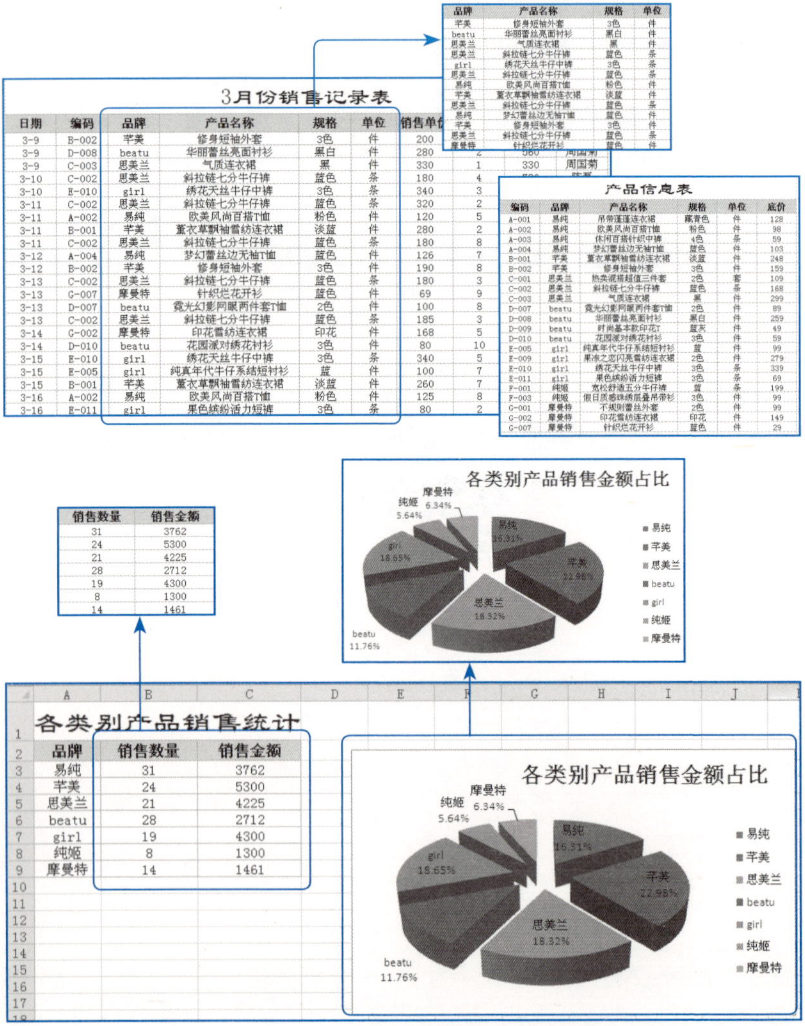

品牌	产品名称	规格	单位
芊美	修身短袖外套	3色	件
beatu	华丽蕾丝亮面衬衫	黑白	件
思美兰	气质连衣裙	黑	件
思美兰	斜拉链七分牛仔裤	蓝色	条
girl	绣花天丝牛仔中裤	3色	条
思美兰	斜拉链七分牛仔裤	蓝色	条
易纯	欧美风尚百搭T恤	粉色	件
芊美	薰衣草飘袖雪纺连衣裙	淡蓝	件
思美兰	斜拉链七分牛仔裤	蓝色	条
易纯	梦幻蕾丝边无袖T恤	蓝色	件
芊美	修身短袖外套	3色	件
思美兰	斜拉链七分牛仔裤	蓝色	条
摩曼特	针织烂花开衫	蓝色	件

3月份销售记录表

日期	编码	品牌	产品名称	规格	单位	销售单价	
3-9	B-002	芊美	修身短袖外套	3色	件	200	
3-9	D-008	beatu	华丽蕾丝亮面衬衫	黑白	件	280	2
3-9	C-003	思美兰	气质连衣裙	黑	件	330	1
3-10	C-002	思美兰	斜拉链七分牛仔裤	蓝色	条	180	4
3-10	E-010	girl	绣花天丝牛仔中裤	3色	条	340	3
3-11	C-002	思美兰	斜拉链七分牛仔裤	蓝色	条	320	2
3-11	A-002	易纯	欧美风尚百搭T恤	粉色	件	120	5
3-11	B-001	芊美	薰衣草飘袖雪纺连衣裙	淡蓝	件	280	2
3-11	C-002	思美兰	斜拉链七分牛仔裤	蓝色	条	180	8
3-12	A-004	易纯	梦幻蕾丝边无袖T恤	蓝色	件	126	7
3-12	B-002	芊美	修身短袖外套	3色	件	190	8
3-13	C-002	思美兰	斜拉链七分牛仔裤	蓝色	条	180	3
3-13	G-007	摩曼特	针织烂花开衫	蓝色	件	69	9
3-13	D-007	beatu	霓光幻影网眼两件套T恤	2色	件	100	8
3-13	C-002	思美兰	斜拉链七分牛仔裤	蓝色	条	185	3
3-14	G-002	摩曼特	印花雪纺连衣裙	印花	件	168	5
3-14	D-010	beatu	花园派对绣花衬衫	3色	件	80	10
3-15	E-010	girl	绣花天丝牛仔中裤	3色	条	340	5
3-15	E-005	girl	纯真年代牛仔系结短衬衫	蓝	件	100	7
3-15	B-001	芊美	薰衣草飘袖雪纺连衣裙	淡蓝	件	260	7
3-16	A-002	易纯	欧美风尚百搭T恤	粉色	件	125	8
3-16	E-011	girl	果色缤纷活力短裤	3色	条	80	2

产品信息表

编码	品牌	产品名称	规格	单位	底价
A-001	易纯	吊带蓬蓬连衣裙	藏青色	件	128
A-002	易纯	欧美风尚百搭T恤	粉色	件	98
A-003	易纯	休闲百搭针织中裤	4色	条	59
A-004	易纯	梦幻蕾丝边无袖T恤	蓝色	件	103
B-001	芊美	薰衣草飘袖雪纺连衣裙	淡蓝	件	248
B-002	芊美	修身短袖外套	3色	件	159
C-001	思美兰	热卖混搭超值三件套	2色	套	109
C-002	思美兰	斜拉链七分牛仔裤	蓝色	条	168
C-003	思美兰	气质连衣裙	黑	件	299
D-007	beatu	霓光幻影网眼两件套T恤	2色	件	89
D-008	beatu	华丽蕾丝亮面衬衫	黑白	件	259
D-009	beatu	时尚基本款印花T	蓝灰	件	49
D-010	beatu	花园派对绣花衬衫	3色	件	59
E-005	girl	纯真年代牛仔系结短衬衫	蓝	件	99
E-009	girl	果冻之恋闪亮雪纺连衣裙	2色	件	279
E-010	girl	绣花天丝牛仔中裤	3色	条	339
E-011	girl	果色缤纷活力短裤	3色	条	69
F-001	纯姬	宽松舒适五分牛仔裤	蓝	条	199
F-003	纯姬	假日质感珠绣层叠吊带衫	3色	件	99
G-001	摩曼特	不规则蕾丝外套	2色	件	99
G-002	摩曼特	印花雪纺连衣裙	印花	件	149
G-007	摩曼特	针织烂花开衫	蓝色	件	29

销售数量	销售金额
31	3762
24	5300
21	4225
28	2712
19	4300
8	1300
14	1461

各类别产品销售统计

品牌	销售数量	销售金额
易纯	31	3762
芊美	24	5300
思美兰	21	4225
beatu	28	2712
girl	19	4300
纯姬	8	1300
摩曼特	14	1461

实例设计过程

本实例中包含3张表格，“产品信息表”用来记录产品的品牌、编码，以及价格等信息，在制作“销售记录表”时这些信息就可以直接引用，也可对各类产品单独进行统计，并使用饼图直观地分析各类产品的销售情况。在表格制作过程中，需要使用一些函数来实现数据的查找、统计。可依照如下流程来开展。

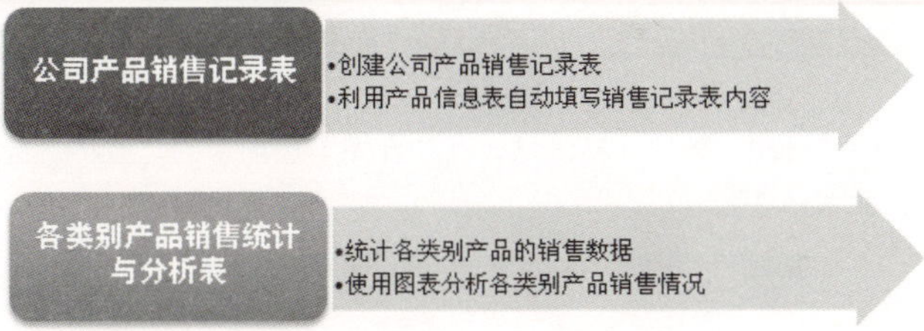

16.1　公司产品销售记录表

16.1.1　创建公司产品销售记录表

在产品日常销售过程中，会形成各张销售单据，首先需要在Excel中建立销售数据统计报表来统计这些原始数据。

❶ 新建一个Excel表格文件，将文件命名为“销售数据统计表”，保存类型为“Excel工作薄”，如图16-1所示。

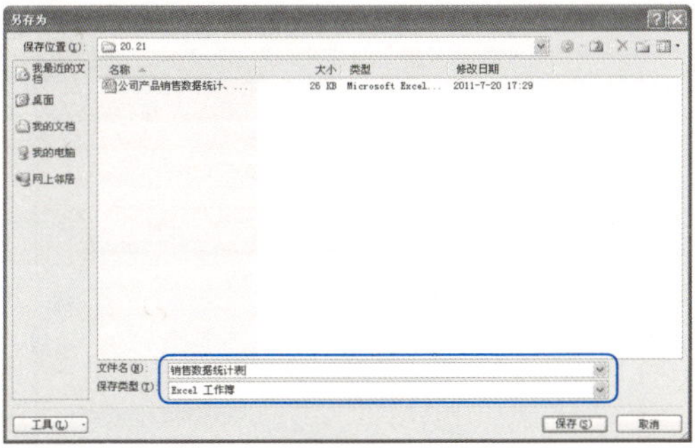

图16–1

❷ 在Sheet1工作表标签上双击鼠标，将其重命名为“销售记录表”，在工作表中输入表格标题、列标识，对表格字体、对齐方式、底纹和边框设置，如图16-2所示。

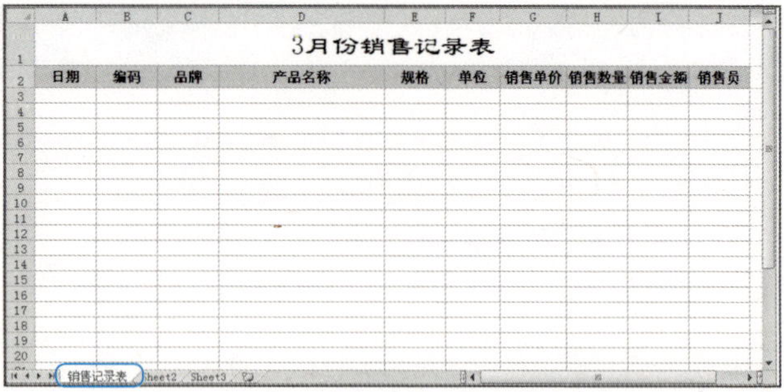

图16-2

3 选中“日期”列单元格区域，在“开始”选项卡的“数字”选项组中单击按钮，如图16-3所示。

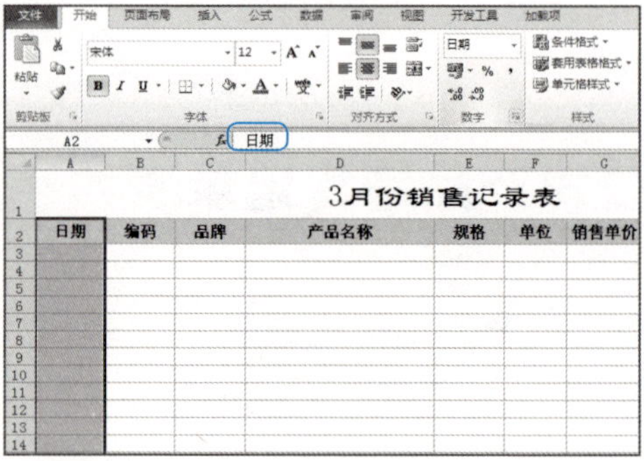

图16-3

4 打开“设置单元格格式”对话框，选择“日期”分类，并选择“3-4”类型，如图16-4所示。

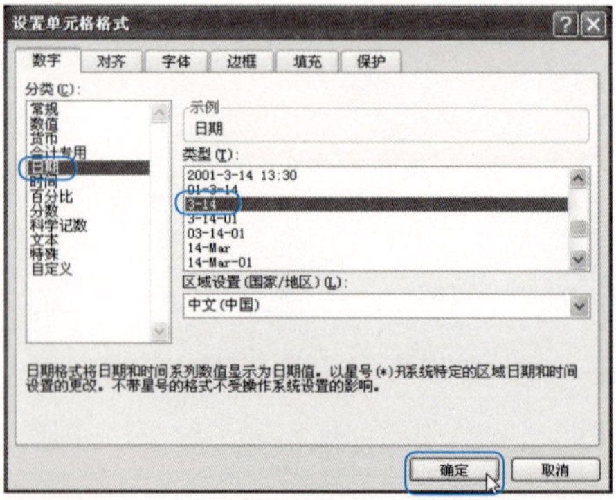

图16-4

5 设置完成后，单击“确定”按钮即可完成日期设置。

16.1.2　利用产品信息表自动填写销售记录表内容

根据当前企业的实际情况，将所有销售产品都记录到工作表中，可以便于对数据的引用及进行相关的分析操作。

❶ 将Sheet2工作表重命名为“产品信息表”，输入所有销售产品的编码、产品名称、规格等，如图16-5所示。

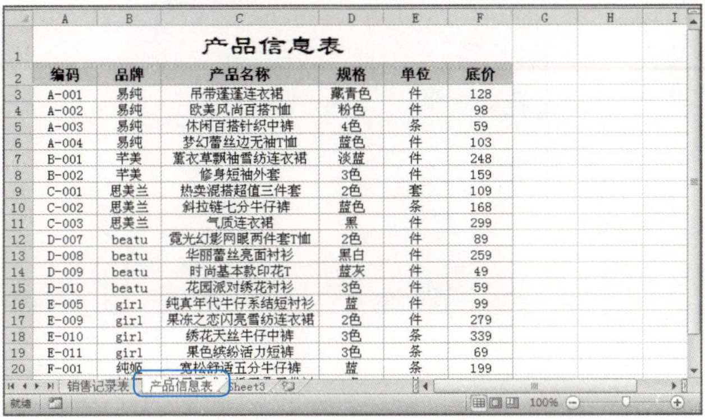

产品信息表

编码	品牌	产品名称	规格	单位	底价
A-001	易纯	吊带蓬蓬连衣裙	藏青色	件	128
A-002	易纯	欧美风尚百搭T恤	粉色	件	98
A-003	易纯	休闲百搭针织中裤	4色	条	59
A-004	易纯	梦幻蕾丝边无袖T恤	蓝色	件	103
B-001	芊美	薰衣草飘袖雪纺连衣裙	淡蓝	件	248
B-002	芊美	修身短袖外套	3色	件	159
C-001	思美兰	热卖混搭超值三件套	2色	套	109
C-002	思美兰	斜拉链七分牛仔裤	蓝色	条	168
C-003	思美兰	气质连衣裙	黑	件	299
D-007	beatu	霓光幻影网眼两件套T恤	2色	件	89
D-008	beatu	华丽蕾丝亮面衬衫	黑白	件	259
D-009	beatu	时尚基本款印花T	蓝灰	件	49
D-010	beatu	花园派对绣花衬衫	3色	件	59
E-005	girl	纯真年代牛仔系结短衬衫	蓝	件	99
E-009	girl	果冻之恋闪亮雪纺连衣裙	2色	件	279
E-010	girl	绣花天丝牛仔中裤	3色	条	339
E-011	girl	果色缤纷活力短裤	3色	条	69
F-001	纯姬	宽松舒适五分牛仔裤	蓝	条	199

图16-5

❷ 在“销售记录表”中输入第一条销售记录的日期与编码，选中C3单元格，在公式编辑栏中输入公式“=VLOOKUP($B3,产品信息表!$A$2:$F$100,COLUMN(B1))”，按Enter键可根据B3单元格中的产品编码返回品牌，如图16-6所示。

❸ 选中C3单元格，将光标定位到该单元格区域右下角，出现黑色十字形状时按住鼠标左键向右拖动至F3单元格，可一次性返回B3单元格中的产品编码的产品名称、规格、单位，如图16-7所示。

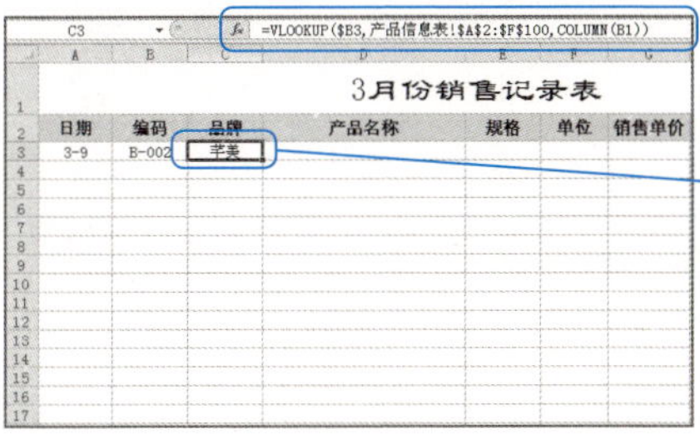

图16-6

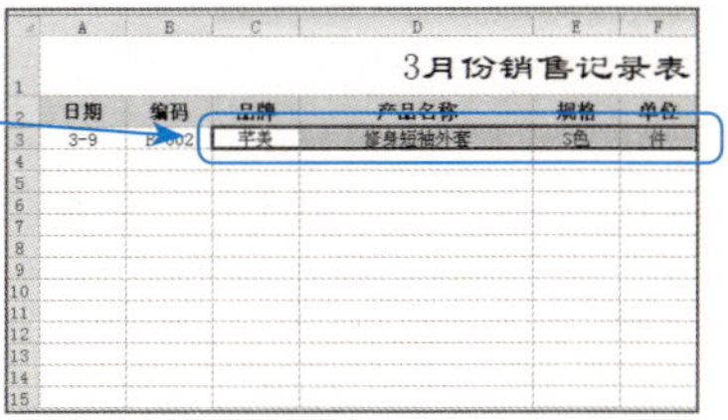

图16-7

❹ 输入其他的销售日期与编码后，选中C3:F3单元格区域，将光标定位到该单元格区域右下角，出现黑色十字形状时按住鼠标左键向下拖动，如图16-8所示。

	A	B	C	D	E	F	G	H
1	3月份销售记录表							
2	日期	编码	品牌	产品名称	规格	单位	销售单价	销售数量
3	3-9	B-002	芊美	修身短袖外套	3色	件		
4	3-9	D-008	beatu	华丽蕾丝亮面衬衫	黑白	件		
5	3-9	C-003	思美兰	气质连衣裙	黑	件		
6	3-10	C-002	思美兰	斜拉链七分牛仔裤	蓝色	条		
7	3-10	E-010	girl	绣花天丝牛仔中裤	3色	条		
8	3-11	C-002	思美兰	斜拉链七分牛仔裤	蓝色	条		
9	3-11	A-002	易纯	欧美风尚百搭T恤	粉色	件		
10	3-11	B-001	芊美	薰衣草飘袖雪纺连衣裙	淡蓝	件		
11	3-11	C-002	思美兰	斜拉链七分牛仔裤	蓝色	条		
12	3-12	A-004	易纯	梦幻蕾丝边无袖T恤	蓝色	件		
13	3-12	B-002	芊美	修身短袖外套	3色	件		
14	3-13	C-002	思美兰	斜拉链七分牛仔裤	蓝色	条		
15	3-13	G-007	摩曼特	针织烂花开衫	蓝色	件		
16	3-13	D-007	beatu	霓光幻影网眼两件套T恤	2色	件		
17	3-13	C-002	思美兰	斜拉链七分牛仔裤	蓝色	条		
18	3-14	G-002	摩曼特	印花雪纺连衣裙	印花	件		
19	3-14	D-010	beatu	花园派对绣花衬衫	3色	件		
20	3-15	E-010	girl	绣花天丝牛仔中裤	3色	条		
21	3-15	E-005	girl	纯真年代牛仔系结短衬衫	蓝	件		
22	3-15	B-001	芊美	薰衣草飘袖雪纺连衣裙	淡蓝	件		
23	3-16	A-002	易纯	欧美风尚百搭T恤	粉色	件		
24	3-16	E-011	girl	果色缤纷活力短裤	3色	条		
25	3-17	F-003	纯姬	假日质感珠绣层叠吊带衫	3色	件		

图16-8

5 再将产品的销售单价、销售数量、销售金额、销售员信息输入完整，设置后的效果如图16-9所示。

	A	B	C	D	E	F	G	H	I	J
1	3月份销售记录表									
2	日期	编码	品牌	产品名称	规格	单位	销售单价	销售数量	销售金额	销售员
3	3-9	B-002	芊美	修身短袖外套	3色	件	200	7	1400	王荣
4	3-9	D-008	beatu	华丽蕾丝亮面衬衫	黑白	件	280	2	560	周国菊
5	3-9	C-003	思美兰	气质连衣裙	黑	件	330	1	330	周国菊
6	3-10	C-002	思美兰	斜拉链七分牛仔裤	蓝色	条	180	4	720	陈磊
7	3-10	E-010	girl	绣花天丝牛仔中裤	3色	条	340	3	1020	郝慕澄
8	3-11	C-002	思美兰	斜拉链七分牛仔裤	蓝色	条	320	2	640	王荣
9	3-11	A-002	易纯	欧美风尚百搭T恤	粉色	件	120	5	600	王荣
10	3-11	B-001	芊美	薰衣草飘袖雪纺连衣裙	淡蓝	件	280	2	560	王荣
11	3-11	C-002	思美兰	斜拉链七分牛仔裤	蓝色	条	180	8	1440	朱晓鹏
12	3-12	A-004	易纯	梦幻蕾丝边无袖T恤	蓝色	件	126	7	882	郝慕澄
13	3-12	B-002	芊美	修身短袖外套	3色	件	190	8	1520	郝慕澄
14	3-13	C-002	思美兰	斜拉链七分牛仔裤	蓝色	条	180	3	540	陈磊
15	3-13	G-007	摩曼特	针织烂花开衫	蓝色	件	69	9	621	朱晓鹏
16	3-13	D-007	beatu	霓光幻影网眼两件套T恤	2色	件	100	8	800	周国菊
17	3-13	C-002	思美兰	斜拉链七分牛仔裤	蓝色	条	185	3	555	陈磊
18	3-14	G-002	摩曼特	印花雪纺连衣裙	印花	件	168	5	840	朱晓鹏
19	3-14	D-010	beatu	花园派对绣花衬衫	3色	件	80	10	800	陈磊
20	3-15	E-010	girl	绣花天丝牛仔中裤	3色	条	340	5	1700	朱晓鹏
21	3-15	E-005	girl	纯真年代牛仔系结短衬衫	蓝	件	100	7	700	郝慕澄
22	3-15	B-001	芊美	薰衣草飘袖雪纺连衣裙	淡蓝	件	260	7	1820	周国菊
23	3-16	A-002	易纯	欧美风尚百搭T恤	粉色	件	125	8	1000	朱晓鹏
24	3-16	E-011	girl	果色缤纷活力短裤	3色	条	80	2	160	郝慕澄
25	3-17	F-003	纯姬	假日质感珠绣层叠吊带衫	3色	件	100	3	300	周国菊

图16-9

16.2 各类别产品销售统计与分析表

下面对各个类别的产品分别进行销售数量与销售金额的统计，使用SUMIF函数来进行数据的统计，并利用图表功能对数据进行更加直观的分析。

16.2.1　统计各类别产品的销售数据

统计出各品种产品的销售数量与销售金额，可以为下期的销售策略进行规划。

❶ 在Sheet3工作表上双击鼠标，将其重命名为“各类别产品销售统计与分析”，输入表格标题和各个产品类别名称到表格中，并建立“销售数量”与“销售金额”统计标识，对表格的编辑区域进行格式设置，包括文字字体、字号设置、对齐方式设置、边框底纹设置等，如图16-10所示。

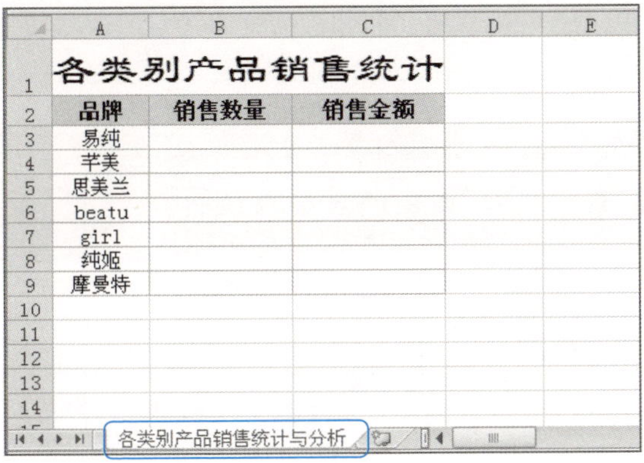

图16-10

❷ 选中B3单元格，在公式编辑栏中输入公式“=SUMIF(销售记录表!$C$3:$C$100,A3,销售记录表!$H$3:$H$100)”，按Enter键，即可统计出该品牌本期总销售量，如图16-11所示。

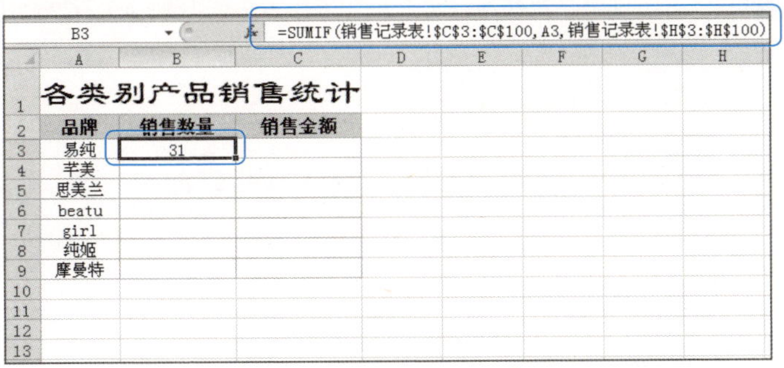

图16-11

❸ 选中C3单元格，在公式编辑栏中输入公式“=SUMIF(销售记录表!$C$3:$C$100,A3,销售记录表!$I$3:$I$100)”，按Enter键，即可统计出该品牌本期总销售金额，如图16-12所示。

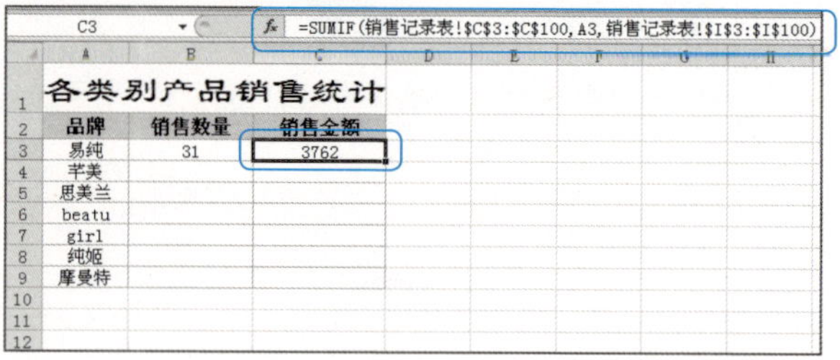

图16-12

4 选中B3:C3单元格区域，将光标定位在右下角，出现黑色十字形状时向下复制公式到C9单元格中，释放鼠标可以得出各个类别产品的总销售数量与总销售金额，如图16-13所示。

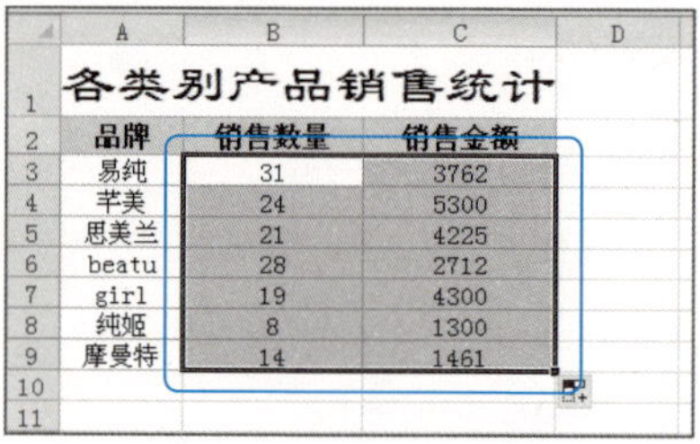

图16-13

16.2.2 使用图表分析各类别产品销售情况

使用图表可以更加直观地显示各类别产品的销售占比。

1 在“各类别产品销售统计与分析”工作表，选中A2:A9、C2:C9单元格区域，打开“插入”选项卡，在“图表”选项组中单击“饼图”下拉按钮，选择“分离型三维饼图”，如图16-14所示。

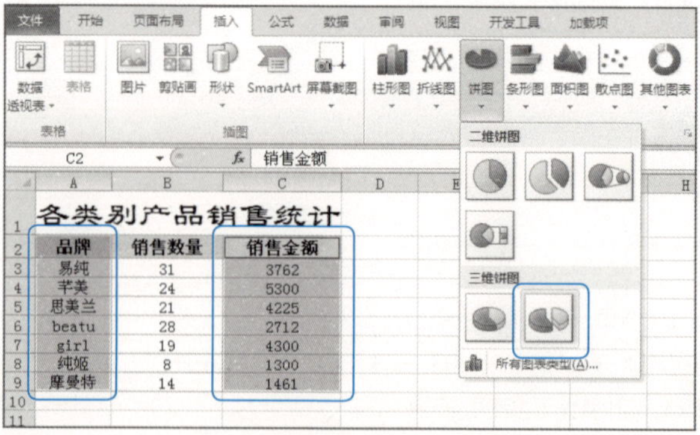

图16-14

❷ 单击即可新建图表。选中图表，打开“图表工具”下的“布局”选项卡，在“标签”选项组中单击“数据标签”按钮，在弹出的下拉列表中选择“其他数据标签选项”，如图16-15所示。

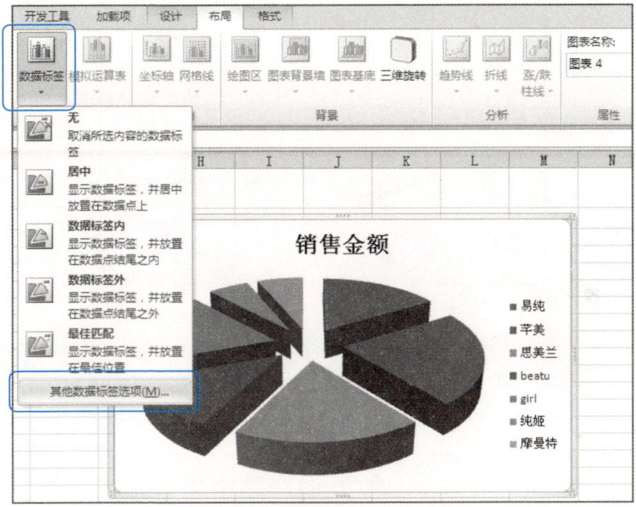

图16-15

❸ 打开“设置数据标签格式”对话框，在“标签选项”选项卡中选中“类别名称”与“百分比”复选框，如图16-16所示。

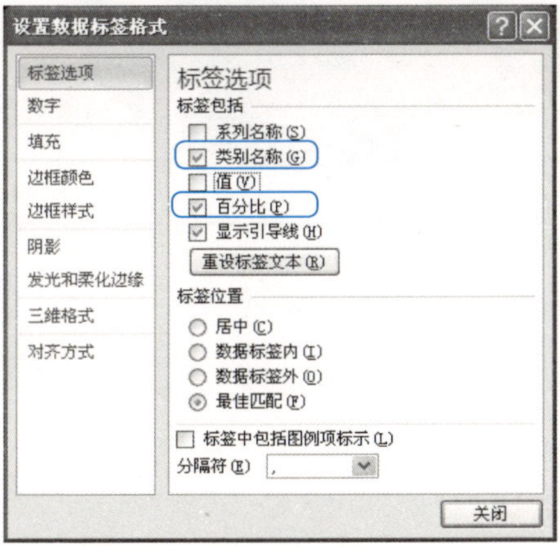

图16-16

❹ 切换到“数字”选项卡，在“类别”列表中选择“百分比”，设置小数位数为“2”，如图16-17所示。

❺ 单击“关闭”按钮可以看到图表的显示效果，在图表标题编辑框中重新

输入图表标题。

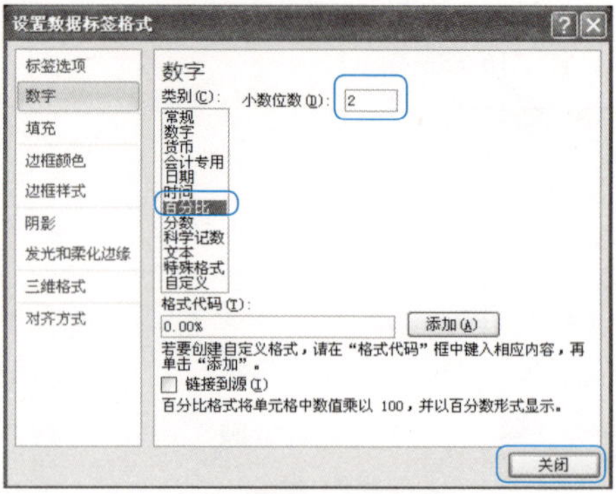

图16–17

6 从建立的图表中可以直观看到“芊美”品牌产品销售金额最高，占总销售金额的22.98%；其次是“girl”品牌产品，占总销售金额的18.65%；最低的是“纯姬”品牌产品，占总销售金额的5.64%。，如图16-18所示。

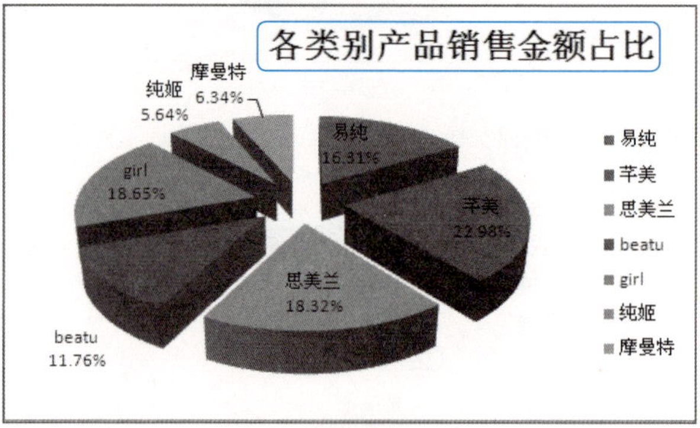

图16–18

第17章

公司生产、运营成本管理与分析

实例概述与设计效果展示

企业最终的目的是获取最大的利润，那么定期对产品生产成本进行分析研究，就可以合理控制产品所需要的成本，不会因为生产成本的过高而导致利润过低，甚至使企业处于亏损状态。

在产品成本管理过程中，需要创建企业产品生产成本分析和企业产品生产成本汇总表。

华宇科技产品生产成本分析表

单位名称：合肥市华宇科技有限公司			统计人员：王莱		审查人员：陶丽		统计日期：2012-5-25			金额单位：元		
项目	1月	2月	3月	4月	5月	6月	7月	8月	9月	10月	11月	12月	合计
期初数	6550.50	183364.00	60655.42	55822.18	99181.99	64539.99	61231.29	53591.10	57197.02	110556.83	144915.73	168279.75	6550.50
直接材料	605600.60	631745.57	653730.28	684560.76	634560.00	556210.00	524560.76	680000.50	554560.76	674560.00	504565.00	684560.50	7389214.73
直接人工	49126.40	54972.62	52066.06	52994.13	52994.00	49880.50	48994.13	52800.50	42994.13	53994.00	42994.10	52990.50	606801.07
制造费用	104086.50	98573.23	89370.42	85804.92	77804.00	70600.80	68804.92	85804.92	55804.92	85804.90	55804.92	85800.50	964064.95
合计	758813.50	785291.42	795166.76	823359.81	765358.00	676691.30	642359.81	818605.92	653359.81	814356.90	603364.02	823351.50	8960080.75
本期转出	582000.00	908000.00	800000.00	780000.00	800000.00	680000.00	650000.00	815000.00	600000.00	780000.00	580000.00	800000.00	8775000.00
转出数量	78000	100000	94000	95000	100000	84000	80000	100000	76000	94000	70000	96000	1067000.00
单位成本	7.46	9.08	8.51	8.21	8.00	8.10	8.13	8.15	7.89	8.30	8.29	8.33	8.22
期末数	183364.00	60655.42	55822.18	99181.99	64539.99	61231.[illegible]							
直接材料比重	79.81%	80.45%	82.21%	83.14%	82.91%	82.20%							
直接人工比重	6.47%	7.00%	6.55%	6.44%	6.92%	7.37%							
制造费用比重	13.72%	12.55%	11.24%	10.42%	10.17%	10.43%							
合计	100.00%	100.00%	100.00%	100.00%	100.00%	100.00%							

华宇科技新产品开发决策分析表

剩余生产能量（机器小时）	22500				
开发两种新产品基本数据			求解最优生产方案		
项目	新产品A	新产品B	项目	新产品A	新产品B
每件定额（机器小时）	2.2	2.5	最大产量（件）	10227.273	9000
销售单价（元）	54	68	单位贡献毛利（元）	21	24
单位变动成本（元）	33	44	贡献毛利总额（元）	214772.73	216000
结论	开发新产品B				

华宇科技产品生产计划方案表

项目	A产品	B产品	C产品
成本（元/件）	375	520	850
生产时间（分钟/件）	5	11	15
利润（元/件）	210	340	650
产量（件）	20	10	18
毛利合计	4200	3400	11700

约束条件		实[illegible]
生产成本约束（元）	100000	实际生产[illegible]
生产时间约束　（时）	8	实际生产[illegible]
产品A产量约束（件）	18	销售利润[illegible]
产品B产量约束（件）	10	
产品C产量约束（件）	8	

华宇科技产品生产成本预测分析表

单位名称：合肥市华宇科技有限公司　　金额单位：元

2011年产品制造成本与产量历史资料

月份	1月	2月	3月	4月	5月	6月	7月	8月	9月	10月	11月	12月
产量（台）	975	875	725	875	640	756	815	725	615	739	615	521
制造成本金额	103880	98180	79945	97492	73505	86426	91560	80300	72080	84044.8	71660	62275

产品单位成本（元/台）	直接材料占总制造成本的百分比	直接人工占总制造成本的百分比	制造费用占总制造成本的百分比
145.8	71.20%	15.60%	13.20%

2012年预测成本资料

产品产量(台)	10000
产量增长	15.00%
劳动生产率提高	11.00%
生产工人平均工资增长	15.00%
原材料消耗定额降低	8.00%
原材料价格上升	3.50%
制造费用增加	10.00%

因素分析法预测下年成本

成本项目	成本降低率
直接材料	3.40%
直接人工	-0.56%
制造费用	0.57%
产品成本总降低率	3.42%

预测产量按上年单位成本计算的总成本	1458000
产品成本总降低额	49792.31665
2009年预测总成本（元）	1408207.683

回归直线法预测下年成本

单位变动成本（元/台）	95.96994819
固定成本	12459.87832
2011年预测总成本	972159.3602

实例设计过程

本实例制作了产品生产成本管理表、产品生产成本汇总表、生产成本预测分析表、产品生产计划方案表、生产成本预测分析表，制作过程中运用了很多公式和函数来快速输入单元格数据，并利用Excel的“规划求解”功能来求出最佳生产计划方案，另外使用了因素分析法和回归直线法预测下年的成本。可依照如下流程来开展。

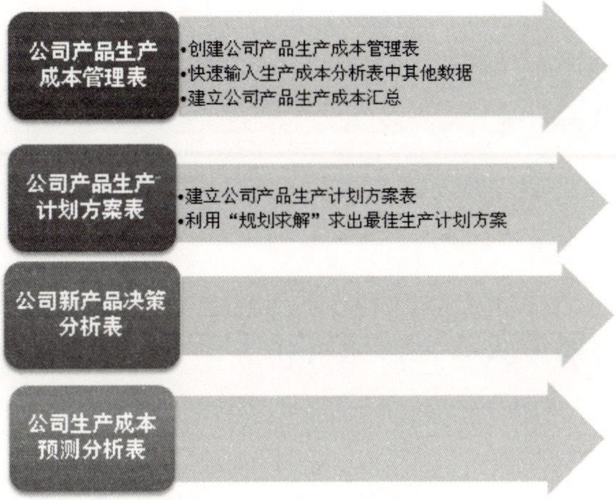

17.1　公司产品生产成本管理表

在制作公司产品生产成本管理表时，需要使用IF函数、SUM函数、RANK函数等。

17.1.1　创建公司产品生产成本管理表

❶ 新建“公司生产成本管理表”工作簿，并将Sheet1工作表标签重命名为“产品生产成本分析表”。在工作表中输入表头、单位名称、统计人员、标识项，以及相关生产成本信息。输入完成后的效果如图17-1所示。

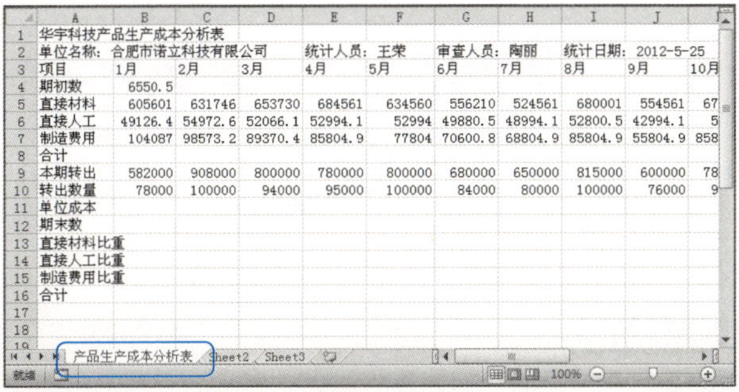

	A	B	C	D	E	F	G	H	I	J	K
1	华宇科技产品生产成本分析表										
2	单位名称：合肥市诺立科技有限公司				统计人员：王荣		审查人员：陶丽		统计日期：2012-5-25		
3	项目	1月	2月	3月	4月	5月	6月	7月	8月	9月	10月
4	期初数	6550.5									
5	直接材料	605601	631746	653730	684561	634560	556210	524561	680001	554561	67
6	直接人工	49126.4	54972.6	52066.1	52994.1	52994	49880.5	48994.1	52800.5	42994.1	5
7	制造费用	104087	98573.2	89370.4	85804.9	77804	70600.8	68804.9	85804.9	55804.9	858
8	合计										
9	本期转出	582000	908000	800000	780000	800000	680000	650000	815000	600000	78
10	转出数量	78000	100000	94000	95000	100000	84000	80000	100000	76000	9
11	单位成本										
12	期末数										
13	直接材料比重										
14	直接人工比重										
15	制造费用比重										
16	合计										
17											
18											

图17-1

❷ 接着对表头、表格进行美化设置，设置完成后的效果如图17-2所示。

华宯科技产品生产成本分析表													
单位名称：合肥市华宇科技有限公司			统计人员：王荣		审查人员：陶丽		统计日期：2012-5-25			金额单位：元			
项目	1月	2月	3月	4月	5月	6月	7月	8月	9月	10月	11月	12月	合计
期初数	6550.50												
直接材料	605600.60	631745.57	653730.28	684560.76	634560.00	556210.00	524560.76	680000.50	554560.76	674560.00	504565.00	684560.50	
直接人工	49126.40	54972.62	52066.06	52994.13	52994.00	49880.50	48994.13	52800.50	42994.13	53994.00	42994.10	52990.50	
制造费用	104086.50	98573.23	89370.42	85804.92	77804.00	70600.80	68804.92	85804.92	55804.92	85804.90	55804.92	85800.50	
合计													
本期转出	582000.00	908000.00	800000.00	780000.00	800000.00	680000.00	650000.00	815000.00	600000.00	780000.00	580000.00	800000.00	
转出数量	78000	100000	94000	95000	100000	84000	80000	100000	76000	94000	70000	96000	
单位成本													
期末数													
直接材料比重													
直接人工比重													
制造费用比重													
合计													

图17-2

17.1.2 快速输入生产成本分析表中其他数据

在熟练掌握了Excel中的公式函数之后，对表格中的数据可使用公式进行计算分析，十分方便快捷。

❶ 在“产品生产成本分析表”工作表中，分别在C4、D4、E4、F4、G4、H4、I4、J4、K4、L4、M4和N4单元格中，输入以下公式：在C4单元格中输入公式“=B12”，在D4单元格中输入公式“=C12”，在E4单元格中输入公式“=D12”，在F4单元格中输入公式“=E12”，在G4单元格中输入公式“=F12”，在H4单元格中输入公式“=G12”，在I4单元格中输入公式“=H12”，在J4单元格中输入公式“=I12”，在K4单元格中输入公式“=J12”，在L4单元格中输入公式“=K12”，在M4单元格中输入公式“=L12”，在N4单元格中输入公式“=B4”。按Enter键后，即可返回每个月的期初数，如图17-3所示。

华宇科技产品生产成本分析表													
单位名称：合肥市华宇科技有限公司			统计人员：王荣		审查人员：陶丽		统计日期：2012-5-25			金额单位：元			
项目	1月	2月	3月	4月	5月	6月	7月	8月	9月	10月	11月	12月	合计
期初数	6550.50	0.00	0.00	0.00	0.00	0.00	0.00	0.00	0.00	0.00	0.00	0.00	6550.50
直接材料	605600.60	631745.57	653730.28	684560.76	634560.00	556210.00	524560.76	680000.50	554560.76	674560.00	504565.00	684560.50	
直接人工	49126.40	54972.62	52066.06	52994.13	52994.00	49880.50	48994.13	52800.50	42994.13	53994.00	42994.10	52990.50	
制造费用	104086.50	98573.23	89370.42	85804.92	77804.00	70600.80	68804.92	85804.92	55804.92	85804.90	55804.92	85800.50	
合计													
本期转出	582000.00	908000.00	800000.00	780000.00	800000.00	680000.00	650000.00	815000.00	600000.00	780000.00	580000.00	800000.00	
转出数量	78000	100000	94000	95000	100000	84000	80000	100000	76000	94000	70000	96000	
单位成本													
期末数													
直接材料比重													
直接人工比重													
制造费用比重													
合计													

图17-3

❷ 选中B8单元格，在公式编辑栏中输入公式“=SUM(B5:B7)”，按Enter键，即可计算出第1个月的合计值。将光标移到B8单元格的右下角，当光标变成十字形状后，按住鼠标左键向右拖动进行公式填充，即可计算其他月数的合计

值，如图17-4所示。

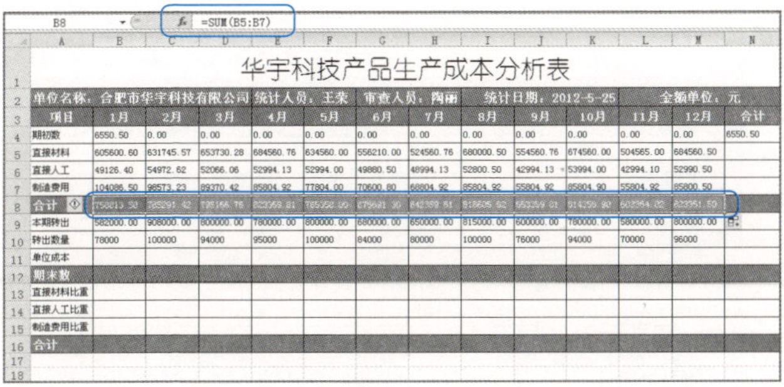

图17-4

❸ 分别在B11和B12单元格中输入以下公式“=IF(B10=0,"",B9/B10)”和“=B4+B8-B9”，按Enter键，分别计算出第1个月的单位成本和期末数。接着选中B11:B12单元格区域，将光标移到B12单元格的右下角，当光标变成十字形状后，按住鼠标左键向右拖动进行公式填充，即可计算其他月数的单位成本和期末数，如图17-5所示。

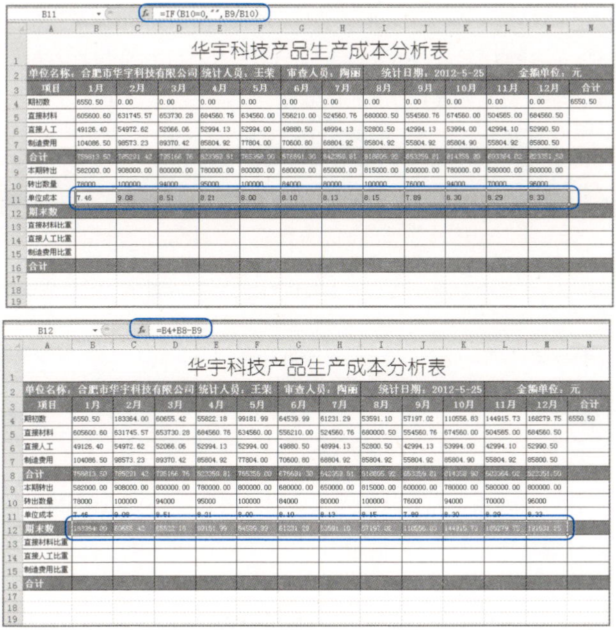

图17-5

❹ 选中B13单元格，在公式编辑栏中输入公式“=IF(B8=0,0,B5/B8)”，按Enter键，即可计算出第1个月直接材料比重为“79.81%”，如图17-6所示。

B13 　 f_x =IF(B8=0,0,B5/B8)

	A	B	C	D	E	F	G	H
1	华宇科技产品生产成							
2	单位名称：合肥市华宇科技有限公司			统计人员：王荣		审查人员：陶雨		
3	项目	1月	2月	3月	4月	5月	6月	7月
4	期初数	6550.50	183364.00	60655.42	55822.18	99181.99	64539.99	61231.29
5	直接材料	605600.60	631745.57	653730.28	684560.76	634560.00	556210.00	524560.76
6	直接人工	49126.40	54972.62	52066.06	52994.13	52994.00	49880.50	48994.13
7	制造费用	104086.50	98573.23	89370.42	85804.92	77804.00	70600.80	68804.92
8	合计	758813.50	785291.42	795166.76	823359.81	765358.00	676691.30	642359.81
9	本期转出	582000.00	908000.00	800000.00	780000.00	800000.00	680000.00	650000.00
10	转出数量	78000	100000	94000	95000	100000	84000	80000
11	单位成本	7.46	9.08	8.51	8.21	8.00	8.10	8.13
12	期末数	183364.00	60655.42	55822.18	99181.99	64539.99	61231.29	53591.10
13	直接材料比重	79.81%						
14	直接人工比重							
15	制造费用比重							
16	合计							

图17-6

5 接着在“产品生产成本分析表”工作表中的B14、B15和B16单元格中，分别输入以下公式：在B14单元格中输入公式“=IF(B8=0,0,B6/B8)”，在B15单元格中输入公式“=IF(B8=0,0,B7/B8)”，在B16单元格中输入公式“=IF(B8=0,0,B8/B8)”。输入以上公式后，接着选中B13:B16单元格区域，将光标移到B16单元格的右下角，当光标变成十字形状后，按住鼠标左键向右拖动进行公式填充，即可得到如图17-7所示的效果。

	A	B	C	D	E	F	G	H	I	J	K	L	M	N
1	华宇科技产品生产成本分析表													
2	单位名称：合肥市华宇科技有限公司			统计人员：王荣		审查人员：陶雨			统计日期：2012-5-25			金额单位：元		
3	项目	1月	2月	3月	4月	5月	6月	7月	8月	9月	10月	11月	12月	合计
4	期初数	6550.50	183364.00	60655.42	55822.18	99181.99	64539.99	61231.29	53591.10	57197.02	110556.83	144915.73	168279.75	6550.50
5	直接材料	605600.60	631745.57	653730.28	684560.76	634560.00	556210.00	524560.76	680000.50	554560.76	674560.00	504565.00	684560.50	
6	直接人工	49126.40	54972.62	52066.06	52994.13	52994.00	49880.50	48994.13	52800.50	42994.13	53994.00	42994.10	52990.50	
7	制造费用	104086.50	98573.23	89370.42	85804.92	77804.00	70600.80	68804.92	85804.92	55804.92	85804.90	55804.92	85800.50	
8	合计	758813.50	785291.42	795166.76	823359.81	765358.00	676691.30	642359.81	818605.92	653359.81	814358.90	603364.02	823351.50	
9	本期转出	582000.00	908000.00	800000.00	780000.00	800000.00	680000.00	650000.00	815000.00	600000.00	780000.00	580000.00	800000.00	
10	转出数量	78000	100000	94000	95000	100000	84000	80000	100000	76000	94000	70000	96000	
11	单位成本	7.46	9.08	8.51	8.21	8.00	8.10	8.13	8.15	7.89	8.30	8.29	8.33	
12	期末数	183364.00	60655.42	55822.18	99181.99	64539.99	61231.29	53591.10	57197.02	110556.83	144915.73	168279.75	191631.25	
13	直接材料比重	79.81%	80.45%	82.21%	83.14%	82.91%	82.20%	81.66%	83.07%	84.88%	82.83%	83.63%	83.14%	
14	直接人工比重	6.47%	7.00%	6.55%	6.44%	6.92%	7.37%	7.63%	6.45%	6.58%	6.63%	7.13%	6.44%	
15	制造费用比重	13.72%	12.55%	11.24%	10.42%	10.17%	10.43%	10.71%	10.48%	8.54%	10.54%	9.25%	10.42%	
16	合计	100.00%	100.00%	100.00%	100.00%	100.00%	100.00%	100.00%	100.00%	100.00%	100.00%	100.00%	100.00%	
17														

图17-7

6 选中N5单元格，在公式编辑栏中输入公式“=SUM(B5:M5)”，按Enter键，即可计算出直接材料的合计值。将光标移到N5单元格的右下角，当光标变成十字形状后，按住鼠标左键向下拖动进行公式填充，即可计算出直接人工、制造费用、合计、本期转出和转出数量的合计值，如图17-8所示。

7 分别在N11和N12单元格中输入以下公式“=IF(N10=0,"",N9/N10)”和“=N4+N8-N9”，按Enter键，分别计算出单位成本和期末数的合计值，如图17-9所示。

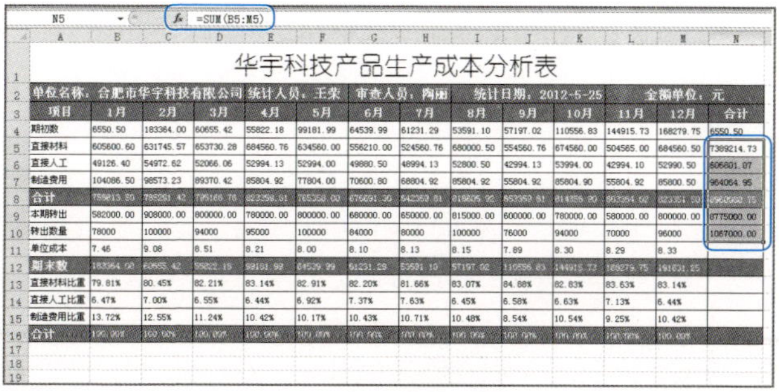

图17-8

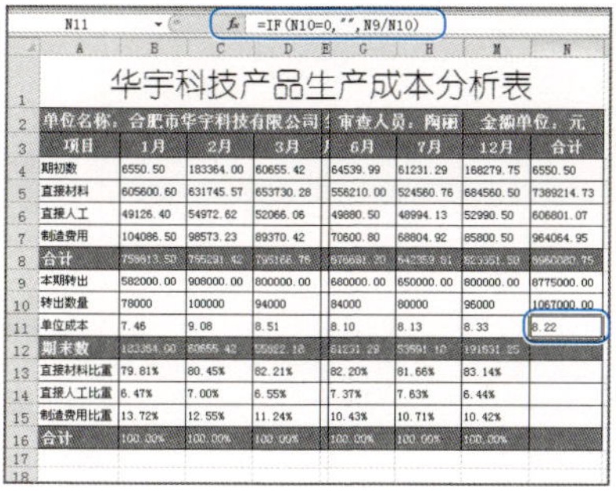

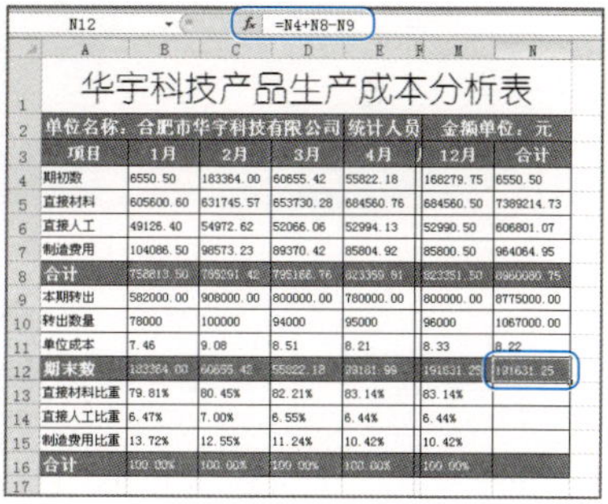

图17-9

8 选中N13单元格，在公式编辑栏中输入公式“=IF(N8=0,0,N5/$N$8)”，按Enter键，即可计算出“直接材料比重”的合计值为“82.47%”。将光标移到N13单元格的右下角，当光标变成十字形状后，按住鼠标左键向下拖动进行公式填充，即可计算出直接人工比重和制造费用比重的合计值，如图17-10所示。

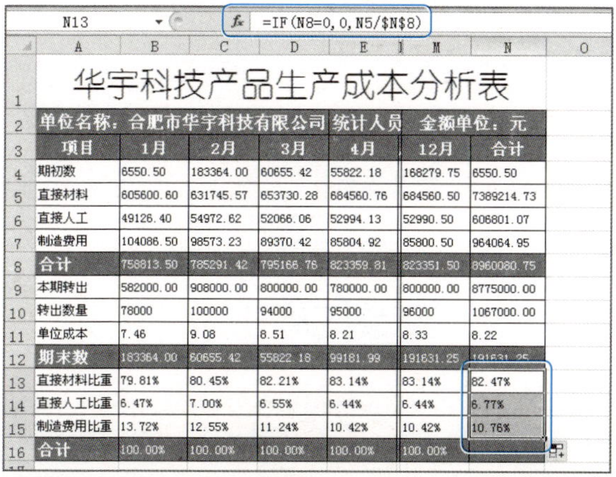

图17-10

17.1.3 建立公司产品生产成本汇总表

建立的公司产品生产成本汇总表，应包括产品编号、期初数、直接材料、直接人工、制造费用、合计、本期售出等信息。

❶ 在“公司生产成本管理表”工作簿中，双击Sheet2工作表标签重命名为“产品生产成本汇总表”。在工作表中输入表头、标识项，以及相关生产成本信息。输入完成后对表头和表格进行美化设置，美化设置后的效果如图17-11所示。

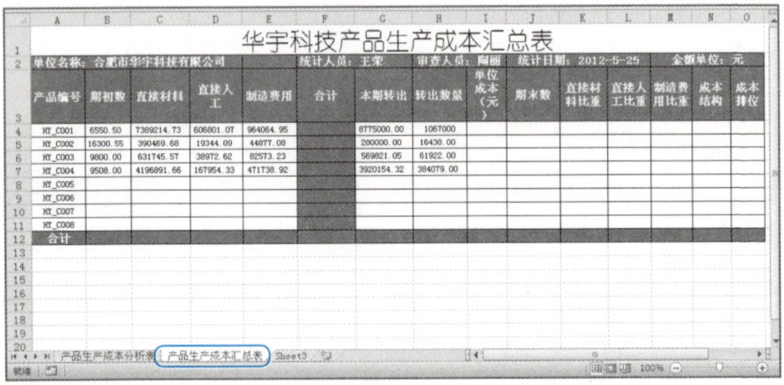

图17-11

❷ 分别在F4和I4单元格中，输入公式“=SUM(C4:E4)”和“ =G4/H4”，按Enter键，即可计算出HY_C001产品直接材料、直接人工和制造费用合计值，以及单位成本。接着分别对F4和I4的公式进行向下填充，即可计算出其他产品直接材料、直接人工和制造费用合计值，以及单位成本，如图17-12所示。

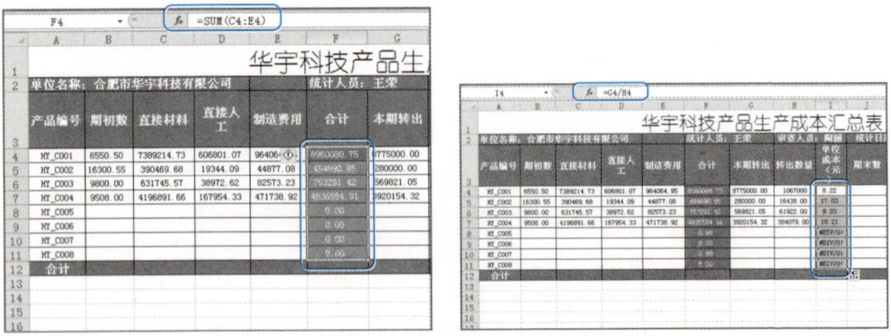

图17-12

❸ 在“产品生产成本汇总表”工作表中，分别在J4、K4、L4和M4单元格输入以下公式：在J4单元格中输入公式“=B4+F4-G4”，在K4单元格中输入公式“=IF(F4=0,"",C4/$F4)”，在L4单元格中输入公式“=IF(F4=0,"",D4/$F4)”，在M4单元格中输入公式“=IF(F4=0,"",E4/$F4)”。按Enter键，即可计算出HY_C001产品的期末数、直接材料比重、直接人工比重和制造费用比重。接着选中

J4:M4单元格区域，将光标移到M4单元格的右下角，当光标变成十字形状后，按住鼠标左键向下拖动进行公式填充，即可计算出其他产品的期末数、直接材料比重、直接人工比重和制造费用比重，如图17-13所示。

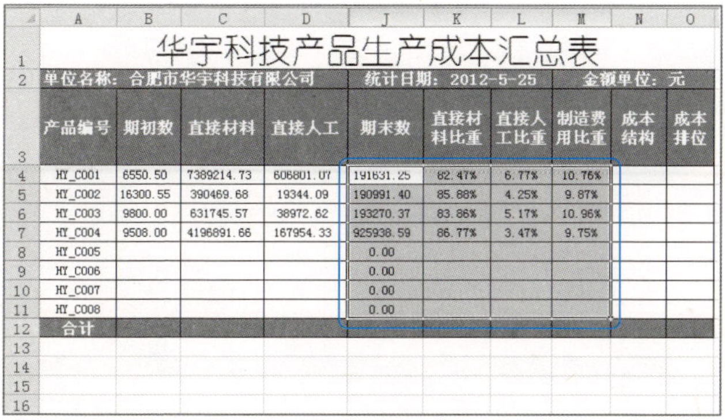

	A	B	C	D	J	K	L	M	N	O
1	华宇科技产品生产成本汇总表									
2	单位名称：合肥市华宇科技有限公司				统计日期：2012-5-25			金额单位：元		
3	产品编号	期初数	直接材料	直接人工	期末数	直接材料比重	直接人工比重	制造费用比重	成本结构	成本排位
4	HY_C001	6550.50	7389214.73	606801.07	191631.25	82.47%	6.77%	10.76%		
5	HY_C002	16300.55	390469.68	19344.09	190991.40	85.88%	4.25%	9.87%		
6	HY_C003	9800.00	631745.57	38972.62	193270.37	83.86%	5.17%	10.96%		
7	HY_C004	9508.00	4196891.66	167954.33	925938.59	86.77%	3.47%	9.75%		
8	HY_C005				0.00					
9	HY_C006				0.00					
10	HY_C007				0.00					
11	HY_C008				0.00					
12	合计									
13										
14										
15										
16										

图17-13

4 选中B12单元格，在公式编辑栏中输入公式“=SUM(B4:B11)”，按Enter键，即可计算出“期初数”的合计值。将光标移到B12单元格的右下角，当光标变成十字形状后，按住鼠标左键向右拖动进行公式填充，即可计算出其他项的合计值，如图17-14所示。

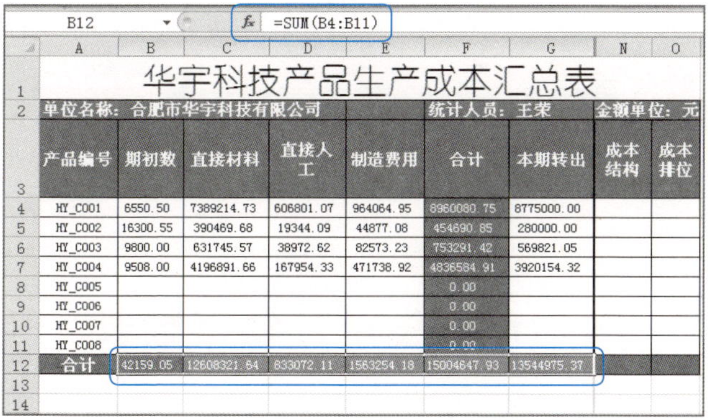

B12　=SUM(B4:B11)

	A	B	C	D	E	F	G	N	O
1	华宇科技产品生产成本汇总表								
2	单位名称：合肥市华宇科技有限公司					统计人员：王荣		金额单位：元	
3	产品编号	期初数	直接材料	直接人工	制造费用	合计	本期转出	成本结构	成本排位
4	HY_C001	6550.50	7389214.73	606801.07	964064.95	8960080.75	8775000.00		
5	HY_C002	16300.55	390469.68	19344.09	44877.08	454690.85	280000.00		
6	HY_C003	9800.00	631745.57	38972.62	82573.23	753291.42	569821.05		
7	HY_C004	9508.00	4196891.66	167954.33	471738.92	4836584.91	3920154.32		
8	HY_C005					0.00			
9	HY_C006					0.00			
10	HY_C007					0.00			
11	HY_C008					0.00			
12	合计	42159.05	12608321.64	833072.11	1563254.18	15004647.93	13544975.37		
13									
14									

图17-14

5 选中N4单元格，在公式编辑栏中输入公式“=IF($F$12=0,"",F4/$F$12)”，按Enter键，即可计算出HY_C001产品的成本结构比例为“59.72%”。将光标移到N4单元格的右下角，当光标变成十字形状后，按住鼠标左键向下拖动进行公式填充，即可计算出其他各产品的成本结构比例，如图17-15所示。

6 选中O4单元格，在公式编辑栏中输入公式“=IF(N4=0,"",RANK(N4,$N$4:$N$11))”，按Enter键，即可对HY_C001产品成本进行排位。将光标移到O4单元格的右下角，当光标变成十字形状后，按住鼠标左键向下拖动进行公式填充，即可对其他产品成本进行排位，如图17-16所示。

N4 =IF($F$12=0,"",F4/$F$12)

	A	B	C	D	E	M	N	O
1	华宇科技产品生产成本汇总表							
2	单位名称：合肥市华宇科技有限公司					金额单位：元		
3	产品编号	期初数	直接材料	直接人工	制造费用	制造费用比重	成本结构	成本排位
4	HY_C001	6550.50	7389214.73	606801.07	964064.95	10.76%	59.72%	
5	HY_C002	16300.55	390469.68	19344.09	44877.08	9.87%	3.03%	
6	HY_C003	9800.00	631745.57	38972.62	82573.23	10.96%	5.02%	
7	HY_C004	9508.00	4196891.66	167954.33	471738.92	9.75%	32.23%	
8	HY_C005						0.00%	
9	HY_C006						0.00%	
10	HY_C007						0.00%	
11	HY_C008						0.00%	
12	合计	42159.05	12608321.64	833072.11	1563254.18	0.41		
13								

图17-15

O4 =IF(N4=0,"",RANK(N4,$N$4:$N$11))

	A	B	C	D	E	M	N	O	P
1	华宇科技产品生产成本汇总表								
2	单位名称：合肥市华宇科技有限公司					金额单位：元			
3	产品编号	期初数	直接材料	直接人工	制造费用	制造费用比重	成本结构	成本排位	
4	HY_C001	6550.50	7389214.73	606801.07	964064.95	10.76%	59.72%	1	
5	HY_C002	16300.55	390469.68	19344.09	44877.08	9.87%	3.03%	4	
6	HY_C003	9800.00	631745.57	38972.62	82573.23	10.96%	5.02%	3	
7	HY_C004	9508.00	4196891.66	167954.33	471738.92	9.75%	32.23%	2	
8	HY_C005						0.00%		
9	HY_C006						0.00%		
10	HY_C007						0.00%		
11	HY_C008						0.00%		
12	合计	42159.05	12608321.64	833072.11	1563254.18	0.41			

图17-16

17.2 公司产品生产计划方案表

在制作公司产品生产计划方案表过程中，可利用“规划求解”求出最佳生产计划方案。

17.2.1 建立公司产品生产计划方案表

建立公司产品生产计划方案表，应包括产品生产成本各项分析数据信息，如产品成本、生产时间、利润、产量等。

❶ 新建“公司产品生产计划方案表”工作簿，并将Sheet1工作表标签重命名为“产品生产计划方案表”。在工作表中输入表头、标识项，以及相关产品的

信息。输入完成后的效果如图17-17所示。

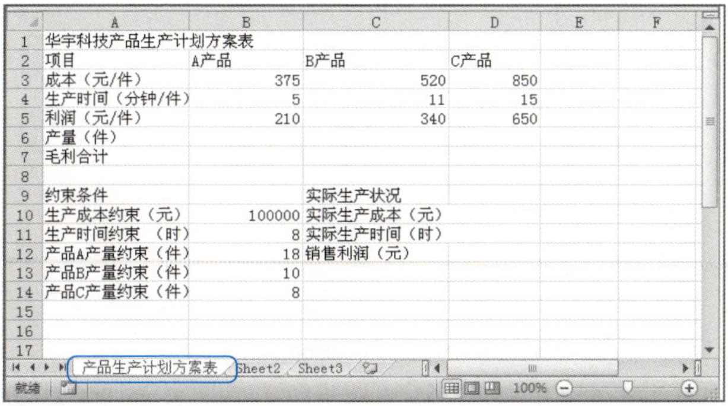

	A	B	C	D
1	华宇科技产品生产计划方案表			
2	项目	A产品	B产品	C产品
3	成本（元/件）	375	520	850
4	生产时间（分钟/件）	5	11	15
5	利润（元/件）	210	340	650
6	产量（件）			
7	毛利合计			
8				
9	约束条件		实际生产状况	
10	生产成本约束（元）	100000	实际生产成本（元）	
11	生产时间约束　（时）	8	实际生产时间（时）	
12	产品A产量约束（件）	18	销售利润（元）	
13	产品B产量约束（件）	10		
14	产品C产量约束（件）	8		

图17-17

❷ 接着对表头、表格进行美化设置，设置完成后的效果如图17-18所示。

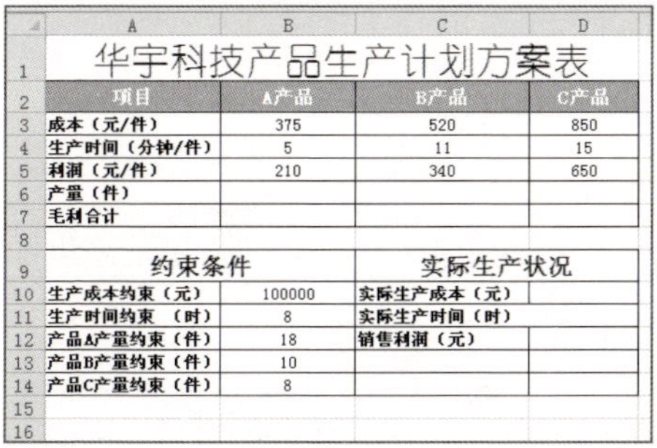

	A	B	C	D
1	华宇科技产品生产计划方案表			
2	项目	A产品	B产品	C产品
3	成本（元/件）	375	520	850
4	生产时间（分钟/件）	5	11	15
5	利润（元/件）	210	340	650
6	产量（件）			
7	毛利合计			
8				
9	约束条件		实际生产状况	
10	生产成本约束（元）	100000	实际生产成本（元）	
11	生产时间约束　（时）	8	实际生产时间（时）	
12	产品A产量约束（件）	18	销售利润（元）	
13	产品B产量约束（件）	10		
14	产品C产量约束（件）	8		

图17-18

❸ 选中B7单元格，在公式编辑栏中输入公式“=B5*B6”，按Enter键，即可设计出求A产品的毛利合计公式。将光标移到B7单元格的右下角，当光标变成十字形状后，按住鼠标左键向右拖动进行公式填充，即可设计出求B和C产品的毛利合计公式，如图17-19所示。

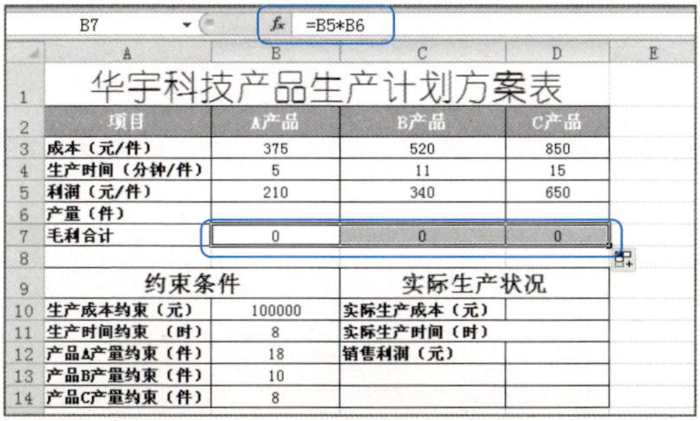

	A	B	C	D
1	华宇科技产品生产计划方案表			
2	项目	A产品	B产品	C产品
3	成本（元/件）	375	520	850
4	生产时间（分钟/件）	5	11	15
5	利润（元/件）	210	340	650
6	产量（件）			
7	毛利合计	0	0	0
8				
9	约束条件		实际生产状况	
10	生产成本约束（元）	100000	实际生产成本（元）	
11	生产时间约束　（时）	8	实际生产时间（时）	
12	产品A产量约束（件）	18	销售利润（元）	
13	产品B产量约束（件）	10		
14	产品C产量约束（件）	8		

图17-19

4 选中D10单元格，在公式编辑栏中输入公式“=B3*B6+C3*C6+D3*D6”，按Enter键，即可设计出求3款产品的实际生产成本公式，如图17-20所示。

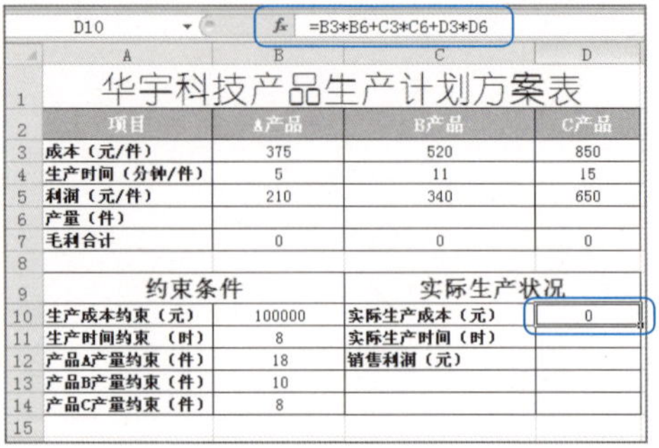
D10 =B3*B6+C3*C6+D3*D6

项目	A产品	B产品	C产品
成本（元/件）	375	520	850
生产时间（分钟/件）	5	11	15
利润（元/件）	210	340	650
产量（件）			
毛利合计	0	0	0
约束条件		实际生产状况	
生产成本约束（元）	100000	实际生产成本（元）	0
生产时间约束（时）	8	实际生产时间（时）	
产品A产量约束（件）	18	销售利润（元）	
产品B产量约束（件）	10		
产品C产量约束（件）	8		

图17-20

5 选中D11单元格，在公式编辑栏中输入公式“=(B4/60)*B6+(C4/60)*C6+(D4/60)*D6”，按Enter键，即可设计出求3款产品的实际生产时间公式，如图17-21所示。

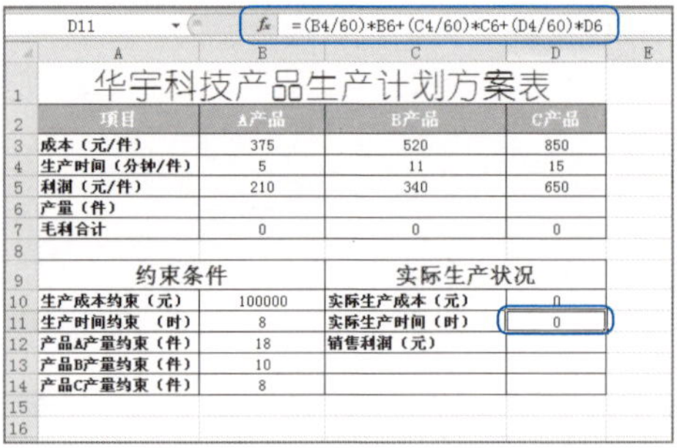
D11 =(B4/60)*B6+(C4/60)*C6+(D4/60)*D6

项目	A产品	B产品	C产品
成本（元/件）	375	520	850
生产时间（分钟/件）	5	11	15
利润（元/件）	210	340	650
产量（件）			
毛利合计	0	0	0
约束条件		实际生产状况	
生产成本约束（元）	100000	实际生产成本（元）	0
生产时间约束（时）	8	实际生产时间（时）	0
产品A产量约束（件）	18	销售利润（元）	
产品B产量约束（件）	10		
产品C产量约束（件）	8		

图17-21

6 选中D12单元格，在公式编辑栏中输入公式“=SUM(B7:D7)”，按Enter键，即可设计出求3款产品的销售利润公式，如图17-22所示。

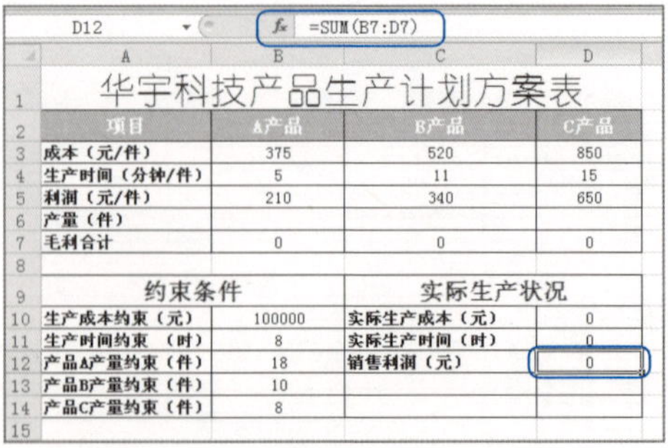
D12 =SUM(B7:D7)

项目	A产品	B产品	C产品
成本（元/件）	375	520	850
生产时间（分钟/件）	5	11	15
利润（元/件）	210	340	650
产量（件）			
毛利合计	0	0	0
约束条件		实际生产状况	
生产成本约束（元）	100000	实际生产成本（元）	0
生产时间约束（时）	8	实际生产时间（时）	0
产品A产量约束（件）	18	销售利润（元）	0
产品B产量约束（件）	10		
产品C产量约束（件）	8		

图17-22

17.2.2　利用“规划求解”求出最佳生产计划方案

求解公式设计完成后，就可以利用“规划求解”功能来设置求解约束条件，并得出求解结果。默认状态下，Excel的工具栏中没有“规划求解”工具，可以在“Excel选项”对话框中进行添加设置。

❶ 打开“文件”选项卡，单击“选项”按钮，打开“Excel选项”对话框，单击“加载项”标签，在右侧单击“转到”按钮，如图17-23所示。

❷ 打开“加载宏”对话框，勾选“规划求解加载项”复选框，单击“确定”按钮，如图17-24所示。

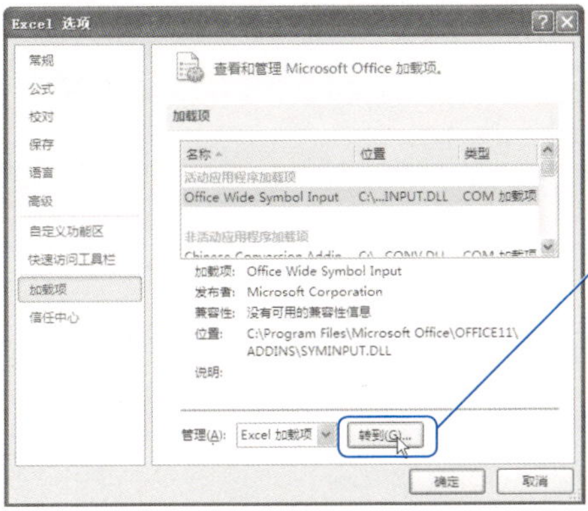

图17-23

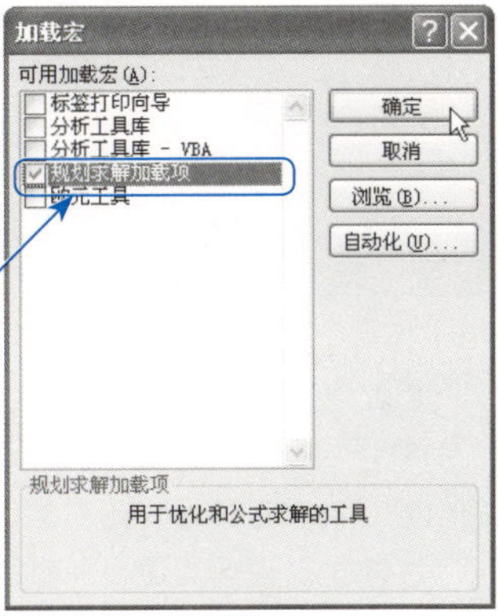

图17-24

❸ 在工作表中选中D12单元格，此时在“数据”选项卡下出现了“分析”选项组，在上面单击“规划求解”按钮，如图17-25所示。

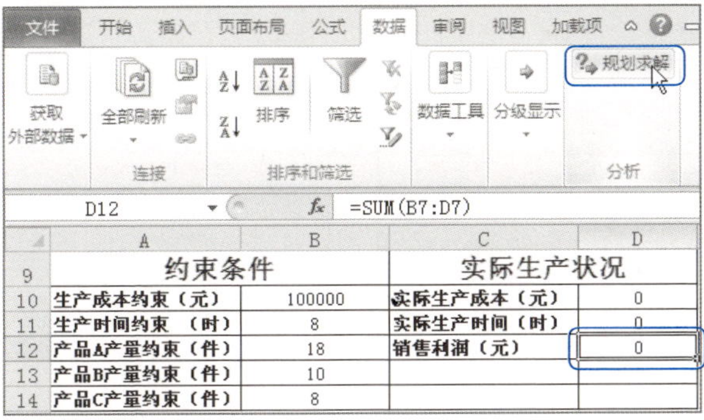

	A	B	C	D
9	约束条件		实际生产状况	
10	生产成本约束（元）	100000	实际生产成本（元）	0
11	生产时间约束　（时）	8	实际生产时间（时）	0
12	产品A产量约束（件）	18	销售利润（元）	0
13	产品B产量约束（件）	10		
14	产品C产量约束（件）	8		

图17-25

❹ 在对话框的“通过更改可变单元格”文本框中，使用拾取器在工作表中选中“$B$6:$D$6”单元格区域，再在对话框中的“遵守约束”列表框右侧，单击“添加”按钮，如图17-26所示。

5 打开“添加约束”对话框，在“单元格引用”文本框中输入“$D$10”；在“约束”文本框中输入“=$B$10”，如图17-27所示。设置完成后，单击“添加”按钮，即可将刚才新建的约束条件添加到“遵守约束”列表中。

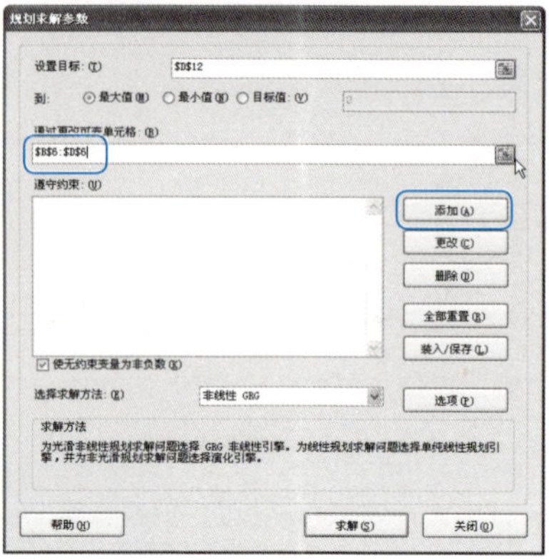

图17-26

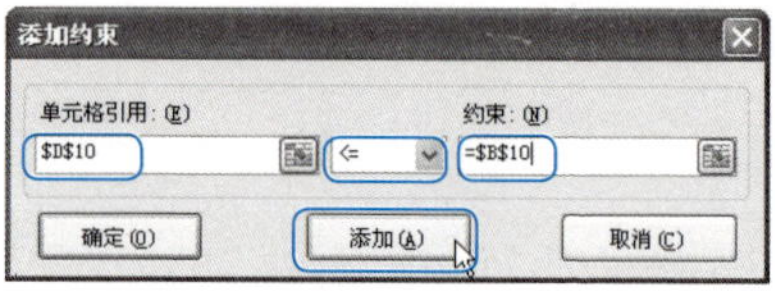

图17-27

6 继续在“添加约束”对话框中再次添加约束条件，依次输入：“$D$11 <= $B$11”，“$B$6:$D$6 >= 0”，“$B$6:$D$6 =整数”，“$B$6 >= $B$12”，“$C$6 >= $B$13”，“$D$6 >= $B$14”。设置完成后，单击“确定”按钮，返回到“规划求解参数”对话框，并在“遵守约束”列表中显示添加的约束条件，在对话框中单击“求解”按钮，如图17-28所示。

7 弹出“规划求解结果”对话框，如图17-29所示。

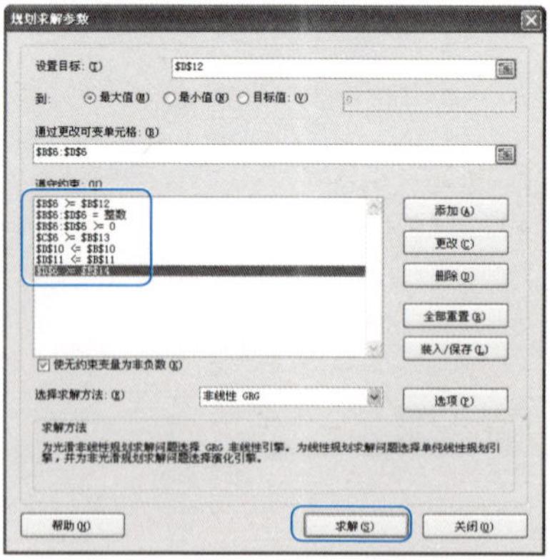

图17-28

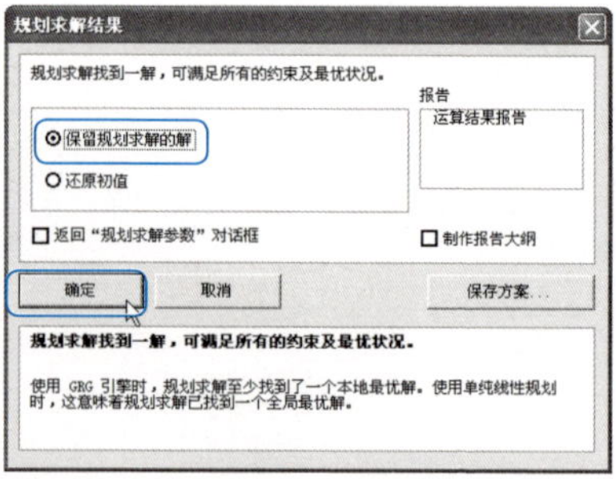

图17-29

8 在对话框中确定默认选项为“保存规划求解的解”，单击“确定”按钮，即可返回到工作表中，并在$B$6:$D$6单元格区域中显示3款产品每天最佳生产计划方案，如图17-30所示。

	A	B	C	D	E
1	华宇科技产品生产计划方案表				
2	项目	A产品	B产品	C产品	
3	成本（元/件）	375	520	850	
4	生产时间（分钟/件）	5	11	15	
5	利润（元/件）	210	340	650	
6	产量（件）	20	10	18	
7	毛利合计	4200	3400	11700	
8					
9	约束条件		实际生产状况		
10	生产成本约束（元）	100000	实际生产成本（元）	28000	
11	生产时间约束　（时）	8	实际生产时间（时）	8	
12	产品A产量约束（件）	18	销售利润（元）	19300	
13	产品B产量约束（件）	10			
14	产品C产量约束（件）	8			
15					

图17–30

举一反三

Excel规划求解的选项可以用来解决线性规划与非线性规划优化问题，可以设置决策变量为整数约束。规划求解可以用来解决最多有200个变量、100个外在约束和400个简单约束（决策变量整数约束的上下边界）的问题。

17.3　公司新产品决策分析表

在制作公司新产品决策分析表时，需要使用IF函数。

若建立公司新产品决策分析表，应包括当前剩余生产能量（机器小时）、新产品的每件机器用时、销售单价、单位变动成本等信息。

❶ 新建“公司新产品开发决策分析表”工作簿，并将Sheet1工作表标签重命名为“新产品开发决策分析表”。在工作表中输入表头、标识项，以及相关的分析数据。输入完成后的效果如图17-31所示。

	A	B	C	D	E	F
1	华宇科技新产品开发决策分析表					
2	剩余生产能量（机器小时）					
3	开发两种新产品基本数据			求解最优生产方案		
4	项目	新产品A	新产品B	项目	新产品A	新产品B
5	每件定额（机器小时	2.2	2.5	最大产量（件）		
6	销售单价（元）	54	68	单位贡献毛利（元）		
7	单位变动成本（元）	33	44	贡献毛利总额（元）		
8						
9	结论					
10						
11						
12						
13						
14						
15						

新产品开发决策分析表 / Sheet2 / Sheet3　就绪　100%

图17–31

❷ 接着对表头、表格进行美化设置，设置完成后的效果如图17-32所示。

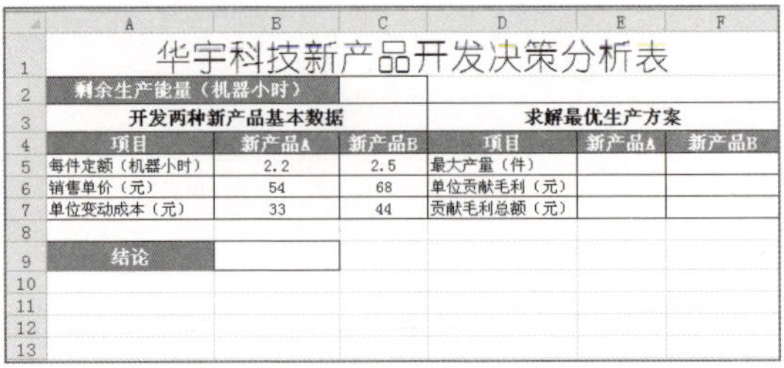

	A	B	C	D	E	F
1	华宇科技新产品开发决策分析表					
2	剩余生产能量（机器小时）					
3	开发两种新产品基本数据			求解最优生产方案		
4	项目	新产品A	新产品B	项目	新产品A	新产品B
5	每件定额（机器小时）	2.2	2.5	最大产量（件）		
6	销售单价（元）	54	68	单位贡献毛利（元）		
7	单位变动成本（元）	33	44	贡献毛利总额（元）		
8						
9	结论					

图17-32

3 根据企业总的生产能量90000小时和已经用完75%的生产能量，计算出企业剩余生产能量：在工作表中选中C2单元格，在公式编辑栏中输入公式“=90000*(1-75%)”，按Enter键，即可计算出企业剩余生产能量为22500小时，如图17-33所示。

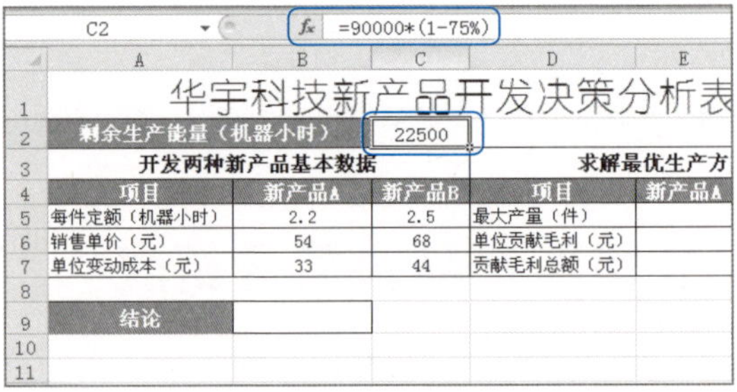

C2 　 =90000*(1-75%)

	A	B	C	D	E
1	华宇科技新产品开发决策分析表				
2	剩余生产能量（机器小时）		22500		
3	开发两种新产品基本数据			求解最优生产方	
4	项目	新产品A	新产品B	项目	新产品A
5	每件定额（机器小时）	2.2	2.5	最大产量（件）	
6	销售单价（元）	54	68	单位贡献毛利（元）	
7	单位变动成本（元）	33	44	贡献毛利总额（元）	
8					
9	结论				

图17-33

4 在工作表中选中E5单元格，在公式编辑栏中输入公式“=$C$2/B5”，按Enter键，即可根据剩余生产时间和生产新产品A所需要的时间，计算出新产品A的最大产量为10227.273件。将光标移到E5单元格的右下角，当光标变成十字形状后，按住鼠标左键向右拖动进行公式填充，即可根据剩余生产时间和生产新产品B所需要的时间，计算出新产品B的最大产量为9000件，如图17-34所示。

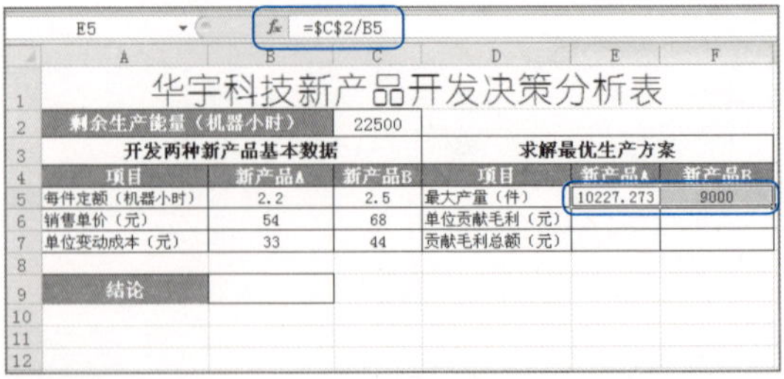

E5 　 =$C$2/B5

	A	B	C	D	E	F
1	华宇科技新产品开发决策分析表					
2	剩余生产能量（机器小时）		22500			
3	开发两种新产品基本数据			求解最优生产方案		
4	项目	新产品A	新产品B	项目	新产品A	新产品B
5	每件定额（机器小时）	2.2	2.5	最大产量（件）	10227.273	9000
6	销售单价（元）	54	68	单位贡献毛利（元）		
7	单位变动成本（元）	33	44	贡献毛利总额（元）		
8						
9	结论					

图17-34

5 在工作表中选中E6单元格，在公式编辑栏中输入公式“=B6-B7”，按Enter键，即可根据新产品A的“销售单价”和“单位变动成本”，计算出新产品

A的单位贡献毛利为21元。将光标移到E6单元格的右下角，当光标变成十字形状后，按住鼠标左键向右拖动进行公式填充，即可根据新产品B的“销售单价”和“单位变动成本”，计算出新产品B的单位贡献毛利为24元，，如图17-35所示。

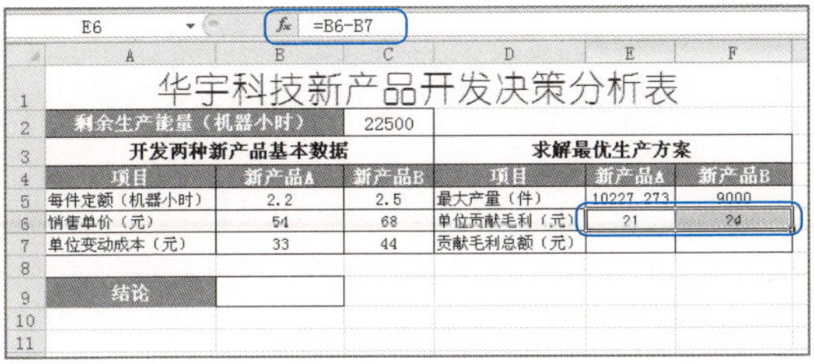
E6　=B6-B7

	A	B	C	D	E	F
1	华宇科技新产品开发决策分析表					
2	剩余生产能量（机器小时）		22500			
3	开发两种新产品基本数据			求解最优生产方案		
4	项目	新产品A	新产品B	项目	新产品A	新产品B
5	每件定额（机器小时）	2.2	2.5	最大产量（件）	10227.273	9000
6	销售单价（元）	54	68	单位贡献毛利（元）	21	24
7	单位变动成本（元）	33	44	贡献毛利总额（元）		
8						
9	结论					
10						
11						

图17-35

6 选中E7单元格，在公式编辑栏中输入公式“=E5*E6”，按Enter键，即可根据新产品A的“最大产量”和“单位贡献毛利”，计算出新产品A的贡献毛利总额为214772.73元。将光标移到E7单元格的右下角，当光标变成十字形状后，按住鼠标左键向下拖动进行公式填充，即可根据新产品B的“最大产量”和“单位贡献毛利”，计算出新产品B的贡献毛利总额为216000元，如图17-36所示。

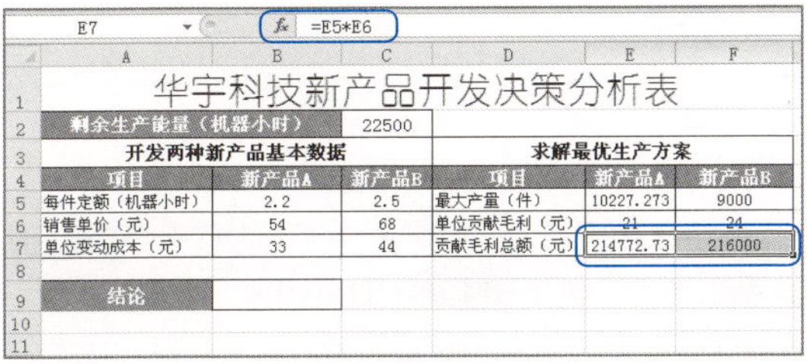
E7　=E5*E6

	A	B	C	D	E	F
1	华宇科技新产品开发决策分析表					
2	剩余生产能量（机器小时）		22500			
3	开发两种新产品基本数据			求解最优生产方案		
4	项目	新产品A	新产品B	项目	新产品A	新产品B
5	每件定额（机器小时）	2.2	2.5	最大产量（件）	10227.273	9000
6	销售单价（元）	54	68	单位贡献毛利（元）	21	24
7	单位变动成本（元）	33	44	贡献毛利总额（元）	214772.73	216000
8						
9	结论					
10						
11						

图17-36

7 通过贡献毛利总额来决策开发新产品A，还是新产品B：在工作表中选中B9单元格，在公式编辑栏中输入公式“=IF(E7>F7,"开发新产品A","开发新产品B")”，按Enter键，即可根据分析后的两款新产品的贡献毛利总额的大小值，得出最终开发的新产品为“开发新产品B”，如图17-37所示。

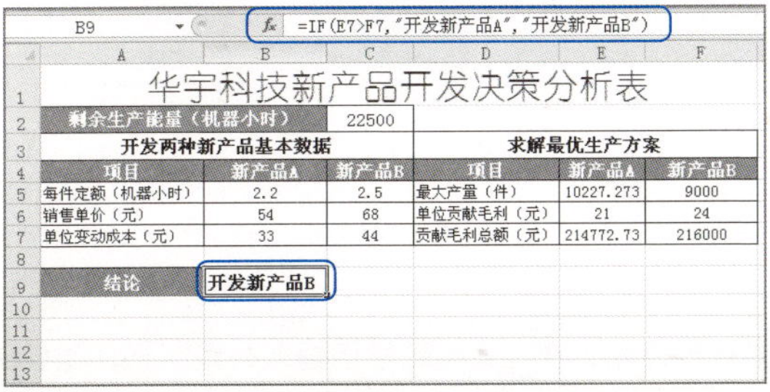
B9　=IF(E7>F7,"开发新产品A","开发新产品B")

	A	B	C	D	E	F
1	华宇科技新产品开发决策分析表					
2	剩余生产能量（机器小时）		22500			
3	开发两种新产品基本数据			求解最优生产方案		
4	项目	新产品A	新产品B	项目	新产品A	新产品B
5	每件定额（机器小时）	2.2	2.5	最大产量（件）	10227.273	9000
6	销售单价（元）	54	68	单位贡献毛利（元）	21	24
7	单位变动成本（元）	33	44	贡献毛利总额（元）	214772.73	216000
8						
9	结论	开发新产品B				
10						
11						
12						
13						

图17-37

17.4 公司生产成本预测分析表

在制作公司生产成本预测分析表时，需要使用SUM函数、SLOPE函数、INTERCEPT函数等。

建立公司生产成本预测分析表时，应包括原始分析数据、预测成本信息，以及预测分析模型等。

❶ 新建“公司产品制作成本预测分析表”工作簿，并将Sheet1工作表标签重命名为“产品生产计划方案表”。在工作表中输入表头、标识项，以及相关产品生数据息。输入完成后对表头和表格进行美化设置，设置后的效果如图17-38所示。

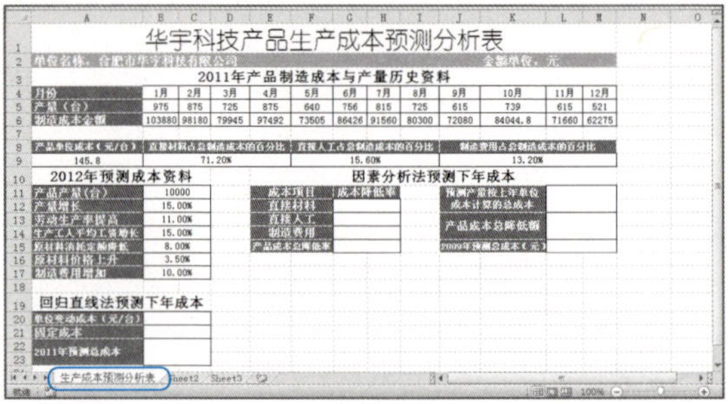

图17-38

❷ 使用因素分析法预测下年成本，在工作表中，分别在G12、G13和G14单元格输入以下公式：在G12单元格中输入公式“=(1-(1-B15)*(1+B16))*B9”，在G13单元格中输入公式“=(1-(1+B14)/(1+B13))*F9”，在G14单元格中输入公式“=(1-(1+B17)/(1+B12))*J9”，按Enter键，即可分别计算出成本项目、直接材料和直接人工3项成本降低率，如图17-39所示。

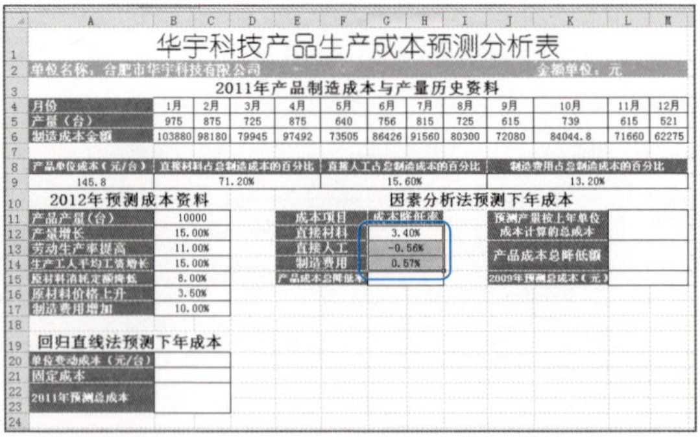

图17-39

❸ 选中G15单元格，在公式编辑栏中输入公式“=SUM(G12:H14)”，按Enter键，即可计算出产品成本总降低率金额为3.42%元，如图17-40所示。

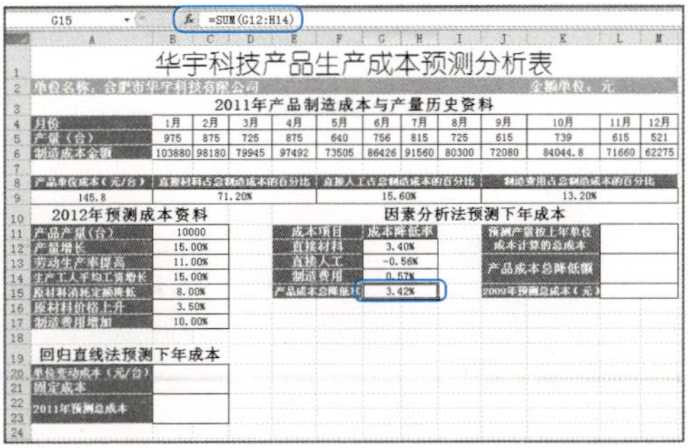

图17–40

❹ 在工作表中，分别在L11和L13单元格输入公式“=A9*B11”和“=G15*L11”，按Enter键，即可预测产量按上年单位成本计算的总成本为1458000元，以及产品成本总降低额为49792.31665元，如图17-41所示。

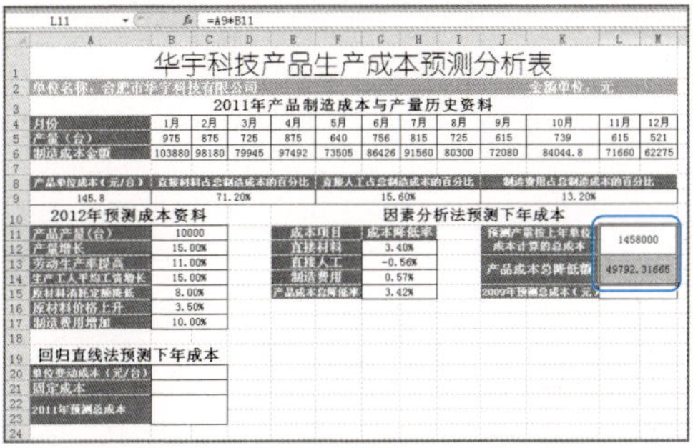

图17–41

❺ 在工作表中选中L15单元格，在公式编辑栏中输入公式“=L11-L13”，按Enter键，即可预测出2012年总成本金额为1408207.683元，如图17-42所示。

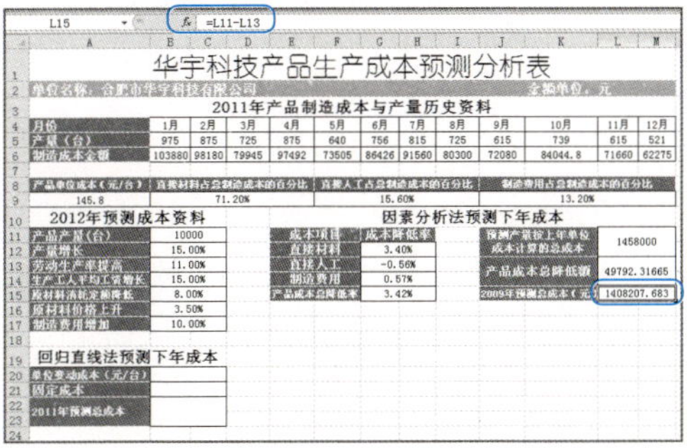

图17–42

❻ 使用回归直线法预测下年成本，在工作表中选中B20单元格，在公式编辑栏中输入公式“=SLOPE(B6:M6,B5:M5)”，按Enter键，即可计算出单位变动

成本的金额为95.96994819元，如图17-43所示。

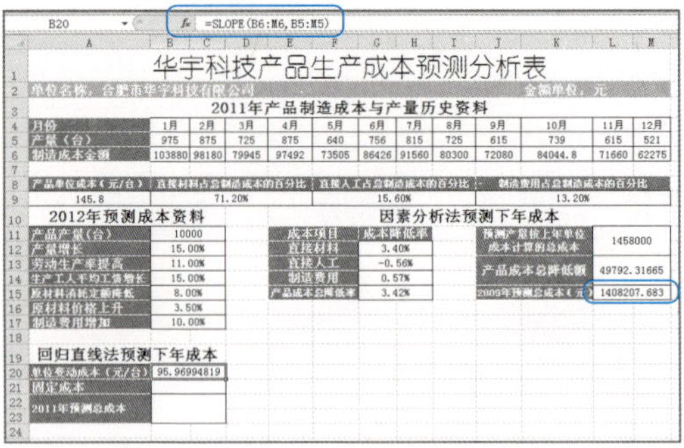

图17-43

7 在工作表中选中B21单元格，在公式编辑栏中输入公式“=INTERCEPT(B6:M6,B5:M5)”，按Enter键，即可计算出固定成本金额为12459.87832元，如图17-44所示。

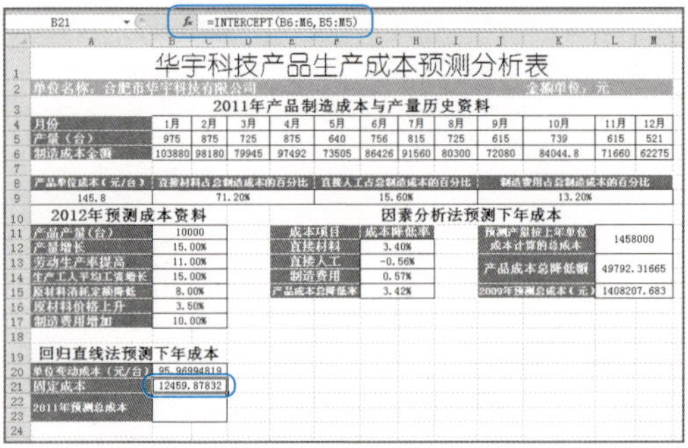

图17-44

8 在工作表中选中B22单元格，在公式编辑栏中输入公式“=B21+B20*B11”，按Enter键，即可预测出2012年总成本金额为972159.3602元，如图17-45所示。

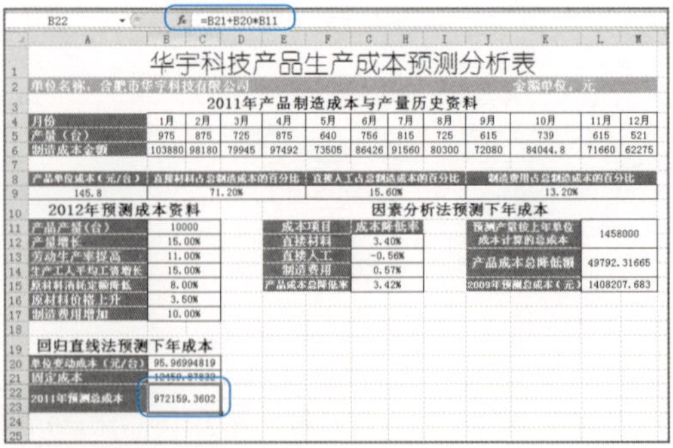

图17-45

第18章

公司资产负债表

实例概述与设计效果展示

资产负债表是总括反映企业一定时期（如月末、季末或年末）的资金来源及分布状况，因此资产负债表又叫财务状况表。对资产负债表的基本分析内容包括分析公司当时的财务结构、经营能力、盈利水平和偿债能力。

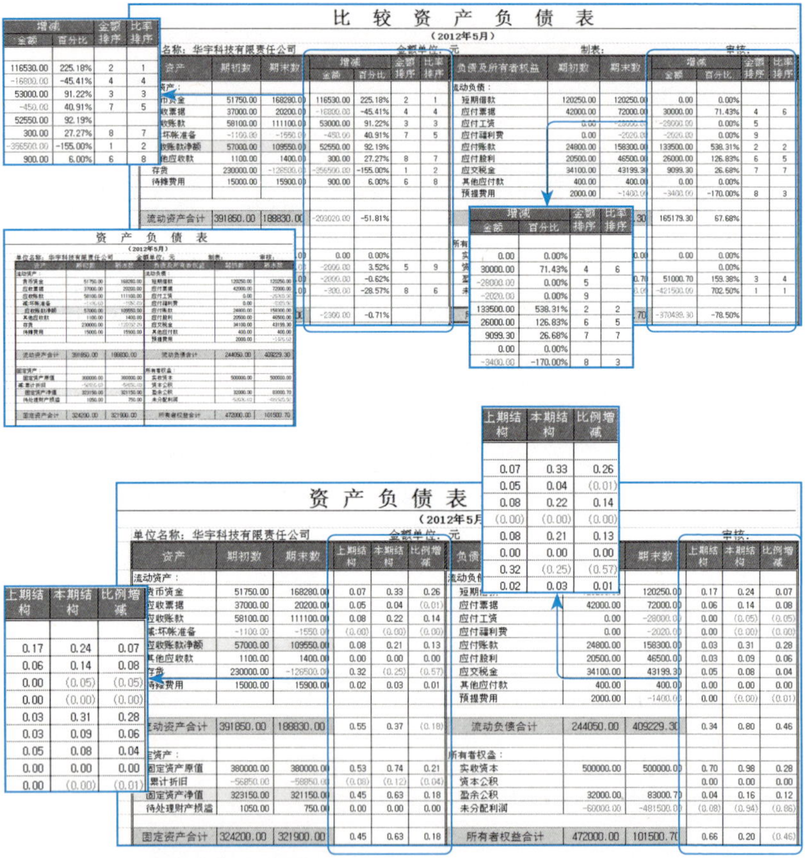

实例设计过程

本实例中主要介绍了资产负债表的建立。在表格制作过程中，需要使用一些函数来实现数据的统计和判断等，可依照如下流程来开展。

资产负债表比较分析

- 建立比较资产负债表
- 计算各项目本期与上期的增减金额、增减百分比
- 计算各项目中百分比的排位
- 资产负债表结构分析

比较资产负债表用于对资产负债表中本期金额与上期金额进行比较，从而得出两个时期中各项目金额的增减情况。

18.1 建立比较资产负债表

资产负债表主要有3个方面：资产、负债和所有者权益，每个方面又可以分成多个项目。

❶ 新建工作簿，并将其命名为“财务报表分析”，在Sheet1工作表标签上双击鼠标左键，将工作表重命名为“资产负债表”，将本期的资产负债表复制到当前工作簿中，如图18-1所示。

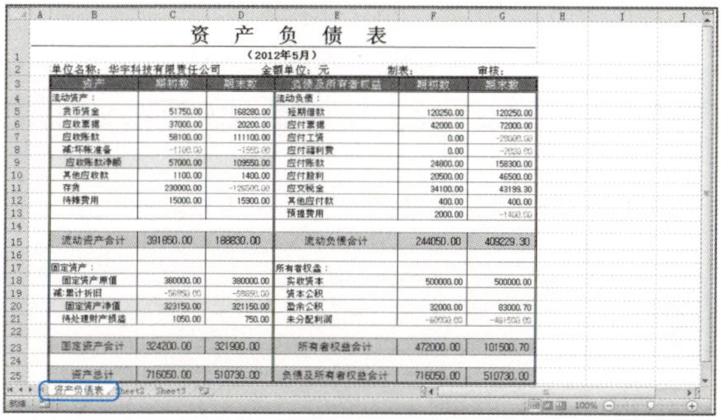

图18-1

❷ 复制“资产负债表”，并将复制得到的工作表重命名为“比较资产负债表”，为“资产”类项目与“负债及所有者权益”类项目都建立比较分析标识，如图18-2所示。

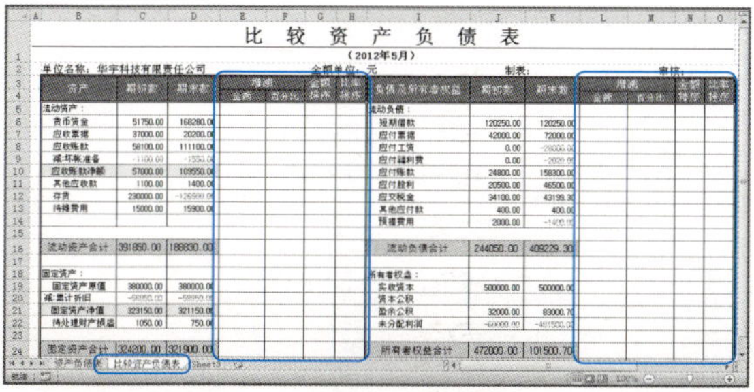

图18-2

18.2 计算各项目本期与上期的增减金额、增减百分比

下面计算资产类项目与负债及所有者权益项目的本期与上期相比的增减金额、增减百分比。

❶ 选中E6单元格，输入公式“=D6-C6”，按Enter键，然后向下复制E6单元格的公式，得到所有资产类项目本期与上期相比的增减金额，如图18-3所示。

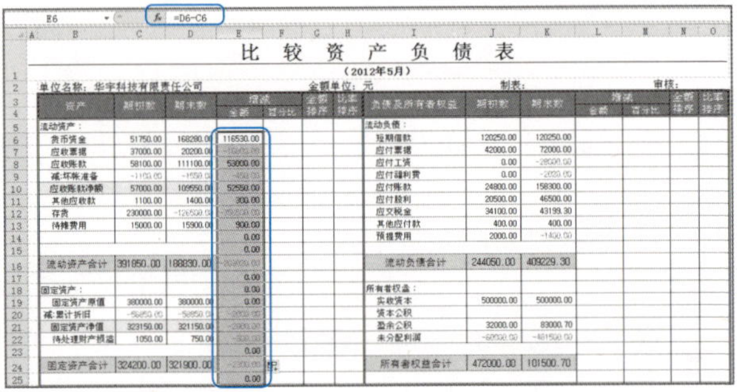

图18-3

❷ 选中L6单元格，输入公式“=K6-J6”，按Enter键，然后向下复制L6单元格的公式，得到所有负债及所有者权益项目本期与上期相比的增减金额，如图18-4所示。

图18-4

❸ 完成两个类别项目的增减金额计算后，需要将空白单元格的值删除，如空行中显示的计算结果。

❹ 选中F6单元格，输入公式“=IF(C6=0,0,E6/C6)”，按Enter键，然后向下复制F6单元格的公式，得到所有资产类项目本期与上期相比的增减百分比，如图18-5所示。

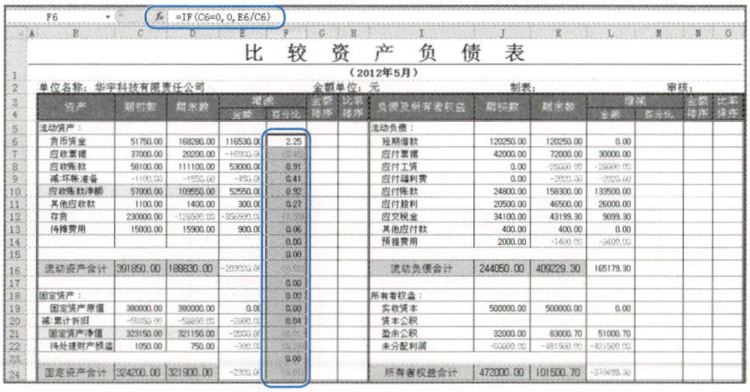

图18-5

5 选中M6单元格，输入公式“=IF(J6=0,0,L6/J6)”，按Enter键，然后向下复制M6单元格的公式，得到所有负债及所有者权益项目本期与上期相比的增减百分比，如图18-6所示。

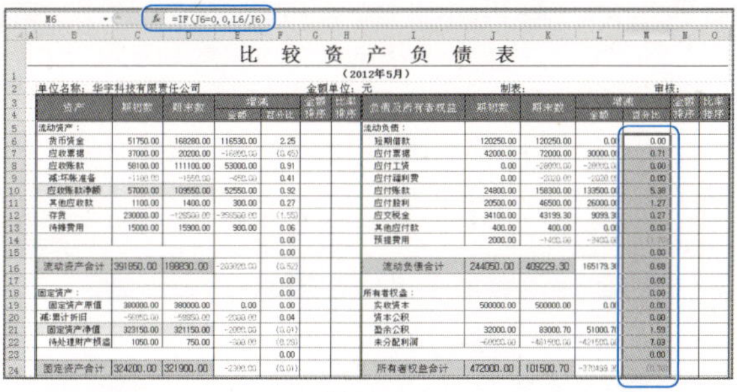

图18-6

6 完成两个类别项目的增减百分比计算后，需要将空白单元格的值删除，如空行中显示的计算结果。

7 选中显示百分比的单元格区域，在“开始”选项卡的“数字”选项组中选择数字格式“百分比”，如图18-7所示。

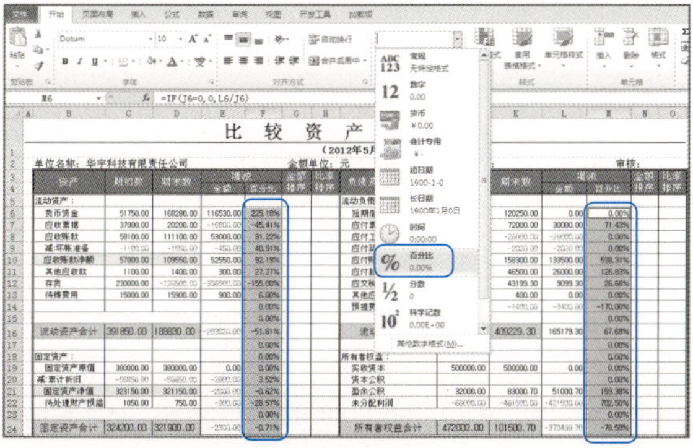

图18-7

8 在“资产负债表”右侧建立辅助序列，即从资产负债表中提取参与排序的项目，如图18-8所示。

	P	Q	R	S	T	U	V
2							
3		资产类数据清单			负债权益类数据清单		
4		项目	金额	百分比	项目	金额	百分比
5		货币资金			短期借款		
6		应收票据			应付票据		
7		应收账款			应付工资		
8		减:坏帐准备			应付福利费		
9		其他应收款			应付账款		
10		存货			应付股利		
11		待摊费用			应交税金		
12		固定资产原值			其他应付款		
13		减:累计折旧			预提费用		
14		待处理财产损溢			实收资本		
15					资本公积		
16					盈余公积		
17					未分配利润		

资产负债表 | 比较资产负债表 | Sheet2 | Sheet3

图18-8

9 在“资产负债表”中的“增加（减少）”列中提取增加（减少）金额与百分比数据，如图18-9和图18-10所示为提取后的值与提取公式。

	P	Q	R	S	T	U	V	W
2								
3		资产类数据清单			负债权益类数据清单			
4		项目	金额	百分比	项目	金额	百分比	
5		货币资金	116530.00	225.18%	短期借款	0.00	0.00%	
6		应收票据	16800.00	45.41%	应付票据	30000.00	71.43%	
7		应收账款	53000.00	91.22%	应付工资	28000.00	0.00%	
8		减:坏帐准备	450.00	40.91%	应付福利费	2020.00	0.00%	
9		其他应收款	300.00	27.27%	应付账款	133500.00	538.31%	
10		存货	356500.00	155.00%	应付股利	26000.00	126.83%	
11		待摊费用	900.00	6.00%	应交税金	9099.30	26.68%	
12		固定资产原值	0.00	0.00%	其他应付款	0.00	0.00%	
13		减:累计折旧	2000.00	3.52%	预提费用	3400.00	170.00%	
14		待处理财产损溢	300.00	28.57%	实收资本	0.00	0.00%	
15					资本公积	0.00	0.00%	
16					盈余公积	51000.70	159.38%	
17					未分配利润	421500.00	702.50%	
18								

资产负债表 | 比较资产负债表 | Sheet2 | Sheet3

图18-9

	P	Q	R	S	T	U	V
2							
3		资产类数据清单			负债权益类数据清单		
4		项目	金额	百分比	项目	金额	百分比
5		货币资金	=ABS(E6)	=ABS(F6)	短期借款	=ABS(L6)	=ABS(M6)
6		应收票据	=ABS(E7)	=ABS(F7)	应付票据	=ABS(L7)	=ABS(M7)
7		应收账款	=ABS(E8)	=ABS(F8)	应付工资	=ABS(L8)	=ABS(M8)
8		减:坏帐准备	=ABS(E9)	=ABS(F9)	应付福利费	=ABS(L9)	=ABS(M9)
9		其他应收款	=ABS(E11)	=ABS(F11)	应付账款	=ABS(L10)	=ABS(M10)
10		存货	=ABS(E12)	=ABS(F12)	应付股利	=ABS(L11)	=ABS(M11)
11		待摊费用	=ABS(E13)	=ABS(F13)	应交税金	=ABS(L12)	=ABS(M12)
12		固定资产原值	=ABS(E19)	=ABS(F19)	其他应付款	=ABS(L13)	=ABS(M13)
13		减:累计折旧	=ABS(E20)	=ABS(F20)	预提费用	=ABS(L14)	=ABS(M14)
14		待处理财产损溢	=ABS(E22)	=ABS(F22)	实收资本	=ABS(L19)	=ABS(M19)
15					资本公积	=ABS(L20)	=ABS(M20)
16					盈余公积	=ABS(L21)	=ABS(M21)
17					未分配利润	=ABS(L22)	=ABS(M22)

资产负债表 | 比较资产负债表 | Sheet2 | Sheet3

图18-10

18.3 计算各项目中百分比的排位

下面计算资产类项目、负债及所有者权益项目中各项目增加（减少）百分比的排位。

❶ 选中G6单元格，输入公式“=IF(E6=0,"",RANK(ABS(E6),$R$5:$R$14))”，按Enter键，即可计算出E6单元格的数值在R5:R14单元格区域的排位，如图18-11所示。

G6　=IF(E6=0,"",RANK(ABS(E6),$R$5:$R$14))

	A	B	C	D	E	F	G	H	I
2		单位名称：华宇科技有限责任公司					金额单位：元		
3		资产	期初数	期末数	增减		金额排序	比率排序	负债及所有者权益
4					金额	百分比			
5		流动资产：							流动负债：
6		货币资金	51750.00	168280.00	116530.00	225.18%	2		短期借款
7		应收票据	37000.00	20200.00	-16800.00	-45.41%			应付票据
8		应收账款	58100.00	111100.00	53000.00	91.22%			应付工资
9		减:坏帐准备	-1100.00	-1550.00	-450.00	40.91%			应付福利费
10		应收账款净额	57000.00	109550.00	52550.00	92.19%			应付账款
11		其他应收款	1100.00	1400.00	300.00	27.27%			应付股利
12		存货	230000.00	-126500.00	-356500.00	-155.00%			应交税金
13		待摊费用	15000.00	15900.00	900.00	6.00%			其他应付款
14									预提费用
15									
16		流动资产合计	391850.00	188830.00	-203020.00	-51.81%			流动负债合计
17									
18		固定资产：							所有者权益：
19		固定资产原值	380000.00	380000.00	0.00	0.00%			实收资本
20		减:累计折旧	-56850.00	-58850.00	-2000.00	3.52%			资本公积
21		固定资产净值	323150.00	321150.00	-2000.00	-0.62%			盈余公积
22		待处理财产损溢	1050.00	750.00	-300.00	-28.57%			未分配利润

图18-11

❷ 选中H6单元格，输入公式“=IF(F6=0,"",RANK(ABS(F6),$S$5:$S$14))”，按Enter键即可计算出H6单元格的数值在S5:S14单元格区域的排位，如图18-12所示。

H6　=IF(F6=0,"",RANK(ABS(F6),$S$5:$S$14))

	A	B	C	D	E	F	G	H	I
2		单位名称：华宇科技有限责任公司					金额单位：元		
3		资产	期初数	期末数	增减		金额排序	比率排序	负债及所有者权益
4					金额	百分比			
5		流动资产：							流动负债：
6		货币资金	51750.00	168280.00	116530.00	225.18%	2	1	短期借款
7		应收票据	37000.00	20200.00	-16800.00	-45.41%			应付票据
8		应收账款	58100.00	111100.00	53000.00	91.22%			应付工资
9		减:坏帐准备	-1100.00	-1550.00	-450.00	40.91%			应付福利费
10		应收账款净额	57000.00	109550.00	52550.00	92.19%			应付账款
11		其他应收款	1100.00	1400.00	300.00	27.27%			应付股利
12		存货	230000.00	-126500.00	-356500.00	-155.00%			应交税金
13		待摊费用	15000.00	15900.00	900.00	6.00%			其他应付款
14									预提费用
15									
16		流动资产合计	391850.00	188830.00	-203020.00	-51.81%			流动负债合计
17									
18		固定资产：							所有者权益：
19		固定资产原值	380000.00	380000.00	0.00	0.00%			实收资本
20		减:累计折旧	-56850.00	-58850.00	-2000.00	3.52%			资本公积
21		固定资产净值	323150.00	321150.00	-2000.00	-0.62%			盈余公积
22		待处理财产损溢	1050.00	750.00	-300.00	-28.57%			未分配利润

图18-12

❸ 选中G6:H6单元格区域，将光标定位到右下角，当出现黑色十字形状时，按住鼠标左键向下拖动，释放鼠标即可得出各项目增减金额、百分比在所有资产类项目中的排位（计算合计值的项目不参与排序），如图18-13所示。

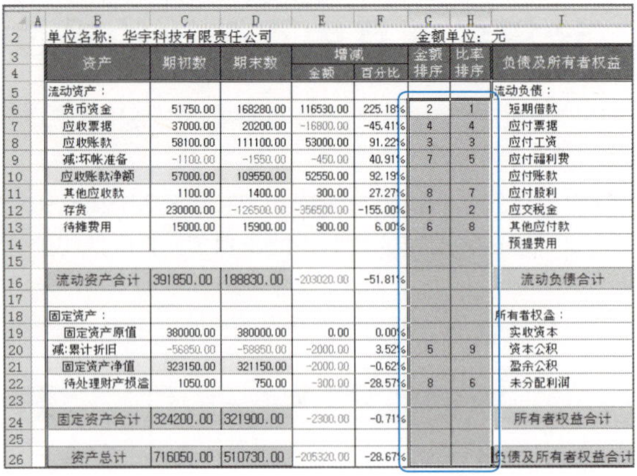

图18-13

4 选中N6单元格，输入公式"=IF(L6=0,"",RANK(ABS(L6),$U$5:$U$17))"，按Enter键，即可计算出L6单元格的数值在U5:U17单元格区域的排位，如图18-14所示。

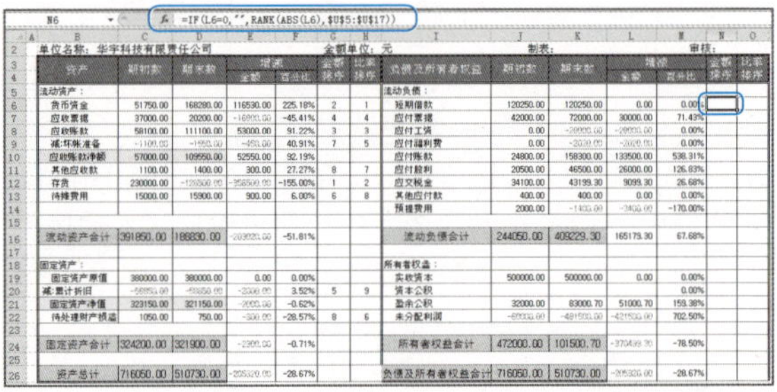

图18-14

5 选中O6单元格，输入公式"=IF(M6=0,"",RANK(ABS(M6),$V$5:$V$17))"，按Enter键即可计算出M6单元格的数值在V5:V17单元格区域的排位，如图18-15所示。

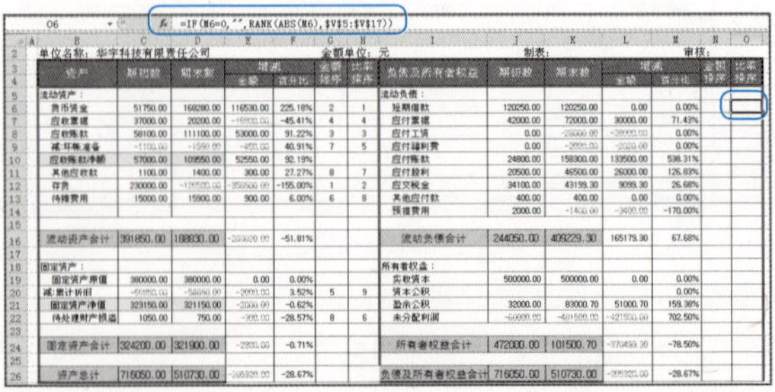

图18-15

❻ 选中N6:O6单元格区域，将光标定位到右下角，当出现黑色十字形状时，按住鼠标左键向下拖动。释放鼠标即可得出各项目增减金额、百分比在负债及所有者权益项目中的排位（计算合计值的项目不参与排序），如图18-16所示。

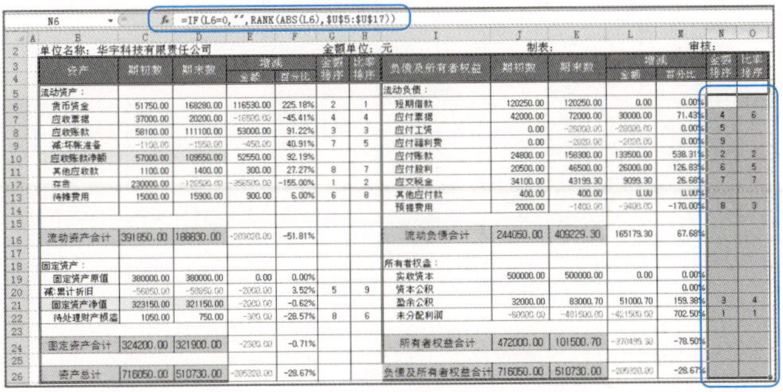

图18–16

18.4　资产负债表结构分析

资产负债表结构分析是指分析各个项目占总资产（或负债及所有者权益）的比例；而资产负债表结构比较分析则是将本期结构与上期结构进行比较。

❶ 复制“资产负债表”，并将复制得到的工作表重命名为“资产负债表结构分析”，为“资产”类项目与“负债及所有者权益”类项目都建立分析标识，如图18-17所示。

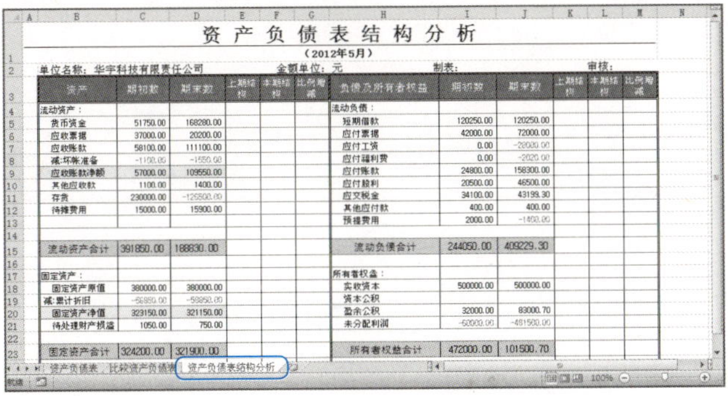

图18–17

❷ 选中E5单元格，输入公式“=IF($C$25=0,0,C5/$C$25)”，按Enter键，即可计算出上期“货币资金”项目金额占资产总计金额的百分比，如图18-18所示。

❸ 选中F5单元格，输入公式“=IF($D$25=0,0,D5/$D$25)”，按Enter键，即可计算出本期“货币资金”项目金额占资产总计金额的百分比，如图18-19所示。

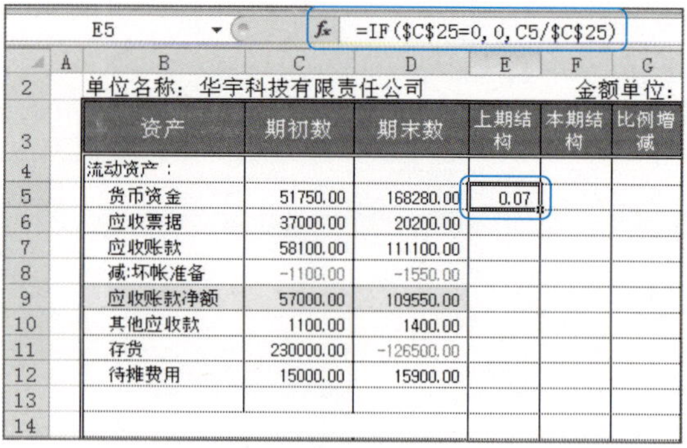

E5　=IF($C$25=0,0,C5/$C$25)

	A	B	C	D	E	F	G
2		单位名称：华宇科技有限责任公司				金额单位:	
3		资产	期初数	期末数	上期结构	本期结构	比例增减
4		流动资产：					
5		货币资金	51750.00	168280.00	0.07		
6		应收票据	37000.00	20200.00			
7		应收账款	58100.00	111100.00			
8		减:坏帐准备	-1100.00	-1550.00			
9		应收账款净额	57000.00	109550.00			
10		其他应收款	1100.00	1400.00			
11		存货	230000.00	-126500.00			
12		待摊费用	15000.00	15900.00			
13							
14							

图18-18

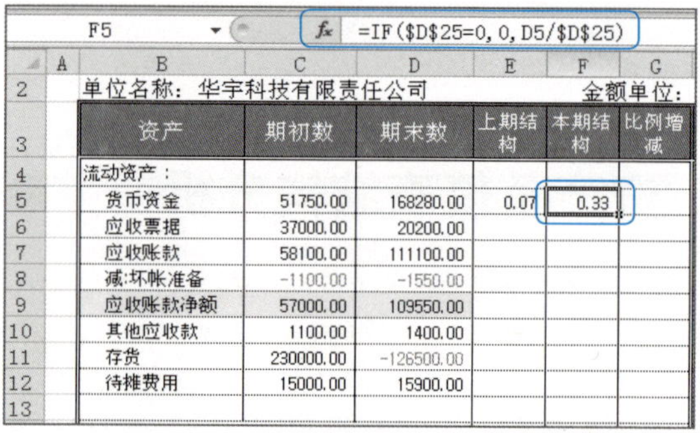

F5　=IF($D$25=0,0,D5/$D$25)

	A	B	C	D	E	F	G
2		单位名称：华宇科技有限责任公司				金额单位:	
3		资产	期初数	期末数	上期结构	本期结构	比例增减
4		流动资产：					
5		货币资金	51750.00	168280.00	0.07	0.33	
6		应收票据	37000.00	20200.00			
7		应收账款	58100.00	111100.00			
8		减:坏帐准备	-1100.00	-1550.00			
9		应收账款净额	57000.00	109550.00			
10		其他应收款	1100.00	1400.00			
11		存货	230000.00	-126500.00			
12		待摊费用	15000.00	15900.00			
13							

图18-19

4 选中G5单元格，输入公式“=F5-E5”，按Enter键，即可计算出“货币资金”本期与上期的比例增减，如图18-20所示。

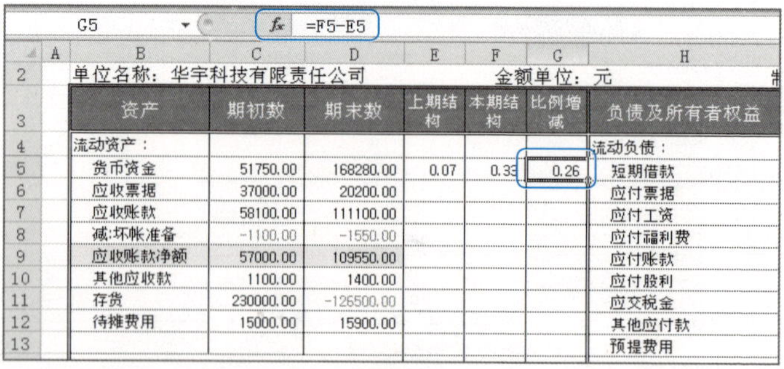

G5　=F5-E5

	A	B	C	D	E	F	G	H
2		单位名称：华宇科技有限责任公司				金额单位：元		
3		资产	期初数	期末数	上期结构	本期结构	比例增减	负债及所有者权益
4		流动资产：						流动负债：
5		货币资金	51750.00	168280.00	0.07	0.33	0.26	短期借款
6		应收票据	37000.00	20200.00				应付票据
7		应收账款	58100.00	111100.00				应付工资
8		减:坏帐准备	-1100.00	-1550.00				应付福利费
9		应收账款净额	57000.00	109550.00				应付账款
10		其他应收款	1100.00	1400.00				应付股利
11		存货	230000.00	-126500.00				应交税金
12		待摊费用	15000.00	15900.00				其他应付款
13								预提费用

图18-20

5 选中E5:G5单元格区域，将光标定位到右下角，当出现黑色十字形状时，按住鼠标左键向下拖动。释放鼠标即可得出资产类项目中其他各项目的上期结构、本期结构、比例增减，如图18-21所示。

单位名称：华宇科技有限责任公司 金额单位：元 制表： 审核：

资产	期初数	期末数	上期结构	本期结构	比例增减	负债及所有者权益	期初数	期末数	上期结构	本期结构	比例增减
流动资产：						流动负债：					
货币资金	51750.00	168280.00	0.07	0.33	0.26	短期借款	120250.00	120250.00			
应收票据	37000.00	20200.00	0.05	0.04	(0.01)	应付票据	42000.00	72000.00			
应收账款	58100.00	111100.00	0.08	0.22	0.14	应付工资	0.00	-28000.00			
减:坏帐准备	-1100.00	-1550.00	(0.00)	(0.00)	(0.00)	应付福利费	0.00	-2020.00			
应收账款净额	57000.00	109550.00	0.08	0.21	0.13	应付账款	24800.00	158300.00			
其他应收款	1100.00	1400.00	0.00	0.00	0.00	应付股利	20500.00	46500.00			
存货	230000.00	-126500.00	0.32	(0.25)	(0.57)	应交税金	34100.00	43199.30			
待摊费用	15000.00	15900.00	0.02	0.03	0.01	其他应付款	400.00	400.00			
						预提费用	2000.00	-1400.00			
流动资产合计	391850.00	188830.00	0.55	0.37	(0.18)	流动负债合计	244050.00	409229.30			
固定资产：						所有者权益：					
固定资产原值	380000.00	380000.00	0.53	0.74	0.21	实收资本	500000.00	500000.00			
减:累计折旧	-56850.00	-58850.00	(0.08)	(0.12)	(0.04)	资本公积					
固定资产净值	323150.00	321150.00	0.45	0.63	0.18	盈余公积	32000.00	83000.70			
待处理财产损溢	1050.00	750.00	0.00	0.00	0.00	未分配利润	-60000.00	-481500.00			
固定资产合计	324200.00	321900.00	0.45	0.63	0.18	所有者权益合计	472000.00	101500.70			
资产总计	716050.00	510730.00	1.00	1.00	0.00	负债及所有者权益合计	716050.00	510730.00			

图18-21

❻ 选中K5单元格，输入公式“=IF($I$25=0,0,I5/$I$25)”，按Enter键，即可计算出上期“短期借款”项目金额占负债及所有者权益合计的百分比，如图18-22所示。

K5 =IF($I$25=0,0,I5/$I$25)

单位名称：华宇科技有限责任公司 金额单位：元 制表： 审核：

资产	期初数	期末数	上期结构	本期结构	比例增减	负债及所有者权益	期初数	期末数	上期结构	本期结构	比例增减
流动资产：						流动负债：					
货币资金	51750.00	168280.00	0.07	0.33	0.26	短期借款	120250.00	120250.00	0.17		
应收票据	37000.00	20200.00	0.05	0.04	(0.01)	应付票据	42000.00	72000.00			
应收账款	58100.00	111100.00	0.08	0.22	0.14	应付工资	0.00	-28000.00			
减:坏帐准备	-1100.00	-1550.00	(0.00)	(0.00)	(0.00)	应付福利费	0.00	-2020.00			
应收账款净额	57000.00	109550.00	0.08	0.21	0.13	应付账款	24800.00	158300.00			
其他应收款	1100.00	1400.00	0.00	0.00	0.00	应付股利	20500.00	46500.00			
存货	230000.00	-126500.00	0.32	(0.25)	(0.57)	应交税金	34100.00	43199.30			
待摊费用	15000.00	15900.00	0.02	0.03	0.01	其他应付款	400.00	400.00			
						预提费用	2000.00	-1400.00			
流动资产合计	391850.00	188830.00	0.55	0.37	(0.18)	流动负债合计	244050.00	409229.30			
固定资产：						所有者权益：					
固定资产原值	380000.00	380000.00	0.53	0.74	0.21	实收资本	500000.00	500000.00			
减:累计折旧	-56850.00	-58850.00	(0.08)	(0.12)	(0.04)	资本公积					
固定资产净值	323150.00	321150.00	0.45	0.63	0.18	盈余公积	32000.00	83000.70			
待处理财产损溢	1050.00	750.00	0.00	0.00	0.00	未分配利润	-60000.00	-481500.00			
固定资产合计	324200.00	321900.00	0.45	0.63	0.18	所有者权益合计	472000.00	101500.70			
资产总计	716050.00	510730.00	1.00	1.00	0.00	负债及所有者权益合计	716050.00	510730.00			

图18-22

❼ 选中L5单元格，输入公式“=IF($J$25=0,0,J5/$J$25)”，按Enter键，即可计算出本期“短期借款”项目金额占负债及所有者权益合计的百分比，如图18-23所示。

L5 =IF($J$25=0,0,J5/$J$25)

单位名称：华宇科技有限责任公司 金额单位：元 制表： 审核：

资产	期初数	期末数	上期结构	本期结构	比例增减	负债及所有者权益	期初数	期末数	上期结构	本期结构	比例增减
流动资产：						流动负债：					
货币资金	51750.00	168280.00	0.07	0.33	0.26	短期借款	120250.00	120250.00	0.17	0.24	
应收票据	37000.00	20200.00	0.05	0.04	(0.01)	应付票据	42000.00	72000.00			
应收账款	58100.00	111100.00	0.08	0.22	0.14	应付工资	0.00	-28000.00			
减:坏帐准备	-1100.00	-1550.00	(0.00)	(0.00)	(0.00)	应付福利费	0.00	-2020.00			
应收账款净额	57000.00	109550.00	0.08	0.21	0.13	应付账款	24800.00	158300.00			
其他应收款	1100.00	1400.00	0.00	0.00	0.00	应付股利	20500.00	46500.00			
存货	230000.00	-126500.00	0.32	(0.25)	(0.57)	应交税金	34100.00	43199.30			
待摊费用	15000.00	15900.00	0.02	0.03	0.01	其他应付款	400.00	400.00			
						预提费用	2000.00	-1400.00			
流动资产合计	391850.00	188830.00	0.55	0.37	(0.18)	流动负债合计	244050.00	409229.30			
固定资产：						所有者权益：					
固定资产原值	380000.00	380000.00	0.53	0.74	0.21	实收资本	500000.00	500000.00			
减:累计折旧	-56850.00	-58850.00	(0.08)	(0.12)	(0.04)	资本公积					
固定资产净值	323150.00	321150.00	0.45	0.63	0.18	盈余公积	32000.00	83000.70			
待处理财产损溢	1050.00	750.00	0.00	0.00	0.00	未分配利润	-60000.00	-481500.00			
固定资产合计	324200.00	321900.00	0.45	0.63	0.18	所有者权益合计	472000.00	101500.70			
资产总计	716050.00	510730.00	1.00	1.00	0.00	负债及所有者权益合计	716050.00	510730.00			

图18-23

8 选中M5单元格，输入公式"=L5-K5"，按Enter键，即可计算出"短期借款"本期与上期的比例增减，如图18-24所示。

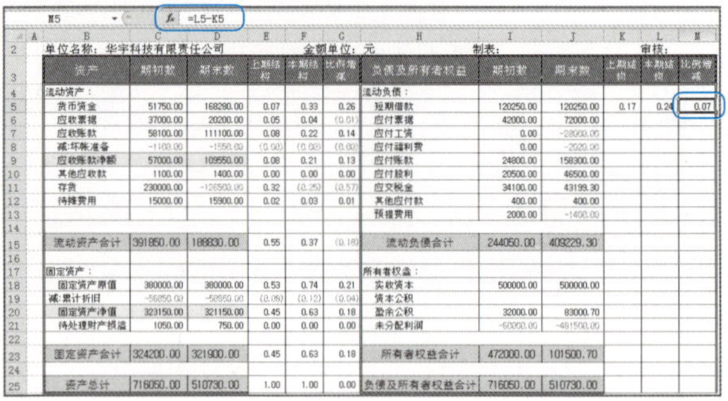

图18-24

9 选中K5:M5单元格区域，将光标定位到右下角，当出现黑色十字形状时，按住鼠标左键向下拖动。释放鼠标即可得出负债及所有者权益类项目中其他各项目的上期结构、本期结构、比例增减，如图18-25所示。

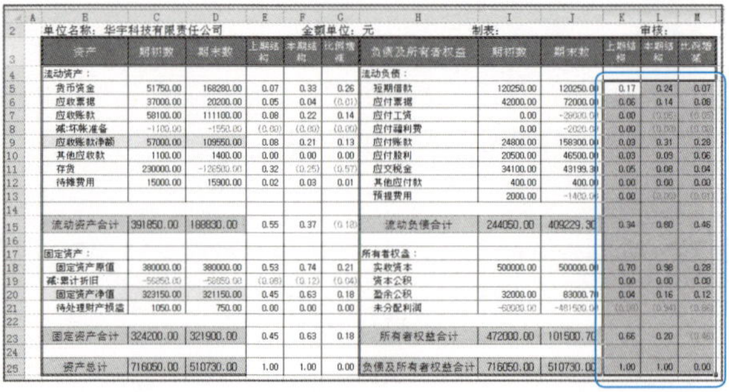

图18-25

10 选中"上期结构"、"本期结构"、"比例增减"列单元格区域，设置其单元格格式为百分比且包含两位小数，如图18-26所示。

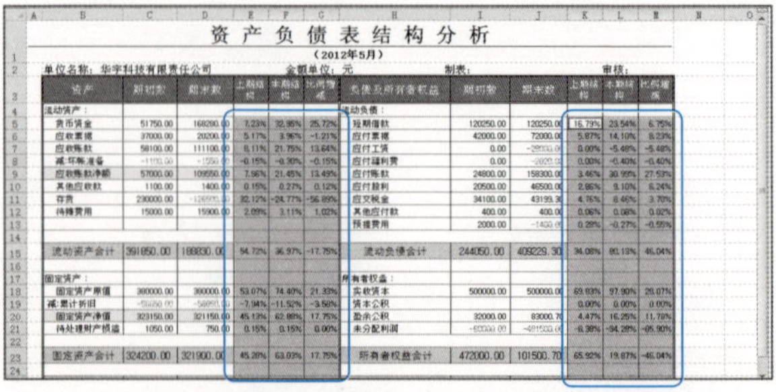

图18-26

第 19 章

公司利润分析表

实例概述与设计效果展示

利润表主要提供有关企业经营成果方面的信息。通过利润表，可以反映企业一定会计期间的收入实现情况，即实现的主营业务收入有多少、实现的其他业务收入有多少、实现的投资收益有多少、实现的营业外收入有多少等，也可以反映一定会计期间的费用耗费情况。

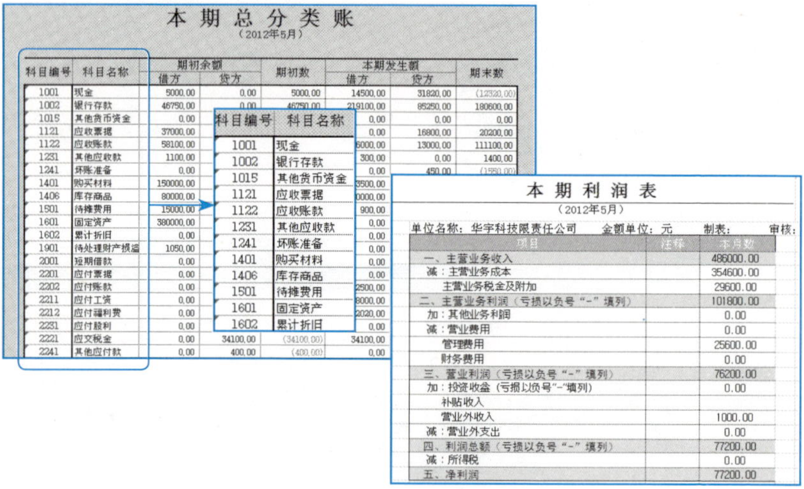

实例设计过程

本实例中介绍了利润表的制作过程。制作过程中运用了公式和函数来快速统计单元格的数据并对数据进行分析，可依照如下流程来开展。

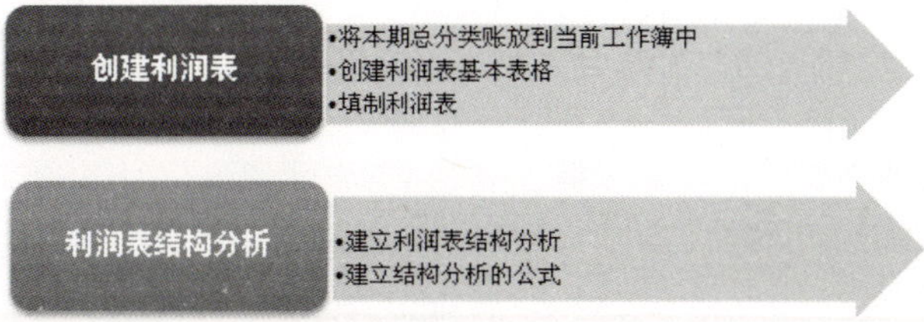

19.1 创建利润表

利润表是反映企业在一定会计期间经营成果的报表。由于它反映的是某一期间的情况，所以，利润表又称为动态报表。在制作公司固定资产管理表时，需要使用SUMIF函数。

19.1.1 将本期总分类账放到当前工作簿中

利润表中的数据来自于该时期的总分类账，因此建立利润表之前，需要将本期的总分类账复制到当前工作簿中。

在Sheet1工作表中建立本期总分类账，完成后的效果如图19-1所示。

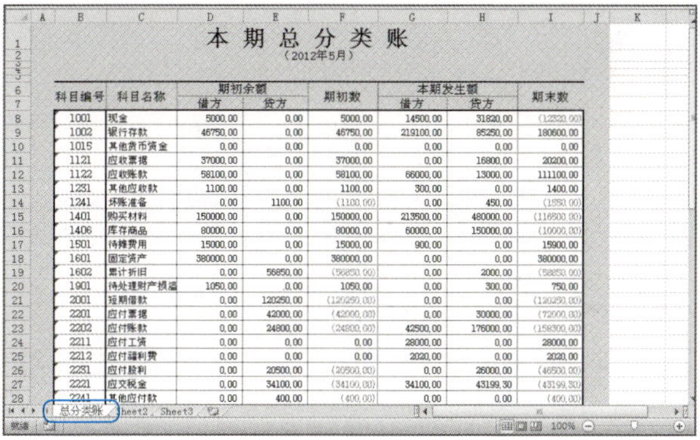

本期总分类账

（2012年5月）

科目编号	科目名称	期初余额 借方	期初余额 贷方	期初数	本期发生额 借方	本期发生额 贷方	期末数
1001	现金	5000.00	0.00	5000.00	14500.00	31820.00	(12320.00)
1002	银行存款	46750.00	0.00	46750.00	219100.00	85250.00	180600.00
1015	其他货币资金	0.00	0.00	0.00	0.00	0.00	0.00
1121	应收票据	37000.00	0.00	37000.00	0.00	16800.00	20200.00
1122	应收账款	58100.00	0.00	58100.00	66000.00	13000.00	111100.00
1231	其他应收款	1100.00	0.00	1100.00	300.00	0.00	1400.00
1241	坏账准备	0.00	1100.00	(1100.00)	0.00	450.00	(1550.00)
1401	购买材料	150000.00	0.00	150000.00	213500.00	480000.00	(116500.00)
1406	库存商品	80000.00	0.00	80000.00	60000.00	150000.00	(10000.00)
1501	待摊费用	15000.00	0.00	15000.00	900.00	0.00	15900.00
1601	固定资产	380000.00	0.00	380000.00	0.00	0.00	380000.00
1602	累计折旧	0.00	56850.00	(56850.00)	0.00	2000.00	(58850.00)
1901	待处理财产损溢	1050.00	0.00	1050.00	0.00	300.00	750.00
2001	短期借款	0.00	120250.00	(120250.00)	0.00	0.00	(120250.00)
2201	应付票据	0.00	42000.00	(42000.00)	0.00	30000.00	(72000.00)
2202	应付账款	0.00	24800.00	(24800.00)	42500.00	176000.00	(158300.00)
2211	应付工资	0.00	0.00	0.00	28000.00	0.00	28000.00
2212	应付福利费	0.00	0.00	0.00	2020.00	0.00	2020.00
2231	应付股利	0.00	20500.00	(20500.00)	0.00	26000.00	(46500.00)
2221	应交税金	0.00	34100.00	(34100.00)	34100.00	43199.30	(43199.30)
2241	其他应付款	0.00	400.00	(400.00)	0.00	0.00	(400.00)

图19-1

专家提示

将总分类账从其他工作簿放到当前工作簿中时，需要使用“复制”、“粘贴”的方法来实现，即切换到原工作簿中，选中数据执行“复制”，然后在切换到当前工作簿中，选择好目标位置，执行“粘贴”操作。

19.1.2 创建利润表基本表格

利润表分为主营业务收入、主营业务利润、营业利润、利润总额和净利润5个部分。利润表依照公式“利润=收入–费用”来进行编制。

在Sheet3工作表标签上双击鼠标左键，将工作表重命名为“本期利润表”，输入表格标题、表头信息，并根据当前实际情况输入利润表的各个项目，对建立的利润表进行格式设置，包括表格编辑区域边框设置、特定区域底纹设置、文字字体设置、文字对齐方式设置等，如图19-2所示。

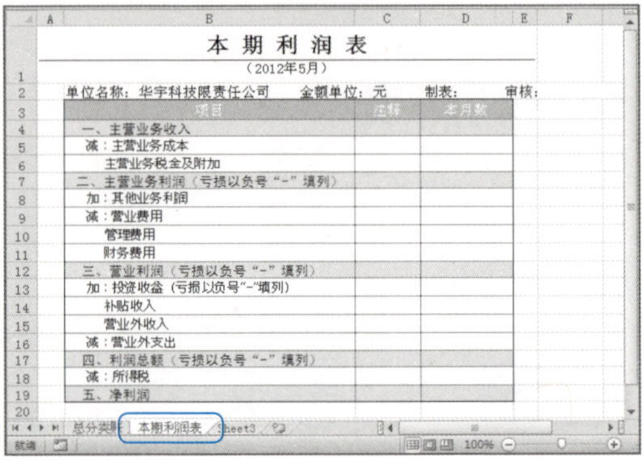
本期利润表
（2012年5月）
单位名称：华宇科技限责任公司 金额单位：元 制表： 审核：

项目	注释	本月数
一、主营业务收入		
减：主营业务成本		
主营业务税金及附加		
二、主营业务利润（亏损以负号“-”填列）		
加：其他业务利润		
减：营业费用		
管理费用		
财务费用		
三、营业利润（亏损以负号“-”填列）		
加：投资收益（亏损以负号“-”填列）		
补贴收入		
营业外收入		
减：营业外支出		
四、利润总额（亏损以负号“-”填列）		
减：所得税		
五、净利润		

图19–2

19.1.3 填制利润表

利润表中的数据来自于总分类账，可以使用SUMIF函数来填制利润表。

❶“主营业务收入”的科目代码为“6001”，因此选中D4单元格，输入公式“=SUMIF(总分类账!B8:B46,6001,总分类账!G8:G46)”，按Enter键即可从“总分类账”工作表中提取主营业务收入金额，如图19-3所示。

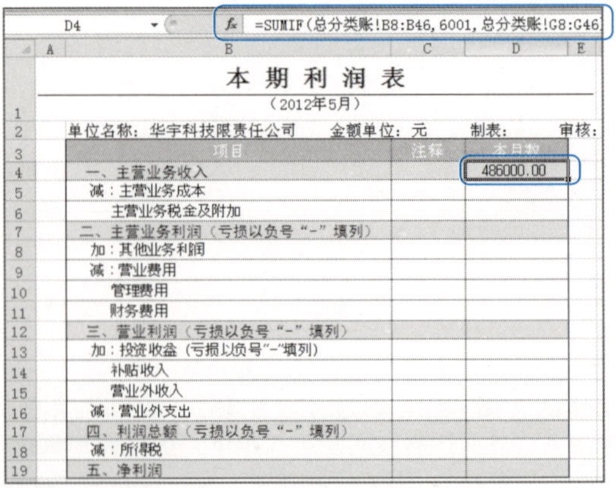
D4 =SUMIF(总分类账!B8:B46,6001,总分类账!G8:G46

本期利润表
（2012年5月）
单位名称：华宇科技限责任公司 金额单位：元 制表： 审核：

项目	注释	本月数
一、主营业务收入		486000.00
减：主营业务成本		
主营业务税金及附加		
二、主营业务利润（亏损以负号“-”填列）		
加：其他业务利润		
减：营业费用		
管理费用		
财务费用		
三、营业利润（亏损以负号“-”填列）		
加：投资收益（亏损以负号“-”填列）		
补贴收入		
营业外收入		
减：营业外支出		
四、利润总额（亏损以负号“-”填列）		
减：所得税		
五、净利润		

图19–3

❷“主营业务成本”的科目代码为“6401”，“主营业务税金及附加”的科目代码为“6405”，选中D6、D7单元格，分别输入公式“=SUMIF(总分类账!B8:B46,6401,总分类账!H8:H46)”和“=SUMIF(总分类账!B8:B46,6405,总分类账!H8:H46)”，按Enter键即可分别从“总分类账”工作表中提取主营业务成本金额和主营业务税金及附加金额，如图19-4和图19-5所示。

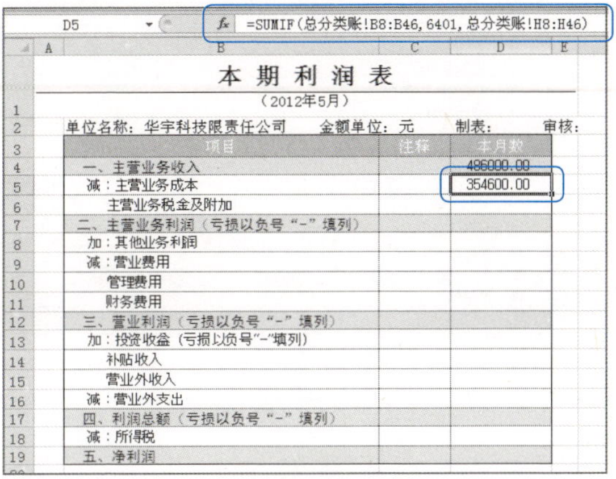

D5　=SUMIF(总分类账!B8:B46,6401,总分类账!H8:H46)

本期利润表

（2012年5月）

单位名称：华宇科技限责任公司　金额单位：元　制表：　审核：

项目	注释	本月数
一、主营业务收入		486000.00
减：主营业务成本		354600.00
主营业务税金及附加		
二、主营业务利润（亏损以负号“-”填列）		
加：其他业务利润		
减：营业费用		
管理费用		
财务费用		
三、营业利润（亏损以负号“-”填列）		
加：投资收益（亏损以负号“-”填列）		
补贴收入		
营业外收入		
减：营业外支出		
四、利润总额（亏损以负号“-”填列）		
减：所得税		
五、净利润		

图19-4

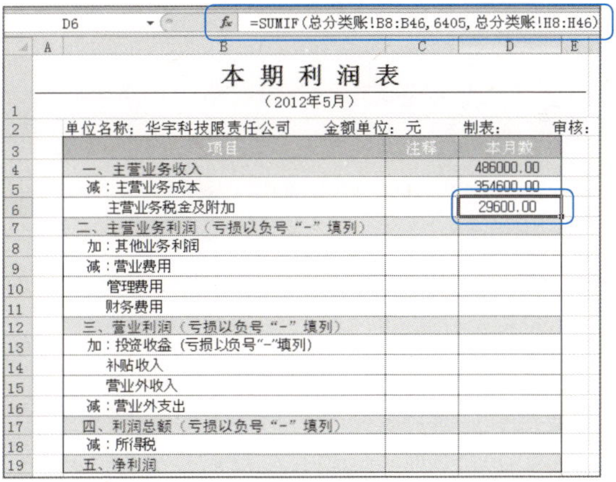

D6　=SUMIF(总分类账!B8:B46,6405,总分类账!H8:H46)

本期利润表

（2012年5月）

单位名称：华宇科技限责任公司　金额单位：元　制表：　审核：

项目	注释	本月数
一、主营业务收入		486000.00
减：主营业务成本		354600.00
主营业务税金及附加		29600.00
二、主营业务利润（亏损以负号“-”填列）		
加：其他业务利润		
减：营业费用		
管理费用		
财务费用		
三、营业利润（亏损以负号“-”填列）		
加：投资收益（亏损以负号“-”填列）		
补贴收入		
营业外收入		
减：营业外支出		
四、利润总额（亏损以负号“-”填列）		
减：所得税		
五、净利润		

图19-5

❸由于“主营业务利润=主营业务收入-主营业务成本-主营业务税金及附加”，选中D7单元格，输入公式“=D4-D5-D6”，按Enter键即可计算出主营业务利润，如图19-6所示。

❹“其他业务利润”的科目代码为“6051”，因此选中D8单元格，输入公式“=SUMIF(总分类账!B8:B46,6051,总分类账!G8:G46)”，按Enter键即可从“总

分类账”工作表中提取其他业务利润金额，如图19-7所示。

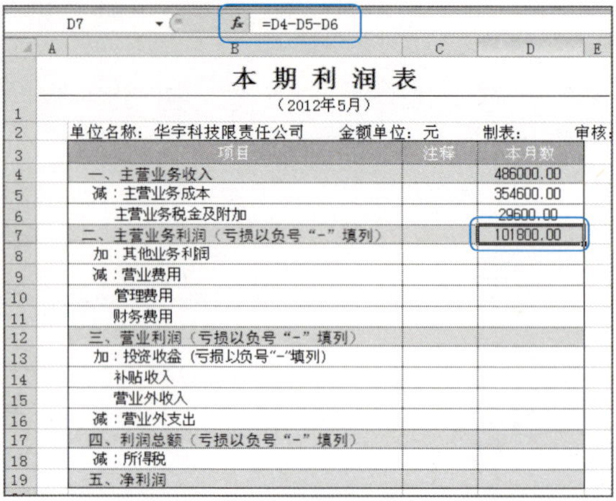

图19-6

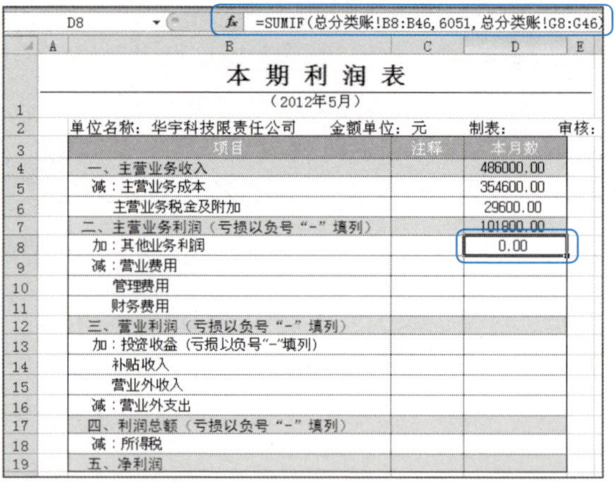

图19-7

5 “营业费用”的科目代码为“6601”，“管理费用”的科目代码为“6602”，选中D9、D10单元格，分别输入公式“=SUMIF(总分类账!B8:B46,6601,总分类账!H8:H46)”和“=SUMIF(总分类账!B8:B46,6602,总分类账!H8:H46)”，按Enter键即可分别从“总分类账”工作表中提取营业费用金额和管理费用金额，如图19-8和图19-9所示。

6 “财务费用”的科目代码为“6603”，因此选中D11单元格，输入公式“=SUMIF(总分类账!B8:B46,6603,总分类账!H8:H46)”，按Enter键即可从“总分类账”工作表中提取财务费用金额，如图19-10所示。

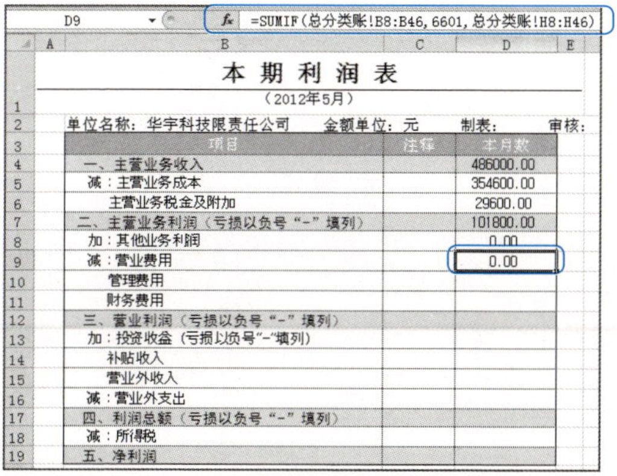

D9　=SUMIF(总分类账!B8:B46, 6601, 总分类账!H8:H46)

本期利润表

（2012年5月）

单位名称：华宇科技限责任公司　金额单位：元　制表：　审核：

项目	注释	本月数
一、主营业务收入		486000.00
减：主营业务成本		354600.00
主营业务税金及附加		29600.00
二、主营业务利润（亏损以负号"-"填列）		101800.00
加：其他业务利润		0.00
减：营业费用		0.00
管理费用		
财务费用		
三、营业利润（亏损以负号"-"填列）		
加：投资收益（亏损以负号"-"填列）		
补贴收入		
营业外收入		
减：营业外支出		
四、利润总额（亏损以负号"-"填列）		
减：所得税		
五、净利润		

图19-8

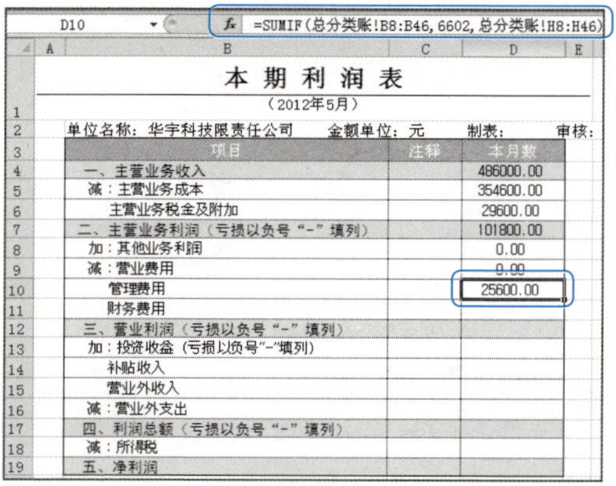

D10　=SUMIF(总分类账!B8:B46, 6602, 总分类账!H8:H46)

本期利润表

（2012年5月）

单位名称：华宇科技限责任公司　金额单位：元　制表：　审核：

项目	注释	本月数
一、主营业务收入		486000.00
减：主营业务成本		354600.00
主营业务税金及附加		29600.00
二、主营业务利润（亏损以负号"-"填列）		101800.00
加：其他业务利润		0.00
减：营业费用		0.00
管理费用		25600.00
财务费用		
三、营业利润（亏损以负号"-"填列）		
加：投资收益（亏损以负号"-"填列）		
补贴收入		
营业外收入		
减：营业外支出		
四、利润总额（亏损以负号"-"填列）		
减：所得税		
五、净利润		

图19-9

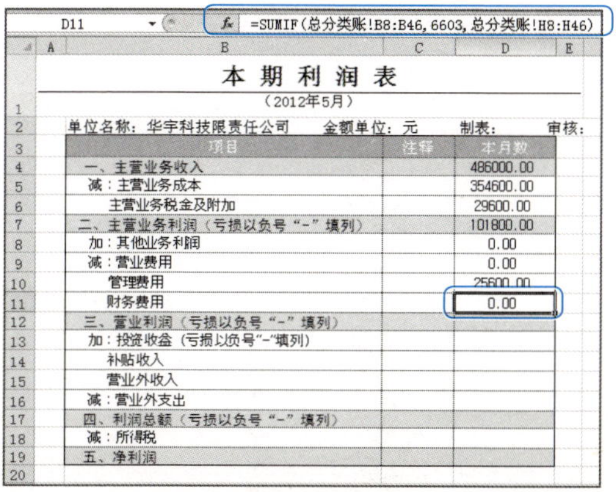

D11　=SUMIF(总分类账!B8:B46, 6603, 总分类账!H8:H46)

本期利润表

（2012年5月）

单位名称：华宇科技限责任公司　金额单位：元　制表：　审核：

项目	注释	本月数
一、主营业务收入		486000.00
减：主营业务成本		354600.00
主营业务税金及附加		29600.00
二、主营业务利润（亏损以负号"-"填列）		101800.00
加：其他业务利润		0.00
减：营业费用		0.00
管理费用		25600.00
财务费用		0.00
三、营业利润（亏损以负号"-"填列）		
加：投资收益（亏损以负号"-"填列）		
补贴收入		
营业外收入		
减：营业外支出		
四、利润总额（亏损以负号"-"填列）		
减：所得税		
五、净利润		

图19-10

7 选中D12单元格，输入公式“=D7+D8-D9-D10-D11”，按Enter键即可计算出营业利润，如图19-11所示。

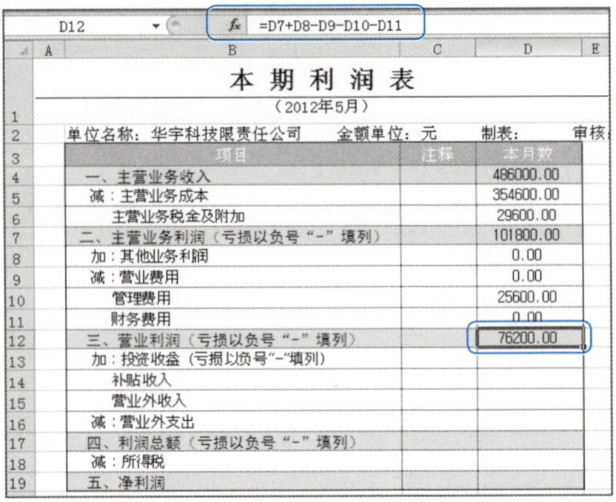

D12 =D7+D8-D9-D10-D11

本期利润表

（2012年5月）

单位名称：华宇科技限责任公司 金额单位：元 制表： 审核

项目	注释	本月数
一、主营业务收入		486000.00
减：主营业务成本		354600.00
主营业务税金及附加		29600.00
二、主营业务利润（亏损以负号“-”填列）		101800.00
加：其他业务利润		0.00
减：营业费用		0.00
管理费用		25600.00
财务费用		0.00
三、营业利润（亏损以负号“-”填列）		76200.00
加：投资收益（亏损以负号“-”填列）		
补贴收入		
营业外收入		
减：营业外支出		
四、利润总额（亏损以负号“-”填列）		
减：所得税		
五、净利润		

图19-11

8 “投资收益”的科目代码为“6111”，“营业外收入”的科目代码为“6301”，“营业外支出”的科目代码为“6711”，选中D13、D15和D16单元格，分别输入公式“=SUMIF(总分类账!B8:B46,6111,总分类账!G8:G46)”、“=SUMIF(总分类账!B8:B46,6301,总分类账!G8:G46)”和“=SUMIF(总分类账!B8:B46,67111,总分类账!G8:G46)”，按Enter键即可分别从“总分类账”工作表中提取投资收益金额和营业外收入金额，如图19-12、图19-13和图19-14所示。

9 选中D17单元格，输入公式“=D12+D13+D14+D15-D16”，按Enter键即可计算出利润总额，如图19-15所示。

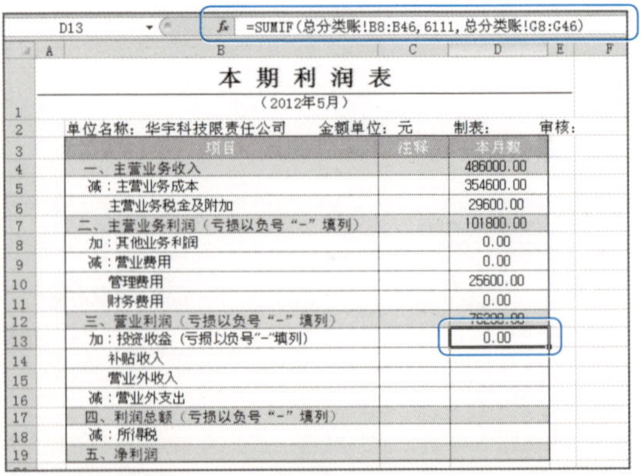

D13 =SUMIF(总分类账!B8:B46,6111,总分类账!G8:G46)

本期利润表

（2012年5月）

单位名称：华宇科技限责任公司 金额单位：元 制表： 审核：

项目	注释	本月数
一、主营业务收入		486000.00
减：主营业务成本		354600.00
主营业务税金及附加		29600.00
二、主营业务利润（亏损以负号“-”填列）		101800.00
加：其他业务利润		0.00
减：营业费用		0.00
管理费用		25600.00
财务费用		0.00
三、营业利润（亏损以负号“-”填列）		76200.00
加：投资收益（亏损以负号“-”填列）		0.00
补贴收入		
营业外收入		
减：营业外支出		
四、利润总额（亏损以负号“-”填列）		
减：所得税		
五、净利润		

图19-12

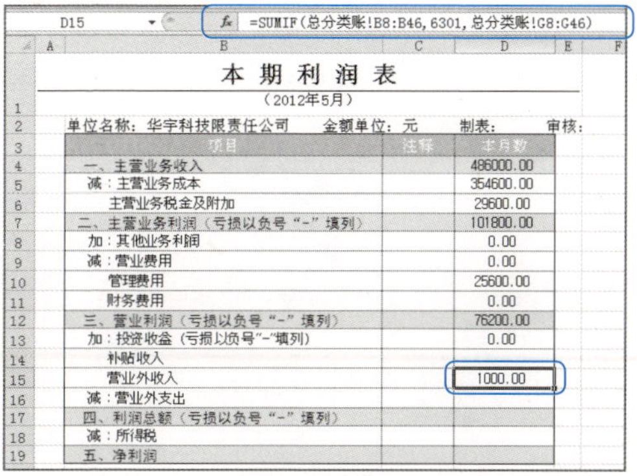

D15　=SUMIF(总分类账!B8:B46,6301,总分类账!G8:G46)

本 期 利 润 表

（2012年5月）

单位名称：华宇科技限责任公司　金额单位：元　制表：　审核：

项目	注释	本月数
一、主营业务收入		486000.00
减：主营业务成本		354600.00
主营业务税金及附加		29600.00
二、主营业务利润（亏损以负号"-"填列）		101800.00
加：其他业务利润		0.00
减：营业费用		0.00
管理费用		25600.00
财务费用		0.00
三、营业利润（亏损以负号"-"填列）		76200.00
加：投资收益（亏损以负号"-"填列）		0.00
补贴收入		
营业外收入		1000.00
减：营业外支出		
四、利润总额（亏损以负号"-"填列）		
减：所得税		
五、净利润		

图19-13

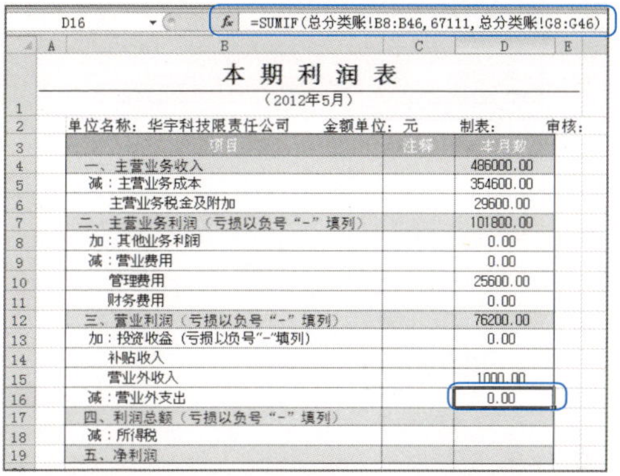

D16　=SUMIF(总分类账!B8:B46,67111,总分类账!G8:G46)

本 期 利 润 表

（2012年5月）

单位名称：华宇科技限责任公司　金额单位：元　制表：　审核：

项目	注释	本月数
一、主营业务收入		486000.00
减：主营业务成本		354600.00
主营业务税金及附加		29600.00
二、主营业务利润（亏损以负号"-"填列）		101800.00
加：其他业务利润		0.00
减：营业费用		0.00
管理费用		25600.00
财务费用		0.00
三、营业利润（亏损以负号"-"填列）		76200.00
加：投资收益（亏损以负号"-"填列）		0.00
补贴收入		
营业外收入		1000.00
减：营业外支出		0.00
四、利润总额（亏损以负号"-"填列）		
减：所得税		
五、净利润		

图19-14

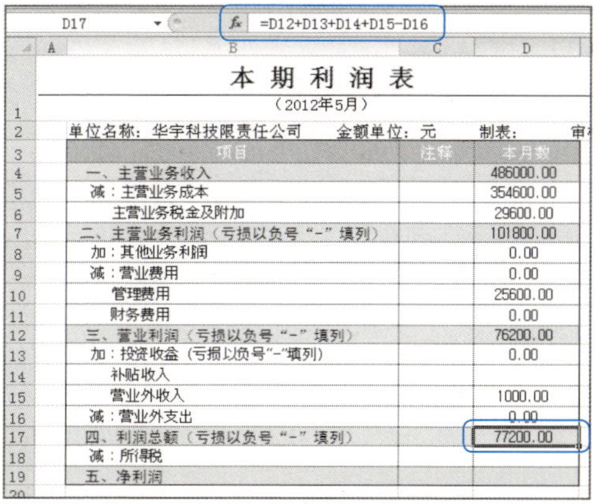

D17　=D12+D13+D14+D15-D16

本 期 利 润 表

（2012年5月）

单位名称：华宇科技限责任公司　金额单位：元　制表：

项目	注释	本月数
一、主营业务收入		486000.00
减：主营业务成本		354600.00
主营业务税金及附加		29600.00
二、主营业务利润（亏损以负号"-"填列）		101800.00
加：其他业务利润		0.00
减：营业费用		0.00
管理费用		25600.00
财务费用		0.00
三、营业利润（亏损以负号"-"填列）		76200.00
加：投资收益（亏损以负号"-"填列）		0.00
补贴收入		
营业外收入		1000.00
减：营业外支出		0.00
四、利润总额（亏损以负号"-"填列）		77200.00
减：所得税		
五、净利润		

图19-15

⑩“所得税”的科目代码为“6701”，选中D18、D19单元格，分别

输入公式“=SUMIF(总分类账!B8:B46,6701,总分类账!G8:G46)”和“=D16-D18”，按Enter键即可从“总分类账”工作表中提取所得税金额和计算出净利润，如图19-16和图19-17所示。

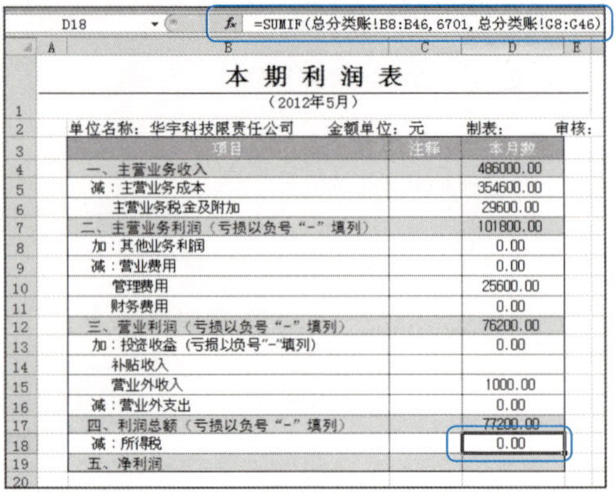

D18 =SUMIF(总分类账!B8:B46,6701,总分类账!G8:G46)

本期利润表

（2012年5月）

单位名称：华宇科技限责任公司 金额单位：元 制表： 审核：

项目	注释	本月数
一、主营业务收入		486000.00
减：主营业务成本		354600.00
主营业务税金及附加		29600.00
二、主营业务利润（亏损以负号“-”填列）		101800.00
加：其他业务利润		0.00
减：营业费用		0.00
管理费用		25600.00
财务费用		0.00
三、营业利润（亏损以负号“-”填列）		76200.00
加：投资收益（亏损以负号“-”填列）		0.00
补贴收入		
营业外收入		1000.00
减：营业外支出		0.00
四、利润总额（亏损以负号“-”填列）		77200.00
减：所得税		0.00
五、净利润		

图19-16

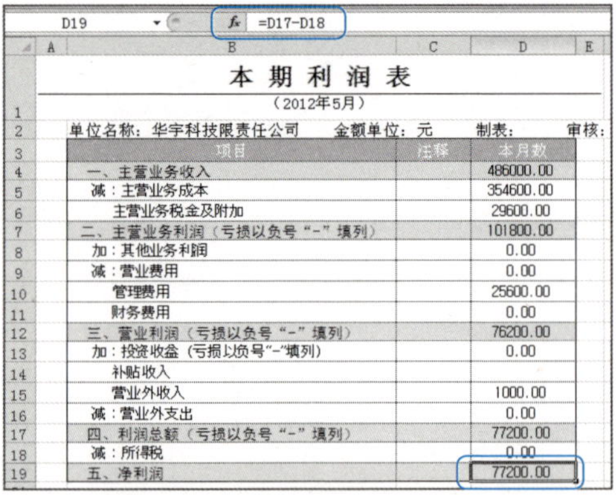

D19 =D17-D18

本期利润表

（2012年5月）

单位名称：华宇科技限责任公司 金额单位：元 制表： 审核：

项目	注释	本月数
一、主营业务收入		486000.00
减：主营业务成本		354600.00
主营业务税金及附加		29600.00
二、主营业务利润（亏损以负号“-”填列）		101800.00
加：其他业务利润		0.00
减：营业费用		0.00
管理费用		25600.00
财务费用		0.00
三、营业利润（亏损以负号“-”填列）		76200.00
加：投资收益（亏损以负号“-”填列）		0.00
补贴收入		
营业外收入		1000.00
减：营业外支出		0.00
四、利润总额（亏损以负号“-”填列）		77200.00
减：所得税		0.00
五、净利润		77200.00

图19-17

19.2 利润表结构分析

利润表结构分析是指分析各个项目占主营业务收入的比例，其分析方法可以通过下面方法具体实现。

19.2.1 建立利润表结构分析

将本期的利润表复制到当前工作簿中，并建立“结构分析”标识。

❶ 将本期的利润表复制到当前工作簿中，如图19-18所示。

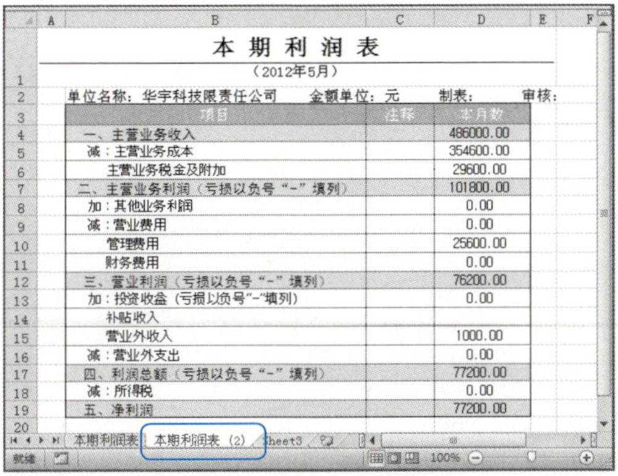

本 期 利 润 表

（2012年5月）

单位名称：华宇科技限责任公司　金额单位：元　制表：　审核：

项目	注释	本月数
一、主营业务收入		486000.00
减：主营业务成本		354600.00
主营业务税金及附加		29600.00
二、主营业务利润（亏损以负号"-"填列）		101800.00
加：其他业务利润		0.00
减：营业费用		0.00
管理费用		25600.00
财务费用		0.00
三、营业利润（亏损以负号"-"填列）		76200.00
加：投资收益（亏损以负号"-"填列）		0.00
补贴收入		
营业外收入		1000.00
减：营业外支出		0.00
四、利润总额（亏损以负号"-"填列）		77200.00
减：所得税		0.00
五、净利润		77200.00

图19–18

❷ 将复制得到的工作表重命名为"利润表结构分析"，如图19-19所示。

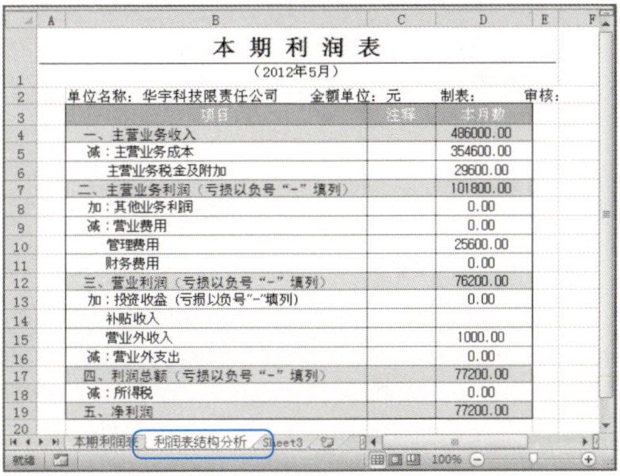

本 期 利 润 表

（2012年5月）

单位名称：华宇科技限责任公司　金额单位：元　制表：　审核：

项目	注释	本月数
一、主营业务收入		486000.00
减：主营业务成本		354600.00
主营业务税金及附加		29600.00
二、主营业务利润（亏损以负号"-"填列）		101800.00
加：其他业务利润		0.00
减：营业费用		0.00
管理费用		25600.00
财务费用		0.00
三、营业利润（亏损以负号"-"填列）		76200.00
加：投资收益（亏损以负号"-"填列）		0.00
补贴收入		
营业外收入		1000.00
减：营业外支出		0.00
四、利润总额（亏损以负号"-"填列）		77200.00
减：所得税		0.00
五、净利润		77200.00

图19–19

❸ 建立"结构分析"标识，如图19-20所示。

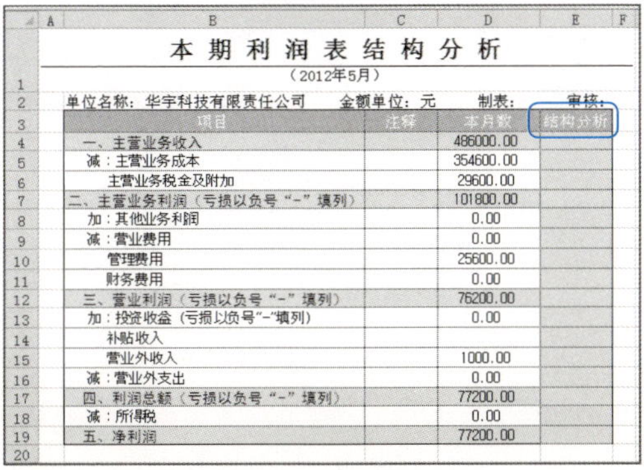

本 期 利 润 表 结 构 分 析

（2012年5月）

单位名称：华宇科技有限责任公司　金额单位：元　制表：　审核：

项目	注释	本月数	结构分析
一、主营业务收入		486000.00	
减：主营业务成本		354600.00	
主营业务税金及附加		29600.00	
二、主营业务利润（亏损以负号"-"填列）		101800.00	
加：其他业务利润		0.00	
减：营业费用		0.00	
管理费用		25600.00	
财务费用		0.00	
三、营业利润（亏损以负号"-"填列）		76200.00	
加：投资收益（亏损以负号"-"填列）		0.00	
补贴收入			
营业外收入		1000.00	
减：营业外支出		0.00	
四、利润总额（亏损以负号"-"填列）		77200.00	
减：所得税		0.00	
五、净利润		77200.00	

图19–20

19.2.2 建立结构分析的公式

公司固定资产分布汇总表主要汇总各部门的机器设备、房屋及建筑物、运输设备和其他资产的价值，以便管理者对各部门的资产有清晰的了解。

❶ 选中E4单元格，输入公式“=IF($D$4=0,0,D4/$D$4)”，按Enter键，完成第一个公式的设置，如图19-21所示。

❷ 选中E4单元格，将光标定位到右下角，当出现黑色十字形状时，按住鼠标左键向下复制公式，得到各个项目结构，如图19-22所示。

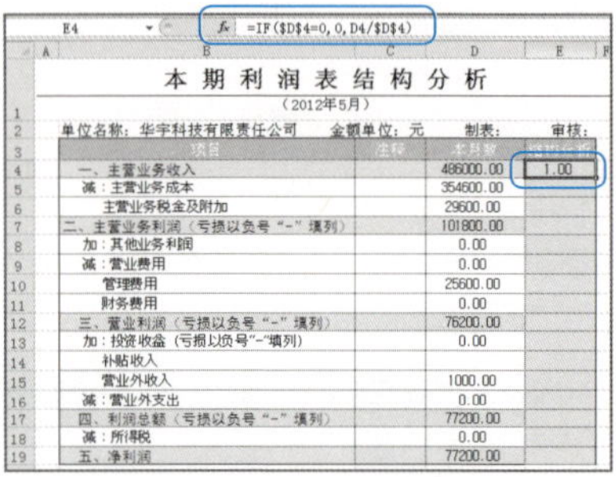

图19-21

图19-22

❸ 设置“结构分析”列数据显示为百分比值且包含两位小数，如图19-23所示。

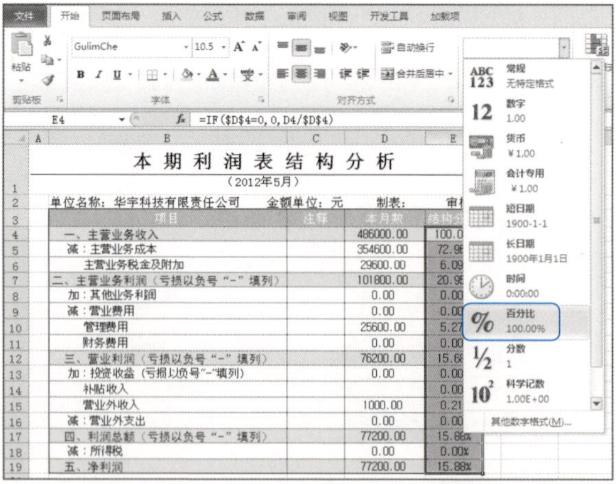

图19-23

第20章

公司现金流量管理表

实例概述与设计效果展示

现金流量表是综合反映企业一定会计期间内现金来源和运用及其增减变动情况的报表。

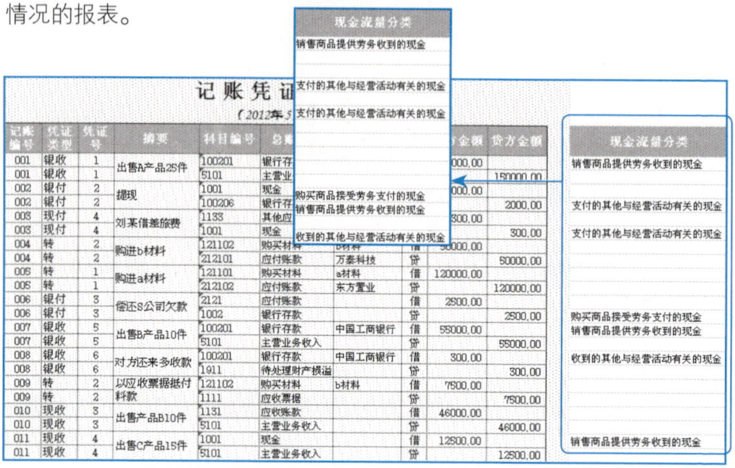

记账凭证

（2012年5月）

记账编号	凭证类型	凭证号	摘要	科目编号	总账科目	明细科目	借贷	借方金额	贷方金额	现金流量分类
001	银收	1	出售A产品25件	100201	银行存			000.00		销售商品提供劳务收到的现金
001	银收	1		5101	主营业				150000.00	
002	银付	2	提现	1001	现金			000.00		
002	银付	2		100206	银行存				2000.00	支付的其他与经营活动有关的现金
003	现付	4	刘某借差旅费	1133	其他应			300.00		
003	现付	4		1001	现金				300.00	支付的其他与经营活动有关的现金
004	转	2	购进b材料	121102	购买材料	b材料		50000.00		
004	转	2		212101	应付账款	万泰科技	贷		50000.00	
005	转	1	购进a材料	121101	购买材料	a材料	借	120000.00		
005	转	1		212102	应付账款	东方置业	贷		120000.00	
006	银付	3	偿还S公司欠款	2121	应付账款		借	2500.00		
006	银付	3		1002	银行存款		贷		2500.00	购买商品接受劳务支付的现金
007	银收	5	出售B产品10件	100201	银行存款	中国工商银行	借	55000.00		销售商品提供劳务收到的现金
007	银收	5		5101	主营业务收入		贷		55000.00	
008	银收	6	对方还来多收款	100201	银行存款	中国工商银行	借	300.00		收到的其他与经营活动有关的现金
008	银收	6		1911	待处理财产损溢		贷		300.00	
009	转	2	以应收票据抵付料款	121102	购买材料	b材料	借	7500.00		
009	转	2		1111	应收票据		贷		7500.00	
010	现收	3	出售产品B10件	1131	应收账款		借	46000.00		
010	现收	3		5101	主营业务收入		贷		46000.00	
011	现收	4	出售C产品15件	1001	现金		借	12500.00		销售商品提供劳务收到的现金
011	现收	4		5101	主营业务收入		贷		12500.00	

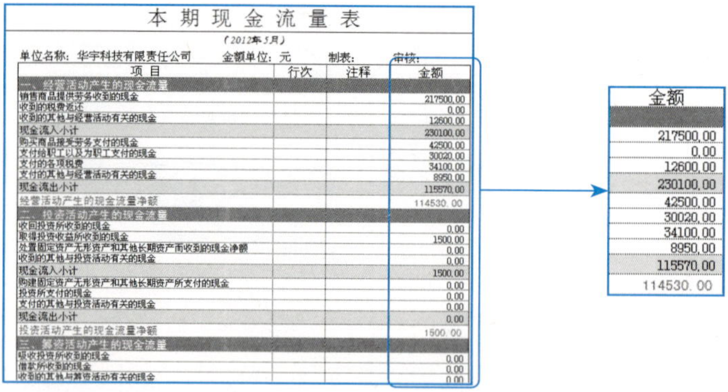

本期现金流量表

（2012年5月）

单位名称：华宇科技有限责任公司　金额单位：元　制表：　审核：

项目	行次	注释	金额
一、经营活动产生的现金流量			
销售商品提供劳务收到的现金			217500.00
收到的税费返还			0.00
收到的其他与经营活动有关的现金			12600.00
现金流入小计			230100.00
购买商品接受劳务支付的现金			42500.00
支付给职工以及为职工支付的现金			30020.00
支付的各项税费			34100.00
支付的其他与经营活动有关的现金			8950.00
现金流出小计			115570.00
经营活动产生的现金流量净额			114530.00
二、投资活动产生的现金流量			
收回投资所收到的现金			0.00
取得投资收益所收到的现金			1500.00
处置固定资产无形资产和其他长期资产而收到的现金净额			0.00
收到的其他与投资活动有关的现金			0.00
现金流入小计			1500.00
购建固定资产无形资产和其他长期资产所支付的现金			0.00
投资所支付的现金			0.00
支付的其他与投资活动有关的现金			0.00
现金流出小计			0.00
投资活动产生的现金流量净额			1500.00
三、筹资活动产生的现金流量			
吸收投资所收到的现金			0.00
借款所收到的现金			0.00
收到的其他与筹资活动有关的现金			0.00

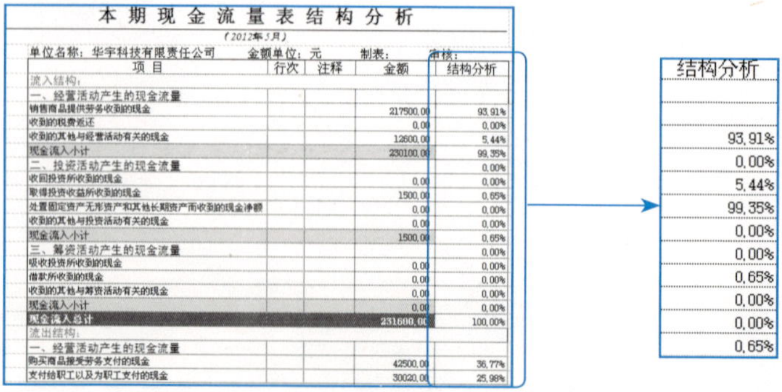

本期现金流量表结构分析

（2012年5月）

单位名称：华宇科技有限责任公司　金额单位：元　制表：　审核：

项目	行次	注释	金额	结构分析
流入结构：				
一、经营活动产生的现金流量				
销售商品提供劳务收到的现金			217500.00	93.91%
收到的税费返还			0.00	0.00%
收到的其他与经营活动有关的现金			12600.00	5.44%
现金流入小计			230100.00	99.35%
二、投资活动产生的现金流量				0.00%
收回投资所收到的现金			0.00	0.00%
取得投资收益所收到的现金			1500.00	0.65%
处置固定资产无形资产和其他长期资产而收到的现金净额			0.00	0.00%
收到的其他与投资活动有关的现金			0.00	0.00%
现金流入小计			1500.00	0.65%
三、筹资活动产生的现金流量				0.00%
吸收投资所收到的现金			0.00	0.00%
借款所收到的现金			0.00	0.00%
收到的其他与筹资活动有关的现金			0.00	0.00%
现金流入小计			0.00	0.00%
现金流入总计			231600.00	100.00%
流出结构：				
一、经营活动产生的现金流量				
购买商品接受劳务支付的现金			42500.00	36.77%
支付给职工以及为职工支付的现金			30020.00	25.98%

实例设计过程

本实例建立了现金流量表。在表格制作过程中，将使用Excel公式与函数对现金流量表结构分析。可依照如下流程来开展。

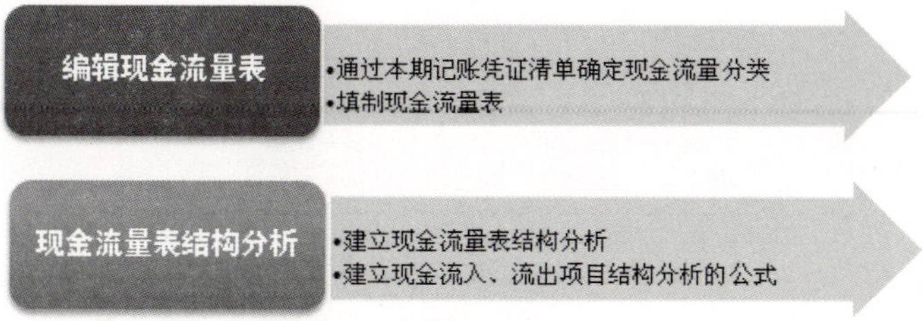

20.1　编辑现金流量表

通过现金流量表可以概括反映经营活动、投资活动和筹资活动对企业现金流入流出的影响，评价企业未来产生现金净流量的能力；评价企业偿还债务、支付投资利润的能力，判断企业财务状况。

20.1.1　通过本期记账凭证清单确定现金流量分类

资产负债表和利润表均建立在应收应付会计方法之上，即使没有发生现金交易，收入和费用也在其发生时就得到确认，而现金流量表只承认产生现金变化的交易。因此首先可以在建立的“本期记账凭证清单”表中确定现金流量的分类。

1. 如图20-1所示为建立完成的本期记账凭证清单。
2. 在“记账凭证清单”表的空白区域输入现金流量项目，如图20-2所示。

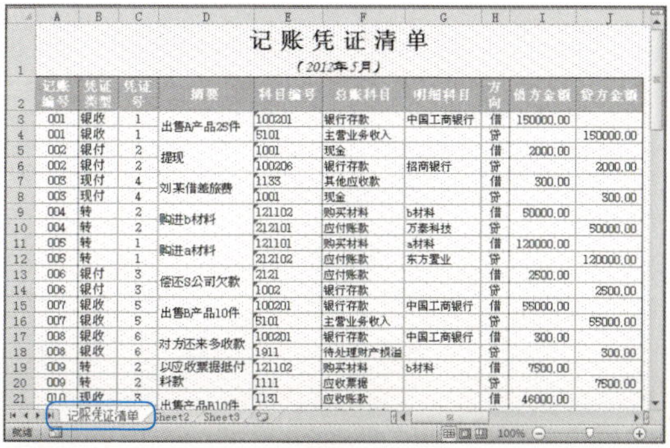

记账凭证清单
（2012年5月）

记账编号	凭证类型	凭证号	摘要	科目编号	总账科目	明细科目	方向	借方金额	贷方金额
001	银收	1	出售A产品25件	100201	银行存款	中国工商银行	借	150000.00	
001	银收	1		5101	主营业务收入		贷		150000.00
002	银付	2	提现	1001	现金		借	2000.00	
002	银付	2		100206	银行存款	招商银行	贷		2000.00
003	现付	4	刘某借差旅费	1133	其他应收款		借	300.00	
003	现付	4		1001	现金		贷		300.00
004	转	2	购进b材料	121102	购买材料	b材料	借	50000.00	
004	转	2		212101	应付账款	万泰科技	贷		50000.00
005	转	1	购进a材料	121101	购买材料	a材料	借	120000.00	
005	转	1		212102	应付账款	东方置业	贷		120000.00
006	银付	3	偿还S公司欠款	2121	应付账款		借	2500.00	
006	银付	3		1002	银行存款		贷		2500.00
007	银收	5	出售B产品10件	100201	银行存款	中国工商银行	借	55000.00	
007	银收	5		5101	主营业务收入		贷		55000.00
008	银收	6	对方还来多收款	100201	银行存款	中国工商银行	借	300.00	
008	银收	6		1911	待处理财产损溢		贷		300.00
009	转	2	以应收票据抵付料款	121102	购买材料	b材料	借	7500.00	
009	转	2		1111	应收票据		贷		7500.00
010	现收	3	出售产品B10件	1131	应收账款		借	46000.00	

图20-1

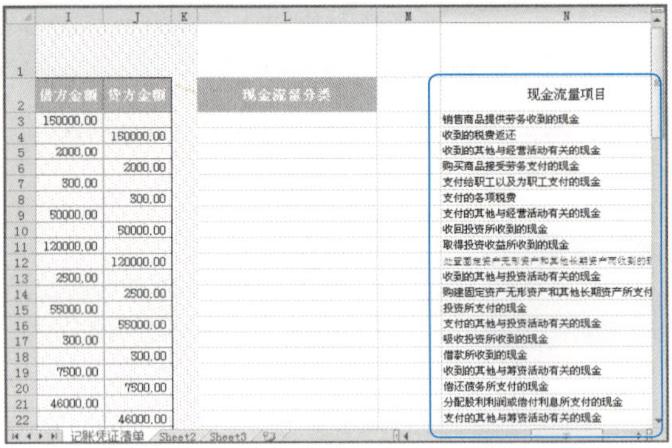

图20-2

3 选中“现金流量分类”列单元格区域，单击“数据”选项卡下的“数据有效性”按钮，打开“数据有效性”对话框，在“允许”下拉列表中选择“序列”、设置“来源”为“=$N$3:$N$22”，如图20-3所示。

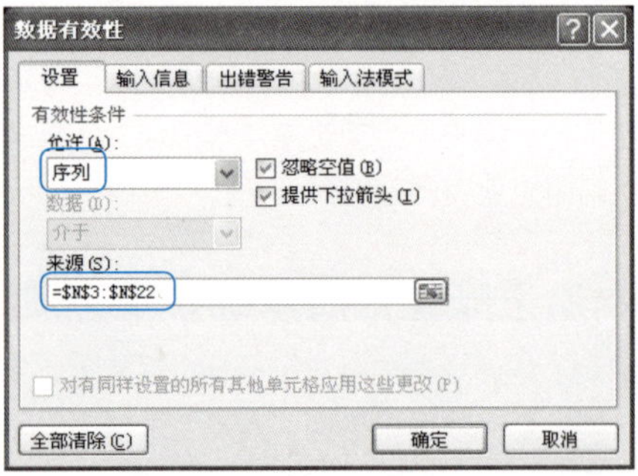

图20-3

4 设置完成后，选中“现金流量分类”列任意单元格，则会出现下拉按钮，可以从中选择现金流量的分类，如图20-4所示。

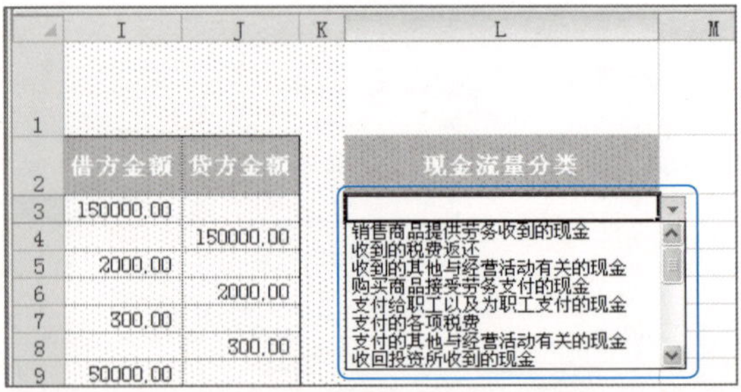

图20-4

5 L3单元格中对应的摘要信息为“出售A产品25件”，其对应的现金流量分类应该为“销售商品提供劳务收到的现金”，因此选中L3单元格，在下拉序列中选择“销售商品提供劳务收到的现金”项目，如图20-5所示。

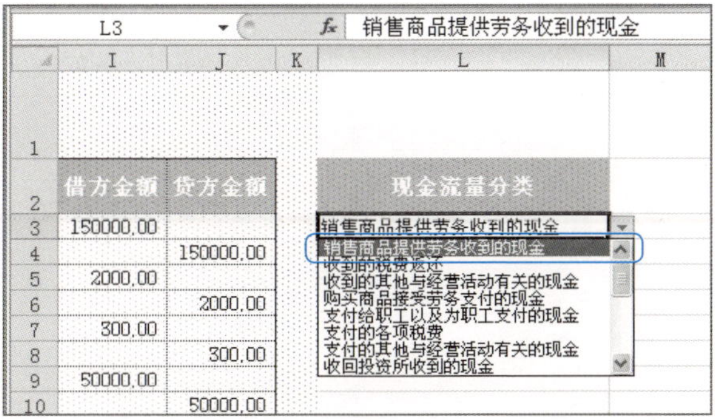

L3　fx　销售商品提供劳务收到的现金

	I	J	K	L	M
1					
2	借方金额	贷方金额		现金流量分类	
3	150000.00			销售商品提供劳务收到的现金	
4		150000.00			
5	2000.00				
6		2000.00			
7	300.00				
8		300.00			
9	50000.00				
10		50000.00			

图20-5

6 L6单元格摘要信息为“提现”，因此选择其现金流量分类为“支付的与其他与经营活动有关的现金”，按相同的方法设置其他现金流量分类，如图20-6所示。

	H	I	J	K	L
1					
2	方向	借方金额	贷方金额		现金流量分类
3	借	150000.00			销售商品提供劳务收到的现金
4	贷		150000.00		
5	借	2000.00			
6	贷		2000.00		支付的其他与经营活动有关的现金
7	借	300.00			
8	贷		300.00		支付的其他与经营活动有关的现金
9	借	50000.00			
10	贷		50000.00		
11	借	120000.00			
12	贷		120000.00		
13	借	2500.00			
14	贷		2500.00		购买商品接受劳务支付的现金
15	借	55000.00			销售商品提供劳务收到的现金
16	贷		55000.00		
17	借	300.00			收到的其他与经营活动有关的现金
18	贷		300.00		
19	借	7500.00			
20	贷		7500.00		
21	借	46000.00			
22	贷		46000.00		
23	借	12500.00			销售商品提供劳务收到的现金
24	贷		12500.00		
25	借	20000.00			
26	贷		20000.00		
27	借	1500.00			取得投资收益所收到的现金

图20-6

20.1.2　填制现金流量表

上述操作是建立现金流量表的准备工作，完成上述操作后，接着可以建立现金流量表。

❶ 在Sheet2工作表标签上双击鼠标左键，将工作表重命名为“本期现金流量表”，输入表格标题、表头信息，并输入现金流量表的各个项目，对建立的表格进行边框设置、特定区域底纹设置、文字字体设置、对齐方式设置等，如图20-7所示。

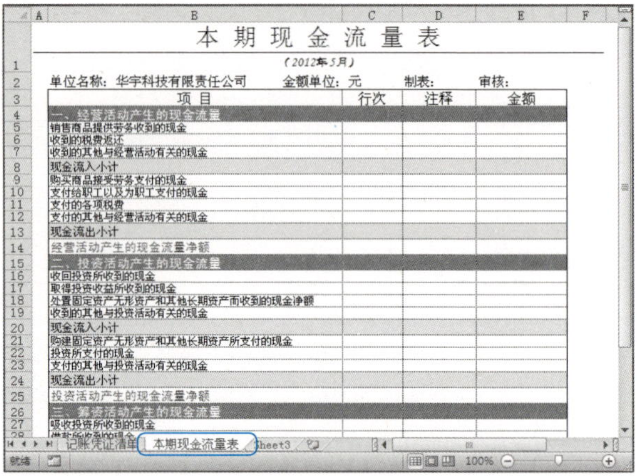

本期现金流量表

（2012年5月）

单位名称：华宇科技有限责任公司　金额单位：元　制表：　审核：

项目	行次	注释	金额
一、经营活动产生的现金流量			
销售商品提供劳务收到的现金			
收到的税费返还			
收到的其他与经营活动有关的现金			
现金流入小计			
购买商品接受劳务支付的现金			
支付给职工以及为职工支付的现金			
支付的各项税费			
支付的其他与经营活动有关的现金			
现金流出小计			
经营活动产生的现金流量净额			
二、投资活动产生的现金流量			
收回投资所收到的现金			
取得投资收益所收到的现金			
处置固定资产无形资产和其他长期资产而收到的现金净额			
收到的其他与投资活动有关的现金			
现金流入小计			
购建固定资产无形资产和其他长期资产所支付的现金			
投资所支付的现金			
支付的其他与投资活动有关的现金			
现金流出小计			
投资活动产生的现金流量净额			
三、筹资活动产生的现金流量			
吸收投资所收到的现金			

图20–7

❷ 选中E5单元格，输入公式“=SUMIF(记账凭证清单!$L$3:$L$85,B5,记账凭证清单!$I$3:$I$85)”，按Enter键即可从“记账凭证清单”工作表中计算得到“销售商品提供劳务收到的现金”项目金额，向下复制公式到E7单元格，即可计算出“经营活动产生的现金流量”分类中其他项目现金流入项目金额，如图20-8所示。

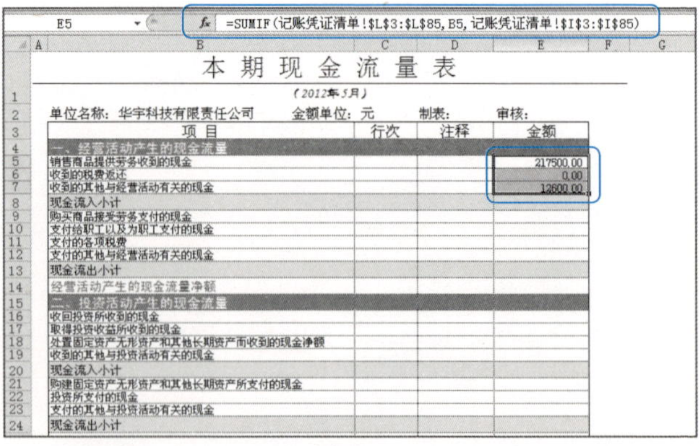

本期现金流量表

（2012年5月）

单位名称：华宇科技有限责任公司　金额单位：元　制表：　审核：

项目	行次	注释	金额
一、经营活动产生的现金流量			
销售商品提供劳务收到的现金			217500.00
收到的税费返还			0.00
收到的其他与经营活动有关的现金			12600.00
现金流入小计			
购买商品接受劳务支付的现金			
支付给职工以及为职工支付的现金			
支付的各项税费			
支付的其他与经营活动有关的现金			
现金流出小计			
经营活动产生的现金流量净额			
二、投资活动产生的现金流量			
收回投资所收到的现金			
取得投资收益所收到的现金			
处置固定资产无形资产和其他长期资产而收到的现金净额			
收到的其他与投资活动有关的现金			
现金流入小计			
购建固定资产无形资产和其他长期资产所支付的现金			
投资所支付的现金			
支付的其他与投资活动有关的现金			
现金流出小计			

图20–8

❸ 选中E8单元格，输入公式“=SUM(E5:E7)”，按Enter键即可计算出现金流入小计金额，如图20-9所示。

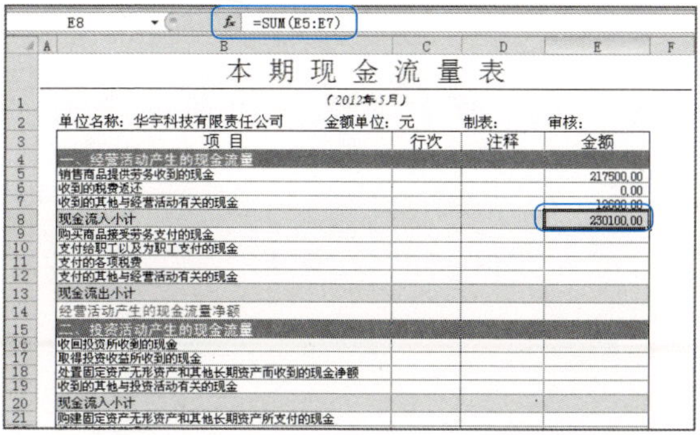

图20-9

4 选中E9单元格，输入公式“=SUMIF(记账凭证清单!$L$3:$L$85,B9,记账凭证清单!$J$3:$J$85)”，按Enter键即可从“记账凭证清单”工作表中计算得到“购买商品接受劳务支付的现金”项目金额，向下复制公式到E12单元格，即可计算出“经营活动产生的现金流量”分类中其他项目现金流出项目金额，如图20-10所示。

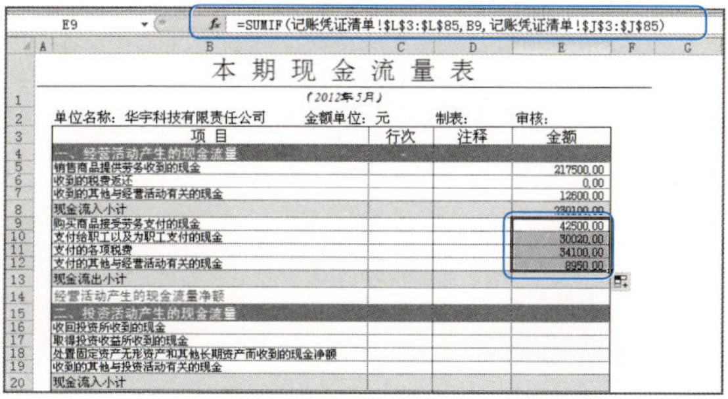

图20-10

5 选中E13、E14单元格，分别输入公式“=SUM(E9:E12)”和“=E8-E13”，按Enter键即可分别计算出现金流出小计金额和“经营活动产生的现金流量”分类净额，如图20-11所示。

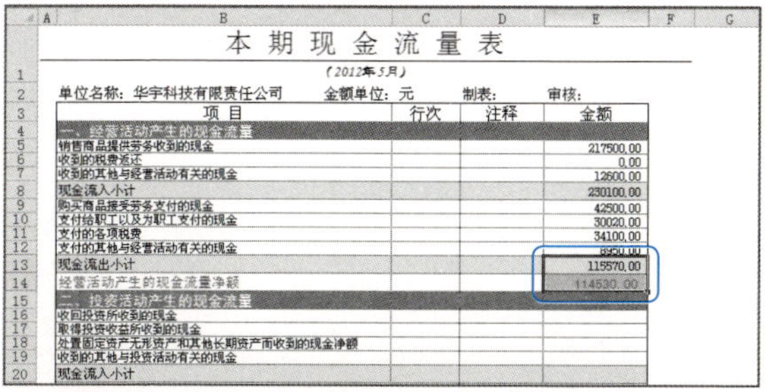

图20-11

❻ 选中E16单元格，输入公式“=SUMIF(记账凭证清单!$L$3:$L$85,B16,记账凭证清单!$I$3:$I$85)”，按Enter键即可从“记账凭证清单”工作表中计算得到“收回投资收到的现金”项目金额，向下复制公式到E19单元格，即可计算出“投资活动产生的现金流量”分类中其他项目现金流入项目金额，如图20-12所示。

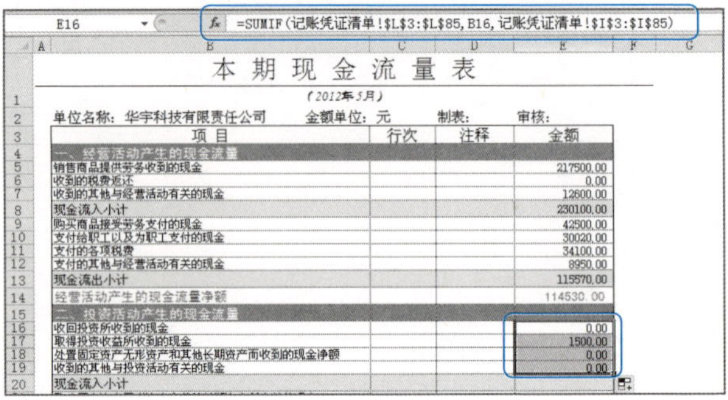

E16 =SUMIF(记账凭证清单!$L$3:$L$85,B16,记账凭证清单!$I$3:$I$85)

本 期 现 金 流 量 表

（2012年5月）

单位名称：华宇科技有限责任公司　金额单位：元　制表：　审核：

项目	行次	注释	金额
一、经营活动产生的现金流量			
销售商品提供劳务收到的现金			217500.00
收到的税费返还			0.00
收到的其他与经营活动有关的现金			12600.00
现金流入小计			230100.00
购买商品接受劳务支付的现金			42500.00
支付给职工以及为职工支付的现金			30020.00
支付的各项税费			34100.00
支付的其他与经营活动有关的现金			8950.00
现金流出小计			115570.00
经营活动产生的现金流量净额			114530.00
二、投资活动产生的现金流量			
收回投资所收到的现金			0.00
取得投资收益所收到的现金			1500.00
处置固定资产无形资产和其他长期资产而收到的现金净额			0.00
收到的其他与投资活动有关的现金			0.00
现金流入小计			

图20-12

❼ 选中E20单元格，输入公式“=SUM(E16:E19)”，按Enter键即可计算出现金流入小计金额，如图20-13所示。

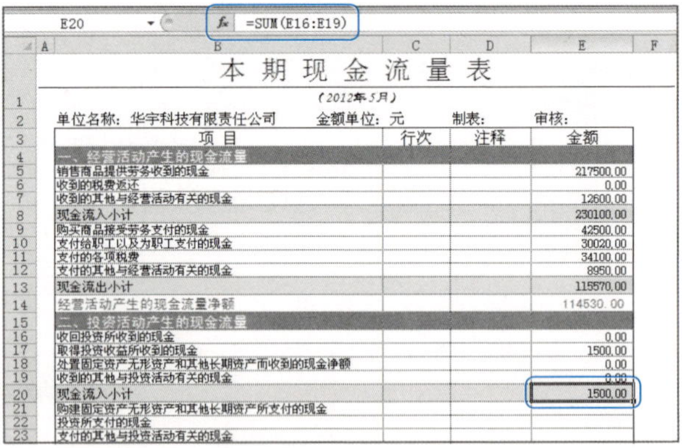

E20 =SUM(E16:E19)

本 期 现 金 流 量 表

（2012年5月）

单位名称：华宇科技有限责任公司　金额单位：元　制表：　审核：

项目	行次	注释	金额
一、经营活动产生的现金流量			
销售商品提供劳务收到的现金			217500.00
收到的税费返还			0.00
收到的其他与经营活动有关的现金			12600.00
现金流入小计			230100.00
购买商品接受劳务支付的现金			42500.00
支付给职工以及为职工支付的现金			30020.00
支付的各项税费			34100.00
支付的其他与经营活动有关的现金			8950.00
现金流出小计			115570.00
经营活动产生的现金流量净额			114530.00
二、投资活动产生的现金流量			
收回投资所收到的现金			0.00
取得投资收益所收到的现金			1500.00
处置固定资产无形资产和其他长期资产而收到的现金净额			0.00
收到的其他与投资活动有关的现金			0.00
现金流入小计			1500.00
购建固定资产无形资产和其他长期资产所支付的现金			
投资所支付的现金			
支付的其他与投资活动有关的现金			

图20-13

❽ 选中E21单元格，输入公式“=SUMIF(记账凭证清单!$L$3:$L$85,B21,记账凭证清单!$J$3:$J$85)”，按Enter键即可从“记账凭证清单”工作表中计算得到“购建固定资产无形资产和其他长期资产所支付的现金”项目金额，复制E21单元格的公式到E23单元格，即可得到“投资活动产生的现金流量”分类中所有现金流出项目金额，如图20-14所示。

❾ 选中E24、E25单元格，分别输入公式“=SUM(E21:E23)”和“=E20-E24”，按Enter键即可计算出现金流出小计金额和“投资活动产生的现金流量”分类净额，如图20-15所示。

E21 =SUMIF(记账凭证清单!$L$3:$L$85,B21,记账凭证清单!$J$3:$J$85)

	B	C	D	E
5	销售商品提供劳务收到的现金			217500.00
6	收到的税费返还			0.00
7	收到的其他与经营活动有关的现金			12600.00
8	现金流入小计			230100.00
9	购买商品接受劳务支付的现金			42500.00
10	支付给职工以及为职工支付的现金			30020.00
11	支付的各项税费			34100.00
12	支付的其他与经营活动有关的现金			8950.00
13	现金流出小计			115570.00
14	经营活动产生的现金流量净额			114530.00
15	二、投资活动产生的现金流量			
16	收回投资所收到的现金			0.00
17	取得投资收益所收到的现金			1500.00
18	处置固定资产无形资产和其他长期资产而收到的现金净额			0.00
19	收到的其他与投资活动有关的现金			0.00
20	现金流入小计			1500.00
21	购建固定资产无形资产和其他长期资产所支付的现金			0.00
22	投资所支付的现金			0.00
23	支付的其他与投资活动有关的现金			0.00
24	现金流出小计			
25	投资活动产生的现金流量净额			
26	三、筹资活动产生的现金流量			

图20-14

本期现金流量表

（2012年5月）

单位名称：华宇科技有限责任公司 金额单位：元 制表： 审核：

	项目	行次	注释	金额
4	一、经营活动产生的现金流量			
5	销售商品提供劳务收到的现金			217500.00
6	收到的税费返还			0.00
7	收到的其他与经营活动有关的现金			12600.00
8	现金流入小计			230100.00
9	购买商品接受劳务支付的现金			42500.00
10	支付给职工以及为职工支付的现金			30020.00
11	支付的各项税费			34100.00
12	支付的其他与经营活动有关的现金			8950.00
13	现金流出小计			115570.00
14	经营活动产生的现金流量净额			114530.00
15	二、投资活动产生的现金流量			
16	收回投资所收到的现金			0.00
17	取得投资收益所收到的现金			1500.00
18	处置固定资产无形资产和其他长期资产而收到的现金净额			0.00
19	收到的其他与投资活动有关的现金			0.00
20	现金流入小计			1500.00
21	购建固定资产无形资产和其他长期资产所支付的现金			0.00
22	投资所支付的现金			0.00
23	支付的其他与投资活动有关的现金			0.00
24	现金流出小计			0.00
25	投资活动产生的现金流量净额			1500.00
26	三、筹资活动产生的现金流量			

图20-15

10 按相同的方法计算出其他分类中各项目的现金流量金额，选中E37单元格，输入公式“=E14+E25+E35+E36”，按Enter键，计算结果如图20-16所示。

E37 =E14+E25+E35+E36

	B	C	D	E
12	支付的其他与经营活动有关的现金			8950.00
13	现金流出小计			115570.00
14	经营活动产生的现金流量净额			114530.00
15	二、投资活动产生的现金流量			
16	收回投资所收到的现金			0.00
17	取得投资收益所收到的现金			1500.00
18	处置固定资产无形资产和其他长期资产而收到的现金净额			0.00
19	收到的其他与投资活动有关的现金			0.00
20	现金流入小计			1500.00
21	购建固定资产无形资产和其他长期资产所支付的现金			0.00
22	投资所支付的现金			0.00
23	支付的其他与投资活动有关的现金			0.00
24	现金流出小计			0.00
25	投资活动产生的现金流量净额			1500.00
26	三、筹资活动产生的现金流量			
27	吸收投资所收到的现金			0.00
28	借款所收到的现金			0.00
29	收到的其他与筹资活动有关的现金			0.00
30	现金流入小计			0.00
31	偿还债务所支付的现金			0.00
32	分配股利利润或偿付利息所支付的现金			0.00
33	支付的其他与筹资活动有关的现金			0.00
34	现金流出小计			0.00
35	筹资活动产生的现金流量净额			0.00
36	四、汇率变动对现金的影响			
37	五、现金及现金等价物净增加额			116030.00

图20-16

20.2 现金流量表结构分析

现金流量表结构分析是指分析现金流量表中各流入项目结构及各流出项目结构。

20.2.1 建立现金流量表结构分析

将本期的现金流量表复制到当前工作簿中，对本例中的现金流量表项目进行重新编排以便于计算。

❶ 将本期的现金流量表复制到当前工作簿中，如图20-17所示。

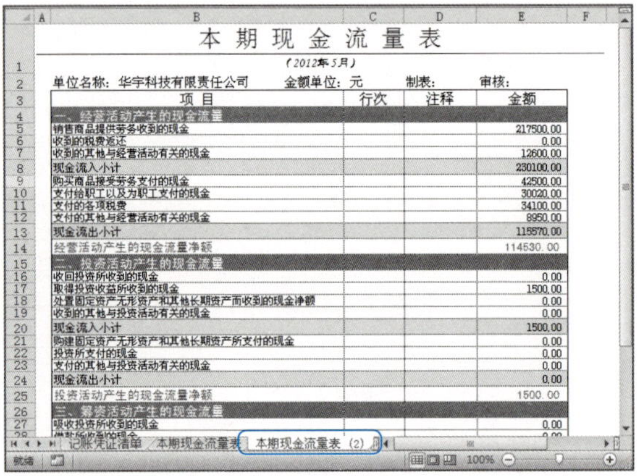

本期现金流量表

（2012年5月）

单位名称：华宇科技有限责任公司　金额单位：元　制表：　审核：

项目	行次	注释	金额
一、经营活动产生的现金流量			
销售商品提供劳务收到的现金			217500.00
收到的税费返还			0.00
收到的其他与经营活动有关的现金			12600.00
现金流入小计			230100.00
购买商品接受劳务支付的现金			42500.00
支付给职工以及为职工支付的现金			30020.00
支付的各项税费			34100.00
支付的其他与经营活动有关的现金			8950.00
现金流出小计			115570.00
经营活动产生的现金流量净额			114530.00
二、投资活动产生的现金流量			
收回投资所收到的现金			0.00
取得投资收益所收到的现金			1500.00
处置固定资产无形资产和其他长期资产而收到的现金净额			0.00
收到的其他与投资活动有关的现金			0.00
现金流入小计			1500.00
购建固定资产无形资产和其他长期资产所支付的现金			0.00
投资所支付的现金			0.00
支付的其他与投资活动有关的现金			0.00
现金流出小计			0.00
投资活动产生的现金流量净额			1500.00
三、筹资活动产生的现金流量			
吸收投资所收到的现金			0.00

图20-17

❷ 复制“现金流量表”，重新编排后，修改表名为“现金流量表结构分析”，如图20-18所示。

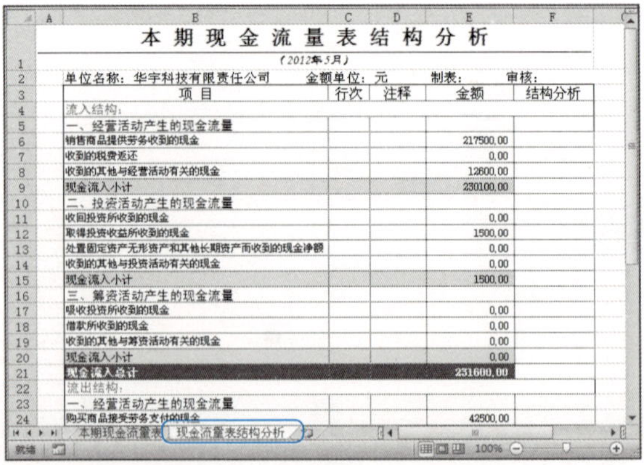

本期现金流量表结构分析

（2012年5月）

单位名称：华宇科技有限责任公司　金额单位：元　制表：　审核：

项目	行次	注释	金额	结构分析
流入结构：				
一、经营活动产生的现金流量				
销售商品提供劳务收到的现金			217500.00	
收到的税费返还			0.00	
收到的其他与经营活动有关的现金			12600.00	
现金流入小计			230100.00	
二、投资活动产生的现金流量				
收回投资所收到的现金			0.00	
取得投资收益所收到的现金			1500.00	
处置固定资产无形资产和其他长期资产而收到的现金净额			0.00	
收到的其他与投资活动有关的现金			0.00	
现金流入小计			1500.00	
三、筹资活动产生的现金流量				
吸收投资所收到的现金			0.00	
借款所收到的现金			0.00	
收到的其他与筹资活动有关的现金			0.00	
现金流入小计			0.00	
现金流入总计			231600.00	
流出结构：				
一、经营活动产生的现金流量				
购买商品接受劳务支付的现金			42500.00	

图20-18

20.2.2 建立现金流入、流出项目结构分析的公式

下面建立现金流入、流出项目结构分析的公式，并设置“结构分析”列的数据显示为百分比值且包含两位小数。

❶ 选中F6单元格，输入公式“=IF($E$21=0,0,E6/$E$21)”，按Enter键，完成第一个公式的设置，如图20-19所示。

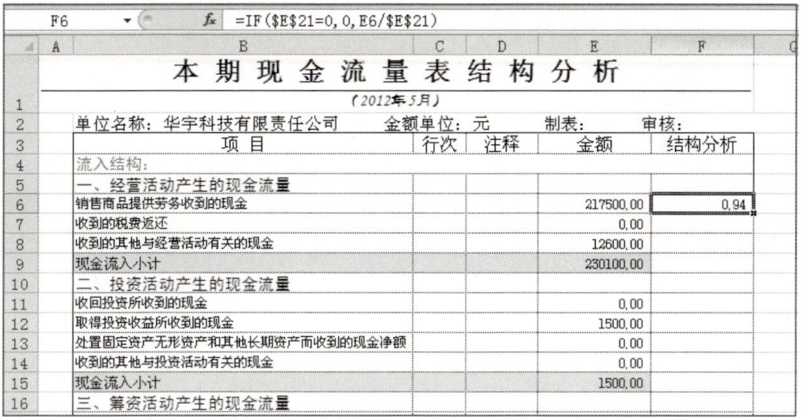

图20-19

❷ 选中F6单元格，将光标定位到右下角，当出现黑色十字形状时，按住鼠标左键向下复制公式到F21单元格中，得到各个现金流入项目结构，如图20-20所示。

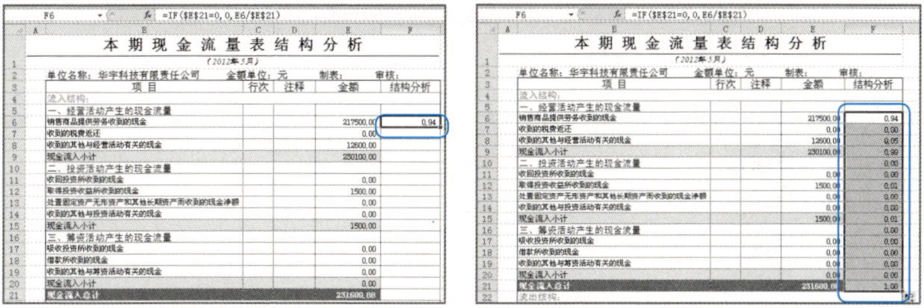

图20-20

❸ 选中F24单元格，输入公式“=IF($E$39=0,0,E24/$E$39)”，按Enter键，完成第一个公式的设置。选中F24单元格，将光标定位到右下角，当出现黑色十字形状时，按住鼠标左键向下复制公式到F21单元格中，得到各个现金流出项目结构，如图20-21所示。

❹ 设置“结构分析”列后数据显示为百分比值且包含两位小数，如图20-22所示。

F24 =IF($E$39=0,0,E24/$E$39)

	A	B	C	D	E	F	G
17		吸收投资所收到的现金			0.00	0.00	
18		借款所收到的现金			0.00	0.00	
19		收到的其他与筹资活动有关的现金			0.00	0.00	
20		现金流入小计			0.00	0.00	
21		现金流入总计			231600.00	100.00%	
22		流出结构:					
23		一、经营活动产生的现金流量					
24		购买商品接受劳务支付的现金			42500.00	0.37	
25		支付给职工以及为职工支付的现金			30020.00	0.26	
26		支付的各项税费			34100.00	0.30	
27		支付的其他与经营活动有关的现金			8950.00	0.08	
28		现金流出小计			115570.00	1.00	
29		二、投资活动产生的现金流量				0.00	
30		购建固定资产无形资产和其他长期资产所支付的现金			0.00	0.00	
31		投资所支付的现金			0.00	0.00	
32		支付的其他与投资活动有关的现金			0.00	0.00	
33		现金流出小计			0.00	0.00	
34		三、筹资活动产生的现金流量				0.00	
35		偿还债务所支付的现金			0.00	0.00	
36		分配股利利润或偿付利息所支付的现金			0.00	0.00	
37		支付的其他与筹资活动有关的现金			0.00	0.00	
38		现金流出小计			0.00	0.00	
39		现金流出总计			115570.00	1.00	
40		四、汇率变动对现金的影响					
41		五、现金及现金等价物净增加额			116030.00		

图20-21

	A	B	C	D	E	F	G
1		本期现金流量表结构分析 (2012年5月)					
2		单位名称：华宇科技有限责任公司	金额单位：元		制表：	审核：	
3		项目	行次	注释	金额	结构分析	
4		流入结构:					
5		一、经营活动产生的现金流量					
6		销售商品提供劳务收到的现金			217500.00	93.91%	
7		收到的税费返还			0.00	0.00%	
8		收到的其他与经营活动有关的现金			12600.00	5.44%	
9		现金流入小计			230100.00	99.35%	
10		二、投资活动产生的现金流量				0.00%	
11		收回投资所收到的现金			0.00	0.00%	
12		取得投资收益所收到的现金			1500.00	0.65%	
13		处置固定资产无形资产和其他长期资产而收到的现金净额			0.00	0.00%	
14		收到的其他与投资活动有关的现金			0.00	0.00%	
15		现金流入小计			1500.00	0.65%	
16		三、筹资活动产生的现金流量				0.00%	
17		吸收投资所收到的现金			0.00	0.00%	
18		借款所收到的现金			0.00	0.00%	
19		收到的其他与筹资活动有关的现金			0.00	0.00%	
20		现金流入小计			0.00	0.00%	
21		现金流入总计			231600.00	100.00%	
22		流出结构:					
23		一、经营活动产生的现金流量					
24		购买商品接受劳务支付的现金			42500.00	36.77%	
25		支付给职工以及为职工支付的现金			30020.00	25.98%	

图20-22

第3篇 高效实践技巧

第21章

单元格编辑技巧

21.1 单元格操作技巧

表格主要的数据操作都是在单元格中进行的，为了提高工作效率，会计人员应该掌握有关单元格的操作技巧。

21.1.1 快速选取不连续的单元格

在Excel 2010中，每个单元格就是一个单位，编辑时需要选中单元格。下面介绍选择多个不连续的单元格将如何操作。

按住Ctrl键的同时，逐个单击需要选择的单元格，即可选择不连续单元格，如图21-1所示。

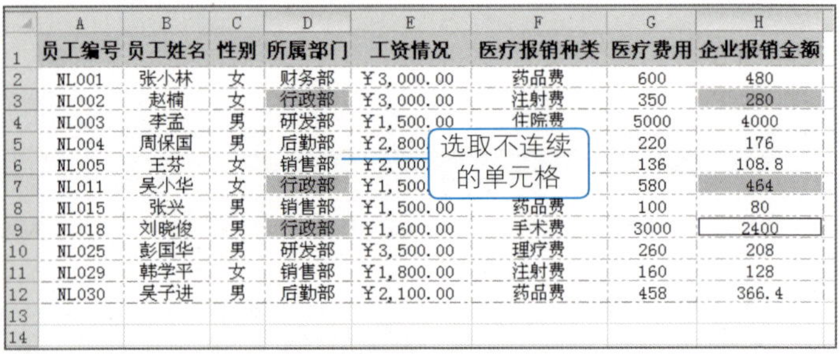

	A	B	C	D	E	F	G	H
1	员工编号	员工姓名	性别	所属部门	工资情况	医疗报销种类	医疗费用	企业报销金额
2	NL001	张小林	女	财务部	￥3,000.00	药品费	600	480
3	NL002	赵楠	女	行政部	￥3,000.00	注射费	350	280
4	NL003	李孟	男	研发部	￥1,500.00	住院费	5000	4000
5	NL004	周保国	男	后勤部	￥2,800		220	176
6	NL005	王芬	女	销售部	￥2,000		136	108.8
7	NL011	吴小华	女	行政部	￥1,500		580	464
8	NL015	张兴	男	销售部	￥1,500.00	药品费	100	80
9	NL018	刘晓俊	男	行政部	￥1,600.00	手术费	3000	2400
10	NL025	彭国华	男	研发部	￥3,500.00	理疗费	260	208
11	NL029	韩学平	女	销售部	￥1,800.00	注射费	160	128
12	NL030	吴子进	男	后勤部	￥2,100.00	药品费	458	366.4
13								
14								

图21-1

动手练一练

在 Excel 2010中，选取不连续的多行或列，可以按住Ctrl键同时，单击行标或列标，即可选择该行或该列。

21.1.2 快速选取块状区域

利用拖动鼠标的方法可以快速选取需要的矩形区域。但是如果需要选中的矩形区域范围过大，由于屏幕大小的限制，选取时就麻烦了，有时必须重复几次才能正确选取。此时可以使用如下方法快速精确的操作。

❶ 将光标定位到名称框（编辑栏左边的文本框），输入欲选定的矩形区域的左上角单元格名称和右下角单元格名称，中间用冒号分开，如图21-2所示。

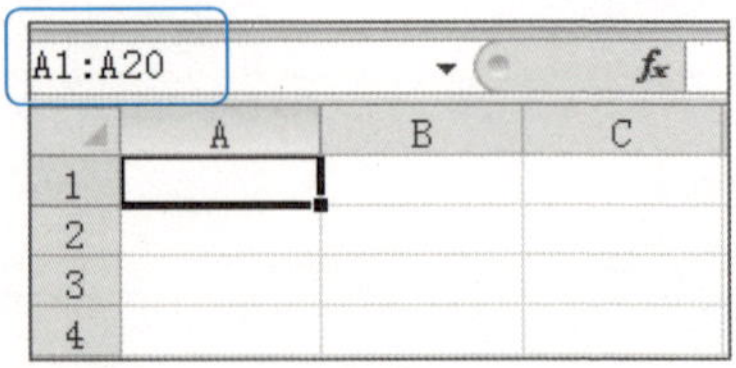

图21-2

❷ 按Enter键即可选中以这两个单元格之间距离为对角线的矩形区域，如图21-3示。

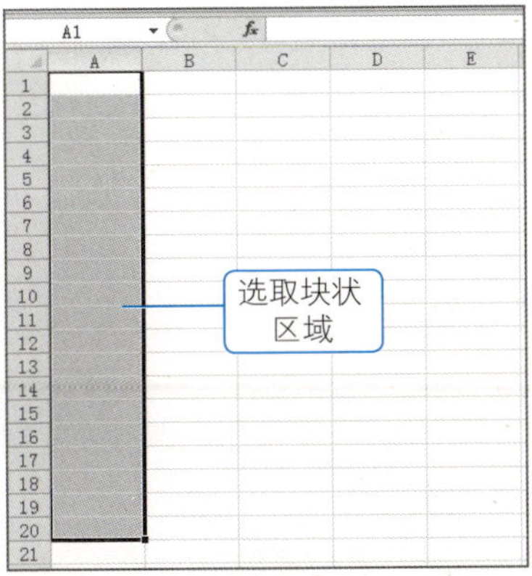

图21-3

21.1.3 快速扩展选取区域

选择某一单元格或单元格区域后，可以快速增大选择区域。扩展式选定模式可以给选定工作表矩形区域带来很大的方便，使用方法如下。

❶ 选中B1单元格，按Shift+方向键（如向右和向下）组合键，如图21-4所示。

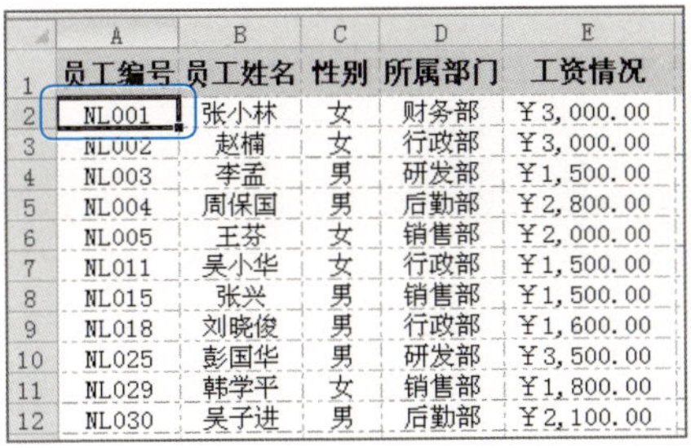

	A	B	C	D	E
1	员工编号	员工姓名	性别	所属部门	工资情况
2	NL001	张小林	女	财务部	￥3,000.00
3	NL002	赵楠	女	行政部	￥3,000.00
4	NL003	李孟	男	研发部	￥1,500.00
5	NL004	周保国	男	后勤部	￥2,800.00
6	NL005	王芬	女	销售部	￥2,000.00
7	NL011	吴小华	女	行政部	￥1,500.00
8	NL015	张兴	男	销售部	￥1,500.00
9	NL018	刘晓俊	男	行政部	￥1,600.00
10	NL025	彭国华	男	研发部	￥3,500.00
11	NL029	韩学平	女	销售部	￥1,800.00
12	NL030	吴子进	男	后勤部	￥2,100.00

图21-4

❷ 即可按指定的方向逐步扩展或缩减选择区域，如图21-5所示。

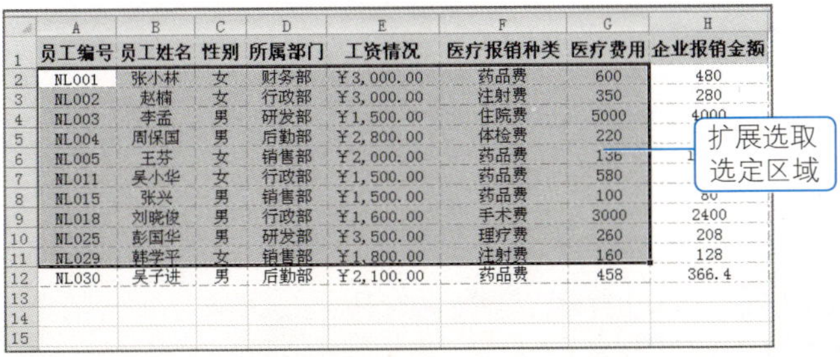

	A	B	C	D	E	F	G	H
1	员工编号	员工姓名	性别	所属部门	工资情况	医疗报销种类	医疗费用	企业报销金额
2	NL001	张小林	女	财务部	￥3,000.00	药品费	600	480
3	NL002	赵楠	女	行政部	￥3,000.00	注射费	350	280
4	NL003	李孟	男	研发部	￥1,500.00	住院费	5000	4000
5	NL004	周保国	男	后勤部	￥2,800.00	体检费	220	[illegible]
6	NL005	王芬	女	销售部	￥2,000.00	药品费	136	[illegible]
7	NL011	吴小华	女	行政部	￥1,500.00	药品费	580	[illegible]
8	NL015	张兴	男	销售部	￥1,500.00	药品费	100	80
9	NL018	刘晓俊	男	行政部	￥1,600.00	手术费	3000	2400
10	NL025	彭国华	男	研发部	￥3,500.00	理疗费	260	208
11	NL029	韩学平	女	销售部	￥1,800.00	注射费	160	128
12	NL030	吴子进	男	后勤部	￥2,100.00	药品费	458	366.4
13								
14								
15								

图21-5

21.1.4 快速选择活动单元格至工作表开始（结束）的区域

在Excel文档中可以快速选活动单元格至工作表开始（结束）的区域的择数据，之后进行编辑操作。如果选择活动单元格至工作表开始（结束）的区域，可以使用如下方法实现。

❶ 选中D12单元格，按Ctrl+Shift+Home组合键，可选择活动单元格到工作表开始（A1单元格）之间的区域，如图21-6所示。

	A	B	C	D	E	F
1	员工编号	员工姓名	性别	所属部门	工资情况	医疗报销种类
2	NL001	张小林	女	财务部	￥3,000.00	药品费
3	NL002	赵楠	女	行政部	￥3,000.00	注射费
4	NL003	李孟	男	研发部	￥1,500.00	住院费
5	NL004	周保国	男	后勤部	￥2,800.00	体检费
6	NL005	王芬	女	销售部	￥2,000.00	药品费
7	NL011	吴小华	女	行政部	￥1,500.00	药品费
8	NL015	张兴	男	销售部	￥1,500.00	药品费
9	NL018	刘晓俊	男	行政部	￥1,600.00	手术费
10	NL025	彭国华	男	研发部	￥3,500.00	理疗费
11	NL029	韩学平	女	销售部	￥1,800.00	注射费
12	NL030	吴子进	男	后勤部	￥2,100.00	药品费
13						

图21-6

❷ 选中D12单元格，按Ctrl+Shift+End组合键，即可选择活动单元格到最后一个使用的单元格之间的区域，如图21-7所示。

	A	B	C	D	E	F	G	H
1	员工编号	员工姓名	性别	所属部门	工资情况	医疗报销种类	医疗费用	企业报销金额
2	NL001	张小林	女	财务部	￥3,000.00	药品费	600	480
3	NL002	赵楠	女	行政部	￥3,000.00	注射费	350	280
4	NL003	李孟	男	研发部	￥1,500.00	住院费	5000	4000
5	NL004	周保国	男	后勤部	￥2,800.00	体检费	220	176
6	NL005	王芬	女	销售部	￥2,000.00	药品费	136	108.8
7	NL011	吴小华	女	行政部	￥1,500.00	药品费	580	464
8	NL015	张兴	男	销售部	￥1,500.00	药品费	100	80
9	NL018	刘晓俊	男	行政部	￥1,600.00	手术费	3000	2400
10	NL025	彭国华	男	研发部	￥3,500.00	理疗费	260	208
11	NL029	韩学平	女	销售部	￥1,800.00	注射费	160	128
12	NL030	吴子进	男	后勤部	￥2,100.00	药品费	458	366.4
13								
14								

图21-7

动手练一练

按住F8键，再单击鼠标或按方向键，可增加或减少单元格选定区域。按Esc键或F8键退出扩展模式。

21.1.5 选中工作表中所有单元格

❶ 单击工作表中行标题与列标题交叉的◢区域。

❷ 即可选取工作表中所有单元格，如图21-8所示。

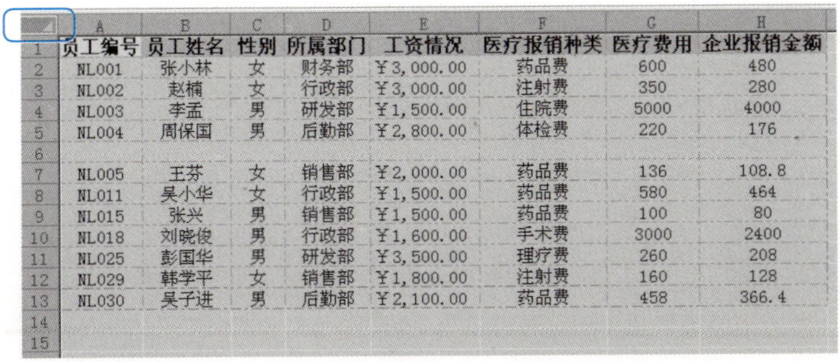

	A	B	C	D	E	F	G	H
1	员工编号	员工姓名	性别	所属部门	工资情况	医疗报销种类	医疗费用	企业报销金额
2	NL001	张小林	女	财务部	￥3,000.00	药品费	600	480
3	NL002	赵楠	女	行政部	￥3,000.00	注射费	350	280
4	NL003	李孟	男	研发部	￥1,500.00	住院费	5000	4000
5	NL004	周保国	男	后勤部	￥2,800.00	体检费	220	176
6								
7	NL005	王芬	女	销售部	￥2,000.00	药品费	136	108.8
8	NL011	吴小华	女	行政部	￥1,500.00	药品费	580	464
9	NL015	张兴	男	销售部	￥1,500.00	药品费	100	80
10	NL018	刘晓俊	男	行政部	￥1,600.00	手术费	3000	2400
11	NL025	彭国华	男	研发部	￥3,500.00	理疗费	260	208
12	NL029	韩学平	女	销售部	￥1,800.00	注射费	160	128
13	NL030	吴子进	男	后勤部	￥2,100.00	药品费	458	366.4
14								
15								

图21-8

动手练一练

将鼠标光标放至当前文档中，按Ctrl + A组合键即可选择工作表中的全部单元格。

21.1.6　选取使用了公式的单元格

若工作表中有大量的数据，则无法快速分辨含有公式的单元格。可以通过如下方法实现，选取使用了公式的单元格。

❶ 打开“开始”选项卡，在“编辑”选项组中单击“查找和选择”下拉按钮，在下拉列表中选择“公式”命令，如图21-9所示。

❷ 即可将工作表中所有包含公式的单元格选中，如图21-10所示。

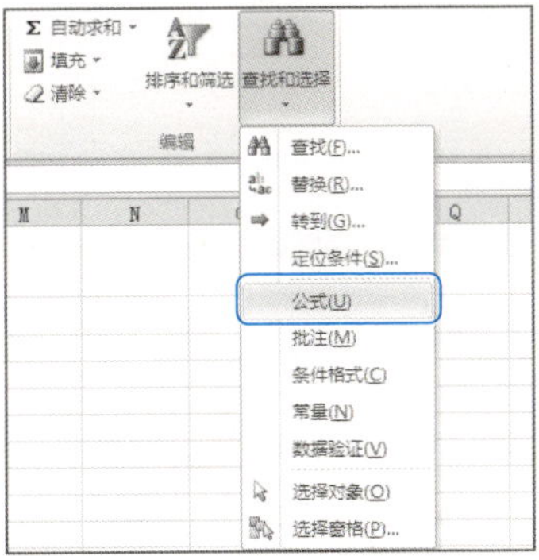

图21-9

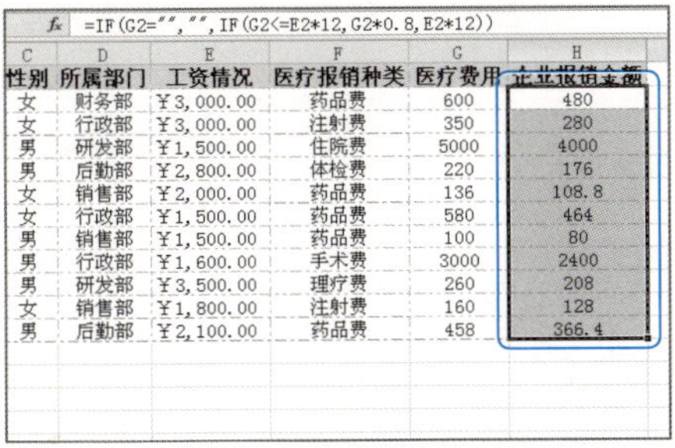

C	D	E	F	G	H
性别	所属部门	工资情况	医疗报销种类	医疗费用	企业报销金额
女	财务部	￥3,000.00	药品费	600	480
女	行政部	￥3,000.00	注射费	350	280
男	研发部	￥1,500.00	住院费	5000	4000
男	后勤部	￥2,800.00	体检费	220	176
女	销售部	￥2,000.00	药品费	136	108.8
女	行政部	￥1,500.00	药品费	580	464
男	销售部	￥1,500.00	药品费	100	80
男	行政部	￥1,600.00	手术费	3000	2400
男	研发部	￥3,500.00	理疗费	260	208
女	销售部	￥1,800.00	注射费	160	128
男	后勤部	￥2,100.00	药品费	458	366.4

图21-10

举一反三

单击“编辑”选项组中的“查找和选择”下拉列表“定位条件”按钮，在弹出的“定位条件”对话框中选中“公式”项，单击“确定”按钮也可轻松快速选取包含公式的Excel单元格。

21.1.7 选取公式引用的所有单元格

若在工作表中有大量的数据，则无法快速分辨含有公式的单元格引用了哪些单元格。可以通过下面方法选取公式引用的所有单元格。

❶ 选中H2单元格，按Ctrl+[组合键，即可快速选取该单元格中的公式所引用的所有单元格。

❷ 即H2单元格中的公式引用了E2和G2单元格，如图21-11所示。

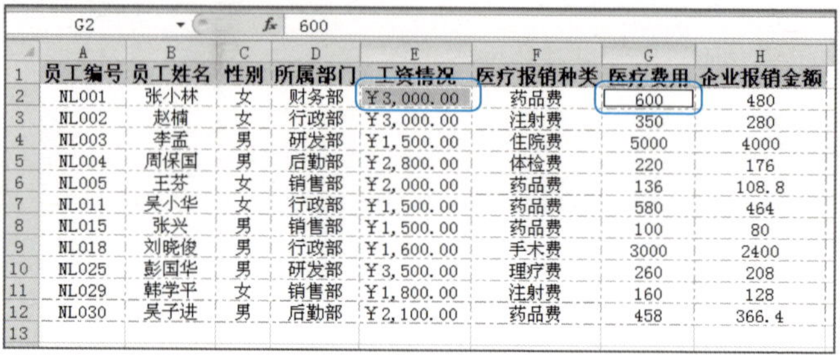

	A	B	C	D	E	F	G	H
1	员工编号	员工姓名	性别	所属部门	工资情况	医疗报销种类	医疗费用	企业报销金额
2	NL001	张小林	女	财务部	￥3,000.00	药品费	600	480
3	NL002	赵楠	女	行政部	￥3,000.00	注射费	350	280
4	NL003	李孟	男	研发部	￥1,500.00	住院费	5000	4000
5	NL004	周保国	男	后勤部	￥2,800.00	体检费	220	176
6	NL005	王芬	女	销售部	￥2,000.00	药品费	136	108.8
7	NL011	吴小华	女	行政部	￥1,500.00	药品费	580	464
8	NL015	张兴	男	销售部	￥1,500.00	药品费	100	80
9	NL018	刘晓俊	男	行政部	￥1,600.00	手术费	3000	2400
10	NL025	彭国华	男	研发部	￥3,500.00	理疗费	260	208
11	NL029	韩学平	女	销售部	￥1,800.00	注射费	160	128
12	NL030	吴子进	男	后勤部	￥2,100.00	药品费	458	366.4
13								

图21-11

动手练一练

选中公式引用的单元格，按Ctrl+]组合键，可以选中引用这些单元格的公式所在的单元格。

21.1.8 让单元格不显示0值

有时候Excel表格的单元格中可能会出现大量的数字0，这会让整个表格看上去非常乱，在Excel 2010中，可以使单元格中不显示这些0，让表格非常整洁。

❶ 打开“文件”选项卡，单击“选项”按钮，弹出“Excel选项”对话框，单击左侧窗格中的“高级”选项。

❷ 在右侧窗格中的“此工作表的显示选项”栏下，取消选中“在具有零值单元格中显示零”复选框，单击“确定”按钮即可，如图21-12所示。

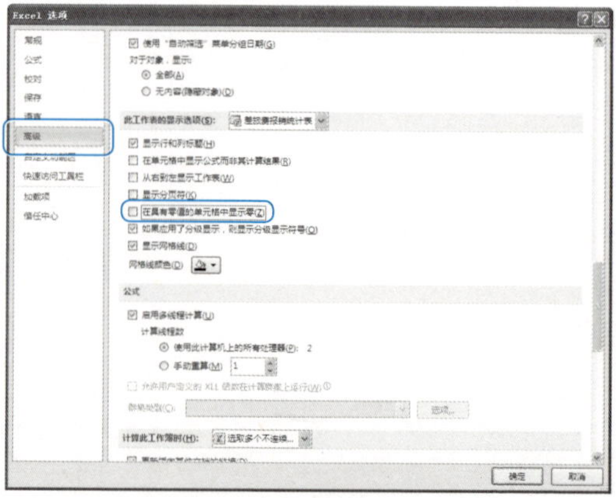

图21-12

21.1.9　为特定单元格添加批注信息

编辑单元格时，添加批注可以起到特别标识的作用。通过下面的介绍，可以为特定单元格添加批注信息。

❶ 选中单元格，单击鼠标右键，在弹出的快捷菜单中选中“插入批注”选项，如图21-13所示。

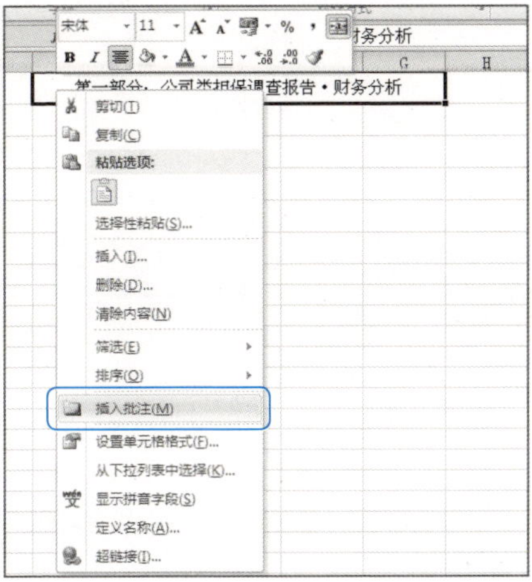

图21–13

❷ 即可打开批注编辑框，输入批注文字，如图21-14所示。

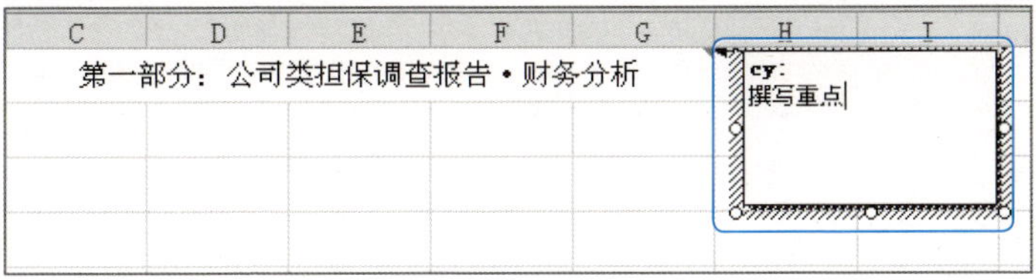

图21–14

专家提示

当选择添加批注之外的单元格时，批注将自动隐藏。如果要始终显示批注信息，可以单击鼠标右键，在弹出的快捷菜单中单击“显示/隐藏批注”选项。

21.1.10　改变批注框的形状

Excel单元格中批注框的形状默认是矩形，可以将其修改为其他形状。

❶ 打开“文件”选项卡，单击“选项”按钮，弹出“Excel选项”对话框，如图21-15所示。

❷ 在“Excel选项”对话框中左侧选择“快速访问工具栏”选项，在右侧向快速访问工具栏添加“绘图”选项卡上的“更改形状”命令，如图21-16所示。

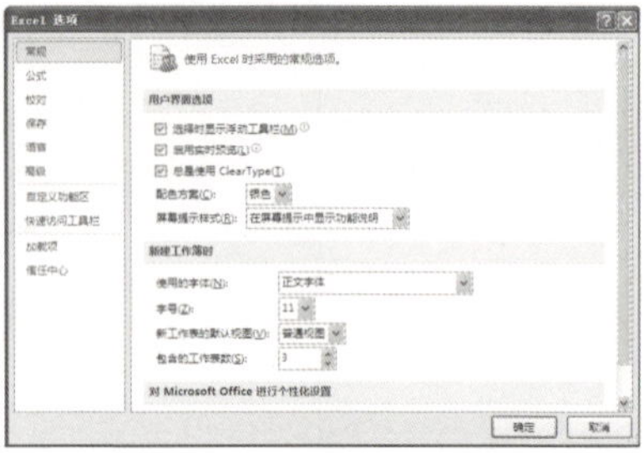

图21-15

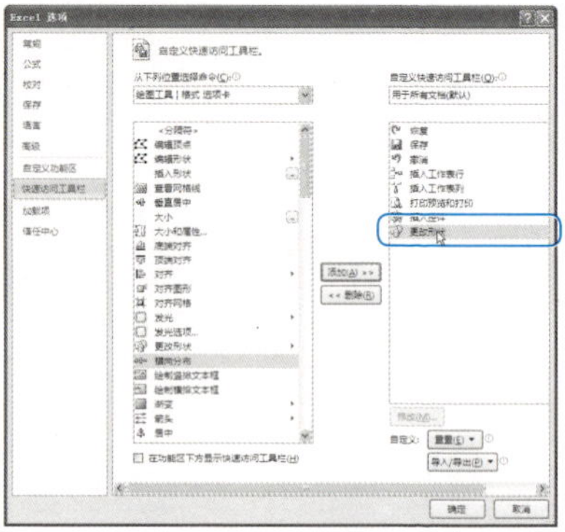

图21-16

❸ 右键单击包含批注的单元格，在弹出的快捷菜单中选择“编辑批注”命令。

❹ 单击批注框，在快速访问工具栏中单击“更改形状”按钮，选择合适的形状，如图21-17所示。

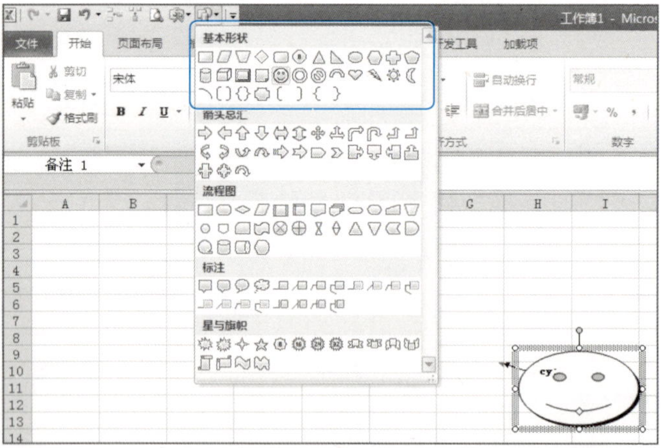

图21-17

21.1.11　删除工作表中的所有批注

删除工作表中的所有批注，可以通过如下方法来实现。

❶ 打开“开始”选项卡，在“编辑”选项组中单击“查找和选择”下拉按钮，在下拉列表中选择“定位条件”命令，如图21-18所示。

❷ 打开“定位条件”对话框，单击“批注”单选按钮，如图21-19所示。

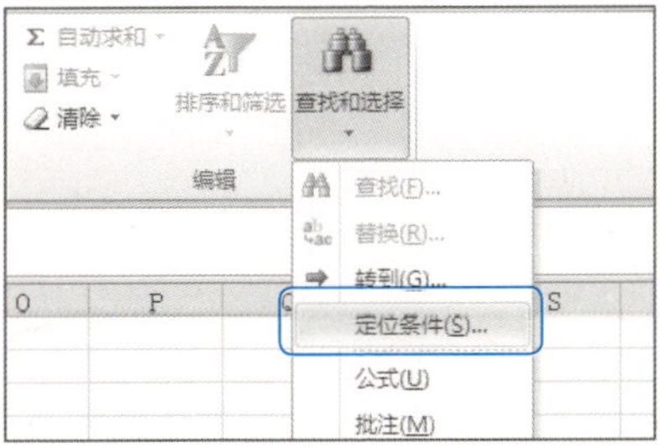

图21-18

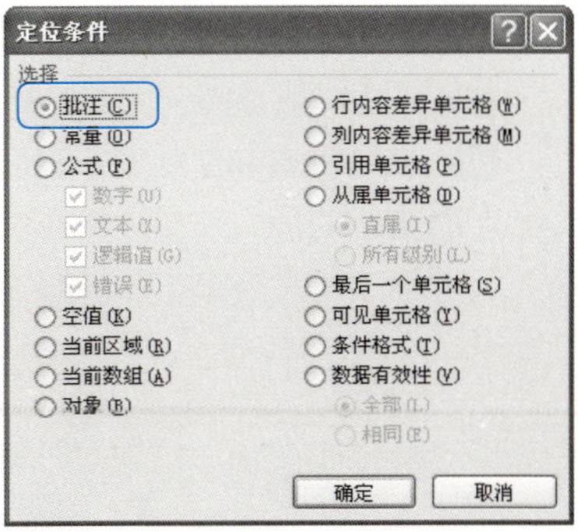

图21-19

❸ 单击“确定”按钮，即可一次性选择所有包含批注的单元格。

❹ 右键单击选择的单元格，在弹出的快捷菜单中选择“删除批注”命令，如图21-20所示。

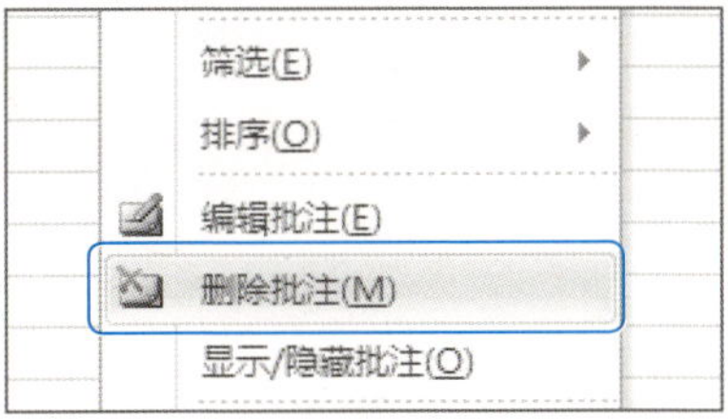

图21-20

21.1.12　为单元格设置超链接

在Excel2010编辑过程中，为了节省篇幅，可以为某些对象设置超链接。

❶ 选中需要设置超链接的单元格，打开“插入”选项卡，在“链接”选项组中单击“超链接”按钮，如图21-21所示。

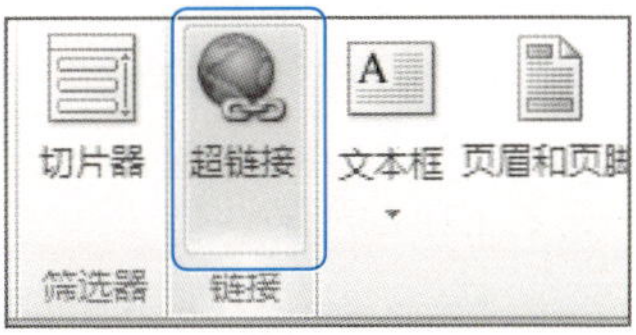

图21-21

❷ 打开“插入超链接”对话框，在“查找范围”下拉列表框中选择需要链接的文件，如图21-22所示。

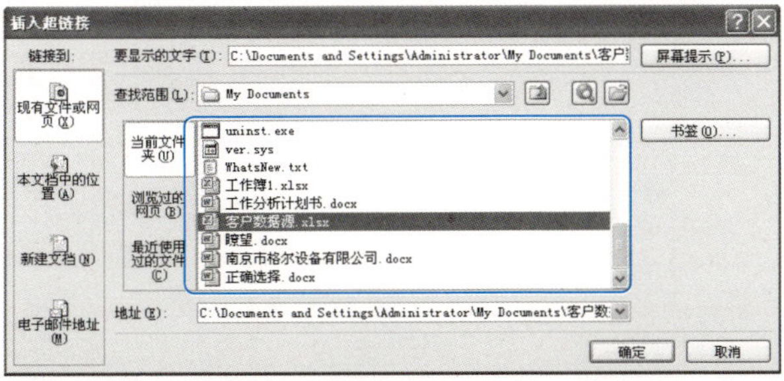

图21-22

❸ 单击“确定”按钮即可。

21.1.13 修改单元格的超链接

根据用户需要，若要修改单元格的超链接，可以通过如下方法来实现。

❶ 右键单击有超链接的单元格，从弹出的快捷菜单中选择“编辑超链接”命令，如图21-23所示。

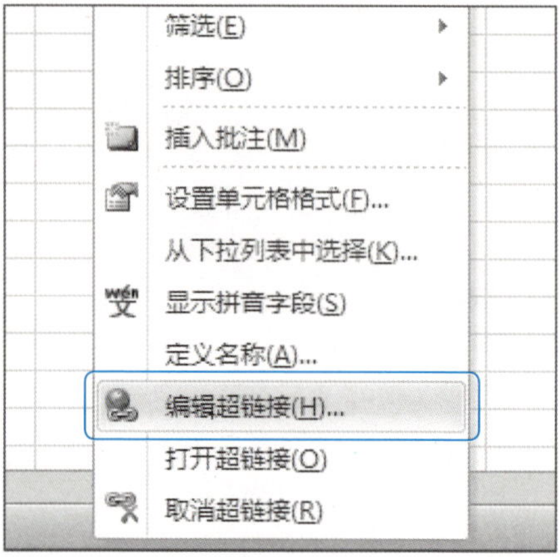

图21-23

❷ 在“编辑超链接”对话框中，对超链接进行修改。

21.1.14 删除单元格的超链接

根据用户需要，若要删除单元格的超链接，可以通过如下方法来实现。

右键单击有超链接的单元格，从弹出的快捷菜单中选择“删除超链接”命令，如图21-24所示。

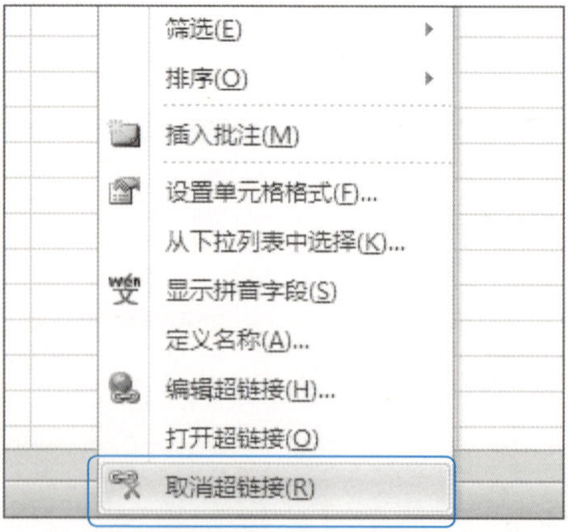

图21-24

21.2 单元格格式设置技巧

在制作表格时，为了使表格更美观、更便于查找数据，可以根据实际需要为单元格设置格式。

21.2.1 快速更改字形

在编辑工作表时，为了区分数据，可以更改数据的字体。通过使用“字体”选项组中的相应按钮，可以将文本设置为加粗、倾斜等样式。

❶ 打开“开始”选项卡，在“字体”选项组中单击“加粗”按钮，即可实现文本加粗，如图21-25所示。

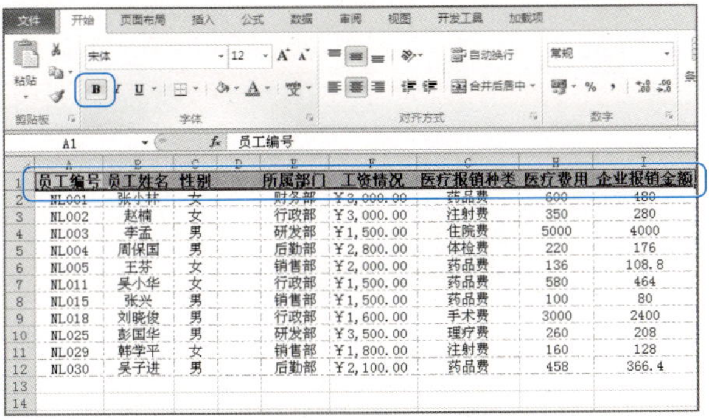

图21–25

❷ 单击“倾斜”按钮，即可设置文本为倾斜样式，如图21-26所示。

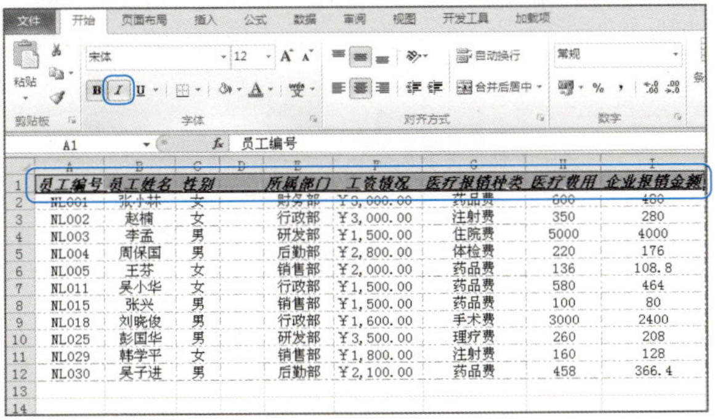

图21–26

21.2.2 更改文本颜色

在制作表格时，有时为了使表格更美观，或使某单元格或单元格区域中的文本更醒目，可以通过更改文本颜色使其区别于其他文本。

❶ 选中要更改文本颜色的单元格区域，打开“开始”选项卡，在“字体”选项组中单击“字体颜色”下拉按钮，在调色板中单击需要的颜色对应的色块。

❷ 即可将文本快速更改为该颜色，如图21-27所示。

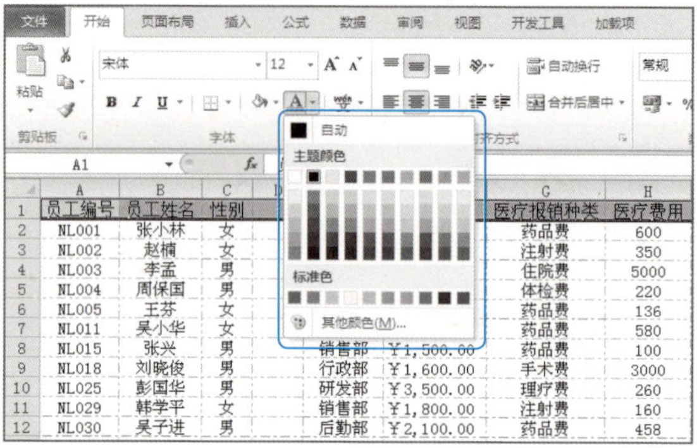

图21-27

❸ 如果调色板中没有用户需要的颜色，可以单击“其他颜色”按钮，如图21-28所示。

❹ 打开“颜色”对话框，选择“自定义”选项卡，在“颜色模式”下拉列表框中选择一种颜色模式，在对应数值框中输入各颜色数值，如图21-29所示。

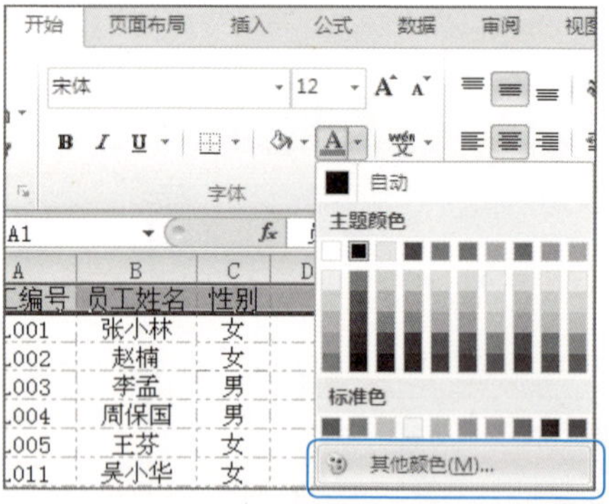

图21-28

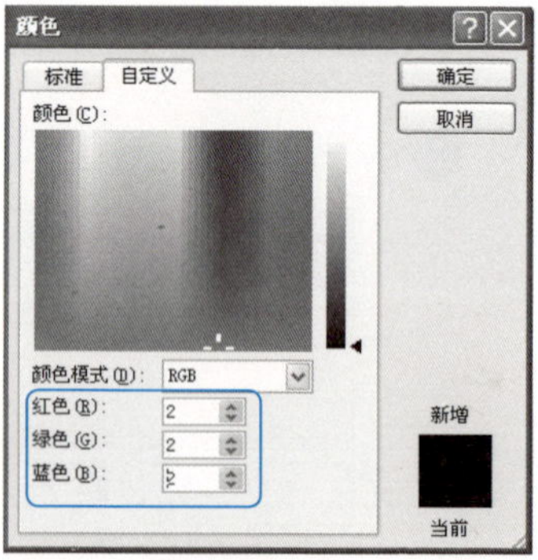

图21-29

❺ 单击“确定”按钮，文本的颜色即可更改为用户自定义颜色。

21.2.3 当输入数据超过单元格宽度时自动换行

在单元格中输入数据时，如果数据长度超过了单元格的宽度，一般情况下超出部分无法显示出来。当某列单元格的宽度不足，可以设置进行自动换行。

❶ 打开“开始”选项卡，在“对齐方式”选项组中单击右下角的按钮，

如图21-30所示。

❷ 打开“设置单元格格式”对话框，切换到“对齐”选项卡，在“文本控制”栏中选中“自动换行”复选框，单击“确定”按钮即可，如图21-31所示。

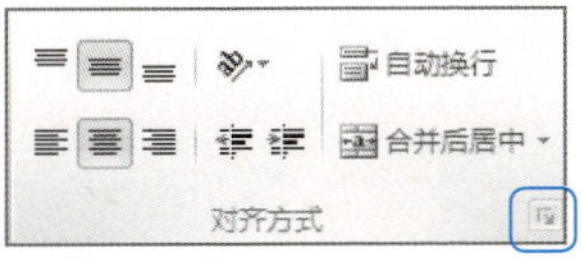

图21-30

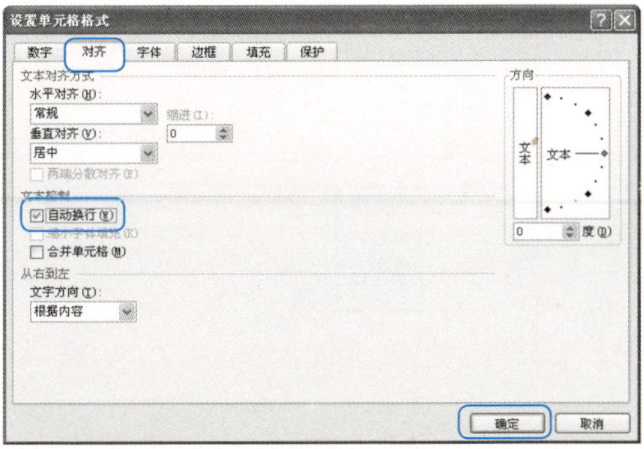

图21-31

21.2.4　自动缩小字体以适应单元格大小

在单元格中输入数据时，输入内容超过单元格宽度时，可以设置进行自动换行。也可以通过使单元格中的字体自动缩小以适应单元格的宽度，方法如下。

❶ 打开“开始”选项卡，在“对齐方式”选项组中单击右下角的按钮，如图21-32所示。

❷ 打开“设置单元格格式”对话框，切换到“对齐”选项卡，在“文本控制”栏中选中“缩小字体填充”复选框，单击“确定”按钮即可，如图21-33所示。

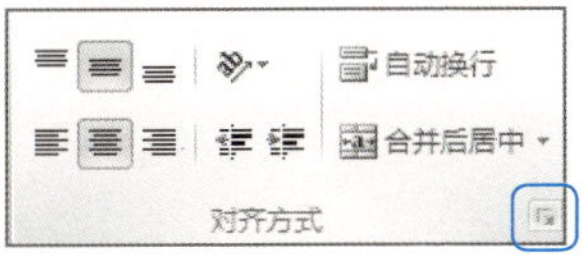

图21-32

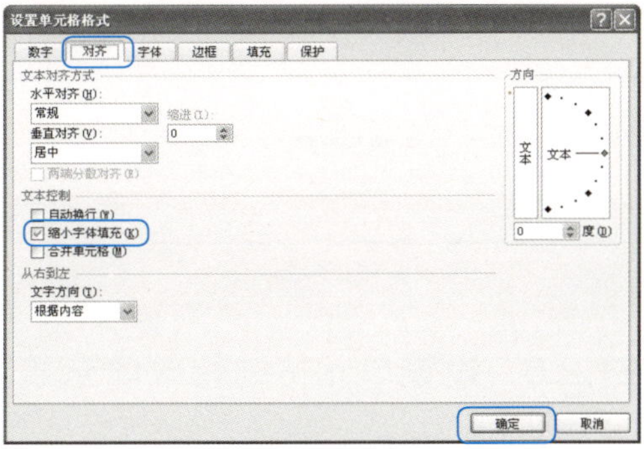

图21-33

21.2.5　快速增减数据的小数位数

在Excel表格中处理数据时，不同类型的数据会根据要表现内容的不同而以不同的格式显示，但小数的位数可以自行设置。

❶ 选择输入小数的单元格区域（确保其属于“常规”型数据），打开“开始”选项卡，在“数字”选项组中单击右下角的按钮，如图21-34所示。

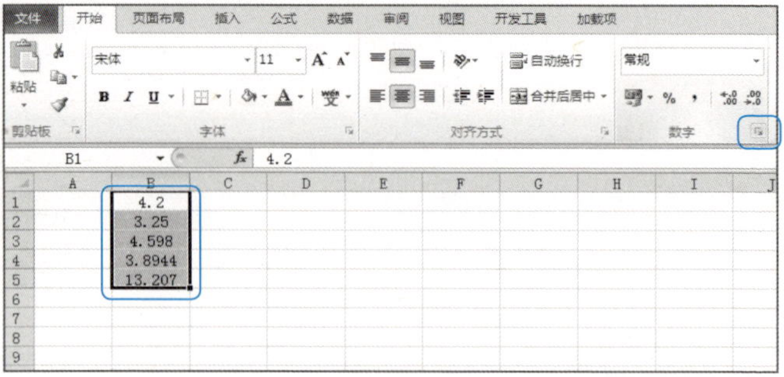

图21-34

❷ 弹出“设置单元格格式”对话框，选择“分类”列表框中的“数值”选项，在右侧“小数位数”文本框中输入“2”，即保存两位小数，如图21-35所示。

❸ 设置完成后单击“确定”按钮即可。选定单元格区域中的小数已转换为“数值”型数据，如图21-36所示。

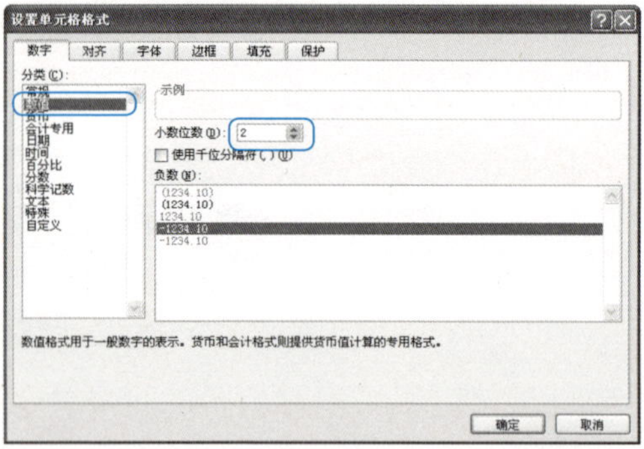

图21-35

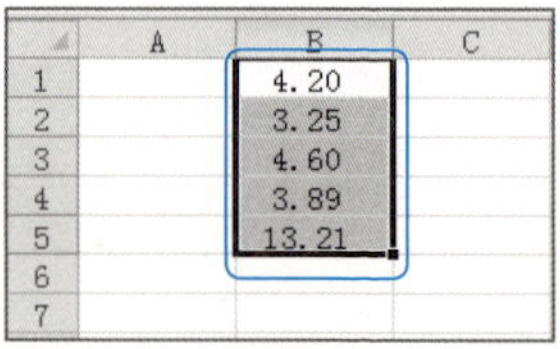

图21-36

21.2.6 设置单元格的特效填充效果

默认情况下，单元格是没有填充效果的。如果需要给单元格设置特效填充效果，可以通过如下方法实现。

❶ 打开“开始”选项卡，在“对齐方式”选项组中单击右下角的按钮。

❷ 打开“设置单元格格式”对话框，切换到“填充”选项卡，单击“填充效果”按钮，如图21-37所示。

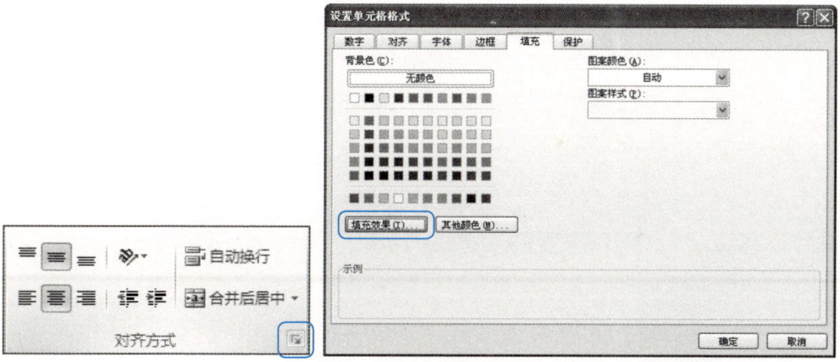

图21-37

3 在打开的“填充效果”对话框中“颜色”栏中选择一种颜色样式选项（如“双色”），在“颜色”下拉列表框中选择需要的颜色，在“底纹样式”栏中选择一种合适的底纹样式，如“角部辐射”。

4 单击“确定”按钮，返回到“设置单元格格式”对话框，再次单击“确定”按钮，完成设置，如图21-38所示。

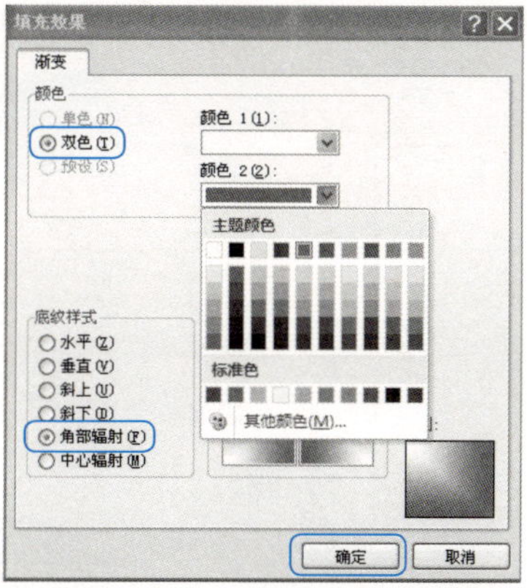

图21-38

动手练一练

在“设置单元格格式”对话框中切换到“填充”选项卡，单击“图案样式”下拉列表框，在弹出的列表中选择一种图案样式，可以为单元设置图案填充。

21.2.7 设置单元格边框底纹效果

在Excel2010工作表中，用户可以为选中的单元格区域设置各种类型的边框和底纹。下面为标题行单元格设置虚线和添加橙色底纹。

1 选中目标单元格，打开“开始”选项卡，在“字体”选项组中单击右下角的按钮，如图21-39所示。

2 打开“设置单元格格式”对话框，切换到“边框”选项卡，在“线条”栏“样式”列表框中选择合适的边框，在“预置”栏下选中“外边框”，从“颜色”下拉列表中选择合适的颜色，如图21-40所示。

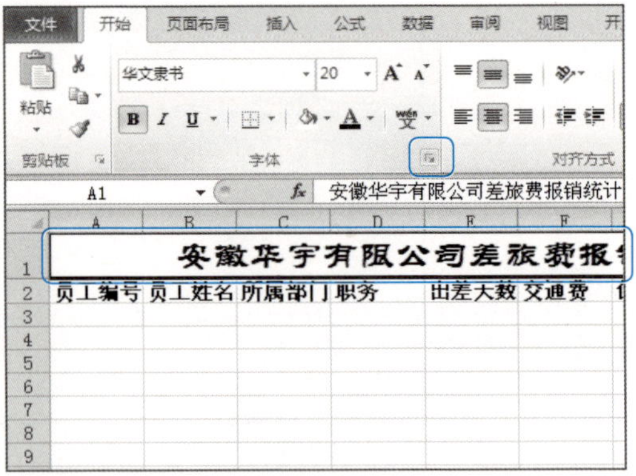

图21-39

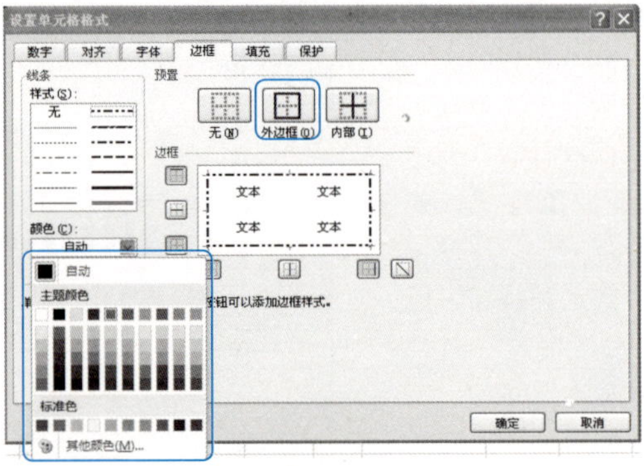

图21-40

③ 选中“填充”选项卡，在“背景色”栏下选中需要的颜色，如图21-41所示。

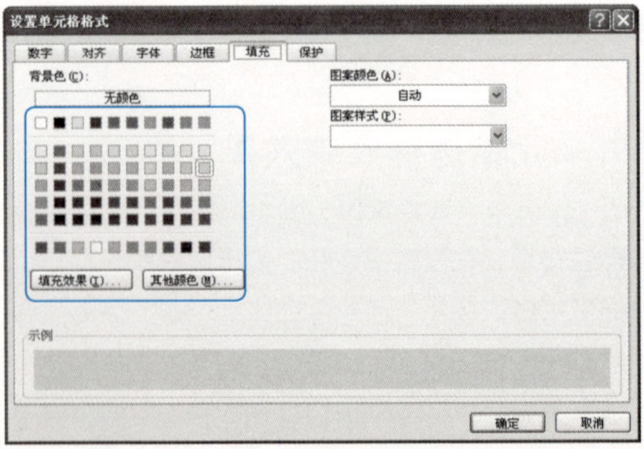

图21-41

④ 单击“确定”按钮，即可看到设置后的效果，如图21-42所示。

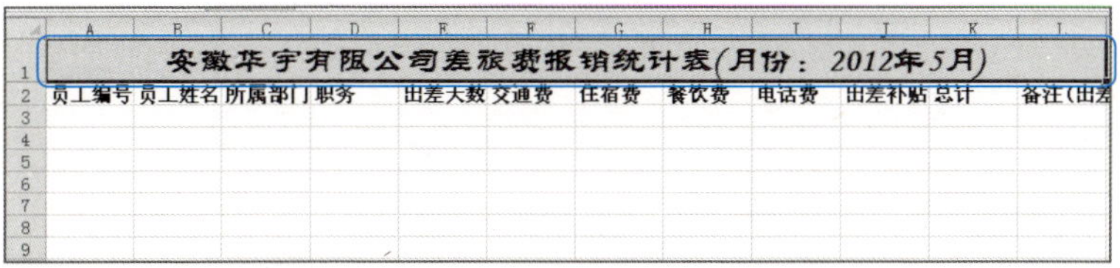

图21-42

21.3 单元格编辑技巧

21.3.1 插入行或列

在编辑工作表时，经常需要插入行或列，操作方法很简单，如可以通过如下操作来插入一行。

❶ 将鼠标指针移到需要插入行的位置的下一列上，打开“开始”选项卡，在“单元格”选项组中单击“插入”按钮，在下拉列表中选中“插入工作表行”按钮，如图21-43所示。

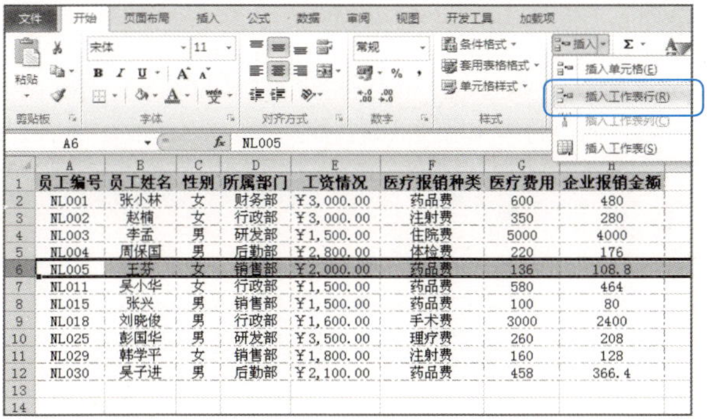

员工编号	员工姓名	性别	所属部门	工资情况	医疗报销种类	医疗费用	企业报销金额
NL001	张小林	女	财务部	¥3,000.00	药品费	600	480
NL002	赵楠	女	行政部	¥3,000.00	注射费	350	280
NL003	李孟	男	研发部	¥1,500.00	住院费	5000	4000
NL004	周保国	男	后勤部	¥2,800.00	体检费	220	176
NL005	王芬	女	销售部	¥2,000.00	药品费	136	108.8
NL011	吴小华	女	行政部	¥1,500.00	药品费	580	464
NL015	张兴	男	销售部	¥1,500.00	药品费	100	80
NL018	刘晓俊	男	行政部	¥1,600.00	手术费	3000	2400
NL025	彭国华	男	研发部	¥3,500.00	理疗费	260	208
NL029	韩学平	女	销售部	¥1,800.00	注射费	160	128
NL030	吴子进	男	后勤部	¥2,100.00	药品费	458	366.4

图21-43

❷ 即可在选中单元格的上方插入一行，如图21-44所示。

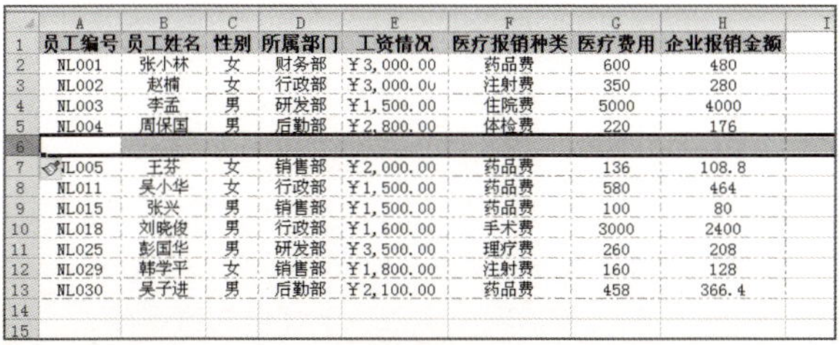

员工编号	员工姓名	性别	所属部门	工资情况	医疗报销种类	医疗费用	企业报销金额
NL001	张小林	女	财务部	¥3,000.00	药品费	600	480
NL002	赵楠	女	行政部	¥3,000.00	注射费	350	280
NL003	李孟	男	研发部	¥1,500.00	住院费	5000	4000
NL004	周保国	男	后勤部	¥2,800.00	体检费	220	176
NL005	王芬	女	销售部	¥2,000.00	药品费	136	108.8
NL011	吴小华	女	行政部	¥1,500.00	药品费	580	464
NL015	张兴	男	销售部	¥1,500.00	药品费	100	80
NL018	刘晓俊	男	行政部	¥1,600.00	手术费	3000	2400
NL025	彭国华	男	研发部	¥3,500.00	理疗费	260	208
NL029	韩学平	女	销售部	¥1,800.00	注射费	160	128
NL030	吴子进	男	后勤部	¥2,100.00	药品费	458	366.4

图21-44

21.3.2 一次插入多个非连续的行或列

一次插入非连续的多行或多列，关键在于执行插入操作前单元格的选择。例如当选择了多个不连续的单元格后，执行插入行（插入列）命令后，则在所选中单元格的上面（左边）插入行（插入列）。

❶ 按住Ctrl键不放，选中需要插入行（插入列）的单元格，打开“开始”选项卡，在“单元格”选项组中单击“插入”按钮，在下拉列表中选中“插入工作表列”按钮，如图21-45所示。

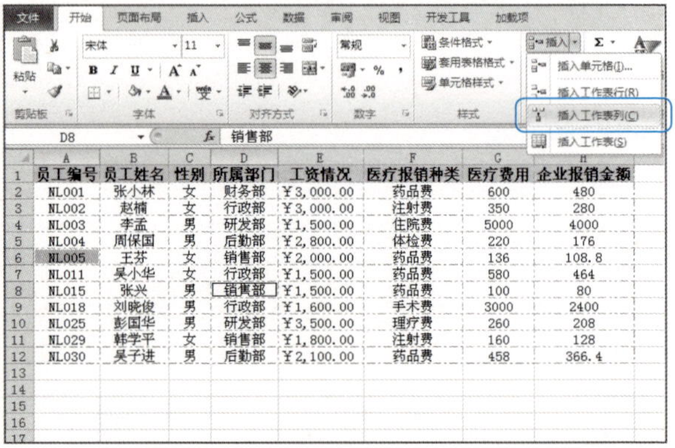

图21-45

❷ 即可看到选中的单元格的前面各插入了一个空白列，如图21-46所示。

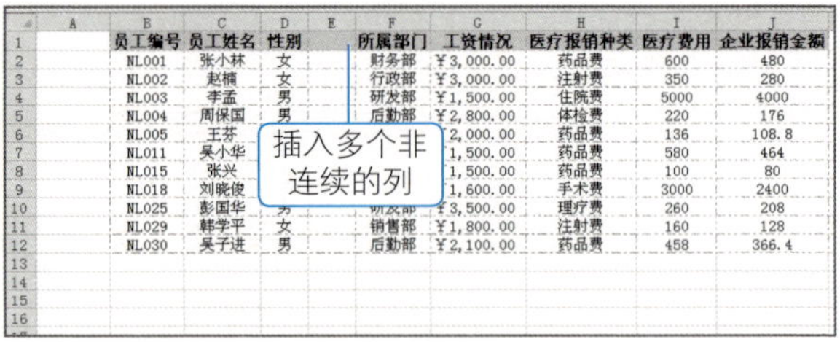

图21-46

21.3.3 一次设置多行的行高或多列的列宽

用户可以将工作表中的行高或列宽设置为固定的数值，如果需要同时给多行或多列设置行高或列宽，可以使用如下方法实现。

❶ 同时选中需要设置行高的多行，使用鼠标右键单击选中的任意一行的行标题，在弹出的快捷菜单中选择“行高”命令，如图21-47所示。

❷ 在弹出的“行高”对话框中输入一个合适的值，单击“确定”按钮即可，如图21-48所示。

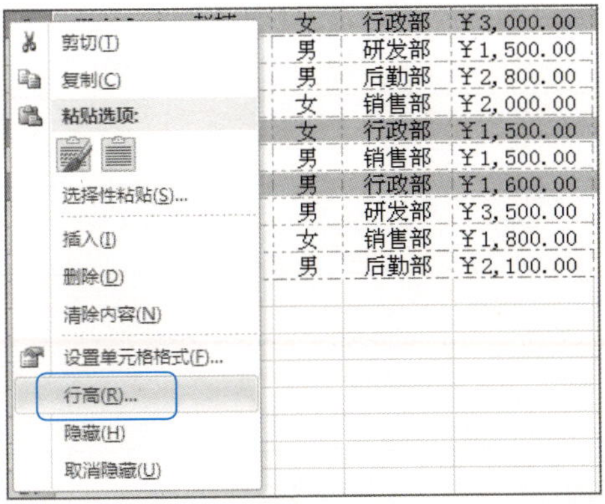

图21-47

图21-48

21.3.4　一次清除表格中所有单元格的格式设置

在对表格中的单元格进行格式设置时，由于误操作等原因可能导致单元格格式设置混乱。此时若想清除表格内所有单元格的格式设置，重新设置单元格格式，可以通过如下方法来实现。

选中表格中所有需要清除格式的单元格，打开“开始”选项卡，在“编辑”选项组中单击“清除”下拉按钮，在弹出的下拉列表中选择“清除格式”命令即可，如图21-49所示。

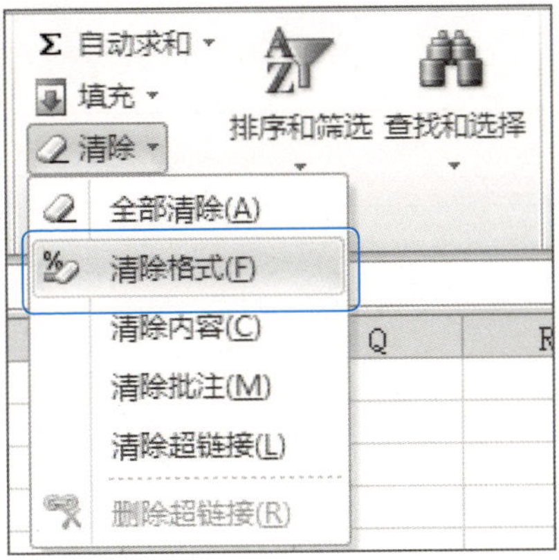

图21-49

动手练一练

如果想将单元格格式和内容都清除，则单击“清除”下拉按钮，在弹出的下拉列表中选择“全部清除”命令即可。

读书笔记

第22章

财务数据编辑中的技巧

22.1 数据输入技巧

在工作表中输入的数据类型有很多种，如数值、文本、日期等。正确掌握快速输入数据的方法，可以提高工作效率。

22.1.1 快速输入以0开头的数值

要在单元格中输入以“0”开头的数据，但是每次输入后“0”都不见了。可以通过下面的介绍来实现。

❶ 选中要输入数值的单元格，打开“开始”选项卡，在“数字”选项组中单击按钮，如图22-1所示。

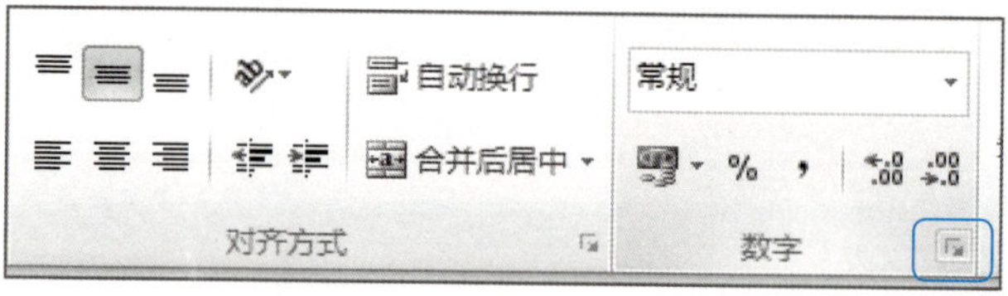

图22-1

❷ 打开“设置单元格格式”对话框，切换到“数字”选项卡，单击“分类”列表框中的“文本”项，单击“确定”按钮即可在单元格中输入以“0”为开头的数值，如图22-2所示。

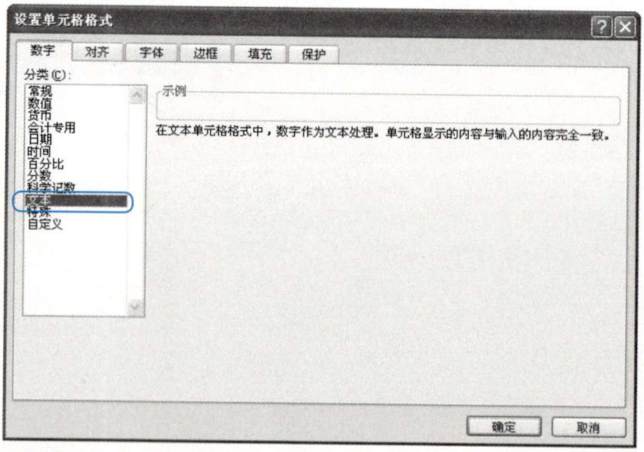

图22-2

动手练一练

也可以直接输入，在输入数字前加半角的单引号“'”即可。

22.1.2　快速输入特殊字符

在使用Excel制作数据表时，经常会输入分数。下面介绍快速输入分数的方法。

❶ 选择要输入特殊字符的单元格，打开“插入”选项卡，在“特殊符号”选项组中单击“符号”按钮，如图22-3所示。

❷ 打开“符号”对话框，选择“特殊字符”选项卡，在列表中选择需要的字符，单击“插入”按钮即可，如图22-4所示。

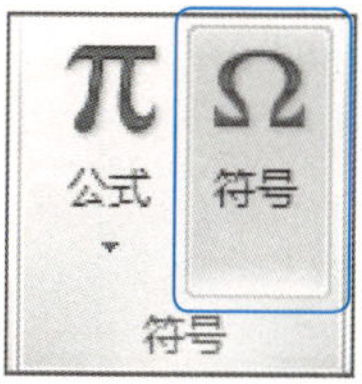

图22-3

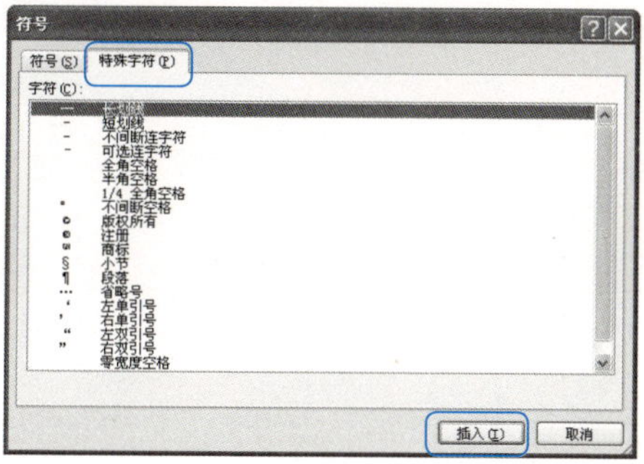

图22-4

22.1.3　快速输入较长数据

输入数字多于15位时，15位以后的数字则变为0。当输入身份证这样的长数据时，通过下面的操作可以使15位以后的数据显示出来。

❶ 选择要输入身份证的单元格或单元格区域，单击“开始”选项卡“数字”选项组下方的按钮，如图22-5所示。

❷ 打开“设置单元格格式”对话框，在“分类”列表框中选择“文本”选项，单击“确定”按钮。在设置“文本”的单元格中，身份证号码就可正确显示了，如图22-6所示。

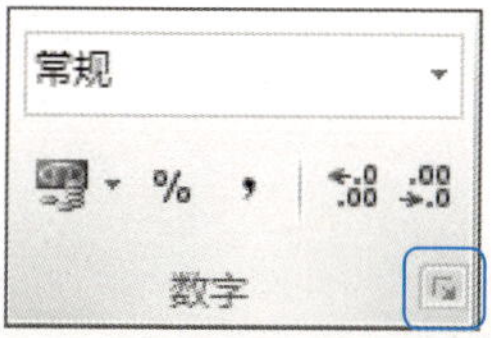

图22-5

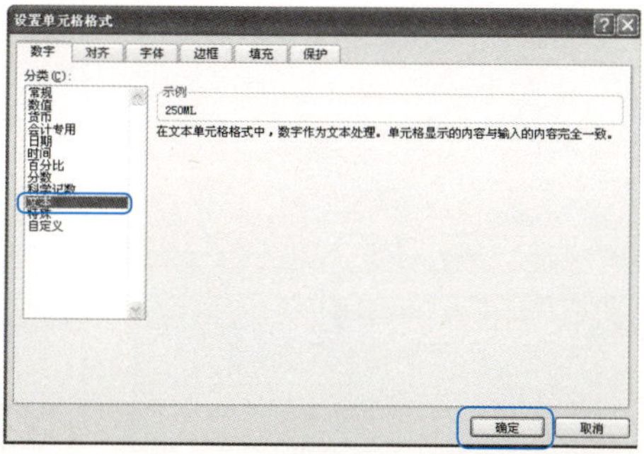

图22-6

22.1.4 使用记录单输入数据

在建立员工基本信息统计表后，由于统计项目多，表格宽度超出了屏幕范围，输入数据时需要在行、列间来回切换，这既花费大量时间，还容易出现错误。利用记录单功能可以轻松解决这个难题。

1 打开“文件”选项卡，单击“选项”按钮，弹出“Excel选项”对话框。

2 单击左侧窗格中的“自定义功能区”项，在右侧窗格中添加“记录单”命令到“数据”选项卡后，单击“确定”按钮即可，如图22-7所示。

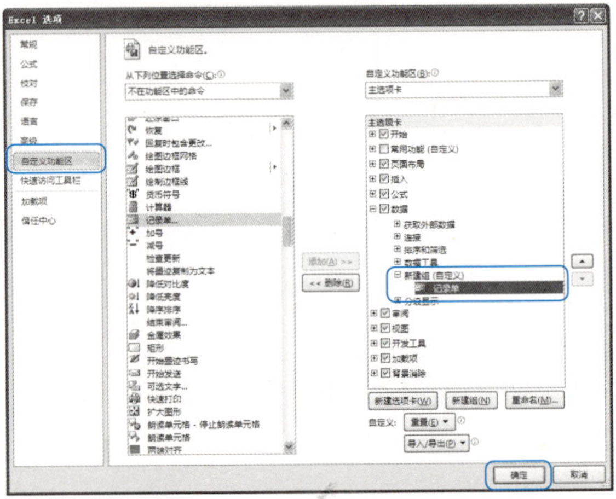

图22-7

3 单击“数据”选项卡下的“记录单”命令，弹出“Sheet1”对话框，单击“新建”按钮，如图22-8所示。

4 在系统生成的空白记录单里，根据左侧的提示信息依次输入对应的内容，输入完毕单击“关闭”按钮即可，如图22-9所示。

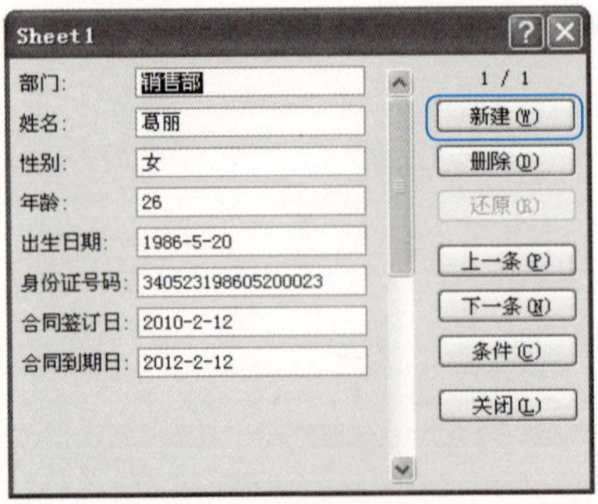

图22-8

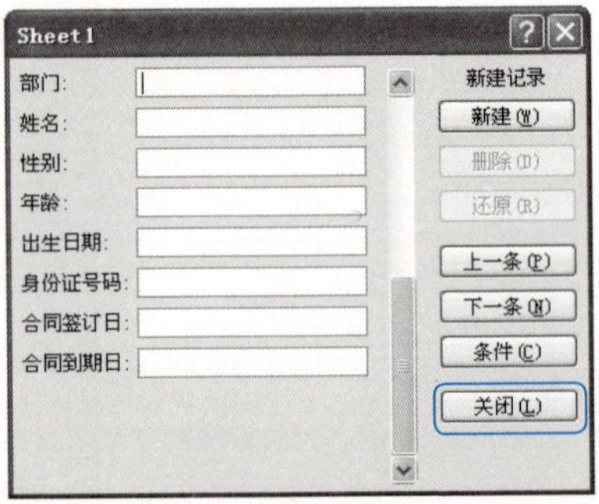

图22-9

22.1.5　使用剪贴板输入数据

在Excel中，剪贴板中保存着用户复制或剪贴的数据，如果想快速使用剪贴板的内容，可以打开剪贴板，直接将剪贴板中的数据粘贴到工作薄中。

❶ 打开“开始”选项卡，在“剪贴板”选项组中单击按钮，即可在左侧弹出“剪贴板”窗格，如图22-10所示。

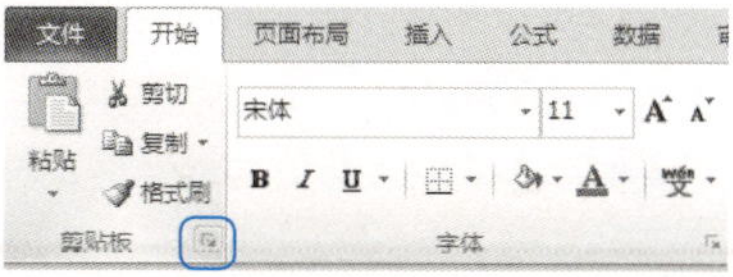

图22-10

❷ 在工作表中单击要粘贴的单元格，在“剪贴板”窗格中选中要粘贴的内容，即可将其粘贴到该单元格中，如图22-11所示。

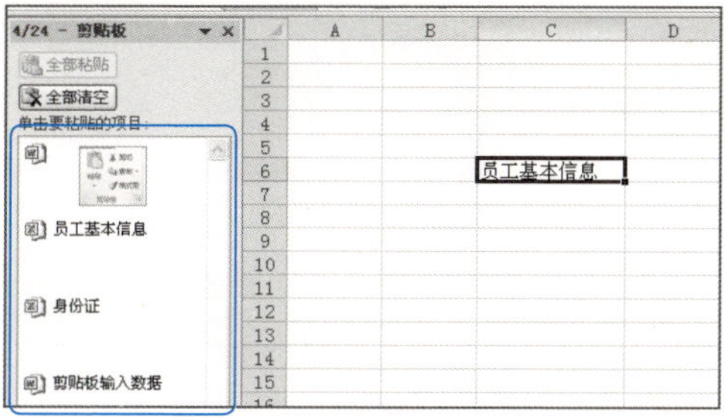

图22-11

22.1.6　自定义数据输入格式

在Excel中，可以通过下面的方法来设置数据的自定义格式。

❶ 选中要输入数值的单元格，打开“开始”选项卡，在“数字”选项组中单击按钮，如图22-12所示。

❷ 打开“设置单元格格式”对话框，选择“自定义”项，在右侧的“类型”下拉列表框中选择合适的类型，设置完成后，单击“确定”按钮即可，如图22-13所示。

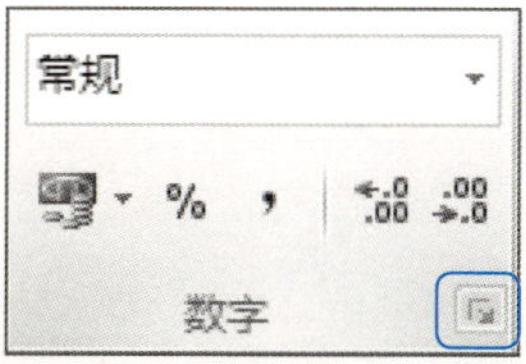

图22-12

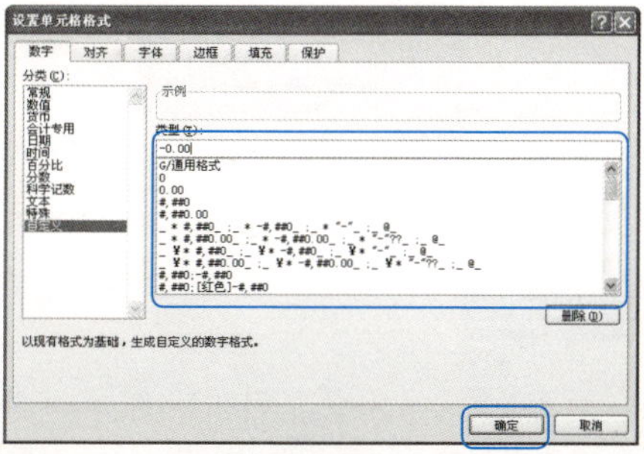

图22-13

22.1.7 输入特定数据

在需要输入许多有规律的长数字时（如201202111，201202112，201202113……），如果每次都全部输入，大量的重复数字很浪费时间。如果想在输入这些数字时只输入这些数字的不同部分即可完成整串数字的输入，可以使用如下方法来实现。

❶ 选中要输入数值的单元格，打开“开始”选项卡，在“数字”选项组中单击按钮，如图22-14所示。

❷ 打开“设置单元格格式”对话框，切换到“数字”选项卡，在“分类”列表框中选择“自定义”选项，在右侧的“类型”文本框中输入“201202110”，单击“确定”按钮即可完成操作，如图22-15所示。

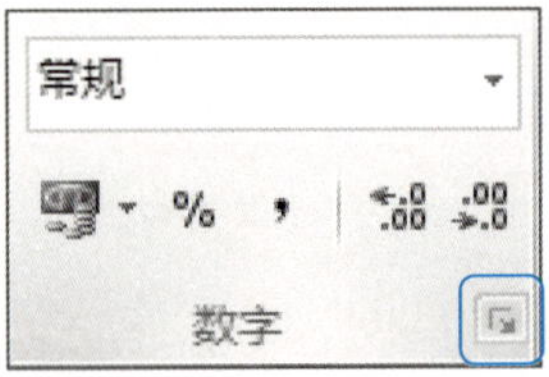

图22-14

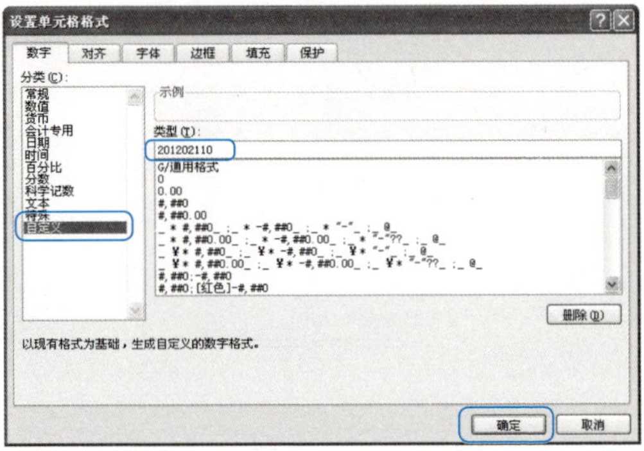

图22-15

❸ 在需要输入201202111，201202112，201202113的单元格中依次输入1，按Enter键即可得到201202111；输入2，按Enter键即可得到201202112；输入3，按Enter键即可得到201202113，如图22-16所示。

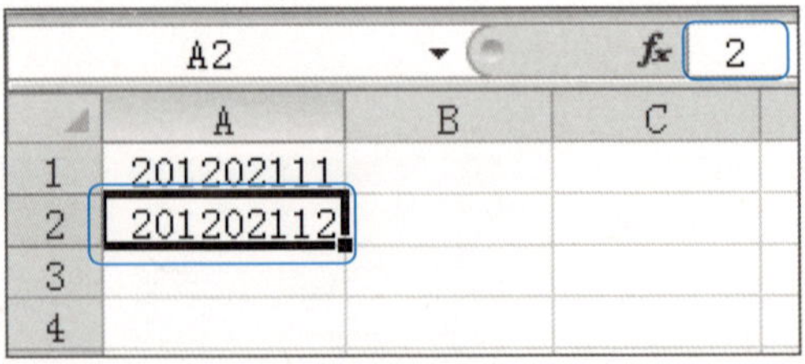

图22-16

举一反三

如果不需要定义的“201202110”数字格式了，可以在“类型”列表框中拖动滚动条到底部，选中“201202110”，单击“删除”按钮即可。

22.1.8　在输入数据前自动添加特定位数小数

在Excel表格中录入数据时，如果大量数据都包含两位、三位小数，为了提高数据编辑效率，可以实现直接输入整数而自动在前面添加小数位。

❶ 打开“文件”选项卡，单击“选项”按钮，弹出“Excel选项”对话框。

❷ 单击左侧窗格中的“高级”项，在右侧窗格中勾选 “自动插入小数点”复选框，在“位数”文本框中设置小数点的位数，如“2”位，如图22-17所示。

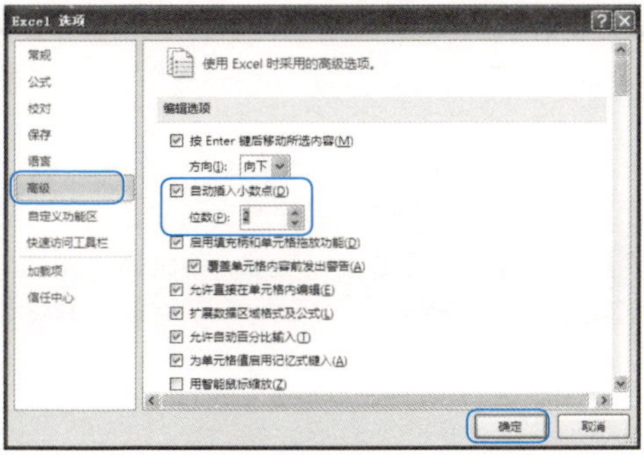

图22-17

❸ 单击“确定”按钮，关闭“Excel选项”对话框即可。

22.1.9　在输入整数后面自动添加指定位数小数

在Excel表格中录入数据时，如果输入的数据位数一样，可以通过设置让单元格中的数据自动包含小数位数。

❶ 选中需要输入包含3位小数数据的单元格区域，打开“开始”选项卡，在“数字”选项组中单击 按钮。

❷ 打开“设置单元格格式”对话框，在“分类”列表框中选择“数值”项，设置“小数位数”为“3”，如图22-18所示。

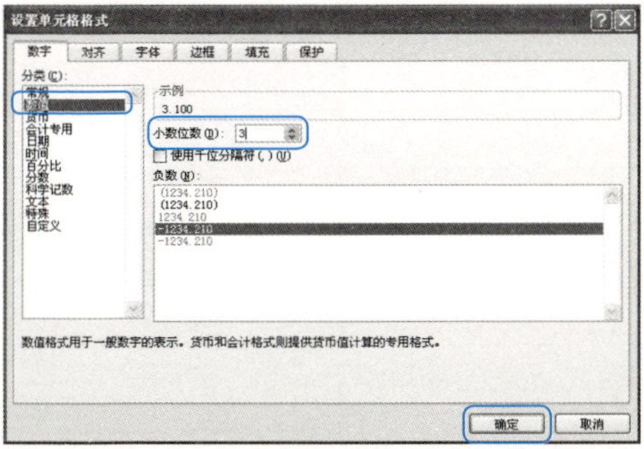

图22-18

3 设置完成后单击“确定”按钮回到工作表，在选定的单元格中输入数据则会自动包含3位小数（如果数据已经输入，也会自动添加3位小数）。

22.2 数据自动填充技巧

Excel提供了快速填充数据序列功能，用于快速输入有规律的数据，如填充等差序列、等比序列和连续序列的数据等。

22.2.1 按等差序列进行填充

“等差序列”是指按照一个固定的等值延伸的数列，若要输入的数据是以等差序列排列的，可以通过“序列”对话框快速填充数据。

1 确定行或列中需要输入等差数列的单元格区域，在该单元格区域的第一个单元格内输入等差数列的开始数字，如“1”，接着选中这个单元格区域，如图22-19所示。

2 打开“开始”选项卡，在“编辑”选项组中单击“填充”下拉按钮，在弹出的下拉列表中选择“系列”命令，如图22-20所示。

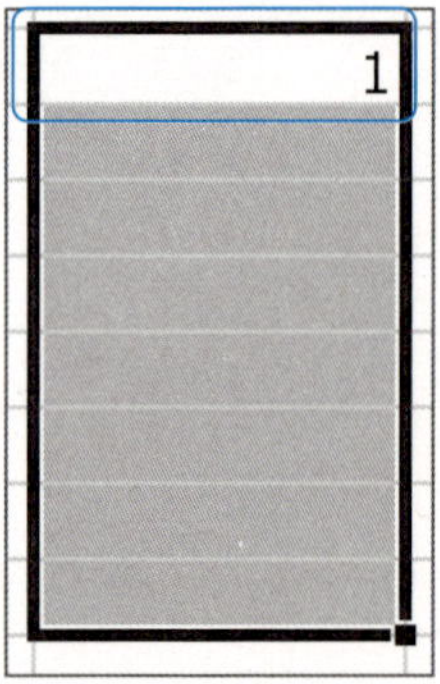

图22-19

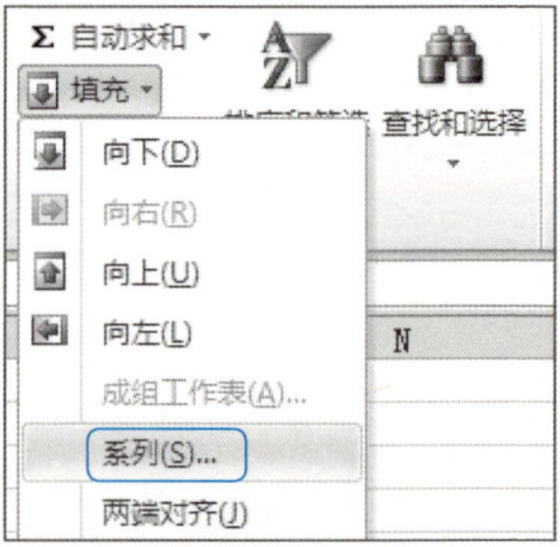

图22-20

3 打开“序列”对话框，在“类型”栏中单击“等差序列”单选按钮，在“步长值”文本框中输入“2”（因为要输入的数列中的每两个相邻的数据的差是2），如图22-21所示。

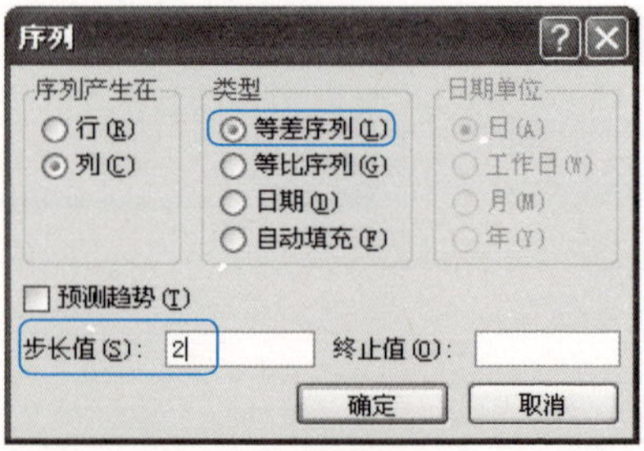

图22-21

4 单击“确定”按钮，即可完成等差数列的填充。

22.2.2 按等比序列进行填充

❶ 确定行或列中需要输入等比数列的单元格区域，在单元格区域的第一个单元格内输入等比数列的开始数字，如“1”，接着选中这个单元格区域，如图22-22所示。

❷ 打开“开始”选项卡，在“编辑”选项组中单击“填充”下拉按钮，在弹出的下拉列表中选择“系列”命令，如图22-23所示。

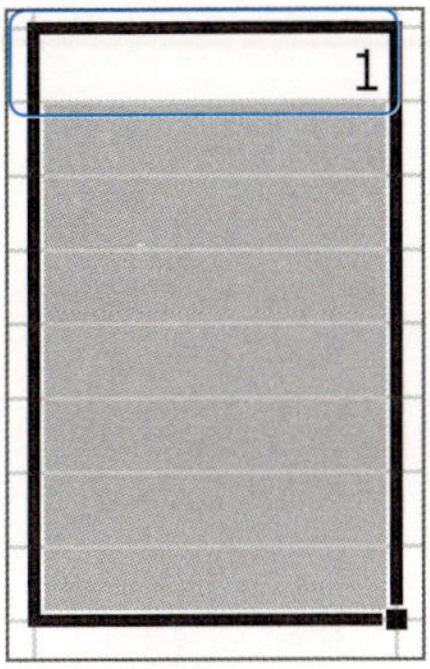

图22-22

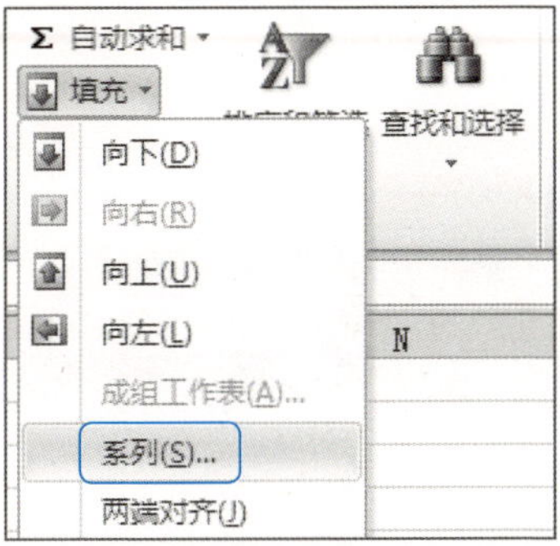

图22-23

❸ 打开“序列”对话框，在“类型”栏中单击“等比序列”单选按钮，在“步长值”文本框中输入“3”，如图22-24所示。

❹ 单击“确定”按钮，即可完成等比数列的填充。

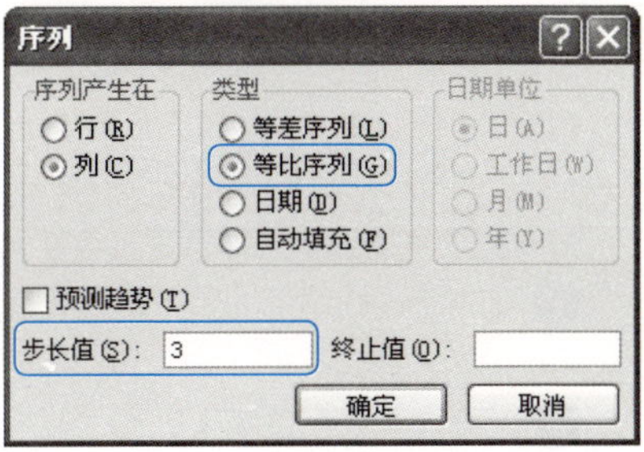

图22-24

22.2.3 按日期进行填充

❶ 确定行或列中需要输入日期数据的单元格区域，在该单元格区域的第一个单元格内输入开始日期，如“2012-2-5”，接着选中这个单元格区域。

❷ 打开“开始”选项卡，在“编辑”选项组中单击“填充”下拉按钮，在弹出的下拉列表中选择“系列”命令，如图22-25所示。

❸ 打开“序列”对话框，在“类型”栏中单击“日期”单选按钮，在“日期单位”栏中单击“日”单选按钮，在“步长值”文本框中输入相应的步长值，如“1”，如图22-26所示。

❹ 单击“确定”按钮，即可完成日期的填充，如图22-27所示。

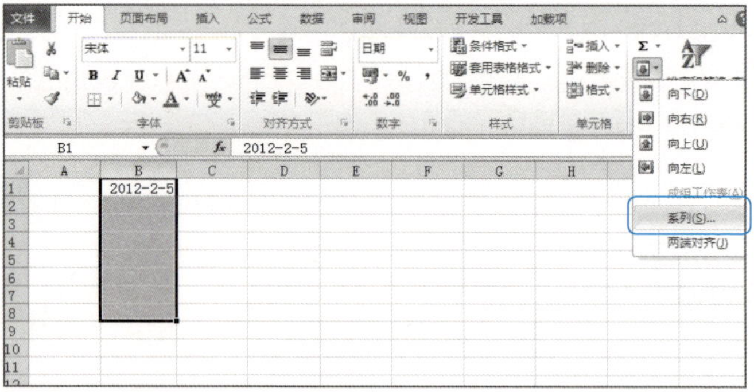

图22-25

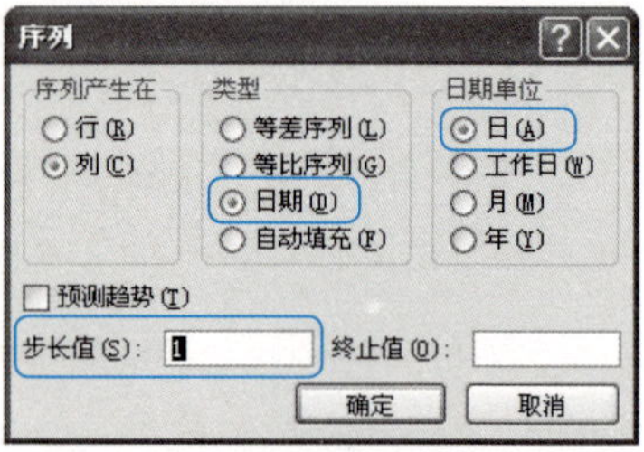

图22-26

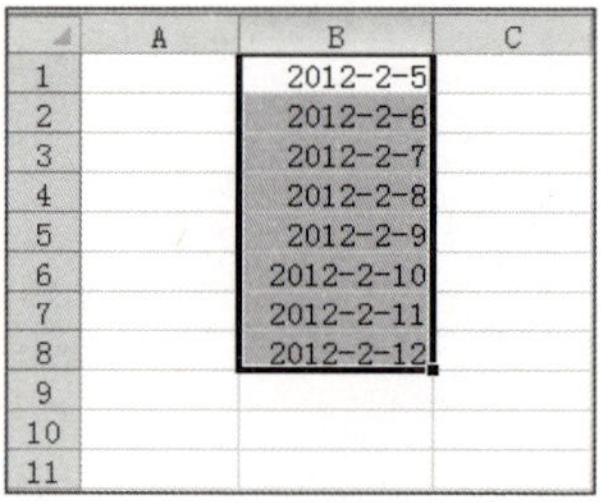

图22-27

22.2.4 按工作日进行填充

如果需要对日期按工作日进行填充，可以通过下面的介绍来轻松实现。

❶ 确定行或列中需要输入日期数据的单元格区域，在该单元格区域的第一个单元格内输入开始日期，如“2012-2-5”，接着选中这个单元格区域。

❷ 打开“开始”选项卡，在“编辑”选项组中单击“填充”下拉按钮，在弹出的下拉列表中选择“系列”命令，如图22-28所示。

图22-28

❸ 打开“序列”对话框，在“类型”栏中单击“日期”单选按钮，在“日期单位”栏中单击“工作日”单选按钮，在“步长值”文本框中输入相应的步长值，如“1”，如图22-29所示。

❹ 单击“确定”按钮，即可完成工作日的填充，如图22-30所示。

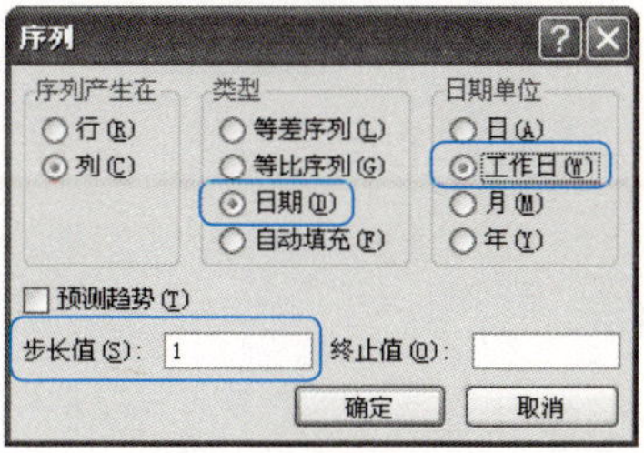

图22-29

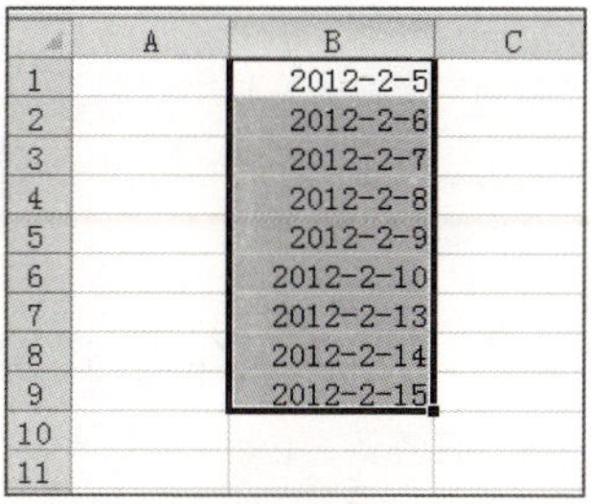

图22-30

22.2.5 按月份进行填充

如果需要对日期按月份进行填充，可以通过下面的方法轻松实现。

❶ 确定行或列中需要输入日期数据的单元格区域，在该单元格区域的第一个单元格内输入开始日期，如“2012-2-5”，接着选中这个单元格区域。

❷ 打开“开始”选项卡，在“编辑”选项组中单击“填充”下拉按钮，在弹出的下拉列表中选择“系列”命令，如图22-31所示。

图22-31

❸ 打开“序列”对话框，在“类型”栏中单击“日期”单选按钮，在“日期单位”栏中单击“月”单选按钮，在“步长值”文本框中输入相应的步长值，如“1”，如图22-32所示。

❹ 单击“确定”按钮，即可完成月份的填充，如图22-33所示。

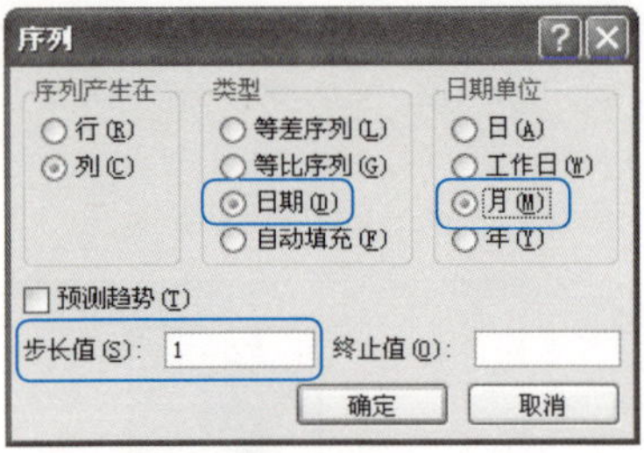

图22-32

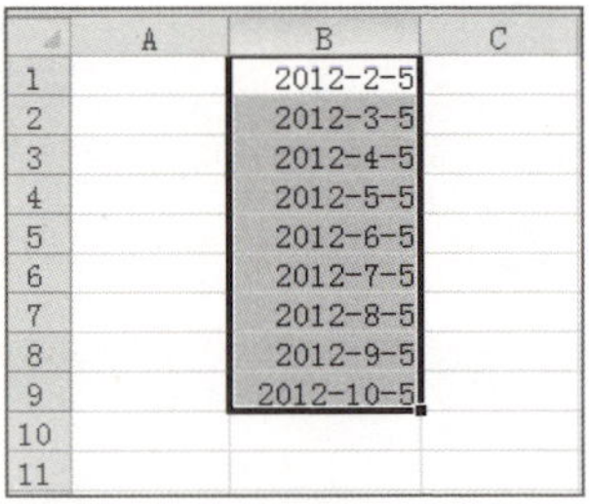

图22-33

22.2.6 对单元格格式进行填充

自动填充既是Excel的一大特色，也是Excel的一大功能。如果只需要填充单元格的格式，不需要填充单元格中的数据，可以通过如下方法来实现。

❶ 选中需要填充单元格格式的单元格区域中已经设置好格式的第一个单元格。

❷ 将鼠标移动到该单元格右下角，在光标变成十字形状时，按住鼠标左键不放，如图22-34所示。

❸ 向下或向右拖动鼠标至合适的单元格位置，接着松开鼠标左键，此时在填充区域的右下角会出现一个“自动填充选项”下拉按钮，如图22-35所示。

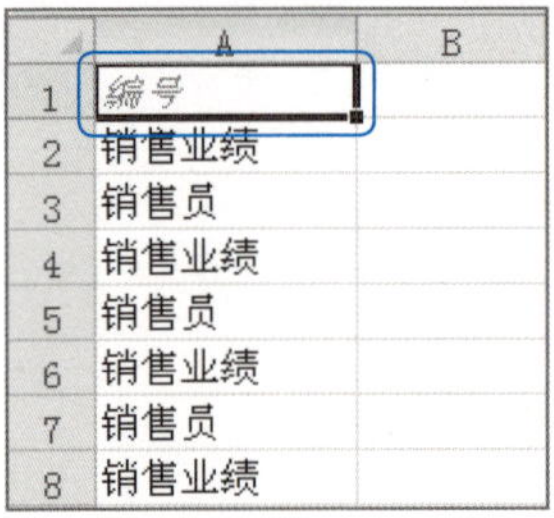

图22-34

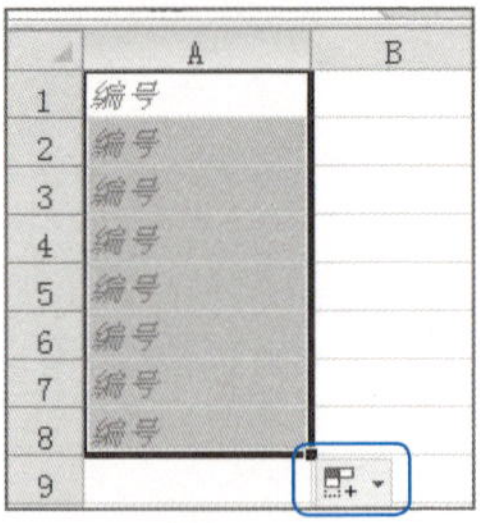

图22-35

❹ 在弹出的下拉列表中单击“仅填充格式”单选按钮，如图22-36所示。

❺ 此时被填充区域的内容就变成了原来的内容，仅仅只是被填充了格式设置，如图22-37所示。

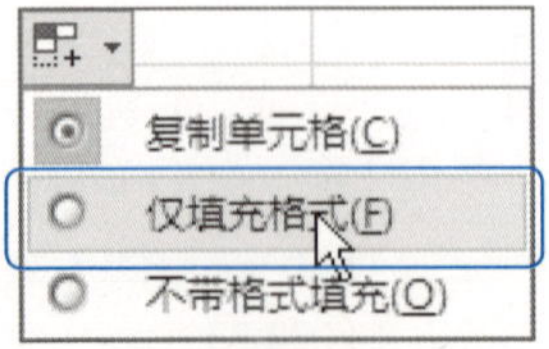

图22-36

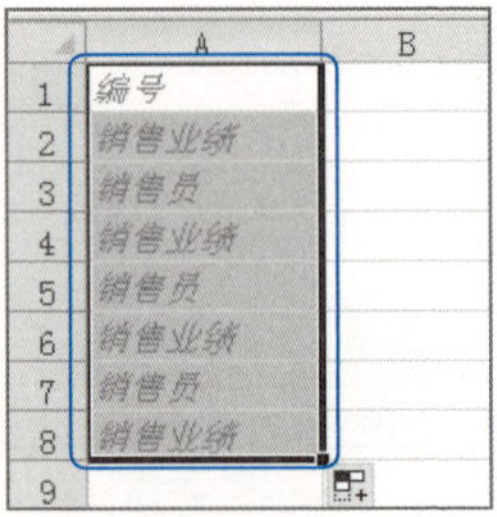

图22-37

22.2.7 只对单元格数值进行填充

如果单元格中的数值设置了格式，但需要填充的单元格区域中只需要填充数值，不需要填充格式，可以通过下面的方法来实现。

❶ 选中已经输入数值并进行了格式设置的单元格。

❷ 将鼠标移动到该单元格右下角，在光标变成十字形状时，按住鼠标左键不放，向下或向右拖动鼠标至合适的单元格位置，接着松开鼠标左键，如图22-38所示。

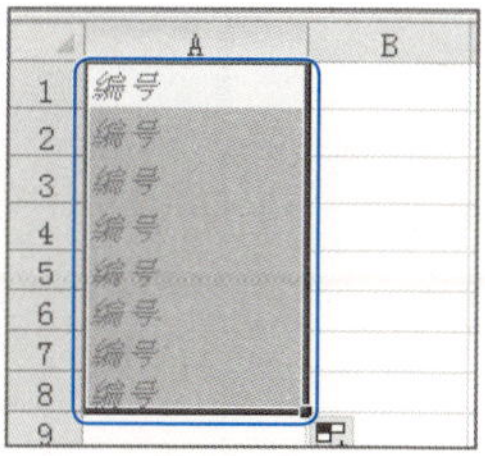

图22-38

❸ 单击“自动填充选项”下拉按钮，在弹出的下拉列表中单击“不带格式填充”单选按钮，如图22-39所示。

❹ 此时被填充的单元格区域就变成了无格式的数值，如图22-40所示。

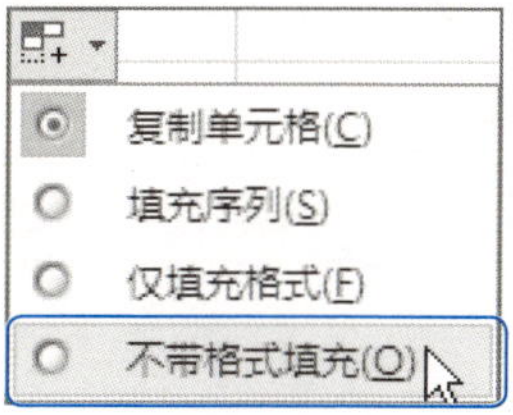

图22-39

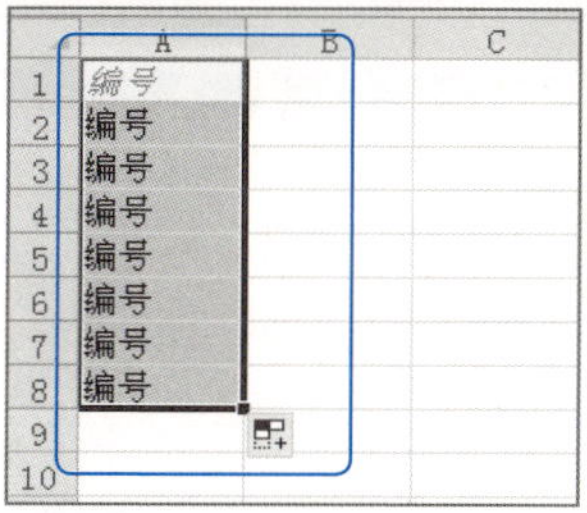

图22-40

22.2.8 自定义产品型号数据填充序列

如果经常需要输入一系列具有相同特征的数据，例如一组按一定顺序编号的产品型号，可以将其添加到填充序列列表中，以方便日后的使用。

❶ 打开“文件”选项卡，单击“选项”按钮，弹出“Excel选项”对话框，单击左侧窗格中的“高级”项。

❷ 在右侧窗格中单击“编辑自定义列表”按钮，如图22-41所示。

❸ 打开“自定义序列”对话框，在“输入序列”文本框中输入设置的序列，每个条目用Enter键隔开，然后单击“添加”按钮，如图22-42所示。

❹ 则新的自定义填充序列出现在左侧“自定义序列”列表框的最下方，如图22-43所示。

专家提示

如果在自定义序列时已经在Excel表格中输入了定义的序列，在“自定义序列”对话框中单击“导入”按钮，接着使用鼠标选择需要添加的序列即可，无需再手动输入。

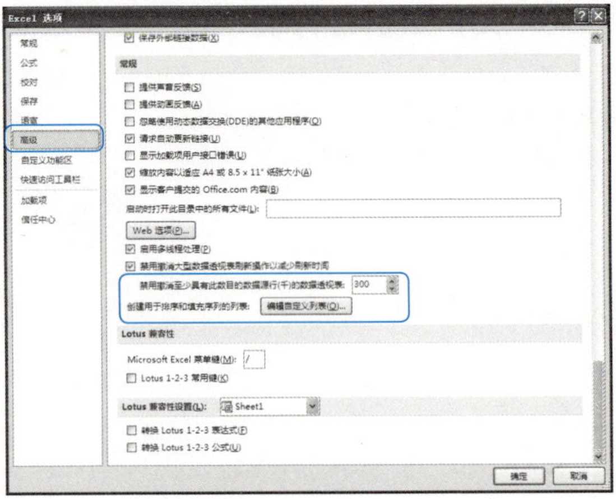

图22-41

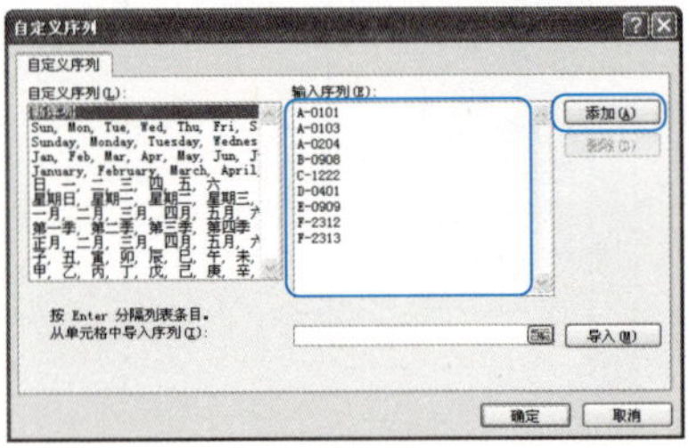

图22-42

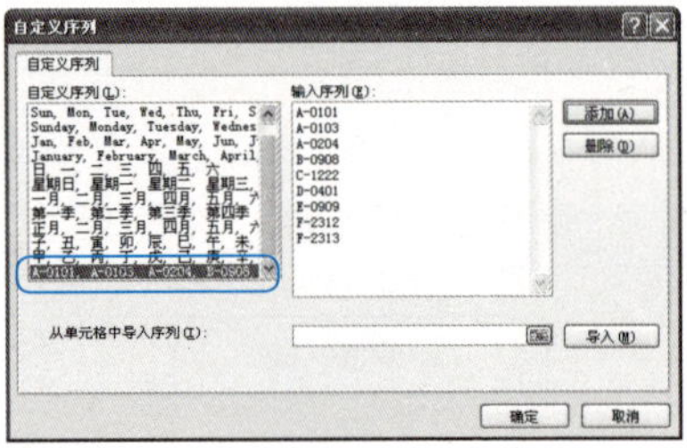

图22-43

22.2.9 利用自定义填充序列进行数据填充

如果经常用到同样的数据，可以将其添加到填充序列列表中，以方便日后的使用。自定义序列后，在需要时就可以利用定义的序列进行数据填充了，操作方法如下。

❶ 在需要输入自定义序列的单元格区域的第一个单元格中输入自定义序列中定义的任意一个产品型号。

❷ 将鼠标移动到该单元格右下角，在光标变成十字形状时，按住鼠标左键不放，向下或向右拖动鼠标至合适的单元格位置松开鼠标左键，如图22-44所示。

❸ 此时Excel就会按照自定义的序列填充产品型号数据了。

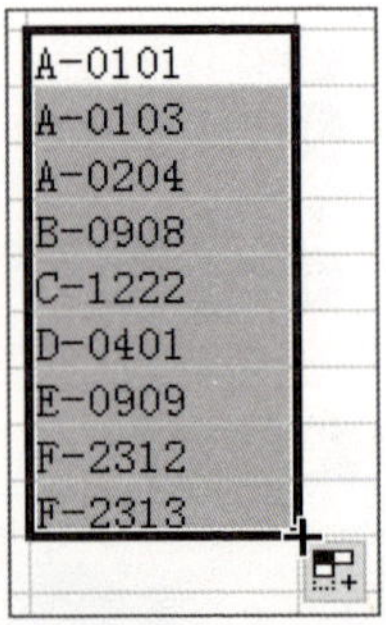

图22-44

22.3 外部数据导入技巧

22.3.1 从Word文档复制数据到Excel中

在编辑工作表时，可将Word文档中复制数据到Excel中使用，可以通过下面的操作来实现。

❶ 在Word文档中选中需要复制的数据，按Ctrl+C组合键将其复制。

❷ 在Excel中需要粘贴这些数据的单元格，按Ctrl+V组合键即可将在Word中选中的数据粘贴到Excel单元格中。

专家提示

直接粘贴到Excel单元格中的数据一般都还需要进行相应的格式设置，此时用户根据情况进行设置即可。

22.3.2 从Word文档引用表格到Excel中

在编辑工作表时，可将Word文档中创建的表格直接导入到Excel中使用，下面的操作可以实现。

❶ 打开Word文档并选中其中的表格，按Ctrl+C组合键将其复制，打开工作表，选中要粘贴表格的单元格。

❷ 单击“开始”选项卡下“剪贴板”选项组中的“粘贴”按钮，在其下拉列表中单击“选择性粘贴”按钮，如图22-45所示。

❸ 打开“选择性粘贴”对话框，在“方式”列表框中选择“文本”选项，单击“确定”按钮，可将Word表格中数据导入到Excel工作表，如图22-46所示。

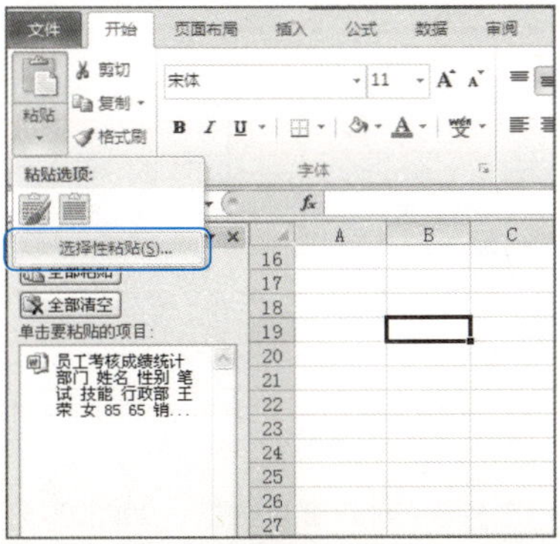

图22-45

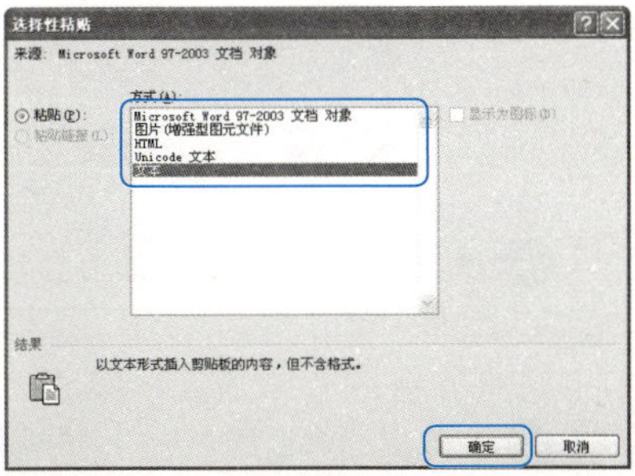

图22-46

22.3.3 从PowerPoint文档复制数据到Excel中

用户在编辑表格时，如果需要从PowerPoint中复制数据到Excel工作表，可以通过下面的操作来实现。

❶ 在PowerPoint中选中需要复制的数据，按Ctrl+C组合键。

❷ 在Excel工作表中合适的单元格中单击鼠标右键，在弹出的快捷菜单的“粘贴选项”栏中单击“匹配目标格式”按钮即可，如图22-47所示。

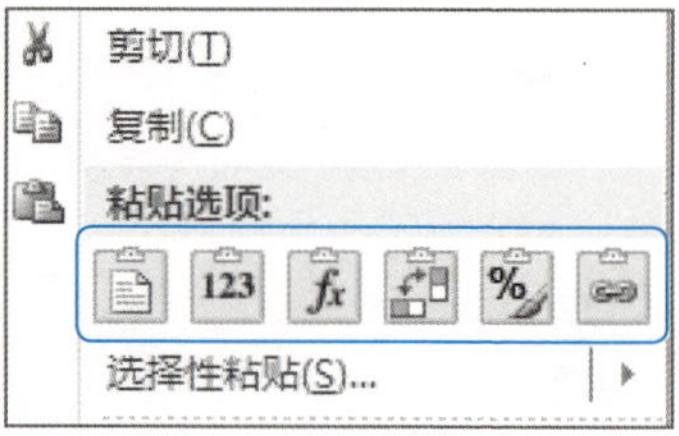

图22-47

22.3.4 导入文本数据到Excel中

如果需要处理的数据保存在文本文档中，想将文本文档中的数据导入到Excel中，接着再使用Excel进行处理。可以通过下面的介绍来实现。

❶ 打开要导入数据的工作表并选定数据存放位置，单击“数据”选项卡下“获取外部数据”选项组中的“自文本”按钮，如图22-48所示。

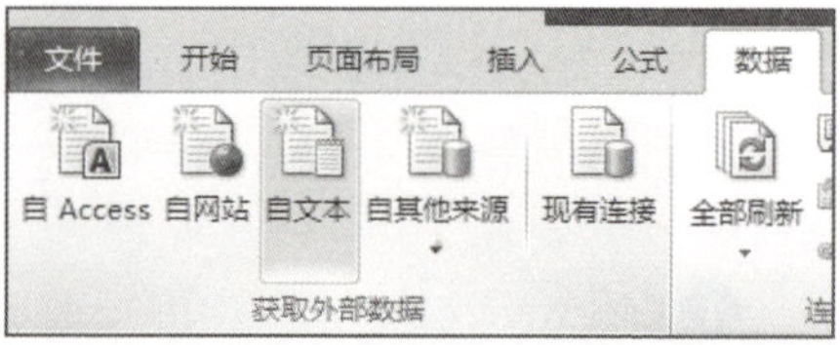

图22-48

❷ 打开“导入文本文件”对话框，在其中找到要导入的文本文件，如图22-49所示。

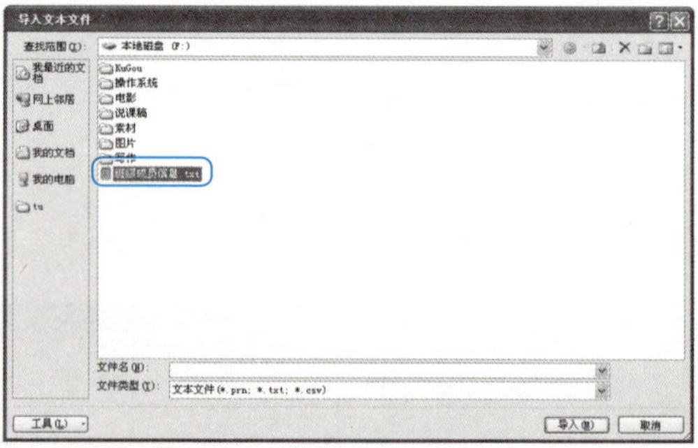

图22-49

❸ 单击“导入”按钮，即可打开“文本导入向导，第1步，共3步”对话框，在对话框中单击“分隔符号”单选按钮，再单击“下一步”按钮，如图22-50所示。

❹ 在弹出的对话框中选中“分隔符号”栏中的Tab键复选框，如图22-51所示。

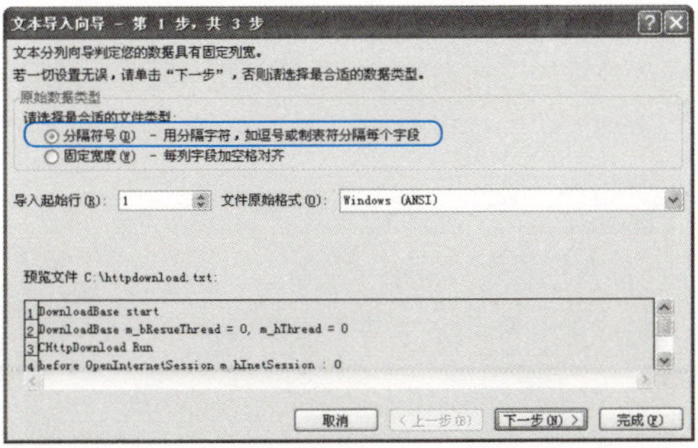

图22-50

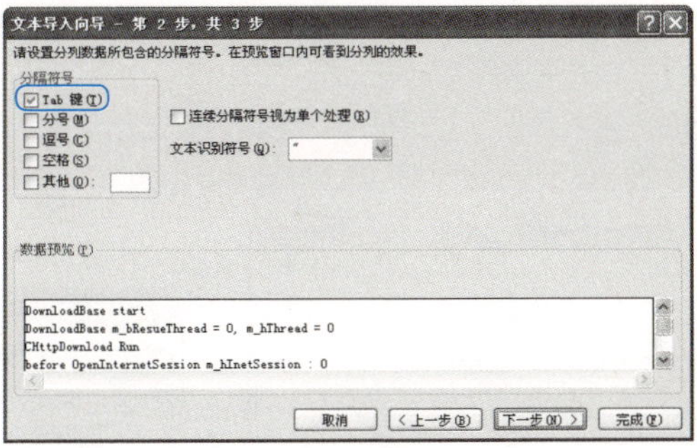

图22-51

5 单击“下一步”按钮，在打开的对话框中保持默认设置不变，如图22-52所示。

6 单击“完成”按钮，在“导入数据”对话框中设置导入数据的显示位置，单击“确定”按钮，即可将文本文件数据导入到Excel表格，如图22-53所示。

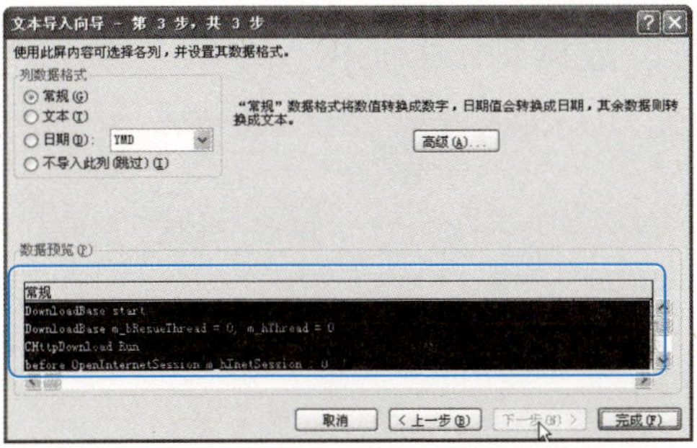

图22-52

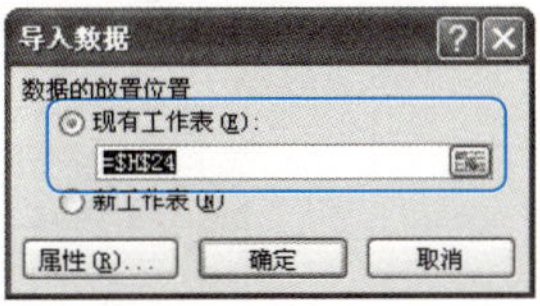

图22-53

22.3.5 导入Access数据库数据到Excel中

如果需要将Access中编辑的数据保存到Excel文件中，可以通过下面的方法来实现。

❶ 打开要导入数据的工作表并选定数据存放位置，单击“数据”选项卡下“获取外部数据”选项组中的“自Access”按钮，如图22-54所示。

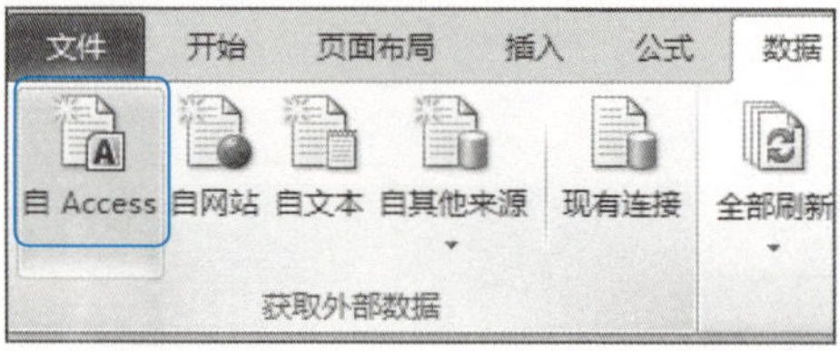

图22-54

❷ 在打开的“选取数据源”对话框中找到并选中需要导入的Access数据库文件，单击“打开”按钮，如图22-55所示。

❸ 在打开的“导入数据”对话框中，根据需要进行设置，这里使用默认设置，单击“确定”按钮，即可将数据导入到Excel中，如图22-56所示。

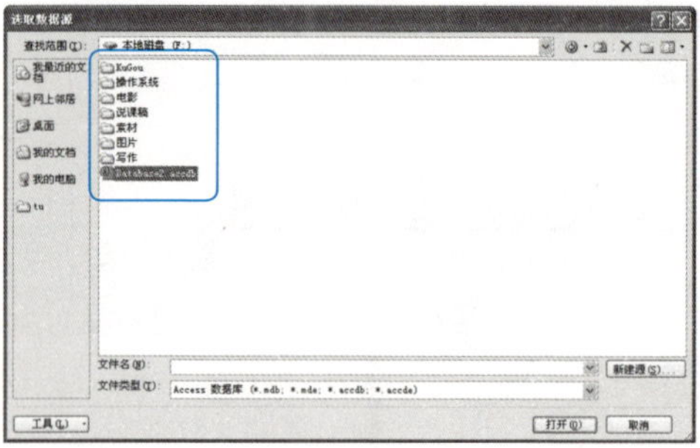

图22-55

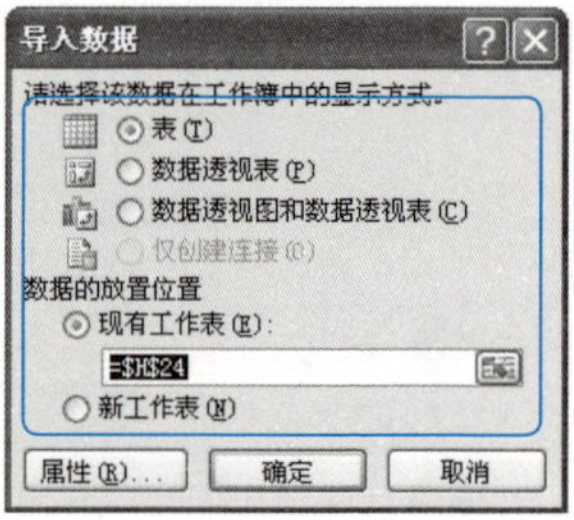

图22-56

22.3.6 导入Internet网页数据到Excel中

如果需要引用网页中的数据，可以直接将网页中的数据导入到Excel中，下面介绍实现方法。

❶ 打开要导入数据的工作表并选定数据存放位置，单击“数据”选项卡下“获取外部数据”选项组中的“自网站”按钮，如图22-57所示。

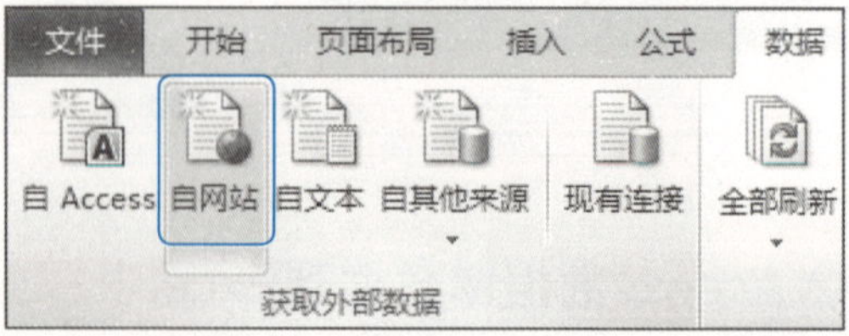

图22-57

❷ 在打开的“新建Web查询”对话框的地址栏中输入需要导入的网页的网址，单击“转到”按钮，打开网页，单击左上角的“选项”按钮，如图22-58所示。

❸ 在弹出的“Web查询选项”对话框中根据需要进行设置，这里单击“完全HTML格式”单选按钮，再单击“确定”按钮，如图22-59所示。

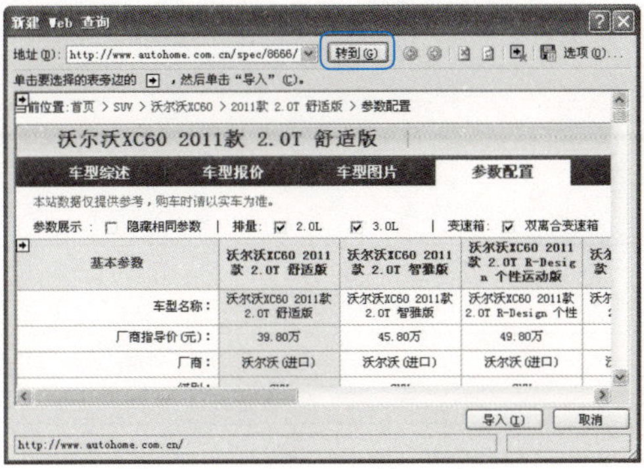

图22-58

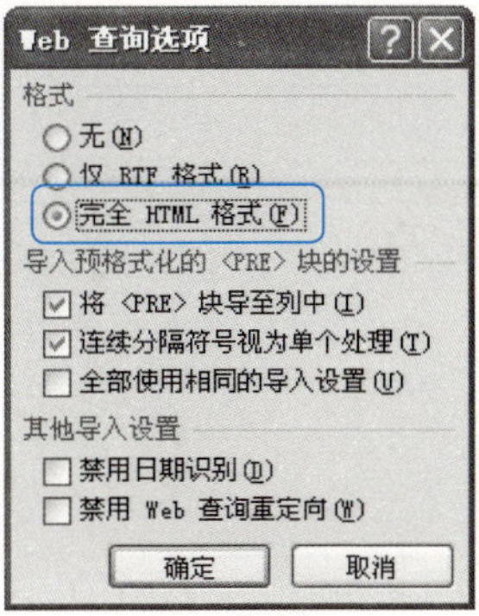

图22-59

❹ 单击“新建Web查询”对话框右下角的“导入”按钮，接着在弹出的“导入数据”对话框中单击“确定”按钮，即可将网页中的数据导入到Excel表格中，如图22-60所示。

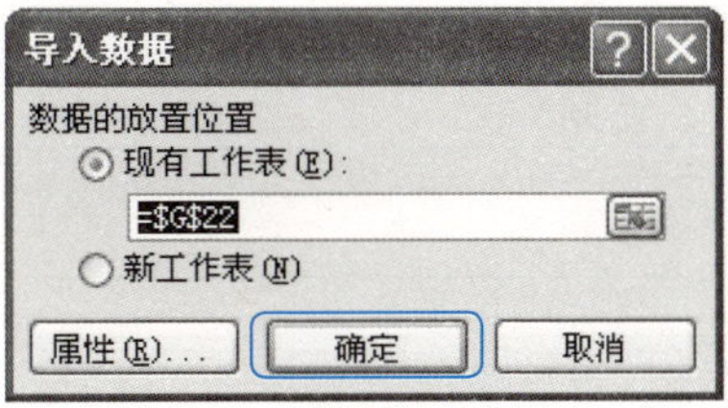

图22-60

读书笔记

第23章

公式与函数在财务管理中的使用技巧

公式是能让Excel进行计算的表达公式，利用它可以完成数据的计算；而函数是Excel预置的公式，是一种在需要时可以直接调用的表达式，利用它也可以完成数据的计算。

23.1 公式输入技巧

在单元格中输入公式时，掌握公式的输入技巧，可以轻松完成不同的运算。

23.1.1 快速显示工作表中的所有公式

如果要对工作表中的所有计算公式进行检查，可以使用以下方法将其快速显示出来。

- 在“公式”选项卡“函数库”选项组中可以选择要使用的函数类别，然后在所选类别下再选择要使用的具体某个函数，如图23-1所示。

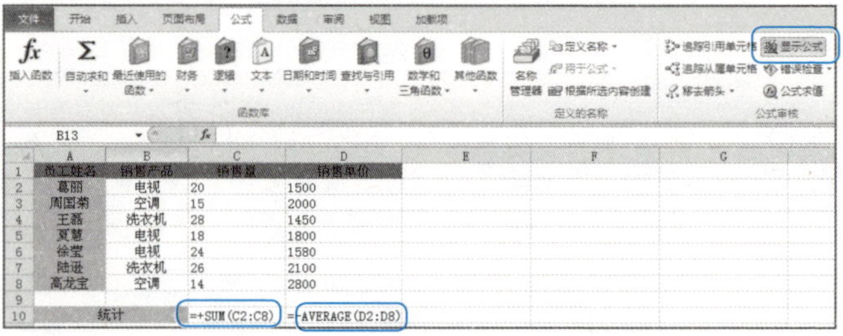

图23-1

- 快捷键法。打开工作表，按Ctrl+’组合键，即可显示工作表中所有的计算公式，如图23-2所示（再按Ctrl+’组合键可隐藏公式）。

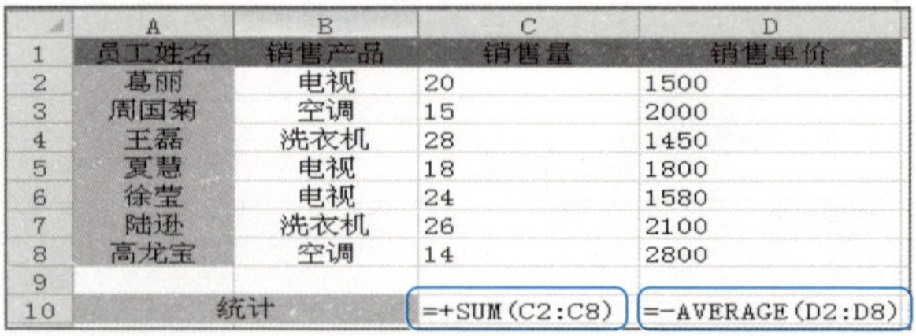

	A	B	C	D
1	员工姓名	销售产品	销售量	销售单价
2	葛丽	电视	20	1500
3	周国菊	空调	15	2000
4	王磊	洗衣机	28	1450
5	夏慧	电视	18	1800
6	徐莹	电视	24	1580
7	陆逊	洗衣机	26	2100
8	高龙宝	空调	14	2800
9				
10	统计		=+SUM(C2:C8)	=-AVERAGE(D2:D8)

图23-2

专家提示

在使用Ctrl+´组合键时，可能与当前使用的五笔输入法有冲突，关闭五笔输入法即可。

23.1.2　一次性选中公式中引用的单元格

如果想查看某一单元格中的公式是引用了哪些单元格进行计算的，可以按如下方法快速选中。

❶ 选中C8单元格（C8单元格中的公式为“=INDEX(A2:A6,MATCH(MAX(F2:F6),F2:F6,))”）。

❷ 在英文输入状态下，按Ctrl+[组合键，即可快速选取公式中引用的所有单元格，如图23-3所示。

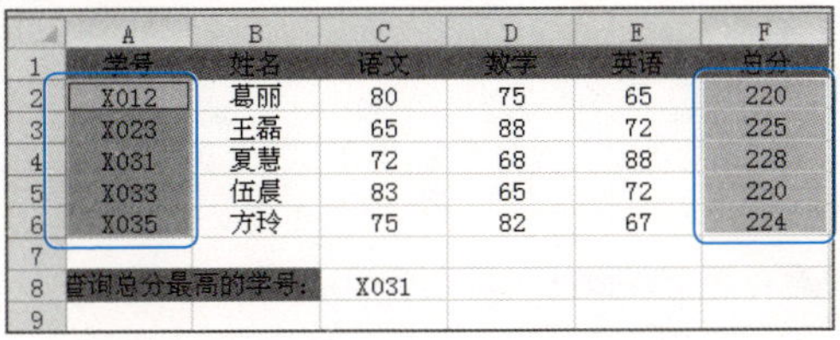

	A	B	C	D	E	F
1	学号	姓名	语文	数学	英语	总分
2	X012	葛丽	80	75	65	220
3	X023	王磊	65	88	72	225
4	X031	夏慧	72	68	88	228
5	X033	伍晨	83	65	72	220
6	X035	方玲	75	82	67	224
7						
8	查询总分最高的学号:		X031			
9						

图23-3

23.1.3　将公式运算结果转换为数值

在完成公式计算后，为了方便数据的引用，可以将包含公式的单元格中的数据转换为数值形式。

❶ 选中包含公式的单元格，按Ctrl+C组合键执行复制操作，然后再按Ctrl+V组合键执行粘贴操作。

❷ 此时会在选中单元格的右下部出现一个“选中粘贴”按钮，单击该按钮打开下拉列表，选择“只有值”选项，如图23-4所示，即可实现将原本包含公式的单元格数据转换为数值（可以选中单元格在编辑栏中查看）。

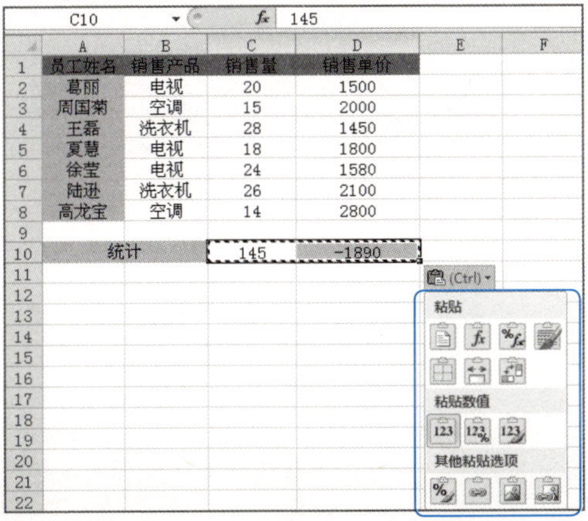

	A	B	C	D
1	员工姓名	销售产品	销售量	销售单价
2	葛丽	电视	20	1500
3	周国菊	空调	15	2000
4	王磊	洗衣机	28	1450
5	夏慧	电视	18	1800
6	徐莹	电视	24	1580
7	陆逊	洗衣机	26	2100
8	高龙宝	空调	14	2800
9				
10	统计		145	-1890

图23-4

23.1.4 Excel关于公式计算方面的限制

Excel在公式进行计算方面有其自身的标准和规范，这些规范对公式的编写有一定的限制。主要是：

- 公式内容的长度不能超过1024个字符。
- 公式中的函数的嵌套不能超过7层。

23.1.5 保护和隐藏工作表中的公式

为了防止重要的数据被其他的用户更改、移动或删除，常常需要隐藏单元格中的公式，具体的操作步骤如下。

❶ 按F5键打开“定位”对话框，单击“定位条件”按钮，打开“定位条件”对话框，如图23-5所示。

❷ 在对话框中单击“公式”单选按钮（如图23-6所示），完成设置后单击“确定”按钮，即可选中工作表中所有包含公式的单元格。

图23-5

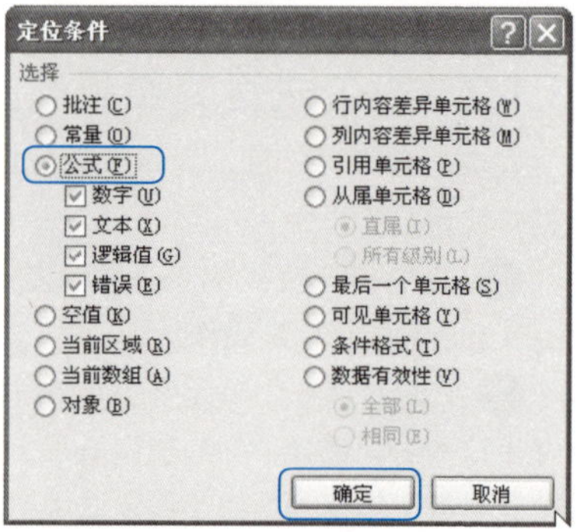

图23-6

❸ 单击“格式”按钮，在下拉列表中选择“设置单元格格式”项，选择“保护”选项卡，然后勾选“锁定”和“隐藏”复选框，如图23-7所示。

❹ 单击“格式”按钮，在下拉列表中选择“保护工作表”项，在打开的“保护工作表”对话框中设置相应的密码后单击“确定”按钮，如图23-8所示。

专家提示

（1）保护工作表功能仅对保护状态为“锁定”的单元格有效，因Excel默认所有单元格的保护状态为“锁定”，如果用户保留有对非公式区域的操作权限，需在步骤1之前全选工作表区域并解除所有单元格的“锁定”选项。（2）不要混淆工作表保护和工作簿保护，它们的用途完全不一样。（3）工作表保护密码易被破解，一般仅作为防止他人因误操作破坏工作表中的函数公式的手段。

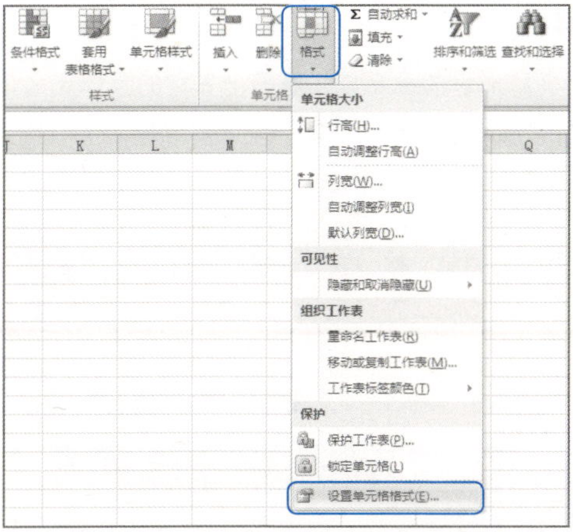

图23-7

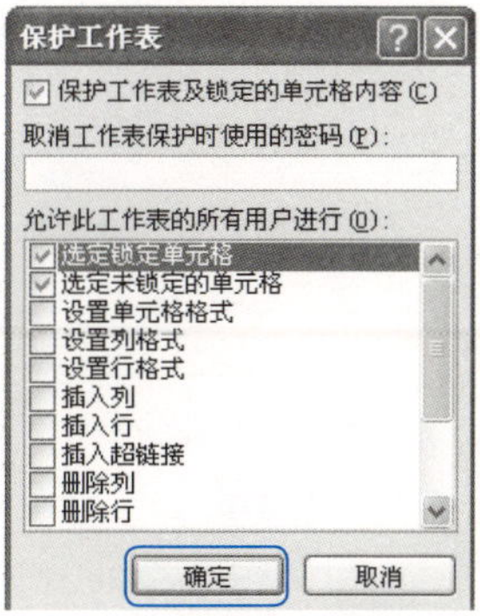

图23-8

23.1.6　设置计算公式的迭代次数

如果想查看某一单元格中的公式是引用了哪些单元格进行计算的，可以按如下方法快速选中。

❶ 打开“文件”选项卡，单击“选项”按钮，打开“Excel 选项”对话框。

❷ 在左侧选中“公式”项，在右侧选中“启用迭代计算”复选项，并在“最多迭代次数”文本框中设置迭代次数，默认设置是100次，如图23-9所示。

图23-9

23.1.7 快速查看名称中的公式

当一个工作薄中定义了多个名称时，如果希望了解每个名称的具体定义，可以通过“名称管理器”来查看，但是这非常的不方便。此时可以借助“粘贴名称”功能来查看所有名称中公式的列表。下面使用“粘贴名称”功能来查看所有名称中公式的列表。

❶ 选择希望粘贴名称中公式列表的单元格，在“公式”选项卡的“定义的名称”选项组中单击“用于公式”下拉按钮，在弹出的下拉菜单中选择“粘贴名称”命令，如图23-10所示。

❷ 打开“粘贴名称”对话框，单击“粘贴列表”按钮，如图23-11所示。

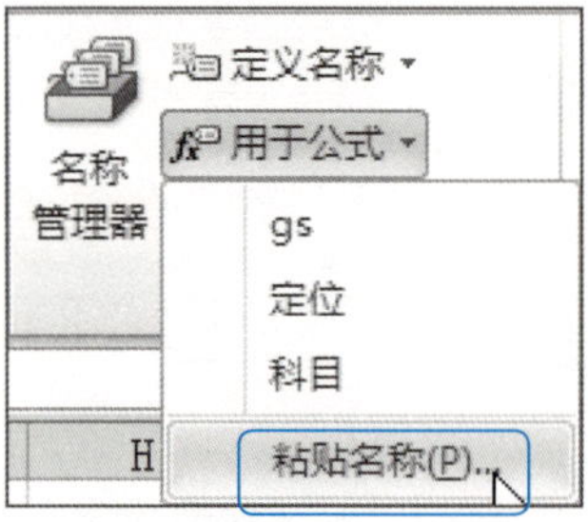

图23-10

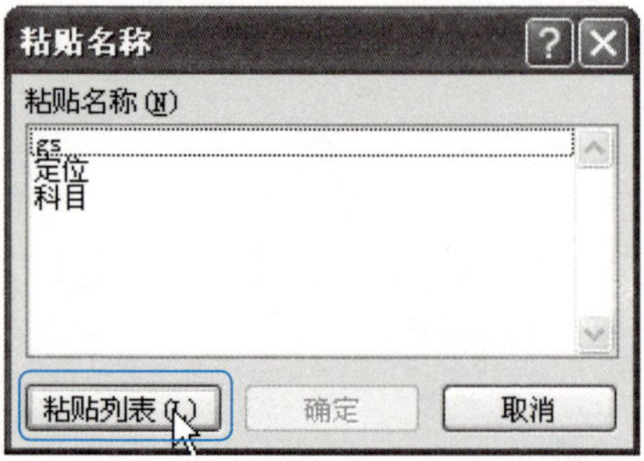

图23-11

❸ Excel会自动将当前工作表所有的局部名称和全局名称一次性粘贴到单元格中，这对于用户查看和解读公式名称很有帮助，如图23-12所示。

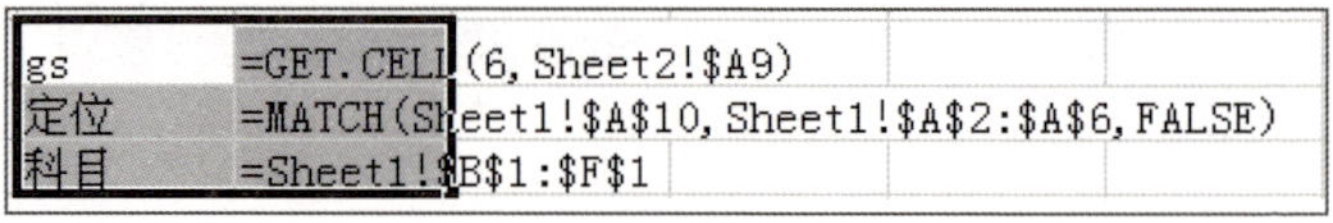

图23-12

23.1.8 定义固定引用区域的名称

在名称定义或编辑公式中引用区域范围时，Excel默认使用绝对引用来表示，例如“=SUM($A$1:$A$10)”。但是当在数据区域位置中删除或插入行时，公式中的引用区域就会自动的发生变化。如果希望所引用的区域固定保持不变，则需要使用下面的技巧来实现。

❶ 在实际使用中经常需要生成“自然序列”，这时利用INDIRECT函数来定义为名称即可在公式中进行调用。如图23-13所示，打开“公式”选项卡，在“定义的名称”选项组中单击“定义名称”按钮。

❷ 打开“新建名称”对话框，输入名称“Nums”，引用位置

“=ROW(INDIRECT("1:10"))”，单击“确定”按钮。公式中主要利用INDIRECT函数产生第1～10行的引用，再利用ROW函数来生成行号，即得出内存数组为{1;2;3;4;5;6;7;8;9;10}，而且这个名称中的引用与工作表的区域操作无关，始终固定引用$1:$10区域来生成自然数序，如图23-14所示。

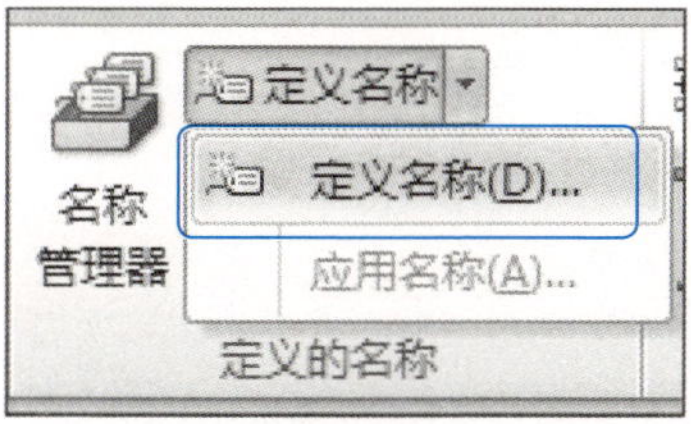

图23-13

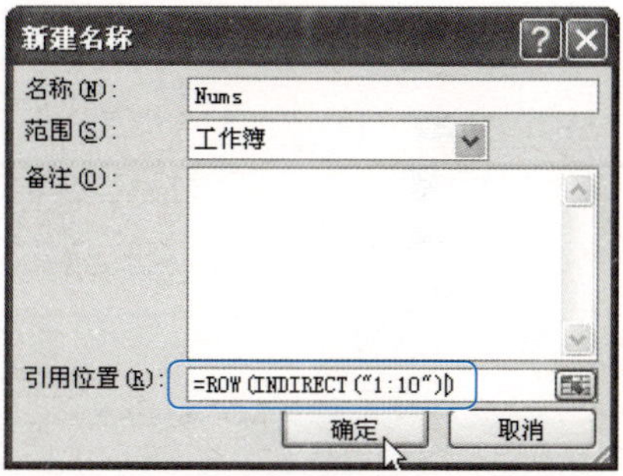

图23-14

❸ 另外，如果希望使用名称来分别引用各表的固定区域，则需要使用“缺省工作表名的单元格引用”来定义名称，如在每张工作表中都引用“A1”时，若要实现分别取得各个工作表的标签名，可以在“新建名称”对话框中输入名称“ShtName”，引用位置“=CELL("filename",!A1)”，单击“确定”按钮。当在任意一个工作表中调用这个名称时，即可返回公式所在工作表的标签名，如图23-15所示。

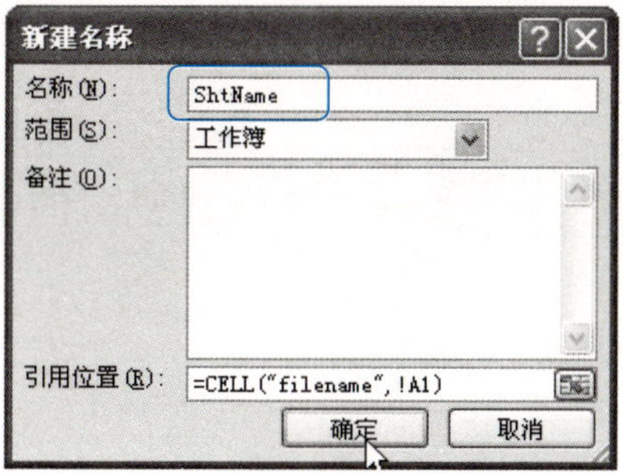

图23-15

❹ 同样，对于第1步中生成的1~10自然数，也可以使用这个技巧来处理，如定义名称Nums的公式为“=ROW(!$1:$10)”。

23.1.9　在公式中粘贴名称

当需要在公式中使用名称时，若创建了很多名称，一时可能想不起来都有哪些，这时可用使用以下方法快速选择所需名称并将其输入到公式中。

❶ 选择“公式”选项卡，在“定义名称”选项组中选中“用于公式”选项，在下拉列表框中选择“粘贴名称”命令或按“F3”键，如图23-16所示。

❷ 打开“粘贴名称”对话框，选择要使用的名称后单击“确定”按钮，如图23-17所示。

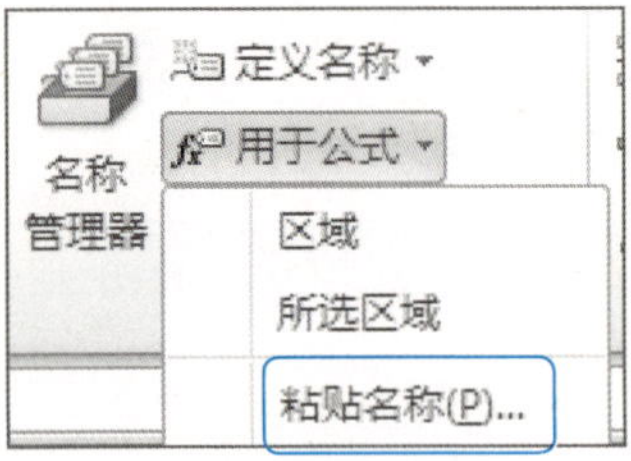

图23-16

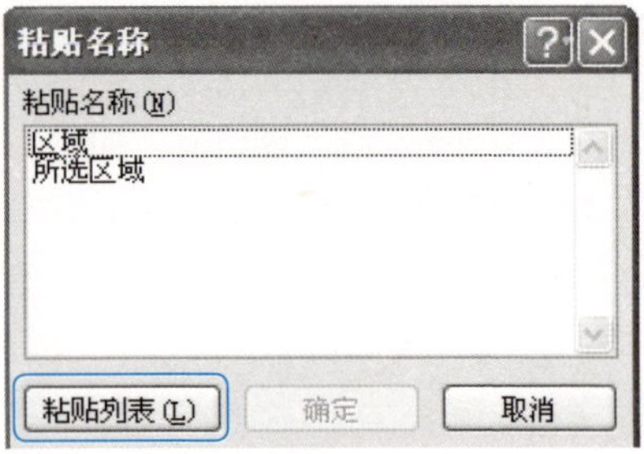

图23-17

23.1.10 以图形方式查看名称

在Excel中有一个鲜为人知的特性，就是能够使用图形方式查看定义了名称的区域。本例的工作表中定义了“Name1”、“Name2、“Name3”三个名称，使用图形方式可以快速、方便地查看工作薄中定义的名称。

❶ 打开“视图”选项卡，在“显示比例”选项组中单击“显示比例”按钮，如图23-18所示。

❷ 打开“显示比例”对话框，单击“自定义”单选按钮，并设置比例小于40%，单击“确定”按钮，如图23-19所示。

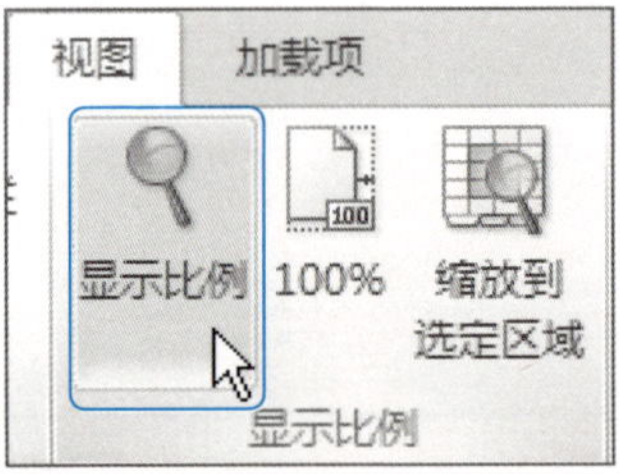

图23-18

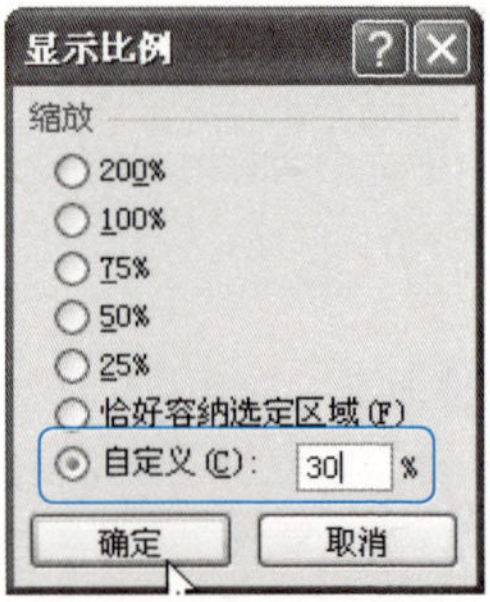

图23-19

❸ 此时Excel就会以黑色边框显示名称区域，以蓝色字体显示名称，如图23-20所示。

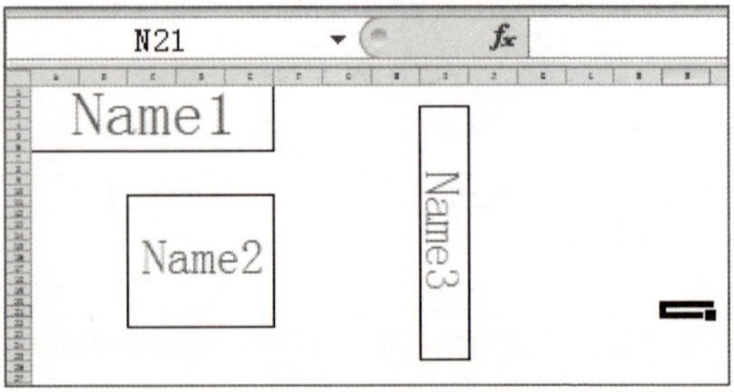

图23-20

23.2 错误值的处理

23.2.1 使用“错误检查器”来检测公式

当出现多处错误值时，可以使用“错误检查”功能来逐一对错误值进行检查，并提示错误值产生的原因。下面使用“错误检查器”检查B7单元格中的公式.

❶ 选中任意单元格，如图23-21所示，在“公式”选项卡下的“公式审核”选项组中单击“错误检查”按钮，即可弹出“错误检查”对话框。

❷ 在“错误检查”对话框中，可以看到提示信息，指出单元格B7中出现错误是“无效的单元格引用”错误。接着单击“下一步”按钮，根据向导逐一检查错误值，并获取错误值产生的原因，如图23-22所示。

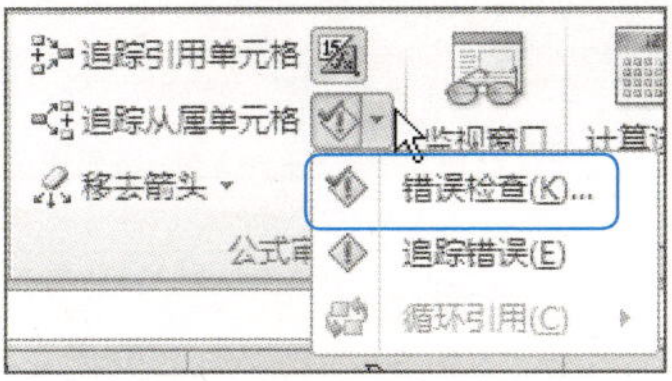

图23-21

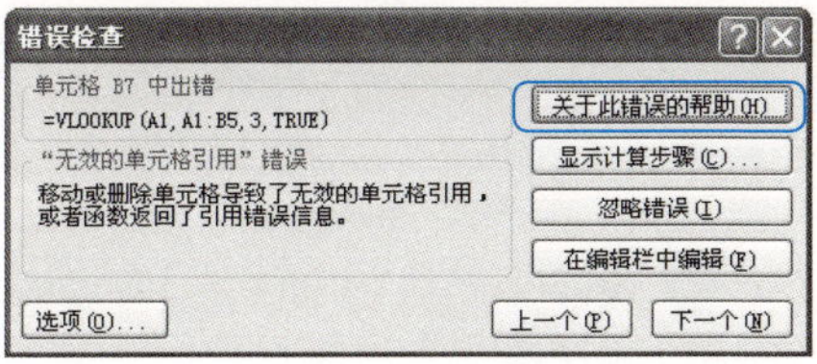

图23-22

❸ 根据提示的错误原因进行修改，发现表中第3列没有数据，所以产生“无效的单元格引用”错误。

23.2.2 通过“公式求值”来检查计算公式

对于比较复杂的计算公式，当计算结果为错误值时，可以通过“公式求值”向导检查公式每一步的计算结果，从而找出错误所在。下面使用“公式求值”功能检查B7单元格中的公式

❶ 选中错误值单元格，在“公式”选项卡下的“公式审核”选项组中单击“公式求值”按钮，如图23-23所示。

❷ 弹出“公式求值”对话框，单击“步入”按钮，如图23-24所示。

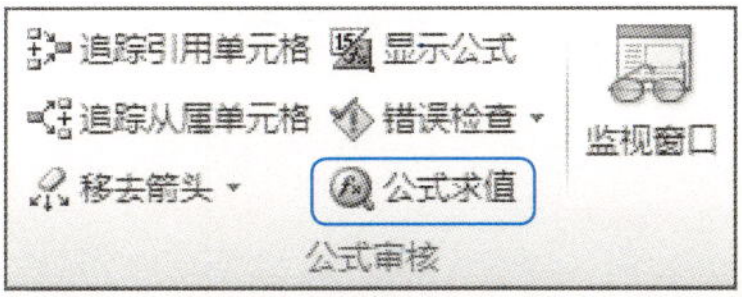

图23-23

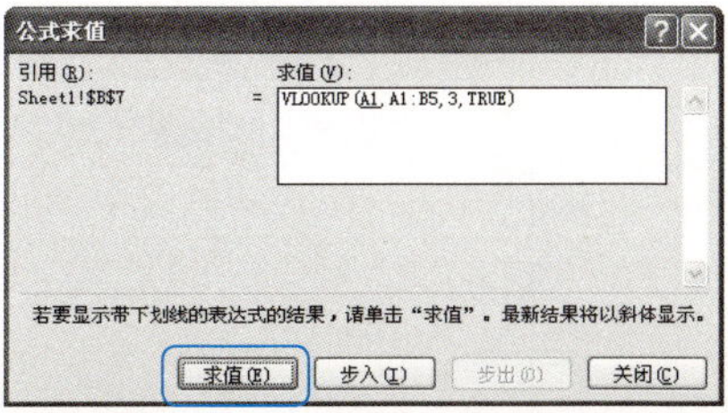

图23-24

3 开始对公式进行逐一求值。首先，对“A1”进行赋值，继续单击“步出”按钮，如图23-25所示。

4 按照赋值数据在A1:B5单元格区域中进行查找，再单击“求值”按钮，如图23-26所示。

5 即可返回计算结果，而此时显示错误值，如图23-27所示。

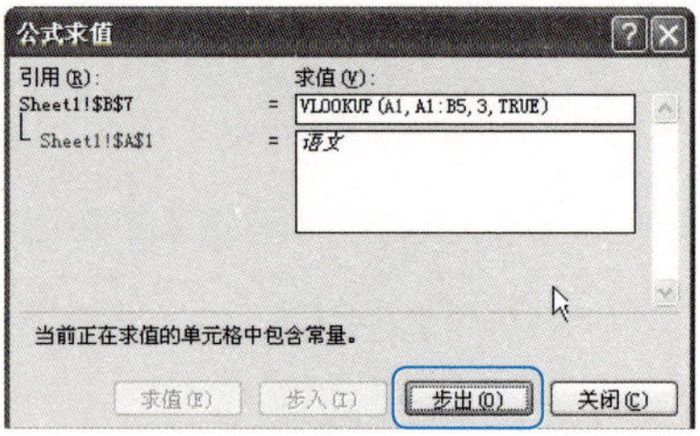

图23-25

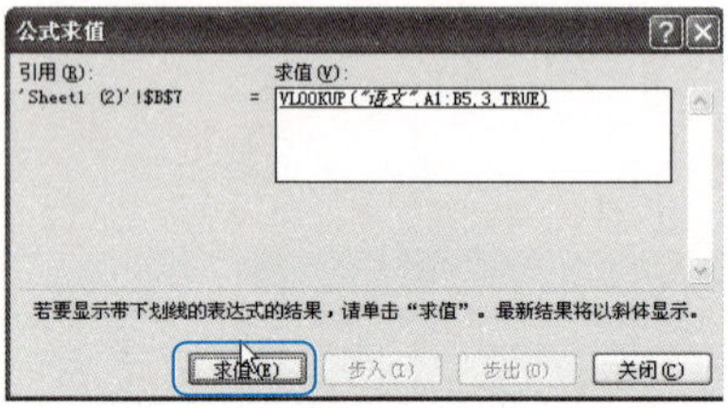

图23-26

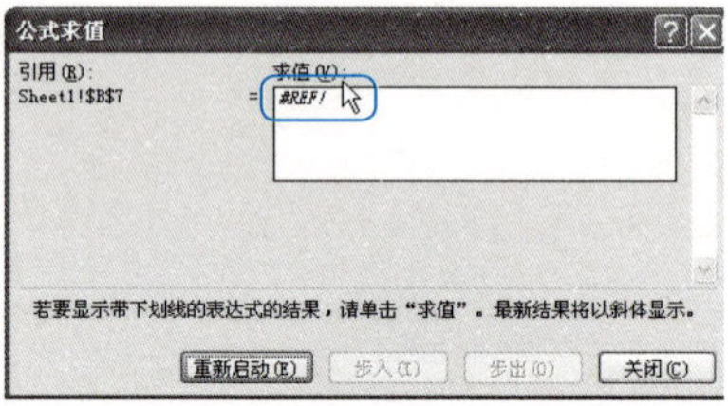

图23-27

6 通过检查公式的每一步计算过程，发现返回的列数3不对，所以计算结果显示为错误值。

23.2.3 通过“监视窗口”来监视数据

在Excel中可以使用“监视窗口”来监视工作表、单元格、公式等数据的改动前后情况。

1 打开“公式”选项卡，在“公式审核”选项组中单击“监视窗口”按钮（如图23-28所示），弹出“监视窗口”对话框，如图23-29所示。

2 在“监视窗口”对话框中，单击“添加监视点”按钮，弹出“添加监视点”对话框，如图23-30所示。

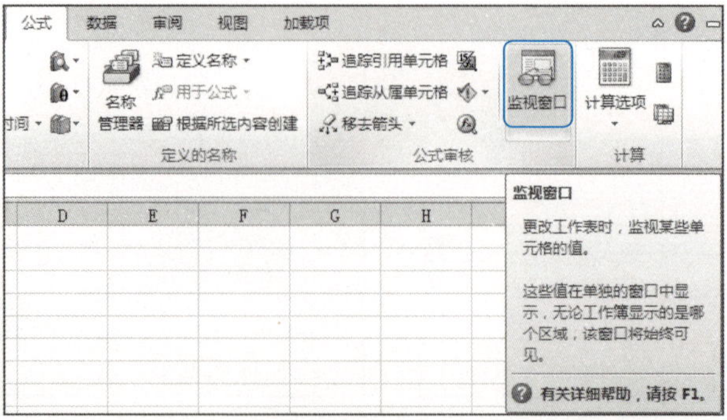

图23-28

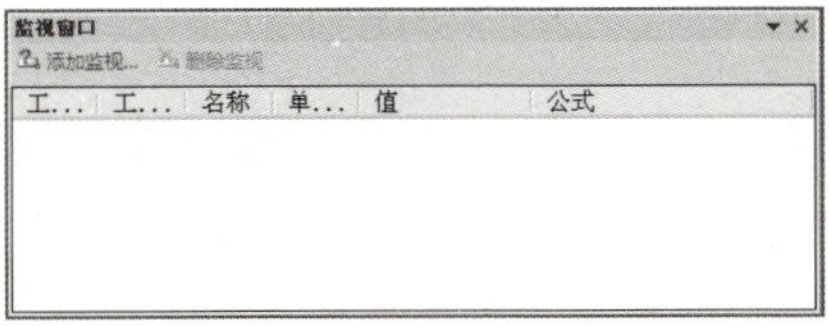

图23-29

图23-30

❸ 在“选择您想监视其值的单元格”中，单击拾取器按钮，在工作表中选取要监视的单元格区域，如A1:B5，如图23-31所示。

❹ 选取完成后，单击拾取器按钮返回到“添加监视点”对话框中，即可看到选取的单元格区域，如图23-32所示 。

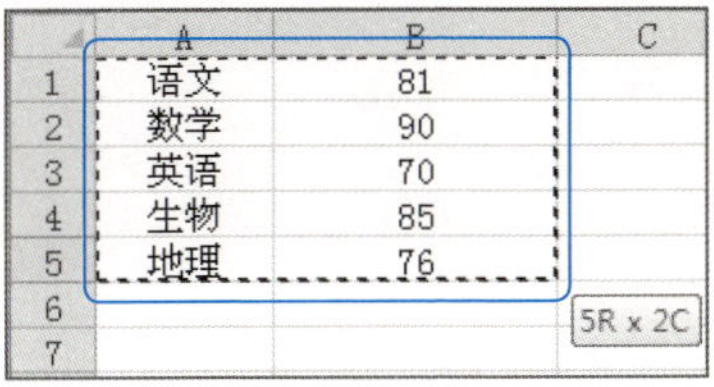

图23-31

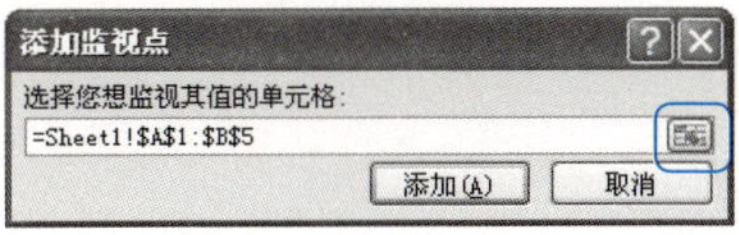

图23-32

❺ 确认后，单击“添加”按钮返回到“监视窗口”。在窗口中显示监视的单元格数据（如图23-33所示），当单元格区域中的数据发生改变时，监视窗口中的数据也同样发生改变，如图23-34所示。

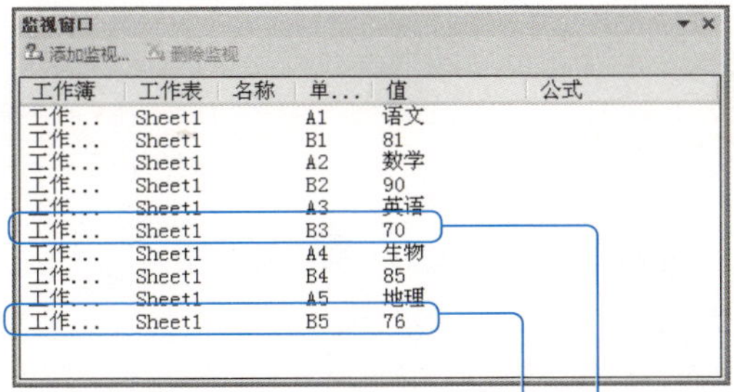

图23-33

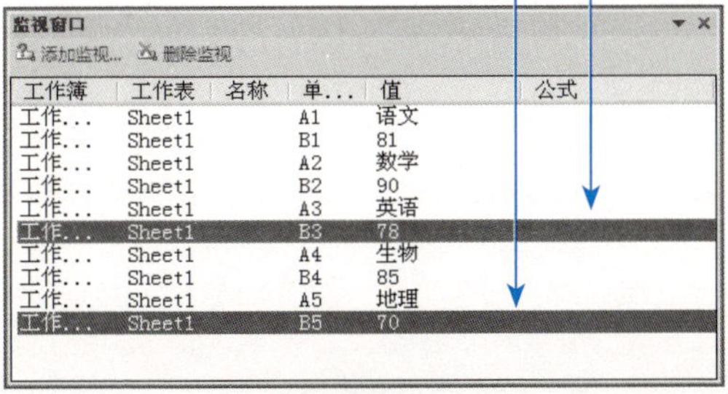

图23-34

专家提示

如果不需要监视某一个区域的数据时，可选中此区域，单击监视窗口上的“删除监视”按钮即可。

23.2.4 通过追踪箭头追踪引用单元格

在使用公式进行数值计算过程中，当返回的结果为错误值时，可以通过“公式审核”功能中的“追踪引用单元格”来判断引用的数据源是否正确。

❶ 选中错误值单元格，在“公式”选项卡下的“公式审核”选项组中单击“追踪引用单元格”按钮，即可使用箭头显示数据源引用指向，如图23-35所示。

❷ 通过对箭头指向的数据源进行查看，发现当前输入的查找数据与引用数据源中的数据不对应，从而导致公式返回错误值，如图23-36所示。

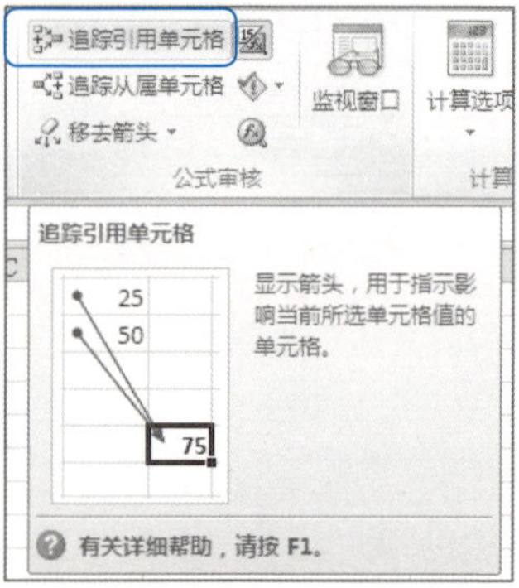

图23-35

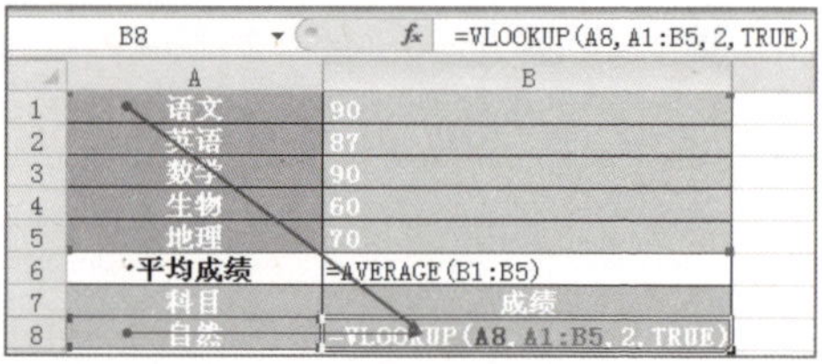

图23-36

23.2.5 通过追踪箭头追踪从属单元格

在使用公式进行数值计算过程中，当返回的结果为错误值时，可以通过“追踪从属单元格”功能追踪受该计算值所影响的单元格。

❶ 选中错误值单元格，在“公式”选项卡下的“公式审核”选项组中单击“追踪从属单元格”按钮，即可使用箭头显示受影响的单元格，结果如图23-37所示。

❷ 通过箭头的指向对数据源进行查看，发现当前输入的查找数据与引用数据源中的数据不对应，从而导致公式返回错误值，如图23-38所示。

动手练一练

在进行了“追踪引用单元格”和“追踪从属单元格”操作后，可能需要将一些箭头标记去掉，可选择“公式”选项卡，在“公式审核”选项组中单击“移去箭头”按钮，即可将所有标记去除。

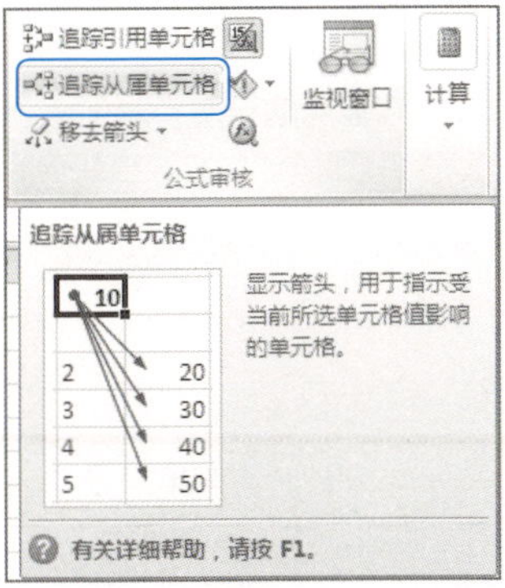

图23-37

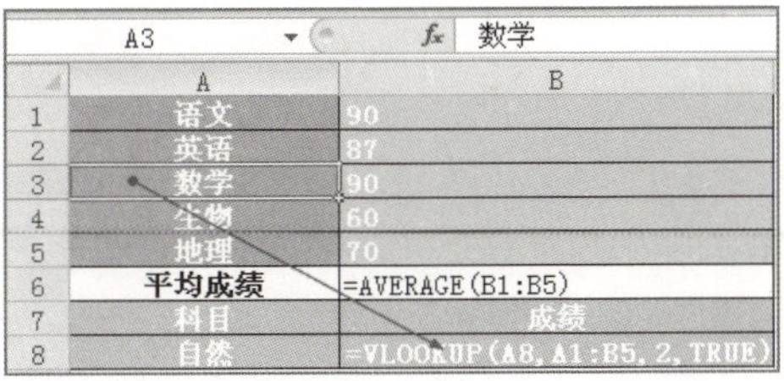

图23-38

23.2.6　根据错误提示重新编辑公式

在公式计算过程中，因公式输入不正确、引用参数不正确、引用数据不匹配等情况，公式经常会返回错误值，如：“#####”、“#DIV/0！”、“#N/A”、“#NAME?”、“#NUM！”、“#VALUE！”、“#REF！”和“#NULL！”。对于初学者来说，当公式返回错误值时会有点不知所措。其实在Excel 2010中，可以通过获取错误值的解决帮助来解决问题。

❶ 单击错误值的提示按钮，在弹出的下拉列表中选中“关于此错误的帮助”选项，如图23-39所示。

❷ 即可启动“Excel帮助”功能，在“Excel帮助”中显示了“#N/A”错误值产生的原因，以及对应的解决方法。用户只要认真学习其中的内容，即可解决返回错误的原因，如图23-40所示。

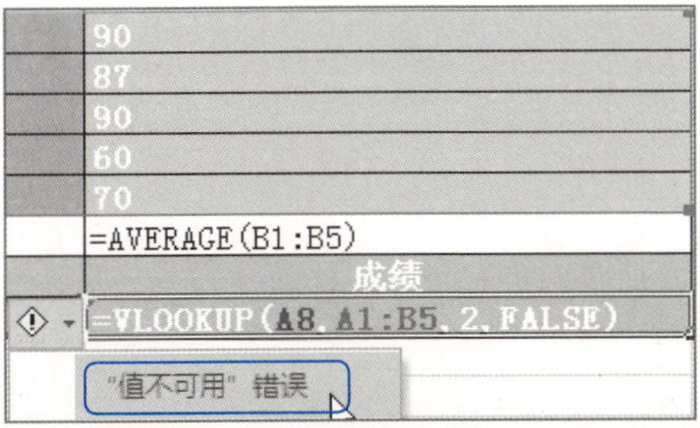

图23-39

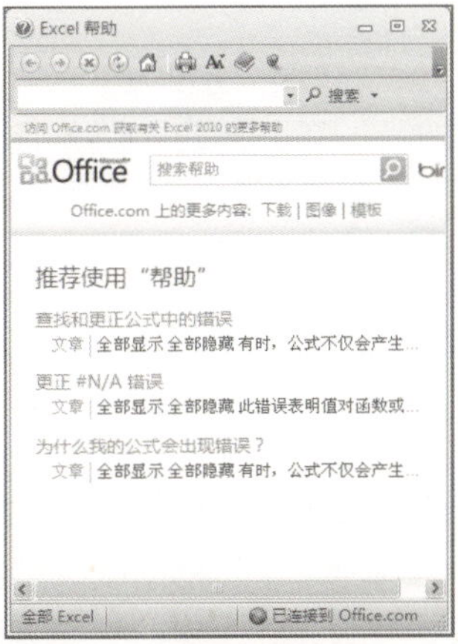

图23-40

23.2.7 “#####”错误值的改正

通常出现“#####”错误值有两种原因：列宽不够和输入的日期或时间为负数。下面介绍“#####”错误值的原因和解决方法。

1. 错误原因： 因列宽不够，导致输入的日期或时间不能完全显示，则返回“#####”错误值。

解决方法： 改变列宽。

❶ 当公式返回的结果为“#####”错误值时，主要是在输入日期和时间时，因为列宽不够，输入的内容不能完全显示所致。将光标移动B列和C列的交界处，当鼠标变成十字形状后，按住鼠标左键，向右进行列宽调整，如图23-41所示。

❷ 将列宽调整到可以完全显示日期后，松开鼠标左键，即可正常显示日期，解决公式返回的“#####”错误，如图23-42所示。

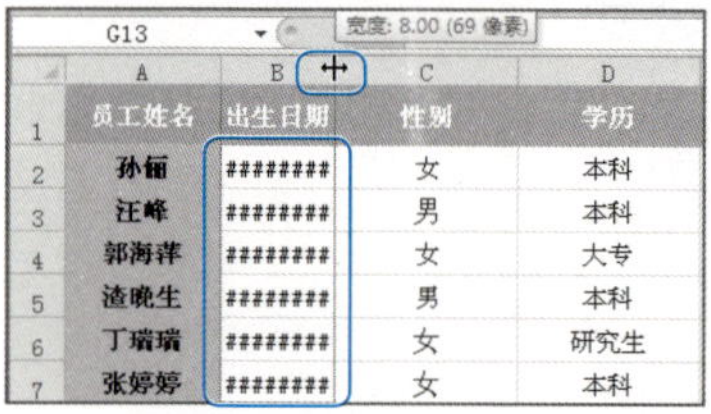
G13 宽度: 8.00 (69 像素)

	A	B	C	D
1	员工姓名	出生日期	性别	学历
2	孙俪	########	女	本科
3	汪峰	########	男	本科
4	郭海萍	########	女	大专
5	渣晚生	########	男	本科
6	丁瑞瑞	########	女	研究生
7	张婷婷	########	女	本科

图23-41

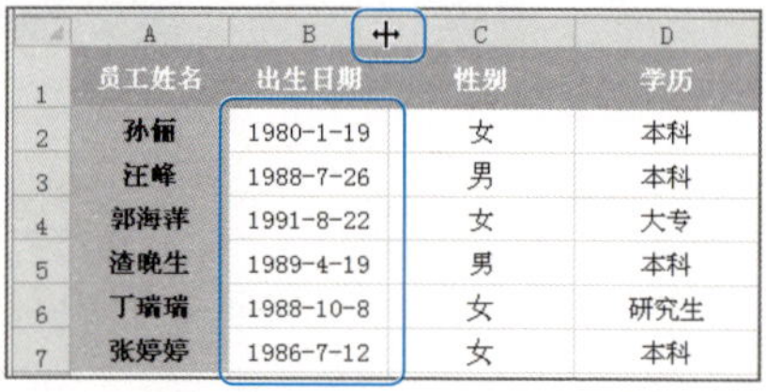

	A	B	C	D
1	员工姓名	出生日期	性别	学历
2	孙俪	1980-1-19	女	本科
3	汪峰	1988-7-26	男	本科
4	郭海萍	1991-8-22	女	大专
5	渣晚生	1989-4-19	男	本科
6	丁瑞瑞	1988-10-8	女	研究生
7	张婷婷	1986-7-12	女	本科

图23-42

2. 错误原因： 输入的日期和时间为负数时，返回“#####”错误值。

解决方法： 将输入的日期和时间前的负号（–）取消。

❶ 在输入日期时，因为错误地在日期前面输入了“-”号，导致返回“#####”错误值，如图23-43所示。

❷ 将输入错误的日期前的“-”号取消，即可正确显示输入的日期，如图23-44所示。

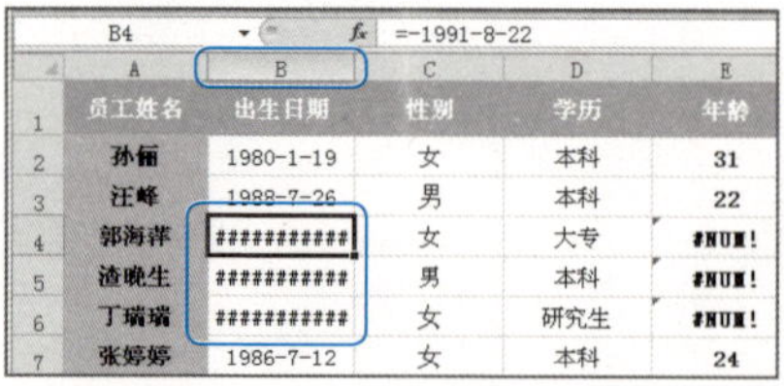
B4 fx =-1991-8-22

	A	B	C	D	E
1	员工姓名	出生日期	性别	学历	年龄
2	孙俪	1980-1-19	女	本科	31
3	汪峰	1988-7-26	男	本科	22
4	郭海萍	###########	女	大专	#NUM!
5	渣晚生	###########	男	本科	#NUM!
6	丁瑞瑞	###########	女	研究生	#NUM!
7	张婷婷	1986-7-12	女	本科	24

图23-43

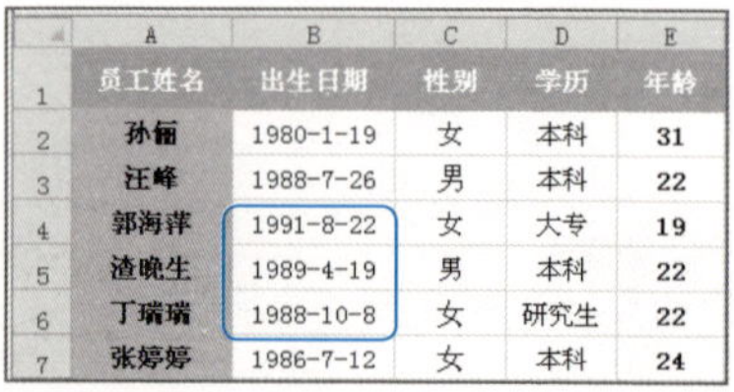

	A	B	C	D	E
1	员工姓名	出生日期	性别	学历	年龄
2	孙俪	1980-1-19	女	本科	31
3	汪峰	1988-7-26	男	本科	22
4	郭海萍	1991-8-22	女	大专	19
5	渣晚生	1989-4-19	男	本科	22
6	丁瑞瑞	1988-10-8	女	研究生	22
7	张婷婷	1986-7-12	女	本科	24

图23-44

23.2.8 “#DIV/0!”错误值的改正

通常出现“#DIV/0!”错误值是由于公式中包含除数为“0”值或空白单元格。下面介绍“#DIV/0!”错误值的原因和解决方法。

错误原因： 公式中包含除数为“0”值或空白单元格所致。

解决方法： 使用IF和ISERROR函数来解决。

❶ 当公式中的除数为“0”值或空白单元格所致时，返回的结果为“#DIV/0!”错误值，如图23-45所示。

❷ 选中C2单元格，在编辑栏中输入公式“=IF(ISERROR(A2/B2),"", A2/B2)”，按Enter键即可解决公式返回结果为“#DIV/0!”错误值，如图23-46所示。

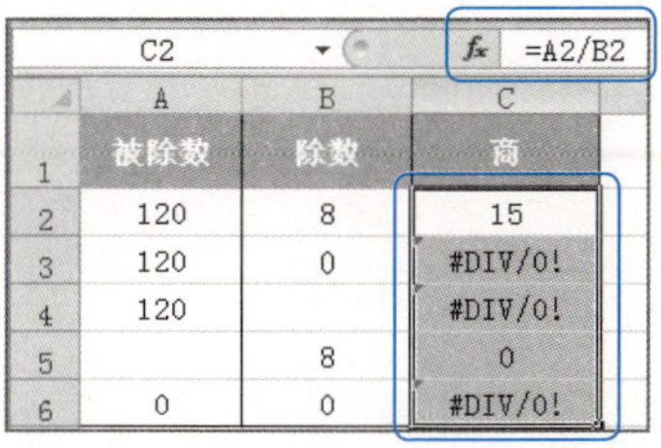
C2　fx =A2/B2

	A	B	C
1	被除数	除数	商
2	120	8	15
3	120	0	#DIV/0!
4	120		#DIV/0!
5		8	0
6	0	0	#DIV/0!

图23-45

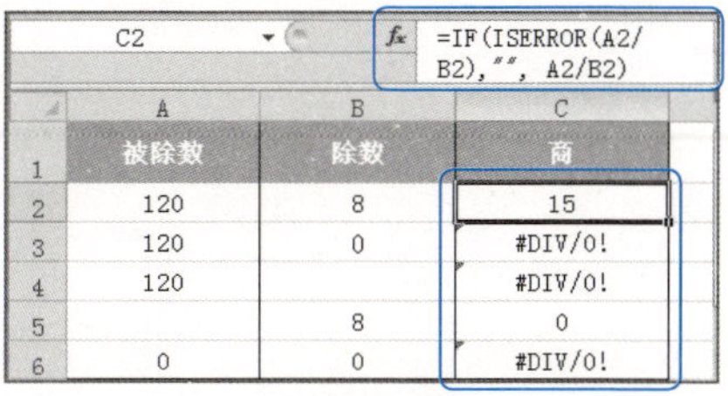
C2　fx =IF(ISERROR(A2/B2),"", A2/B2)

	A	B	C
1	被除数	除数	商
2	120	8	15
3	120	0	#DIV/0!
4	120		#DIV/0!
5		8	0
6	0	0	#DIV/0!

图23-46

❸ 将光标移到C2单元格的右下角，光标变成十字形状后，按住鼠标左键向下拖动进行公式填充，即可解决所有公式返回结果为“#DIV/0!”的错误，如图23-47所示。

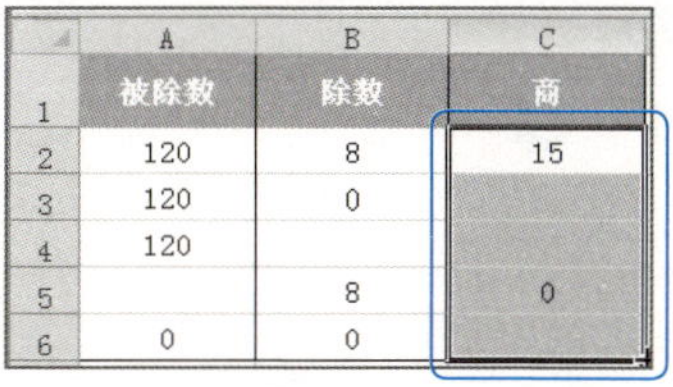

	A	B	C
1	被除数	除数	商
2	120	8	15
3	120	0	
4	120		
5		8	0
6	0	0	

图23-47

23.2.9 “#N/A”错误值的改正

通常出现“#N/A”错误值有两种原因：公式引用的数据源不正确或者不能使用，数组公式中使用的参数的行数或列数与包含数组公式的区域的行数或列数不一致。下面介绍“#N/A”错误值的原因和解决方法。

1. 错误原因： 公式引用的数据源不正确，或者不能使用所致。

解决方法： 引用正确的数据源。

❶ 在使用VLOOKUP函数进行数据查找时，找不到匹配的值时就会返回“#N/A”错误值，如图23-48所示。

❷ 选中B10单元格，在单元格中将错误的员工姓名更改为正确的“张婷婷”，即可解决公式返回结果为“#N/A”的错误，如图23-49所示。

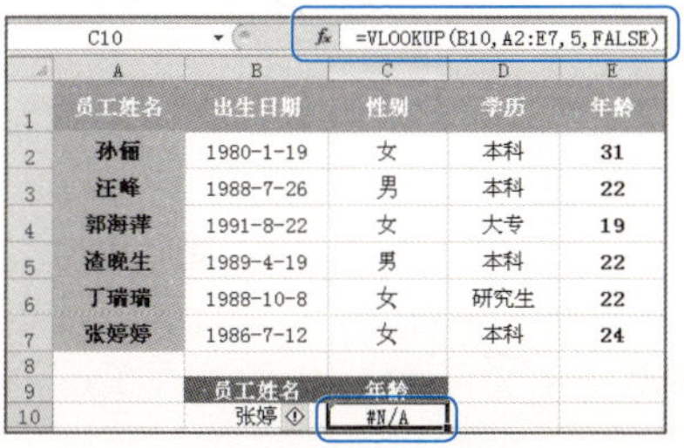
C10　fx =VLOOKUP(B10,A2:E7,5,FALSE)

	A	B	C	D	E
1	员工姓名	出生日期	性别	学历	年龄
2	孙佩	1980-1-19	女	本科	31
3	汪峰	1988-7-26	男	本科	22
4	郭海萍	1991-8-22	女	大专	19
5	渣晓生	1989-4-19	男	本科	22
6	丁瑞瑞	1988-10-8	女	研究生	22
7	张婷婷	1986-7-12	女	本科	24
8					
9		员工姓名	年龄		
10		张婷	#N/A		

图23-48

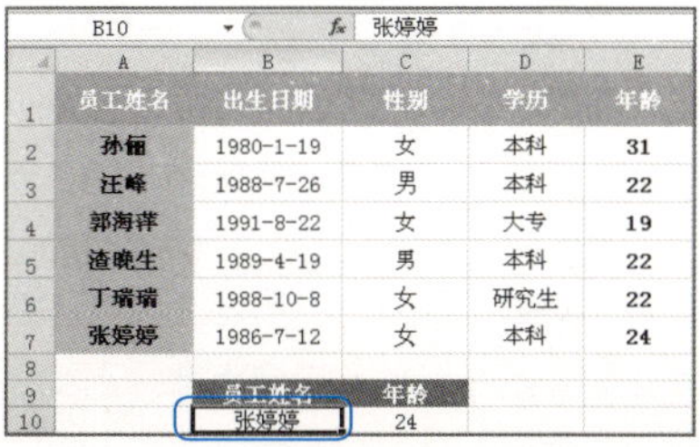
B10　fx 张婷婷

	A	B	C	D	E
1	员工姓名	出生日期	性别	学历	年龄
2	孙佩	1980-1-19	女	本科	31
3	汪峰	1988-7-26	男	本科	22
4	郭海萍	1991-8-22	女	大专	19
5	渣晓生	1989-4-19	男	本科	22
6	丁瑞瑞	1988-10-8	女	研究生	22
7	张婷婷	1986-7-12	女	本科	24
8					
9		员工姓名	年龄		
10		张婷婷	24		

图23-49

2. 错误原因： 数组公式中使用的参数的行数或列数与包含数组公式的区域的行数或列数不一致。

解决方法： 正确选取相同的行数和列数区域。

❶ 在进行矩阵逆转换时，选取的目标区域的行数和列数与原本矩阵区域的行数和列数不一致，输入公式“=MINVERSE(A2:C4)”，接着按Ctrl+Shift+Enter组合键后，会返回“#N/A”错误值，如图23-50所示。

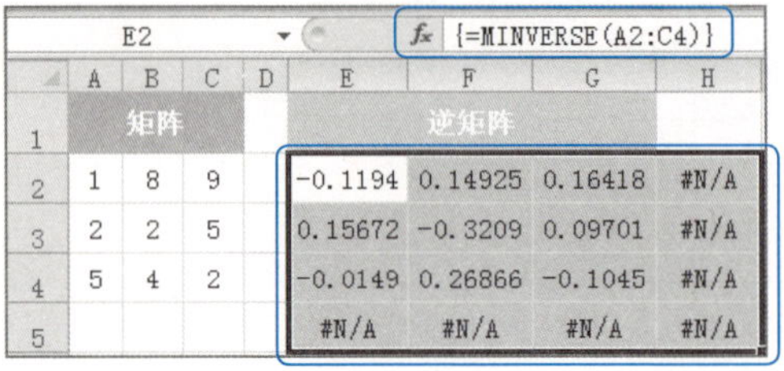

图23-50

❷ 正确选取E2:G4单元格区域后，输入公式“=MINVERSE(A2:C4)”，接着按Ctrl+Shift+Enter组合键返回3×3行列式的逆矩阵，如图23-51所示。

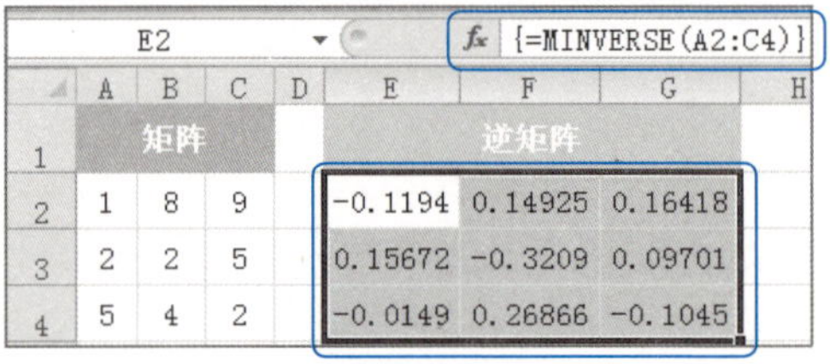

图23-51

23.2.10 “#NAME?”错误值的改正

出现“#NAME?”错误值有多种原因，比如输入的函数和名称拼写错误或者在公式中引用文本时没有加双引号等。下面介绍“#NAME?”错误值的原因和解决方法。

1. 错误原因： 输入的函数和名称拼写错误。

解决方法： 正确输入函数和名称。

❶ 在对学生的各门考试成绩进行平均计算时，将“AVERAGE”错误地输入为“AVEAGE”时，会返回“#NAME?”错误值，如图23-52所示。

❷ 选中E2单元格，重新将“AVEAGE”改写为“AVERAGE”，按Enter键即可正确计算出学生平均成绩。将光标移到E2单元格的右下角，光标变成十字形状后，按住鼠标左键向下拖动进行公式填充，即可正确计算出其他学生的平均成绩，如图23-53所示。

E2　　f_x　=AVEAGE(B2:D2)

	A	B	C	D	E
1	学生姓名	语文成绩	数学成绩	英语成绩	平均成绩
2	孙俪	78	89	67	#NAME?
3	汪峰	68	67	89	#NAME?
4	郭海萍	76	65	78	#NAME?
5	丁瑞瑞	87	80	79	#NAME?

图23-52

E2　　f_x　=AVERAGE(B2:D2)

	A	B	C	D	E
1	学生姓名	语文成绩	数学成绩	英语成绩	平均成绩
2	孙俪	78	89	67	78.00
3	汪峰	68	67	89	74.67
4	郭海萍	76	65	78	73.00
5	丁瑞瑞	87	80	79	82.00

图23-53

2. 错误原因： 在公式中引用文本时没有加双引号。

解决方法： 正确为引用文本添加双引号。

❶ 对学生总成绩进行优良考评时，在公式中没有对“优”、“良”和“差”加上双引号（半角状态下的），导致返回结果为“#NAME?”错误值，如图23-54所示。

F2　　f_x　=IF(E2>=240,优,IF(E2>=210,良,差))

	A	B	C	D	E	F
1	学生姓名	语文成绩	数学成绩	英语成绩	总成绩	成绩考评
2	孙俪	78	89	67	23	#NAME?
3	汪峰	68	67	89	224	#NAME?
4	郭海萍	76	65	78	219	#NAME?
5	丁瑞瑞	87	80	79	246	#NAME?

图23-54

❷ 选中F2单元格，将公式重新输入为“=IF(E2>=240,"优",IF(E2>=210,"良","差"))”，按Enter键即可返回正确的成绩考评结果。将光标移到F2单元格的右下角，光标变成十字形状后，按住鼠标左键向下拖动进行公式填充，即可返回其他学生的成绩考评结果，如图23-55所示。

F2　　f_x　=IF(E2>=240,"优",IF(E2>=210,"良","差"))

	A	B	C	D	E	F	G
1	学生姓名	语文成绩	数学成绩	英语成绩	总成绩	成绩考评	
2	孙俪	78	89	67	234	良	
3	汪峰	68	67	89	224	良	
4	郭海萍	76	65	78	219	良	
5	丁瑞瑞	87	80	79	246	优	

图23-55

3. 错误原因： 在公式中引用了没有定义的名称。

解决方法：重新定义名称。

❶ 在员工产品销售统计报表中，计算上半年产品销售量时，如果引用了没有定义的“第二季度”名称进行计算将返回“#NAME?”错误值，如图23-56所示。

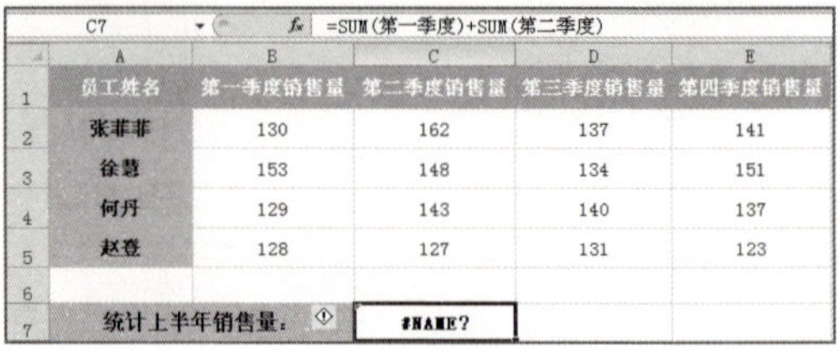

图23-56

❷ 在“公式”选项卡的“定义的名称”选项组中，单击“名称管理器”按钮，打开“名称管理器”对话框。在对话框中，可以看到已经定义的“第一季度”名称，如图23-57所示。

❸ 在对话框中，单击“新建”按钮，在打开的“新建名称”对话框中，定义“第二季度”名称，效果如图23-58所示。

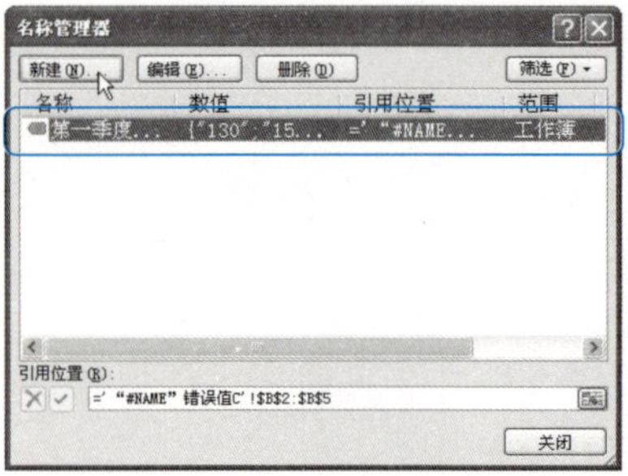

图23-57

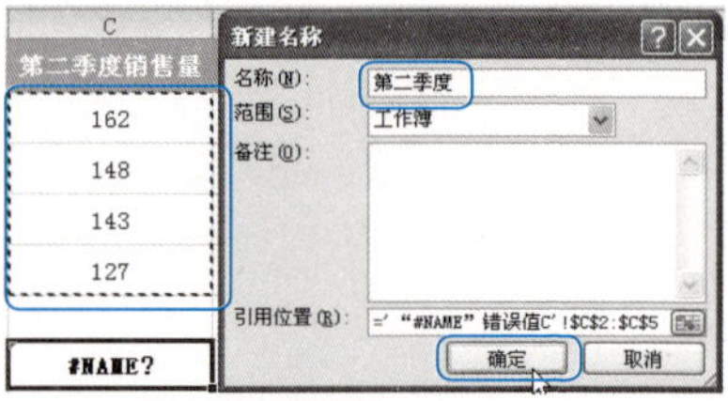

图23-58

❹ 设置完成后，单击“确定”按钮，返回到“名称管理器”中，即可在列表中显示定义的“第二季度”名称，如图23-59所示。

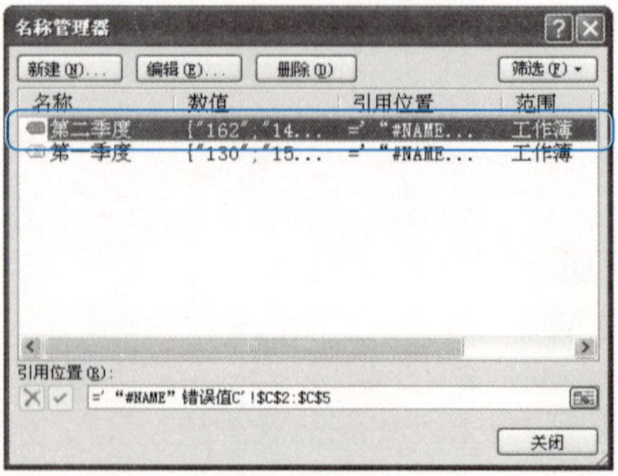

图23-59

❺ 单击“关闭”按钮后，计算上半年的公式会返回正确的结果，如图23-60所示。

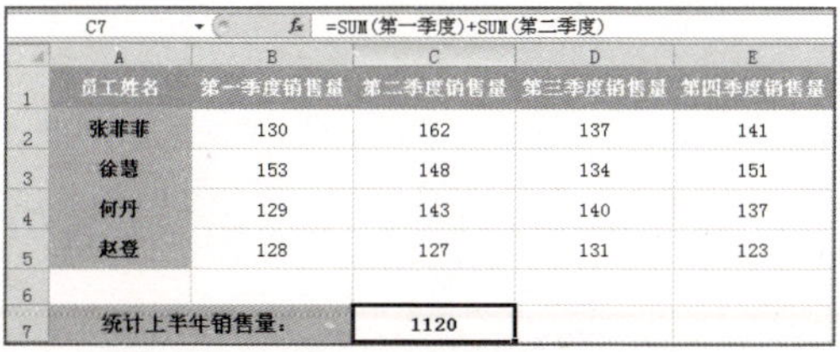
C7 =SUM(第一季度)+SUM(第二季度)

	A	B	C	D	E
1	员工姓名	第一季度销售量	第二季度销售量	第三季度销售量	第四季度销售量
2	张菲菲	130	162	137	141
3	徐慧	153	148	134	151
4	何丹	129	143	140	137
5	赵登	128	127	131	123
6					
7	统计上半年销售量：		1120		

图23-60

4. 错误原因：区域引用中漏掉了冒号（:）。

解决方法：添加漏掉的冒号。

❶ 在员工产品销售统计报表中，计算全年产品销售量时，将公式输入成“=SUM(B2E5)”，按Enter键将返回“#NAME?”错误值，如图23-61所示。

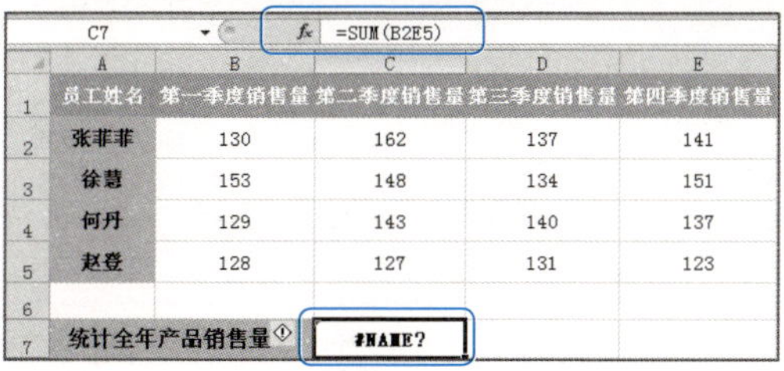
C7 =SUM(B2E5)

	A	B	C	D	E
1	员工姓名	第一季度销售量	第二季度销售量	第三季度销售量	第四季度销售量
2	张菲菲	130	162	137	141
3	徐慧	153	148	134	151
4	何丹	129	143	140	137
5	赵登	128	127	131	123
6					
7	统计全年产品销售量		#NAME?		

图23-61

❷ 选中C7单元格，在公式中添加冒号为“=SUM(B2:E5)”，按Enter键即可统计出全年产品销售量，如图23-62所示。

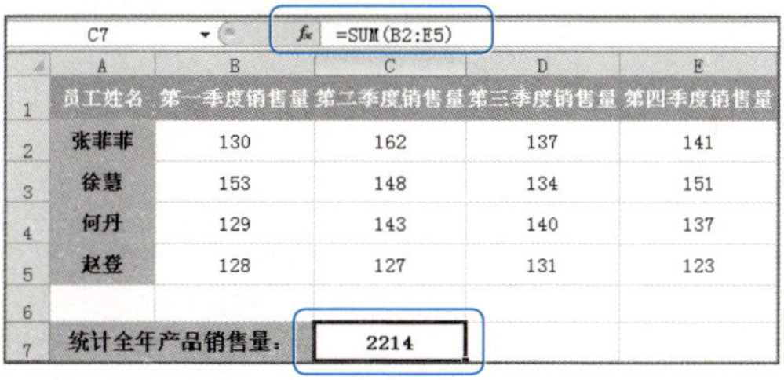
C7 =SUM(B2:E5)

	A	B	C	D	E
1	员工姓名	第一季度销售量	第二季度销售量	第三季度销售量	第四季度销售量
2	张菲菲	130	162	137	141
3	徐慧	153	148	134	151
4	何丹	129	143	140	137
5	赵登	128	127	131	123
6					
7	统计全年产品销售量：		2214		

图23-62

5. 错误原因：使用了没有加载宏中的函数。

解决方法：加载指定的加载宏。

❶ 在进行货币转换时，因为没有加载“欧元转换工具”加载宏，使用EUROCONVERT函数进行时会返回“#NAME?”错误值，如图23-63所示。

❷ 打开“文件”选项卡，单击“选项”按钮，打开“Excel选项”对话框，在左侧选中“加载项”选项，接着在右侧的“管理”栏单击“转到”按钮，

如图23-64所示。

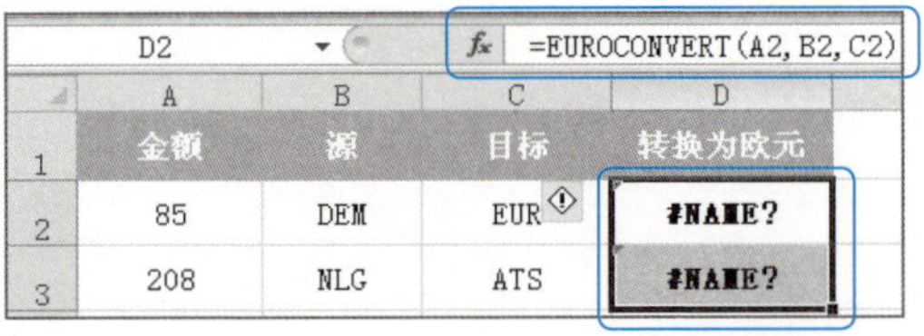

图23-63

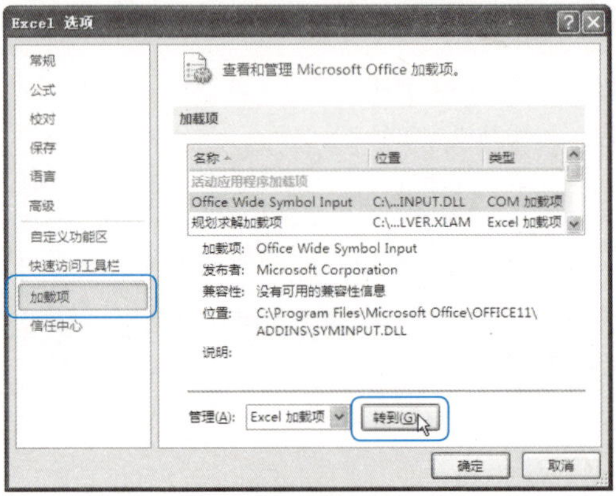

图23-64

❸ 在打开的"加载宏"对话框中选中"欧元工具"复选框，单击"确定"按钮，如图23-65所示。

❹ 即可加载"欧元工具"加载宏。加载完成后，公式返回正确的转换结果，如图23-66所示。

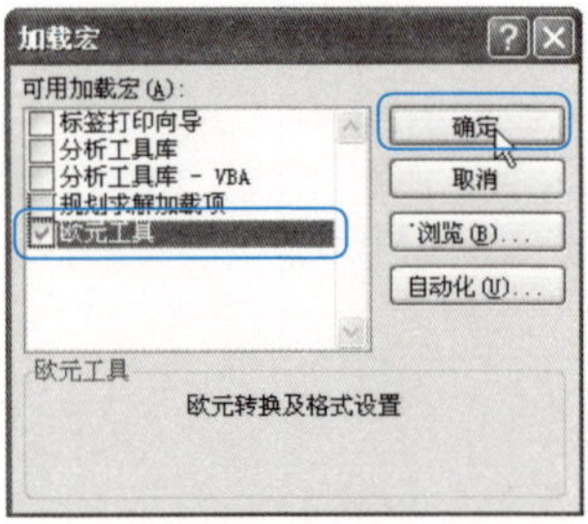

图23-65

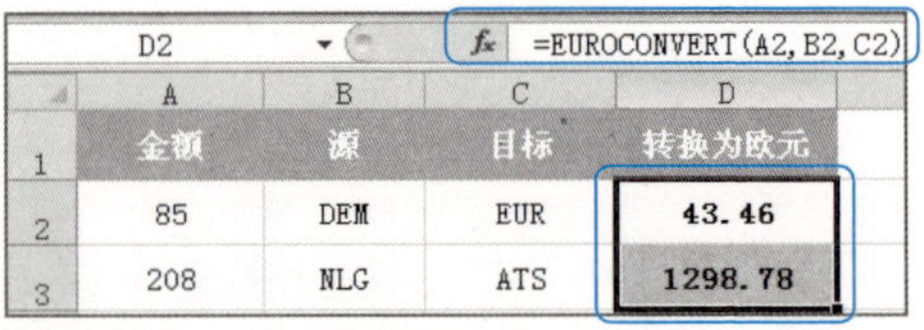

图23-66

23.2.11 "#NUM!"错误值的改正

通常出现"#NUM!"错误值有两种原因：在公式中使用的函数引用了一个无效的参数，或输入的公式所得出的数字太大或太小，无法在Excel 中表示。下面介绍“#NUM!”错误值的原因和解决方法。

1. 错误原因：在公式中使用的函数引用了一个无效的参数。

解决方法：正确引用函数的参数。

❶ 在求某数值的算术平均根，引用的数据为负数则会返回“#NUM！”错误值，如图23-67所示。

❷ 选中B3单元格，重新将公式更改为：=SQRT(ABS(A3))，按Enter键即可返回正确结果，如图23-68所示。

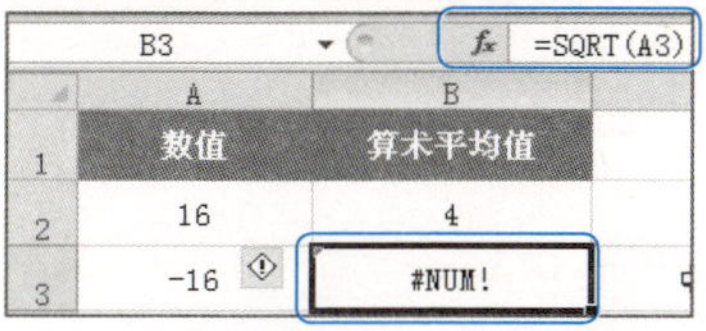

B3 　fx =SQRT(A3)

	A	B
1	数值	算术平均值
2	16	4
3	-16	#NUM!

图23-67

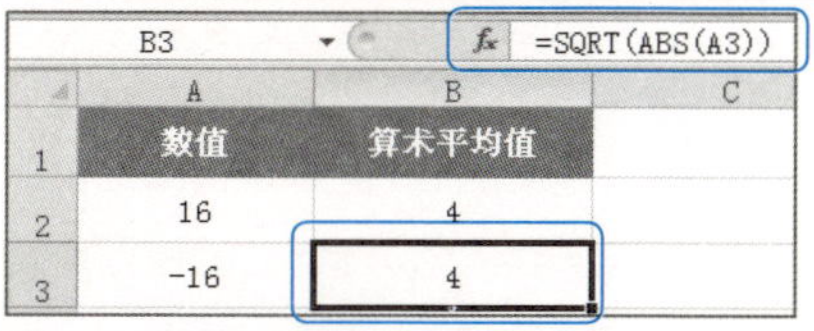

B3 　fx =SQRT(ABS(A3))

	A	B	C
1	数值	算术平均值	
2	16	4	
3	-16	4	

图23-68

2. 错误原因：输入的公式所得出的数字太大或太小，无法在 Excel 中表示。

解决方法：确认数值的计算范围。

❶ 在进行方根计算时，使用了较大的指数后会返回“#NUM！”错误值，如图23-69所示。

❷ 分别修改B2和B3单元格中的指数，使计算结果介于 -1×10^{309} ~ 1×10^{309} 之间，即可返回正确结果，如图23-70所示。

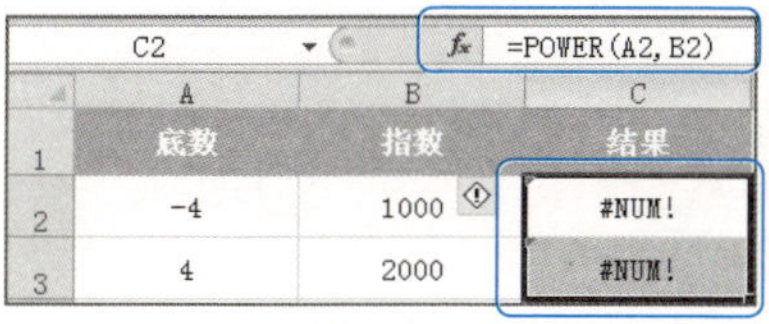

C2 　fx =POWER(A2,B2)

	A	B	C
1	底数	指数	结果
2	-4	1000	#NUM!
3	4	2000	#NUM!

图23-69

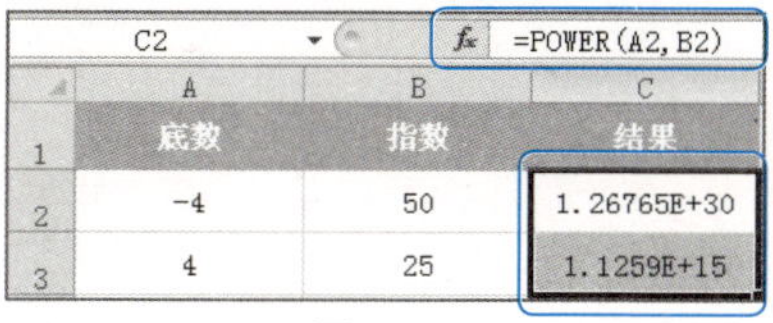

C2 　fx =POWER(A2,B2)

	A	B	C
1	底数	指数	结果
2	-4	50	1.26765E+30
3	4	25	1.1259E+15

图23-70

23.2.12 “#VALUE!”错误值的改正

出现“#VALUE!”错误值有多种原因，比如在公式中文本类型的数据参与了数值运算，或者在公式中函数引用的参数与语法不一致等。下面介绍“#VALUE!”错误值的原因和解决方法。

1. 错误原因：在公式中文本类型的数据参与了数值运算。

解决方法：正确设置参与运算的数值。

❶ 在计算销售员的销售金额时，参与计算的数值带上产品单位或单价单位，导致返回的结果出现“#VALUE!”错误值，如图23-71所示。

❷ 在B3和C2单元格中，分别将“件”和“元”文本去消掉，即可返回正确的计算结果，如图23-72所示。

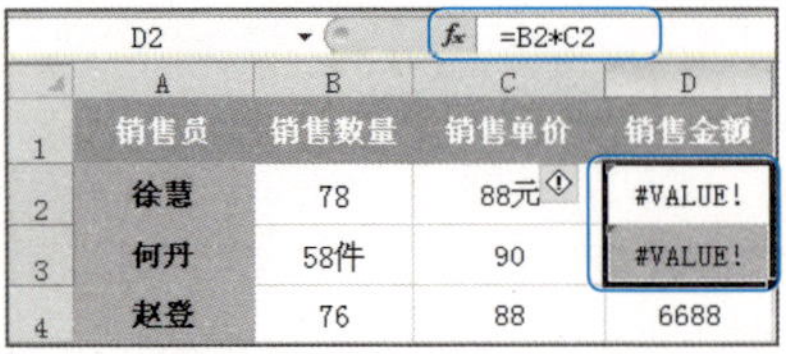

D2 =B2*C2

	A	B	C	D
1	销售员	销售数量	销售单价	销售金额
2	徐慧	78	88元	#VALUE!
3	何丹	58件	90	#VALUE!
4	赵登	76	88	6688

图23-71

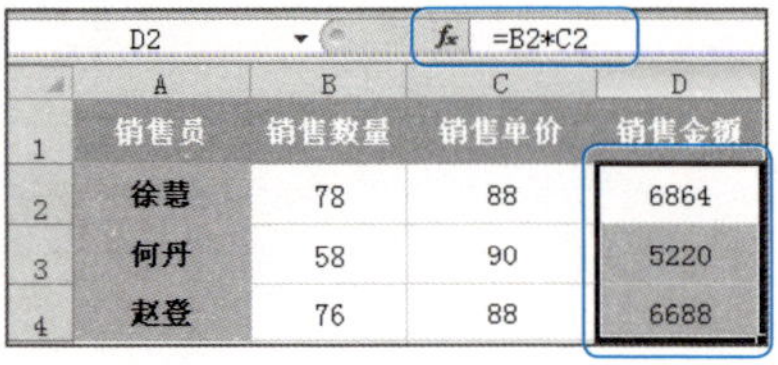

D2 =B2*C2

	A	B	C	D
1	销售员	销售数量	销售单价	销售金额
2	徐慧	78	88	6864
3	何丹	58	90	5220
4	赵登	76	88	6688

图23-72

2. 错误原因： 在公式中函数引用的参数与语法不一致。

解决方法： 正确设置函数的参数。

❶ 在计算上半年产品销售量时，在C7单元格中输入的公式为“=SUM(B2:B5+C2:C5)”，按Enter键返回“#VALUE!”错误值，如图23-73所示。

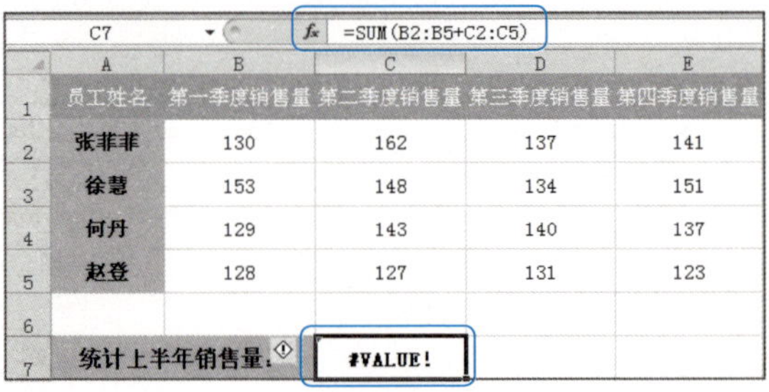

C7 =SUM(B2:B5+C2:C5)

	A	B	C	D	E
1	员工姓名	第一季度销售量	第二季度销售量	第三季度销售量	第四季度销售量
2	张菲菲	130	162	137	141
3	徐慧	153	148	134	151
4	何丹	129	143	140	137
5	赵登	128	127	131	123
6					
7	统计上半年销售量：		#VALUE!		

图23-73

❷ 选中C7单元格，在公式编辑栏中重新更改公式为“=SUM(B2:B5,C2:C5)”，按Enter键即可返回正确的计算结果，如图23-74所示。

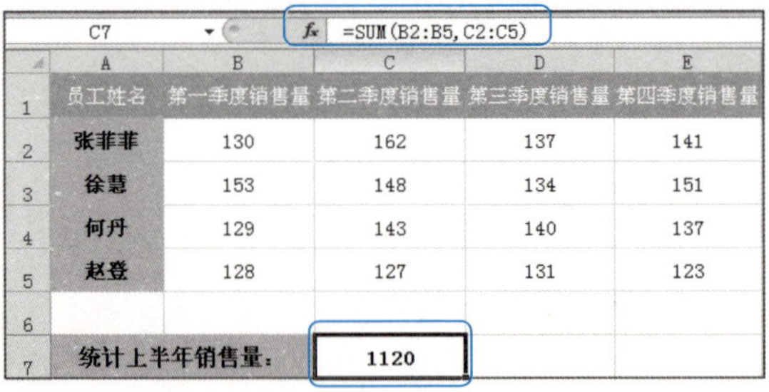

C7 =SUM(B2:B5,C2:C5)

	A	B	C	D	E
1	员工姓名	第一季度销售量	第二季度销售量	第三季度销售量	第四季度销售量
2	张菲菲	130	162	137	141
3	徐慧	153	148	134	151
4	何丹	129	143	140	137
5	赵登	128	127	131	123
6					
7	统计上半年销售量：		1120		

图23-74

3. 错误原因： 进行数组运算时，忘记按Ctrl+Shift+Enter组合键所致。

解决方法： 数组运算公式输入完成后，按Ctrl+Shift+Enter组合键。

❶ 在计算销售员的总销售金额时，在C7单元格中输入公式“=SUM(B2:B5*C2:C5)”，直接按Enter键会返回“#VALUE!”错误值，如图23-75所示。

❷ 在C7单元格中输入公式“=SUM(B2:B5*C2:C5)”，接着按Ctrl+Shift+Enter组合键，即可返回正确的计算结果，如图23-76所示。

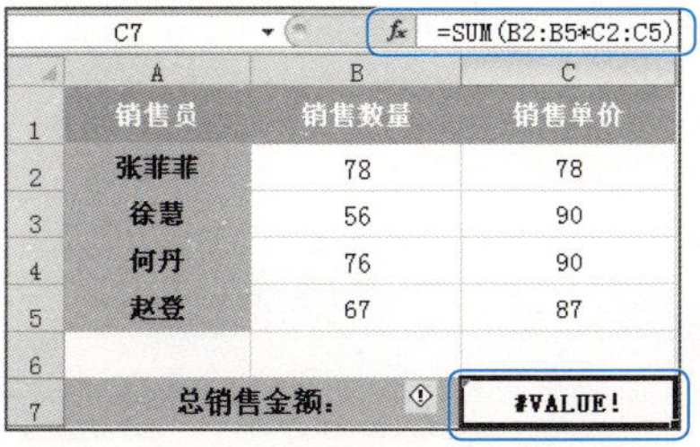

图23-75

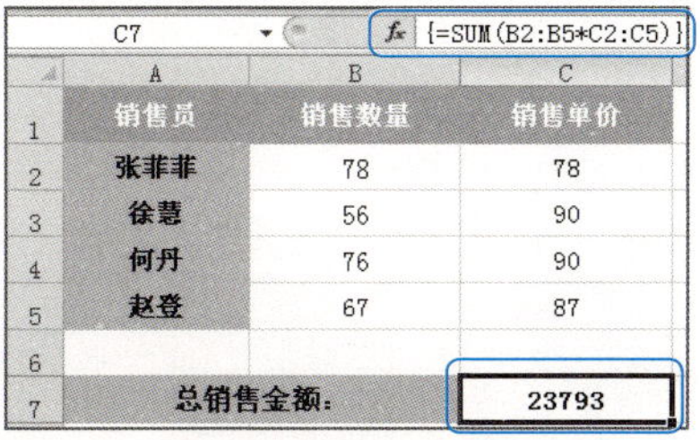

图23-76

4. 错误原因：进行运算的矩阵不正确，或者使用了不正确的区域。

解决方法：正确修复矩阵行列式，或者正确选取计算区域。

❶ 在对矩阵进行逆矩阵运算时，因本身给出的矩阵是4×3行列式不是正方形矩阵，所以选取E2:G5单元格区域后，输入公式“=MINVERSE(A2:C5)”，接着按Ctrl+Shift+Enter组合键后返回“#VALUE!”错误值，如图23-77所示。

❷ 方法一是将4×3行列式矩阵更改为正方形矩阵；方法二是求出4×3行列式矩阵中的3×3行列式的逆矩阵。选取E2:G4单元格区域后，输入公式“=MINVERSE(A2:C4)”，接着按Ctrl+Shift+Enter组合键后返回3×3行列式的逆矩阵，如图23-78所示。

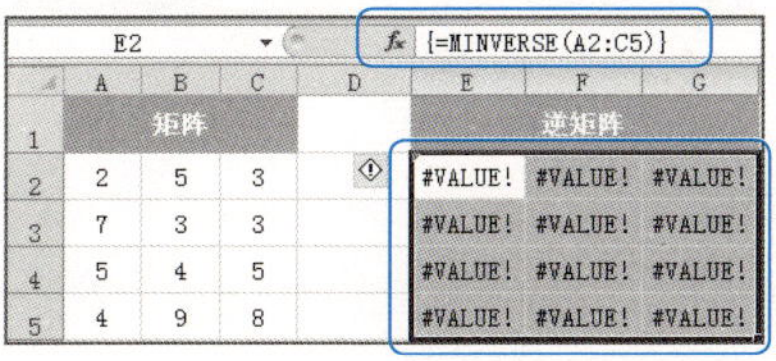

图23-77

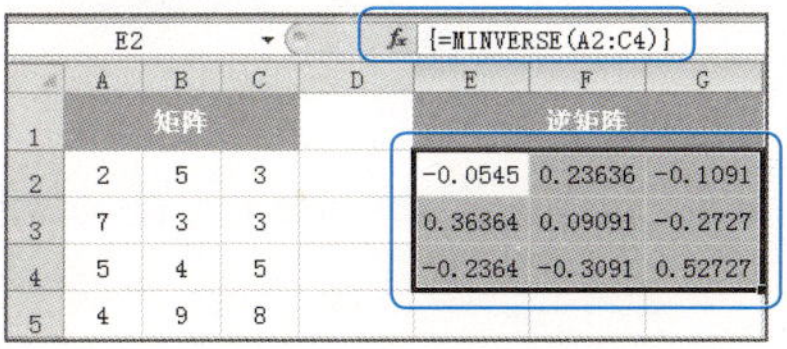

图23-78

23.2.13　“#REF!”错误值的改正

通常出现“#REF!”错误值是由于在公式计算中引用了无效的单元格。下面介绍“#REF!”错误值的原因和解决方法。

错误原因：在公式计算中引用了无效的单元格。

解决方法：正确引用有效单元格。

❶ 在进行员工销售额计算时，公式中使用了无效的单元格引用（这因为原本引用了正确数据源，之后因误操作将其删除所致），会使计算结果返回“#REF!”错误值，如图23-79所示。

❷ 如果“销售单价”列的数据在之前的操作中不小心删除，可以使用“撤销”按钮来恢复误删除的数据单元格，如图23-80所示。

❸ 如果“销售单价”列的数据已经不知道什么时候删除了，这时通过“插入”功能在C列前插入一列。接着输入标识项（销售单价）和相应员工的销售

量，并选中D2单元格，将公式中的“#REF”错误值重新对应引用C2单元格，如图23-81所示。

4 按Enter键后，即可计算出员工的销售金额。再利用公式填充的方法，计算出所有销售员的销售金额，如图23-82所示。

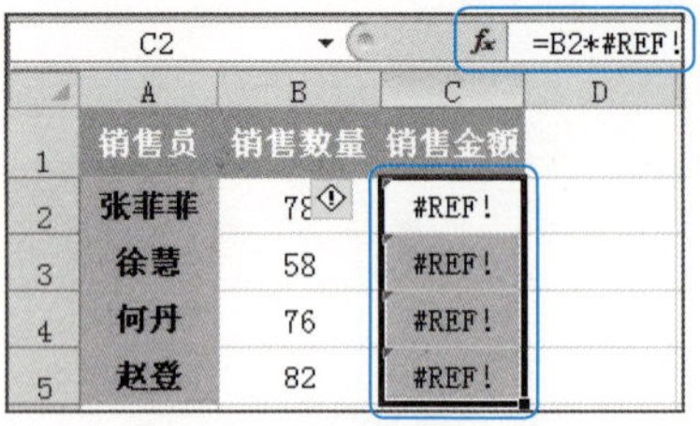

图23-79

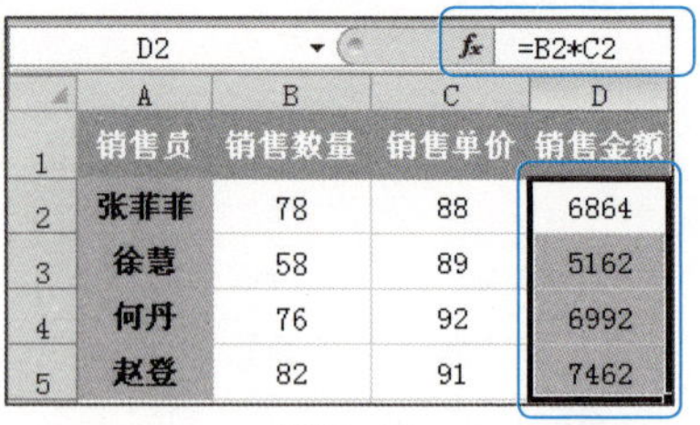

图23-80

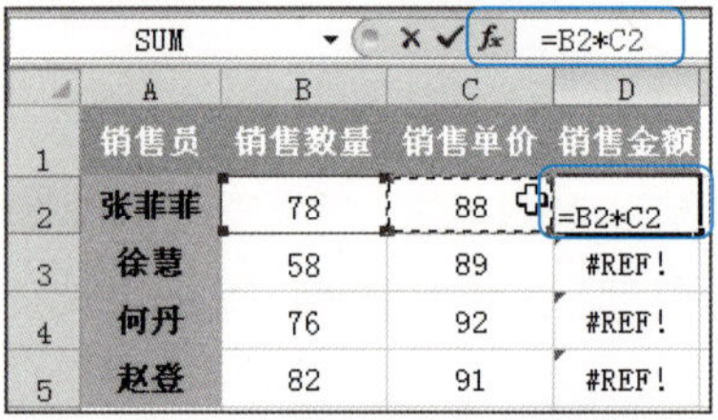

图23-81

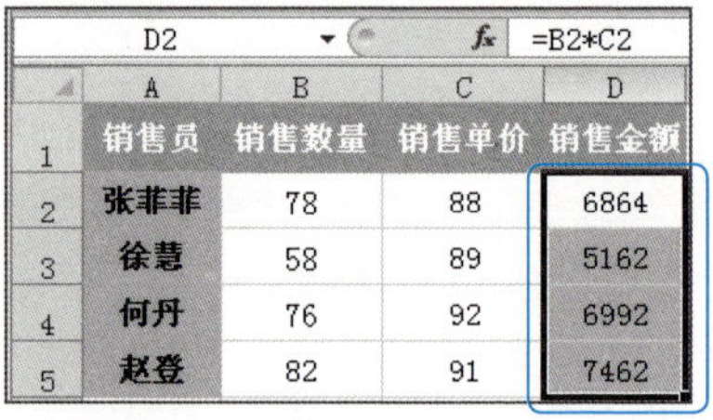

图23-82

23.2.14 “#NULL!”错误值的改正

通常出现“#NULL!”错误值是由于在公式中使用了不正确的区域运算符。

错误原因：在公式中使用了不正确的区域运算符所致。

解决方法：在公式中正确使用区域运算符。

1 在产品销售报表中，统计所有销售员的总销售金额时，使用的公式为“=SUM(B2:B8 C2:C8)”（中间没有使用正常的运算符“*”），按Ctrl+Shift+Enter组合键后返回“#NULL!”错误值，如图23-83所示。

2 选中C7单元格，将公式重新输入为“=SUM(B2:B5*C2:C5)”（添加“*”运算符），按Ctrl+Shift+Enter组合键，即可返回正确的计算结果，如图23-84所示。

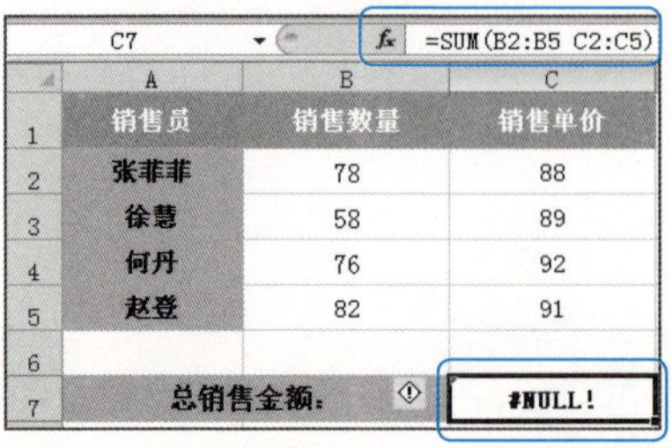

图23-83

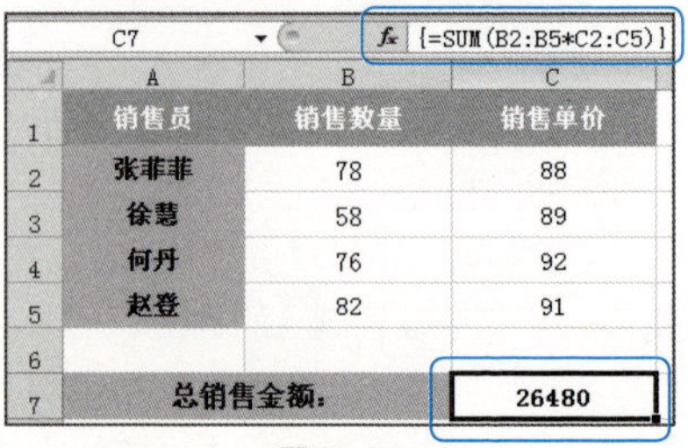

图23-84

第24章

数据透视表与图表在财务管理中的使用技巧

24.1 数据透视表编辑与设置技巧

掌握数据透视表的创建、编辑、筛选和属性设置技巧，可以帮助用户提高数据分析的能力。

24.1.1 在当前工作表中显示创建的数据透视表

数据透视表与数据透视图主要用于数据的分析，它可以从庞大的数据库中产生一个动态汇总表格，并且可以根据字段的调整快速得出不同的分析结果。数据表一般用于对数据库的分析，因此建立数据透视表之前要将分析的数据库准备好。

❶ 打开数据表，选中要作为透视表数据源的单元格区域，打开“插入”选项卡，在“表格”选项组中单击“数据透视表”按钮，如图24-1所示。

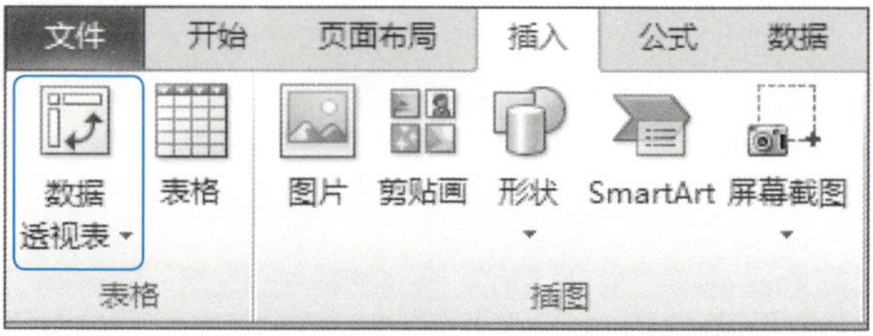

图24-1

❷ 打开“创建数据透视表”对话框，在“选择放置数据透视表的位置”栏中单击“现有工作表”单选按钮，在“选择一个表或区域”文本框中汇总显示了之前所选择的数据源，如图24-2所示。

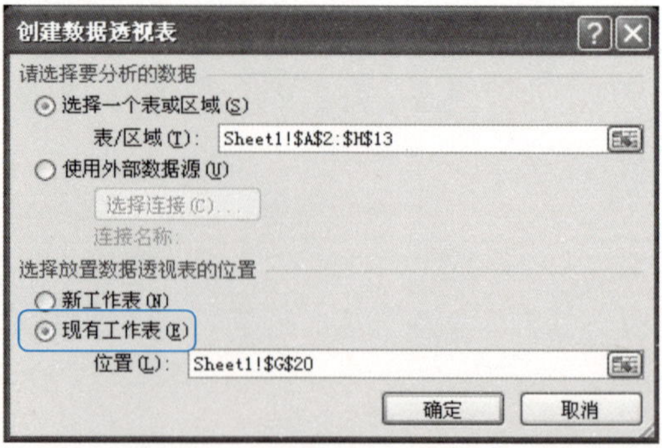

图24-2

❸ 单击“确定”按钮，在当前工作表的前面就新建了一张工作表，该工作表即为数据透视表，如图24-3所示。

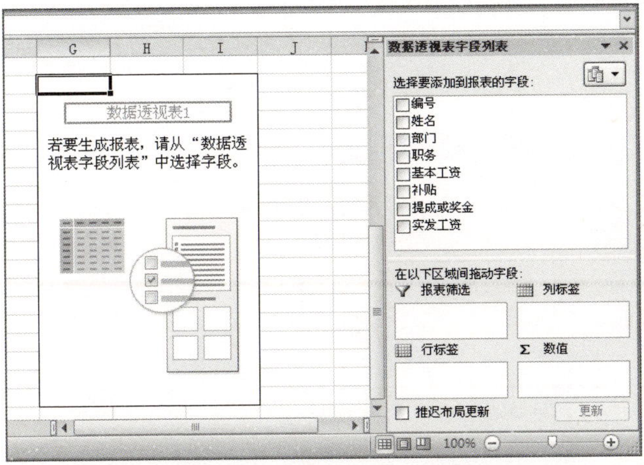

图24-3

24.1.2 使用外部数据源创建数据透视表

在当前工作表中创建数据透视表时，还可以使用除该工作表外的其他工作表中的数据作为数据源。下面使用外部数据源创建数据透视表。

❶ 在当前工作表的任意单元格中单击，打开“插入”选项卡，在“表格”选项组中单击“数据透视表”按钮，如图24-4所示。

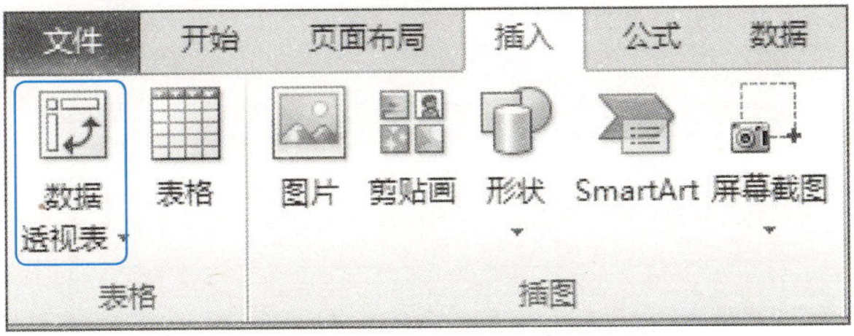

图24-4

❷ 打开“创建数据透视表”对话框，单击“使用外部数据源”单选按钮，再设置创建的数据透视表的保存位置，单击“选择连接”按钮，如图24-5所示。

❸ 即可打开“现有连接”对话框，若“选择连接”列表框中没有需要的工作表，则单击“浏览更多”按钮，如图24-6所示。

❹ 打开“选取数据源”对话框，在其中找到要建立数据透视表的数据源所在的工作薄，单击“打开”按钮，如图24-7所示。

❺ 即可弹出“选择表格”对话框，在列表框中选择数据源所在的工作表，如图24-8所示。

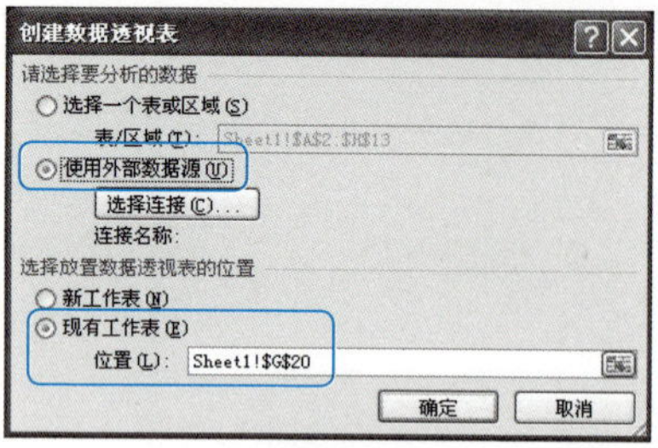

图24-5

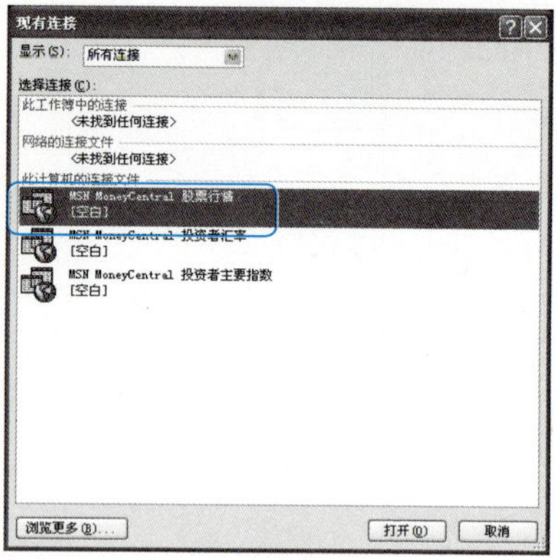

图24-6

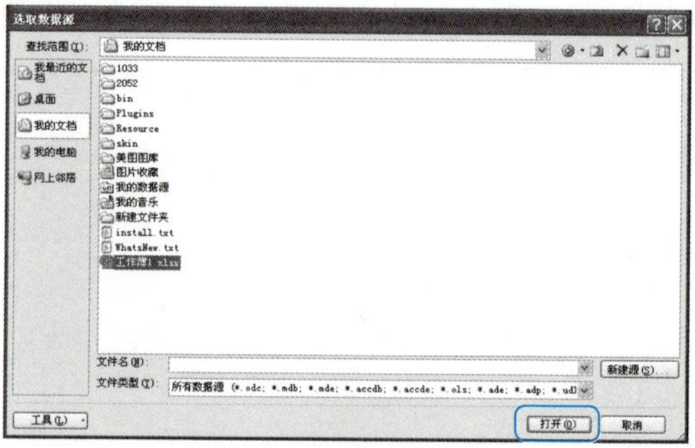

图24-7

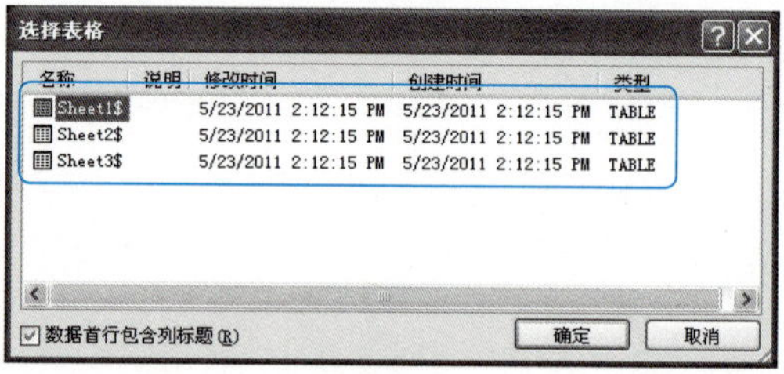

图24-8

6 依次单击“确定”按钮，关闭所有的对话框，即可在当前工作表中显示所有外部数据源创建的数据透视表。

专家提示

源数据可以来自 Excel 数据清单或区域、外部数据库或多维数据集，或者另一张数据透视表。

24.1.3 使数据透视表中显示数据为占总和百分比

要使数据透视表中显示某字段下的数据占总和的百分比，则需要更改数据透视表的值显示方式。下面介绍如何让数据透视表显示数据为占总和百分比。

❶ 选中数据透视表，打开“数据透视表工具”下的“选项”选项卡，在“活动字段”选项组中单击“字段设置”按钮，如图24-9所示。

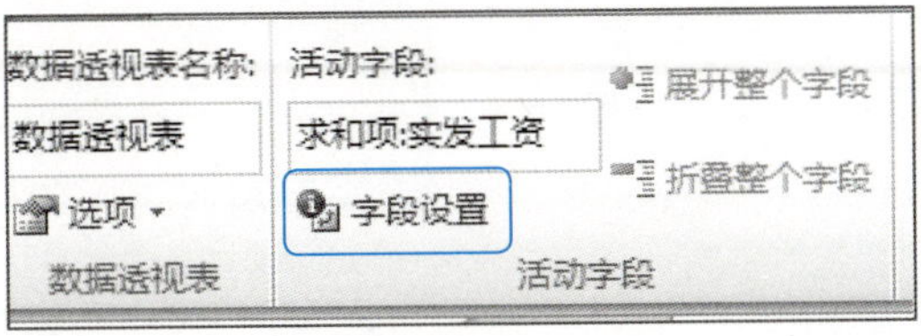

图24-9

❷ 打开“值字段设置”对话框，选择“值显示方式”选项卡，在列表框中选择“行汇总的百分比”，如图24-10所示。

❸ 设置完成后，即可看到数据透视表中该字段中的实发工资占总工资的百分比，如图24-11所示。

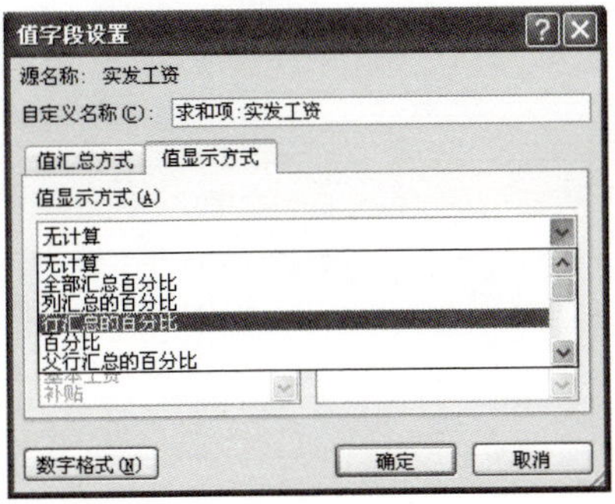

图24-10

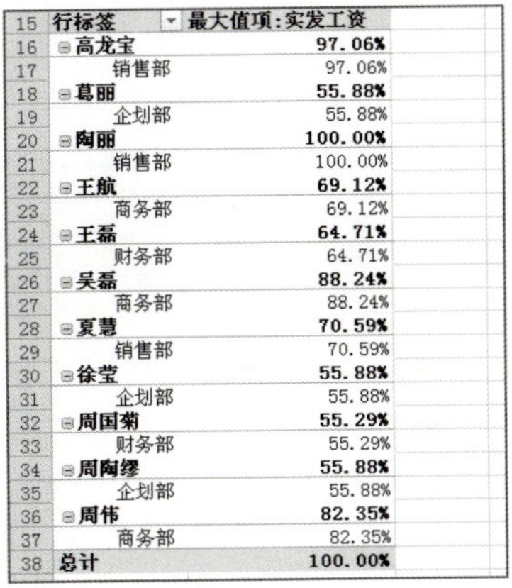

15	行标签	最大值项:实发工资
16	⊟高龙宝	97.06%
17	销售部	97.06%
18	⊟葛丽	55.88%
19	企划部	55.88%
20	⊟陶丽	100.00%
21	销售部	100.00%
22	⊟王航	69.12%
23	商务部	69.12%
24	⊟王磊	64.71%
25	财务部	64.71%
26	⊟吴磊	88.24%
27	商务部	88.24%
28	⊟夏慧	70.59%
29	销售部	70.59%
30	⊟徐莹	55.88%
31	企划部	55.88%
32	⊟周国菊	55.29%
33	财务部	55.29%
34	⊟周陶缪	55.88%
35	企划部	55.88%
36	⊟周伟	82.35%
37	商务部	82.35%
38	总计	100.00%

图24-11

24.1.4 设置数据透视表中的数字格式

数据透视表中的数字格式可以根据实际需要进行更改，下面将百分比的小数位数设置为1位。

❶ 选中数据区域的任意单元格，打开“数据透视表工具”下的“选项”选项卡，在“活动字段”选项组中单击“字段设置”按钮，如图24-12所示。

❷ 打开“值字段设置”对话框，单击“数字格式”按钮，如图24-13所示。

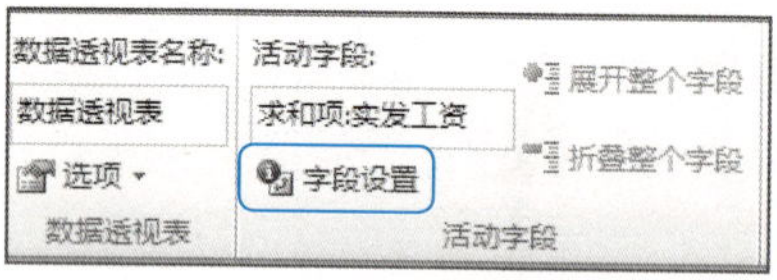

图24-12

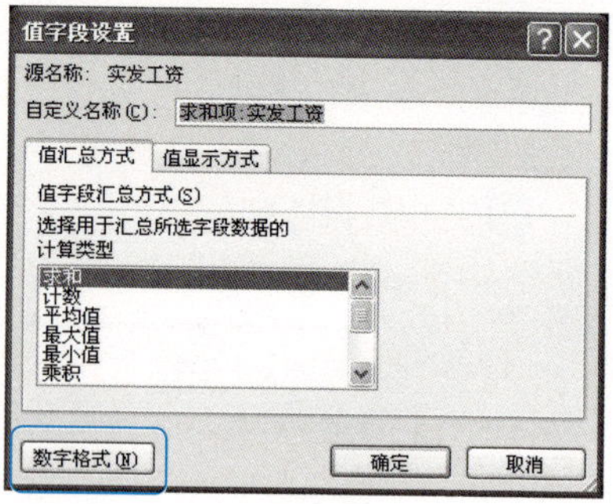

图24-13

❸ 打开“设置单元格格式”对话框，在“分类”列表中选择“百分比”，在右侧的“小数位数”文本框中输入“1”，如图24-14所示。

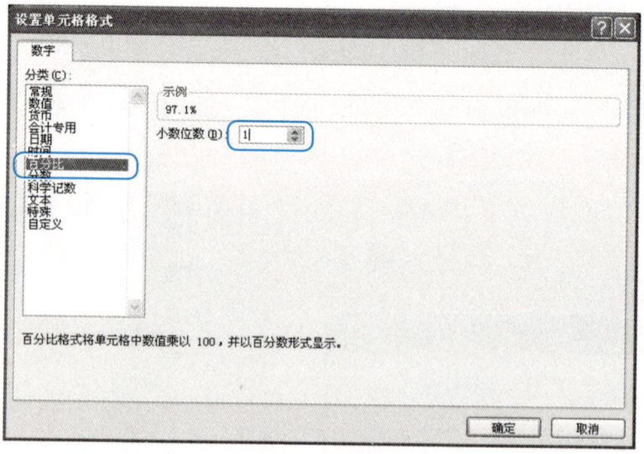

图24-14

❹ 依次单击“确定”按钮关闭对话框，即可看到所选单元格所在字段中所有百分比数值的小数位数都显示为1位，如图24-15所示。

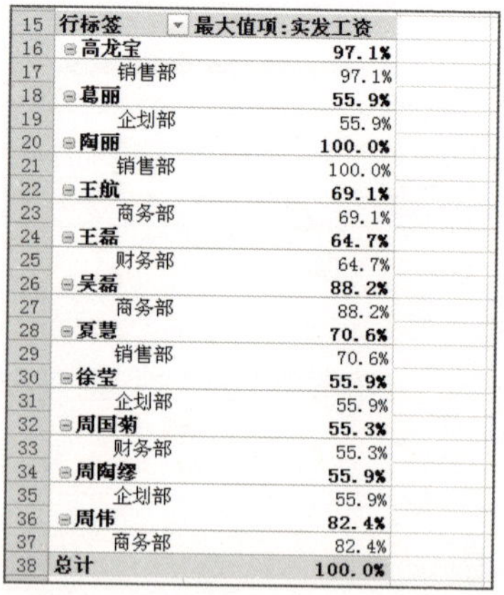

15	行标签	最大值项:实发工资
16	⊟高龙宝	97.1%
17	销售部	97.1%
18	⊟葛丽	55.9%
19	企划部	55.9%
20	⊟陶丽	100.0%
21	销售部	100.0%
22	⊟王航	69.1%
23	商务部	69.1%
24	⊟王磊	64.7%
25	财务部	64.7%
26	⊟吴磊	88.2%
27	商务部	88.2%
28	⊟夏慧	70.6%
29	销售部	70.6%
30	⊟徐莹	55.9%
31	企划部	55.9%
32	⊟周国菊	55.3%
33	财务部	55.3%
34	⊟周陶缪	55.9%
35	企划部	55.9%
36	⊟周伟	82.4%
37	商务部	82.4%
38	总计	100.0%

图24-15

24.1.5 重命名数据透视表的字段或项

建立数据透视表后，可以对数据表进行一系列的编辑操作。下面更改数据透视表中的字段和项的名称。

❶ 选中数据区域的任意单元格，打开“数据透视表工具”下的“选项”选项卡，在“活动字段”选项组中单击“字段设置”按钮，如图24-16所示。

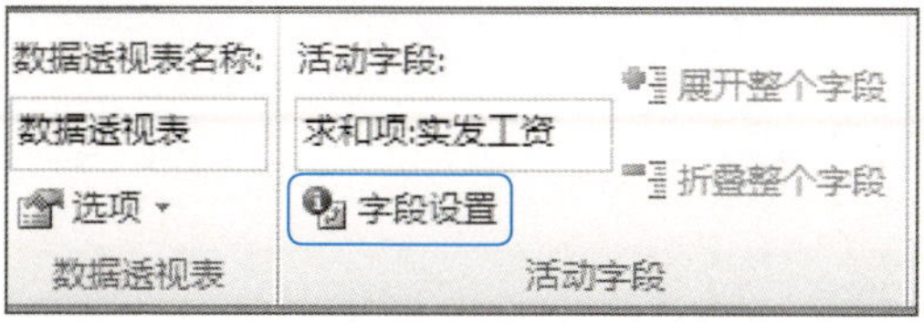

图24-16

❷ 打开“值字段设置”对话框，单击“数字格式”按钮，如图24-17所示。

❸ 在“自定义名称”文本框中重新输入字段或项的新名称，单击“确定”按钮即可，如图24-18所示。

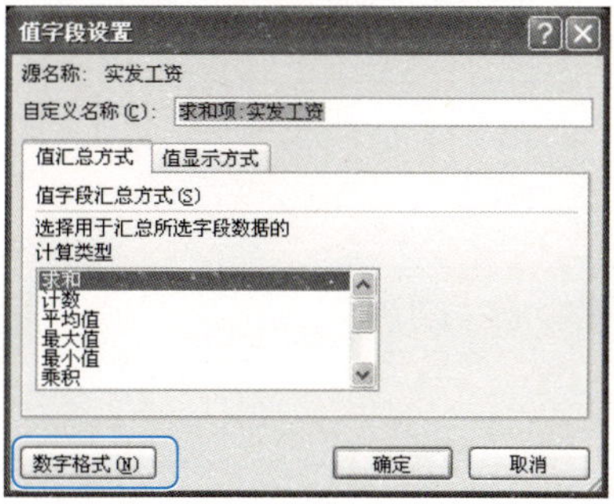

图24-17

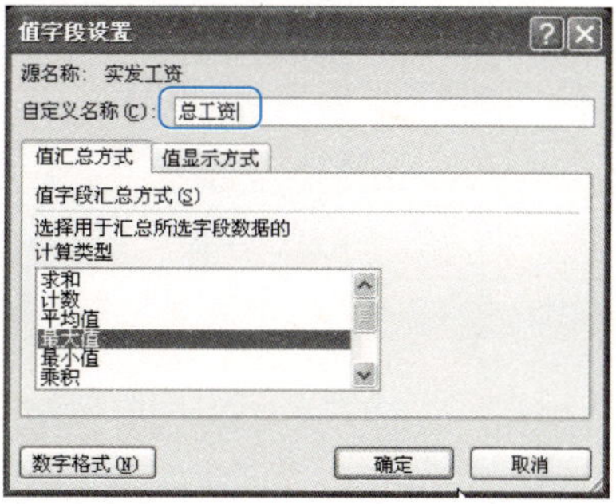

图24-18

专家提示

重新输入的字段或项的名称不能与数据透视表中现有的其他字段重复，否则会弹出提示对话框，提示用户“已有相同数据透视表字段存在”。

24.1.6 取消字段的标题

数据透视表中会显示“行标签”、“列标签”和“值”等字段的标题。若不希望在数据透视表中显示这些标题，可以取消字段的标题。

❶ 选中数据区域的任意单元格，如选中字段的标题。

❷ 打开“数据透视表工具”下的“选项”选项卡，在“显示”选项组中单

击“字段标题”按钮，如图24-19所示。

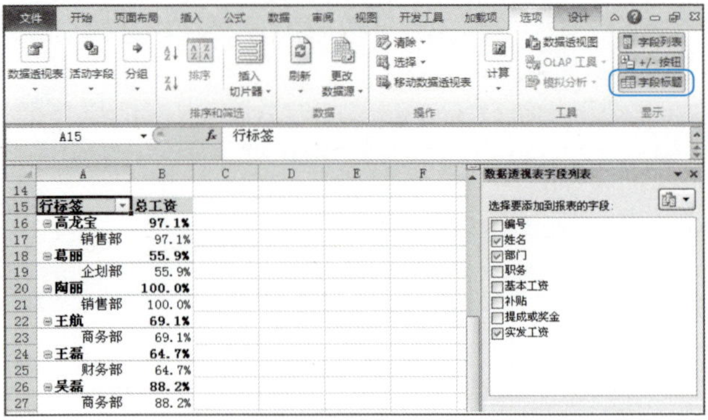

图24-19

3 即可在数据透视表中取消显示字段标题，如图24-20所示。

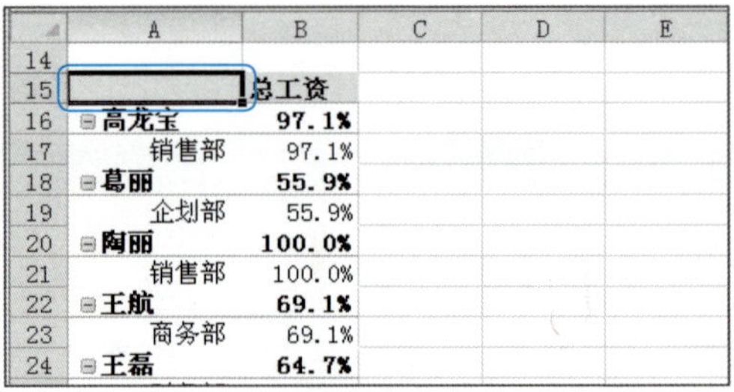

图24-20

24.1.7 显示字段的明细数据

通过设置可以在数据透视表中显示字段的明细数据。

1 选中数据区域的任意单元格，打开“数据透视表工具”下的“选项”选项卡，在“活动字段”选项组中单击“展开整个字段”按钮，如图24-21所示。

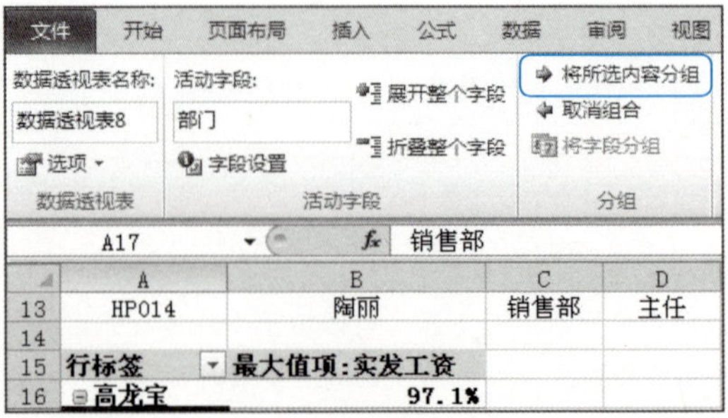

图24-21

2 打开“显示明细数据”对话框，在列表框中选中要显示的明显数据所在的字段，如“实发工资”，如图24-22所示。

3 单击“确定”按钮，在数据透视表中即可显示“行标签”下所有商品的各单价的详细信息，如图24-23所示。

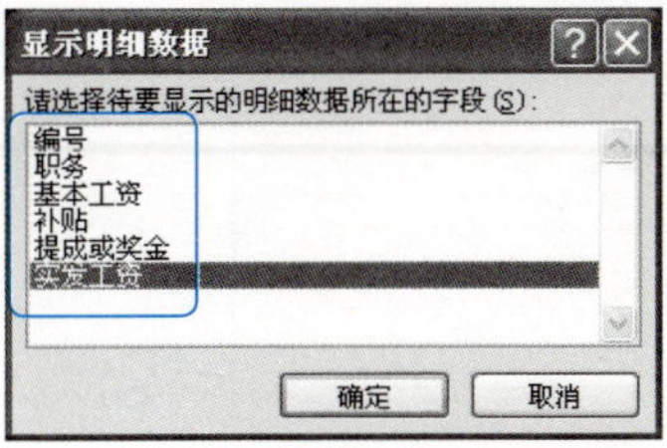

图24-22

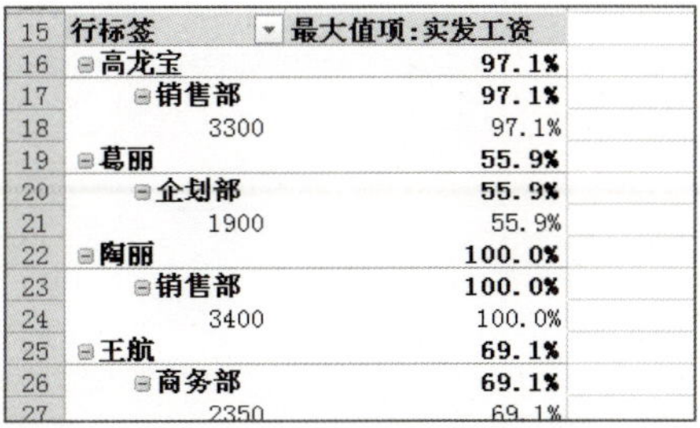

15	行标签	最大值项:实发工资
16	⊟高龙宝	97.1%
17	⊟销售部	97.1%
18	3300	97.1%
19	⊟葛丽	55.9%
20	⊟企划部	55.9%
21	1900	55.9%
22	⊟陶丽	100.0%
23	⊟销售部	100.0%
24	3400	100.0%
25	⊟王航	69.1%
26	⊟商务部	69.1%
27	2350	69.1%

图24-23

24.1.8　自定义数据透视表样式

若用户不喜欢“数据透视表样式”中提供的样式，还可以根据需要自定义数据透视表样式。

1 选中数据透视表，打开“设计”选项卡，在“数据透视表样式”选项组中的下拉列表中选择“新建数据透视表样式”选项，如图24-24所示。

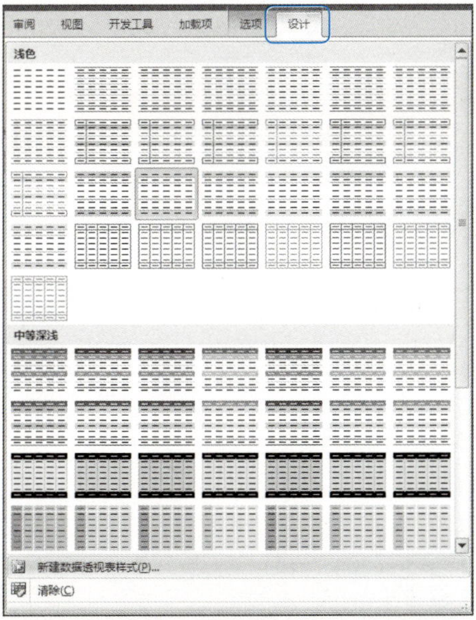

图24-24

2 打开“新建数据透视表快速样式”对话框，在“表元素”列表框中选择某一元素，如“第一行条纹”，单击“格式”按钮，如图24-25所示。

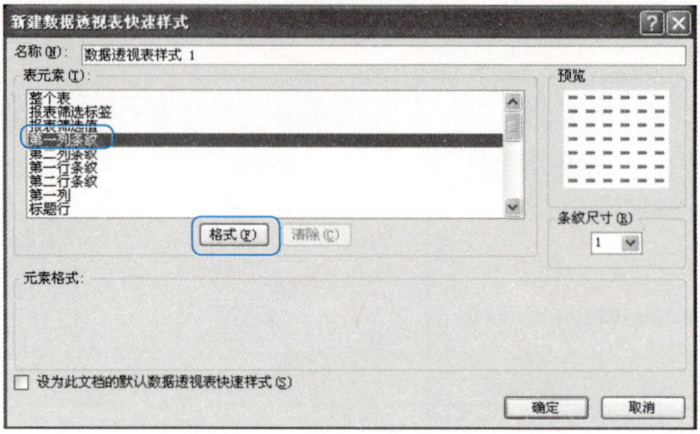

图24-25

3 打开“设置单元格格式”对话框，选择“边框”选项卡，在“样式”列表框中选择一种样式，在“颜色”下拉列表中设置边框的颜色，在右侧的“预置”栏中单击“外边框”选项，如图24-26所示。

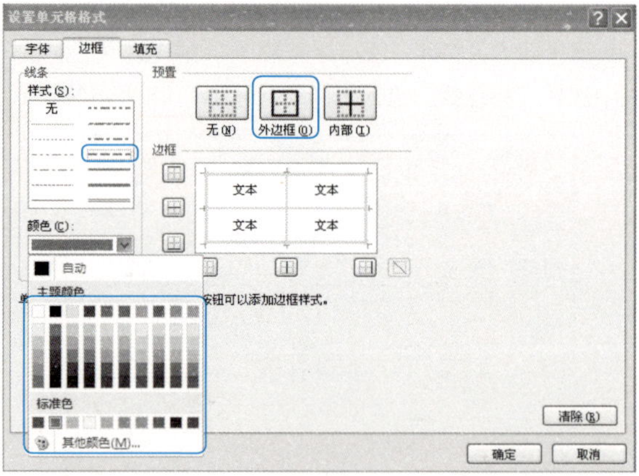

图24-26

4 依次单击“确定”按钮关闭对话框，在“数据透视表样式”选项组的下拉列表的“自定义”栏中，即可显示用户自定义的数据透视表样式，如图24-27所示。

专家提示

设置完成后，单击该样式，即可在数据透视表中套用。用户可以根据需要，自定义多种数据透视表样式。

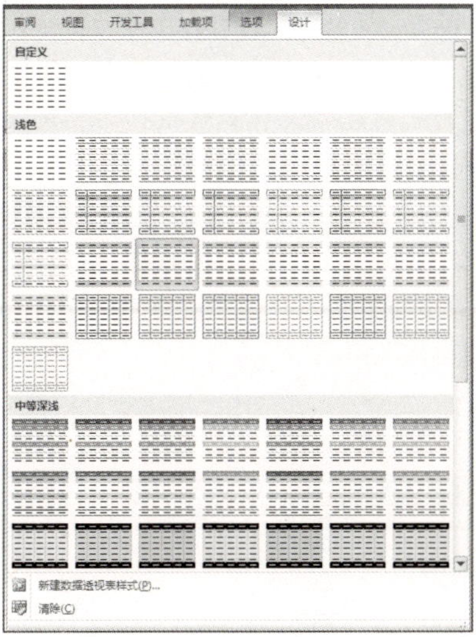

图24-27

24.1.9　按行标签字段进行排序

数据透视表的筛选功能非常强大，不仅可以添加筛选条件从数据源表格中筛选数据，还可以在创建好的数据透视表中对数据进行筛选，查看想要查看的数据。在默认情况下，创建的数据透视表的行标签字段是按升序顺序排列的，更改行标签字段的排列顺序的方法如下。

❶ 选中行标签字段下的任意单元格，在右键快捷菜单中选择“排序”→“降序”命令，如图24-28所示。

❷ 数据透视表的行标签字段即按降序顺序排列，如图24-29所示。

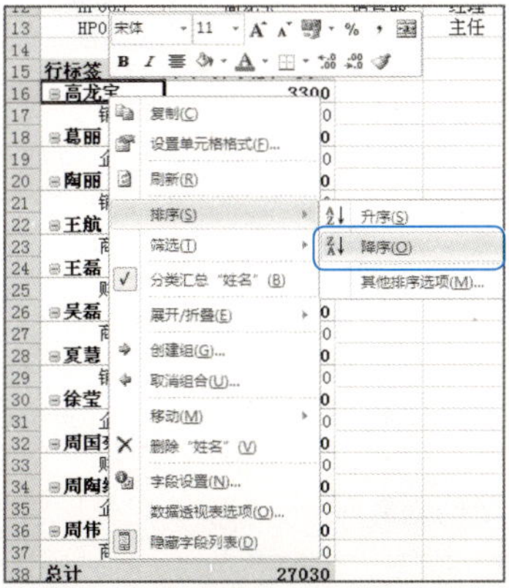

图24-28

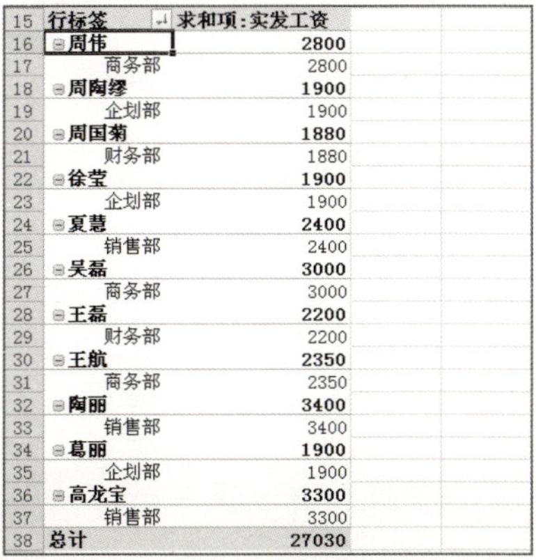

图24-29

24.1.10 双标签时数据字段的排序

当数据透视表中的行标签或列标签为双字段时，若对其进行排序，要先按第一个字段进行排序，再按同一分类中的第二个字段进行排列。下面介绍双标签时数据字段的排序方法。

❶ 行标签包括“部门”和“姓名”两个字段，如果要对各个部门的实发工资进行排序，选中“求和项：实发工资”列中每个部门对应的汇总金额所在任意一个单元格，在右键快捷菜单中选择“排序”→“降序”命令，如图24-30所示。

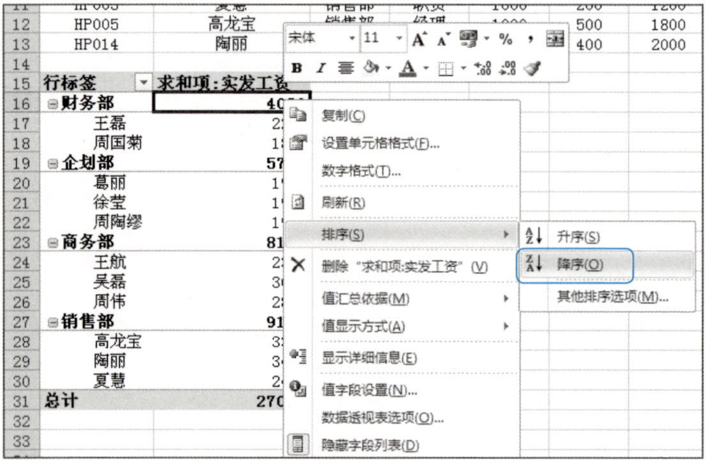

图24-30

❷ 即可对“部门”字段对应的实发工资进行排序，如图24-31所示。

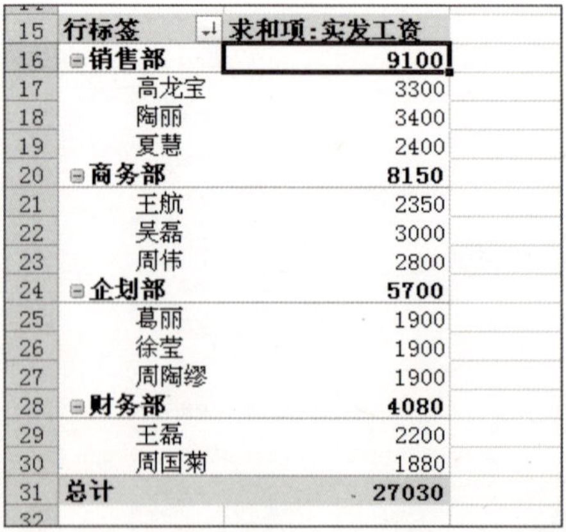

图24-31

24.1.11　筛选出销售毛利前3名的销售记录

要实现按条件进行筛选，需要根据当前数据透视表的字段排列情况来设置。下面筛选出销售毛利前3名的销售记录。

❶ 根据条件建立数据透视表后，选中行标签下的任意单元格，单击鼠标右键，选择“筛选”→“前10个”命令，如图24-32所示。

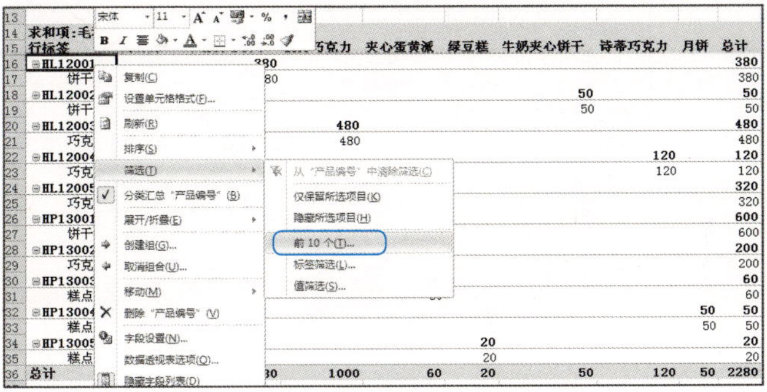

图24-32

❷ 打开“前10个筛选”对话框，重新设置想显示的最大项，如图24-33所示。

图24-33

❸ 设置完成后，即可筛选出指定条件的记录，如图24-34所示。

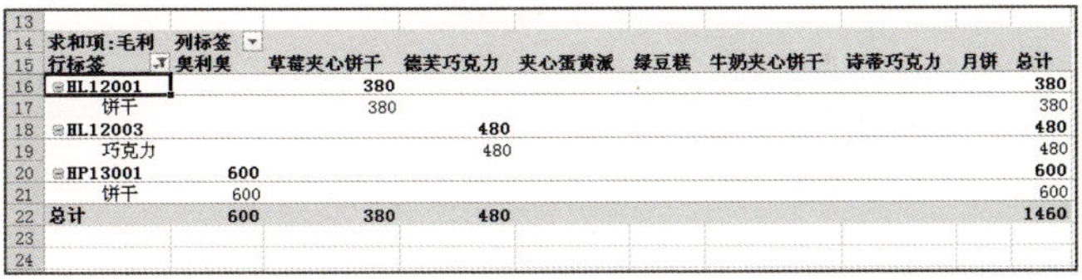

图24-34

24.1.12　筛选出销售金额大于某个特定值的记录

要实现按条件进行筛选，需要根据当前数据透视表的字段排列情况来设置。下面在数据透视表中筛选出销售金额大于某个特定值的销售记录。

❶ 单击“行标签”或“列标签”右侧的下拉按钮，打开下拉列表，选择“值筛选”→“大于”选项，如图24-35所示。

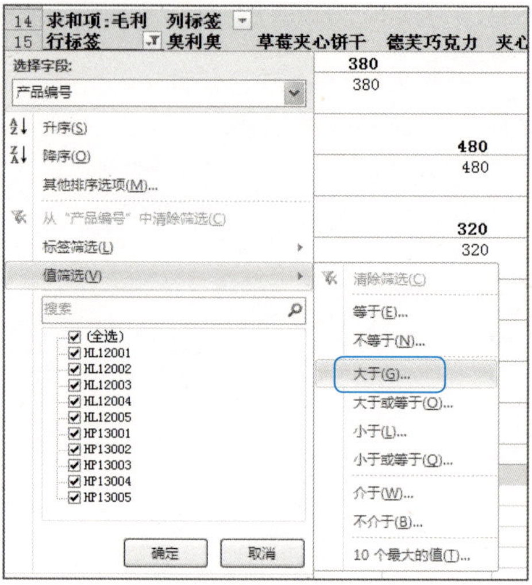

图24–35

2 打开"值筛选"对话框，设置大于的值，如200，如图24-36所示。

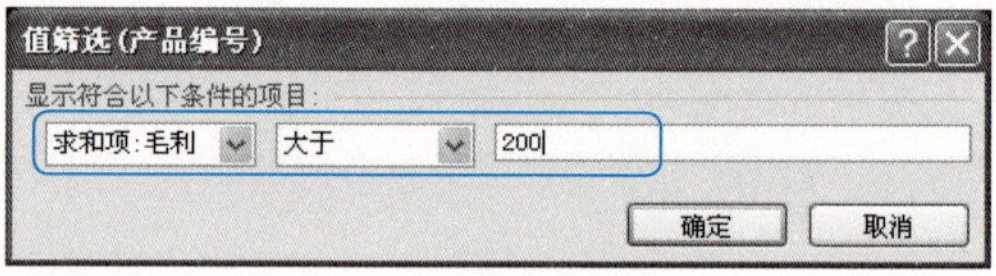

图24–36

3 设置完成后，即可筛选出指定条件的记录，如图24-37所示。

14	求和项:毛利	列标签								
15	行标签	奥利奥	草莓夹心饼干	德芙巧克力	夹心蛋黄派	绿豆糕	牛奶夹心饼干	诗蒂巧克力	月饼	总计
16	⊟HL12001		380							380
17	饼干		380							380
18	⊟HL12003			480						480
19	巧克力			480						480
20	⊟HL12005			320						320
21	巧克力			320						320
22	⊟HP13001	600								600
23	饼干	600								600
24	总计	600	380	800						1780
25										
26										

图24–37

24.1.13 自动扩展数据源

在Excel中创建数据透视表时，有时需要不断地向数据源中添加数据。当数据源中添加了数据后，可以使用以下方法让数据透视表自动扩展数据源，而无需重新建立数据透视表。

1 单击"插入"标签，在"表格"选项组中单击"表格"按钮，如图24-38所示。

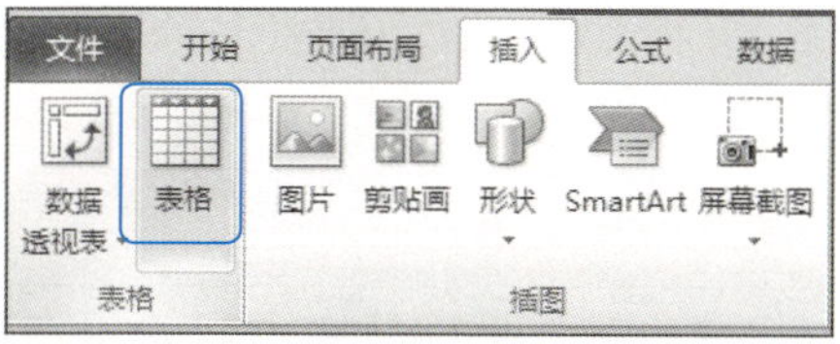

图24-38

❷ 打开“创建表”对话框，在“表数据的来源”文本框中输入引用位置“=$A$1:$F$12”，如图24-39所示。

❸ 单击“确定”按钮，即可创建一个Excel表，默认表名为“表1”，如图24-40所示。

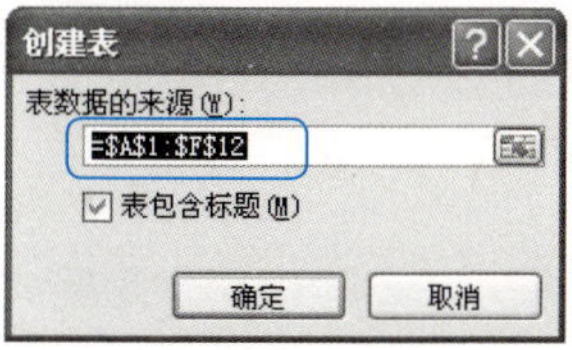

图24-39

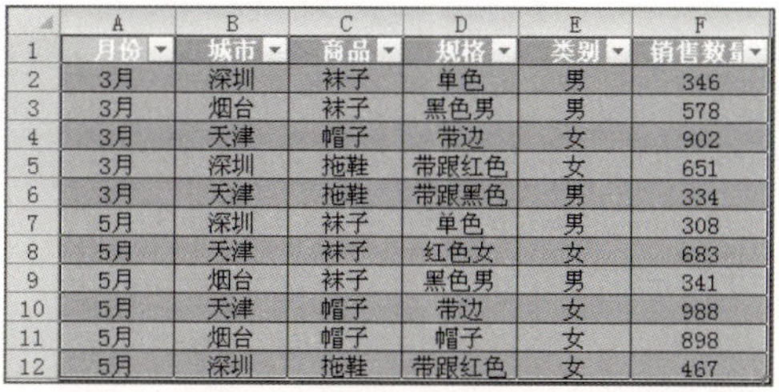

	A	B	C	D	E	F
1	月份	城市	商品	规格	类别	销售数量
2	3月	深圳	袜子	单色	男	346
3	3月	烟台	袜子	黑色男	男	578
4	3月	天津	帽子	带边	女	902
5	3月	深圳	拖鞋	带跟红色	女	651
6	3月	天津	拖鞋	带跟黑色	男	334
7	5月	深圳	袜子	单色	男	308
8	5月	天津	袜子	红色女	女	683
9	5月	烟台	袜子	黑色男	男	341
10	5月	天津	帽子	带边	女	988
11	5月	烟台	帽子	帽子	女	898
12	5月	深圳	拖鞋	带跟红色	女	467

图24-40

❹ 选择表中的任意单元格，单击“插入”标签，在“表格”选项组中单击“数据透视表”按钮，打开“创建数据透视表”对话框，如图24-41所示。

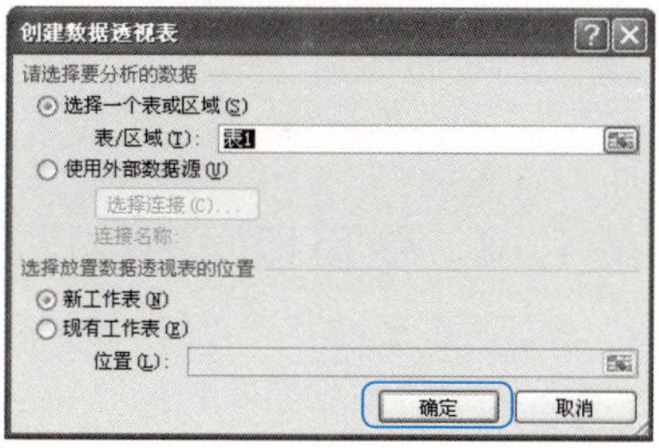

图24-41

❺ 单击“确定”按钮，Excel将创建并激活一个新的工作表，并显示“数据透视表列表字段”窗格。在“选择要添加到报表的字段”区域中选中“商品”和“销售数量”复选框，如图24-42所示。

❻ 选择之后就形成了一个数据透视表，反映了各类商品的销售总量，如图24-43所示。

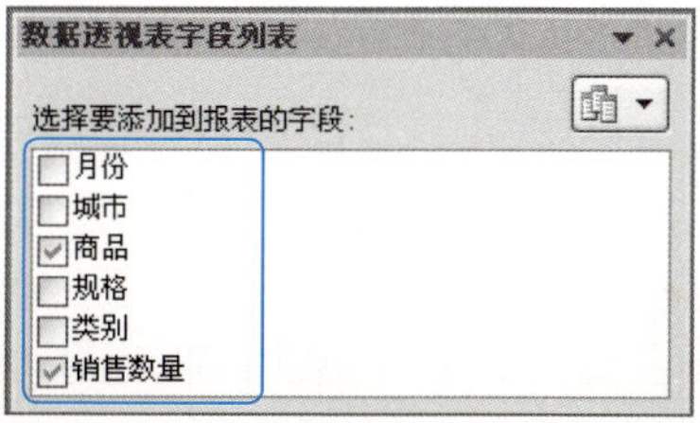

图24-42

3	行标签	求和项:销售数量
4	帽子	2788
5	拖鞋	1452
6	袜子	2256
7	总计	6496

图24-43

7 继续在数据源下面的单元格中添加4月的数据，列表区域自动扩展到A1:F19，如图24-44所示。

	月份	城市	商品	规格	类别	销售数量
7	5月	深圳	袜子	单色	男	308
8	5月	天津	袜子	红色女	女	683
9	5月	烟台	袜子	黑色男	男	341
10	5月	天津	帽子	带边	女	988
11	5月	烟台	帽子	帽子	女	898
12	5月	深圳	拖鞋	带跟红色	女	467
13	4月	天津	帽子	带边	女	878
14	4月	深圳	拖鞋	带跟红色	女	667
15	4月	天津	拖鞋	带跟黑色	男	458
16	4月	深圳	袜子	单色	男	324
17	4月	天津	袜子	红色女	女	561
18	4月	烟台	袜子	黑色男	男	329

图24-44

8 在数据透视表中右键单击任一单元格，在弹出的快捷菜单中选择“刷新”命令，如图24-45所示。

9 接着数据透视表中的数据将用新的数据源进行更新，如图24-46所示。

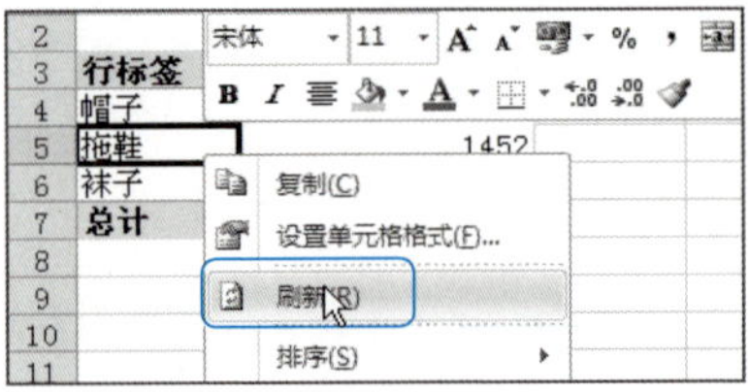

图24-45

	行标签	求和项:销售数量
3	行标签	求和项:销售数量
4	帽子	3666
5	拖鞋	2577
6	袜子	3470
7	**总计**	**9713**

图24-46

24.1.14 使用相同的数据源创建多个数据透视表

有时在Excel中需要用同一数据源创建多个数据透视表。在已创建某个数据透视表的情况下，如果要用相同的数据源创建新的数据透视表，用常规的方法来创建会增大数据透视表缓存，从而使内存用量和文件体积增大。这时可以用共享数据透视表缓存的方法，使多个数据透视表共享同一数据透视表缓存。

1 选择需要放置新的数据透视表的工作表和单元格。

2 按Alt+D组合键，接着再按P键，启动“数据透视表和数据透视图向导——步骤1（共3步）”对话框，单击“下一步”按钮，如图24-47所示。

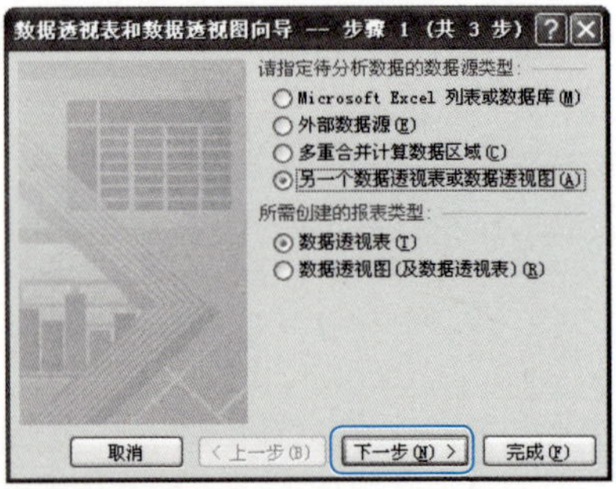

图24-47

3 在“数据透视表和数据透视图向导——步骤之2（共3步）”

对话框中，选择需要共享缓存的数据透视表，单击“完成”按钮即可，如图24-48所示。

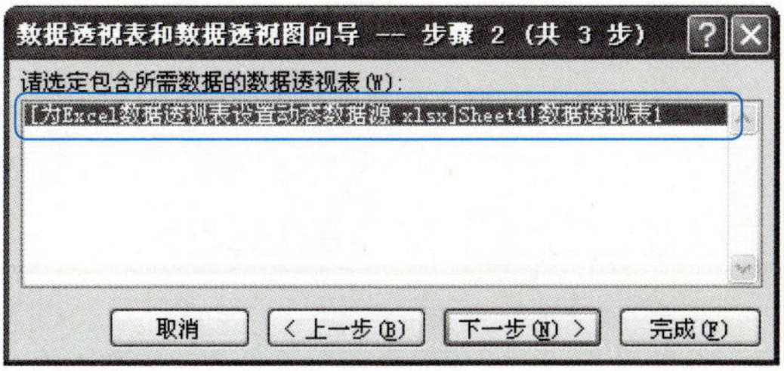

图24-48

专家提示

共享数据透视表缓存也存在一些弊端。例如刷新某个数据透视表后，共享缓存的数据透视表都会被自动刷新。另外，在某一个数据透视表中增加计算字段、增加计算项、组合字段或取消字段组合时，都会影响到其他共享缓存的数据透视表。

24.1.15　禁止他人通过双击单元格查看明细数据

通过查看明细数据可以获取多方面的信息，如果不想让其他人随意查看单元格的明细数据，可通过下面的设置禁止。

❶ 选中数据透视表，打开“选项”选项卡，在“数据透视表”选项组中单击“选项”按钮，如图24-49所示。

❷ 打开“数据透视表选项”对话框选择“数据”选项卡，取消选中“启用显示明细数据”复选框，如图24-50所示。

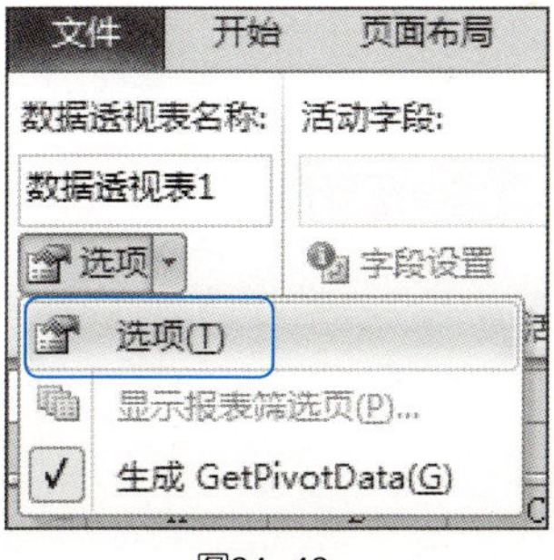

图24-49

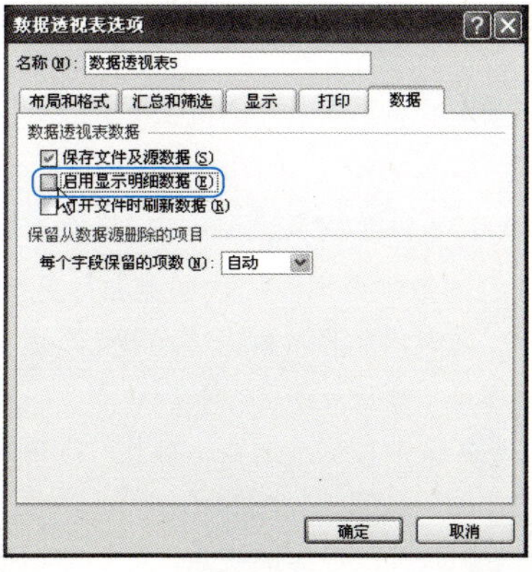

图24-50

第21章
第22章
第23章
第24章
第25章

❸ 单击“确定”按钮，当再次单击数据区域的单元格试图显示明细数据时，则会弹出提示对话框，如图24-51所示。

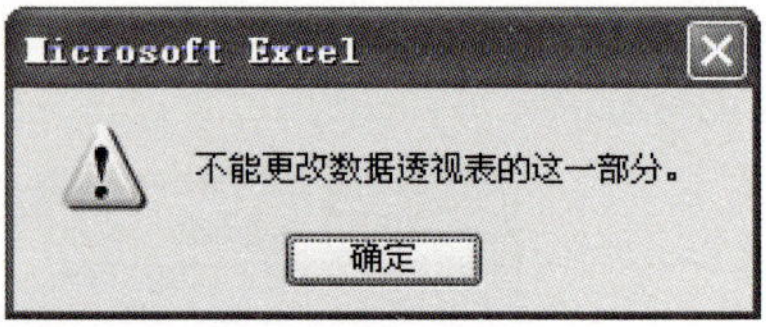

图24-51

24.1.16 显示或隐藏整个报表的总计项

在默认情况下，数据透视表行列都会包含“总计”栏，用于统计数据区域中的数据。如果不想显示总计栏，可以通过下面的方法将其隐藏。

❶ 选中数据透视表，打开“选项”选项卡，在“数据透视表”选项组中单击“选项”按钮，如图24-52所示。

❷ 打开“数据透视表选项”对话框，选中“汇总和筛选”选项卡，在“总计”栏中可以设置显示或隐藏行总计或列总计，如图24-53所示。

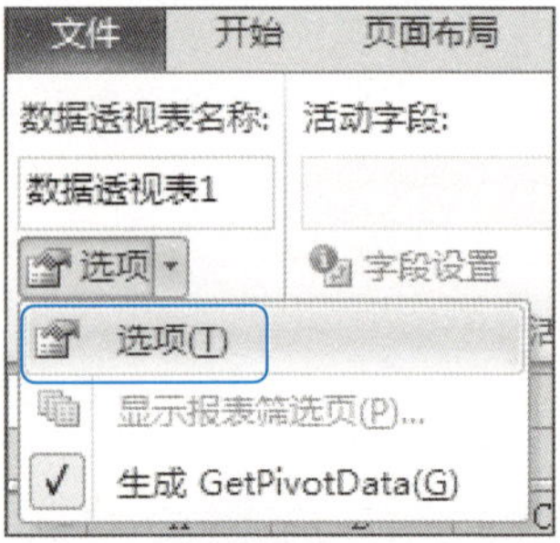

图24-52

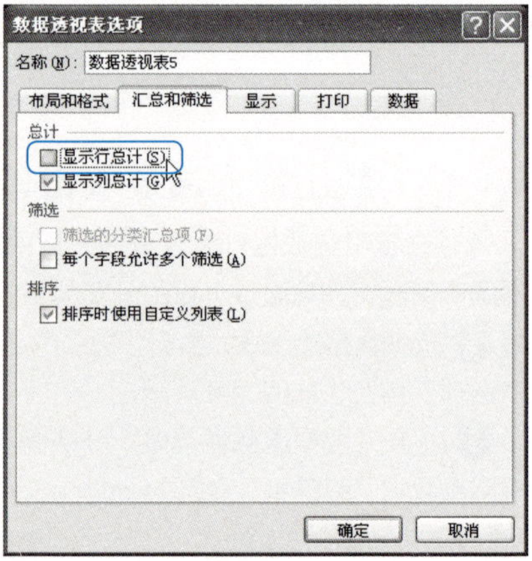

图24-53

❸ 单击“确定”按钮即可完成设置。

24.1.17 解决更新数据源后数据透视表不能相应更新的问题

当对数据透视表的数据源进行更新后，其结果并不能直接应用于数据透视表中，此时需要通过数据透视表选项进行设置，以实现下次更改数据源后，数据透视表也做相应更改。

❶ 选中数据透视表，打开“选项”选项卡，在“数据透视表”选项组中单击“选项”按钮，如图24-54所示。

❷ 打开“数据透视表选项”对话框，选中“数据”选项卡，再选中“打开

文件时刷新数据”复选框，如图24-55所示。

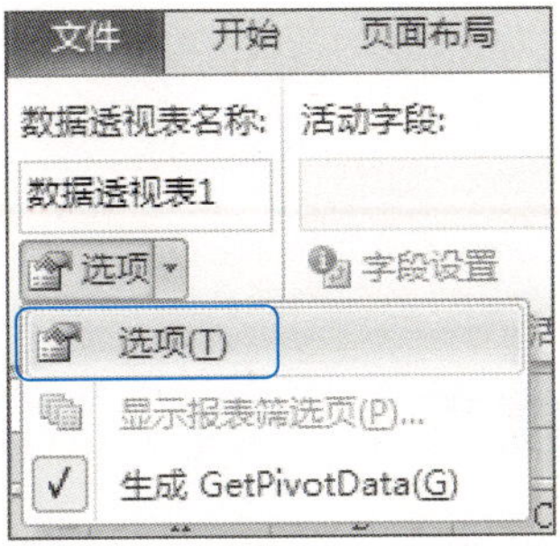

图24-54

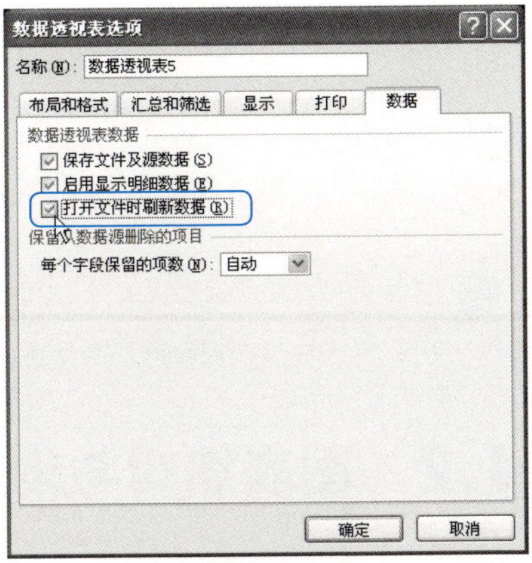

图24-55

❸ 单击“确定”按钮即可完成设置。

24.1.18　解决刷新数据透视表后所有格式都消失的问题

为数据透视表设置了数字格式、文字格式，刷新数据透视表后所有格式都消失了，出现这种情况是因为在更新数据时没有保留单元格的格式，可以按如下设置来解决。

❶ 选中数据透视表，打开“选项”选项卡，在“数据透视表”选项组中单击“选项”按钮，如图24-56所示。

❷ 打开“数据透视表选项”对话框，选中“布局和格式”选项卡，再选中“更新时保留单元格格式”复选框，设置后更新数据源，如图24-57所示。

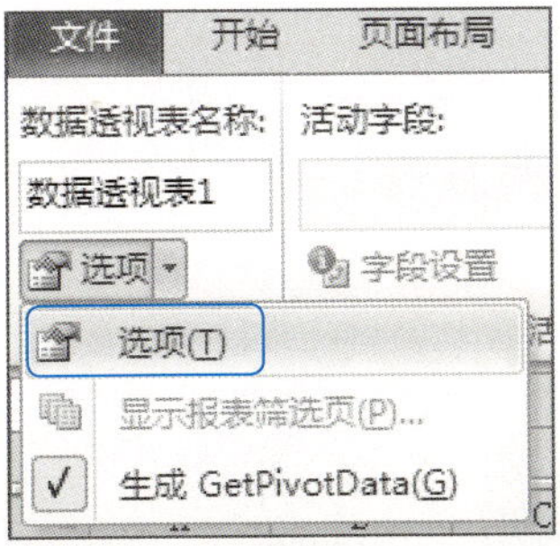

图24-56

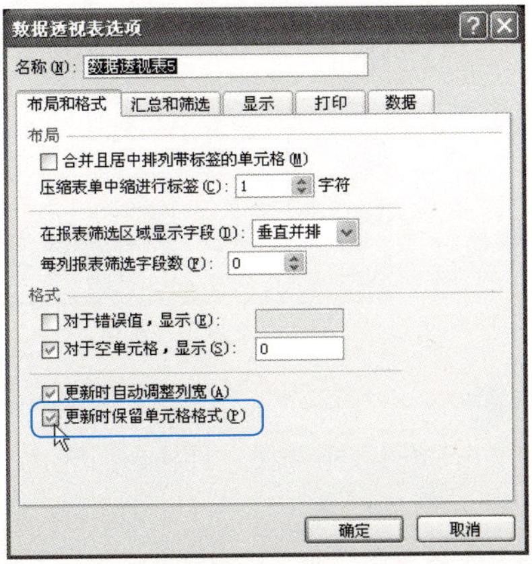

图24-57

24.1.19 控制数据透视表中错误值的显示

当数据透视表中出现错误值时，其默认会显示相应的错误标识。另外，通过如下方式还可以控制错误值的显示。

❶ 选中数据透视表，打开“选项”选项卡，在“数据透视表”选项组中单击“选项”按钮，在下拉列表中选择“选项”命令，打开“数据透视表选项”对话框。

❷ 选中“布局和格式”选项卡，再选中“对于错误值，显示”复选框，在编辑框中输入希望显示的值，如果希望显示为空，则不输入任何字符。

24.2 图表编辑与设置技巧

Excel 2010提供了多种类型的图表，不同类型的图表可能具有不同的构成元素。在创建图表时，要根据数据特点选择合适图表类型，清楚地将数据表达出来。

24.2.1 选择不连续数据源建立图表

使用连续的单元格区域，可以轻松创建图表。若需要用来建立图表的数据源是不连续的，就不这么简单了，此时可以利用如下方法来完成图表的创建。

❶ 选中B2:F3单元格区域，接着按住Ctrl键不放，依次选中B5:F5单元格区域和B7:F7单元格区域，如图24-58所示。

	A	B	C	D	E	F
1		职员销售业绩表				
2		姓名	第一季度	第二季度	第三季度	第四季度
3		王群	5862	6892	4562	3652
4		赵靖	3286	4560	5942	4562
5		林传胜	4025	3862	3756	6751
6		杨昌隆	6852	4590	2791	3245
7		李全	3452	5500	6425	5028
8		万辉	4562	2361	5792	2367

图24–58

❷ 单击“插入”标签，在“图表”选项组中单击“柱形图”下拉按钮，在弹出的下拉列表中选择一种柱形图样式，如“三维簇状柱形图”，如图24-59所示。

❸ 接着在当前工作表中就会出现创建的图表，如图24-60所示。

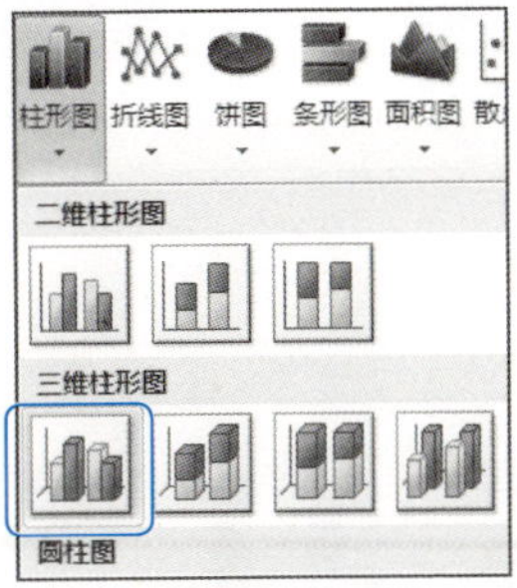

图24-59

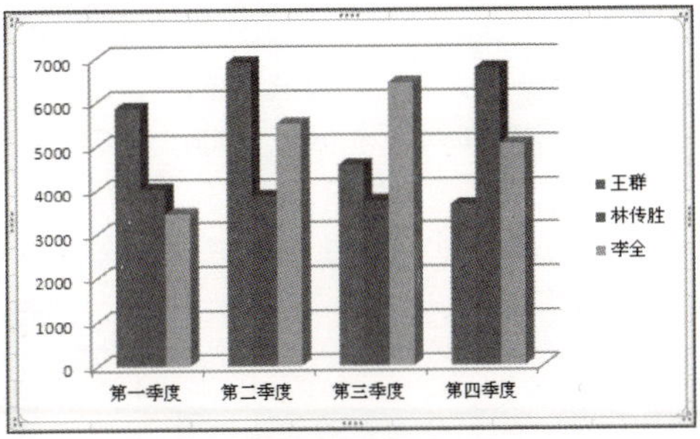

图24-60

24.2.2　更改建立图表的数据源

如果之前建立图表的数据源不能满足要求，用户可以根据实际需要进行更改。

❶ 鼠标右键单击图表中任意位置，在弹出的快捷菜单中选择“选择数据”命令，如图24-61所示。

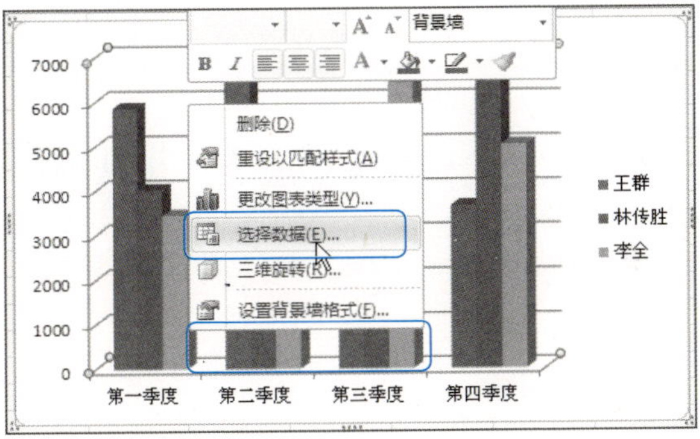

图24-61

❷ 在打开的“选择数据源”对话框的“图例项（系列）”列表中选中需要更改的数据源，接着单击“编辑”按钮，如图24-62所示。

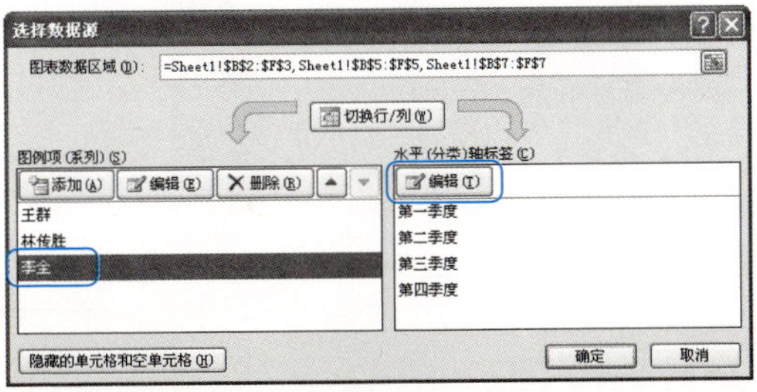

图24-62

3 在打开的"编辑数据系列"对话框中，将光标定位到"系列名称"文本框中，接着在表格中选中B8单元格；将光标定位到"系列值"文本框中，接着在表格中选中C8:F8单元格区域，如图24-63所示。

4 单击"确定"按钮，返回到"选择数据源"对话框，再次单击"确定"按钮，即可在图表中看到更改后的结果，如图24-64所示。

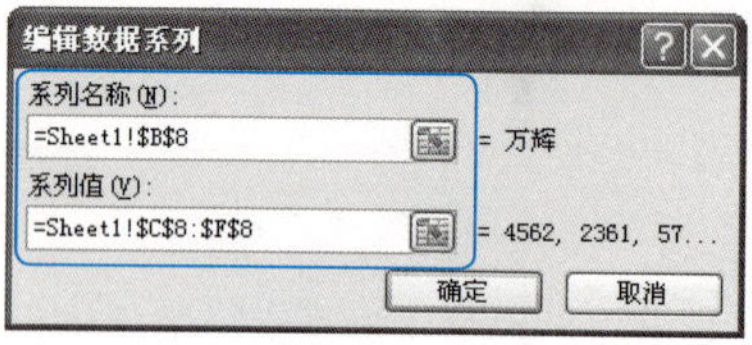

图24-63

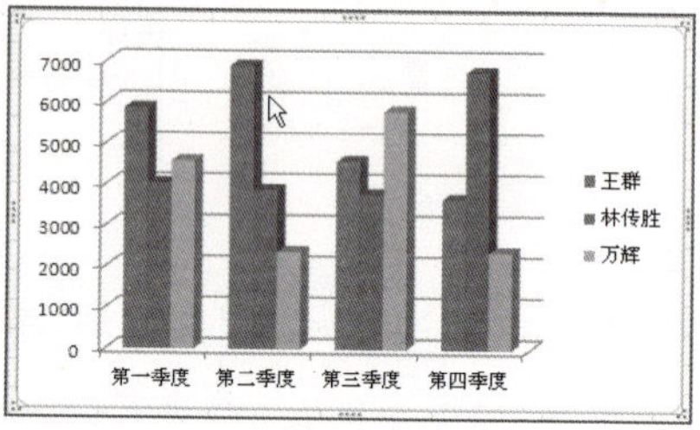

图24-64

动手练一练

如果要将不需要的数据源删除，在"选择数据源"对话框的"图例项"列表中将其选中，接着单击"删除"按钮即可。

24.2.3 图表数据源不连续时向图表中增加数据源

如果图表数据源是连续的，向图表中添加数据源是比较方便的。但如果图表数据源是不连续的，向图表中增加数据就不这么容易了。可以通过如下方法来实现。

1 鼠标右键单击图表中任意位置，在弹出的快捷菜单中选择"选择数据"命令，如图24-65所示。

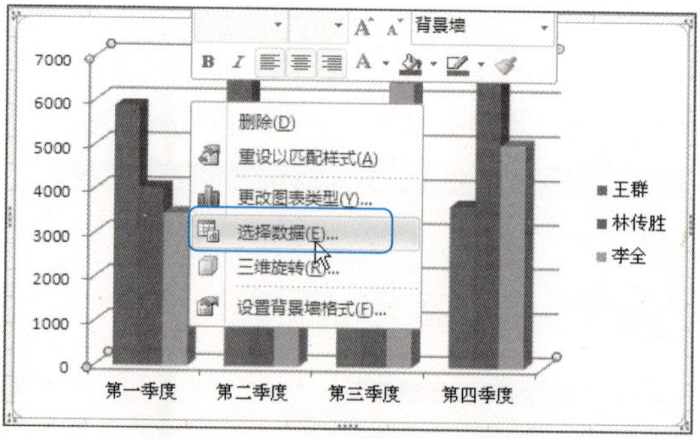

图24-65

2 在打开的"选择数据源"对话框的"图例项（系列）"列表中单击

“添加”按钮，如图24-66所示。

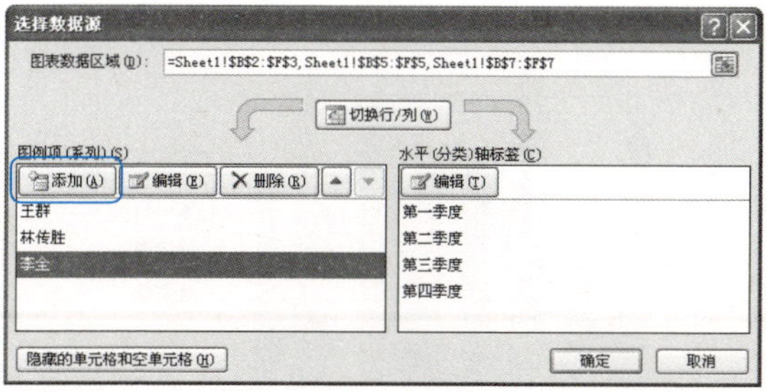

图24-66

❸ 打开“编辑数据系列”对话框，将光标定位在“系列名称”文本框中，在表格中选中B4单元格，接着将光标定位在“系列值”文本框中，在表格中选中C4:F4单元格区域，如图24-67所示。

❹ 单击“确定”按钮，即可将B4:F4单元格区域中的数据添加到图表中，如图24-68所示。

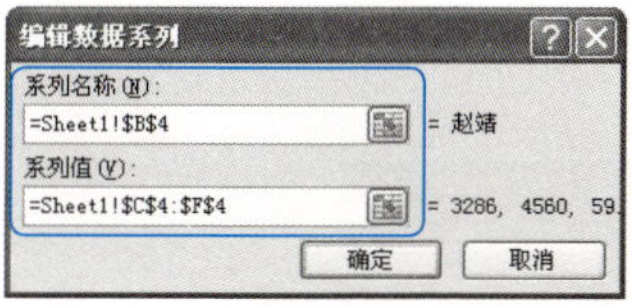

图24-67

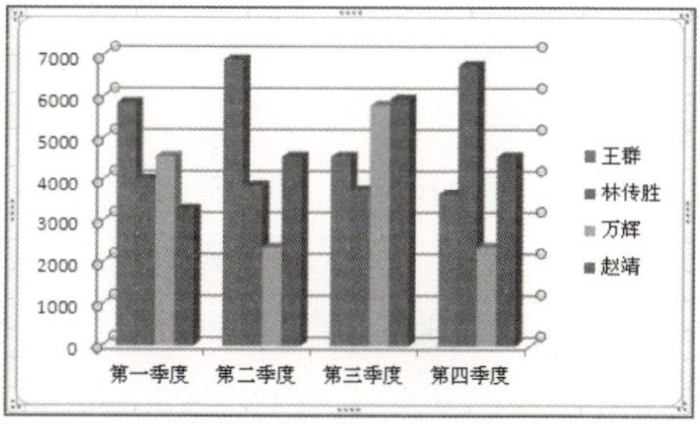

图24-68

24.2.4　按实际需要更改系列的名称

在新建立的图表中，默认的系列名称可能不能满足用户的要求，需要进一步进行更改，此时可以利用如下方法来实现。

❶ 在表格中将B3单元格中的原数据“王群”修改为“销售一部王群”，如图24-69所示。

	A	B	C	D	E
1		职员销售业绩表			
2		姓名	第一季度	第二季度	第三季度
3		销售一部王群	5862	6892	4562
4		赵靖	3286	4560	5942

图24-69

❷ 在图表中即可看到修改的结果，如图24-70所示。

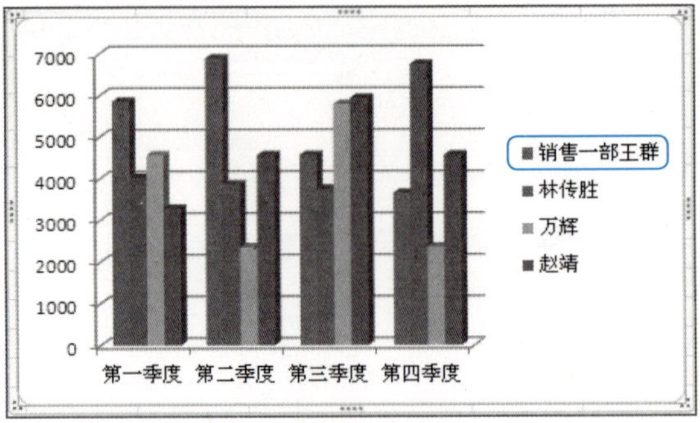

图24-70

24.2.5 根据图表的表达目的重新组织数据源

在Excel 中创建图表后，有时需要不断地向源数据中添加数据。如果每次都用手工更改源数据的方法来更新图表显得有些烦琐，此时可以使用表来为Excel图表设置一个动态数据源，当向图表数据源中添加或删除数据后，图表会自动更新。

❶ 选中A2:B8单元格区域，打开“插入”选项卡，在“表格”选项组中单击“表格”按钮，如图24-71所示。

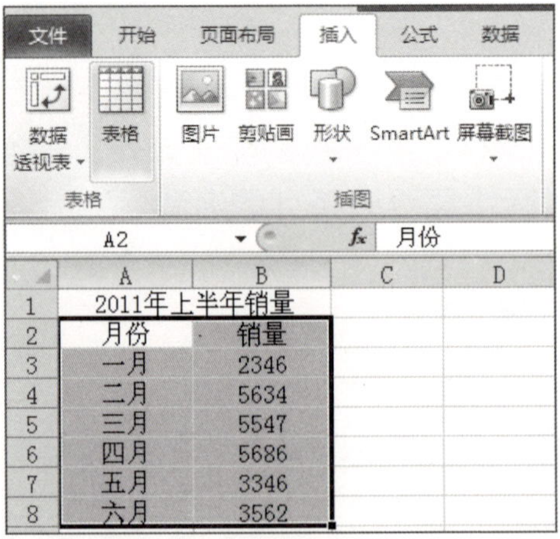

图24-71

❷ 打开“创建表”对话框，单击“确定”按钮，Excel将图表数据源区域转换为Excel表，如图24-72所示。

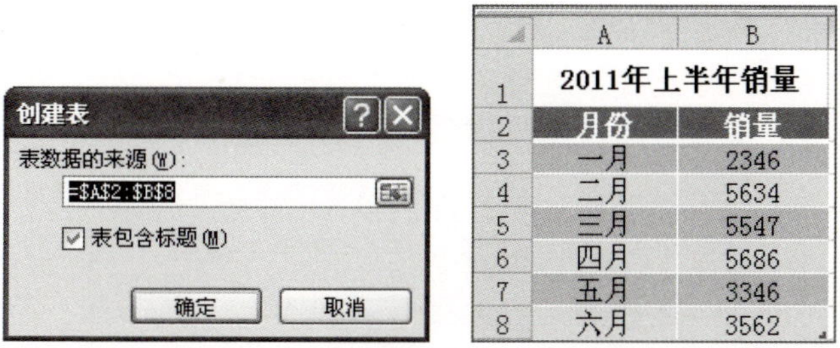

图24-72

❸ 这样就将数据源区域创建为Excel表，以后在该区域下一行中添加数据，如本例中的第9行，图表将自动更新，如图24-73所示。

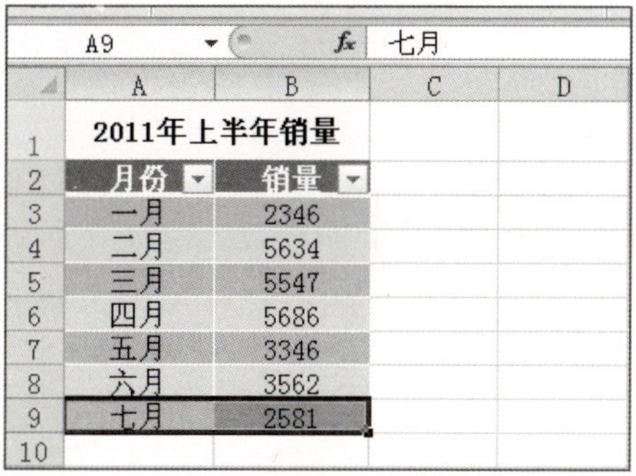

图24-73

24.2.6　选择不同工作表的数据源来创建图表

如果创建图表的数据在不同工作表中，可以选择不同工作表中的数据创建图表。下面以使用Sheet1工作表中的B2:F4单元格区域和Sheet2工作表中的B9:E9单元格区域中的数据为例进行介绍。

❶ 选中Sheet1工作表中的B2:F4单元格区，接着创建一个“三维簇状柱形图”，如图24-74所示，鼠标右键单击图表中任意位置，在弹出的快捷菜单中选择“选择数据”命令。

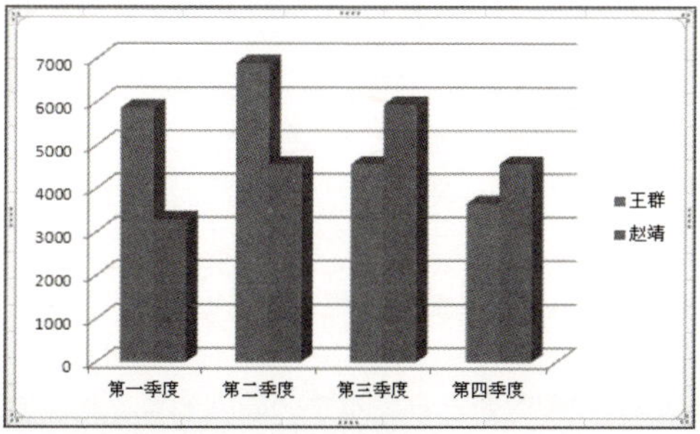

图24-74

❷ 打开“选择数据源”对话框，在“图例项（系列）”列表中单击“添加”按钮，如图24-75所示。

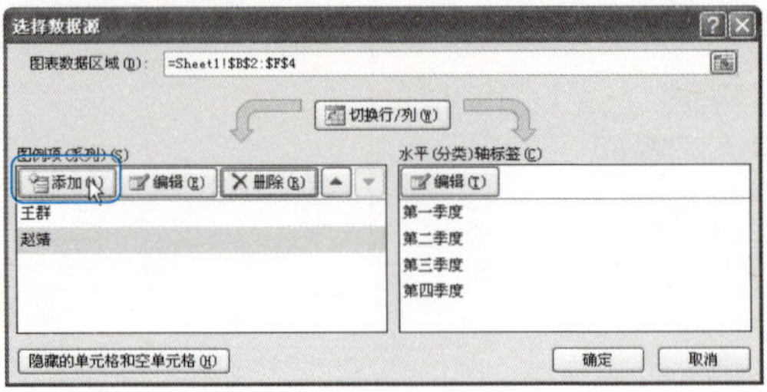

图24-75

❸ 打开“编辑数据系列”对话框，将光标定位在“系列名称”文本框中，单击Sheet2工作表标签，选中A9单元格，接着将光标定位在“系列值”文本框中，选中B9:E9单元格区域，如图24-76所示。

❹ 单击“确定”按钮，返回到“选择数据源”对话框中，再次单击“确定”按钮，即可将B9:E9单元格区域中的数据添加到图表中，如图24-77所示。

图24-76

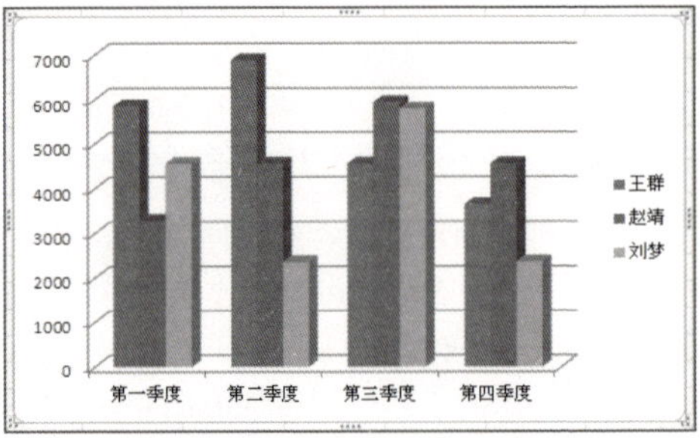

图24-77

24.2.7 让图表绘制出被隐藏的数据源

默认情况下，在创建图表时，源数据中被隐藏的数据是不会被绘制出来的。如果想绘制出被隐藏的数据源，可以通过如下方法来实现。例如数据源中的第5行被隐藏，图表中对应的数据系列也被隐藏，使用图表显示出被隐藏的数据。

❶ 选中图表，在右键弹出的快捷菜单中选择“选择数据”命令，如图24-78所示。

❷ 打开“选择数据源”对话框，单击“隐藏的单元格和空单元格”按钮，如图24-79所示。

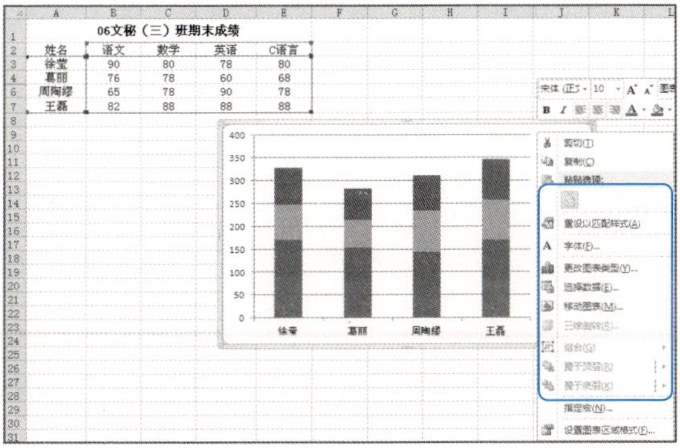

图24-78

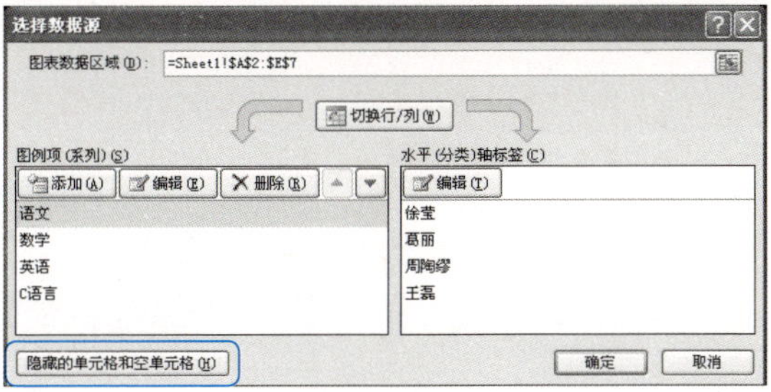

图24-79

3 打开“隐藏和空单元格效果”对话框，在其中勾选“显示隐藏行列中的数据”复选框，如图24-80所示。

4 单击“确定”按钮，即可看到图表中显示出了隐藏的数据源对应的数据系列（周国菊），如图24-81所示。

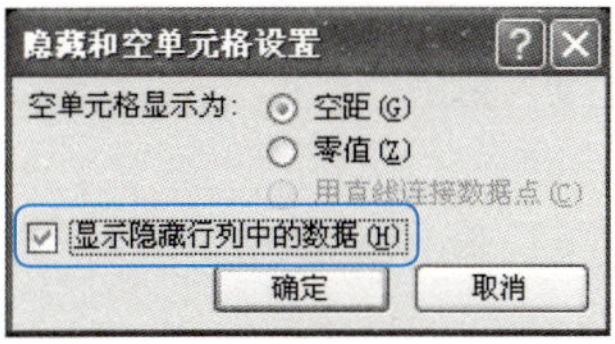

图24-80

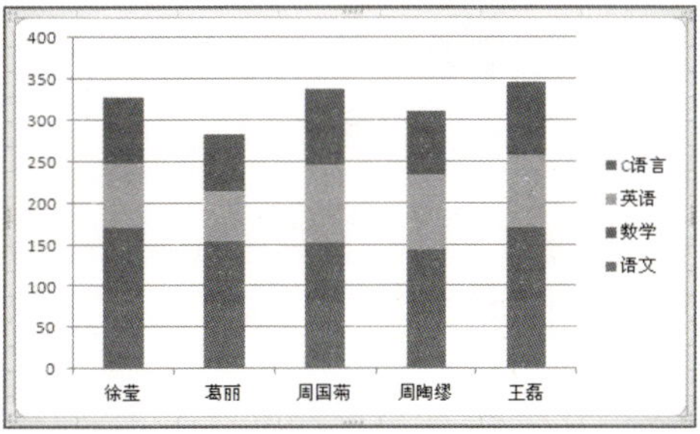

图24-81

24.2.8 以0值替代数据源的空值

如果选择数据源中的数据值为空，在绘制折线图图表时则不会绘制该单元格的数据点，而会在图表中形成不连续的折线。例如数据源中徐莹的C语言成绩值为空，图表中就没有对应的折线。为了使折线能够连接在一起，可以使用0值来替代空值。

1 选中工作表中的图表，在右键快捷菜单中选择“选择数据”命令，如图24-82所示。

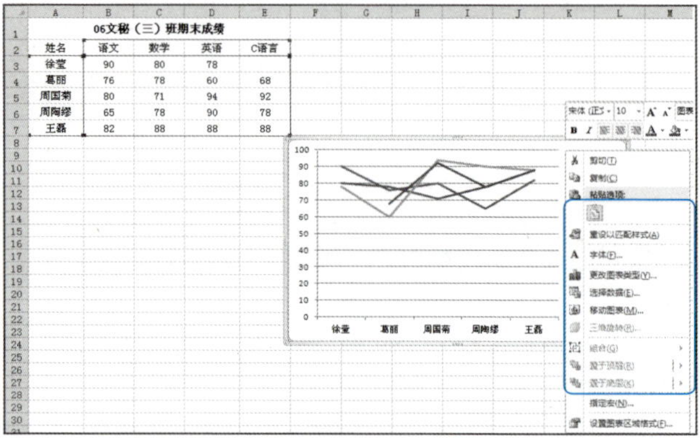

图24-82

2 打开“选择数据源”对话框，单击“隐藏的单元格和空单元格”按钮，如图24-83所示。

图24-83

3 打开“隐藏和空单元格设置”对话框，在其中单击“零值”单选按钮，如图24-84所示。

4 单击“确定”按钮，即可看到图表中“徐莹”数据系列中“C语言”对应的值为0，折线连接在一起，如图24-85所示。

专家提示

0值和空值在某种情况下表示的意义是不一样的，所以在使用0值代替空值时，还要根据实际情况决定是否使用0值代替空值。

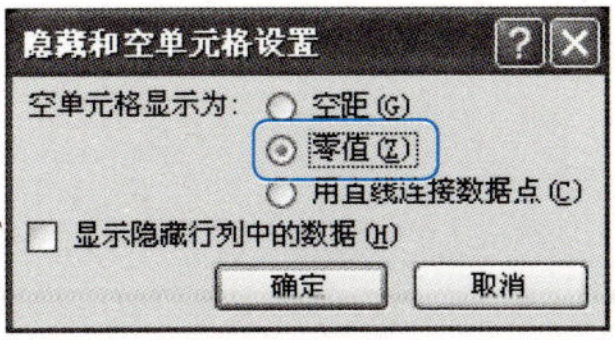

图24-84

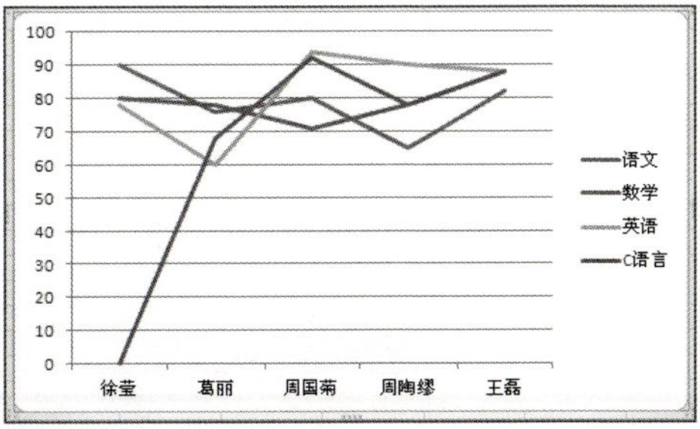

图24-85

24.2.9　将空值造成的断层连接起来

如果选择数据源中的数据值为空，在绘制折线图图表时则不会绘制该单元格的数据点，而会在图表中形成不连续的折线。下面将空值造成的断层连接起来。

❶ 选中工作表中的图表，在右键快捷菜单中选择“选择数据”命令，如图24-86所示。

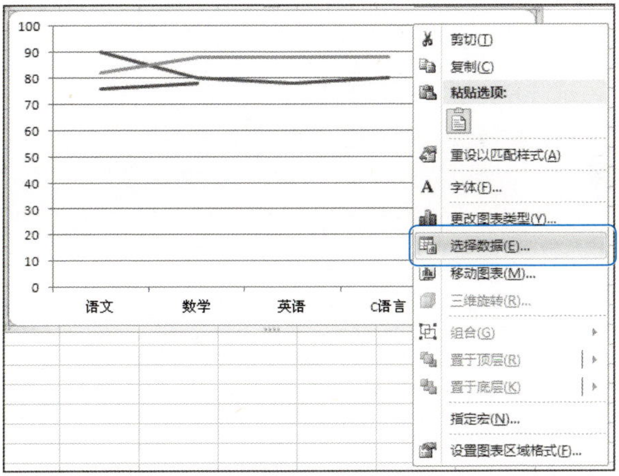

图24-86

❷ 打开“选择数据源”对话框，单击“隐藏的单元格和空单元格”按钮，如图24-87所示。

❸ 打开“隐藏和空单元格设置”对话框，在其中单击“用直线连接数据点”单选按钮，如图24-88所示。

❹ 单击“确定”按钮，图表中的断层可以用直线作为连接线将其直接连接起来，如图24-89所示。

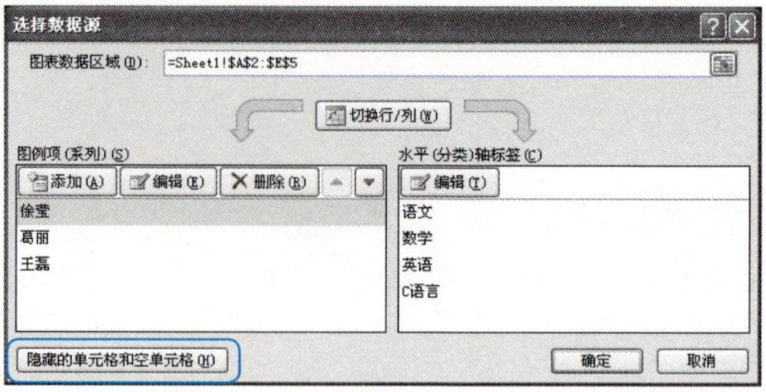

图24-87

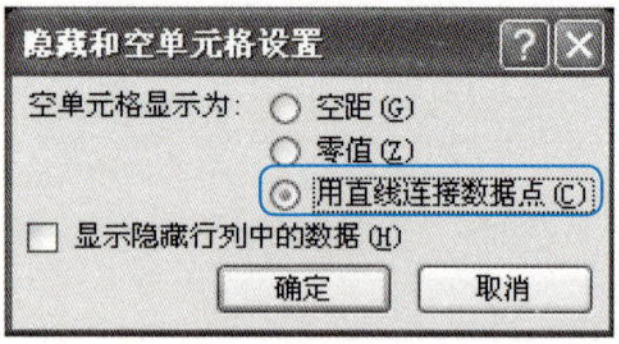

图24-88

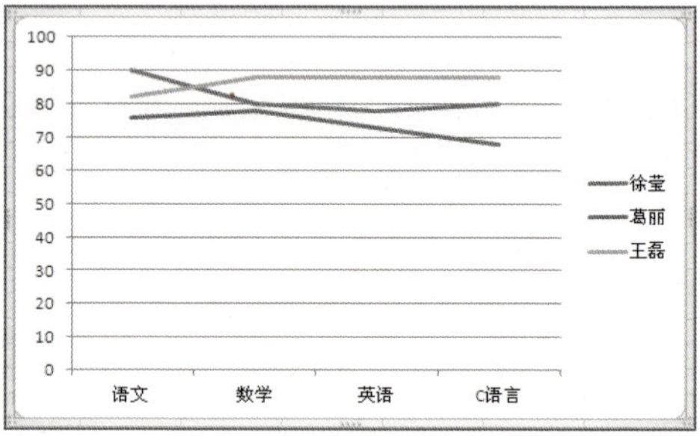

图24-89

24.2.10 让图表数据源显示在图表中

让图表中的数据源显示在图表中，可以更加直观和准确地看出图表中数据的变化。但默认情况下，图表中是不显示数据源的，此时可以通过如下方法来实现。

1 选中图表，打开“布局”选项卡，在“标签”选项组中单击“模拟运算表”下拉按钮，在弹出的下拉列表中选择“显示模拟运算表”命令，如图24-90所示。

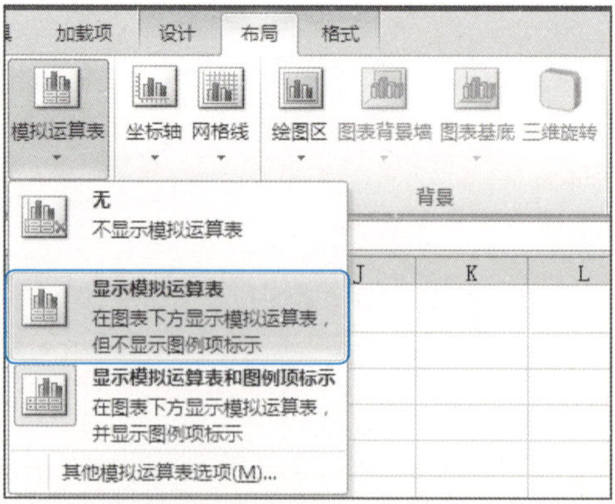

图24-90

2 在图表中就会显示出数据源表格，如图24-91所示。

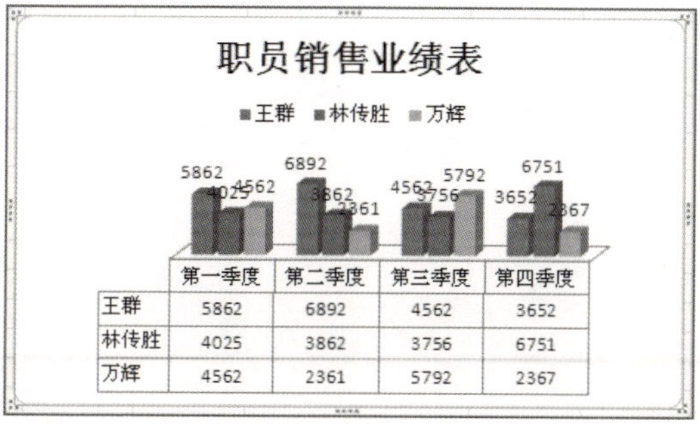

图24-91

动手练一练

如果需要将显示出来的模拟运算表取消，单击“布局”标签，在“标签”选项组中单击“模拟运算表”下拉按钮，在弹出的下拉列表中选择“无”命令即可。

24.2.11　切换行列改变图表的表达重点

在许多图表中，如果对图表进行行列切换，可以改变图表的表达重点，得到不同的效果。此时可以通过如下方法来实现。

1. 本例原始图表如图24-92所示。
2. 选中图表，单击“设计”标签，在“数据”选项组单击“切换行/列”按钮，如图24-93所示。

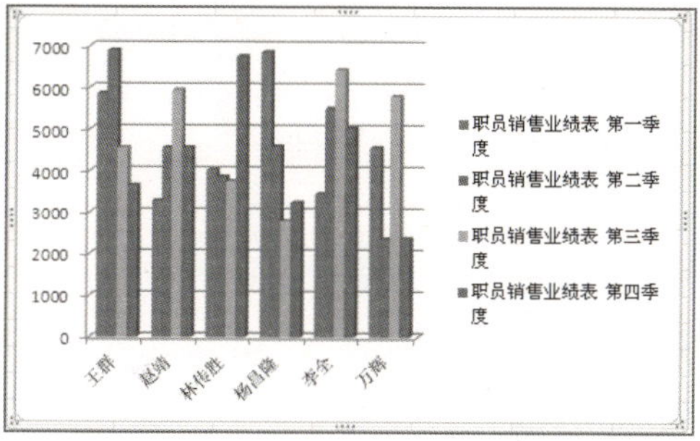

图24-92

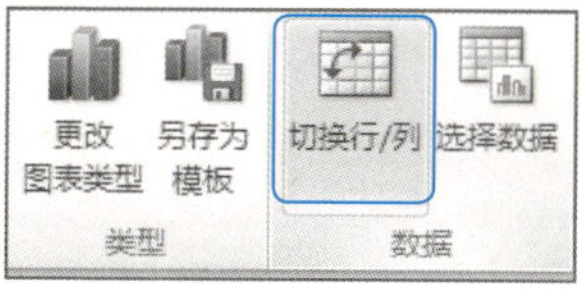

图24-93

3. 在图表中即可看到效果，如图24-94所示。

专家提示

在切换行列后，如果需要再切换回原来的图表样式，再次单击“切换行/列”按钮即可。

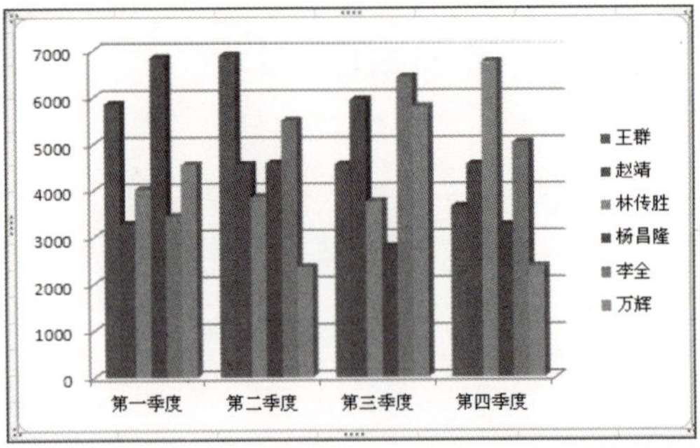

图24-94

24.2.12 更改快速创建图表的默认图表类型

默认情况下，创建图表时默认的图表类型是簇状柱形图。如果需要经常创建其他类型的图表，可以将创建图表时默认的图表类型更改为经常使用的图表类型。此时可以通过如下方法来实现。

❶ 打开“插入”选项卡，在“图表”选项组中单击右下角的按钮，如图24-95所示。

图24-95

❷ 打开“插入图表”对话框，在图表中选择一种需要设置为默认图表的图表类型，接着在右侧的窗格中选择一种图表样式。

❸ 单击“设置为默认图表”按钮，接着单击“确定”按钮即可，如图24-96所示。

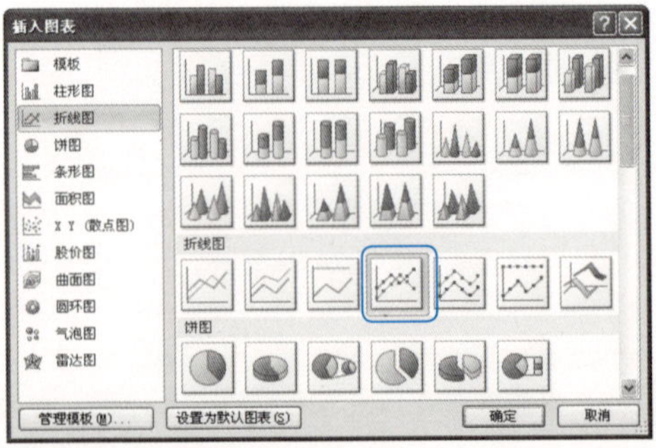

图24-96

动手练一练

如果想将创建图表的默认图表更改为系统默认的“簇状柱形图”，在“插入图表”对话框中选中“簇状柱形图”，单击“设置为默认图表”按钮，接着单击“确定”按钮即可。

24.2.13 保护工作表后让指定的图表图形对象可编辑

当对包含多个图形、图表等对象的工作表进行保护时，该工作表中的所有图表、图形、文本框及艺术字等对象都将不能被选中，从而不可编辑。如果想在保护工作表后还能对图表进行编辑，可以通过如下方法来实现。

❶ 选中需要设置的图表，单击“格式”标签，在“大小”选项组中单击右下角的按钮，如图24-97所示。

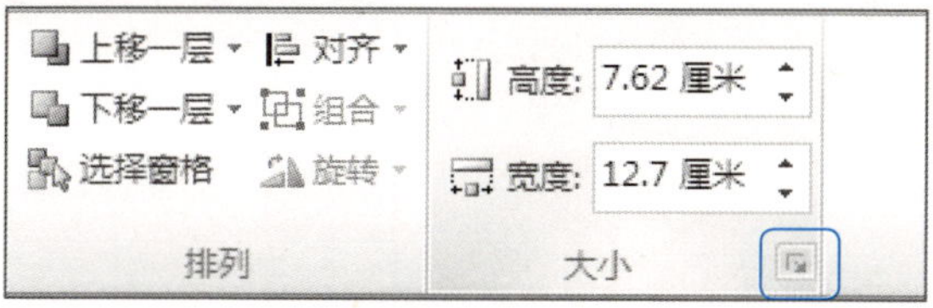

图24-97

❷ 打开“设置图表区格式”对话框，单击左侧窗格中“属性”项，接着在右侧的窗格中取消选中“锁定”复选框，如图24-98所示。

图24-98

❸ 单击“关闭”按钮，接着再进行保护工作表操作即可。

24.2.14 保护图表不被随意更改

图表编辑完成后，如果不希望他人对图表进行编辑操作，可以按如下方法来对图表进行保护。

❶ 选择包含有要保护图表的工作表，单击“审阅”选项卡下的“保护工作表”按钮，如图24-99所示。

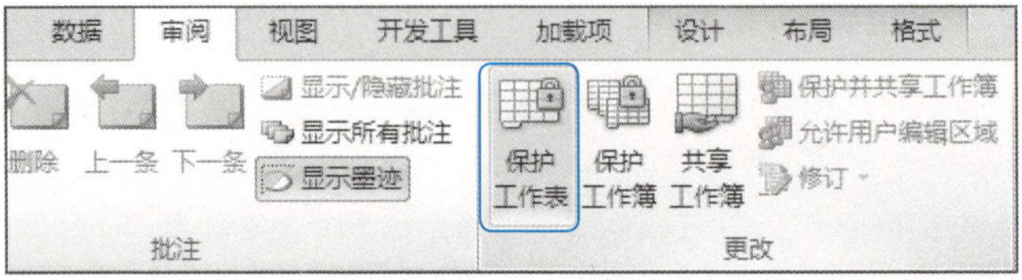

图24-99

❷ 打开“保护工作表”对话框，设置保护密码，在“允许此工作表的所有用户运行”列表框选中除“编辑对象”之外的所有选项，如图24-100所示。

❸ 单击“确定”按钮提示输入确认密码。输入后单击“确定”按钮即可完成对图表的保护设置。

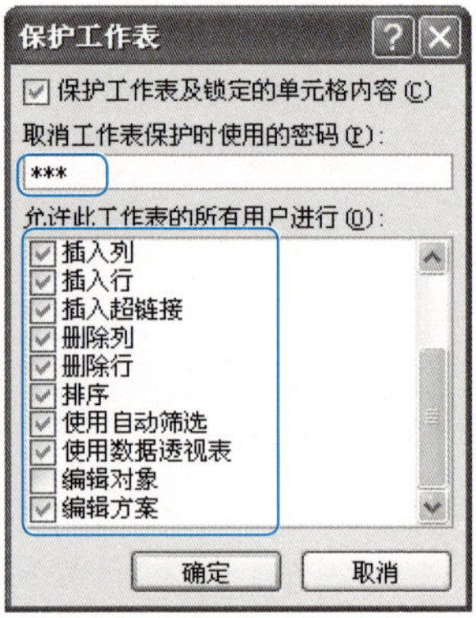

图24-100

24.2.15 快速将二维图表更改为三维图表

在建立了二维图表后，可以按如下方法快速将其更改为三维图表。

❶ 选中建立的二维图表，单击“设计”标签，再单击“类型”选项组中的“更改图表类型”按钮，如图24-101所示。

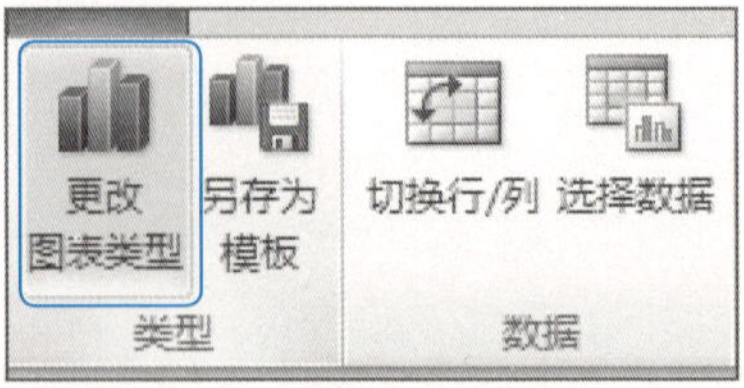

图24-101

❷ 在打开的“更改图表类型”对话框中选择合适的三维图表。

3 单击“确定”按钮即可建立三维图表，如图24-102所示。

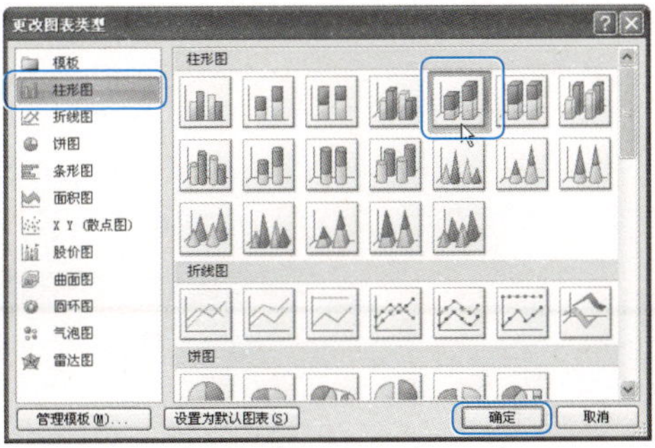

图24-102

24.2.16　更改三维图表为直角坐标轴

默认建立的三维图表都不采用直角坐标轴，通过将其更改为直接坐标轴便于图表的查看，可以通过如下方法来实现。

1 选中三维图表，打开“布局”选项卡，单击“三维旋转”按钮，如图24-103所示。

2 打开“设置图表区格式”对话框，选中“直角坐标轴”复选框。

3 单击“关闭”按钮，即可完成设置，如图24-104所示。

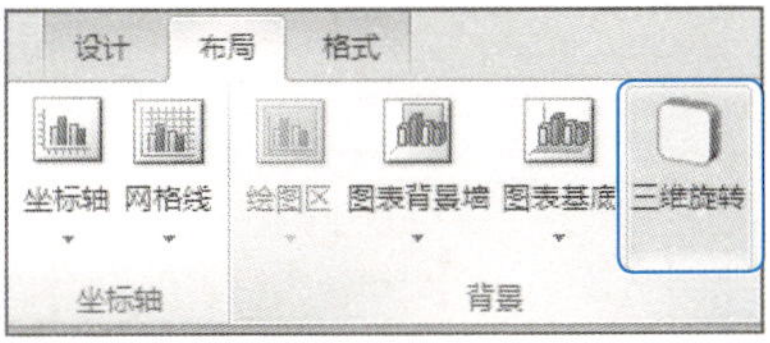

图24-103

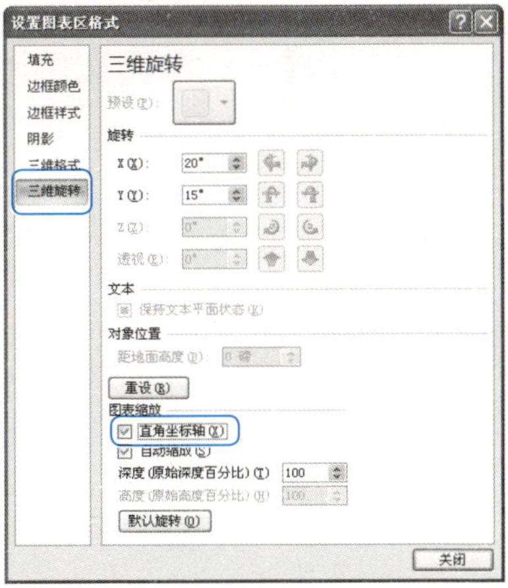

图24-104

24.2.17　调整三维图表的深度与高度

三维图表涉及深度的概念，通过调整三维图表的深度可以更改图表的显示效果。

❶ 选中三维图表，打开“布局”选项卡，单击“三维旋转”按钮，如图24-105所示。

❷ 打开“设置图表区格式”对话框，取消选中“自动缩放”复选框，接着则可以在“深度”、“高度”文本框中设置百分比来控制图表的深度与高度。

❸ 单击“关闭”按钮，即可完成设置，如图24-106所示。

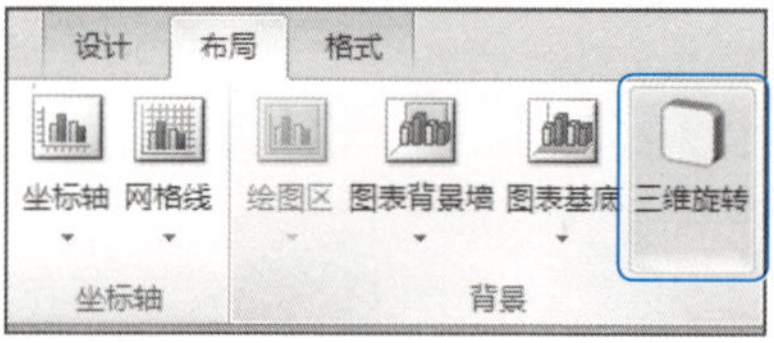

图24-105

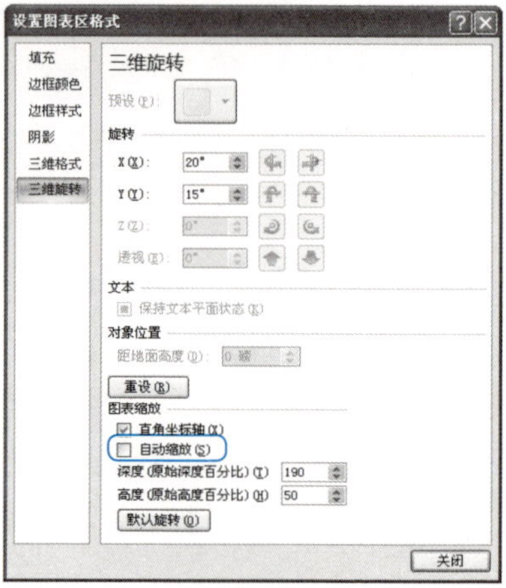

图24-106

24.2.18 更改三维图表的形状

对于三维圆柱图、三维圆锥图、三维棱锥图，在建立之后可以快速地进行形状的互换，具体操作方法如下。

❶ 选中任意一个数据系列，单击鼠标右键，选择“设置数据系列格式”命令。

❷ 打开“设置数据系列格式”对话框，选择“形状”项，则有多种形状以供选择。

❸ 单击“关闭”按钮，即可完成设置，如图24-107所示。

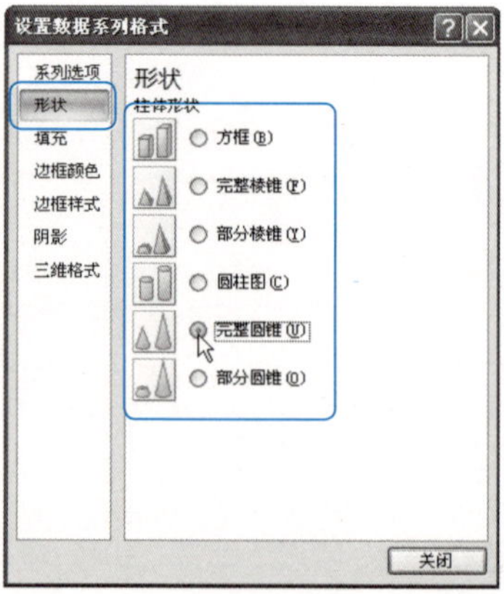

图24-107

24.2.19　设置三维图表中各个分类的间距

要设置三维图表中各个分类的间距，可以按如下方法操作。

❶ 选中任意一个数据系列，单击鼠标右键，选择“设置数据系列格式”格式命令。

❷ 打开“设置数据系列格式”对话框，拖动“分类间距”栏中的滑块，即可调整分类间距，如图24-108所示。

❸ 单击“关闭”按钮，即可完成设置。

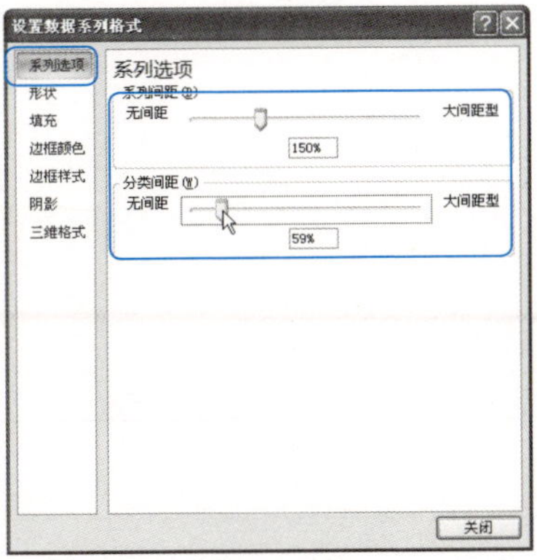

图24-108

24.2.20　用R平方值判断趋势线的可靠性

R平方值表示趋势线估计值与对应的实际数据之间的接近程度，其取值范围为0～1。当趋势线的R平方值等于1或接近1时，其可靠性最高。用趋势线拟合数据时，Excel 会自动计算其R平方值，因此可以利用R平方值来判断选择的趋势是否合适。

❶ 选中要计算其R平方值的趋势线，单击鼠标右键，选择“设置趋势线格式”命令。

❷ 打开“设置趋势线格式”对话框，选中“显示R平方值”复选框，如图24-109所示。

❸ 单击“关闭”按钮，即可完成设置。

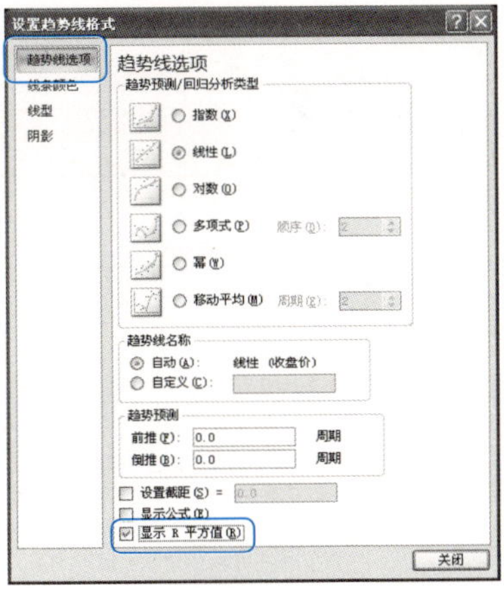

图24-109

读书笔记

第25章

财务函数使用技巧

财务函数用于进行有关财务方面的计算，如固定折旧、本金和利息等，本章将详细介绍此类函数能够实现的功能。掌握财务函数，可以提高财务人员的工作效率。

25.1 公司贷款计算中的函数实例应用技巧

25.1.1 使用PMT函数计算偿还额

PMT函数是基于固定利率及等额分期付款方式，返回贷款的每期付款额。在表格中显示了某项贷款总金额、贷款年利率、贷款年限、付款方式为期末付款。现在需要计算出该项贷款的每年偿还金额，可使用PMT函数来实现。

选中B5单元格，在公式编辑栏中输入公式“=PMT(B1,B2,B3)”，按Enter键即可计算出该项贷款每年偿还金额，如图25-1所示。

B5 fx =PMT(B1,B2,B3)

	A	B	C
1	贷款年利率	9.68%	
2	贷款年限	20	
3	贷款总金额	-300000	
4			
5	每年偿还金额	￥34,471.37	
6			

图25-1

25.1.2 使用PPMT函数计算本金偿还额

PPMT函数是基于固定利率及等额分期付款方式，返回贷款的每期付款额。但每期偿还额中本金额与利息额各不相同，现在要计算出偿还额中本金额，可使用PPMT函数来度算。

❶ 选中E2单元格，在公式编辑栏中输入公式“=PPMT($B$2,D2,$B$3,$B$4)”，按Enter键即可计算出该项贷款第一年还款额中的本金额，如图25-2所示。

E2 fx =PPMT($B$2,D2,$B$3,$B$4)

	A	B	C	D	E
1				各年偿还本金额	
2	贷款年利率	9.68%		1	￥6,371.49
3	贷款年限	10		2	
4	贷款总金额	-100000		3	
5				4	
6	每年偿还金额	￥16,051.49		5	
7					

图25-2

❷ 将光标移到E2单元格的右下角，光标变成十字形状后，按住鼠标左键向

下拖动进行公式填充，即可快速求出其他各年中偿还的本金额，如图25-3所示。

E2　=PPMT($B$2,D2,$B$3,$B$4)

	A	B	C	D	E	F
1				各年偿还本金额		
2	贷款年利率	9.68%		1	￥6,371.49	
3	贷款年限	10		2	￥6,988.25	
4	贷款总金额	-100000		3	￥7,664.71	
5				4	￥8,406.65	
6	每年偿还金额	￥16,051.49		5	￥9,220.42	
7						
8						

图25-3

25.1.3　使用IPMT函数计算利息偿还额

IPMT函数是基于固定利率及等额分期付款方式，返回给定期数内对投资的利息偿还额。使用IPMT函数计算的贷款的每期偿还额都是相等的，因为IPMT函数是基于固定利率及等额分期付款方式返回贷款的每期付款额。但每期偿还额中本金额与利息额各不相同，要计算出偿还额中利息额为多少，需要使用IPMT函数来计算。表格中显示了某项贷款总金额、贷款年利率、贷款年限，付款方式为期末付款，下面需要计算出该项贷款的每年偿还利息金额。

❶ 选中E2单元格，在公式编辑栏中输入公式“=IPMT($B$2,D2,$B$3,$B$4)”，按Enter键即可计算出该项贷款第一年还款额中的利息额，如图25-4所示。

E2　=IPMT($B$2,D2,$B$3,$B$4)

	A	B	C	D	E
1				各年偿还利息额	
2	贷款年利率	9.68%		1	￥9,680.00
3	贷款年限	10		2	
4	贷款总金额	-100000		3	
5				4	
6	每年偿还金额	￥16,051.49		5	

图25-4

❷ 将光标移到E2单元格的右下角，光标变成十字形状后，按住鼠标左键向下拖动进行公式填充，即可快速求出其他各年中偿还的利息额，如图25-5所示。

E2　=IPMT($B$2,D2,$B$3,$B$4)

	A	B	C	D	E	F
1				各年偿还利息额		
2	贷款年利率	9.68%		1	￥9,680.00	
3	贷款年限	10		2	￥9,063.24	
4	贷款总金额	-100000		3	￥8,386.78	
5				4	￥7,644.83	
6	每年偿还金额	￥16,051.49		5	￥6,831.07	
7						

图25-5

25.1.4 计算住房贷款中每月还款利息额

当前已知住房总贷款额、贷款利率、贷款总年限，现在需要计算出前5个月每月还款额中利息额为多少。

❶ 选中E2单元格，在公式编辑栏中输入公式“=IPMT($B$2/12,D2,$B$3*12,$B$4)”，按Enter键即可计算出该项住房贷款第一个月还款额中的利息额。

❷ 将光标移到E2单元格的右下角，光标变成十字形状后，按住鼠标左键向下拖动进行公式填充，即可快速计算出该项住房贷款前5个月每月还款额中的利息额，如图25-6所示。

E2 | fx =IPMT($B$2/12,D2,$B$3*12,$B$4)

	A	B	C	D	E	F
1					各月偿还利息额	
2	住房贷款年利率	4.56%		1	¥1,216.00	
3	住房贷款年限	20		2	¥1,212.89	
4	住房贷款总金额	-320000		3	¥1,209.76	
5				4	¥1,206.63	
6	每年偿还金额	¥24,728.43		5	¥1,203.48	
7						
8						

图25-6

25.1.5 使用CUMPRINC函数计算本金金额

CUMPRINC函数返回一笔贷款在给定的start_period到end_period 期间累计偿还的本金数额。李某贷款50000元，期限为10年，年利息率为6.53%，要求按月付款，计算第三年应付的本金金额为多少。

选中B8单元格，在公式编辑栏中输入公式“=CUMPRINC(B3/12,B2*12,B1,B4,B5,B6)”，按Enter键即可计算出贷款在第三年支付的本金金额，如图25-7所示。

B8 | fx =CUMPRINC(B3/12,B2*12,B1,B4,B5,B6)

	A	B	C	D	E
1	贷款金额	50000			
2	偿还年限	10			
3	年利息	6.53%			
4	首期	25			
5	末期	36			
6	付款日间类型	0			
7					
8	第三年支付的本金金额	¥4,175.35			

图25-7

25.1.6 使用CUMIPMT函数计算利息金额

CUMIPMT用于返回一笔贷款在给定的 start_period 到 end_period 期间累

计偿还的利息数额。李某贷款50000元，期限为10年，年利息率为6.53%，要求按月付款，现在要计算出第三年应付的利息金额，需要使用CUMIPMT函数来实现。

选中B8单元格，在公式编辑栏中输入公式“=CUMIPMT(B3/12,B2*12,B1,B4,B5,B6)”，按Enter键即可计算出贷款在第三年支付的利息金额，如图25-8所示。

B8 | fx =CUMIPMT(B3/12,B2*12,B1,B4,B5,B6)

	A	B	C	D	E
1	贷款金额	50000			
2	偿还年限	10			
3	年利息	6.53%			
4	首期	25			
5	末期	36			
6	付款日间类型	0			
7					
8	第三年支付的利息金额	￥2,646.69			

图25-8

25.2 资产投资计算中的函数实例应用技巧

25.2.1 使用FV函数计算未来值

FV函数是基于固定利率及等额分期付款方式，返回某项投资的未来值。若保险年利率为5.36%、分30年付款、各期应付金额为5000元、付款方式为期初付款。现在要计算出该项保险的未来值，需要使用FV函数来实现。

选中B5单元格，在公式编辑栏中输入公式“=FV(B1,B2,B3,1)”，按Enter键即可计算出该项保险的未来值，如图25-9所示。

B5 | fx =FV(B1,B2,B3,1)

	A	B	C	D
1	保险年利率	5.36%		
2	付款总期数	30		
3	各期应付金额	-5000		
4				
5	该项保险未来值	￥353,475.53		
6				

图25-9

25.2.2 计算住房公积金的未来值

要计算出住房公积金的未来值，其计算方法与计算保险的未来值相同。例如，企业提供住房公积金福利待遇，每月从工资中扣除300元作为住房公积金，然后按年利率为20%返还给员工。现在要计算出5年后员工住房公积金金额，需要使用FV函数来实现。

选中B5单元格，在公式编辑栏中输入公式“=FV(B1/12,B2,B3)”，按Enter键即可计算出5年后员工住房公积金的未来值，如图25-10所示。

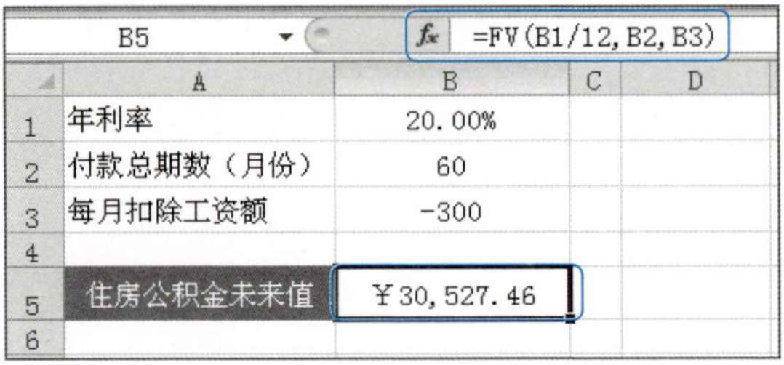

B5 =FV(B1/12,B2,B3)

	A	B	C	D
1	年利率	20.00%		
2	付款总期数（月份）	60		
3	每月扣除工资额	-300		
4				
5	住房公积金未来值	￥30,527.46		
6				

图25-10

25.2.3 计算购买某项保险的现值

要计算出某项投资的现值，需要使用PV函数。例如购买某项保险分30年付款，每年付7850元（共付235500元），年利率是5%，还款方式为期初还款。现在要计算出该项投资的现值，即支付的本金金额。

选中B4单元格，在公式编辑栏中输入公式“=FV(A2,B2,C2,1)”，按Enter键即可计算出购买该项保险的现值，如图25-11所示。

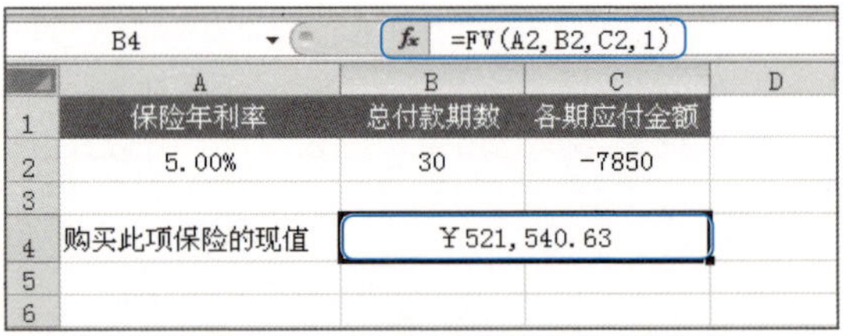

B4 =FV(A2,B2,C2,1)

	A	B	C	D
1	保险年利率	总付款期数	各期应付金额	
2	5.00%	30	-7850	
3				
4	购买此项保险的现值	￥521,540.63		
5				
6				

图25-11

25.2.4 使用NPER函数计算投资期数

NPER函数是基于固定利率及等额分期付款方式，返回某项投资的总期数。例如某项投资的回报率为7.18%，每月需要投资的金额为3000元，现在想最终获取100000元的收益，计算需要经过多少期的投资才能实现，需要使用NPER函数。

选中B4单元格，在公式编辑栏中输入公式“=ABS(NPER(A2/12,B2,C2))”，按Enter键即可计算出要取得预计的收益金额需要投资的总期数（约为31个月），如图25-12所示。

B4　　f_x =ABS(NPER(A2/12,B2,C2))

	A	B	C	D
1	投资回报率	每月投资金额	预计收益金额	
2	7.18%	3000	100000	
3				
4	总投资期数（月数）	30.48501488		
5				
6				
7				

图25-12

25.2.5　计算出某项贷款的清还年数

当前得知某项贷款总额、年利率，以及每年向贷款方支付的金额，现在需要计算出该项贷款的清还年数，可以使用NPER函数。

选中B4单元格，在公式编辑栏中输入公式“=ABS(NPER(A2,B2,C2))”，按Enter键即可计算出该项贷款的清还年数（约为8年），如图25-13所示。

B4　　f_x =ABS(NPER(A2,B2,C2))

	A	B	C	D
1	贷款年利率	每年支付额（万元）	贷款总金额（万元）	
2	7.47%	10	100	
3				
4	清还贷款的年限	7.74414222		
5				
6				

图25-13

25.2.6　使用NPV函数计算内部净现值

NPV函数是通过使用贴现率以及一系列未来支出（负值）和收入（正值），返回一项投资的净现值。某项投资总金额为2000000元，预计未来5年内的收益额分别是200000元、350000元、600000元、1000000元和1250000元，假定每年的贴现率是15%，现在要计算出该项投资净现值，需要使用NPV函数。

选中B9单元格，在公式编辑栏中输入公式“=NPV(B1,B2:B7)”，按Enter键即可计算出该项投资的净现值，如图25-14所示。

B9　　f_x =NPV(B1,B2:B7)

	A	B	C	D
1	年贴现率	15.00%		
2	期初投资额	-2000000		
3	第1年收益	200000		
4	第2年收益	350000		
5	第3年收益	600000		
6	第4年收益	1000000		
7	第5年收益	1250000		
8				
9	投资净现值	￥22,867.16		

图25-14

25.2.7 使用PV函数计算年金现值

PV函数用于返回投资的现值。现值为一系列未来付款的当前值的累积和。李某购买某项保险，每月月底支付900元，投资回报率为9.95%，投资年限为15年。现在要计算出该项投资的年金现值，需要使用PV函数。

选中B5单元格，在公式编辑栏中输入公式“=PV(B1/12,B2*12,B3)”，按Enter键即可计算出该项投资的年金现值，如图25-15所示。

B5 =PV(B1/12,B2*12,B3)

	A	B	C	D
1	投资回报率	9.95%		
2	年限	15		
3	每月底支出保险金额	-900		
4				
5	投资年金现值	￥83,990.61		
6				

图25-15

25.2.8 使用XNPV函数计算净现值

XNPV函数用于返回一组现金流的净现值，这些现金流不一定定期发生。计算出一组不定期盈利额的净现值，需要使用XNPV函数来实现。例如当前表格中显示了某项投资年贴现率、投资额及不同日期中预计的投资回报金额，该投资项目的净现值计算方法如下。

选中C8单元格，在公式编辑栏中输入公式“=XNPV(C1,C2:C6,B2:B6)”，按Enter键即可计算出该项投资项目的净现值，如图25-16所示。

C8 =XNPV(C1,C2:C6,B2:B6)

	A	B	C	D	E
1	年贴现率		15.00%		
2	投资额	2010-1-1	-20000		
3	预计收益	2010-4-2	5000		
4		2010-6-10	8000		
5		2010-9-20	11000		
6		2010-11-30	15000		
7					
8	投资净现值		￥15,507.65		

图25-16

25.2.9 使用IRR函数计算内部收益率

IRR函数用于返回由数值代表的一组现金流的内部收益率。这些现金流不必为均衡的，但作为年金，它们必须按固定的间隔产生，如按月或按年。内部收益率为投资的回收利率，其中包含定期支付（负值）和定期收入（正值）。内部收益率是指支出和收入以固定时间间隔发生的一笔投资所获得的利率。要计算某项投资的内部收益率，需要使用IRR函数来实现。例如当前表格中显求了某项投资年贴现率、初期投资金额，以及预计今后3年内的收益额。现在要计算出该项投资的内部收益率。

选中B7单元格，在公式编辑栏中输入公式“=IRR(B2:B5,B1)”，按Enter键即可计算出投资内部收益率，如图25-17所示。

B7　fx　=IRR(B2:B5,B1)

	A	B	C	D
1	年贴现率	12.00%		
2	初期投资	-14000		
3	第1年收益	5000		
4	第2年收益	7200		
5	第3年收益	9000		
6				
7	内部收益率	22%		
8				

图25-17

25.2.10 使用MIRR函数计算修正内部收益率

MIRR函数用于返回某一连续期间内现金流的修正内部收益率，它同时考虑了投资的成本和现金再投资的收益率。若现需贷款150000元用于某项投资，表格中显示了贷款利率、再投资收益率以及预计3年后的收益额，现在要计算出该项投资的修正内部收益率。

选中B8单元格，在公式编辑栏中输入公式“=MIRR(B3:B6,B1,B2)”，按Enter键即可计算出投资的修正收益率，如图25-18所示。

B8　fx　=MIRR(B3:B6,B1,B2)

	A	B	C
1	贷款利率	8.47%	
2	再投资收益率	15.00%	
3	贷款金额	-150000	
4	第1年收益	20000	
5	第2年收益	26800	
6	第3年收益	42000	
7			
8	3年后投资的修正收益率	-13%	
9			

图25-18

25.2.11 使用XIRR函数计算内部收益率

XIRR函数用于返回一组不一定定期发生的现金流的内部收益率。表格中显示了某项投资的投资金额，同时也显示了不同日期中预计的投资回报金额。针对这样一组不定期的现金流，现在要计算出该项投资的内部收益率，可以使用XIRR函数来实现。

选中C9单元格，在公式编辑栏中输入公式“=XIRR(C2:C7,B2:B7,C1)”，按Enter键即可计算出该项投资的内部收益率，如图25-19所示。

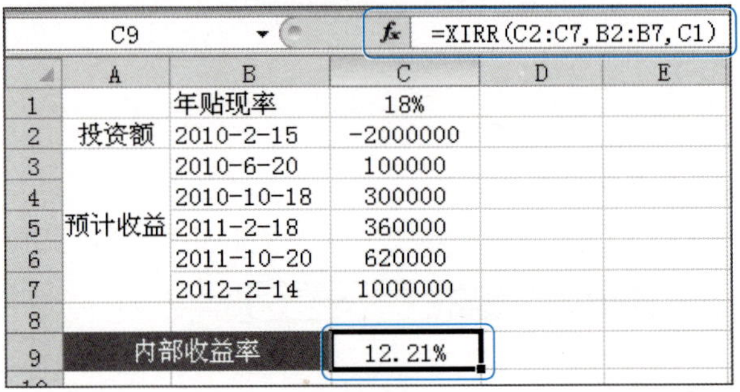

C9 =XIRR(C2:C7,B2:B7,C1)

	A	B	C	D	E
1		年贴现率	18%		
2	投资额	2010-2-15	-2000000		
3		2010-6-20	100000		
4		2010-10-18	300000		
5	预计收益	2011-2-18	360000		
6		2011-10-20	620000		
7		2012-2-14	1000000		
8					
9	内部收益率		12.21%		

图25-19

25.2.12 使用RATE函数计算年收益率

RATE函数用于返回年金的各期利率。函数 RATE 通过迭代法计算得出，并且可能无解或有多个解。如果在进行 20 次迭代计算后，函数 RATE 的相邻两次结果没有收敛于 0.0000001，函数 RATE 将返回错误值 #NUM!。本例表格中显示了某项借款的金额、借款年限、年支付金额，现在要计算出该项借款的收益率，可以使用RATE函数来实现。

选中B4单元格，在公式编辑栏中输入公式“=RATE(A2,B2,C2)”，按Enter键即可计算出该项借款的收益率，如图25-20所示。

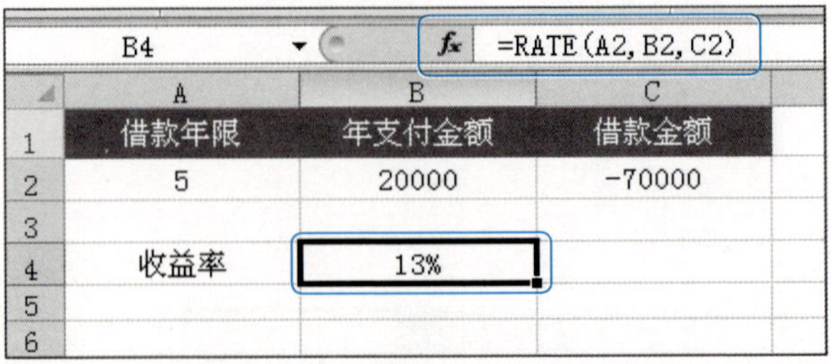

B4 =RATE(A2,B2,C2)

	A	B	C
1	借款年限	年支付金额	借款金额
2	5	20000	-70000
3			
4	收益率	13%	
5			
6			

图25-20

25.3 资产折旧计算中的函数实例应用技巧

25.3.1 采用直线法计算出固定资产的每年折旧额

SLN函数用于返回某项资产在一个期间中的线性折旧值。本例表格中显示了各项固定资产的原值、可使用年限、折旧后价值。现在要采用直线法计算每项固定资产每年的折旧额，可以使用SLN函数来实现。

❶ 选中E2单元格，在公式编辑栏中输入公式“=SLN(B2,D2,C2)”，按Enter键即可计算出第一项固定资产每年折旧额。

❷ 将光标移到E2单元格的右下角，光标变成十字形状后，按住鼠标左键向下拖动进行公式填充，即可计算出其他固定资产的每年折旧额，如图25-21所示。

E2　=SLN(B2,D2,C2)

	A	B	C	D	E
1	固定资产	资产原值	可使用年限	折旧后价值	每年折旧额
2	办公楼	1000000	30	¥100,000.00	¥30,000.00
3	仓库	6000000	20	¥600,000.00	¥270,000.00
4	货车	400000	10	¥200,000.00	¥20,000.00
5	机房	600000	10	¥500,000.00	¥10,000.00
6					
7					
8					

图25-21

25.3.2 采用直线法计算出固定资产的每月折旧额

本例表格中显示了各项固定资产的原值、可使用年限、折旧后价值。现在要采用直线法计算每项固定资产每月的折旧额，可以使用SLN函数来实现。

❶ 选中E2单元格，在公式编辑栏中输入公式“=SLN(B2,D2,C2*12)”，按Enter键即可计算出第一项固定资产每月折旧额。

❷ 将光标移到E2单元格的右下角，光标变成十字形状后，按住鼠标左键向下拖动进行公式填充，即可计算出其他固定资产的每月折旧额，如图25-22所示。

E2　=SLN(B2,D2,C2*12)

	A	B	C	D	E
1	固定资产	资产原值	可使用年限	折旧后价值	每月折旧额
2	办公楼	1000000	30	¥100,000.00	¥2,500.00
3	仓库	6000000	20	¥600,000.00	¥22,500.00
4	货车	400000	10	¥200,000.00	¥1,666.67
5	机房	600000	10	¥300,000.00	¥2,500.00

图25-22

25.3.3 采用直线法计算出固定资产的每天折旧额

本例表格中显示了各项固定资产的原值、可使用年限、折旧后价值。现在要采用直线法计算每项固定资产每天的折旧额，可以使用SLN函数来实现。

❶ 选中E2单元格，在公式编辑栏中输入公式“=SLN(B2,D2,C2*365)”，按Enter键即可计算出第一项固定资产每天折旧额。

❷ 将光标移到E2单元格的右下角，光标变成十字形状后，按住鼠标左键向下拖动进行公式填充，即可计算出其他固定资产的每天折旧额，如图25-23所示。

E2 =SLN(B2,D2,C2*365)

	A	B	C	D	E
1	固定资产	资产原值	可使用年限	折旧后价值	每天折旧额
2	办公楼	1000000	30	￥100,000.00	￥82.19
3	仓库	6000000	20	￥600,000.00	￥739.73
4	货车	400000	10	￥200,000.00	￥54.79
5	机房	600000	10	￥300,000.00	￥82.19

图25-23

25.3.4 采用固定余额递减法计算固定资产的每年折旧额

DB函数使用固定余额递减法，计算一笔资产在给定期间内的折旧值。本例表格中显示了固定资产的原值、可使用年限、折余价值等信息。现在要采用固定余额递减法计算该项固定资产每年的折旧额，可以使用DB函数来实现。

❶ 选中E2单元格，在公式编辑栏中输入公式“=DB(B1,B3,B2,1,B4)”，按Enter键即可计算出第1年的折旧额，如图25-24所示。

E2 =DB(B1,B3,B2,1,B4)

	A	B	C	D	E
1	固定资产原值	200000			
2	使用年限	6		第1年的折旧值	￥21,800.00
3	折余价值	100000		第2年的折旧值	
4	每年使用的月数	12		第3年的折旧值	
5				第4年的折旧值	
6				第5年的折旧值	
7				第6年的折旧值	

图25-24

❷ 选中E3单元格，在公式编辑栏中输入公式“=DB(B1,B3,B2,2,B4)”，按Enter键即可计算出第2年的折旧额，按照相同的方法计算其他各年的折旧额。在计算时只需要重新修改period参数即可，即修改计算折旧值的期间。例如计算第6年的折旧值，只需要将公式更改为“=DB(B1,B3,B2,6,B4)”，如图25-25所示。

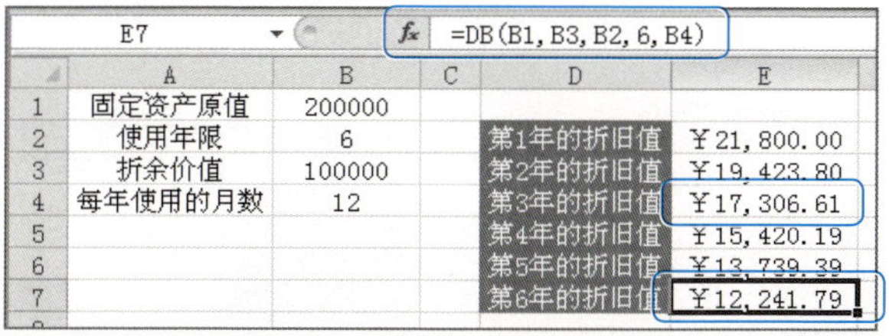

E7　　f_x =DB(B1, B3, B2, 6, B4)

	A	B	C	D	E
1	固定资产原值	200000			
2	使用年限	6		第1年的折旧值	￥21, 800. 00
3	折余价值	100000		第2年的折旧值	￥19, 423. 80
4	每年使用的月数	12		第3年的折旧值	￥17, 306. 61
5				第4年的折旧值	￥15, 420. 19
6				第5年的折旧值	￥13, 739. 39
7				第6年的折旧值	￥12, 241. 79

图25-25

25.3.5　采用固定余额递减法计算固定资产的每月折旧额

在使用固定余额递减法计算固定资产的折旧额时，当计算了每年的折旧额后，如果要计算每月折旧额就比较方便了，只要将求得的各年折旧额除以每年使用月数即可。

❶ 选中F2单元格，在公式编辑栏中输入公式“=E2/$B$4”，按Enter键即可计算出第1年中每月的折旧额。

❷ 将光标移到F2单元格的右下角，光标变成十字形状后，按住鼠标左键向下拖动进行公式填充，即可计算出每年中各月的折旧额，如图25-26所示。

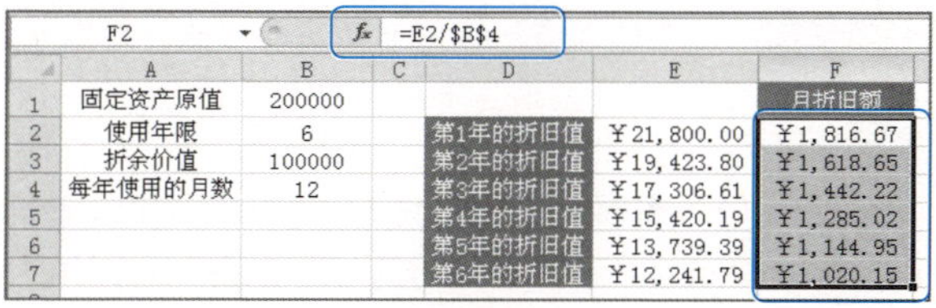

F2　　f_x =E2/$B$4

	A	B	C	D	E	F
1	固定资产原值	200000				月折旧额
2	使用年限	6		第1年的折旧值	￥21, 800. 00	￥1, 816. 67
3	折余价值	100000		第2年的折旧值	￥19, 423. 80	￥1, 618. 65
4	每年使用的月数	12		第3年的折旧值	￥17, 306. 61	￥1, 442. 22
5				第4年的折旧值	￥15, 420. 19	￥1, 285. 02
6				第5年的折旧值	￥13, 739. 39	￥1, 144. 95
7				第6年的折旧值	￥12, 241. 79	￥1, 020. 15

图25-26

25.3.6　采用双倍余额递减法计算固定资产的每年折旧额

DDB函数使用双倍余额递减法或其他指定方法，计算一笔资产在给定期间内的折旧值。本例表格中显示了固定资产的原值、使用年限、折余价值等信息。现在要采用双倍余额递减法计算该项固定资产每年的折旧额，可以使用DDB函数来实现。

❶ 选中E2单元格，在公式编辑栏中输入公式“=DDB(B1,B3,B2,1)”，按Enter键即可计算出该项固定资产第1年的折旧额，如图25-27所示。

❷ 选中E3单元格，在公式编辑栏中输入公式“=DDB(B1,B3,B2,2)”，按Enter键即可计算出该项固定资产第2年的折旧额，按照相同的方法计算其他各年的折旧额。在计算时只需要重新修改period参数即可，即修改计算折旧值的期间。例如计算第6年的折旧值，只需要将公式更改为“=DDB(B1,B3,B2,6)”，如图25-28所示。

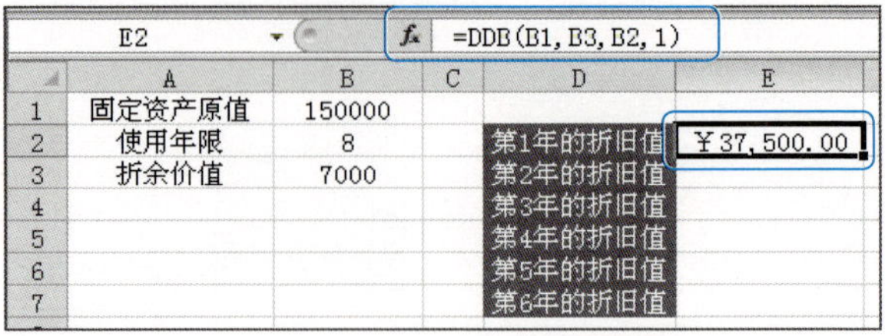

图25-27

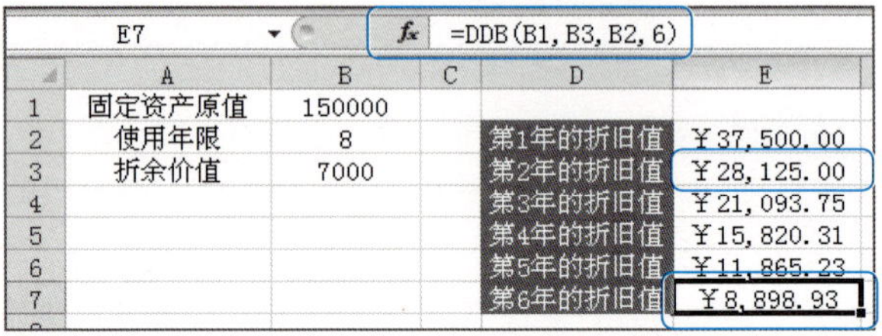

图25-28

25.3.7 计算出固定资产部分期间的设备折旧值

VDB函数是使用双倍余额递减法或其他指定的方法，返回指定的任何期间内（包括部分期间）的资产折旧值。本例表格中显示了固定资产的原值、使用年限、折余价值信息。分别计算出第1天、第1个月、第3年（2.5倍余额递减法）、第4到8个月固定资产折旧值分别为多少，可以使用VDB函数来实现。

❶ 选中E2单元格，在公式编辑栏中输入公式“=VDB(B1,B3,B2*365,0,1)”，按Enter键即可计算出该项固定资产第1天的折旧额，如图25-29所示。

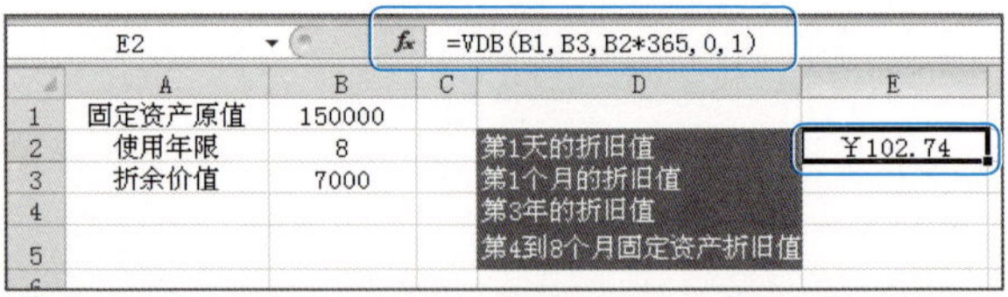

图25-29

❷ 选中E3单元格，在公式编辑栏中输入公式“=VDB(B1,B3,B2*12,0,1)”，按Enter键即可计算出该项固定资产第1个月的折旧额，如图25-30所示。

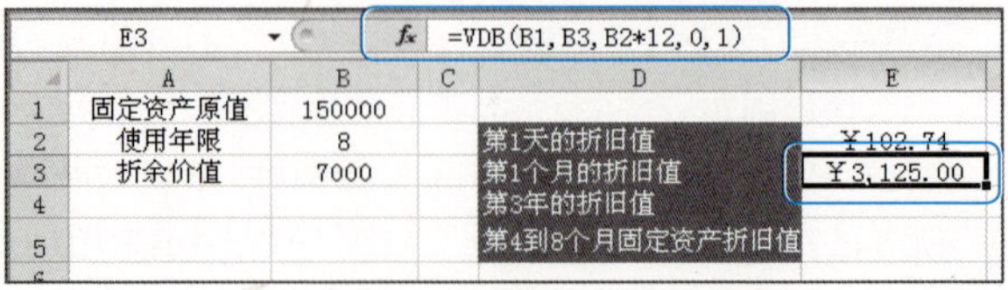

图25-30

❸ 选中E4单元格，在公式编辑栏中输入公式“=VDB(B1,B3,B2,0,3,2.5)”，按Enter键即可计算出该项固定资产第3年的折旧额，如图25-31所示。

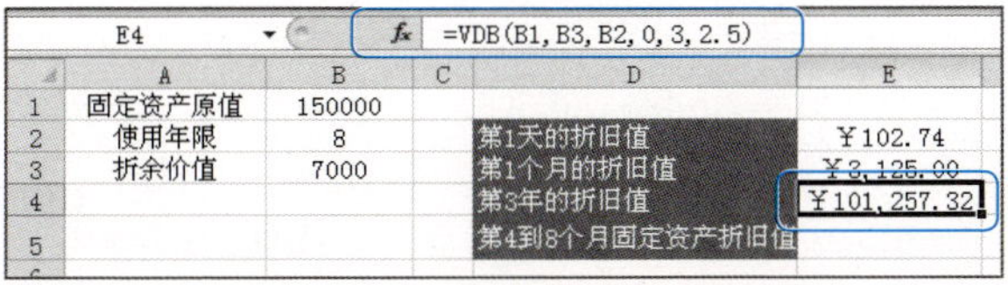

图25-31

❹ 选中E5单元格，在公式编辑栏中输入公式“=VDB(B1,B3,B2*12,4,8)”，按Enter键即可计算出该项固定资产第4到8个月的折旧额，如图25-32所示。

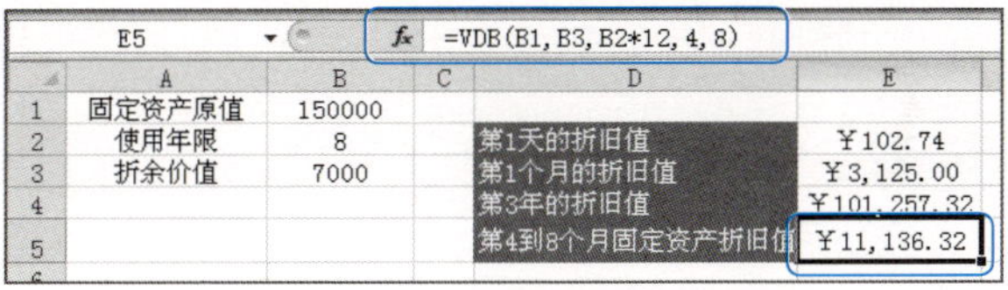

图25-32

25.3.8　用余额递减法计算累计折旧额

根据固定资产的开始使用日期和当前日期，可以计算该项固定资产至上月止累计折旧额。采用直线法计算至上月止累计折旧额的方法相对简单，因为直线法计算得来的折旧额每年、每月的值都相等，因此可以首先求出该项固定资产的已计提月份，然后求出该项固定资产每月折旧额，再将两者相乘即可得到该项固定资产至上月止累计折旧额。

❶ 计算出第1项固定资产至上月止累计折旧额。选中G2单元格，在公式编辑栏中输入公式“=VDB(B2,E2,C2,0,INT(F2/12))+DDB(B2,E2,C2,INT(F2/12)+1)/12*MOD(F2,12)”，按Enter键即可根据该项固定资产的开始使用日期与当前日期计算出至上月止累计折旧额。

❷ 将光标移到G2单元格的右下角，光标变成十字形状后，按住鼠标左键向下拖动进行公式填充，即可快速得到各项固定资产至上月止累计折旧额，如图25-33所示。

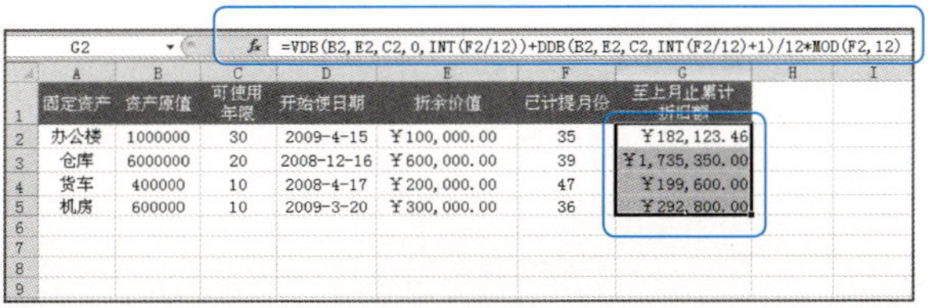

图25-33

25.3.9 使用AMORDEGRC函数计算每个会计期间的折旧值

AMORDEGRC函数用于返回每个会计期间的折旧值。某企业2011年1月1日购入价值为300000元的资产，第一个会计期间结束日期为2011年8月1日，其资产残值为1000元，折旧率为5.5%，按实际天数为年基准，现在要计算出每个会计期间的折旧值，可以使用AMORDEGRC函数来实现。

选中B9单元格，在公式编辑栏中输入公式“=AMORDEGRC(B1,B2,B3,B4,B5,B6,B7)”，按Enter键即可计算出每个会计期间的折旧值，如图25-34所示。

B9 | =AMORDEGRC(B1,B2,B3,B4,B5,B6,B7)

	A	B	C	D	E
1	原资产	300000			
2	购入资产日期	2011-1-1			
3	第一个期间结束日期	2011-8-1			
4	资产残值	1000			
5	期间	1			
6	折旧率	5.50%			
7	年基准	1			
8					
9	每个会计期间的折旧值	37956			
10					

图25-34

25.3.10 以法国会计系统计算每个会计期间的折旧值

AMORLINC函数用于返回每个会计期间的折旧值，该函数为法国会计系统提供。如果某项资产是在结算期间的中期购入的，则按线性折旧法计算。某企业2012年1月1日购入价值为300000元的资产，第一个会计期间结束日期为2012年8月1日，其资产残值为1000元，折旧率为5.5%，按实际天数为年基准，现在要计算出每个会计期间的折旧值（法国会计系统），可以使用AMORLINC函数来实现。

选中B9单元格，在公式编辑栏中输入公式“=AMORLINC(B1,B2,B3,B4,B5,B6,B7)”，按Enter键即可计算出每个会计期间的折旧值（法国会计系统），如图25-35所示。

B9 | =AMORLINC(B1,B2,B3,B4,B5,B6,B7)

	A	B	C	D	E
1	原资产	300000			
2	购入资产日期	2012-1-1			
3	第一个期间结束日期	2012-8-1			
4	资产残值	1000			
5	期间	1			
6	折旧率	5.50%			
7	年基准	1			
8					
9	每个会计期间的折旧值（法国会计系统）	16500			
10					

图25-35

25.4 计算收益率函数实例应用技巧

25.4.1 求定期付息有价证券的应计利息

ACCRINT函数用于返回定期付息证券的应计利息。李某于2011年9月20日购买了价值为60000元的国库券，本次购买的国库券发行日为2011年9月1日，起息日为2011年10月1日，国库券年利率为9%，按半年期付息，以US（NASD）30/360为日计算基准，现在需要计算出该国库券的到期利息额，可以使用ACCRINT函数来实现。

选中B9单元格，在公式编辑栏中输入公式“=ACCRINT(B1,B2,B3,B4,B5)”，按Enter键即可计算出国库券到期利息，如图25-36所示。

B9   fx =ACCRINT(B1,B2,B3,B4,B5,B6,B7)

	A	B	C	D	E
1	国库券发行日	2011-9-1			
2	国库券起息日	2011-10-1			
3	国库券成交日	2011-9-20			
4	国库券年利率	9%			
5	国库券价值	60000			
6	国库券年付息次数	2			
7	日计数基准	0			
8					
9	国库券到期利息	285			
10					

图25-36

25.4.2 求到期一次性付息有价证券的应计利息

ACCRINTM函数用于返回到期一次性付息有价证券的应计利息。李某购买了价值为30000元的短期债券，其发行日为2012年1月1日，到期日为2012年5月1日，债券利率为9%，以“实际天数/360”为日计数基准，现要计算出该债券的到期利息，可以使用ACCRINTM函数来实现。

选中B7单元格，在公式编辑栏中输入公式“=ACCRINT(B1,B2,B3,B4,B5,B6,B7)”，按Enter键即可计算出国库券到期利息，如图25-37所示。

B7   fx =ACCRINTM(B1,B2,B3,B4,B5)

	A	B	C	D	E
1	债券发行日	2012-1-1			
2	债券到期日	2012-5-1			
3	债券利率	9%			
4	国库券价值	30000			
5	日计数基准	2			
6					
7	债券到期利息	907.5			
8					

图25-37

25.4.3　求当前付息期内截止到成交日的天数

COUPDAYBS函数用于返回当前付息期内截止到成交日的天数。某债券成交日为2011年5月10日，到期日为2011年12月20日，按半年期付息，以“实际天数/360”为日计数基准，现在要计算出该债券付息期内截止到成交日的天数，可以使用COUPDAYBS函数来实现。

选中B6单元格，在公式编辑栏中输入公式“=COUPDAYBS(B1,B2,B3,B4)”，按Enter键即可计算出该债券付息期内截止到成交日的天数，如图25-38所示。

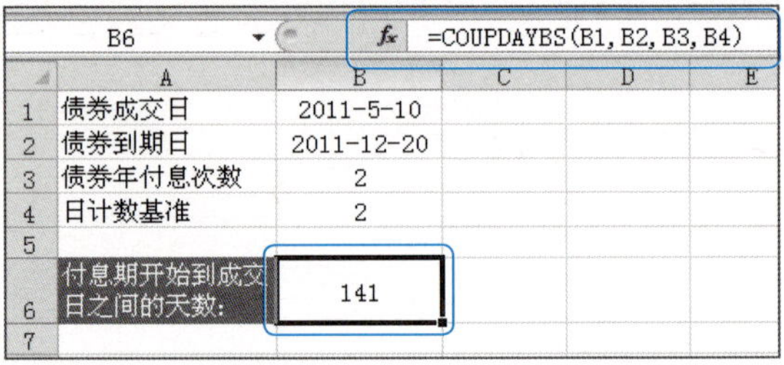

B6　=COUPDAYBS(B1,B2,B3,B4)

	A	B	C	D	E
1	债券成交日	2011-5-10			
2	债券到期日	2011-12-20			
3	债券年付息次数	2			
4	日计数基准	2			
5					
6	付息期开始到成交日之间的天数:	141			
7					

图25-38

25.4.4　求成交日所在的付息期的天数

COUPDAYS函数用于返回结算日所在的付息期的天数。某债券成交日为2011年5月10日，到期日为2011年12月20日，按半年期付息，以“实际天数/360”为日计数基准，现在要计算出该债券成交日所在的付息期的天数，可以使用COUPDAYS函数来实现。

选中B6单元格，在公式编辑栏中输入公式“=COUPDAYS(B1,B2,B3,C4)”，按Enter键即可计算出该债券成交日所在的付息期的天数，如图25-39所示。

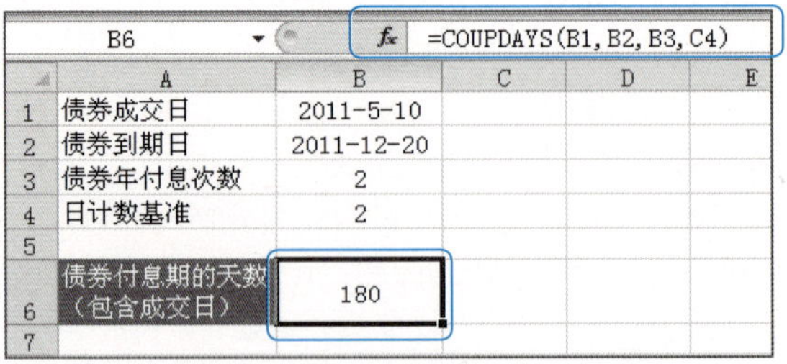

B6　=COUPDAYS(B1,B2,B3,C4)

	A	B	C	D	E
1	债券成交日	2011-5-10			
2	债券到期日	2011-12-20			
3	债券年付息次数	2			
4	日计数基准	2			
5					
6	债券付息期的天数（包含成交日）	180			
7					

图25-39

25.4.5　求从成交日到下一付息日之间的天数

COUPDAYSNC函数用于返回从结算日到下一付息日之间的天数。某债券成交日为2011年5月10日，到期日为2011年12月20日，按半年期付息，以“实际天数/360”为日计数基准，现在要计算出该债券成交日到下一付息日之间的天数，可以使用COUPDAYSNC函数来实现。

选中B6单元格，在公式编辑栏中输入公式“=COUPDAYSNC(B1,B2,B3,B4)”，按Enter键即可计算出该债券成交日到下一个付息日之间的天数，如图25-40所示。

B6 　fx =COUPDAYSNC(B1, B2, B3, B4)

	A	B	C	D	E
1	债券成交日	2011-5-10			
2	债券到期日	2011-12-20			
3	债券年付息次数	2			
4	日计数基准	2			
5					
6	债券成交日到下一个付息日之间的天数	41			
7					

图25-40

25.4.6 求一个表示成交日之后的下一个付息日的序列号

COUPNCD函数用于返回一个表示在结算日之后下一个付息日的数字。某债券成交日为2012年1月10日，到期日为2012年10月15日，按半年期付息，以实际天数为日计数基准，现在要计算出该债券成交日之后下一个付息日的序列号，可以使用COUPNCD函数来实现。

选中B6单元格，在公式编辑栏中输入公式“=COUPNCD(B1,B2,B3,B4)”，按Enter键即可计算出该债券成交日之后下一个付息日的序列号，如图25-41所示。

B6 　fx =COUPNCD(B1, B2, B3, B4)

	A	B	C	D
1	债券成交日	2012-1-10		
2	债券到期日	2012-10-15		
3	债券年付息次数	2		
4	日计数基准	1		
5				
6	成交日过后下一个付息日序列号	41014		
7				
8				

图25-41

25.4.7 求成交日和到期日之间的利息应付次数

COUPNUM函数用于返回在成交日和到期日之间的付息次数，向上舍入到最近的整数。某债券成交日为2011年3月15日，到期日为2012年5月1日，按半年期付息，以实际天数为日计数基准，现在要计算出该债券成交日和到期日之间的利息应付次数，可以使用COUPNUM函数来实现。

选中B6单元格，在公式编辑栏中输入公式“=COUPNUM(B1,B2,B3,B4)”，按Enter键即可计算出该债券成交日和到期日之间的利息应付次数，如图25-42所示。

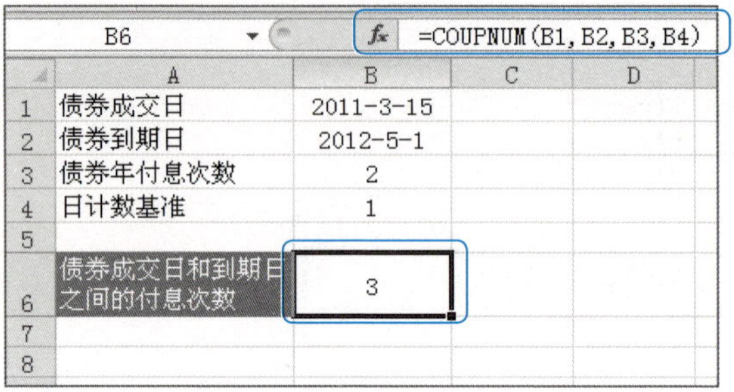

图25-42

25.4.8 求成交日之前的上一付息日的日期的序列号

COUPPCD函数用于返回表示结算日之前的上一个付息日的数字。某债券成交日为2011年4月10日，到期日为2012年5月1日，按半年期付息，以实际天数为日计数基准，现在要计算出该债券成交日之前的上一付息日的日期的序列号，可以使用COUPPCD函数来实现。

选中B6单元格，在公式编辑栏中输入公式“=COUPPCD(B1,B2,B3,B4)”，按Enter键即可计算出该债券成交日之前的上一付息日的日期的序列号，如图25-43所示。

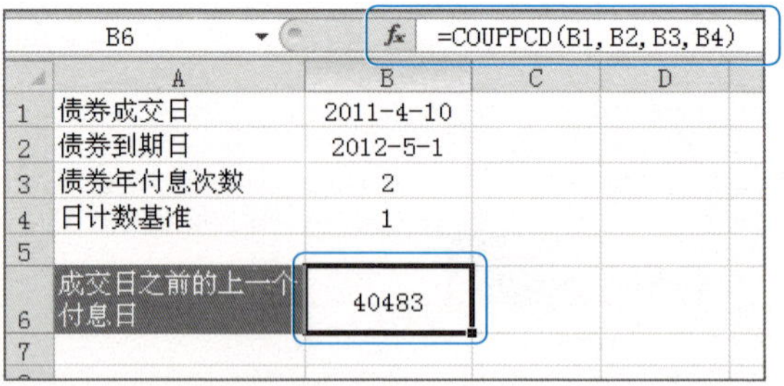

图25-43

25.4.9 求有价证券的贴现率

DISC函数用于返回有价证券的贴现率。某债券成交日为2011年2月10日，到期日为2011年12月20日，价格为22.5元，清偿价格为34元，以“实际天数

/360”为日计数基准，现在要计算出该债券的贴现率，可以使用DISC函数来实现。

❶ 选中B7单元格，在公式编辑栏中输入公式“=DISC(B1,B2,B3,B4,B5)”，按Enter键即可计算出该债券贴现率，如图25-44所示。

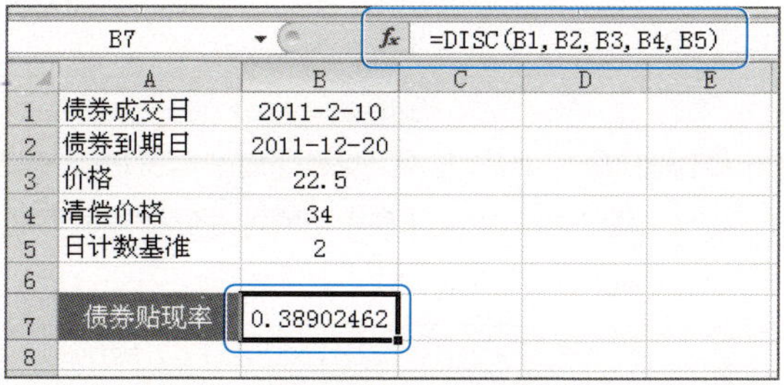

图25-44

❷ 将贴现率转换为百分比值。选中B7单元格，在“开始”选项卡的“数字”下拉列表中选择“百分比”命令，如图25-45所示。

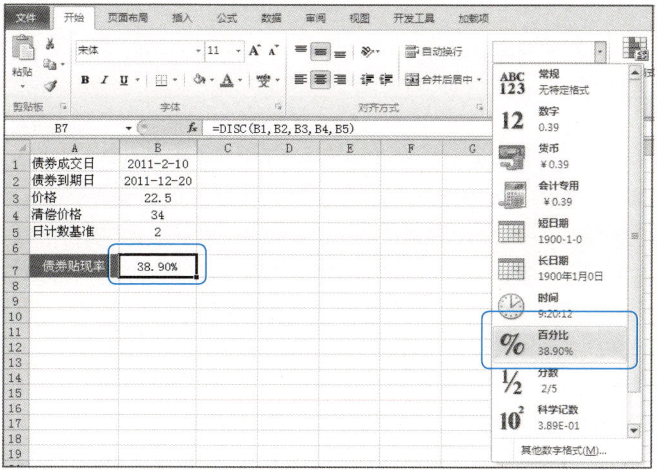

图25-45

25.4.10 将分数表示的价格转换为小数表示的价格

以小数表示的金额数字有时可用于表示证券价格。若要将按分数表示的价格转换为按小数表示的价格，可以使用DOLLARDE函数来实现。

❶ 选中C2单元格，在公式编辑栏中输入公式“=DOLLARDE(A2,B2)”，按Enter键即可将以分数表示的证券价格转换为以小数表示的证券价格，如图25-46所示。

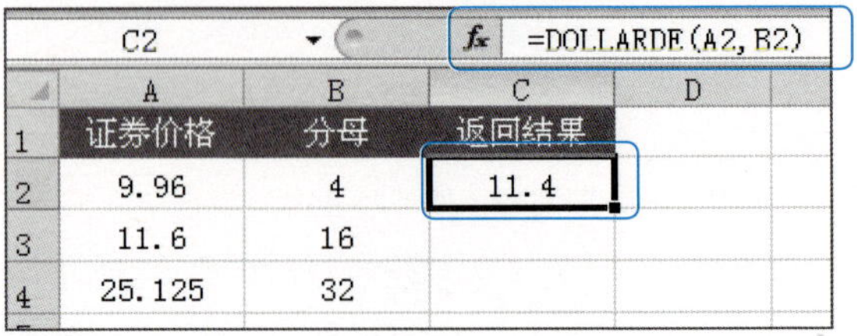

C2 =DOLLARDE(A2,B2)

	A	B	C	D
1	证券价格	分母	返回结果	
2	9.96	4	11.4	
3	11.6	16		
4	25.125	32		

图25-46

2 将光标移到C2单元格的右下角，光标变成十字形状后，按住鼠标左键向下拖动进行公式填充，即可将其他以分数表示的证券价格转换为以小数表示的证券价格，如图25-47所示。

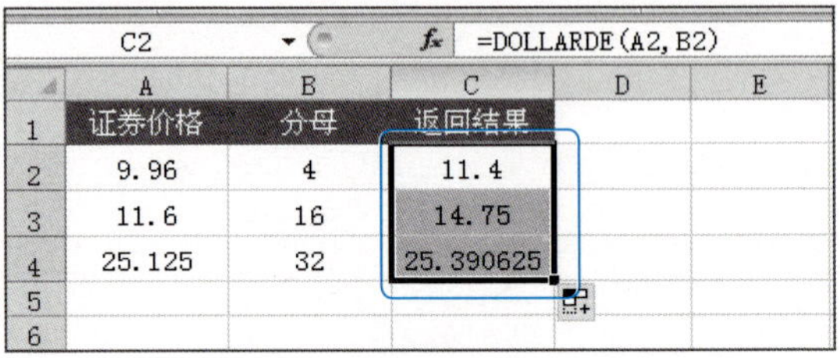

C2 =DOLLARDE(A2,B2)

	A	B	C	D	E
1	证券价格	分母	返回结果		
2	9.96	4	11.4		
3	11.6	16	14.75		
4	25.125	32	25.390625		
5					
6					

图25-47

25.4.11 返回定期付息有价证券的修正期限

DURATION函数用于返回假设面值￥100 的定期付息有价证券的修正期限。期限定义为一系列现金流现值的加权平均值，用于计量债券价格对于收益率变化的敏感程度。某债券的成交日为2011年5月1日，到期日期为2012年10月10日，年息票利率为6.5%，收益率为7.5%，以半年期付息，按“实际天数/360”为日计数基准。计算该债券的修正期限，可以使用DURATION函数来实现。

选中B8单元格，在公式编辑栏中输入公式“=DURATION(B1,B2,B3,B4,B5,B6)”，按Enter键即可计算出该债券的修正期限，如图25-48所示。

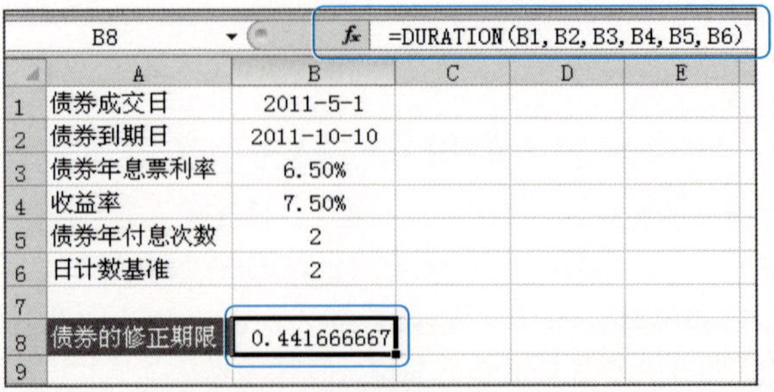

B8 =DURATION(B1,B2,B3,B4,B5,B6)

	A	B	C	D	E
1	债券成交日	2011-5-1			
2	债券到期日	2011-10-10			
3	债券年息票利率	6.50%			
4	收益率	7.50%			
5	债券年付息次数	2			
6	日计数基准	2			
7					
8	债券的修正期限	0.441666667			
9					

图25-48

25.4.12　计算实际年利率

EFFECT函数利用给定的名义年利率和每年的复利期数，计算有效的年利率。某债券的名义利率为7.45%，每年的复利期数为5，现在要计算出该债券的实际利率，可以使用EFFECT函数来实现。

选中B4单元格，在公式编辑栏中输入公式“=EFFECT(B1,B2)”，按Enter键即可计算出该债券的实际利率，如图25-49所示。

B4　　fx =EFFECT(B1,B2)

	A	B	C
1	债券名义利率	7.45%	
2	债券每年的复利期数	5	
3			
4	债券年利率	7.68%	

图25-49

25.4.13　求一次性付息证券的利率

INTRATE函数用于返回完全投资型证券的利率。某债券的成交日为2011年6月18日，到期日为2011年10月10日，债券的投资金额为200000元，清偿价值为220000元，以“实际天数/360”为日计数基准，要计算出该债券的一次性付息利率，可以使用INTRATE函数来实现。

选中B7单元格，在公式编辑栏中输入公式“=INTRATE(B1,B2,B3,B4,B5)”，按Enter键即可计算出该债券的一次性付息利率，如图25-50所示。

B7　　fx =INTRATE(B1,B2,B3,B4,B5)

	A	B	C	D	E
1	债券成交日	2011-6-18			
2	债券到期日	2011-10-10			
3	债券投资金额	200000			
4	清偿价值	220000			
5	日计数基准	2			
6					
7	债券利率	31.58%			
8					

图25-50

25.4.14　求名义年利率

NOMINAL函数是基于给定的实际利率和年复利期数，返回名义年利率。某债券的实际利率为7.45%，每年的复利期数为5，现在要计算出该债券的名义年利率，可以使用NOMINAL函数来实现。

选中B4单元格，在公式编辑栏中输入公式“=NOMINAL(B1,B2)”，按Enter键即可计算出该债券的名义年利率，如图25-51所示。

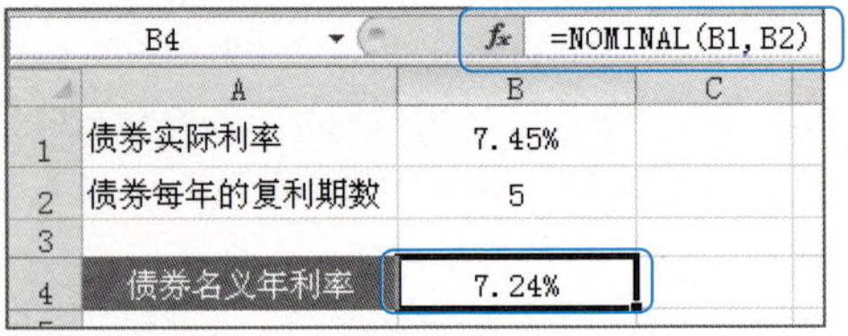

B4 =NOMINAL(B1,B2)

	A	B	C
1	债券实际利率	7.45%	
2	债券每年的复利期数	5	
3			
4	债券名义年利率	7.24%	

图25-51

25.4.15 求有价证券末期付息日的价格

ODDLPRICE函数用于返回末期付息日不固定的面值￥100的有价证券（长期或短期）的价格。2012年3月10日购买某债券，该债券到期日期为2013年12月20日，末期付息日期为2011年12月15日，付息利率为6.86%，年收益率为7%，以半年期付息，按“实际天数/365”为日计数基准。现在要计算出该债券末期付息日的价格，可以使用ODDLPRICE函数来实现。

选中B10单元格，在公式编辑栏中输入公式“=ODDLPRICE(B1,B2,B3,B4,B5,B6,B7,B8)”，按Enter键即可计算出该债券末期付息日的价格，如图25-52所示。

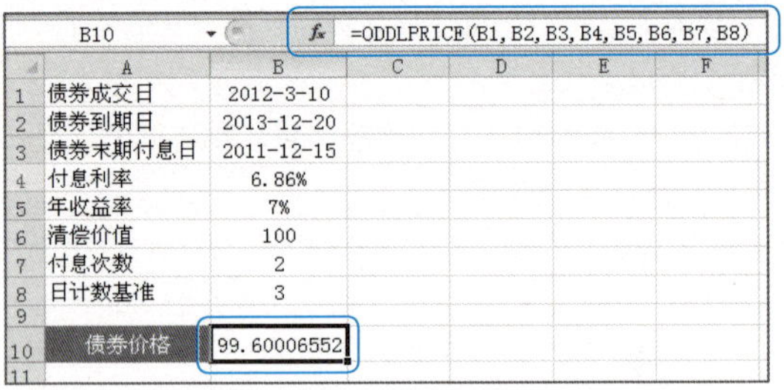

B10 =ODDLPRICE(B1,B2,B3,B4,B5,B6,B7,B8)

	A	B	C	D	E	F
1	债券成交日	2012-3-10				
2	债券到期日	2013-12-20				
3	债券末期付息日	2011-12-15				
4	付息利率	6.86%				
5	年收益率	7%				
6	清偿价值	100				
7	付息次数	2				
8	日计数基准	3				
9						
10	债券价格	99.60006552				

图25-52

25.4.16 求国库券的等效收益率

TBILLEQ函数用于返回国库券的等效收益率。2011年1月20日购买了某一国库券，该国库券的到期日为2011年12月10日，贴现率为10.68%，现在要计算出该国库券的等效收益率，可以使用TBILLEQ函数来实现。

选中B5单元格，在公式编辑栏中输入公式“=TBILLEQ(B1,B2,B3)”，按Enter键即可计算出该债券末期付息日的价格，如图25-53所示。

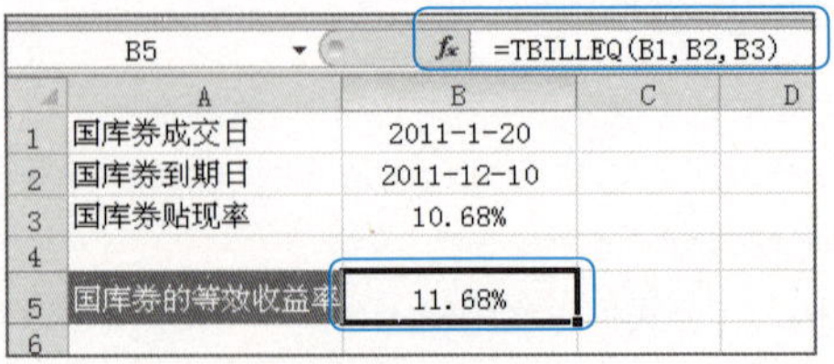

B5 =TBILLEQ(B1,B2,B3)

	A	B	C	D
1	国库券成交日	2011-1-20		
2	国库券到期日	2011-12-10		
3	国库券贴现率	10.68%		
4				
5	国库券的等效收益率	11.68%		

图25-53

25.4.17　求国库券的收益率

TBILLYIELD函数用于返回国库券的收益率。2011年1月20日以86.495元购买了面值为￥100的国库券，该国库券的到期日为2011年12月18日，现在要计算出该国库券的收益率，可以使用TBILLYIELD函数来实现。

选中B5单元格，在公式编辑栏中输入公式“=TBILLYIELD(B1,B2,B3)”，按Enter键即可计算出该国库券的收益率，如图25-54所示。

B5　　fx　=TBILLYIELD(B1, B2, B3)

	A	B	C	D
1	国库券成交日	2011-1-20		
2	国库券到期日	2011-12-18		
3	国库券的价格	86.495		
4				
5	国库券的收益率	16.93%		
6				
7				

图25-54

25.4.18　求定期付息有价证券的收益率

YIELD函数用于返回定期付息有价证券的收益率。2011年1月20日以92.5元购买了2012年12月20日到期的￥100债券，息票半年利率为5.56%，按半年期支付一次，以“实际天数/365”为日计数基准。现在要计算出该债券的收益率，可以使用YIELD函数来实现。

选中B9单元格，在公式编辑栏中输入公式“=YIELD(B1,B2,B5,B3,B4,B6,B7)”，按Enter键即可计算出该债券的收益率，如图25-55所示。

B9　　fx　=YIELD(B1, B2, B5, B3, B4, B6, B7)

	A	B	C	D	E
1	债券成交日	2011-1-20			
2	债券到期日	2012-12-20			
3	债券购买价格	92.5			
4	债券面值	100			
5	息票半年利率	5.56%			
6	付息次数	2			
7	日计数基准	3			
8					
9	债券收益率	9.95%			
10					
11					

图25-55

25.4.19　求折价发行的有价证券的年收益率

YIELDDISC函数用于返回折价发行的有价证券的年收益率。2011年1月20

日以95.8元购买了2012年12月15日到期的￥100债券，以“实际天数/365”为日计数基准。现在要计算出该债券的折价收益率，可以使用YIELDDISC函数来实现。

选中B7单元格，在公式编辑栏中输入公式“=YIELDDISC(B1,B2,B3,B4,B5)”，按Enter键即可计算出该债券的折价收益率，如图25-56所示。

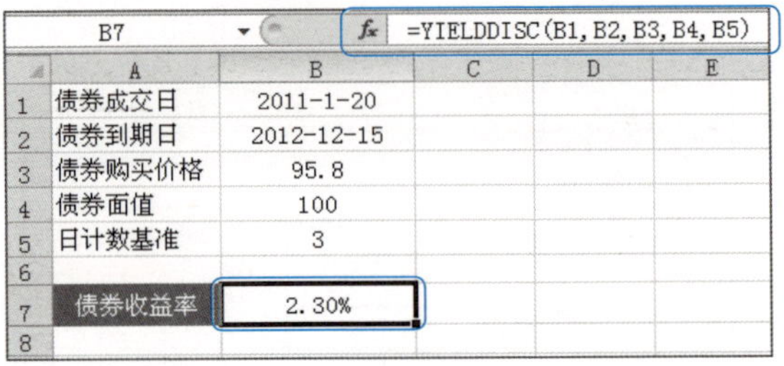

B7 =YIELDDISC(B1,B2,B3,B4,B5)

	A	B	C	D	E
1	债券成交日	2011-1-20			
2	债券到期日	2012-12-15			
3	债券购买价格	95.8			
4	债券面值	100			
5	日计数基准	3			
6					
7	债券收益率	2.30%			
8					

图25-56

25.4.20 求到期付息的有价证券的年收益率

YIELDMAT函数用于返回到期付息的有价证券的年收益率。2011年1月20日以106.54元卖出2014年12月20日到期的￥100面值债券，该债券的发行日期为2010年12月20日，息票半年利率为5.56%，以“实际天数/365”为日计数基准。现在要计算出该债券的收益率，可以使用YIELDMAT函数来实现。

选中B7单元格，在公式编辑栏中输入公式“=YIELDDISC(B1,B2,B3,B4,B5)”，按Enter键即可计算出该债券的折价收益率，如图25-57所示。

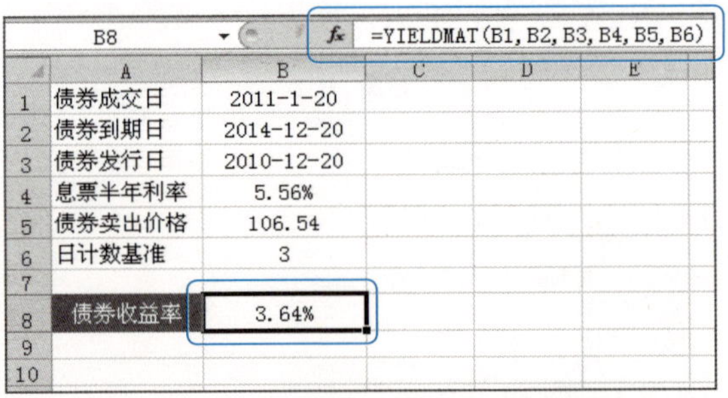

B8 =YIELDMAT(B1,B2,B3,B4,B5,B6)

	A	B	C	D	E
1	债券成交日	2011-1-20			
2	债券到期日	2014-12-20			
3	债券发行日	2010-12-20			
4	息票半年利率	5.56%			
5	债券卖出价格	106.54			
6	日计数基准	3			
7					
8	债券收益率	3.64%			
9					
10					

图25-57

第26章

其他函数在财务计算中的应用技巧

26.1 逻辑函数应用技巧

26.1.1 使用IF函数对员工的技能考核进行星级评定

如果指定条件的计算结果为 TRUE，IF 函数将返回某个值；如果该条件的计算结果为 FALSE，则返回另一个值。在对员工进行技能考核后，作为主管人员可以对员工的考核成绩进行星级评定，例如，如果平均成绩>=80，评定为☆☆☆☆；如果平均成绩>=70，评定为☆☆☆；如果平均成绩>=60，评定为☆☆。

选中F2单元格，在公式编辑栏中输入公式“=IF(E2>=80,"☆☆☆☆",IF(E2>=70,"☆☆☆",IF(E2>=60,"☆☆")))”，按Enter键即可根据员工的平均成绩对考核星级进行判断，如图26-1所示。

F2　fx =IF(E2>=80,"☆☆☆☆",IF(E2>=70,"☆☆☆",IF(E2>=60,"☆☆")))

	A	B	C	D	E	F	G
1	员工姓名	答卷考核	操作考核	面试考核	平均成绩	考核星级	
2	王荣	87	76	80	81	☆☆☆☆	
3	周国菊	65	76	66	69	☆☆	
4	伍涛利	65	55	63	61	☆☆	
5	陈寒	68	70	75	71	☆☆☆	
6	王贝	50	65	71	62	☆☆	

图26-1

26.1.2 考评员工成绩是否达标

公司主管对员工进行技能考核后，根据结果可以对员工进行综合考评，即是否每位员工的平均成绩都达到60分以上，这时可以用IF函数来实现。

1 选中F2单元格，在公式编辑栏中输入公式“=IF(E2>60,"达标","没有达标")”，按Enter键即可根据员工的平均成绩进行综合考评。

2 将光标移到F2单元格的右下角，光标变成十字形状后，按住鼠标左键向下拖动进行公式填充，即可考评出其他员工的成绩，如图26-2所示。

F2　fx =IF(E2>60,"达标","没有达标")

	A	B	C	D	E	F
1	员工姓名	答卷考核	操作考核	面试考核	平均成绩	综合考评
2	王荣	87	76	80	81	达标
3	周国菊	65	46	66	59	没有达标
4	伍涛利	65	55	63	61	达标
5	陈寒	54	36	75	55	没有达标
6	王贝	50	65	71	62	达标
7						

图26-2

26.1.3　根据业绩计算奖金

公司规定业务成绩大于100000元者奖金2000元，否则奖金1000元。现统计8个业务员总共需要多发放多少奖金。

选中D2单元格，在公式编辑栏中输入公式“=SUM(IF(B2:B9>100000,2000,1000))”，按Ctrl+Shift+Enter组合键即可计算出需要发放多少奖金，如图26-3所示。

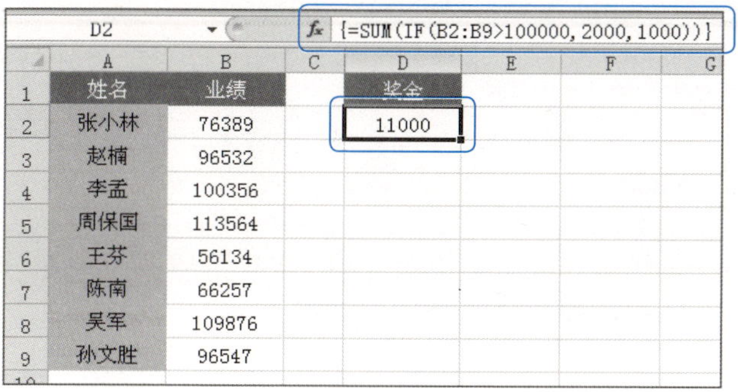

D2　{=SUM(IF(B2:B9>100000,2000,1000))}

	A	B	C	D
1	姓名	业绩		奖金
2	张小林	76389		11000
3	赵楠	96532		
4	李孟	100356		
5	周保国	113564		
6	王芬	56134		
7	陈南	66257		
8	吴军	109876		
9	孙文胜	96547		

图26-3

26.1.4　根据工作时间计算12月工资

公司规定工作时间1年以下者给200元年终奖，工作1～3年者600元，工作3～5年者1000元，工作5～10年者1400元。现需统计年终月份每人工资加年终奖的合计。

❶ 选中D2单元格，在公式编辑栏中输入公式“=C2+SUM(IF(B2>{0,1,3,5,10},{200,400,400,400,400}))”，按Enter键即可计算出第一个人员第12月的工资。

❷ 将光标移到D2单元格的右下角，光标变成十字形状后，按住鼠标左键向下拖动进行公式填充，即可快速计算出其他人员第12月的工资，如图26-4所示。

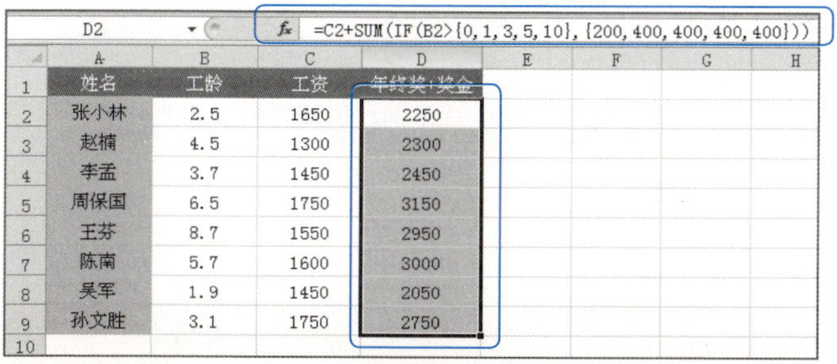

D2　=C2+SUM(IF(B2>{0,1,3,5,10},{200,400,400,400,400}))

	A	B	C	D
1	姓名	工龄	工资	年终奖+奖金
2	张小林	2.5	1650	2250
3	赵楠	4.5	1300	2300
4	李孟	3.7	1450	2450
5	周保国	6.5	1750	3150
6	王芬	8.7	1550	2950
7	陈南	5.7	1600	3000
8	吴军	1.9	1450	2050
9	孙文胜	3.1	1750	2750

图26-4

26.2 日期和时间函数应用技巧

26.2.1 使用DAYS360函数计算总借款天数

DAYS360函数按照一年 360 天的算法（每个月以 30 天计，一年共计 12 个月），返回两日期间相差的天数，这在一些会计计算中将会用到。下面以借款日期与还款日期之间的天数为例，学习DAYS360函数的用法。

❶ 选中C2单元格，在公式编辑栏中输入公式“=DAYS360(A2,B2,FALSE)”，按Enter键即可计算出借款天数。

❷ 将光标移到C2单元格的右下角，光标变成十字形状后，按住鼠标左键向下拖动进行公式填充，即可计算出其他两个日期的天数，如图26-5所示。

C2 | fx =DAYS360(A2,B2,FALSE)

	A	B	C	D	E
1	借款日期	还款日期	借款天数		
2	2009-4-5	2010-9-20	525		
3	2010-7-8	2011-5-25	317		
4	2011-5-8	2012-4-10	332		

图26-5

26.2.2 计算某公司几项借款还款的剩余天数

要根据借款日期和应还款日期来计算还款的剩余天数，需要使用到DAYS360函数与TODAY函数。

❶ 选中E2单元格，在公式编辑栏中输入公式“=DAYS360(TODAY(),D2)”，按Enter键即可计算第一项借款的还款剩余天数。

❷ 将光标移到E2单元格的右下角，光标变成十字形状后，按住鼠标左键向下拖动进行公式填充，即可计算出其他各项借款的还款剩余天数，如图26-6所示。

E2 | fx =DAYS360(TODAY(),D2)

	A	B	C	D	E
1	发票编号	账款金额	借款日期	应还日期	剩余天数
2	55223	2000	2009-1-15	2012-3-1	-26
3	25621	5800	2009-5-8	2012-8-15	138
4	32054	40000	2010-6-10	2012-10-2	185
5	45821	15000	2010-8-8	2013-12-5	608
6					

图26-6

26.2.3　计算固定资产的已使用月份

要计算出固定资产已使用月份，可以先计算出固定资产已使用的天数，然后除以30。此时需要使用到DAYS360函数。

❶ 选中E2单元格，在公式编辑栏中输入公式“=INT(DAYS360(D2,TODAY())/30)”，按Enter键即可根据第一项固定资产的增加日期计算出到目前为止已使用的月份。

❷ 选中E2单元格的右下角，光标变成十字形状后，按住鼠标左键向下拖动进行公式填充，即可计算出其他固定资产已使用的月份，如图26-7所示。

E2　　fx　=INT(DAYS360(D2,TODAY())/30)

	A	B	C	D	E	F
1	编号	资产名称	规格型号	增加日期	已使用月份	
2	11010	厂部	50万平方	2009-5-10	34	
3	11011	仓库	400平方	2010-6-10	21	
4	11012	印刷机	1-501	2011-11-3	4	
5	11013	模切机	6-102	2010-7-18	20	
6	11014	覆膜机	1-120	2012-2-3	1	
7						

图26-7

26.2.4　使用MONTH函数自动填写报表中的月份

MONTH函数可以返回以序列号表示的日期中的月份。月份是介于 1（1月）~ 12（12月）之间的整数。因为产品销售报表需要每月建立且结构相似，对于表头信息需要更改月份值的情况，所以可以使用MONTH和TODAY函数来实现月份的自动填写。

选中B1单元格，在公式编辑栏中输入公式“=MONTH(TODAY())”，按Enter键即可自动填写当前的销售月份，如图26-8所示。

B1　　fx　=MONTH(TODAY())

	A	B	C	D	E
1		3	月份销售情况		
2	品名	销售量	单价	销售金额	
3	三星R428-DSOB	120	3599	431880	
4	惠普CQ41-204TX	260	4199	1091740	
5	富士通LH700	98	5800	568400	
6	联想Y460A-ITH	350	5700	1995000	

图26-8

26.2.5 使用DATEDIF函数计算总借款天数

DATEDIF函数用于计算两个日期之间的年数、月数和天数，也可以根据借款日期与还款日期计算出总借款天数。

❶ 选中E2单元格，在公式编辑栏中输入公式“=DATEDIF(C2,D2,"D")”，按Enter键即可计算出第一项借款的总借款天数。

❷ 将光标移到E2单元格的右下角，光标变成十字形状后，按住鼠标左键向下拖动进行公式填充，即可计算出各项借款的总借款天数，如图26-9所示。

E2 　fx =DATEDIF(C2,D2,"D")

	A	B	C	D	E	F
1	借款人	账款金额	借款日期	应还日期	总借款天数	
2	葛丽	20000	2010-10-2	2011-2-15	136	
3	夏慧	15000	2010-11-5	2011-11-5	365	
4	高龙宝	30000	2011-1-13	2012-3-12	424	
5	王磊	5800	2011-3-1	2012-8-12	530	
6						

图26-9

26.2.6 使用DATEDIF函数自动追加工龄工资

财务部门在计算工龄工资时通常是以其工作年限来计算，本例实现根据入职年龄，每满一年，工龄工资自动增加50元。

❶ 选中B2单元格，在公式编辑栏中输入公式“=DATEDIF(A2,TODAY(),"y")*50”，按Enter键返回日期值，按住鼠标左键向下拖动进行公式填充，如图26-10所示。

B2 　fx =DATEDIF(A2,TODAY(),"y")*50

	A	B	C	D	E	F
1	入职时间	工龄工资				
2	2002-1-20	1901-5-14				
3	2005-5-20	1900-10-26				
4	2008-8-16	1900-5-29				
5	2009-12-1	1900-4-9				
6	2010-12-9	1900-2-19				
7						

图26-10

❷ 选中“工龄工资”列函数返回的日期值，重新设置其单元格格式为“常规”，即可以根据入职时间自动显示工龄工资，如图26-11所示。

B2　f_x =DATEDIF(A2,TODAY(),"y")*50

	A	B	C	D	E	F
1	入职时间	工龄工资				
2	2002-1-20	500				
3	2005-5-20	300				
4	2008-8-16	150				
5	2009-12-1	100				
6	2010-12-9	50				
7						

图26-11

26.2.7　计算精确账龄

在账龄计算过程中，可以使用DATEDIF函数来计算精确的账龄（精确到天）。

❶ 选中E2单元格，在公式编辑栏中输入公式“=CONCATENATE(DATEDIF(D2,TODAY(),"Y"),"年",DATEDIF(D2,TODAY(),"YM"),"个月",DATEDIF(D2,TODAY(),"MD"),"日")”，按Enter键即可计算出第一项应收账款的账龄。

❷ 将光标移到E2单元格的右下角，光标变成十字形状后，按住鼠标左键向下拖动进行公式填充，即可快速计算出各项应收款的账龄，如图26-12所示。

E2　f_x =CONCATENATE(DATEDIF(D2,TODAY(),"Y"),"年",DATEDIF(D2,TODAY(),"YM"),"个月",DATEDIF(D2,TODAY(),"MD"),"日")

	A	B	C	D	E	F	G
1	发票号码	应收金额	已收金额	到期日期	账龄计算		
2	12023	20850	1000	2010-10-5	1年5个月22日		
3	12584	1000	0	2011-11-5	0年4个月22日		
4	20596	5600	2000	2011-12-8	0年3个月19日		
5	23562	12000	5000	2012-1-24	0年2个月3日		
6	63001	15000	0	2012-2-1	0年1个月26日		

图26-12

26.2.8　使用WEEKDAY函数计算每日工时工资

WEEKDAY函数表示返回某日期为星期几。默认情况下，其值为 1（星期天）到7（星期六）之间的整数。员工的星期一至星期五正班8小时的工时工资是5元/小时，8小时以外则按1.5倍计算，星期六上班也按1.5倍计算，现需计算某职工每日的工时工资。

❶ 选中C2单元格，在公式编辑栏中输入公式“=8*5*IF(WEEKDAY(A2,2)<6,1,1.5)+(B2-8)*5*1.5”，按Enter键，即可返回1日的工时工资。

❷ 将光标移到C2单元格的右下角，光标变成十字形状后，按住鼠标左键向

下拖动进行公式填充，即可快速返回其他日期的工时工资，如图26-13所示。

C2　=8*5*IF(WEEKDAY(A2,2)<6,1,1.5)+(B2-8)*5*1.5

日期	工时	本日计时工资
8月1日	8	40
8月2日	9	47.5
8月3日	8.5	43.75
8月4日	10	55
8月5日	8	40
8月6日	9	67.5
8月7日	9	67.5
8月8日	9.5	51.25
8月9日	12	70
8月10日	10	55

图26-13

26.3 文本函数应用技巧

26.3.1 使用CONCATENATE函数自动生成凭证号

CONCATENATE 函数可将最多 255 个文本字符串联接成一个文本字符串，联接项可以是文本、数字、单元格引用或这些项的组合。利用CONCATENATE函数的合并功能，在进行账目处理时可以实现自动生成凭证号，具体操作如下。

❶ 选中E2单元格，在公式编辑栏中输入公式“=CONCATENATE(A2,B2,C2,D2)”，按Enter键即可快速生成凭证号。

❷ 将光标移到E2单元格的右下角，光标变成十字形状后，按住鼠标左键向下拖动进行公式填充，即可得出其他各项凭证号，如图26-14所示。

E2　=CONCATENATE(A2,B2,C2,D2)

年	月	日	序号	凭证号	科目代码	科目名称
12	03	03	1	1203031	121101	原材料-甲材料
12	03	03	1	1203031	212102	应付账款-燕山信息
12	03	04	2	1203042	100202	银行存款-中国农业银行
12	03	04	2	1203042	1811	待处理财产损溢
12	03	04	3	1203043	217105	应交税金-应交所得税

图26-14

26.3.2 从身份证号码中判别性别

从身份证号码中也包含持证人的性别信息，要想从身份证号码中判别性别，同样也需要配合多个函数来实现，分别是IF函数、LEN函数、MOD函数和

MID函数。具体操作如下。

❶ 选中D2单元格，在公式编辑栏中输入公式“=IF(LEN(B2)=15,IF(MOD(MID(B2,15,1),2)=1,"男","女"),IF(MOD(MID(B2,17,1),2)=1,"男","女"))”，按Enter键即可从身份证号码中获取员工的性别。

❷ 将光标移到D2单元格的右下角，光标变成十字形状后，按住鼠标左键向下拖动进行公式填充，即可从员工身份证号码中获取所有员工的性别，如图26-15所示。

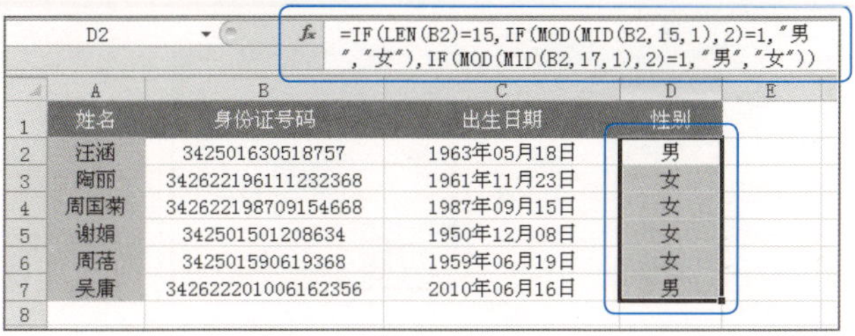

图26-15

26.3.3 从编码中提取合同号

工作表A列中的编码包含合同号，合同号以字母A开头，长度不等，此时想从编码中提取合同号，可以配合使用RIGHT、LEN、SEARCH几个函数来设置公式。

❶ 选中B2单元格，在公式编辑栏中输入公式“=RIGHT(A2,LEN(A2)-SEARCH("A",A2,8)+1)”，按Enter键可以提取A2单元格内编码中的合同号。

❷ 将光标移到B2单元格的右下角，光标变成十字形状后，按住鼠标左键向下拖动进行公式填充，即可快速从其他编码中提取合同号，且合同号位数不同时也能准确提取，如图26-16所示。

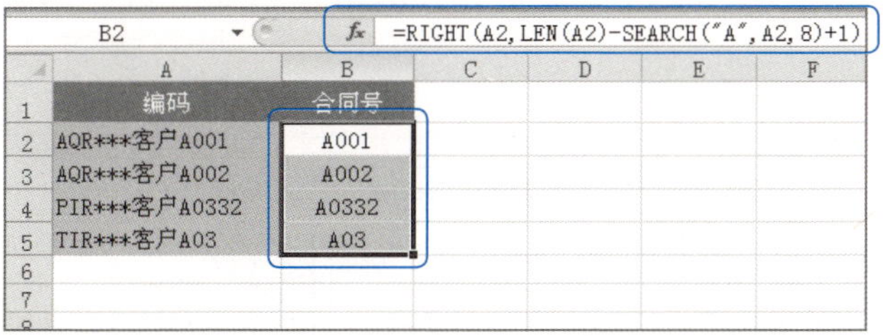

图26-16

26.3.4 将数字转换为人民币格式文本

RMB函数是依照货币格式将小数四舍五入到指定的位数并转换成文本，使用的格式为“(￥#,##0.00_);(￥#,##0.00)”。所以若要将数字转换为人民币格式文本，可以使用RMB函数来实现。

❶ 选中C2单元格，在公式编辑栏中输入公式“=RMB(B2)”，按Enter键即可将员工的工资转换为人民币格式。

❷ 将光标移到C2单元格的右下角，光标变成十字形状后，按住鼠标左键向下拖动进行公式填充，即可将其他工资转换为人民币货币格式，如图26-17所示。

C2　=RMB(B2)

	A	B	C	D
1	员工姓名	工资	转换为人民币货币格式	
2	王荣	4956	￥4,956.00	
3	周国菊	8300	￥8,300.00	
4	王涛	15100	￥15,100.00	
5	周伟	14300	￥14,300.00	
6	夏慧	7850	￥7,850.00	
7				

图26-17

26.3.5 自动比较两个部门的采购价格

EXACT函数用于比较两个字符串：如果它们完全相同，则返回 TRUE；否则，返回 FALSE。函数 EXACT 区分大小写，但忽略格式上的差异。利用 EXACT 函数可以测试在文档内输入的文本。公司财务主管如果需要系统地比较一下各采购部门采购产品的价格是否一致，可以使用EXACT函数来实现。

❶ 选中D2单元格，在公式编辑栏中输入公式“=EXACT(B2,C2)”，按Enter键即可比较出B2、C2单元格的价格是否一致，如果一致返回TRUE，否则返回FALSE。

❷ 将光标移到D2单元格的右下角，当光标变成十字形状后，按住鼠标左键向下拖动进行公式填充，可快速比较出B列与C列中价格是否一致，如图26-18所示。

D2　=EXACT(B2,C2)

	A	B	C	D	E
1	产品名称	采购1部	采购2部	价格比较情况	
2	枪机	185	189	FALSE	
3	球机	156	156	TRUE	
4	半球	278	278	TRUE	
5	红外防水一体机	260	260	TRUE	
6	20米红外摄像机	240	250	FALSE	
7	40米红外摄像机	420	420	TRUE	
8	60米红外摄像机	510	500	FALSE	
9					

图26-18

26.4 数学和三角函数应用技巧

26.4.1 使用SUM函数计算总销售额

SUM 将指定为参数的所有数字相加，每个参数可以是区域、单元格引用、数组、常量、公式或别一个函数的结果。如在统计了每种产品的销售量与销售单价后，可以直接使用SUM函数统计出这一阶段的总销售额。

选中B8单元格，在公式编辑栏中输入公式“=SUM(B2:B5*C2:C5)”，按Ctrl+Shift+Enter组合键（必须按此组合键才能得到正确结果），即可通过销售数量和销售单价计算出总销售额，如图26-19所示。

B8　fx　{=SUM(B2:B5*C2:C5)}

	A	B	C	D	E	F
1	产品名称	销售数量	单价			
2	女士衬衣	20	216			
3	男士衬衣	60	228			
4	女士针织衫	123	192			
5	儿童衬衣	80	280			
6						
7						
8	总销售额	64016				
9						

图26-19

26.4.2 使用SUMIF函数统计各部门工资总额

SUMIF 函数可以对区域（区域是工作表上的两个或多个单元格，区域中的单元格可以相邻或不相邻）中符合指定条件的值求和。如果要按照部门统计工资总额，可以使用SUMIF函数来实现。

❶ 选中C10单元格，在公式编辑栏中输入公式“=SUMIF(B2:B8,"业务部",C2:C8)”，按Enter键即可统计出“业务部”的工资总额，如图26-20所示。

C10　fx　=SUMIF(B2:B8,"业务部",C2:C8)

	A	B	C	D	E
1	员工姓名	所属部门	工资		
2	王荣	业务部	1000		
3	周构	业务部	1200		
4	陶丽	财务部	1600		
5	王伟	业务部	1400		
6	项雨	财务部	2000		
7	张 浩	业务部	800		
8	陈诚	财务部	1500		
9					
10	统计“业务部”工资总额		4400		
11	统计“财务部”工资总额				

图26-20

② 选中C11单元格，在公式编辑栏中输入公式“=SUMIF(B3:B9,"财务部",C3:C9)”，按Enter键即可统计出“财务部”的工资总额，如图26-21所示。

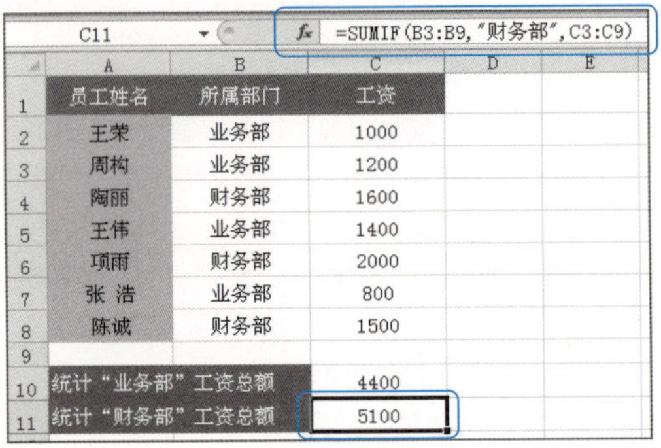
C11 =SUMIF(B3:B9,"财务部",C3:C9)

	A	B	C	D	E
1	员工姓名	所属部门	工资		
2	王荣	业务部	1000		
3	周构	业务部	1200		
4	陶丽	财务部	1600		
5	王伟	业务部	1400		
6	项雨	财务部	2000		
7	张 浩	业务部	800		
8	陈诚	财务部	1500		
9					
10	统计“业务部”工资总额		4400		
11	统计“财务部”工资总额		5100		

图26-21

26.4.3 使用SUMPRODUCT函数计算总销售额

SUMPRODUCT函数是指在给定的几组数组中，将数组间对应的元素相乘，并返回乘积之和。当统计了各类产品的销售量和销售单价后，可以使用SUMPRODUCT函数来计算产品总销售额。

选中B9单元格，在公式编辑栏中输入公式“=SUMPRODUCT(B2:B7,C2:C7)”，按Enter键即可计算出产品总销售额，如图26-22所示。

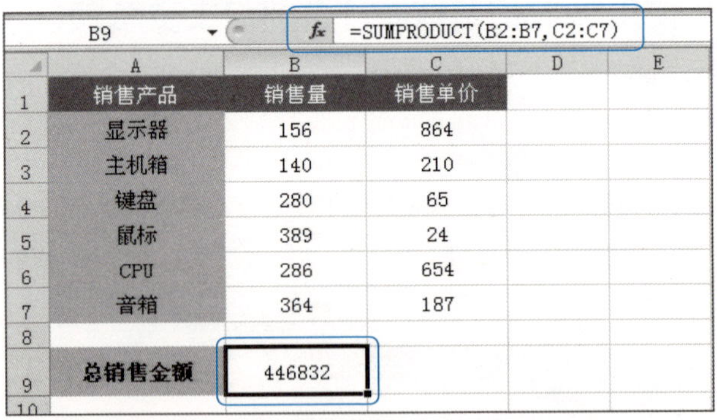
B9 =SUMPRODUCT(B2:B7,C2:C7)

	A	B	C	D	E
1	销售产品	销售量	销售单价		
2	显示器	156	864		
3	主机箱	140	210		
4	键盘	280	65		
5	鼠标	389	24		
6	CPU	286	654		
7	音箱	364	187		
8					
9	总销售金额	446832			
10					

图26-22

26.4.4 统计出指定部门、指定职务的员工人数

若要在档案中统计出指定部门、指定职务的员工人数，可以使用SUMPRODUCT函数来实现。

① 选中G5单元格，在公式编辑栏中输入公式“=SUMPRODUCT(($B$2:$B

$12=E5)*($C$2:$C$12=F5))”，按Enter键即可从档案中统计出所属部门为“业务部”且职务为“职员”的人数。

❷ 将光标移到G5单元格的右下角，光标变成十字形状后，按住鼠标左键向下拖动进行公式填充，即可快速统计出指定部门、指定职务的员工人数，如图26-23所示。

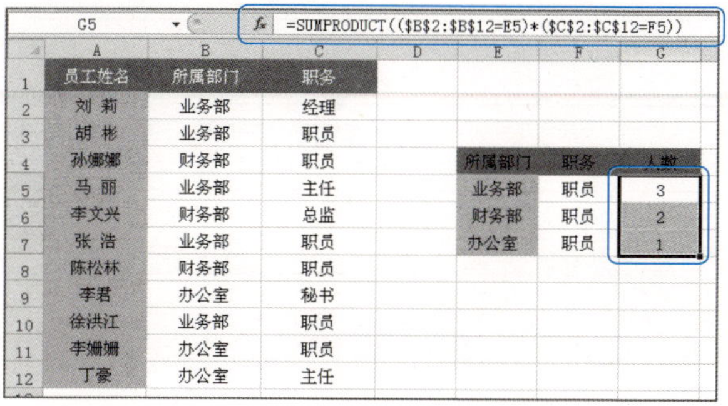

G5　=SUMPRODUCT(($B$2:$B$12=E5)*($C$2:$C$12=F5))

	A	B	C	D	E	F	G
1	员工姓名	所属部门	职务				
2	刘 莉	业务部	经理				
3	胡 彬	业务部	职员				
4	孙娜娜	财务部	职员		所属部门	职务	人数
5	马 丽	业务部	主任		业务部	职员	3
6	李文兴	财务部	总监		财务部	职员	2
7	张 浩	业务部	职员		办公室	职员	1
8	陈松林	财务部	职员				
9	李君	办公室	秘书				
10	徐洪江	业务部	职员				
11	李姗姗	办公室	职员				
12	丁豪	办公室	主任				

图26–23

26.4.5　统计非工作日销售金额

本例中需要计算出A列中非工作日在B列中对应的总销售金额之和，可以使用SUMPRODUCT函数来实现。

选中E5单元格，在公式编辑栏中输入公式“=SUMPRODUCT((MOD(A2:A10,7)<2)*B2:B10)”，按Enter键即可统计出非工作日（即周六、日）销售金额之和，如图26-24所示。

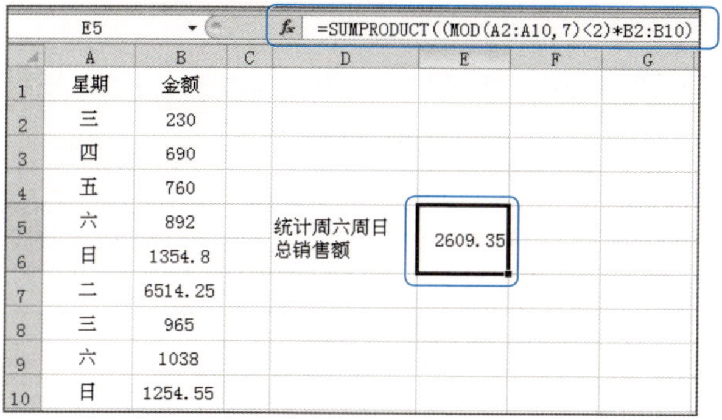

E5　=SUMPRODUCT((MOD(A2:A10,7)<2)*B2:B10)

	A	B	C	D	E	F	G
1	星期	金额					
2	三	230					
3	四	690					
4	五	760					
5	六	892		统计周六周日总销售额	2609.35		
6	日	1354.8					
7	二	6514.25					
8	三	965					
9	六	1038					
10	日	1254.55					

图26–24

读书笔记